国家社会科学基金重点项目（16AZX014）

本书由"十四五"江苏省重点学科苏州大学哲学学科资助

儒、道、法的
国家治理哲学研究

周可真　周建刚　刘小刚◎著

人民出版社

目　录

1

三、政道篇

四、治道篇

导　论

一、国家治理哲学的学科特性、研究方法及基本内容

"国家治理哲学"的提法较早见于吕力所撰《新新法家：国家治理哲学的本土理念与实践》（《经济研究导刊》2013 年第 18 期）一文，后来这一提法也为另外一些学者所接受和使用，如谢扬举的文章《中国古代的国家治理哲学：王道到治道》（《北京日报》2014 年 8 月 25 日）、纪光欣和李远遥的论文《面向实践的国家治理哲学——〈管子〉管理思想探要》（《中国石油大学学报（社会科学版）》2016 年第 3 期）等。尽管这些文章均未对"国家治理哲学"做出明确界定，但这一提法至少表达了这么一个观点：应该且有必要开展对国家治理的哲学研究。

这一观点由以产生的现实背景是：2013 年 11 月 9 日至 12 日在北京召开的中共十八届三中全会，提出"全面深化改革的总目标是完善和发展中国特色社会主义制度，推进国家治理体系和治理能力现代化"。2019 年 10 月，中共十九届四中全会又审议通过《中共中央关于坚持和完善中国特色社会主义制度、推进国家治理体系和治理能力现代化若干重大问题的决定》（以下简称《决定》）。因此，开展对国家治理的哲学研究，是国家政治生活的现实需要：为了推进国家治理体系和治理能力现代化，应该且有必要进行相应的思想创新与理论建设。

"国家治理"是从 20 世纪 90 年代起，首先在西方学术界受到关注并引起热烈讨论的一个政治话题，其背景是随着全球化时代的来临，人们越来越感受到"国家现在已经不可能通过自己的行动解决所有问题了，国家的行动

能力受到限制"①了。"国家治理"的英文表达可以用"state governance"，也可以用"governance"，因为"governance"一词在政治学领域，通常就是指国家治理。但是，"governance"作为 20 世纪 90 年代以来国际上流行的一个通用术语，并不限于政治学领域，它也流行于经济学、管理学等领域。在实际使用中，"governance"一词常被用来指称与"government"（统治）所指不同的情况。如果说"government"是指依靠国家强制力来实现的管理活动的话，"governance"则是指以政治国家与公民社会的合作、政府与非政府的合作、公共机构与私人机构的合作、强制与自愿的合作等方式来实现的管理活动。②尽管"governance"一词在特定语境下有其特殊含义，但就其一般意义而言，它与中文"管理"一词并无实质性区别，它其实亦可汉译为"管理"。

在中文古汉语里，"治理"一词早在先秦典籍中就已经出现③，它与较晚出的"管理"一词④相比，其意义差别在于："治理"是指事务本身而言，并不论其事主是谁；"管理"则不但涉及其事务，还涉及其事主，并强调其事主对其事务的责任。故"管理"的意义较诸"治理"更为丰富，它不仅将"治理"的意义摄入其中，更增添了"治理"一词所包含不了的"管"（主事）的意义。⑤"治理"与"管理"在词义上既然有如此细微差异，应可根据被指对象的实际情况来灵活选用这两个词。例如，中共十九届四中全会所审议通过的《决定》，当其提出"推进国家治理体系和治理能力现代化"的总体要求时，在这种场合宜于选用"治理"一词来统称有待于现代化的国家治理体系和治

---

① 徐祖荣：《非政府组织与公共危机治理》，《中国人口·资源与环境》2009 年第 19 卷（专刊）。

② 参见徐祖荣：《非政府组织与公共危机治理》，《中国人口·资源与环境》2009 年第 19 卷（专刊）。

③ "治理"一词初见于《荀子·君道》。

④ "管理"一词最早见于《旧唐书》卷十二《本纪第十二》："壬子，以前涿州刺史、兼御史中丞刘怦为幽州长史、御史大夫、幽州卢龙节度副大使，兼知节度管理度支营田观察，押奚契丹经略卢龙等军使。"参见李翔宇：《管理词源探析——以中、英、日三种语言为例》，《管理学家》2010 年第 12 期；李翔宇：《管理文明论》，武汉出版社 2011 年版，第 34—35 页。

⑤ 详见周可真：《文化管理：管理之所当然——对管理之"体""故""理"的文化哲学研究》，《苏州大学学报（哲学社会科学版）》2018 年第 3 期。

理能力；而当其强调在推进国家治理体系和治理能力现代化过程中必须"坚持党的领导、人民当家作主、依法治国有机统一"时，以其突出了治理的主体因素（以党和人民为治理的责任主体），在这种场合则宜于选用"管理"一词来指称党的领导、人民当家作主、依法治国三者有机统一的治理活动。

由于"国家治理"这一话题原本是跨学科的，是政治学、经济学、管理学等学术领域的共同话题，因此，关于国家治理的研究，在学科性质上是属于交叉学科的学问。就国家治理哲学来说，如果把它理解为"对国家治理的哲学研究"的话，则至少到目前为止，以国家治理为主题的哲学研究，尚限于政治哲学和管理哲学两个领域。虽然不能排除这种哲学研究还可以在经济哲学、社会哲学等领域进行，但是考虑到现阶段的研究情况，符合实际又较稳妥的处置办法，是将国家治理哲学当作介于政治哲学和管理哲学之间的边缘学科或交叉学科来看待和处理。

根据国家治理哲学的学科特性，可将国家治理哲学的独特研究方法确定为政治学方法与管理学方法相互综合的方法，其特点是以政治学观点来看管理学和以管理学观点来看政治学的"交叉互观"。通过这种"交叉互观"，可找寻到管理学和政治学之间相互对应而可以互释的基本范畴——管理学的"组织"与"管理"和政治学的"国体"与"政体"。这样，就可以运用"交叉互观"方法，对这两组基本概念进行如是互读：

以政治学观点来解读"组织"与"管理"——可将"组织"与"管理"释读为"国家组织"和"国家管理"。

这一解读包含下述意义：首先，现代管理学所研究的组织与管理，通常只是企业组织与企业管理。例如孔茨（Harold Koontz，1908—1984）等所著的《管理学》指出："在人类活动中，也许再没有比管理更重要的领域了。为在集体中工作的人员谋划和保持一个能使他们完成预定目标和任务的工作环境，是各类企业中各级主管人员的一项基本任务。"① 显然，该书作者是

---

① ［美］哈罗德·孔茨、西里尔·奥唐奈、海因茨·韦里克：《管理学》，黄砥石等译，中国社会科学出版社1987年版，第12页。

将研究眼光聚焦于企业管理的。又如威廉·纽曼（William H. Newman）、小C. E. 萨默（Charles E. Summer）所著的《管理过程——概念、行为和实践》指出："……管理的任务就是使这种合作努力得以顺利进行。这就需要管理人员把人力、机器和资金这样一些未经组织的资源转变为一个卓有实用价值的企业。管理人员只要抱有服务的思想，企业就能提供和调动所需的生产手段，就能协调企业内的以及同外部共同进行的活动，就能激励企业的人员为共同的目标而努力工作。"[①] 这里更分明是将"管理"当作"企业管理"的同义语来使用了。因此，从政治学角度将"组织"与"管理"释读为"国家组织"和"国家管理"，这就意味着国家治理哲学不是像现代管理学那样将研究眼光聚焦于企业组织与企业管理，而是聚焦于国家组织与国家管理。

其次，政治学的研究对象是内在地包括两个方面的：一为国家政体或政制——这是"政治"之"政"的方面；一为国家管理或治理——这是"政治"之"治"的方面。与之相应，政治学说的基本内容则由政体学说和治理学说所构成。将政治学与管理学联系起来，从政治学角度将管理学的"组织"与"管理"释读为"国家组织"和"国家管理"，从而把国家治理哲学的研究范围确定为国家组织与国家管理，这就意味着原本在政治学中关于国家治理的内容被保留了下来，而关于国家政制的内容则被转换为关于国家组织的内容了。

以管理学观点来解读"国体"与"政体"——可将"国体"和"政体"释读为"国家管理主体性质"和"国家管理基本方式与方法"。

在政治学中，"国体"原是指国家的性质，但国家的性质到底是由什么决定，不同的政治学理论所给出的解答是很不一致的，难以获得统一而确定的结论。从管理学角度将"国体"释读为"国家管理主体性质"，这就比较容易得到确定的结论。国家管理主体性质有两个方面：其一，国家管理者的性质，即管理国家的人是谁？或者说，是由谁来管理国家？其二，国家管理者的目的性，即国家管理者为何管理？或者说，国家管理者抱有何种目的，

---

① ［美］W. H. 纽曼、小 C. E. 萨默：《管理过程——概念、行为和实践》，李柱流等译，中国社会科学出版社 1995 年版，第 5 页。

追求何种理想或境界？当把国家管理当作一个历史过程来理解时，国家管理的根本目的自然就要被理解为是决定国家管理主体性质的关键因素，因为这个目的不仅决定着国家管理发展过程中各阶段活动的基本方式与方法[①]，而且决定该过程前进的总体方向，从而决定国家管理发展的前途与命运。这也就是说，国家管理主体性质是由国家管理所追求的根本目的所决定的。这意味着在国家治理哲学中，"国体"被本质地归结为国家管理根本目的。与此相应，将"政体"理解为达成国家管理根本目的所采取的国家管理方式与方法，这意味着政治学所研究的国家政权组织形式被纳入管理范畴，从而政治学的政体问题被归结于依据国家管理根本目的来确定国家政权组织形式和国家管理基本方式与方法。

基于上述互读，可将国家治理哲学对国家组织和国家管理的研究归结为：（1）探寻一定的国家管理根本目的所依据的世界观；（2）探寻与基于这个世界观的国家管理根本目的的相适应的国家政权组织形式和国家管理基本方式与方法。

二、中国传统国家治理哲学的主题、基本观念和思维方式

对国家治理的哲学研究，不能凭空进行，必须从既有的思想材料出发。在"推进国家治理体系和治理能力现代化"语境下开展国家治理哲学研究，尤其应当重视自己国家在该领域的思想资源的发掘和整理。

在悠久绵长的中华文明史上，有一个不容忽视和无可争辩的事实是：在几千年发展历程中，中国曾经被治理成为世界上最强大的国家，乃至于明代也还保持着世界强国地位。对于这一事实，法国启蒙思想家伏尔泰

[①]　参见马克思《资本论》第 1 卷："……劳动过程结束时得到的结果，在这个过程开始时就已经在劳动者的表象中存在着，即已经观念地存在着。他不仅使自然物发生形式变化，同时他还在自然物中实现自己的目的，这个目的是他所知道的，是作为规律决定着他的活动的方式和方法的，他必须使他的意志服从这个目的。"载《马克思恩格斯文集》第 5 卷，人民出版社 2009 年版，第 208 页。

（Voltaire，1694—1778）早在 18 世纪就已经注意到了，他说："当欧洲人还是一小群人并在阿登森林中踯躅流浪之时，中国人的幅员辽阔、人口众多的帝国已经治理得像一个家庭。"①这未必尽合事实，但应该离事实不远。这个事实能说明什么呢？它说明了中国传统国家治理思想中必定包含着一些合理内容，正是这些合理的治理思想，才使得其实践取得了如此成效，以至于能维系着中国几千年大一统局面而不致陷于长期内乱，更能使其国家不断发展强大。从这个角度来看，中国传统文化中不仅有关于国家治理的思想资源，而且这方面的思想资源相当丰富，其中更有许多优质资源，值得发掘和整理，在此基础上加以创造性转化和创新性发展，使中华优秀传统文化中国家治理思想的精华能适应现时代需要而得以发扬光大。

事实上，中国学术史上早就有关于国家治理的研究和学说，这是连一些外国学者都已经注意到了的，例如美国著名管理学家孔茨和他的同事们，就注意到了古埃及的官僚国家已经"认识到了组织和行政管理的重要性"，并认为古中国的情况与之相似，"孔子的格言中就有关于管好国家的切实可行的建议"②。另一位美国著名管理学家德鲁克（Peter Drucker，或译杜拉克，1909—2005）曾如是说：人们"误以为管理起源于美国，纵然不是美国人所'发明'，也是美国人最为'擅长'。但是，进入 80 年代以后，美国人写书却说，'日本式'的管理是'世界第一'。可是，日本近几年来，则十分重视研究中国的古代管理思想，并且把中国的《孙子兵法》、《三国演义》和《西游记》列为日本企业家的'三必读'"③。

从中国历史文献来看，《荀子·君道》已明确提出"治理"概念："明分职，序事业，材技，官能，莫不治理，则公道达而私门塞矣，公义明而私事息矣。"④这里所谓的"治理"，意思就是"国家得到治理"。在《荀子》

---

① ［法］伏尔泰：《风俗论》上册，梁守锵等译，商务印书馆 1995 年版，第 74—76 页。
② ［美］哈罗德·孔茨、西里尔·奥唐奈、海因茨·韦里克：《管理学》，黄砥石等译，中国社会科学出版社 1987 年版，第 47 页。
③ 转引自魏文斌、袁勇志、芮国强：《管理学》，海潮出版社 1998 年版，第 23 页。
④ 梁启雄：《荀子简释》，中华书局 1983 年版，第 167 页。

以前的文献中，尚未发现有"治""理"二字被联用的情况，它们都是分别单独出现的，其中"治"字出现的频次较高。《尚书·周官·太宰》有"邦治"之说："冢宰掌邦治，统百官，均四海。"①这里"治"的词性为名词，所谓"邦治"是指西周中央政府中由首辅大臣所负责主持的以"统百官，均四海"为内容的国家政务管理。先秦典籍中"治"作为名词也被用来指称行政管理者实行有效管理所达到的社会安定状态，如《易传·系辞下》："黄帝、尧、舜，垂衣裳而天下治，盖取诸乾坤。"②又如《吕氏春秋·先己》："昔者先圣王成其身而天下成，治其身而天下治。"③但是，"治"更多是被当作动词来使用，常见于"治天下""治国""治人""治民""治官"之类的动宾短语中，这些短语中"治"字均可被释义为"管理"。不过，也有使用别的语词来指称这个意义的"治"所指的对象的情况，例如《论语·先进》所谓"为国以礼"④的"为"、《为政》所谓"道之以政，齐之以刑，民免而无耻；道之以德，齐之以礼，有耻且格"⑤的"道"，就都是"治"的同义词，意指管理国家，只是这种情况比较少见。至于"理"字，据东汉经学家许慎（约58—约147）《说文解字》解释："理，治玉也。顺玉之文而剖析之。"⑥这似乎意味着"理"字原本为动词，然考诸文献，《荀子》以前的"理"字多作名词用，如《管子》书中一般被认作战国稷下道家作品的《心术》有"心处其道，九窍循理"⑦之说，此处"道""理"均为名词，"道"指作为人体最重要的生理器官的心的运行规律，"理"则指其他各器官的运行规律。《庄子·养生主》则有"依乎天理"⑧之说，这里"天理"之"理"为名词，其与"天"字所合成的"天理"一词，是表示"自然的

① （汉）孔安国传，（唐）孔颖达正义：《尚书正义》，上海古籍出版社2007年版，第704页。
② 高亨：《周易大传今注》，齐鲁书社1979年版，第562页。
③ 许维遹：《吕氏春秋集释》（上册）卷三《先己》，北京市中国书店1985年版，第10页。
④ 杨伯峻译注：《论语译注》，中华书局1980年版，第119页。
⑤ 杨伯峻译注：《论语译注》，中华书局1980年版，第12页。
⑥ （汉）许慎：《说文解字》，中华书局1963年版，第12页。
⑦ 赵守正：《管子注译》（下册），广西人民出版社1982年版，第1页。
⑧ 曹础基：《庄子浅注》，中华书局1982年版，第44页。

纹理"①或"天然的生理结构"②之意。《荀子》中亦有单独使用"理"字的例子，如《王制》曰："理道之远近而致贡。"③这里"理"为及物动词，是"区分""辨别"之意。此句意为"区别道路的远近来收取贡品"。《吕氏春秋·劝学》有云："圣人之所在，则天下理焉。"④这里"理"为不及物动词，是"治理"之意；"天下理焉"即"天下得到治理"之意。先秦文献中"治""理""治理"诸词使用的总体情况表明，先秦学者对于国家治理已有非常自觉的关注与研究，由此形成了中国早期的国家治理思想与学说。

到了战国末年，出现了一批对以往学术进行通观全局的审视、反思和批评并加以一定程度的总结的学术史论著，包括《庄子·天下》⑤、《荀子·解蔽》和《韩非子·显学》。尽管这些论著的学术立场各异，其批评各有侧重，其思想更是互见差异，但是它们都不约而同地将以往各种学术的共性特征归结为探求能致圣王之治的国家治理之道——被《解蔽》概括为可达致"上明而下化"的"虚一而静"的"治心之道"⑥；被《显学》概括为"不随适然之善"的"有术之君"所奉行的"不恃人之为吾善也，而用其不得为非也"的"必然之道"⑦；被《天下》概括为由"古之道术"所发明的"内圣外王之道"⑧。其中，《天下》的概括被梁启超评论为："'内圣外王'一语，包举中国学术之全部，

① 陈鼓应：《庄子今注今译》，中华书局 1983 年版，第 97 页注⑪。

② 曹础基：《庄子浅注》，中华书局 1982 年版，第 44 页注⑧。

③ 梁启雄：《荀子简释》，中华书局 1983 年版，第 107 页。

④ 许维遹：《吕氏春秋集释》（上册）卷四《孟夏纪》，北京市中国书店 1985 年版，第 5 页。

⑤ 据刘笑敢考证，《庄子·天下》属于庄子后学中黄老派的作品，《庄子》外杂篇中黄老派的作品完成于战国末年，但《天下》是黄老派作品中较早出者。参见刘笑敢：《庄子哲学及其演变》，中国社会科学出版社 1988 年版，第 93—98、第 299。

⑥ 梁启雄：《荀子简释》，中华书局 1983 年版，第 308、294、302 页。

⑦ 《韩非子》校注组：《韩非子校注》，江苏人民出版社 1982 年版，第 691—692 页。

⑧ 《庄子·天下》认为古代学术是研究且全面把握了"内圣外王之道"的完美纯正学术，故称其为"古之道术"，而后世的学者虽然也研究"内圣外王之道"，但由于他们"不幸不见天地之纯，古人之大体"，故他们对于"内圣外王之道"是"闇而不明，郁而不发"，他们的学说其实是"各为其所欲焉以自为方"的"方术"，他们自以为是而实际上不过是各执一管之见的"方术"把"古之道术"弄得支离破碎了，所以称述春秋以来的天下学术形势为"天下之治方术者多矣"而"道术将为天下裂"。

其旨归在于内足以资修养而外足以经世。"① 在梁氏看来，整个中国传统学术的主旨都可以用"内圣外王"来概括。冯友兰则以哲学眼光将中国传统哲学的本质内容归结为"内圣外王之道"，冯先生指出："圣人的人格，是内圣外王的人格。照中国哲学的传统，哲学是使人有这种人格底学问。"②"所谓内圣外王，只是说，有最高底精神成就底人，可以为王，而且最宜于为王。"③"如果圣人最宜于做王，而哲学所讲底又是使人成为圣人之道，所以哲学所讲底，就是所谓'内圣外王之道'。"④

　　从国家治理哲学角度来进行解读，"内圣外王"表达了关于国家管理主体的"圣王"观念，按照这个观念，国家管理主体应该是"圣王"。"圣王"不同于"圣"，也不同于"王"。"圣"是表示智慧和德行超群之人，"王"则是表示国家管理层中级别最高的人。智慧和德行超群者，可以是但不必是国家管理层中级别最高者；国家管理层中级别最高者，可能是但未必是智慧和德行超群者。"内圣外王"的观念则要求为"王"者同时为"圣"，易言之，即要求国家管理主体为"圣"。这种观念是基于"究天人之际"的哲学，在这种哲学看来，"圣"是"顺天应人"⑤ 的"得道"（或曰"闻道""体道"等）之人。所谓"得道"，在"顺天"意义上是遵从"天道"（或"天命"）行事，在"应人"意义上是顺从"人性"（或"人心"）行事。就中国传统哲学的主流思想来说，"天道"与"人性"是内在相通、完全一致的。这种常被概括为"天人合一"的天人观，是中国传统哲学的特殊观念和思维方式。"内圣外王"的观念即是由"天人合一"的哲学观念和思维方式引申出来的。从国家治理哲学角度看，所谓"内圣外王"，就是将"顺天应人"的原则运用到国家管理领域，遵循"天道""人性"来管理国家。但是，"天人合一"又不

---

① 转引自陈鼓应：《庄子今注今译》，中华书局 1983 年版，第 861 页。

② 冯友兰：《贞元六书》，华东师范大学出版社 1996 年版，第 706 页。

③ 冯友兰：《贞元六书》，华东师范大学出版社 1996 年版，第 708 页。

④ 冯友兰：《贞元六书》，华东师范大学出版社 1996 年版，第 856 页。

⑤ 《周易·革·彖传》："天地革而四时成。汤武革命，顺乎天而应乎人。革之时，大矣哉。"参见高亨：《周易大传今注》，齐鲁书社 1979 年版，第 408 页。

是简单的"天""性"相通或一致，而是基于"人本于天"的观念——这种观念在儒家哲学中被表述为"天命之谓性"①，在道家哲学中被表述为"人法地，地法天，天法道，道法自然"②。这样，"圣王"就被本质地归结为"天道"的体现者了。"圣王"之治乃是依据"天道"来确定国家管理根本目的和与之相应的国家政权组织形式及国家管理基本方法而由之以行。

据上所论，中国传统哲学所探讨的"内圣外王之道"其实不过是一种合于"天道"的国家治理原理。中国传统哲学之所以要"究天人之际"，是因其将属于"人道"范畴的国家治理原理归本于"天道"，故为探究"人道"之所以而穷究"天道"之原委，这种研究方式所体现的乃是"人本于天"的"天人合一"哲学观念与思维方式。在这个意义上，中国传统哲学未尝不可以被当作国家治理哲学的一种具体形式和历史形态来看待。

要之，中国传统国家治理哲学是以"内圣外王之道"为主题，运用"天人合一"思维方式来探究"天人之际"的哲学。

三、儒、道、法国家治理哲学研究框架

"国家治理哲学"这一术语是几年前才被提出的，在"国家治理哲学"名义下做研究的学者至今寥寥无几，故无论是关于中国传统国家治理哲学的总体研究，还是关于儒、道、法国家治理哲学的具体研究，目前都还处在起步阶段，其直接成果问世者极少。然从国家治理哲学作为一个介于政治哲学和管理哲学之间的交叉学科角度来看，其相关研究成果还是相当可观的。

（一）与本研究有一定关联度的学术研究

1.国内已有的相关研究主要是在政治哲学和管理哲学两个维度上进行

政治哲学维度的研究——梁启超首开其端，所著《先秦政治思想史》（1924）围绕天道思想、民本思想、法律观念以及乡治、民权等问题，主要

---

① 《中庸》，载（宋）朱熹：《四书章句集注》，中华书局 1983 年版，第 17 页。
② 《老子·二十五章》，载（魏）王弼著，楼宇烈校释：《王弼集校释》，中华书局 1980 年版，第 65 页。

探讨了儒、道、墨、法的政治思想，其特点是将其研究的内容都纳入人生哲学及政治哲学范畴，更认为这些哲学思想是以"人类现世生活之理法"为中心。梁氏之后同时代同类著作中最为后世看重者是萧公权的《中国政治思想史》（1940），该书以儒、道、法三家政治思想为纲要，以儒家思想为主线，将晚周至近代的政治思想史划分为三个时期——先秦为"封建天下"的"创造时期"，秦汉至两宋为"专制天下"的"因袭时期"，明清和近代是"专制天下"的"转变时期"，其论及转变时期明清之儒，则以王守仁、李贽等明儒思想为"明代专制思想之反动与余波"，而以黄宗羲、唐甄、顾炎武等清儒思想为"明末清初之反专制思想"。出版于萧著之前，被学界公认为首次以唯物史观来探索、梳理和说明中国思想发展规律的著作，是吕振羽的《中国政治思想史》（1937）。该书除了论述包括孔子在内的所有古代主要思想家的政治思想和哲学观点以外，为服务于当时抗日救亡斗争，还尽力发掘中国政治思想中的爱国主义内容。以上三先生的研究，为该时期特殊的国家形势所限，其眼界颇受当时政治风云影响，未能对传统政治思想中的哲学智慧作深度挖掘。晚近论著中，当推牟宗三的《政道与治道》（1987）为代表，此书是以批判性眼光来审视其对象，着重于政道（权力的正当性基础）与治道（统治的手段）的比较分析，认为中国古代只有治道，没有政道，传统政治理论大多是讨论治道问题，如法家强调以法为手段，控御人民进行统治，道家则认为无为而治是最好的统治方式，儒家更认为要以民为本，甚至认为权力要造福人民——他们都没有触碰权力的道德基础问题。大陆当推周桂钿主编、李祥俊撰写的《中国传统政治哲学》（2001）为代表，该书认为，从先秦到清末两千多年间中国传统社会中有一个始终一贯的带有根本性的政治思想体系，这便是中国传统政治哲学。其书认定儒学是中国传统哲学的主干，而政治哲学是儒学的中心，据此将中国传统政治哲学的基本内容概括为"天命论""经学""大一统论""纲常论""民本论""德治论""常变论"七个方面，认为民本论是中国传统政治哲学的中心。以其实质内容而言，该书所论究的其实是中国儒家传统政治哲学，因其如此，它才把"天命论"视为"中国传统政治精神支柱"，更认为"经学"是"中国传统政治的指导思想"。最近二十年来，国内学界较多关注法家韩非，相关论著主要有《韩非与董仲舒政治哲学的比较研究》（赖美琴，1999）、《韩非子政治思想再研究》（宋洪兵，2007）等。此外，还有对中国传统政治哲学的逻辑结构和理论价值等问题进行探讨的论文集《中国传统政治哲学史论》（孙晓春，2020）。

管理哲学维度的研究——虽然开展得较晚，但越来越受重视，研究较有深度。以台湾地区学者曾仕强所著《中国管理哲学》（1963）首开其端，继有蔡麟笔的《我国管理哲学与艺术之演进和发展》（1984）问世。美籍华人学者成中英也力主"建立中国的管理哲学"（1985），后来更设想"建立一个现代化的中国管理模式"——"C 理论"（1993），继之推出了《C 理论——易经管理哲学》（1995），并将"C 理论"应用于研究先秦诸子百家的管理思想，分别将其理解和论定为"决策哲学"（道家）、"领导哲学"（法家）、"权变哲学"（兵家）、"创造哲学"（墨家）、"协调哲学"（儒家），这确乎富有创意，但是仅据《易》来解读百家，也有其难掩的局限性。我国大陆学界于 1984 年 12 月在北京召开了第一次中国古代管理思想研讨会，其后出现了一些编著性成果，如《中国古代管理思想》（何奇、杨道南、伍子杰等，1986）、《文韬武略——博大精深的中国古代管理思想》（杨宗兰，1989）、《治策通览》（张长法，1989）等。与本研究相关度较高的学术成果于 20 世纪 90 年代以后才陆续问世，较有代表性者如《中国儒家管理思想》（刘云柏，1990）、《儒家管理哲学》（黎红雷，1993）、《孔子的管理之道》（孔健，1995）、《老子管理学：道、德、柔、无、反、水六大管理法则》（杨先举，1996）、《君人南面之术——法家与人才管理》（谢芳琳、干永昌，1996）、《霸者之道　法家管理》（段渝、邹一清，2002）、《〈周易〉管理思想研究》（杨恺钧，2004）、《周易式管理》（庞钰龙，2006）、《中道管理》（曾仕强，2006）、《〈管子〉管理哲学思想研究》（万英敏，2008）、《〈韩非子〉管理思想研究》（孔雁，2013）等。其中黎红雷的著作最具代表性，其特点是依据国内通行的哲学体系及其基本内容和现代管理学领域通行的理论体系及其主要议题，将儒家管理哲学的基本内容厘定为"儒家管理的哲学论"（包括"唯人则天"的管理本体论、"知治一致"的管理认识论、"执经达权"的管理方法论、"义以生利"的管理价值论）和"儒家哲学的管理观"（包括"劳心治人"的管理本质观、"人性可塑"的管理人性观、"能群善分"的管理组织观、"无为而治"的管理行为观、"道之以德"的管理控制观、"修己安人"的管理目标观）。这是同类论著中堪称理论性最强、哲学味最浓的著作，其理论框架和逻辑结构几乎无懈可击，但其研究方式或有一定缺陷，这有似于孔雁《〈韩非子〉管理思想研究》之缺陷，后者套用当代管理学的范畴体系，将韩非管理思想的基本内容归纳为控制之道、领导思想、用人思想、激励思想等几个方面，由此让人难以看出韩非本人对于治国理政最为关切的问题究竟是什么，以及他在破解其问题时究竟表现出了怎样的哲学智慧。还值得一提的是，在通论性著作中最具代表性的是葛荣晋的《中国管理哲学导论》（2007），该书建构了以"修己治人"为基本特征的中国管理哲学思想体系，提出了中国管理"四境界"（"实践境界""科学境界""道德境界""艺术境界"）说。另外，在形式上与本研究关系最近者要数陈玮编著的《管理真经：儒、法、道家的管理哲学》（2006），然此书是出于实用目的，结合国内外著名企业的领导与管理案例，来阐释儒、道、法的管理思想的精妙实用之处，更以历史的成败得失来加以印证，故其书虽冠名"管理哲学"，实有重"管理"轻"哲学"之偏向。

2.国外的相关研究主要是在文化维度上进行，有少量涉及政治哲学

最早可追溯到 18 世纪法国启蒙思想家孟德斯鸠（Charles-Louis de Secondat，1689—1755）在《论法的精神》（1748）的写作过程中对中国法律文化的初探和伏尔泰在《风俗论》（1756）中对中国道德与法律文化的研讨，以及德国古典哲学家黑格尔（Georg Wilhelm Friedrich Hegel，1770—1831）在《哲学史讲演录》（1833）中对中国哲学的研究（主要涉及《周易》、老子、孔子等），但其研究成果只是散见于某些论著中，且因当时研究资料匮乏，其论述未免浮光略影，判断多带臆测。19 世纪末、20 世纪初才有一些专门性的译著论著问世，如英国汉学家翟理斯（Herbert Allen Giles，1845—1935）的《庄子：神秘主义者、伦理学家、社会改革家》（ChuangTzu，Mystic，Moralist，and Social Reformer，1889）、荷兰包雷（Henri Borel，1869—1933）的《无为：建立在老子哲学基础上的幻想》（Wu-Wei，A Phantasy Based on the

Philosophy of Lao-Tse，1903）、德国汉学家乌拉尔（Alexander Ular）的《老子之道》（1903）、社会学家韦伯（Max Weber，1864—1920）的《儒教与道教》（1916）等。值得一提的是，韦伯《儒教与道教》从宗教社会学视角，将儒家道德归结为一种纯粹入世的世俗伦理，并认为儒家道德价值观通过教育影响和陶冶了中国人的"气质"。

此后西方汉学界，欧洲较重道、法系统的研究，但其成果多属于对经典的编译性论著和对学派人物的推介性论著，如荷兰戴闻达（Jan Julius Lodewijk Duyvendak，1889—1954）的《商君书》（译著，1928）和《中国思想家：孔、孟、荀、墨、庄、列、商、韩非》（1941），德国鲁道夫·瓦格纳（Rudolf G. Wagner，1941—2019）的《语言、本体论和政治哲学：王弼对玄学的学术考察》（Language, Ontology, and Political Philosophy: Wang Bi's Scholarly Exploration of the Dark Xuanxue, 2003），英国韦理（Arthur David Waley，1889—1966）的《道及其威力：〈道德经〉及其在中国思想中的地位之研究》（The Way and Its Power: A Study of the "Tao Te Ching" and Its Place in Chinese Thought，1934）等。另外，法国汉学泰斗汪德迈（Léon Vandermeersch，1928—2021）著有《王道：古代中国制度》（上部："宗教与家庭制度"，1977；下部："政治与礼仪制度"，1980）等①，主要从制度层面探究儒家德治文化，将其主要特征描述为"群体主义"与"礼治主义"。

美国则很重视儒家文化研究，最令人瞩目者是一批号称"波士顿儒家"的学者，他们鉴于美国自由民主政治及其文化教育所存在的弊端，主张从儒家思想中吸取有益成分。其中以波士顿大学南乐山（Robert Cummings Neville，1939— ）教授为代表的"河南派"较重荀子礼义之学，偏重于儒家制度文化研究，其代表作有南乐山的《在上帝面具的背后：儒道与基督教》（Behind the Masks of God: An Essay Toward Comparative Theology，1991）、《波士顿儒学：后现代世界的可移植传统》（Boston Confucianism: Portable Tradition in the Late Modern World，2000）；以哈佛大学杜维明教授为代表

① 此书已收入中国大百科全书出版社出版计划《汪德迈全集》（全10册，已出4册）。

的"河北派"则较重孟子心性之学，偏重于儒家人文精神研究，其代表作有杜维明的《人道与自我修养：论儒家思想》（Humanity and Self-Cultivation: Essays in Confucian Thought，1979）、《道、学、政：论儒家知识分子》（Way, Learning, and Politics: Essays on the Confucian Intellectual，1993）。另有陈张婉莘（Ellen Marie Chen，1933—　）的《道·自然·人：〈道德经〉中思想研究的关键》（Tao, Nature, Man: A Study of the Key Ideas in the "Tao Te Citing"，1966）、顾立雅（Herrlee Glessner Creel，1905—1994）的《中国治国术的起源》（The Origins of Statecraft in China，1970）和安乐哲（Roger T. Ames，1947—）的《统治艺术：中国古代政治思想研究》（The Art of Rulership：A Study of Ancient Chinese Political Thought，1993）等。

3. 近年来与本研究关联度较高的国内外学术研究新动向

近年来与本研究关联度较高的国内外学术研究有两个值得注意的新动向：

（1）把中国传统管理思想或政治思想同当今现实社会需要联系作开发性、应用性研究。

2013 年以来，由南京大学主办的"中国传统智慧与现代管理国际学术论坛"已举行过四次（2013；2015；2017；2019），与会者除了国内的，还有来自美国、丹麦等国的学者。国外的刊物也有一些相关研究论文发表，如《加拿大社会科学》发表了《对中国传统政治思想的当代思考》（The Contemporary Thinking of Chinese Traditional Political Thoughts，Liu Ye，Canadian Social Science，Vol. 2, No. 2, November 2005），主要观点是认为中国传统政治思想的精髓是"以儒家思想作为基础，以法家思想为辅助，以道家思想为调剂，同时也包含了其他百家的思想"；《人文暨应用科学国际期刊》发表了《中国古代管理理论与现代管理理论的融合》（Fusion of Ancient Chinese Management Theory and Modern Management Theory, Ding Chengbei, Michel Plaisent, and Prosper Bernard Jr., International Journal of Humanities and Applied Sciences（IJHAS）Vol. 2, No. 3, 2013 ISSN 2277—4386），内容涉及道、法、儒、墨四家，主要观点是认为古代中国的管理智慧和哲学侧重于道德信仰以及长期以来的历史积淀的价值观，而不是简单地回答"是什么"或者告诉如何去做的规则。

（2）从哲学角度开展对中国传统国家治理思想的研究。

已有一些相关研究成果发表，国内如《朱子学刊》发表了《中国传统治国方略模式概述》（徐公喜，2012），内容涉及"德治论"、"礼治论"、"法治论"和"政治论"；《北京日报》发表了《中国古代的国家治理哲学：王道到治道》（谢扬举，2018），内容涉及儒家、道家、墨家、法家和杂家；《哲学动态》发表了《中国传统国家治理思想的三种基本类型》（周可真，2015），内容涉及儒、道、法三家。国外如《中国经济前沿》发表了《儒家和法家：古代中国的国家管理策略模型》（"Haiwen Zhou, Confucianism and the Legalism: A Model of the National Strategy of Governance in Ancient China", *Frontiers of Economics in China*, Volume 6, Issue 4，2011），内容涉及儒家和法家，主要观点是：儒家学说强调家庭价值、道德劝说和人际关系，法家学说强调激励的使用以及正规制度；管理者可以通过利用儒家管理者和被管理者之间家长式的关系，以及法家构建正规制度的力量，而采取一种儒法结合的国家管理策略。

（二）本研究的选题依据、主要特点、特殊价值与基本思路

本研究之所以选取儒、道、法的国家治理哲学作为课题，主要是出于如下考虑：

在"诸子蜂起"的春秋战国时期，尽管在"百家争鸣"中出现了所谓"十家九流"[①]的诸多学派，但综观这些学派在当时及后世的实际影响，其中只有儒、墨、兵、道、法五家影响较为重大。这五家中，墨家在战国时代曾经影响很大，以至于孟子曾声称他那个时代是"处士横议，杨朱、墨翟之言盈天下。天下之言不归于杨，即归墨"[②]，但是秦汉以后它就逐渐走向衰落了，而且长期湮没不彰。兵家则不但在当时就颇有影响，对后世更有深远影响，然其影响范围毕竟主要是军事领域，其兵法固然也对国家治理产生了一

---

① 据西汉学者刘歆所作《七略·诸子略》，"十家"指儒、道、阴阳、法、名、墨、纵横、杂、农、小说。刘歆认为这十家之中小说家属于艺文，当除去不算，因称其余九家为"九流"。

② 《孟子·滕文公下》，载杨伯峻译注：《孟子译注》，中华书局1960年版，第155页。

定影响，但远不及儒、道、法三家的影响那样重大。儒、道对当时和后世的影响自不待言，单说法家，它在当时引领各国变法，其现实影响力实际超过儒、道；而秦始皇统一中国后所建立的那套以皇权为核心的郡县制帝国政治体系，其理论根据主要是来自法家思想，其历史根据则是来自商鞅变法以来法家政治理念在秦国的具体实践，秦朝覆亡后，后人对所谓秦朝暴政多有抨击，尤其是那些自以为继承了先秦儒家道统的学者、思想家，几乎个个都把秦朝当作后世治国者的一个反面教材来予以评说。可是，秦始皇所开创和确立的那套郡县制帝国政治体系，却事实上是作为一种政治衣钵代代相传，直至清朝灭亡都未曾发生过实质性变化，乃至于可以且足有理由说，自秦至清长达两千一百余年的郡县制帝国历史，本质上不过是先秦法家政治理想持续恒久的具体实践过程。正是通过这种国家政治实践形式，法家实际上一直都对中国社会产生着几乎是全方位的影响，只不过历来鲜有人提及，特别是崇儒黜法的护国者，更是不愿意提及这种影响罢了。

本研究的主要特点在于将儒、道、法的国家治理哲学当作中国传统国家治理哲学的三种基本类型来加以研究。

自西周至清代的古代中国先后共经历了封建制邦国和郡县制帝国两种基本国家形态，这两种国家形态的新陈代谢是发生于先秦"百家争鸣""诸子蜂起"的春秋战国时期。先秦诸子百家中儒、道、法三家的国家治理哲学是古代中国的国家形态从封建制邦国向郡县制帝国演变过程中最有代表性的三种哲学形态：儒家哲学与道家哲学分别是反映封建制邦国瓦解时期政治发展要求的建设性和理想性的邦国治理思想与批判性和幻想性的小国治理思想，法家哲学则是反映封建制邦国崩溃和郡县制帝国形成之际政治发展要求的建设性和现实性的帝国治理思想。中国传统国家治理哲学的演变与发展，主要就是这三家哲学因随历史发展和时势变化而复杂互动乃至于互融为一的过程。

从现实性上讲，开展对儒、道、法国家治理哲学的研究，对于吸取中华传统国家治理智慧以推进国家治理体系和治理能力现代化具有特殊价值。

儒、道、法三家哲学各有独特的人性论：儒家是"性善"论者，法家是

"自为"论者，道家则是"性朴"论者。此三种理论导致其在国家治理方式上各自倾向于三种不同治理模式：儒家是推崇仁政礼教的柔性治理，法家是讲究苛严法制的刚性治理，道家是崇尚清正无为的非刚非柔之中道治理。从其对国家治理实践的意义来说，基于三种不同人性论的儒、道、法三种治理模式构成了相济相成的互补关系：不仅儒法之间一柔一刚的治理模式在政府治理中具有刚柔相济的互补性，极重政府治理之儒、法两种治理模式和极重百姓自治的道家治理模式在整个国家治理中亦具有互补性。就其三家哲学作为三种不同性质的国家治理理念而言，它们对于在实践上指导和推动政府治理之臻于刚柔并济的辩证境界、国家治理之臻于官治（政府治理）与民治（百姓自治）相结合的善治境界具有不可或缺其一的整体性。

本研究的基本思路是立基于将国家治理哲学理解为介于政治哲学与管理哲学之间的一门交叉学科，并把中国古典哲学理解为国家治理哲学的一种具体形式和历史形态，进而借助于这两个学科"交叉互观"的解读方法，将中国传统国家治理哲学的主要内容归纳为"天人之际""群道""政道""治道"四大议题，再按照这些内容从儒、道、法的经典文本中选取相应的材料，并将这些材料所反映的思想分四篇十章加以条分缕析的论述，以展示儒、道、法三家关于治国理政的哲学智慧。

一、天人篇

众所周知，汉语"哲学"一词是一个外来语，其古希腊文的本义为"爱智慧"。古希腊哲学家亚里士多德（Aristotle，前384—前322）在《形而上学》中，是完全按照这一本义来解释"哲学"的。他指出："智慧就是有关某些原理与原因的知识。"①"明白了原理与原因，其它一切由此可得明白，若凭次级学术，这就不会搞明白的。凡能得知每一事物所必至的终极者，这些学术必然优于那些次级学术；这终极目的，个别而论就是事物的'本善'，一般而论就是全宇宙的'至善'。上述各项均当归于同一学术；这必是一门研究原理与原因的学术"②。按亚氏的这一解释，哲学可分两种：一种是探求宇宙间某一特殊事物的原理与原因的学术，一种是探求整个宇宙的原理与原因的学术；前者可称为"特殊哲学"，后者可称为"一般哲学"。后世所谓哲学，多是就一般哲学而言，系指探究宇宙至理极因的形而上学，是为狭义哲学。英国哲学家伯特兰·罗素（Bertrand Russell，1872—1970）在他所著的《西方哲学史》（1945）中，将这种狭义哲学理解为"人生观与世界观"③。罗素的这一哲学概念与我国哲学界所使用的哲学概念④是一致的，后者可能就是承袭前者而来。就国家治理哲学而论，它应该是属于亚里士多德所讲的那种特殊哲学。在亚里士多德看来，形而上学探究"万物的原因"和"世间第一原理"⑤，因而是"第一哲学"（相对于数学和物理学）和"第一学术"（相对其他学术）⑥，其他学术都以它为理论依据，都从它取得自己的一般原则。据此，国家治理哲学固然是属于特殊哲学，但它应有一般哲学作为其理论依据，或者说，它本身就内在地包含着一般哲学。本篇拟论述儒、道、法国家治理哲学的一般世界观。

---

① ［古希腊］亚里士多德：《形而上学》，吴寿彭译，商务印书馆1959年版，第3页。

② ［古希腊］亚里士多德：《形而上学》，吴寿彭译，商务印书馆1959年版，第4—5页。

③ 参见［英］伯特兰·罗素：《西方哲学史》，何兆武、李约瑟译，商务印书馆1963年版，第11页。

④ 我国哲学界所使用的哲学概念通常被定义为"理论形态的世界观"，而"人生观是世界观的主要组成部分和集中体现"。参见本书编写组：《马克思主义哲学》，高等教育出版社、人民出版社2009年版，第1—3页。

⑤ 参见［古希腊］亚里士多德：《形而上学》，吴寿彭译，商务印书馆1959年版，第5—6页。

⑥ 参见［古希腊］亚里士多德：《形而上学》，吴寿彭译，商务印书馆1959年版，第119—120页。

第一章 天秩观

用以标识国家治理哲学中最基本概念的"治理"一词，尽管在文字形式上早就出现在先秦典籍中，但是它与古语"治理"一词在具体用法和实在意义上并不完全相同，其主要区别有三：（1）今言"治理"一词可以作为及物动词来使用而称"治理国家""治理天下"，这样的用法是近世以后才有的；而古语"治理"一词则无此用法，古文献中表达同样意思的词儿通常为"治"。（2）今言"治理"一词作为不及物动词被用于指谓治理状态而称"国家治理""公司治理"时，其意义是中性的，它并不表示治理状态的良善与否；而古语"治理"一词则可以指良善的治理状态，例如《孔子家语·贤君》："吾欲使官府治理，为之奈何？"[①] 这里"治理"一词即指良善的治理状态，所谓"使官府治理"犹言"使官府得到善治"。（3）古语"治理"一词被当作名词来使用时可指治国理政所取得的成绩（如袁宏《后汉纪·献帝纪三》："上曰：'玄在郡连年，若有治理，迁迁之，若无异劾，当有召罚。何缘无故徵乎？'"[②]），也可指治国理政所依据的道理（如严有禧《漱华随笔·限田》："……侍郎蒋德璟出揭驳之，谓'……由此思之，法非不善，而井田既湮，势固不能行也。'其言颇达治理。"[③]），而今言"治理"一词则无此用法。

---

① 《孔子家语》，载陆费逵、高野侯等辑校：《四部备要》第五二册，中华书局 1989 年版，第 22 页。

② （晋）袁宏：《后汉纪》卷二十八，载《摛藻堂四库全书荟要》，台湾世界书局 1985 年版，第 10 页。

③ （清）严有禧：《丛书集成初编》二九六九《偶阳杂录·滇南忆旧录·漱华随笔》，商务印书馆 1936 年版，第 6 页。

古汉语中，与今言"治理"一词大致相当的词为"治"，但古文献中"治"字包含着比今言"治理"一词更为丰富的意义：（1）可作及物动词用以指称治理行动——例如《老子·六十章》："治大国若烹小鲜。"① 又如《墨子·尚贤下》："是故古之圣王之治天下也，其所富，其所贵，未必王公大人骨肉之亲、无故富贵、面目美好者也。"②（按：古文献中"治理"一词则无此用法，即没有"治理国""治理天下"之类的说法。）（2）可作不及物动词用以指称治理状态——例如《老子·三章》："为无为，则无不治。"③ 其中"为无为"是指用"无为"作为治理的手段与方法；"治"是指运用"无为"所达到的治理状态。这里"治"的用法类似于《荀子·君道》中"治理"的用法："明分职，序事业，材技，官能，莫不治理。"④ 其中"明分职""序事业""材技""官能"都是指治理的手段与方法，"莫不治理"之"治理"则是指运用这些手段与方法所达到的治理状态。（3）可作名词用以指称治理事务——例如《古文尚书·周官·太宰》："冢宰掌邦治，统百官，均四海。"⑤ 这里的"邦治"之"治"系指治理事务；"邦治"是指冢宰所掌管的政府治理事务。（4）可作形容词用以指称被治理的对象所显示出来的治理效果和善治状态——例如《荀子·大略》："故义胜利者为治世，利克义者为乱世。"⑥ 这里"治世"是一个偏正结构的定中词组，其中"治"字为形容词，被用来修饰作为该词组之中心语的名词"世"。所谓"治世"是指安定的社会或太平的世界，这里"治"是指被治理的对象所显示出来的治理效果和善治状态。古语中这个意义的"治"是"乱"的反义词。"治"作为形容词也被用在"天下治""天下大治"之类的主谓短语中——例如《吕氏春秋·先己》："昔者先圣王成其身而天下成，治其身而

---

① 《老子·六十章》，载（魏）王弼著，楼宇烈校释：《王弼集校释》，中华书局 1980 年版，第 157 页。

② 载王焕镳：《墨子校释》，浙江文艺出版社 1984 年版，第 67 页。

③ 《老子·三章》，载（魏）王弼著，楼宇烈校释：《王弼集校释》，中华书局 1980 年版，第 8 页。

④ 梁启雄：《荀子简释》，中华书局 1983 年版，第 167 页。

⑤ （汉）孔安国传，（唐）孔颖达正义：《尚书正义》，上海古籍出版社 2007 年版，第 704 页。

⑥ 梁启雄：《荀子简释》，中华书局 1983 年版，第 375 页。

天下治。"① 这里"天下治"犹言《吕氏春秋·大乐》所谓"天下太平"②。这两个同类短语中主语"天下"为名词，谓语"治"或"太平"均为形容词，都是指世界安宁或社会安定的善治性征。又如《礼记·礼器》："是故圣人南面而立，而天下大治。"这里"天下大治"在语法上亦属主谓短语，其中谓语是由形容词性短语"大治"充当，该短语的反义词为"天下大乱"。

在古语词"治"的上述诸多义项中最可值得注意的，是它作为形容词和"乱"的反义词被用于描述被治理的对象所显示出来的治理效果和善治状态，这种治理效果和善治状态作为治理活动的结果，代表着中国传统治理价值观所追求的目标。对此，我国著名社会学家郑杭生曾发表评论说：

> "由于中国学术的'经世致用'传统，中国社会思想史在某种程度上，就是中国社会管理思想史。也就是说社会学和社会管理学一样，都是一门求治去乱的学问。"③

从中国最早提出"治理"一词的先秦儒学大师荀子的有关论述来看，的确可以在一定意义上将"求治去乱"视为中国传统治理价值观所追求的目标。荀子曰："乱则国危，治则国安。"④ 又曰："禹以治，桀以乱，治乱非天也。"⑤ 正因为治乱关乎国家安危，而或治或乱又非天定，而是取决于治国者如何作为，治理问题才值得忧国忧民的学者们去研究，而求治去乱以保国家安定，自然就成为其研究国家治理的学术宗旨了。

求治去乱无非是为了国家的安定而建立某种社会秩序和政治秩序。这种秩序的建立首先是一个思想过程，即事先在头脑中观念地建成某种秩序，然后借助于一定的条件和手段，通过治理实践，将这种秩序由观念转化为现实。按照中国传统治理哲学的基本观念和思维方式，"人道"是本于"天道"，故观念地建构属于"人道"范畴的社会秩序和政治秩序，在一般哲学层次上，乃是

---

① 许维遹：《吕氏春秋集释》（上册）卷三《先己》，中国书店 1985 年版，第 10 页。

② 许维遹：《吕氏春秋集释》（上册）卷五《大乐》，中国书店 1985 年版，第 6 页。

③ 郑杭生：《社会建设和社会管理研究与中国社会学使命》，《社会学研究》2011 年第 4 期。

④ 《荀子·王霸》，梁启雄：《荀子简释》，中华书局 1983 年版，第 145 页。

⑤ 《荀子·天论》，梁启雄：《荀子简释》，中华书局 1983 年版，第 225 页。

在于探求属于"天道"范畴的宇宙秩序——所谓"天秩"是也。本章拟论述儒、道、法一般世界观中关于宇宙基本秩序的思想——所谓"天秩观"是也。

"天秩"一词初见于《尚书·皋陶谟》："天叙有典，敕我五典五惇哉！天秩有礼，自我五礼有庸哉！"① 这里"天叙（序）"与"天秩"并举，都是指天定或天然的秩序而言，但又各有其特殊的含义。北宋哲学家张载（1020—1077）在《正蒙·动物》中对"天序"和"天秩"有相当精辟的解说："生有先后，所以为天序；大小、高下相并而相形焉，是谓天秩。天之生物也有序，物之既形也有秩。知序然后经正，知秩然后礼行。"② 据其所说，"天序"是指宇宙演化过程中万物的生成在时间上的先后顺序；"天秩"则是指已然生成的万物在空间上的排列次序。本章所论天秩观之"天秩"是兼指这两种关系而言。

第一节　儒家："三才（材）"与"天尊地卑"

"儒家"之名盖起于西汉史学家司马谈（约前169—前110）所撰《论六家要旨》，其曰："'天下一致而百虑，同归而殊途'。夫阴阳、儒、墨、名、法、道德，此务为治者也，直所从言之异路，有省不省耳！"③ 其中评论儒家之学的特色，称："夫儒者以'六艺'为法。'六艺'经传以千万数，累世不能通其学，当年不能究其礼，故曰'博而寡要，劳而少功'。若夫列君臣父子之礼，序夫妇长幼之别，虽百家弗能易也。"④ 这实是将儒家定义为"以'六

---

① （清）孙星衍：《尚书今古文注疏》，陈抗、盛冬铃点校，中华书局1986年版，第85页。按：此段大意为："天规定了人间的恒常伦序，要求人们以父义、母慈、兄友、弟恭、子孝之厚德来善待自己的亲人啊！天规定了人间的等级次序，从天子到诸侯、卿大夫、士、庶五个不同阶层的人，都得按照和自己的身份地位相符的礼仪规矩行事啊！"

② （宋）张载：《张载集》，中华书局1978年版，第19页。

③ （汉）司马迁：《史记·太史公自序》，载《四部备要》第十五册，中华书局1989年版，第1178页。

④ （汉）司马迁：《史记·太史公自序》，载《四部备要》第十五册，中华书局1989年版，第1178页。

艺'为法"的一个学派。"六艺"有两种含义，或指"六经"(《诗》《书》《礼》《易》《春秋》《乐》)，或指礼、乐、射、御、书、数。此处司马谈所说"六艺"则显然指"六经"，所谓"'六艺'经传以千万数"乃其明证。由此说来，"儒家"的本义是指为了平治天下而探究"为治"之道的"六家"中，以"六经"为文本依据，通过诠释"六经"来倡导和宣扬礼制秩序的学派。这与《庄子·天下》中所讲的情况是一致的：

> "其明而在数度者，旧法、世传之史尚多有之；其在于《诗》《书》《礼》《乐》者，邹鲁之士、播绅先生多能明之。《诗》以道志，《书》以道事，《礼》以道行，《乐》以道和，《易》以道阴阳，《春秋》以道名分。"①

这里所谓"邹鲁之士"实指以孔子为代表的儒家学者，因《庄子·天运》中提到："孔子谓老聃曰：'丘治《诗》《书》《礼》《乐》《易》《春秋》六经，自以为久矣……'"②

《韩非子·显学》则称儒、墨为"世之显学"，并确认孔丘、墨翟分别为儒、墨两家显学之创始人③，同时评论道："孔子、墨子俱道尧、舜，而取舍不同，皆自谓真尧、舜"④；"今孝、戾、侈、俭俱在儒、墨"⑤。《显学》还简述了孔子逝世后儒学的传承情况：

> "自孔子之死也，有子张之儒，有子思之儒，有颜氏之儒，有孟氏之儒，有漆雕氏之儒，有仲良氏之儒，有孙氏之儒，有乐正氏之儒。"⑥

这八个派别中，为《荀子·非十二子》所提及者有子张之儒("子张氏")、子思之儒("子思")、孟氏之儒("孟轲")三派；《非十二子》中所提到的"子弓""子游氏""子夏氏"则是《韩非子·显学》所未列者，其原因或许是因为子游(言偃)和子夏(卜商)均为孔子及门弟子，所以不被归入孔

---

① 曹础基：《庄子浅注》，中华书局1982年版，第492页。
② 曹础基：《庄子浅注》，中华书局1982年版，第224页。
③ 《韩非子》校注组：《韩非子校注》，江苏人民出版社1982年版，第683页。
④ 《韩非子》校注组：《韩非子校注》，江苏人民出版社1982年版，第684页。
⑤ 《韩非子》校注组：《韩非子校注》，江苏人民出版社1982年版，第685页。
⑥ 《韩非子》校注组：《韩非子校注》，江苏人民出版社1982年版，第683页。

子后学，但"子弓"究竟是何许人，至今尚难以确定，或以为是孔子及门弟子仲弓（冉雍），或以为是馯臂子弓（姓馯，名臂，字子弓，又作子弓，楚人），或以为是朱张（《论语·微子》中所提及的七位"逸民"之一①）。②不管怎样，就先秦而言，孔子后学中有传世作品流传至今者，只有子思之儒、孟氏之儒和孙氏（荀况）之儒三派的著作，即《中庸》、《孟子》和《荀子》，这是研究先秦儒家思想所依凭的基本经典材料。另外，由孔子所整理的"六经"也在一定程度上反映孔子思想，但我们更倾向于将"六经"中流传至今的《诗》《书》《礼》《易》《春秋》视为先秦儒家思想特别是孔子思想的主要来源。

在先秦儒家经典中，《周易》是最重要的作品。《周易》中《经》的部分是西周初年作品③，其中虽然包含了一些哲学思想因素，但它毕竟不是一部哲学著作，而是一部筮书，其思想在根本性质上是属于西周宗教神学。据《论语·述而》记载，孔子曾说："加我数年，五十以学《易》，可以无大过矣。"④杨伯峻（1909—1992）先生将这段话译为："让我多活几年，到五十岁时候学习《易经》，便可以没有大过了。"⑤这样译法实在是有问题的。因为当孔子说这话的时候，他肯定是学过《易经》了，否则他断不会说学习了《易经》就可以没有大过这样的话；他说"学《易》，可以无大过矣"，这其实是在谈论他学了《易经》之后的切身体会。既然如此，"加我数年，五十以学《易》"，就不可以解读为"让我多活几年，到五十岁时候学习《易经》"。因为照这样的解读，孔子这句话就成了虚拟之语了，其意思就变成了这样："假使让我多活几年，活到五十岁的时候再学《易经》的话，我就可以没有大过了。"这么一来，孔子这话就显得自相矛盾了：前半句是意味着，他说

---

① 参见杨伯峻译注：《论语译注》，中华书局1980年版，第197页。
② 参见（1）林桂榛：《大儒子弓身份与学说考——兼议儒家弓荀学派天道论之真相》，《齐鲁学刊》2011年第6期；（2）李福建：《〈荀子〉之"子弓"为"仲弓"而非"馯臂子弓"新证——兼谈儒学之弓荀学派与思孟学派的分歧》，《孔子研究》2013年第3期。
③ 参见高亨：《周易大传今注》，齐鲁书社1979年版，第1页自序。
④ 杨伯峻译注：《论语译注》，中华书局1980年版，第71页。
⑤ 杨伯峻译注：《论语译注》，中华书局1980年版，第71页。

这话时实际尚未学过《易经》；后半句则意味着，他说这话时已有了学习了《易经》就可以没有大过的经验和体会，即此时他实际已经学过《易经》了。由此可见，杨先生的上述译文是不能成立的，是对孔子原话的一种误读。孔子这段话的意思应该是说，他初学《易经》时年纪尚轻，阅历浅，见识少，还不能深刻理解《易经》的思想，所以尽管学习了，实际上却没有多少收获，所以在现实生活中处理某些事情时曾犯下大错；要是当年再加他几岁达到"知天命"年龄的话，那该多好啊，那样他就可以避免犯大错了，因为到了"知天命"的年龄，人生积淀丰厚了，见多识广了，有了这样的生活基础再学《易经》，就能理解其深意，把握其精髓了。这也就是说，孔子讲这番话的时候，已然年过五十，此时距离其初学《易》虽说是"数年"，但这只是个约数，实际时间跨度可达八九年，或为三五年，这都是有可能的，但必是经过了这"数年"，孔子对《易经》的认识才有了一个飞跃性的提高，使他认识到了《易经》对于人生具有重大指导意义，可以帮助人们避免犯大错。从《史记·孔子世家》提及孔子"读《易》，韦编三绝"[1] 来看，孔子治"六经"，于《易经》用力最多，功夫最深，否则为何他遍读"六经"而唯"读《易》，韦编三绝"呢?! 孔子对《易经》有精深研究，且其弟子记述其言行时将其上述论《易》之言载入《论语》，这说明他生前在教学过程中，必定曾将其对《易经》精义的把握传授给他的弟子，由此通过这些弟子及其再传弟子，使其《易》学思想得以传扬和传承。不过，照子贡"夫子之言性与天道，不可得而闻也"[2] 的说法，孔子讲《易》时，应该很少涉及"性与天道"。从《论语》中，我们也确实看不到孔子有多少"性与天道"的言论。

《周易》中《传》的部分是对《易经》的诠释之作，《史记·孔子世家》谓"孔子晚而喜《易》，序《彖》《系》《象》《说卦》《文言》"[3]，即认定《易传》中除了《序卦》和《杂卦》二篇，其余全是出于孔子之手。直到北宋欧阳修（1007—1072）作《易童子问》，才对孔子作《易传》表示了怀疑，但这样的

---

[1] （汉）司马迁：《史记》，载《四部备要》第十五册，中华书局1989年版，第666页。

[2] 《论语·公冶长》，载杨伯峻译注：《论语译注》，中华书局1980年版，第46页。

[3] （汉）司马迁：《史记》，载《四部备要》第十五册，中华书局1989年版，第666页。

怀疑并没有获得学界的普遍响应，明清之际以"通儒"著称的顾炎武（1613—1682），依然笃信《易传》是孔子的作品——《日知录·朱子周易本义》云："《周易》自伏羲画卦，文王作《彖辞》，周公作《爻辞》，谓之经。经分上下二篇。孔子作《十翼》，谓之传。传分十篇，《彖传》上下二篇，《象传》上下二篇，《系辞传》上下二篇，《文言》《说卦传》《序卦传》《杂卦传》各一篇。"①直到现代，著名历史学家、文献学家、易学大师金景芳先生仍认为："《易大传》是孔子所作，证据确凿，无可否认。一，孔子作《易大传》，其说首见于《史记》。《史记》作者司马迁之父司马谈受《易》于杨何。杨何为孔子九传弟子明见《史记·儒林传》，故其说最为可信。二，孔子作《易大传》，不但其天才、功力有过人者，也依赖于他当日的历史条件。"②但如今学界多数认为司马迁之说并不可信，而以为《易传》是从春秋至战国后期陆续形成的研究《易经》的一部总集。然而，著名古文字学家、先秦文化史研究和古籍校勘考据专家、易学大师高亨先生认为："《周易大传》简称《易传》，乃《易经》最古的注解。凡七种：（一）《彖》，解释六十四卦的卦名、卦义及卦辞；（二）《象》，解释六十四卦的卦名、卦义及爻辞；（三）《文言》，解释《乾》《坤》两卦的卦辞及爻辞；（四）《系辞》，是《易经》的通论；（五）《说卦》，记述八卦所象的事物；（六）《序卦》，解说六十四卦的顺序；（七）《杂卦》，杂论六十四卦的卦义。均作于战国时代，不是出于一人之手。"③我们认为，从《易传》与《荀子》之间密切的思想联系来看，《易传》可能是荀子后学所撰。④

　　在先秦儒家中，关于"性与天道"的论述，孔子鲜有涉及，思孟学派⑤是重在论"性"，《易传》是重在论"天道"，荀子则兼论"性与天道"。

---

① （清）顾炎武：《日知录》，载《顾炎武全集（18）》，上海世纪出版股份有限公司、上海古籍出版社 2011 年版，第 54 页。

② 金景芳讲述，吕绍纲整理：《周易讲座》，吉林大学出版社 1987 年版，第 5 页。

③ 高亨：《周易大传今注》，齐鲁书社 1979 年版，第 1 页自序。

④ 具体论证详见本节第六部分。

⑤ 思孟学派是指孔子之后"儒分为八"中的"子思（孔伋）之儒"与"孟氏（孟轲）之儒"。

一、从八卦到六十四卦：《周易》对宇宙万物的分类

天秩观所涉及的是宇宙万物之间的基本关系，它是基于对宇宙万物的分类。儒家"六经"之首《周易》的八卦，可以被看作是对宇宙万物最早的分类。

据《易传·系辞下》称，八卦是由伏羲所作。"古者包牺氏之王天下也，仰则观象于天，俯则观法于地。观鸟兽之文与地之宜，近取诸身，远取诸物，于是作八卦，以通神明之德，以类万物之情。"[①]"包牺"即"伏羲"，又称"伏牺"。其"牺"是"牺牲"之"牺"，在古语中原指被用于祭神的动物（祭天则以牛）。所谓"伏羲"或"伏牺"，就是降服动物（特别是牛）之神。[②]依《系辞》所说，则可认为，作为降服动物之神的伏羲，是从人类与动物界的两性活动现象中受到启发而创造出"—"和"- -"两个符号的；它们作为"近取诸身，远取诸物"的产物，可理解为仿照两性生殖器的外形所创造出来的用以表示人类之男女、动物之雌雄的象形字符。

八卦中每一卦都由三个符号组成，以数学思维来分析，这里应包含八卦作者对物、形、数三者关系的一种认知，即任何"物"都是有"形"的三维之"体"，因而任何"形"都可以用"三"来表示，从而"三"也可以象征任何"物"。八卦每一卦的符号之数均为"三"，乃意味着每一卦都表示一种有"形"之"物"，八卦是表示宇宙间八种事物。[③]高亨先生说："包牺氏画八卦时，观察天象、地法、鸟兽、草木、器物等，分为八类，画八卦以象之。……对性质有相同点之物，则以同一卦形代表之，以会通天地万物之神妙明显之性质。……古人画八卦，乃通过对宇宙万物之观察、分析、综合，制出此八个符号，以代表八类物质。"[④]这"八类物质"便是《易传·说卦》"天地定位，

---

① 高亨：《周易大传今注》，齐鲁书社 1979 年版，第 558—559 页。

② 据袁珂（1916—2001）说，伏羲是"五帝"（即五方之神，东方为太皞、南方为炎帝，西方为少昊，北方为颛顼，中央为黄帝）之一的太皞，为东方天帝，雷神之子，其形象为"蛇身人首"或"龙身而人头"。参见袁珂编著：《中国神话传说词典》"伏羲"条，上海辞典出版社 1985 年版。

③ 详见周可真：《顾炎武与中国文化》，黄山书社 2009 年版，第 158—160 页。

④ 《易传·系辞下》，载高亨：《周易大传今注》，齐鲁书社 1979 年版，第 559 页。

山泽通气。雷风相薄，水火不相射"①这段话中所提到的天、地、山、泽、雷、风、水、火，它们分别由乾、坤、艮、兑、震、巽、坎、离八个卦象来表示。

如果说伏羲作八卦的本意在于用八个符号来表示宇宙间八类事物的话，将原始八卦重为六十四卦②，就未尝不可以被理解为是用六十四个符号来象征宇宙间六十四类事物。据有关文献记载和学者研究，重为六十四卦的筮书有三种，即夏代的《连山》、商代的《归藏》和周代的《周易》，亦即《周礼·大卜》所谓"三易"。这三种筮书的经卦都是八个，别卦均为六十四个；其差别在于《连山》以艮为首卦，《归藏》（又名《坤乾》）以坤为首卦，《周易》以乾为首卦。③从《周易》与《归藏》的关系看，其共同点是起首二卦均为乾坤，其差别在于《归藏》以坤为首卦，《周易》以乾为首卦。这意味着尽管《归藏》和《周易》都是用六十四个符号来象征宇宙间六十四类事物，但对于这些事物的相互关系的看法则互有同异：一方面，它们都认为这六十四类事物中有两类事物是其他事物的根本，其他事物都是由这两类根本事物所派生；另一方面，从天地这两类根本事物对其他事物的作用关系来说，《归藏》是强调地的作用为主，《周易》则强调天的作用为主。且不说《归藏》的思想是否确系如此（因其书早已失传），但《周易》强调天地对于其他事物的作用是以天为主，这是确然无疑的。

二、西周宗教中"三才（材）"思想的萌芽形式

《周易》以天为主的宇宙观与西周占统治地位的"天命"观念有密不可分的联系，实际上它们是同一个思想系统；《周易》作为一部筮书，其筮法

---

① 《易传·系辞下》，载高亨：《周易大传今注》，齐鲁书社 1979 年版，第 610 页。

② 高亨说："何人重为六十四卦，《系辞》未言。王弼虞翻陆德明孔颖达等皆谓伏羲所重，合于传意。下文包牺'结绳而为罔罟，……盖取诸《离》（指重卦之《离》）'又曰：'神农氏作，斲木为耒，……盖取诸《益》。日中为市，……盖取诸《噬嗑》。'等语句，足证《系辞》作者认为重卦之人亦是包牺。"参见高亨：《周易大传今注》卷五《系辞下》"以类万物之情"注，齐鲁书社 1979 年版，第 559 页。

③ 参见（1）金景芳讲述，吕绍纲整理：《周易讲座》第一讲《绪论》，吉林大学出版社 1987年版；（2）高亨：《周易古经今注（重订本）》第一篇《周易琐语》，中华书局 1984 年版。

就是基于"天命"观念，以占卦方式卜问天意的一套巫术。

西周的"天命"观念是基于"天"的信仰。这种属于宗教范畴的信仰是渊源于商代宗教中关于"帝"（又称"上帝"）的信仰；而以上帝崇拜为特征的商代宗教信仰，是由原始宗教的祖先崇拜演变而来。《诗经·商颂·长发》有所谓"帝立子生商"①之说，由此可以看出，商代的帝崇拜带有鲜明的祖先崇拜色彩。因其视宇宙主宰之神"帝"为其本族的祖先和保护神，所以凡举事都要预先向"帝"请示，甲骨文便是商朝贵族卜问"帝"的记录。到了西周，宗教意识中"帝"的观念为"天"的观念所取代。

在西周以前，"天"字并不具有宗教意义。甲骨文和殷末金文中所出现的"天"字，其含义或是指人的头顶，或是指某一地名或国名、族名之类。到了西周，"天"才被用来指称宇宙主宰之神。从其本义"人的头顶"来分析，"天"应是指人们凭经验直观可以观察到的在其头顶之上的苍天，只是在宗教意识中，这个自然之天被神化了，被当作万能的宇宙主宰来看待并加以膜拜了。从周公所谓"民之所欲，天必从之"②的话来看，其"民"是泛指由"君"所统御的天下臣民，这意味着在西周宗教意识中，"天"不再是专属于周族的保护神，而是全天下人（包括君与民）的保护神了，从而也意味着"天"是如同汉儒董仲舒（前179—前104）所说的"人之曾祖父"③了。

在以《周易》为主要经典的西周宗教中，已初具"三才"思想的萌芽形式：由《周易》乾、坤二卦所象征的天、地和生活在天地之间并借助于《周易》筮法来卜问天意的人——它们被《易传》合称为"三才"（又称"三材"）；在天、地、人三才（材）之中，天起主宰作用，人是顺从天意行事。

诚然，也有学者根据《易传》中关于"三才（材）"的论述，认为："'三才（材）'思想是《易经》中一以贯之的思想。""天道乃三才之首。天道表现为阴阳。阴与阳使得'三才而两之'成为可能。""'三才'之道通过阴阳二性表现为六爻。

---

① 袁愈荌译诗，唐莫尧注释：《诗经全译》，贵州人民出版社1981年版，第543页。
② 《左传·襄公三十一年》引《泰誓》，载（清）洪亮吉：《春秋左传诂》，中华书局1987年版，第623页。
③ （汉）董仲舒：《春秋繁露》第十一卷《为人者天》，上海古籍出版社1989年版，第64页。

没有三才，就没有六爻；没有六爻就没有六十四卦；没有六十四卦当然也就没有《易经》之理。所以，'三才（材）之道'乃《易经》之理的根本。"①

但是，《周易》（《易经》）和《易传》毕竟是两回事，《易传》是对《周易》的诠释之作。《周易》思想与《易传》思想之间的关系属于源流关系，即《周易》思想是"源"，《易传》思想是"流"。在这里，源是源，流是流，二者绝不等同，不可将其混为一谈。"三才（材）"之说是《易传》作者基于他们对《周易》的理解所提出的，主要是表达其作为《周易》诠释者的思想，而非《周易》固有的思想，虽然这种思想在《周易》中已有其源，但也仅仅是源于《周易》而已，怎可视同于《周易》本身的思想呢?!

事实上，在《周易》神学系统中，人是作为天的崇拜者而存在的，尚不具有自主性和相应的独立人格，因其如此，人在举事之前才需要通过占卦来卜问天意，以便根据天意来决定自己的行为，在人对天的这种崇拜与被崇拜的关系中，人不过是天的附属物，所谓"天、地、人三者各自都有自身的功能与价值"②是根本无从谈起的。在天、地、人三者关系中，人也具有自身的功能与价值，这是以人对自己相对独立于天、地的特殊能力与特殊作用的自我认识、自我觉醒作为历史前提的，而这个历史前提是从西周末年开始随着传统宗教的日益衰落，才逐步确立起来的。

三、"三才（材）"思想的历史前提：春秋时期的自然哲学思潮与人文思潮

西周末年，"天"作为宇宙主宰之神的宗教观念已开始衰落，最明显的标志是周幽王二年（公元前 780 年）西周境内发生大范围地震后，当时在周室任太史之职的伯阳父解释地震的原因，不是把它归因于"天"的神意作用，

---

① 李晨阳：《是"天人合一"还是"天、地、人"三才——兼论儒家环境哲学的基本构架》，《周易研究》2014 年第 5 期。

② 李晨阳：《是"天人合一"还是"天、地、人"三才——兼论儒家环境哲学的基本构架》，《周易研究》2014 年第 5 期。

而是把它看成一种自然现象，认为："夫天地之气，不失其序；若过其序，民乱之也。阳伏而不能出，阴迫而不能蒸，于是有地震。今三川实震，是阳失其所而镇阴也。"① 就是说，充塞于天地之间的阴阳之气有其固有的自然秩序，如果阳气伏在下面，受阴气的压迫而不能蒸升，就会发生地震。当时泾、渭、洛三川的地震，就是由于阳气受阴气的镇压而不能上升所造成的。伯阳父还根据这套阴阳理论做出了"周将亡"的预言："阳失而在阴，川源必塞；源塞，国必亡。夫水土演而民用也，水土无所演，民乏财用，不亡何待？"② 这里，伯阳父不再用传统"天命"论来解释国家兴亡的原因，而是将国家的命运同内在于天地之气的阴阳两种对立的自然力量相互作用、相互制约的关系状态和运动秩序紧密联系起来，从这种自然联系中来观察和理解社会现象，根据这种自然联系来把握国家政治变化的趋势，并据此推测国家的前途与命运。

伯阳父的阴阳理论不仅反映了西周末年以"天命"论为思想内核的传统宗教观念的衰落，还表明了以"天地"、"气"和"阴阳"为基本范畴的自然哲学的形成。按照这种自然哲学的观念，"天"不再是传统宗教"天命"论的"主宰之天"，而是与"地"相对应的"自然之天"。这种自然哲学到了春秋时代，获得了进一步发展，产生了与"自然之天"相联系的"天道"概念；与之相应，形成了一股议论"天道"的自然哲学思潮。例如，越国大夫范蠡提出："天道皇皇，日月以为常。明者以为法，微者则是行。阳至而阴，阴至而阳；日困而还，月盈而匡。"③ 范蠡用"天道"概念来表示日月运行的自然规律，认为"阳至而阴，阴至而阳；日困而还，月盈而匡"这种物极必反、周而复始的运动，就是日月运行所遵循的自然规律。吴国大夫伍子胥也说："盈必毁，天之道也。"④ 楚武王夫人邓曼（又称楚曼）亦有类似说法，谓："盈

---

① 上海师范大学古籍整理组校点：《国语》（上）卷一《周语上》，上海古籍出版社 1978 年版，第 26 页。

② 上海师范大学古籍整理组校点：《国语》（上）卷一《周语上》，上海古籍出版社 1978 年版，第 27 页。

③ 上海师范大学古籍整理组校点：《国语》（下）卷二十一《越语下》，上海古籍出版社 1978 年版，第 653 页。

④ 《左传·哀公十一年》，载（清）洪亮吉：《春秋左传诂》，中华书局 1987 年版，第 868 页。

而荡，天之道也。"① 在这些议论中，"天"是"自然之天"，"道"是"自然之道"。在这股自然哲学思潮中最具代表性的思想家，当然是道家创始人老子了。老子是春秋时期自然哲学思潮的集大成者，其哲学乃是传统宗教"天命"论式微时代所产生的具有反宗教意义的自然哲学。

春秋时期传统宗教"天命"论式微的另一重要表现是人文思潮的兴起。传统宗教"天命"论的生活实践形式，就是在即将举事时，以《周易》的那套占卦方式来卜问天意，以预知吉凶。这种实践形式所包含的宗教意识，就是相信"吉凶由天"。而春秋时期人文思潮最具代表性的观点恰恰是否定"吉凶由天"，周内史叔兴就明确提出"吉凶由人"②的观点，鲁国大夫闵子马也说："祸福无门，惟人所召。"③ 范蠡则提出："人事必将与天地相参，然后乃可以成功。"④ 认为人事的成功取决天、地、人三者的互相协调作用。要之，春秋时期人文思潮的本质特征是在于肯定人的祸福、吉凶和人事的成败皆由人自身决定，而不是由"天"或"天命"决定。

在春秋时期上述两种思潮中，范蠡的哲学思想兼有这两种思潮的性质，在他的哲学思想中，实际上已有"三才（材）"观念，虽然他并未合称天、地、人为"三才（材）"，但他所谓"人事必将与天地相参，然后乃可以成功"的说法，事实上已包含关于天、地、人互相协调而达至于彼此关系和谐的"三才（材）"观念。然而，范蠡从来不被归入儒家系统，而是被有的学者称为"被忽略的道家"⑤。不过，范蠡到底属于哪个学派，这其实并不重要；重要的是，他的思想中已然存在"三才（材）"观念。而从当时的情况看，它也并非是某个学派所特有的观念。只要把范蠡的上述说法同孟子所谓"天时不如地利，地利不如人

① 《左传·庄公四年》，载（清）洪亮吉：《春秋左传诂》，中华书局1987年版，第235页。
② 《左传·僖公十六年》，载（清）洪亮吉：《春秋左传诂》，中华书局1987年版，第299—300页。
③ 《左传·襄公二十三年》，载（清）洪亮吉：《春秋左传诂》，中华书局1987年版，第564页。
④ 上海师范大学古籍整理组校点：《国语》（下）卷二十一《越语下》，上海古籍出版社1978年版，第650页。
⑤ 蔡德贵：《被忽略的道家——范蠡》，《学习论坛》2005年第3期。此外，徐文武《论范蠡对黄老道家思想体系的理论贡献》（《长江大学学报（社会科学版）》2017年第1期）、白奚《范蠡对老子学说的继承与发展》（《中国哲学史》2020年第1期）等论文也都认为范蠡是道家人物。

和"①和荀子所谓"农夫朴力而寡能，则上不失天时，下不失地利，中得人和，而百事不废"②联系起来，就不难看出，天、地、人相互协调才能使人事取得成功的观念，乃是流行于春秋战国时期的一种普遍观念，这种观念并不能被归入某一特定学派——杨伯峻曾分析上述孟荀二说，认为"天时、地利、人和"是战国时期成语，只是学者们在使用这一成语时"内容各有所指"③而已。

四、孔子对儒家"三才（材）"说的思想奠基

就儒家而言，其创始人孔子尚未有关于天、地、人的"三才（材）"概念，因为从《论语》来看，据杨伯峻先生统计，其中仅有两处提到"地"：（1）《论语·子张》载子贡语："文武之道，未坠于地，在人。"④此处"地"指地面。（2）《论语·宪问》载孔子语："贤者辟世，其次辟地，其次辟色，其次辟言。"⑤此处"地"指地方。⑥这与"三才"概念中的"地"都并非一回事。《论语》中更没有"天地"并称之处。

《论语》提及"天"者倒是有 19 次之多，其含义有两种：一是指天空（3次）；二是指天神、天帝或天理（16 次）。⑦其中特别值得注意的有两处：

（1）"天何言哉？四时行焉，百物生焉，天何言哉？"⑧这是讲四季更替和万物生长，都是由于天的作用，但天却并没有说话。（孔子这一观点后来被孟子发挥为："天不言，以行与事示之而已矣。"⑨）这意味着在孔子看来，天是通过自己的运行来发挥其作用，由此使四季不断轮回交替和万物生生不

---

① 《孟子·公孙丑下》，载杨伯峻译注：《孟子译注》，中华书局 1960 年版，第 86 页。

② 《荀子·王霸》，载梁启雄：《荀子简释》，中华书局 1983 年版，第 157 页。

③ 参见杨伯峻译注：《孟子译注》，中华书局 1960 年版，第 87 页注①。

④ 杨伯峻译注：《孟子译注》，中华书局 1960 年版，第 203 页。

⑤ 杨伯峻译注：《孟子译注》，中华书局 1960 年版，第 157 页。

⑥ 参见杨伯峻译注：《孟子译注》，中华书局 1960 年版，第 235 页。

⑦ 参见杨伯峻译注：《论语译注》，中华书局 1980 年版，第 223 页。

⑧ 《论语·阳货》，载杨伯峻译注：《论语译注》，中华书局 1980 年版，第 188 页。

⑨ 《孟子·万章上》，载杨伯峻译注：《孟子译注》，中华书局 1960 年版，第 219 页。

息地变化。孔子此处所讲的"天",显然可以也应该被理解为"自然之天"。

(2)"大哉尧之为君也!巍巍乎!唯天为大,唯尧则之。"①这里孔子既赞颂尧作为圣君的伟大,更赞叹天的高大无比,还认为有世以来历朝君王中,唯有尧是法天而行者。孔子此处所讲的"天"亦可理解为"自然之天";"唯尧则之(天)"可理解为唯有伟大君王能够效法天的运行,遵循天道行事。诚然,如子贡所说"夫子之言性与天道,不可得而闻也"②,但子贡此言,并不意味着孔子从未探讨过"性与天道",压根儿没有关于"性与天道"的哲学思想。所谓"唯尧则之(天)",就蕴含着孔子的天道观念,在这种观念里,天道就是自然之天的运行。

在《易经》的宗教思想系统中,其首卦乾所象征的是人头顶之上的苍天,但因为上苍被赋予了宇宙主宰之神的宗教意义,而主宰之神必有意志品格,所以《易经》所谓的"天",是兼有"自然之天""主宰之天""意志之天"三重意义的。西周宗教"天命"论强调"皇天无亲,惟德是辅"③,"侯服于周,天命靡常"④,"惟命不于常,汝念哉"⑤,这表明其"天"的核心意义是"主宰之天"。"天命"即是"主宰之天"的意志(神意)表达形式。"惟德是辅"则意味着"主宰之天"具有道德理性,其神意表达不是随意性的,而是依据一定的道德标准。"天命靡常"即意味着"主宰之天"只是授权于遵循其道德标准行事的人来治理天下并保佑其君王地位,倘使君王行事失德,则会收回"天命",剥夺其君权,而改授他人以君权。对于西周的这套宗教思想,孔子是有因有革的。他曾表示:"周监于二代,郁郁乎文哉,吾从周。"⑥"从周"是其因

① 《论语·泰伯》,载杨伯峻译注:《论语译注》,中华书局1980年版,第83页。
② 《论语·公冶长》,载杨伯峻译注:《论语译注》,中华书局1980年版,第46页。
③ 《左传·僖公五年》引《周书》,载(清)洪亮吉:《春秋左传诂》,中华书局1987年版,第279页。
④ 《诗经·大雅·文王》,载袁愈荌译诗,唐莫尧注释:《诗经全译》,贵州人民出版社1981年版,第388页。
⑤ 《尚书·周书·康诰》,载(清)孙星衍:《尚书今古文注疏》,陈抗、盛冬铃点校,中华书局1986年版,第371页。
⑥ 《论语·八佾》,载杨伯峻译注:《论语译注》,中华书局1980年版,第28页。

袭西周文化的方面，包括继承西周宗教"天命"论，所以他说："君子有三畏：
畏天命，畏大人，畏圣人之言。"①但是孔子又表示："务民之义，敬鬼神而远
之，可谓知矣。"②而且他对"鬼神"（理应包括"主宰之天"）的"敬而远之"，
达到了避而不谈③的地步。这表明了孔子对于西周宗教，只是保留了形式上
的敬畏"天命"，实质上则并非真心信从"天命"。从上文引述孔子论"天"
的两段资料来看，其真心崇仰的乃是"自然之天"和"天道"。这是孔子对
于西周宗教"天命"论的变革方面，可以被理解为是孔子受当时自然哲学思
潮的影响，并吸纳其精神而进行哲学思想创新的方面。或许正因为其内心尊
崇"天道"但又要在形式上保持敬畏"天命"的样子，所以他在教学活动中
才不谈论"性与天道"，从而子贡也才有"夫子之言性与天道，不可得而闻也"
之说。

实际上，也是因为孔子受到了春秋时期自然哲学思潮和人文思潮的双重
影响，他才倾向于对"鬼神"持"敬而远之"的态度，同时对于人自身的特
殊能力和特殊作用，也有了一定程度的认识，并达到了较高程度的自觉，因
此才十分重视"人"。《论语》中出现"人"字达162次，其中一般意义的"人"
有114次，特指士大夫以上之人的"人"有5次。④孔子"仁学"所讲的"仁"
本质上也是"人"（《中庸》引孔子语："仁者人也，亲亲为大。"⑤）而"亲亲为大"
的"仁"所强调的是"力行"（《中庸》引孔子语："力行近乎仁。"⑥《论语·宪
问》："爱之，能勿劳乎?"⑦）所谓"不怨天，不尤人，下学而上达"⑧，尤其反
映了孔子对人的主观努力的重视。孔子自己在主观努力方面，更是做到了被

---

① 《论语·季氏》，载杨伯峻译注：《论语译注》，中华书局1980年版，第177页。

② 《论语·雍也》，载杨伯峻译注：《论语译注》，中华书局1980年版，第61页。

③ 《论语·述而》："子不语怪、力、乱、神。"参见杨伯峻译注：《论语译注》，中华书局1980
年版，第72页。

④ 参见杨伯峻译注：《论语译注》，中华书局1980年版，第213—214页。

⑤ （宋）朱熹：《四书章句集注》，中华书局1983年版，第28页。

⑥ （宋）朱熹：《四书章句集注》，中华书局1983年版，第29页。

⑦ 杨伯峻译注：《论语译注》，中华书局1980年版，第147页。

⑧ 《论语·宪问》，载杨伯峻译注：《论语译注》，中华书局1980年版，第156页。

人称为"知其不可而为之"①的份上。也因此，孔子特别看重君子修养中能力素质的自我培养和自我提高："君子病无能焉，不病人之不己知也。"②"不患人之不己知，患其不能也。"③其实质乃在于强调君子当自强，这与《易传》强调天道刚健和提倡君子法天有为的思想④是一致的。

孔子对"自然之天"和"天道"的尊重，特别是对"人"的重视和对人的主体能力培养的强调，奠定了儒家"三才（材）"说的思想基础。

五、思孟学派的"三才（材）"思想

至思孟学派，儒家"三才（材）"概念实际已经形成，只是尚未有"三才（材）"之名罢了。

据称为孔子嫡孙子思所著的《中庸》⑤，不但明确提出了"天""地""人"三个概念，并在儒家经典中第一次对"天""地"概念作出了自然哲学的解释：

> "今夫天，斯昭昭之多，及其无穷也，日月星辰系焉，万物覆焉。今夫地，一撮土之多，及其广厚，载华岳而不重，振河海而不泄，万物载焉。"⑥

这一解释不带有丝毫神秘色彩，分明是对人的经验世界中自然天地的直观性描述。《中庸》还提出："天地之道：博也，厚也，高也，明也，悠也，久也。"⑦并指出："博厚所以载物也；高明所以覆物也；悠久所以成物也。博厚配地，高明配天，悠久无疆。"⑧这是要求人遵循天地之道，做到高明、博

---

① 《论语·宪问》，载杨伯峻译注：《论语译注》，中华书局 1980 年版，第 157 页。
② 《论语·卫灵公》，载杨伯峻译注：《论语译注》，中华书局 1980 年版，第 166 页。
③ 《论语·卫灵公》，载杨伯峻译注：《论语译注》，中华书局 1980 年版，第 155 页。
④ 《易传·象传·乾卦》："天行健。君子以自强不息。"参见高亨：《周易大传今注》，齐鲁书社 1979 年版，第 56 页。
⑤ 朱熹《中庸章句序》："中庸何为而作也？子思子忧道学之失其传而作也。"参见（宋）朱熹：《四书章句集注》，中华书局 1983 年版，第 14 页。
⑥ （宋）朱熹：《四书章句集注》，中华书局 1983 年版，第 35 页。
⑦ （宋）朱熹：《四书章句集注》，中华书局 1983 年版，第 34 页。
⑧ （宋）朱熹：《四书章句集注》，中华书局 1983 年版，第 34 页。

厚、悠久；一旦做到了高明、博厚、悠久，就与天地之道相合了。但是，怎样才能达到与天地之道相合呢？《中庸》道：

> "唯天下至诚，为能尽其性。能尽其性，则能尽人之性；能尽人之性，则能尽物之性；能尽物之性，则可以赞天地之化育；可以赞天地之化育，则可以与天地参矣。"[1]

如果把这段话同范蠡所说"人事必将与天地相参，然后乃可以成功"的话联系起来，就更容易理解其意义了。范蠡的话是说明了人事可以达到与天地相参，亦即达到天、地、人三者关系的和谐；只有在天、地、人的和谐关系中，人事才能取得成功，或者也可以说，只有实现了天、地、人的和谐，才算是尽到了人事。但是，范蠡并没有说明人究竟何以能使天、地、人达到和谐，而《中庸》说明了这个问题，认为要实现天、地、人的和谐，归根到底是要做一个真诚的人，因为只有真诚的人，才能使自己的本性得到充分发挥，并因此也能使众人的本性得到充分发挥；只有使自己和众人的本性都得到了充分发挥，万物的本性才能得到充分发挥；当人能使万物的本性得到充分发挥时，这就意味着人能协助天地来化育万物了。当且仅当人协助天地化育万物时，天、地、人三者的作用才是达到了互相统一与协调的动态和谐。基于人的修为所达到的天、地、人三者之间这种动态和谐关系，便是"人与天地参"的境界。

一般认为，传世《中庸》是经过秦代学者修改整理的，并不完全反映子思的思想。不过，从孟子"诚者，天之道也；思诚者，人之道也"[2]的话来看，应该说，《中庸》关于"诚者，天之道也；诚之者，人之道也"[3]和"唯天下至诚，为能尽其性"的思想，还是反映先秦儒家思孟学派的思想的，至少可以肯定，"诚"是思孟学派天道观的核心概念，而"诚之"或"思诚"则表明思孟学派是以"至诚"为道德修养目标的。依《中庸》说法，对从事道德修养的君子来说，"至诚"首先是体现在君子的"尽其性"，这是"至诚"的内在表现；"至诚"的外在表现是"尽人之性""尽物之性"乃至于"赞天地之化育"；而

---

① （宋）朱熹：《四书章句集注》，中华书局1983年版，第32—33页。

② 《孟子·离娄上》，载杨伯峻译注：《孟子译注》，中华书局1960年版，第173页。

③ 《中庸》，载（宋）朱熹：《四书章句集注》，中华书局1983年版，第31页。

君子内外兼修所能达到的最高道德境界，就是"与天地参"。以此对照孟子的有关论述，孟子所注重的显然是内修心性，因为按孟子"至诚而不动者，未之有也；不诚，未有能动者也"①的逻辑，只要君子的自我修养达到了心性"至诚"，"尽人之性""尽物之性""赞天地之化育"之类就都不在话下了，都将迎刃而解了，以至于可以说"万物皆备于我矣"②，也就是说，万物都将因吾心之至诚而被感化。当自我修养臻于此等境界时，就可以为自己心灵的赤诚而感到莫大快乐了，即所谓"反身而诚，乐莫大焉"③。因此，孟子的"三才（材）"思想，主要是体现在"尽其心者，知其性也。知其性，则知天矣。存其心，养其性，所以事天也"④的修养论中。所谓"事天"就是"赞天地之化育"之意；能"事天"，即意味着"与天地参"。按孟子的思想，要达到"事天"而"与天地参"的境界，应从"尽心知性"与"存心养性"两个方面来进行修养。按《中庸》"君子尊德性而道问学"⑤的观点来理解，"尽心知性"是属于"道问学"的方面；"存心养性"是属于"尊德性"的方面。但是，从孟子"学问之道无他，求其放心而已矣"⑥的话来分析，孟子将"学问之道"归结为"求放心"，是意味着孟子的修养论并不把"尊德性"与"道问学"分作两截，而是将其统一于"求放心"，因为很明显，"求放心"就是"尊德性"的表现，同时也是"道问学"的表现。这就是说，在孟子的修养论中，"尽心知性"与"存心养性"是统一于"求放心"的。而孟子曰：

> "恻隐之心，人皆有之；羞恶之心，人皆有之；恭敬之心，人皆有之；是非之心，人皆有之。恻隐之心，仁也；羞恶之心，义也；恭敬之心，礼也；是非之心，智也。仁义礼智，非由外铄我也，我固有之也，弗思耳矣。故曰：'求则得之，舍则失之。'"⑦

---

① 《孟子·离娄上》，载杨伯峻译注：《孟子译注》，中华书局 1960 年版，第 173 页。

② 《孟子·尽心上》，载杨伯峻译注：《孟子译注》，中华书局 1960 年版，第 302 页。

③ 《孟子·尽心上》，载杨伯峻译注：《孟子译注》，中华书局 1960 年版，第 302 页。

④ 《孟子·尽心上》，载杨伯峻译注：《孟子译注》，中华书局 1960 年版，第 301 页。

⑤ （宋）朱熹：《四书章句集注》，中华书局 1983 年版，第 35 页。

⑥ 《孟子·告子上》，载杨伯峻译注：《孟子译注》，中华书局 1960 年版，第 267 页。

⑦ 《孟子·告子上》，载杨伯峻译注：《孟子译注》，中华书局 1960 年版，第 259 页。

"恻隐之心，仁之端也；羞恶之心，义之端也；辞让之心，礼之端也；是非之心，智之端也。人之有是四端也，犹其有四体也。……凡有四端于我者，知皆扩而充之矣，若火之始然，泉之始达。苟能充之，足以保四海；苟不充之，不足以事父母。"①

据此，"求放心"的意义就在于使人的天赋善性能够得到保存，并能像星火燎原、源泉涌流一样扩展开去。就恻隐之心等善性在该过程中不断得到扩充，其势如星火燎原、源泉涌流而堪比流动延展的气而言，"求放心"也就是"养浩然之气"的过程。孟子说，"浩然之气"（实指处于扩充过程中的恻隐之心等善性）是"集义所生"，它可以"直养"至"塞于天地之间"②。联系上述"存其心，养其性，所以事天也"③的话，可知"（浩然之气）塞于天地之间"的意思，其实就是因"事天"所达成的"与天地参"的境界。这个境界对于修养者来说乃是一种精神境界，而对于修养者与天地的关系来说，则是天、地、人三才（材）相互协调与统一的和谐境界——人作为三才（材）之一"赞天地之化育"所达到的自然界整体和谐状态。

六、《易传》的"三才（材）"说——兼论《荀子》的"三才（材）"思想

"三才（材）"之说是由《易传》正式提出的，其中有两个版本：

其一，《易传·系辞下》："《易》之为书也，广大悉备。有天道焉，有人道焉，有地道焉。兼三材而两之，故六。六者非它也，三材之道也。"④（高亨注："此言《易》卦六爻乃象征天地人三材，上五两爻象天，

---

① 《孟子·公孙丑上》，载杨伯峻译注：《孟子译注》，中华书局1960年版，第80页。

② 《孟子·公孙丑上》："（公孙丑问曰：）'敢问夫子恶乎长？'（孟子）曰：'我知言，我善养吾浩然之气。''敢问何谓浩然之气？'曰：'难言也。其为气也，至大至刚；以直养而无害，则塞于天地之间。其为气也，配义与道；无是，馁矣。是集义所生者，非义袭而取之也。'"参见杨伯峻译注：《孟子译注》，中华书局1960年版，第62页。

③ 《孟子·尽心上》，载杨伯峻译注：《孟子译注》，中华书局1960年版，第301页。

④ 高亨：《周易大传今注》，齐鲁书社1979年版，第592页。

四三两爻象人，二初两爻象地。"①)

其二，《易传·说卦》："昔者圣人之作《易》也，将以顺性命之理。
是以立天之道曰阴与阳，立地之道曰柔与刚，立人之道曰仁与义。兼三
才而两之，故《易》六画而成卦。"②（高亨注："仁以爱人，主于柔。义
以制事，主于刚。""六画，六爻也。六爻象三才，上两爻象天，下两爻
象地，中间两爻象人。"③)

这两个版本的主要差异在于：《系辞》曰"三材"，《说卦》曰"三才"。
"才"与"材"有何区别？《说文解字》释"才"曰："艸木之初也。从丨上
贯一，将生枝叶。一，地也。凡才之属皆从才。"④又释"材"曰："材，木梃
也。从木才声。"⑤可见，"才"与"材"的区别在于："才"的本义是指尚未
生出枝叶的草木之萌芽；"材"的本义是指树干。在古汉语中，"才"由本义
引申指才能，也指有才能的人。在"才能"或"有才能的人"的意义上，"才"
亦可写作"材"。但因其本义有别，所以当"才""材"二字互通时，用"才"
来指称才能，乃是着眼于才能的潜力状态，偏重于指可以培养和发展的能
力，实指才能的素质或基质；用"材"来指称才能，则是着眼于才能的现实
状态，偏重于指已经得到培养和得以发展起来的才能，实指在工作中表现出
来的能力与才干。按高亨先生的理解，"三才（材）"就是指天、地、人。然
如上文所引李晨阳的文章则含糊其词地说"天道乃三才之首"⑥，这就有将"三
才"与"三才之道"互相混淆之嫌了，因为在逻辑上，唯有将"三才"理解
为"三才之道"（即"天道""地道""人道"），方可说"天道乃三才之首"；
如果将"三才"理解为"天""地""人"，那就不能说"天道乃三才之首"，
而应当说"天乃三才之首"。我们认为，高亨先生的理解是正确的，实际上

① 高亨：《周易大传今注》，齐鲁书社 1979 年版，第 592 页。
② 高亨：《周易大传今注》，齐鲁书社 1979 年版，第 609—610 页。
③ 高亨：《周易大传今注》，齐鲁书社 1979 年版，第 609—610 页。
④ （汉）许慎：《说文解字》，中华书局 1963 年版，第 126 页。
⑤ （汉）许慎：《说文解字》，中华书局 1963 年版，第 119 页。
⑥ 李晨阳：《是"天人合一"还是"天、地、人"三才——兼论儒家环境哲学的基本构架》，《周
易研究》2014 年第 5 期。

自古以来通常就是这么理解的，南宋学者王应麟（1223—1296）所编《三字经》谓"三才者，天地人"①，就代表了古代通常的理解。据此，并参考《中庸》"……可以赞天地之化育，则可以与天地参矣"②的说法，则应该说"三材"更适合用来统称天、地、人。按照这种用法，"三材"包含两种意义：一是指天、地、人具有化育万物的能力；二是指万物皆由天、地、人化育而来，故对于万物来说，天、地、人是生成它们的原材料。在前一种意义上，"三材"亦可称为"三才"；但在后一种意义上，"三材"则不可以称为"三才"，因为"才"的本义和引申义皆无原材料之意。然而，天、地、人之所以可以被称为"三材"，恰恰首先是因为天地是宇宙万物的根本，是生成包括人在内的万物的原材料，亦即宇宙生成论意义上的万物之本原；而人并非在任何意义上都是"三材"之一，当且仅当人"与天地参"时，人才成为"三材"之一，但人之"与天地参"是有条件的，这个条件就是通过人的自我修养而达到《易传·说卦》所说的"顺性命之理"，从而如《中庸》所说的那样"可以赞天地之化育"，唯有如此，人才足以与天地并列为"参"。因此，《易传》的"三材"说是内在地包含着以天地为万物之本原的宇宙观的。

以天地为万物之本原的宇宙观，在《易经》中已有其思想萌芽——如上所述，《易经》六十四卦以乾坤为起首二卦，就蕴含着这样的意思：此二卦所象征的天地，是其余六十二卦所象征的所有事物的根本。但是，在很长时间里，《易》学家们都没有从宇宙观方面去发挥或没有充分发挥《易经》所包含的这一哲学思想因素。将近50岁才研读《易经》的孔子，固然没有探究宇宙起源问题，就是思孟学派也只是在"赞天地之化育，则可以与天地参矣"之类的用语里蕴含天地化育万物的哲学观点，而未尝对这种宇宙生成论观点作展开性论述。在先秦儒家经典中，只有《荀子》和《易传》对天地化育万物有较为展开的论述。

《荀子》曰：

① （宋）王应麟：《三字经》，清乾隆四十三年姑苏刊本，第3页。
② （宋）朱熹：《四书章句集注》，中华书局1983年版，第32—33页。

"天地者，生之始也"。①

"天地者，生之本也"。②

"天地则已易矣，四时则已偏矣，其在宇中者莫不更始矣"。③

"天地合而万物生，阴阳接而变化起"。④

"列星随旋，日月递炤，四时代御，阴阳大化，风雨博施。万物各得其和以生，各得其养以成，不见其事而见其功，夫是之谓神。"⑤

"水火有气而无生，草木有生而无知，禽兽有知而无义，人有气、有生、有知，亦且有义，故最为天下贵也。"⑥

根据这些论述，天地化育万物的过程是这样的：天地→有气无生之物（水火之类的无机物）→有生无知之物（草木之类的植物）→有知无义之物（禽兽之类的动物）→有知有义之物（人类）——这可以被理解为"天地→无机物→植物→动物→人类"的自然进化过程。

《易传》曰：

"有天地，然后万物生焉。"⑦

"天地感，而万物化生。"⑧

"天地氤氲，万物化醇；男女构精，万物化生。"⑨

"刚柔相推而生变化。"⑩

"有天地然后有万物，有万物然后有男女。有男女然后有夫妇。有夫妇然后有父子。有父子然后有君臣，有君臣然后有上下。有上下然后

---

① 《荀子·王制》，梁启雄：《荀子简释》，中华书局1983年版，第109页。

② 《荀子·礼论》，梁启雄：《荀子简释》，中华书局1983年版，第256页。

③ 《荀子·礼论》，梁启雄：《荀子简释》，中华书局1983年版，第272页。

④ 《荀子·王制》，梁启雄：《荀子简释》，中华书局1983年版，第267页。

⑤ 《荀子·天论》，梁启雄：《荀子简释》，中华书局1983年版，第222页。

⑥ 《荀子·王制》，梁启雄：《荀子简释》，中华书局1983年版，第109页。

⑦ 《易传·序卦》，载高亨：《周易大传今注》，齐鲁书社1979年版，第643页。

⑧ 《易传·象传·咸卦》，载高亨：《周易大传今注》，齐鲁书社1979年版，第290页。

⑨ 《易传·系辞下》，载高亨：《周易大传今注》，齐鲁书社1979年版，第577页。

⑩ 《易传·系辞上》，载高亨：《周易大传今注》，齐鲁书社1979年版，第507页。

礼义有所错。"①

根据这些论述，宇宙生化过程是这样的：天地→无男女之物（无机物与低等生物）→有男女无夫妇之物（动物）→有夫妇无父子之物（群婚时代及母系氏族时期的人类）→有父子无君臣之物（父系氏族时期的人类）→有父子君臣之物（文明时代的人类）——这可以被理解为"天地→无机物与生物→动物→人类（原始群婚体及母系氏族→父系氏族→国家）"的自然进化过程。②

相较之下，《易传》关于"天地感，而万物化生""刚柔相推而生变化"的观点与《荀子》关于"天地合而万物生，阴阳接而变化起"的观点分明是互相一致的，乃至于在表述形式上都极为相似，只是《易传》对自然界演化

---

① 《易传·序卦》，载高亨：《周易大传今注》，齐鲁书社 1979 年版，第 647—648 页。
② 至于《易传·系辞》上所说："易有太极。是生两仪。两仪生四象。四象生八卦。"（高亨：《周易大传今注》，齐鲁书社 1979 年版，第 538 页）高亨曾这样注解："太极者，宇宙之本体，《老子》名之曰'一'，《吕氏春秋·大乐》篇名之曰'太一'，《系辞》名之曰'太极'。盖《系辞》称最高之物为极，故前文称三才为三极。宇宙之本体是包括天地之最大最高之物，故称为'太极'。以筮法言之，前文曰：'大衍之数五十有五。'即象太极，故曰：《易》有太极。'""两仪，天地也。……天地各有法象，下文曰：'法象莫大乎天地。'故称天地为两仪。宇宙之本体太极分而为天地，故曰：'是生两仪。'以筮法言之，上文曰：'分而为二以象两'，即象两仪也。""四象，四时也。四时各有其象，故谓之四象。以筮法言之……少阳、老阳、少阴、老阴四种爻乃象四时。八卦由此四种爻构成，故曰：'四象生八卦。'"（同上书，第 538—539 页）我们认为，高先生这样解释虽然不能说全无道理，但这毕竟与《周易》之《经》《传》整个思想体系存在一定冲突，因为从八卦到六十四卦，都是以卦画象征自然界中的事物，而且这些自然事物都是凭人的"仰观""俯察"可以观察到的事物，而"太极"是不可观察的形上之物，自然不是卦画所能象征的；《易传·系辞上》更是明确指出"六爻之动，三极之道也。"高先生自己注解说："三极，天、地、人也。……《易》卦六爻刚柔之变化乃像天道地道人道之变化，故曰：'六爻之动，三极之道也。'"（同上书，第 508 页）可见《系辞》所讲的种种变化本质上都是就天、地、人而言，并不涉及所谓"太极"。事实上，《系辞上》明确地讲"天地变化，圣人效之。天垂象，见吉凶，圣人象之"（同上书，第 540 页），"圣人设卦观象系辞焉而明吉凶"（同上书，第 507 页），这意味着《系辞》完全是依据卦画所象征的事物及其变化来阐明"三极之道"，根本无意于阐明"太极"之理。所以，还是应该把《系辞》所言"易有太极。是生两仪。两仪生四象。四象生八卦"理解为是对《周易》筮法的概括和简要介绍，如此方合《周易》《经》《传》思想之实情。

过程的描述略详于《荀子》，且比《荀子》更为关注人类社会的演化，对"原始群婚体及母系氏族→父系氏族→国家"的演化过程，有"作结绳而为罔罟，以佃以渔……包牺氏没，神农氏作，斲木为耜，揉木为耒，耒耨之利，以教天下。……神农氏没，黄帝、尧、舜氏作，……垂衣裳而天下治，……刳木为舟，剡木为楫，舟楫之利，以济不通，致远以利天下。……断木为杵，掘地为臼，杵臼之利，万民以济。……弦木为弧，剡木为矢，弧矢之利，以威天下，……上古穴居而野处，后世圣人易之以宫室，上栋下宇，以待风雨"[1]等具体细致的描述。由此可见，《易传》与《荀子》有非常密切的思想联系，其成书时间似在《荀子》之后，可能是荀子后学所撰。但不管怎样，至少可以确定，在宇宙观上《易传》与《荀子》是属于同一系统，其主要特征在于，都肯定万物生于天地，都认为天地之化育万物，就是阳性之天和阴性之地互相交感而发生变化的过程，都认为在这变化过程中，人类社会变得越来越文明了，只是二书在文明的具体标准上各有所见、各有所重罢了。

按《荀子·王制》的描述，"人有气、有生、有知，亦且有义"是人作为"最为天下贵"的文明人的特征，在这诸多特征中，"有义"是文明人的本质特征。由上下文可知，这里所讲的"义"就是"礼义"。《王制》曰："天地者，生之始也；礼义者，治之始也；君子者，礼义之始也。为之，贯之，积重之，致好之者，君子之始也。故天地生君子，君子理天地；君子者，天地之参也，万物之总也，民之父母也。无君子，则天地不理，礼义无统；上无君师，下无父子，夫是之谓至乱。"[2]从"三才（材）"角度看，这段话的意思是说，"礼义"是人参与天地化育万物的过程（"理天地"），成为与天地并列为"参"（"天地之参"）的文明人（"君子"）的依据。又，《天论》曰："天有其时，地有其财，人有其治，夫是之谓能参。舍其所以参，而愿其所参，则惑矣！"[3]据此，并参考上文所引《王制》的话以及《王霸》中"农夫朴力而寡能，则上不失天时，下不失地利，中得人和，而百事不

---

[1] 《易传·系辞下》，载高亨：《周易大传今注》，齐鲁书社1979年版，第560—565页。
[2] 梁启雄：《荀子简释》，中华书局1983年版，第109页。
[3] 梁启雄：《荀子简释》，中华书局1983年版，第222页。

废"①的话，而加以综合判断，人想要达到与天地并列的地位，除了充分利用天时地利的客观条件之外，最重要的是发挥人的能动作用，依托"礼义"来构建"人和"的社会组织。

与《荀子》强调文明人（"君子"）"有义"不同，《易传》则提出"立人之道曰仁与义"，即认为文明人的本质特征在于人有"仁义"。按《易传》关于"三才（材）"及"三才（材）之道"的思想，"人道"之"仁义"是与"天道"之"阴阳"和"地道"之"柔刚"相配的，是人成为与天地并列的文明人（"大人"）的根据，也是文明人（"大人"）"与天地合其德，与日月合其明，与四时合其序，与鬼神合其吉凶"②的体现。由此可见，相对说来，《荀子》更注重社会制度（"礼义"）方面的文明，《易传》则更注重社会道德（"仁义"）方面的文明。

七、"三才（材）"语境下的"天尊地卑"

综上所述，以其总体和一般特征而言，儒家的"三才（材）"思想乃是以天地化育万物的宇宙观作为哲学基础，主张通过社会制度文明与道德文明的建设，来创立和发展符合自然规律（天地之道）的文明体系（人道），由此达成人类社会与自然界（天地人）相互关系的和谐。

儒家"三才（材）"说的根本宗旨是要建立人类社会与自然界的和谐关系。这是一个由天、地、人所构成的自然体系。儒家的秩序观就集中体现在它对这个体系中天、地、人三才（材）关系的看法上。

从总体上讲，儒家的秩序观就是关于天、地、人三才（材）和谐的观念。然而，三才（材）和谐是怎样达到的呢？以上论述表明，从孔子到思孟再到荀子及《易传》作者，儒家关于"三才（材）"的一贯思想是以"人"为中心的人文思想。按照这种人文思想，人是建立三才（材）和谐关系的决定力

---

① 《荀子·王霸》，载梁启雄：《荀子简释》，中华书局1983年版，第157页。
② 《易传·文言·乾卦》，载高亨：《周易大传今注》，齐鲁书社1979年版，第72页。

量，离开了人的能动作用，三才（材）和谐是不可能自然形成的。三才（材）关系能否达成和谐，关键在人，其根本则是取决于人对自己在三才（材）关系中的自我定位。儒家对人在三才（材）关系中的地位的看法，集中体现在《易传》所谓"天尊地卑"的天秩观上。

《易传·系辞上》："天尊地卑，乾坤定矣。卑高以陈，贵贱位矣。"①（高亨注："尊，高也。卑，下也。乾为天，坤为地，天尊地卑，则乾尊坤卑因之以定。""以与己同。陈，列也。位犹立也。天高为贵，地卑为贱，天高地卑之势既陈，则天贵地贱之位因之以立。"②）高亨先生的注文仅是从文字上做了疏解，这当然是正确理解这段文字的基础，但要了解《易传》的哲学思想则不能限于这样的文字疏解，更必须将这段文字同《易传》的"三才（材）"思想联系起来，从它们的关系中去理解，才能把握到其实义。

在"三才（材）"语境下，"天尊地卑"是根据人对天地的空间关系来确定的。在这种关系中，人居天地之中，以此为坐标来确定天与地的方位，自然是天在上、地在下。这就是说，"天尊地卑"是三才（材）空间关系中天地对人的方位顺序。天地对人的这种"天秩"之序，是以人居天地之中作为前提和根据的。因此，"天尊地卑"不只是表示天地在三才（材）中的上下次序，同时也间接地表示人在三才（材）中的中位次序。三才（材）之间这种上中下的空间次序，也是当初包牺氏"仰则观象于天，俯则观法于地"③而作八卦时天、地、人各自所处的实际位置和方位顺序，以至于曾有学者作如此推想："（八卦）每一卦各由三爻组成，故八卦又称为'三画卦'。……八卦的每一个卦都有三画，而其中上画象征天，下画象征地，中画象征人。"④不过，包牺氏"仰则观象于天，俯则观法于地"而作八卦，毕竟只是《易传》对八卦起源的一种解释，这种解释未必与八卦制作的实际情形相符

① 高亨：《周易大传今注》，齐鲁书社 1979 年版，第 504 页。
② 高亨：《周易大传今注》，齐鲁书社 1979 年版，第 504 页。
③ 高亨：《周易大传今注》，齐鲁书社 1979 年版，第 559 页。
④ 钱耕森、沈素珍：《〈周易〉论天地人三才之道》，载山东大学易学与中国古代哲学研究中心编：《易学与儒学国际学术研讨会论文集（易学卷）》，2005 年。

合。八卦确有可能是如《易传》所说那样被制作出来的，但也有可能并非如此，实际情况究竟如何，八卦制作者的本意到底是怎样，是研究者难以论定的。我们宁可相信，八卦每一个卦上、下、中三画都分别象征天、地、人，是《易传》的理解，不一定就是八卦制作者的本意。《易传》的这种理解，在《象传》中体现得最为明显。

我们读《象传》，有一个强烈的感受，就是高亨先生在注文中经常提到的，诸如"六五居上卦之中位，象人得正中之道"①"上六不居上卦之中位，像人之行事未得正中之道"②之类，其意甚明，就是说，八卦每一卦中间一画（六五或九五）都是象征"正中之道"。据此高亨先生研究发现，《象传》对相关爻象的解释常以卦画居中之爻位（六五或九五）为据，例如：

《象传·蹇卦·九五》："'大蹇朋来'，以中节也。"高亨注："言有大险难，有朋友来助，因其守正中之节操也。《象传》此释乃以九五之爻位为据。九五居上卦之中位，象人守正中之节操。"③

《象传·夬卦·九五》："'中行无咎'，中未光也。"高亨注："正中之行，宜得吉利，而仅得无咎，以其正中之行犹未广大也。《象传》此释乃以九五之爻位为据。九五居上卦之中位，象人得正中之道。"④

《象传·鼎卦·上六》："'鼎黄耳'，中以为实也。"高亨注："言人有些华贵之鼎，乃以正中之道成其富也。《象传》此释乃以六五之爻位为据。六五居上卦之中位，象人得正中之道。"⑤

《象传·艮卦·六五》："'艮其辅'，以中正也。"高注："人或默或言，皆合乎中正之道，其悔乃亡；如其默非正，则悔且至矣。《象传》此释乃以六五之爻位为据。六五居上卦之中位，象人得正中之道。"⑥

① 《象传·震卦·六五》，载高亨：《周易大传今注》，齐鲁书社1979年版，第424页。
② 《象传·震卦·上六》，载高亨：《周易大传今注》，齐鲁书社1979年版，第425页。
③ 高亨：《周易大传今注》，齐鲁书社1979年版，第346页。
④ 高亨：《周易大传今注》，齐鲁书社1979年版，第373页。
⑤ 高亨：《周易大传今注》，齐鲁书社1979年版，第418页。
⑥ 高亨：《周易大传今注》，齐鲁书社1979年版，第431页。

在我们看来，所谓"九五居上卦之中位，象人得正中之道"，"六五居上卦之中位，象人得正中之道"，其实是反映了《易传》对人在三才（材）空间关系中的定位，即与"天尊（上）地卑（下）"相对应的"人中"。人在三才（材）空间关系中的居中地位，也属于三才（材）关系之"天秩"，因此对人来说，持中、守中是合乎"天秩"的人道。《象传》所谓"中行""中节""中正"，《彖传》所谓"得中"①"时中"②，皆是就人依其天秩本位而行其中道而言，意指持中、守中的中道行为。这种中道行为是人处于天地之间由其天秩本位所定的当然行为，其行为环境是天地之间充满矛盾的环境，在这个环境里，"天之道曰阴与阳"，"地之道曰柔与刚"。面对天有阴阳、地有柔刚的矛盾环境，居天地之中的人，理当行其中道，即以"执两用中"③的"中庸之道"来应对矛盾环境，处理矛盾事物。而《易传》谓"人之道曰仁与义"，则《易传》所讲的"中行"等等的中道行为，自然是体现在履践"仁义"。但是，《易传》关于"仁义"的论述很少，仅《系辞上传》中有比较集中的论述："天地之大德曰生。圣人之大宝曰位。何以守位曰仁。何以聚人曰财。理财正辞，禁民为非曰义。"④但这里并没有对"仁"做出直接而具体的说明。按其上下文来判断，"仁"是指身处治理天下的君王位子上的圣人，为了尽到其君王之责所推行的旨在保障和改善民生的善政，这种体现圣人与天地合其德的善政，其主要内容包括保障和改善民生的财政管理措施和相关制度法令；"义"是指为了使善政落实到位所采取的旨在禁绝一切违规违法行为的理民措施。这里"仁"所体现的是圣人爱民之心，"义"所体现的是圣人制民之意；"仁"与"义"的结合正是圣人之治民"爱而制之"的中道。

---

① 《彖传·鼎卦》："柔进而上行，得中而应乎刚，是以'元亨'。"参见高亨：《周易大传今注》，齐鲁书社 1979 年版，第 414 页。

② 《彖传·蒙卦》："《蒙》'亨'以亨行时中也。"参见高亨：《周易大传今注》，齐鲁书社 1979 年版，第 99 页。

③ 《中庸》："执其两端，用其中于民，其斯以为舜乎？"朱熹注："盖凡物皆有两端，如小大厚薄之类，于善之中又执其两端，而量度以取中，然后用之，则其择之审而行之至矣。"参见（宋）朱熹：《四书章句集注》，中华书局 1983 年版，第 20 页。

④ 《易传·系辞下》，载高亨：《周易大传今注》，齐鲁书社 1979 年版，第 559 页。

《易传》对"天尊地卑"这一人对天地的空间排列次序的确定，是与其宇宙生成论思想密切相关的。按照《易传》的宇宙生成论思想，人类是由天地化育出来的，故三才（材）之间在时间上的次序关系是先有天地而后有人类。在这种关系中，天地是生养人类的父母——所谓"乾道成男，坤道成女"①，所谓"天地氤氲，万物化醇；男女构精，万物化生"②，就蕴含了将天地视如男女，视如夫妇，视如人类之父母的意思。因此，"天尊地卑"不仅是意味着三才（材）空间关系中天在上、地在下，还意味着三才（材）时间关系中天为父（男、夫）、地为母（女、妇），"天尊地卑"是这双重关系融于一体的。在这一体关系中，上下关系也是父（男、夫）母（女、妇）关系；反之，父（男、夫）母（女、妇）关系也是上下关系。然则，所谓"天尊地卑，乾坤定矣。卑高以陈，贵贱位矣"③，就应该是说，人与人之间父（男、夫）在上、母（女、妇）在下的秩序关系是由三才（材）之间天在上、地在下的空间次序关系所决定的，而既然父（男、夫）母（女、妇）之间的上下秩序关系是如此，那么，他们之间男（夫、父）为贵、女（妇、母）为贱的等级位次就自然形成了。

第二节　道家："四大"与"道法自然"

《庄子·天下》将道家分为四派：宋钘、尹文；彭蒙、田骈、慎到；关尹、老聃；庄周。但第二派没有多少文献留传下来，且慎到还被认为是法家一派的，故实际上是三派。三派中老子与庄子对后世的影响最为深远，但他们对于现实生活的关注各有所倚重：老子重"治国"，而庄子重"治身"。庄子对于治国平天下之事，漠视其极。《庄子·逍遥游》中述有许由不愿接受尧所

---

① 《易传·系辞上》，载高亨：《周易大传今注》，齐鲁书社1979年版，第505页。按：同书同页有高亨注曰："《易传》以天比男，以地比女，故言天道为男，地道为女。"
② 《易传·系辞下》，载高亨：《周易大传今注》，齐鲁书社1979年版，第577页。
③ 高亨：《周易大传今注》，齐鲁书社1979年版，第504页。

让天子之位的故事；许由其人，实乃作者庄子本人的自画像。其借许由之口曰："予无所用天下为！"《史记》本传更载有庄子谢绝楚威王卿相之聘的事迹，足见其不啻口说，而且力行其言。这充分表明，庄子全然不似老子那样雄心壮志，积极参政议政，而是纯粹的消极自处，独善其身了。《庄子·让王》曰："道之真以治身，其绪余以为国家，其土苴以治天下。由此观之，帝王之功，圣人之余事也，非所以完身养生也。"①此话虽未必是庄子本人所言，却无疑亦反映了庄子的思想。由此可见，庄子所热切关注的主要是个人的"治身"问题，他的全部理论，实际上都是在于阐明其修身处世之哲学的。鉴于庄子在国家治理问题上持极端消极态度乃至于有虚无主义倾向，本书论道家，主要说老子。

如果说儒家是根据"三才（材）"的时间次序和空间次序来确定"天尊地卑"的宇宙基本秩序和相应的社会秩序（包括"男尊女卑""夫尊妇卑""父尊母卑"）的话，道家则是根据"道"派生天、地、人这一宇宙演化进程的时间次序来确定"域中四大"的基本秩序的。

一、何谓"域中四大"？

道家的天秩观集中反映在《老子》一书中。《老子·二十五章》所提出的"四大"概念和"道法自然"的思想，尤其体现了老子对于宇宙秩序和人间权力运行机制的看法。

《老子·二十五章》曰：

> "有物混成，先天地生，寂兮寥兮，独立而不改，周行而不殆，可以为天下母。吾不知其名，字之曰道，强为之名曰大。大曰逝，逝曰远，远曰反。故道大，天大，地大，王亦大。域中有四大，而王居其一焉。人法地，地法天，天法道，道法自然。"②

---

① 曹础基：《庄子浅注》，中华书局1982年版，第433页。

② （魏）王弼著，楼宇烈校释：《王弼集校释》，中华书局1980年版，第63—65页。

在通行本（王弼注本）《老子》中，"域中四大"是指道、天、地、王。王弼（226—249）注云："四大，道、天、地、王也。……道、天、地、王皆在乎无称之内，故曰'域中有四大'者也。"① 河上公注本与王弼注本相同，马王堆帛书本和郭店竹简本亦与之大略相似②。在唐代傅奕（555—639）注本《老子》中，这段文字则是："道大，天大，地大，人亦大。域中有四大，而王处其一尊。"③ 与上述诸本相较，傅奕注本以道、天、地、人为"四大"，在形式上看起来更显整齐，似乎也更为合理。在先秦古书中，"天""地""人"并举是比较常见的，如《易传·系辞下》："《易》之为书也，广大悉备。有天道焉，有人道焉，有地道焉。兼三材而两之，故六。六者非它也，三材之道也。"④ 这里"三材"是对天、地、人的统称，涵盖宇宙中的一切有形现象。将有形有象的天、地、人和无形无象的"道"合称为"四大"，这可以说是合情合理。南宋道教学者范应元正是这样来理解《老子》的"四大"概念的，他在《老子道德经古本集注》中说："'人'字傅奕同古本。河上公本作'王'，观河上公之意，以为王者，人中之尊，固有尊君之义。然按后文：'人法地'，则古本文义相贯。况人为万物之灵，与天地并立而为三才，身任斯道，则人实亦大矣。"⑤ 范应元从"三才"的观念出发，认为人是万物之灵，与天地并立，并"身任斯道"，故《老子》书中的"四大"应该是"道、天、地、人"。他还指出，河上公本和王弼本以"四大"为"道、天、地、王"，乃是出于"尊君之义"，但这不符合文本语境中的原意。现代学者陈鼓应（1935—）也认同这一见解，并在《老子今注今译》一书中，依据傅奕本和范应元本，将这一段调整为："故道大，天大，地大，人亦大。域中有四大，而人居其

① （魏）王弼著，楼宇烈校释：《老子道德经注校释》，中华书局 2008 年版，第 64 页。

② 参见刘笑敢：《老子古今：五种对勘与析评引论》下卷，中国社会科学出版社 2006 年版，第 847—848 页。

③ 许抗生：《帛书老子注译与研究（增订本）·附录二：王弼、傅奕、河上公、想尔注本〈老子〉》，浙江人民出版社 1985 年版，第 283 页。

④ 高亨：《周易大传今注》，齐鲁书社 1979 年版，第 592 页。

⑤ 陈鼓应注释：《老子今注今译》，商务印书馆 2003 年版，第 171 页。

一焉。"① 还指出："哲学家中最初明白地说人有卓越位置的，是老子。"②

陈先生依范氏之见，将《老子》通行本中的"四大"由"道、天、地、王"改为"道、天、地、人"，其实欠妥，因为这么一来，老子的"四大"之说似乎就是为了阐明"三材（才）"观念了。然而，据上文考察，"三材（才）"观念的形成是以人对自己相对独立于天、地的特殊能力与特殊作用的自我认识、自我觉醒作为历史前提的，这个历史前提是直到春秋时期兴起人文思潮时才具备的，其思潮的精髓在于肯定人的祸福、吉凶和人事的成败皆由人自身决定。③ 先秦诸子百家中，最为重视并实际吸取了这一人文精神的，是儒家；与之相应，儒家对于"三材（才）"观念也是执之最深、论之最明，其旨乃在于突出人的主体性，强调发挥人的能动作用，激励人们参与到天地化育万物的神圣工作中，这乃是对人在天地间的地位的积极肯定和崇高礼赞！与之相对照，老子对人在天地间的地位，则没有如此积极乐观的认识与评价。《老子·七十七章》说："天之道，损有余而补不足。人之道则不然，损不足以奉有余。"④ 这是将"天之道"与"人之道"对立起来，认为"人"根本就不足以同"天"相提并论，自然是不可能将"人"与"天"并列而纳入"四大"之中的。因此，如范应元和陈鼓应所认为的，老子以"人为万物之灵"，"明白地说人有卓越位置"，由此而将道、天、地、人并列为"域中四大"，实在是难以成立的。

我们认为，《老子·二十五章》所谓"域中四大"，应该是"道、天、地、王"。这不只是因为郭店竹简本、马王堆帛书本、河上公本在"道大、天大、地大"之后均称"王亦大"而非"人亦大"⑤，更为重要的理由是，以"道、天、地、王"为"域中四大"的思路，体现了《老子》书中一以贯之的"天秩"观念——或者说是关于宇宙权力格局的思想。

---

① 陈鼓应注译：《老子今注今译》，商务印书馆 2003 年版，第 169 页。
② 陈鼓应注译：《老子今注今译》，商务印书馆 2003 年版，第 171 页。
③ 参见本章第一节。
④ （魏）王弼著，楼宇烈校释：《王弼集校释》，中华书局 1980 年版，第 186 页。
⑤ 具体情况略有分别，参见刘笑敢：《老子古今：五种对勘与析评引论》下卷，中国社会科学出版社 2006 年版，第 847—848 页。

徐复观（1903—1982）曾经有这么一个说法："老学的动机与目的，并不在于宇宙论的建立，而依然是由人生的要求，逐步向上推求，推求到作为宇宙根源的处所，以作为人生安顿之地。因此，道家的宇宙论，可以说是他的人生哲学的副产物。"①此论可谓一语中的，揭出了老子学说的真相！道家与儒家的最重要区别，就是道家具有极其深厚的宇宙论、形上学兴趣，而儒家则专注于现实世界而罕言"性与天道"。但推源究始，道家如老子的宇宙论，并非那么空灵飘渺，其实是脱胎于人生论，为其人生论、政治论"护法"的。在"域中四大"中，老子所真正关注的是"王"，"道、天、地"则是"王"的"护法"。老子提出"域中四大"，其主要用意是为了制约"王"的权力，防止其滥用权力，而将人间的权力机制纳入"人法地，地法天，天法道，道法自然"的宇宙秩序之中，以"自然"之"道"为"王"在现实世界中的统治树立了一个形上学意义上的目标和榜样。

二、"域中四大"的秩序格局

前人早有论述，老子并非对普通人说教，他预设的聆听对象是当时统治阶层的"侯王"。如高亨先生说："老子之言皆为侯王而发，其书言圣人处凡三十许处，皆有位之圣人，而非无位之圣人也。言我言吾者凡十许处，皆侯王之自称，而非平民之自称也。……故《老子》书实侯王之宝典，《老子》哲学实侯王之哲学也。"②"侯王"是《老子》书中的主角，因而必然在"域中四大"中扮演重要的角色。"域中四大"所反映的宇宙秩序，其实就是宇宙权力格局。从表面上看，老子将"王"与"道、天、地"并列，纳入"域中四大"，这似乎是抬高了"王"的地位，而实质上，当"王"进入了这样一个具有宇宙论、形上学意义的差等次序和格局中，它便丧失了其在"人间世"（借用《庄子》语）的赫赫炎威，而必须服从"道"的规范了。正如王

---

① 徐复观：《中国人性论史》，转引自陈鼓应注译：《老子今注今译》，商务印书馆 2003 年版，第 68 页。

② 高亨：《老子正诂》，古籍出版社 1956 年版，第 62 页。

博（1967—）所说："当老子把侯王和道进行连接的时候，他其实是想把权力纳入到道的规范之下。道在此时扮演了权力驯服者的角色。"[1]

在"域中四大"中"道、天、地"之后，之所以不是普通的或一般意义的"人"，而是在"人间世"担任统治者的"王"，是因为"域中四大"是在宇宙论或是形上学的外表下隐含着老子对于权力次序的看法。"王"当然是"人间世"的权力执掌者，因其如此，"王"才有资格被列入"域中四大"之中。王弼说："天地之性人为贵，而王是人之主也，虽不职大，亦复为大。与三匹，故曰'王亦大'也。"[2]"王"是"人之主"，在"人间世"具有无上权威，决定所有臣民的生死命运。自西周以来，这种观念已为社会普遍接受，《诗经》中就这样说道："溥天之下，莫非王土。率土之滨，莫非王臣。"[3] 但这种至上的王权是造福于天下还是为祸于天下，则殊难断言。庄子在《人间世》中借颜回之口对当时的统治者滥用权力发出过无可奈何的哀叹："回闻卫君，其年壮，其行独。轻用其国而不见其过。轻用民死，死者以国量，乎泽若蕉，民其无如矣！"[4] 一方面，庄子固然明白普天之下的臣民无法脱离与君主的关系，"君臣之义"乃是天下"大戒"之一——"天下有大戒二：其一命也，其一义也。子之爱亲，命也，不可解于心；臣之事君，义也，无适而非君也，无所逃于天地之间。是之谓大戒。"[5] 但是另一方面，庄子更是忧心并恐惧于与权力的纠缠，"有人于此，其德天杀。与之为无方则危吾国，与之为有方则危吾身。"[6] 这种内心的困扰，恐怕是反映先秦道家学者对王权的真实想法的。如何制约乃至于驯服这种狂暴的权力，也是老子治理哲学的中心课题。老子的"四大"说，就包含了对权力次序的哲学思考。

一方面老子不是将"人"而是将"王"列入"域中四大"，是意味着肯

---

[1]　王博：《权力的自我节制——对老子哲学的一种解读》，《哲学研究》2010 年第 6 期。

[2]　（魏）王弼著，楼宇烈校释：《王弼集校释》，中华书局 1980 年版，第 64 页。

[3]　《诗经·小雅·北山》，载袁愈荌译诗，唐莫尧注释：《诗经全译》，贵州人民出版社 1981 年版，第 326 页。

[4]　《庄子·人间世》，载曹础基：《庄子浅注》，中华书局 1982 年版，第 48 页。

[5]　《庄子·人间世》，载曹础基：《庄子浅注》，中华书局 1982 年版，第 58 页。

[6]　《庄子·人间世》，载曹础基：《庄子浅注》，中华书局 1982 年版，第 62 页。

定掌握王权的人作为"王"代表着人类世界中最高的权力，并以此跻身于"四大"行列；而另一方面，老子又将"王"列为"四大"末座，则意味着在老子看来，掌握王权的人要仰视道、天、地并效法之①，也就是说，人间至高无上的王权还须受到"道、天、地"的规约与限制，尤其是"道"的规约与限制，因为"道"是"域中四大"之总根源，王权的运行应当循"道"而行，否则就失去其存在根据，成为无本之木、无源之水了。

要之，"域中四大"中"人法地，地法天，天法道"——归根到底是"人法道"——的宇宙基本秩序，是由"道"派生"天""地""人"这一宇宙演进过程所决定的。

三、"道法自然"

《老子·二十五章》说："有物混成，先天地生。寂兮寥兮，独立而不改，周行而不殆，可以为天下母。"②据此描述，"道"先于天地，先于一切有形事物，而为"天下母"，则"王"作为天地间的有形事物，自然也是以"道"为"母"。老子说："天下有始，以为天下母。既得其母，以知其子；既知其子，复守其母，没身不殆。"王弼注："母，本也。子，末也。得本以知末，不舍本以逐末也。"③以"道"为"母"者，须循"道"而行，是为"得本"；反之，背"道"而行，则为"舍本以逐末"，是不会有好结果的。

据陈鼓应先生分析，《老子·二十五章》中所讲的"道"应为形上意义的实存之"道"，但此"道"依然含有强烈的人生论意味，即它是老子为了指导人的现实生活而构想出来的。"形而上的'道'如果不与人生发生关联，那么它只不过是一个挂空的概念而已。当它向下落实到经验界时，才对人产

---

① 参见王博：《权力的自我节制——对老子哲学的一种解读》，《哲学研究》2010年第6期。
② 《老子·二十五章》，载（魏）王弼著，楼宇烈校释：《王弼集校释》，中华书局1980年版，第63页。
③ 《老子·五十二章》，载（魏）王弼著，楼宇烈校释：《王弼集校释》，中华书局1980年版，第139页。

生重大的意义。这层意义的'道'——即作为人生指标的'道',它呈现了'自然无为'、'虚静'、'柔弱'等特性,这些特性可说全是为了应合人生和政治的需求而立说的。"① 但是该章又提出"人法地,地法天,天法道,道法自然",则恰如陈先生所言:"'道法自然'一语,常使人感到困惑。'道'在老子哲学中已是究极的概念,一切都由'道'所导出来的,那么'道'怎么还要效法'自然'呢?"②

在现代汉语中,"自然"有两种含义:其一,相当于英语中的"Nature",是指自然界;其二,犹言"自然而然",是指让包括人在内的万物,保持其本身的状态、运行趋势而不加以外部的、人为的干扰。古汉语中的"自然"一词,主要是在第二种意义上被使用的。比如陶渊明(352或365—427)的诗句:"久在樊笼里,复得返自然。"③ 这里"自然"作名词使用,但绝非"大自然""自然界"之意,而是指逃离官场体制束缚之后返回人的"自然而然"生存状态。老子所谓"道法自然",也决不是说"道"效法大自然,因为大自然无非就是天地万有的全体,老子说"道"是先天地而生,天地都要效法"道",当然不可能再反过来让"道"效法大自然。这在逻辑上是很清楚的一个问题,但仍有必要首先予以澄清,以免发生误解。④

《老子·四十一章》曰:"道生一,一生二,二生三,三生万物。万物负阴而抱阳,冲气以为和。"⑤ 这通常被认为是对宇宙发生过程的描述。就"道"作为最高实体而言,它所效法的"自然"到底是什么?古代《老子》注疏家中,河上公称:"道性自然,无所法也。"⑥ 这是认为"自然"即"道"之"性","道法自然"就是"道法自性"。王弼则说:"法自然者,在方而法方,在圆而法

---

① 陈鼓应注译:《老子今注今译》,商务印书馆2003年版,第47—48页。

② 陈鼓应注译:《老子今注今译》,商务印书馆2003年版,第359页。

③ 陶渊明:《归园田居五首》,载袁行霈:《陶渊明集笺注》,中华书局2011年版,第53页。

④ 刘笑敢说:"道家讲自然,其关心的焦点并不是大自然,而是人类社会的生存状态。这一点是浅显明白的,但也常常被忽略和混淆,所以需要特别强调。"参见刘笑敢:《老子——年代新考与思想新诠》,台湾东大图书股份有限公司2015年版,第68页。

⑤ (魏)王弼著,楼宇烈校释:《王弼集校释》,中华书局1980年版,第117页。

⑥ 陈鼓应注译:《老子今注今译》,商务印书馆2003年版,第173页。

圆，于自然无所违也。"① 意思是说，对于由"道"所生的万物的存在形态或"方"或"圆"，"道"是不加干涉的，而是任其自然。如此清静无为，便是"道"的本性所在。

陈鼓应、白奚所著《老子评传》指出："在这域中'四大'里，老子所要强调的实际上只是'道'与'王'（人）两端，'天'和'地'都只是起过渡的作用。再进一步说，老子在这里所列的有五项内容：'人'（王）、'地'、'天'、'道'、'自然'，其中'地'、'天'、'道'都只是过渡，他所要说明的，实际上只是两端：'人'（王）与'自然'的关系，强调人（特别是'王'——人间的君主们）应该'法自然'。"② 照此说来，老子所谓"人法地，地法天，天法道，道法自然"，其中"法地""法天"乃至于"法道"之说都不过是虚晃一枪，老子真正想说的其实是"人（王）法自然"，其真思想是主张将人间的统治秩序建立在"自然"的基础上。换言之，老子"四大"说的宗旨是在于建立符合"道"之本性的人间统治秩序，所谓"道法自然"实为"天人贯通""天人一体"之思想的道家式表达。

若进一步分析老子所说的"道法自然"，还可以做这样的理解：既然"自然"是"道"之本性，那么，"道"的"自然"之性当然也是由"道"而生的万物之共同本性。在"自然"为万物之共同本性的意义上，"自然"就是"万物之自然"。《老子·六十四章》说："是以圣人欲不欲，不贵难得之货。学不学，复众人之所过。以辅万物之自然，而不敢为。"③ 所谓"辅万物之自然，而不敢为"，就是意味着"人（王）法自然"在现实生活世界中，就是体现在效法"万物之自然"，因为"万物之自然"就是"道"之本性的体现。如果把这里所说的"万物"理解为人间秩序中由"王"所治理的臣民的话，圣人对万物之"辅而不敢为"的关系，也就是《老子·五十七章》借"圣人"之口所说的那种情况："我无为而民自化，我好静而民自正，我无事而民自

---

① （魏）王弼著，楼宇烈校释：《王弼集校释》，中华书局 1980 年版，第 65 页。

② 陈鼓应、白奚：《老子评传》，南京大学出版社 2001 年版，第 99 页。

③ （魏）王弼著，楼宇烈校释：《王弼集校释》，中华书局 1980 年版，第 166 页。

富，我无欲而民自朴。"① 这里"无为""好静""无事""无欲"都是圣王对臣民"辅而不敢为"的表现，即非宰制臣民，而是让臣民自主——"自化""自正""自富""自朴"都是臣民自主的表现。

道家哲学深刻地意识到，包括人类社会在内的宇宙万物，都有一种自我生长、自我维持、自我调节的机制，作为"圣王"的统治者，最好的做法是信任并维护这种机制，而不是横加干涉，用行政、体制的力量破坏自然的生机。如庄子所云："长者不为有余，短者不为不足。是故凫胫虽短，续之则忧；鹤胫虽长，断之则悲。"② 但统治者中很少有人能拥有这种智慧。老子曾担任周王室的史官，对历史的经验教训知之甚悉，他以宇宙论的"四大"说向统治者指出了宇宙在本性上是"自然"的，包括人类社会在内的宇宙万物的本性及其秩序都是"自然"的；"自然"是宇宙间的最高法则，也是人类社会的最高价值；在"域中四大"这一宇宙大格局中，掌握王权的人要真正成为"四大"中的"王"，就必须放下自己的身段，"以百姓心为心"③，让权力的运行用于实现万物之本性，而非斲丧万物之本性，以"生而不有，为而不恃，长而不宰"之"玄德"④ 来治理天下，如此则"功成事遂，百姓皆谓我自然"⑤。

第三节　法家："道者，万物之始" 与 "道，理之者也"

法家是先秦至汉初主张法治的一个学派。它强调"不别亲疏，不殊贵贱，

---

① （魏）王弼著，楼宇烈校释：《王弼集校释》，中华书局 1980 年版，第 150 页。

② 《庄子·骈拇》，载曹础基：《庄子浅注》，中华书局 1982 年版，第 123 页。

③ 《老子·四十九章》："圣人无常心，以百姓心为心。"参见（魏）王弼著，楼宇烈校释：《王弼集校释》，中华书局 1980 年版，第 129 页。

④ 《老子·四十章》，载（魏）王弼著，楼宇烈校释：《王弼集校释》，中华书局 1980 年版，第 129 页。

⑤ 《老子·十七章》，载（魏）王弼著，楼宇烈校释：《王弼集校释》，中华书局 1980 年版，第 41 页。

一断于法"①，主张强化君主专制制度，以严刑峻法治民。其思想渊源于春秋时的管仲（曾为相于齐）、子产（曾执政于郑），他们是法家的先驱。而法家实际的始祖是战国之初的李悝，他曾任魏文侯相，主张变法，实行法治，并汇集各诸侯国的法律，编成了我国古代第一部比较完整的法典——《法经》（失传已久）。它以法律的形式把封建制度固定下来，为秦汉以后封建法制的发展奠定了基础。被称为"前期法家"的除李悝以外，还有吴起、慎到、申不害、商鞅等。其中，商鞅（约前395—前338）最为著名，他的法治思想反映在他和他的后学所著的《商君书》中，此书概括了前期法家的政治思想，总结了商鞅变法的实践经验，初步奠定了法家思想的理论基础。韩非（约前280—前233）在总结前期法家理论的基础上，创立了以"法"为本，"法"（法令）"术"（权术）"势"（权力）相结合的法治理论体系，成为法家思想的集大成者。本书论先秦法家，主要论三晋法家中的韩非，兼及商鞅和《管子》所代表的齐法家。

一、"道者，万物之始"；"宇内之物，恃之以成"

《史记·老子韩非列传》称韩非"喜刑名法术之学，而其归本于黄老"②。韩非之成为法家思想的集大成者，不只是在于政治思想层面上集"法""术""势"于一体，更在于理论层面上建立了一套哲学体系，使法家政治思想具有了一般世界观理论基础。

从哲学角度看，总的说来韩非以前的法家人物是缺乏思想深度的。《商君书》总是在谈论具体的法术和为政之道，其法治思想的总体框架是"先王当时而立法，度务而制事"③，强调"圣人知必然之理、必为之时势，故为必治之政"④，然而对"必然之理"却未有深入系统的阐论，其中虽有"圣君知

---

① （汉）司马迁：《史记》，中华书局1999年版，第2487页。

② （汉）司马迁：《史记》，中华书局1999年版，第1706页。

③ 《商君书·六法》，载高亨注译：《商君书注译》，中华书局1974年版，第194页。

④ 《商君书·画策》，载高亨注译：《商君书注译》，中华书局1974年版，第144页。

物之要，故其治民有至要"①之论，但对"物之要"则未有相对系统的论述。《商君书》中涉及一般世界观的论述，只有如《开塞》篇所谓"天地设而民生之"②之类，其思想深度实在是相当有限。

比较而言，《管子》在哲学方面的思想略富于《商君书》，其中一些内容涉及天秩观，例如《形势》篇提到："天不变其常，地不易其则，春秋冬夏不更其节，古今一也。"③这是讲自然界有其古今不变的恒常秩序。《乘马》篇又说："地者政之本也，是故地可以正政也。春秋冬夏，阴阳之推移也；时之短长，阴阳之利用也；日夜之易，阴阳之化也。然则阴阳正矣，虽不正，有余不可损，不足不可益也。天也，莫之能损益也。然则可以正政者，地也。"④这是讲天地之间由阴阳互相作用所引起的诸如四季交谢、日夜更替之类的变化是有其常度的，即便有时失去常度，也不是人力所能改变，有余者不可人为减少，不足者不可人为增加，因为这都是天定的秩序，不能人为地加以改变。自然界中可以利用人力来加以调节的只有土地。所以土地是政事的根本，因为可以通过对土地的调节来调整政事。由此可见，在齐法家看来，天地间的自然秩序对人的关系并不完全相同：天的秩序无论是常或是变，都是人力所无法改变的，所以人只能顺从天定的秩序；而地的秩序却不是人力完全不能改变的，其恒常秩序固然无法改变（例如，有些地方草木不生，不仅无法耕种，也没有其他方面的利用价值，像这样一些人力所无法改变的地方与耕地相比，前者百亩也只相当于后者一亩⑤），但有些变易性秩序，则可借助人力来加以改变，而为人所利用（例如，丘陵地带的树木，可以当材料，也可以做车轴；森林里的树木，可以做棺材，也可以造车⑥）。

---

① 《商君书·靳令》，载高亨注译：《商君书注译》，中华书局1974年版，第109页。
② 高亨注译：《商君书注译》，中华书局1974年版，第73页。
③ 赵守正：《管子注译》（上册），广西人民出版社1982年版，第9页。
④ 赵守正：《管子注译》（上册），广西人民出版社1982年版，第39页。
⑤ 参见《管子·乘马》，载赵守正：《管子注译》（上册），广西人民出版社1982年版，第41页。
⑥ 参见《管子·乘马》，载赵守正：《管子注译》（上册），广西人民出版社1982年版，第41页。

　　然而，相比于韩非，齐法家的哲学思想毕竟还是比较肤浅。韩非"喜刑名法术之学"，但他的思考则没有停留在"刑名法术之学"的层次上，而是在从事这方面的学术研究时有自觉而强烈的道学（哲学）意识，这在《韩非子·主道》中尤其有明显的反映和相当明确的表达：

　　　　"道者，万物之始，是非之纪也。是以明君守始以知万物之源，治纪以知善败之端。"①

　　显然，这是韩非研读了《老子》之后才讲出这番话的，其要义是说，一个英明君主必须是一位道学（哲学）家。按其上下文所表达的思想及其逻辑关系，"守始""治纪"所指的是一种治国行为，君主治国能采取这种行为的必要前提是，知道"道"是"万物之始，是非之纪"的道学（哲学）原理。"守始""治纪"则是掌握了这个道学（哲学）原理并依据和运用该原理来思考和处理同国家治理相关的"万物之源"和"善败之端"的问题。"万物之源"是指国家治理中林林总总一切事务之总根本，"善败之端"是指国家治理中千头万绪一切行为成败之总原因。考虑到韩非是研读了《老子》才讲出这番话的，所以如果把它置于《老子》的语境中，就能更深刻、更准确地理解它的意义。

　　韩非"守始""治纪"之说应是本于《老子》所谓"执古之道，以御今之有，能知古始，是谓道纪"②。老子这段话中"能知古始，是谓道纪"，是就"能知古始"对"执古之道，以御今之有"的意义关系而言，意谓"执古之道，以御今之有"的关键是在于"能知古始"，假使连"古始"都不知道，那就完全谈不上对"古之道"有所了解了，从而"执古之道，以御今之有"也压根儿无从谈起了。这种意义关系表明，所谓"古之道"，实指"古始"之"道"。所谓"知古始"，其直接意义是为了了解和掌握"古始"之"道"，其间接意义则是为了"执古之道，以御今之有"——运用已然了解和掌握的"古

----

① 《韩非子》校注组：《韩非子校注》，江苏人民出版社1982年版，第35页。

② 《老子·十四章》，载（魏）王弼著，楼宇烈校释：《王弼集校释》，中华书局1980年版，第32页。按：通行本此章内容虽不见于郭店楚简《老子》，但楚简《老子》之篇幅不及通行本《老子》全文的五分之二，所以不能由此推断韩非所见《老子》并无此章内容。

始"之"道"来治理现实的天下万物。所谓"道纪",正是针对治理者而言,意指了解和掌握"古之道"对于有效治理"今之有"具有至关重要的意义,在这种意义关系中,"古之道"是治理之纲①,"今之有"不过是治理之目,对于治理者来说,"执古之道,以御今之有"具有"纲举目张"之意。强调"知古始"对于"执古之道,以御今之有"的先决意义,是意味着老子具有这样一种历史观:回溯和考察历史,不该目光短浅地只是关注人类"自古及今"的历史,而是应当放眼包括天、地、人在内的整个自然界,将时间眼光延展至"古始",考察"古始"以来的宇宙演化史。韩非对于《老子》有很深入的研究,受老子思想影响颇深,所以亦有像老子一样的历史大视野,也不是将目光局限于"上古"、"中世"和"当今"②的人类历史,而是将历史的时间起点追溯到"万物之始"。由是观之,韩非要求君主"守始以知万物之源,治纪以知善败之端",其意义也无非是要让君主"知古始"并力求将这种认识落实和体现于"执古之道,以御今之有"的国家治理实践中。

"道"在韩非世界观中的首要意义是"万物之始"。这个概念应是来源于《老子》所谓"无名天地之始"③(帛书甲、乙本皆作"万物之始"④)。"无名"是表示"道"作为"天地(万物)之始"是"先天地生"的"混成"之"物",它"寂兮寥兮"⑤,没有形体,不可命名,只能"字之曰道,强为之名曰大"⑥,

---

① 关于"道纪"的"纪"字,河上公释义为"纲纪",马叙伦释义为"基",许抗生释义为"根本"。参见许抗生:《帛书老子注译与研究(增订本)》,浙江人民出版社1985年版,第95页。从此字所处的语境来看,当以河上公之释为胜。
② 《韩非子·五蠹》有"上古竞于道德,中世逐于智谋,当今争于气力"之说。参见《韩非子》校注组:《韩非子校注》,江苏人民出版社1982年版,第665页。
③ 《老子·一章》,载(魏)王弼著,楼宇烈校释:《王弼集校释》,中华书局1980年版,第1页。
④ 参见许抗生:《帛书老子注译与研究(增订本)》,浙江人民出版社1985年版,第74页。
⑤ 王弼注:"寂寥,无形体也。"参见(魏)王弼著,楼宇烈校释:《王弼集校释·老子注·五十二章》,中华书局1980年版,第63页。
⑥ 参见《老子·五十二章》,载(魏)王弼著,楼宇烈校释:《王弼集校释》,中华书局1980年版,第63页。

故而称它为"无名"。韩非也认为"道不同于万物"[①],"道在不可见"[②],"夫道者,弘大而无形"[③],这与老子的思想是一致的。

按照老子的宇宙论逻辑:"天下有始,以为天下母。"[④]就是说,假定宇宙有一个开端的话,那么,作为宇宙开端的那种存在就可以作为宇宙之母了。在老子宇宙论中,"天下始"和"天下母"都是指"道",其意义差别只在于:"天下始"是就"道"之"先天地生"而言;"天下母"是就"道"之"生万物"而言。韩非既然讲"道者,万物之始",承认宇宙有一个开端,承认时间上有先于"万物"而存在的"道",则在逻辑上,他也必定要承认"道生万物"。但是从《韩非子》书中的相关论述来看,韩非并不是像老子那样按"道"与万物的时间次序来讲"道生一,一生二,二生三,三生万物"[⑤],而是换了一个角度,从"道"与万物的空间次序来讲"宇内之物,恃之以成":

> "道者,万物之所以成也……以为近乎,游于四极;以为远乎,常在吾侧;以为暗乎,其光昭昭;以为明乎,其物冥冥;而功成天地,和化雷霆,宇内之物,恃之以成。"[⑥](意思是:道是万物之所以生成的原因和根据……说它近吧,它又在极远的地方;说它远吧,它又常在身边;说它昏暗吧,它又很明亮;说它明亮吧,它又很昏暗。它的功效形成天地,它酝酿化为雷霆,宇宙万物依靠它才生成。[⑦])

---

① 《韩非子·扬权》,载《韩非子》校注组:《韩非子校注》,江苏人民出版社1982年版,第64页。

② 《韩非子·主道》,载《韩非子》校注组:《韩非子校注》,江苏人民出版社1982年版,第37页。

③ 《韩非子·扬权》,载《韩非子》校注组:《韩非子校注》,江苏人民出版社1982年版,第64页。

④ 《老子·五十二章》,载(魏)王弼著,楼宇烈校释:《王弼集校释》,中华书局1980年版,第139页。

⑤ 《老子·四十二章》,载(魏)王弼著,楼宇烈校释:《王弼集校释》,中华书局1980年版,第117页。

⑥ 《韩非子·解老》,载《韩非子》校注组:《韩非子校注》,江苏人民出版社1982年版,第199—200页。

⑦ 参见《韩非子》校注组:《韩非子校注》,江苏人民出版社1982年版,第201页注①、③。

　　由此可见，韩非是依据宇宙空间关系中有形象而可以观察到的天地万物，来推断这些现实的有形事物照理应该有一个没有形象的东西——"道"作为其生成的原因和根据，进而推断作为天地万物之原因和根据的"道"，照理应该是在天地万物尚未生成时就已然存在了，故曰"道者，万物之始"。

二、"道，理之者也"，"物各处其宜"

　　与道家和儒家的天秩观都不同，韩非天秩观的特点是在于从空间秩序上来谈论"道"与"理"的关系，以至于在一定意义上可以说，韩非的道理观就是其天秩观，或者说，韩非的天秩观就体现在其道理观中。

　　韩非的道理观集中反映在其"道，理之者也"[①] 的命题上。该命题按字面及上下文关系，可解读为："道是能使万物条理化的东西。"[②] 这是承上文"道者，万物之所然也，万理之所稽也"[③] 而来，因为"道"是既主宰万物[④]，又统合万理的[⑤]，所以才说"道"是统御万物而使万物条理化的宇宙治理者。

　　关于"道"和"理"，在《韩非子》以前的经典中，《老子》是论"道"而不提"理"；《论语》亦是如此。《墨子》既有论"道"之言（如《尚同下》有"国之道""天下之道"[⑥] 等提法，《兼爱下》有"王道"[⑦]"圣王之道"[⑧] 等

---

① 《韩非子·解老》，载《韩非子》校注组：《韩非子校注》，江苏人民出版社 1982 年版，第199 页。

② 《韩非子》校注组：《韩非子校注》，江苏人民出版社 1982 年版，第 199 页注⑬。

③ 《韩非子·解老》，载《韩非子》校注组：《韩非子校注》，江苏人民出版社 1982 年版，第199 页。

④ "万物之所然"之"然"字作动词用，为"主宰"之意，与《鹖冠子·度万》"所谓天者，言其然物而无胜者也"之"然"字同义。

⑤ 参见《韩非子》校注组：《韩非子校注》，江苏人民出版社 1982 年版，第 199 页注⑪。

⑥ 载王焕镳：《墨子校释》，浙江文艺出版社 1984 年版，第 98 页。

⑦ 载王焕镳：《墨子校释》，浙江文艺出版社 1984 年版，第 127 页。按："王道"系引《周诗》之语。

⑧ 载王焕镳：《墨子校释》，浙江文艺出版社 1984 年版，第 132 页。

提法，《节葬下》则有"仁义之道"①之说，《天志中》更有"遵道利民"②的一般说法）；也有论"理"之言（如《所染》曰："凡君之所以安者何也？以其行理也。行理性于染当。"③还有"处官得其理"和"处官失其理"④之说；《非儒下》则有"是非之理"⑤的提法，还有"不义不处，非理不行"⑥之说）。其所言之"理"既与人的行为相关，是指行为准则；又与是非相关，是指是非标准。

　　与《论语》论"道"不论"理"不同，《孟子》是既论"道"又论"理"，有数处言及"理"，其重要者有两处：

　　《孟子·万章下》有"条理"之说："金声也者，始条理也；玉振之也者，终条理者。始条理者，智之事也；终条理者，圣之事也。"⑦这里"条理"一词是指奏乐时敲击乐器的前后次序，即音乐节奏。如果把这种次序或节奏弄乱了，所击打出来的声音就不是和谐的音乐，只是一些混乱的杂音了。所谓"始条理者，智之事也；终条理者，圣之事也"，是以奏乐来比喻人事，认为只顾奏乐开始时候的节奏，不考虑奏乐过程的整体节奏，如此顾此失彼的处事之道，顶多能算"智之事"罢了；而如果能通观全局地考虑到奏乐过程的整体节奏，自始至终地控制好奏乐过程的每个节奏，使各个节奏有序组合成一个和谐乐章的话，这样善于把控整体节奏的处事之道，才堪称"圣之事"。

　　《孟子·告子上》有"理义"之说："心之所同然者何也？谓理也，义也。圣人先得我心之所同然耳。故理义之悦我心，犹刍豢之悦我口。"⑧这里"理""义"并举，是指人皆有之的心之官（思维器官）所追求的对象，因这

---

① 载王焕镳：《墨子校释》，浙江文艺出版社 1984 年版，第 204、205 页。
② 载王焕镳：《墨子校释》，浙江文艺出版社 1984 年版，第 218、219、221 页。
③ 载王焕镳：《墨子校释》，浙江文艺出版社 1984 年版，第 20 页。
④ 载王焕镳：《墨子校释》，浙江文艺出版社 1984 年版，第 20 页。
⑤ 载王焕镳：《墨子校释》，浙江文艺出版社 1984 年版，第 315 页。
⑥ 载王焕镳：《墨子校释》，浙江文艺出版社 1984 年版，第 319 页。
⑦ 杨伯峻译注：《孟子译注》，中华书局 1960 年版，第 233 页。
⑧ 杨伯峻译注：《孟子译注》，中华书局 1960 年版，第 261 页。

种追求有别于人的耳目之官（感觉器官）的感性追求，所以它实际上也就是人的理性思维的对象。按孟子"仁，人心也；义，人路也"①的说法，"义"可以被理解为人所应当遵循的行为准则——它相当于《墨子》所谓"行理"（依理而行）的"理"，对应于被孟子视为"义之端"的"羞恶之心"②（在孟子看来，人会因自己的行为失当而自然感到羞愧）。然则，与"义"相提并论的"理"可被理解为是非标准——它相当于《墨子》所谓的"是非之理"，对应于被孟子视为"智之端"的"是非之心"③（在孟子看来，人生来就具有辨别是非的能力，人是依靠这种天赋能力来确定是非标准的）。

综观之，《墨子》《孟子》所讲的"理"都与人事相关，是属于"事理"范畴。道家经典《庄子》则不然。《庄子》中论"道"之处自不必说，它也有多处论"理"之言，如《养生主》"依乎天理"④、《刻意》"循天之理"⑤，再如《秋水》有云："消息盈虚，终则有始。是所以语大义之方，论万物之理也。"⑥ 又云："知道者必达于理，达于理者必明于权。"⑦ 又："是未明天地之理，万物之情者也。"⑧《天下》则有"判天地之美，析万物之理"⑨ 之说。其中"天理""天之理""天地之理""万物之理"这些提法表明，"理"在《庄子》中已然成为一个重要的哲学概念。《庄子》所言之"理"多与"天"或"天地"相关，是指与人事无关而纯粹由于天然或自然原因所生成的事物之纹理、条理、形式等，它与《易传·系辞上》所谓"仰以观于天文，俯以察于地理，是故知幽明之故"⑩ 的"天文""地理"是大致相当的概念——就"地理""天文"而言，

---

① 杨伯峻译注：《孟子译注》，中华书局 1960 年版，第 267 页。

② 《孟子·公孙丑上》，载杨伯峻译注：《孟子译注》，中华书局 1960 年版，第 80 页。

③ 《孟子·公孙丑上》，载杨伯峻译注：《孟子译注》，中华书局 1960 年版，第 80 页。

④ 曹础基：《庄子浅注》，中华书局 1982 年版，第 44 页。

⑤ 曹础基：《庄子浅注》，中华书局 1982 年版，第 229 页。

⑥ 曹础基：《庄子浅注》，中华书局 1982 年版，第 247 页。

⑦ 曹础基：《庄子浅注》，中华书局 1982 年版，第 248 页。

⑧ 曹础基：《庄子浅注》，中华书局 1982 年版，第 244 页。

⑨ 曹础基：《庄子浅注》，中华书局 1982 年版，第 494 页。

⑩ 高亨：《周易大传今注》，齐鲁书社 1979 年版，第 511 页。

其"理"为"文"之近义词，如果说"天文"是指日月星辰等天体在天际分布运行的自然秩序的话，"地理"则是指土地、山川等自然事物在地面上所呈显的自然秩序，其共同点是它们都可以被人的感官所观察到，属于形而下的感性存在，与形而上之"道"有区别；而《庄子·秋水》所谓"论万物之理"更其表明，其"理"所指称的那些对象是可以言说的东西，是与不可言说的"道"有区别的有名之"理"或可名之"理"。

一般被认为是反映战国稷下道家宋钘、尹文思想的著作《管子·心术》，已将"道"和"理"联系起来相提并论："心之在体，君之位也；九窍之有职，官之分也。心处其道，九窍循理；嗜欲充益，目不见色，耳不闻声。故曰：上离其道，下失其事。"① 这里所谓"道"和"理"是分别指人的身体不同器官正常运行的规律："道"指心的运行规律，"理"指其他各器官的运行规律。这段话的主要意思是说：当且仅当心合于"道"而能正常运行时，其他器官才会各合其"理"地正常运行；反之，当心为贪图感官享受的欲望所充塞以致背离"道"而不能正常运行时，其他器官也必定会背离它们各自的"理"而不能正常运行。这里"道"与"理"的关系和"心"与"九窍"的关系具有互相对应的一致性，即："道"对应于"心"，为"心"之"道"；"理"对应于"九窍"，为"九窍"之"理"。在这种关系中，如果说"心"处身之君位、"九窍"处身之职官之位的话，"道""理"关系亦复如是，即在身体运行规律系统中，"心"之"道"处于君位，"九窍"之"理"处于职官之位，在这种关系中，"道"是整个系统的控制中心，众"理"皆受其控制，易言之，"道"是统御众"理"的。

《心术》还从"义""礼""理"三者相互关系角度来论"理"："义者，谓各处其宜也。礼者，因人之情，缘义之理，而为之节文者也。故礼者谓有理也。理也者，明分以谕义之意也。故礼出乎理，理出乎义，义因乎宜者也。"② 意思是说：所谓义，就是人们各自处在合适的位置上来发挥其应有的

---

① 赵守正：《管子注译》（下册），广西人民出版社1982年版，第1页。

② 赵守正：《管子注译》（下册），广西人民出版社1982年版，第2—3页。

作用。所谓礼，就是根据各人的实际情况，按照各人都能在合适位置上发挥其应有作用的原理，对人与人之间互有等差的社会地位及身份和与之相应的行为所设定的制度规范。故所谓礼，就是对人们在具有等差结构的社会体系中该如何恰当地说话与行事都有明确的规定。所谓理，无非是通过明确规定各人在社会中特定的地位、身份与职责，使人们都知道自己在社会生活中的合适位置和应尽义务。所以，从"义""礼""理"三者关系来说，"礼"是产生于"理"，"理"是产生于"义"，"义"是因循各人之所宜。要言之，在"义""礼""理"的相互关系中，"义"是三者之根本，它是以肯定人情各不相同作为前提的，在此前提下强调因人制宜地发挥各人的独特作用；"理"是基于"义"而对各人特殊作用所做的具体区分，以明确各人所当发挥的作用；"礼"是"理"对各人特殊作用所做的具体区分在制度形式上的表现，也是"义"在制度上的体现和实现。因此，如果说"义"是人事之所宜、"礼"是人事之所制的话，"理"则是人事之所当。例如，《心术》提到"恶不失其理，欲不过其情"①，这便是讲人的好恶之情要有适当限度，不宜过度。所谓"恶不失其理"，犹言"恶不失其所当"，是说厌恶之情和喜好之情一样，亦有其限度，应把握分寸，做到恰如其分、恰到好处，避免过度之失和滥情之过。

韩非的老师、先秦大儒之一荀子关于"道""理"的论述颇多，但在绝大多数情况下荀子和以往学者一样，也是将"道""理"分而论之。今观《荀子》之书，其中只有《正名》篇有"道""理"合论之处："道也者，治之经理也。"②梁启雄（1900—1965）注引杨倞《荀子注》云："经、常也。理、条贯也。言道为理国之常法条贯也。"③荀子所讲的"道"有多种含义，此处"道"被说成是"治之经理"，则与《哀公》篇所言之"大道"应是同一个"道"，都是指圣人所知之"道"。"所谓大圣者，知通乎大道，应变而不穷，辨乎万物之情性者也。大道者，所以变化遂成万物也；情性者，所以理然不取舍

---

① 赵守正：《管子注译》（下册），广西人民出版社 1982 年版，第 3 页。
② 梁启雄：《荀子简释》，中华书局 1983 年版，第 318 页。
③ 梁启雄：《荀子简释》，中华书局 1983 年版，第 318 页。

也。"① 梁启雄将"大道"释义为"天行或天演"②——《天论》篇有云"天行有常"③，刘向(前77—前6)《说苑·谈丛》引作"天道有常"④。然则，作为"治之经理"的"道"，是指圣人所应通晓和掌握的天道（自然界运行法则），是圣人在人事(国家治理)中对"天道"的运用，具体地说，即是《荀子·乐论》中所讲的"礼"："礼也者，理之不可易者也。"⑤ 而与"不可易"之"经(常）理"相对应的"理"，则是《儒效》所谓"井井兮其有理也"⑥ 的"理"，亦即《性恶》"合于文理，而归于治"⑦ 意义上的"文理"，与《大略》所谓"义，理也"⑧ 及《性恶》所谓"犯分乱理"⑨ 的"理"含义都相同，均是指具体事物的条理。《赋》篇对"文理"有如此描述："爰有大物，非丝非帛，文理成章。"⑩ 又曰："此夫文而不采者欤？简然易知而致有理者欤？"⑪ 意思是说，所谓"文理"是指事物的条理，这种事物之理是无色彩可辨的。在荀子看来，不同事物有不同条理，正是这些条理使不同事物区分开来并使它们彼此相互制约，所谓"凡百事异理而相守也"⑫。

　　以上先秦诸子的思想都有可能成为韩非道理观的思想来源。根据这些思想再来解读韩非的相关论述，就比较容易理解了。

　　首先，关于"道""理"关系，如上所述，在韩非以前，只有稷下道家《管子·心术》有所论述，虽然《心术》所讲的"道""理"还只是就人体各器官的运行规律而言，尚未上升到宇宙秩序观的高度，但是当韩非从宇宙秩

①　《荀子·哀公》，载梁启雄：《荀子简释》，中华书局1983年版，第403页。
②　梁启雄：《荀子简释·天论》"万物为道一偏"句按语，中华书局1983年版，第231页。
③　《荀子·天论》，载梁启雄：《荀子简释》，中华书局1983年版，第220页。
④　梁启雄：《荀子简释·天论》"天行有常"句按语，中华书局1983年版，第220页。
⑤　梁启雄：《荀子简释》，中华书局1983年版，第281页。
⑥　梁启雄：《荀子简释》，中华书局1983年版，第88页。
⑦　梁启雄：《荀子简释》，中华书局1983年版，第327页。
⑧　梁启雄：《荀子简释》，中华书局1983年版，第367页。
⑨　梁启雄：《荀子简释》，中华书局1983年版，第327页。
⑩　梁启雄：《荀子简释》，中华书局1983年版，第355页。
⑪　梁启雄：《荀子简释》，中华书局1983年版，第355—356页。
⑫　《荀子·大略》，载梁启雄：《荀子简释》，中华书局1983年版，第373页。

序观高度来谈论"道""理"关系时，稷下道家的道理观毕竟是一个思想背景参照，这个思想背景有助于我们准确理解韩非的道理观。

如上所述，按《心术》的观点，"道"是众"理"的统御者。带着这个观点来细细品味韩非所谓"道者，万物之所然也，万理之所稽也"的话，就可以有新的发现。这段话里"万物之所然"与"万理之所稽"都是对"道"的界定，二者意义相近而具有互补性。"万物之所然"犹言"万物之所宗"①；"万理之所稽"，按学界通释，此处"稽"乃"汇合"或"总合"之意，然联系上文而观之，其实"稽"的意义还受到"万物之所然"之"然"（主宰）的意义的影响，因为"万物"与"万理"具有不可分割的联系，故"道"既然对万物有主宰作用，自然意味着它对万理也有同样的作用，所以当"稽"的意义被理解为"总合"时，这个"总合"蕴含"统御"之意，也就是说，"万理之所稽"非单纯指"道"乃万理之总汇，同时还兼指万理为"道"所统御，即万理汇合于"道"是意味着"道"控制和决定万物之理。据此再来解读韩非所谓"道，理之者也"的话，就可以把上下文的意思贯通起来了："道"控制和决定万物之理，以至于可以说"道"就是万物的治理者，是万物皆有条理的原因和根据。而韩非所谓"道者，万物之所以成也"，其实也蕴含"道"是万物皆有条理的原因和根据的意义，因为按照韩非"理者，成物之文也"②的说法，万物的生成在其现实性上是以万物之理的形成作为标志的，也就是说，万物的生成过程，同时也是万物之理的形成过程——它们是同一过程的两个方面。

---

① 此处"然"作动词用，为宗主、主宰之意。在古汉语中，"然"字的这种用法并不常见，这应该是当时的用法。与《韩非子》同属于战国文献的《鹖冠子》中，也出现了"然"字的这种用法——《鹖冠子·度万》："所谓天者，言其然物而无胜者也。"这里"然物"之"然"也是作动词用，意为"主宰"；"然物"犹言主宰万物。故此句陆佃（1042—1102）注谓："言天者君道也，可天下之物而莫之胜也。"（按：此中"可"用在名词之后，作"可为""可治"解）意思是说，天就像统治万民的君主，是天下万物的主宰，能治天下之物，使万物莫不受其控制（即万物都在天的控制之下而无物胜天）。

② 《韩非子·解老》，载《韩非子》校注组：《韩非子校注》，江苏人民出版社1982年版，第199页。

其次，韩非将"理"解释为"成物之文"，这表明其"理"概念与他的老师荀子的"文理"概念具有传承关系，也是用于指称具体事物的条理。不过，荀子对于"理"（"文理"）和"道"（"大道"或"天道"）的关系未尝有直接而明确的论述，韩非则明确指出："万物各异理，而道尽稽万物之理。"① 说明了"道"是彼此互有区别的万理之总合。他还指出："凡道之情，不制不形，柔弱随时，与理相应。"② 更说明了总合（统御）万物之理的"道"虽然无形可见，但它与变化着的万事万物处于同一时间过程中，与这些具体的事物之"理"存在着互相呼应的一致关系，在这种关系中，"理"是"道"的体现者。这是韩非在"道""理"问题上对前人思想的重要发展。由此可以看出韩非天秩观中"道者，万物之始"与"道，理之者也"两个命题的内在关联之所在："道"具有"柔弱随时"（随时间推移而变化）的特性，并且这种变化是"与理相应"的，这意味着"道"作为"理之者"，其"理之"而使万物条理化的过程，其实质在于因随事物变化而赋予其相应的"理"。这里存在着这样一种时间关系："道"先于事物的变化而存在，并在事物生成过程中，使事物得到与其变化相应的"理"。由此可见，是由于韩非持有万物皆变的朴素辩证法观念，才使得他必须将"道，理之者也"的命题建基于"道者，万物之始"的命题，这是其宇宙秩序观之理论建构的需要，因为唯有假设"道"为"万物之始"，"道"才能在万物皆变前提下作为"理之者"而存在，也就是说，要确立"道"在空间次序上的最高法则地位，就必须假定"道"在时间次序上先于万物变化的宇宙本原地位。

再次，尽管荀子已有"百事异理"③之说，指明了事物之间各有其特殊之"理"，但他未有详明论述；韩非在肯定"万物各异理"的基础上，则进一步指出："物有理，不可以相薄；物有理不可以相薄，故理之为物之

---

① 《韩非子·解老》，载《韩非子》校注组：《韩非子校注》，江苏人民出版社 1982 年版，第 199 页。

② 《韩非子·解老》，载《韩非子》校注组：《韩非子校注》，江苏人民出版社 1982 年版，第 199—200 页。

③ 《荀子·大略》，载梁启雄：《荀子简释》，中华书局 1983 年版，第 373 页。

制。"①"薄"（读"迫"）是迫近之意；"不可以相薄"，即不可以互相迫近，意指万物互相排斥、互相区分。物与物之所以互相区分，是因为它们各有其特殊之"理"，故曰"理之为物之制"。"制"，《说文解字》释之曰："制，裁也。从刀从未。未，物成有滋味，可裁断。一曰止也。"②"物之制"与上文"不可以相薄"联系在一起，是表示物与物之间相互区分的关系；所谓"理之为物之制"，就是说"理"是事物之间的互相区分关系。韩非在《解老》中对"理"所表示的这种关系做了如下具体描述：

> "凡理者，方圆、短长、粗靡、坚脆之分也，故理定而后可得道也。故定理有存亡，有死生，有盛衰。夫物之一存一亡，乍死乍生，初盛而后衰者，不可谓常。唯夫与天地之剖判也俱生，至天地之消散也不死不衰者谓常。而常者，无攸易，无定理。无定理，非在于常所，是以不可道也。"③

> "凡物之有形者易裁也，易割也。何以论之？有形，则有短长；有短长，则有大小；有大小，则有方圆；有方圆，则有坚脆；有坚脆，则有轻重；有轻重，则有白黑。短长、大小、方圆、坚脆、轻重、白黑之谓理。理定而物易割也。"④

这两段论述表达了这样几层意思：

（1）"理"所表示的是有形事物之间相互区分的关系，而且这种关系是彼此相互矛盾的关系。因其如此，韩非才有"理相夺予"⑤之说，意思是"事理总是正反相互排斥的"⑥。也因为事物之间普遍存在着这种矛盾关系，所以对人类来说，他们认识客观事物的时候是"易割""易裁"，即易于分析判断的。换言之，在韩非看来，人们之所以能够认识客观事物，是因为客观事物

---

① 《韩非子·解老》，载《韩非子》校注组：《韩非子校注》，江苏人民出版社1982年版，第199—200页。

② （汉）许慎：《说文解字》，中华书局1963年版，第92页。

③ 《韩非子》校注组：《韩非子校注》，江苏人民出版社1982年版，第202页。

④ 《韩非子》校注组：《韩非子校注》，江苏人民出版社1982年版，第206页。

⑤ 《韩非子》校注组：《韩非子校注》，江苏人民出版社1982年版，第186页。

⑥ 《韩非子》校注组：《韩非子校注》，江苏人民出版社1982年版，第186页注⑬。

总是彼此互相矛盾的。所谓"理"，便是指由事物的矛盾所构成的客观关系。

（2）"理"所表示的客观事物的矛盾关系都是具体的，不同的事物有不同的矛盾，每一事物都有其特定矛盾，这就是所谓"定理"。因为万物各有"定理"，其矛盾关系是特殊而确定的，所以"理"才可以用言语来表达。韩非关于"理"可以用言语来表达的思想应是来源于荀子。荀子说："言必当理，事必当务"①。这是明确肯定"理"可以言说，并且认为一种言论与它所表达的"理"相符合时，这种言论才是正确的。韩非继承并发展了荀子的这一思想，不只是认为"理定而后可得道"，更将"言"和"知"联系起来，肯定"言生于知"②，即认为言论是表达关于事物之理的知识的。韩非还认为，一种言论是否符合客观事理，是可以从办事是否获得成功的结果上得到验证的，因为"得事理，则必成功"③。将"道""理""知""言""事"联系和统一起来，使"道"能见诸"言"并最终见诸"事"，这是韩非在哲学上对老子之"道"所做的最重要的改造，因为在老子哲学中，"道"因其没有形象而不可言、不可名，故"从事于道"的圣人在国家治理中是"镇之以无名之朴"④，"行不言之教"⑤。

（3）"理"作为具体事物的矛盾关系和具体事物一样都有生灭、盛衰之变化，故有"定理"而无"常理"。这成为韩非"圣人不期修古，不法常可，论世之事，因为之备"⑥之变法思想的理论基础。

---

① 《荀子·儒效》，载梁启雄：《荀子简释》，中华书局1983年版，第83页。

② 《韩非子·喻老》，载《韩非子》校注组：《韩非子校注》，江苏人民出版社1982年版，第225页。

③ 《韩非子·解老》，载《韩非子》校注组：《韩非子校注》，江苏人民出版社1982年版，第188页。

④ 《老子·三十七章》："道常无为而无不为，侯王若能守之，万物将自化。化而欲作，吾将镇之以无名之朴。无名之朴，夫亦将无欲。不欲以静，天下将自定。"参见（魏）王弼著，楼宇烈校释：《王弼集校释》，中华书局1980年版，第91—92页。

⑤ 《老子·二章》："圣人处无为之事，行不言之教。"参见（魏）王弼著，楼宇烈校释：《王弼集校释》，中华书局1980年版，第6页。

⑥ 《韩非子·五蠹》，载《韩非子》校注组：《韩非子校注》，江苏人民出版社1982年版，第661—662页。按：此页注②将这段话解释为："新时代的圣人不羡慕远古时代，不效法永恒不变的常规，而是研究当代的形势，从而采取相应的措施。"

复次，上文提到，《管子·心术》将"义""礼""理"联系起来论"理"，其中一个重要思想内容是关于"义"的主张，按照这个主张，人们各自处在合适的位置上来发挥其应有作用，是最为合理的。韩非亦有类似思想，他说：

> "夫物者有所宜，材者有所施，各处其宜，故上下无为。使鸡司夜，令狸执鼠，皆用其能，上乃无事。上有所长，事乃不方。矜而好能，下之所欺；辩惠好生，下因其材。上下易用，国故不治。"①

这段话的核心意思是说：无为是君主治国的最好办法。所谓无为而治，就是使万物各处其适当的位置，以发挥其各自所宜的作用，施展其各自所长的才能。韩非打比方说，让公鸡专管报晓，让猫专捉老鼠，如此各用其所能，便是无为治国的方法。韩非认为，按照无为而治的原则，君主是不需要显示自己特长的，假使君主也像臣子那样显示自己的特长，那便是治国不得法了。这是因为君主自大逞能，恰恰会成为臣下欺瞒的凭借；君主喜欢卖弄口才和智慧，恰恰会被臣下利用来欺骗行奸。君臣上下各有其适当的地位与作用，如果把君臣的地位与作用混淆起来或者搞颠倒了，那就定然不能使国家得到善治。

由此可见，在韩非看来，"无为"是君主治国取得成功的关键所在，也是君主"得事理"的体现。"得事理，则必成功。"②"动弃理，则无成功。"③因此，"无为"就是意味着"缘道理以从事"。"夫缘道理以从事者，无不能成。"④而"无为"所达到的治理境界就是"物各处其宜"，这既是"缘道理以从事"的结果，也是韩非天秩观中符合"道理"的社会秩序，因而在本质上也就是"道理"的体现。由于"道理"是韩非天秩观中用以标识宇宙自然秩序的哲学范畴，

---

① 《韩非子·扬权》，载《韩非子》校注组：《韩非子校注》，江苏人民出版社1982年版，第62页。
② 《韩非子·解老》，载《韩非子》校注组：《韩非子校注》，江苏人民出版社1982年版，第188页。
③ 《韩非子·解老》，载《韩非子》校注组：《韩非子校注》，江苏人民出版社1982年版，第188页。
④ 《韩非子·解老》，载《韩非子》校注组：《韩非子校注》，江苏人民出版社1982年版，第188页。

故"物各处其宜"应可理解为就是韩非治理哲学所构想的宇宙自然秩序。

本章小结

今言"治理"一词，大致相当于古汉语中的"治"。古语"治"作名词用时，可指治理行动、治理状态、治理事务、治理效果和善治状态。作形容词用时，"治"是"乱"的反义词，其义与"太平"相近，是指世界安宁或社会安定的善治性征，其作为治理活动所达成的效果与状态，是中国传统治理哲学的价值目标，反映了中国传统治理哲学关于社会秩序和政治秩序的理想。这种属于人道范畴的理想社会秩序与政治秩序，是本于天道范畴的宇宙秩序——天序；天序包括宇宙演化中万物生成的时间先后顺序和既成万物的空间方位次序。天秩观就是关于宇宙基本秩序的思想。

天秩观所涉及的是宇宙万物之间的基本关系，它是基于对宇宙万物的分类。《周易》八卦是对宇宙万物最早的分类，六十四卦则象征宇宙间六十四类事物，在这六十四类事物中，《周易》强调天地对于其他事物的作用是以天为主的。《周易》以天为主的宇宙观与西周占统治地位的"天命"观念是同一思想系统，已初具"三才（材）"思想的萌芽形式——由《周易》乾、坤二卦所象征的天、地和生活在天地之间并借助于《周易》筮法来卜问天意的人，其中天起主宰作用，人是顺从天意行事。

在春秋时期自然与人文两大思潮中，范蠡哲学思想具有典型性和代表性，因为它兼有这两种思潮的性质，他虽未明确提出"三才（材）"概念，然其"人事必将与天地相参，然后乃可以成功"之说，已蕴含着"三才（材）"观念。

孔子尚未有"三才（材）"概念，但他对"自然之天"和"天道"的尊重，特别是对"人"的重视和对人的主体能力培养的强调，奠定了儒家"三才（材）"说的思想基础。思孟学派已实际形成儒家"三才（材）"概念，只是尚未有"三才（材）"之名。思孟学派以"至诚"为君子道德修养目标。"至诚"的内在表现是"尽其性"、外在表现是"尽人之性""尽物之性"乃至于"赞天地之化育","与天地参"是君子内外兼修所能达到的最高道德境界,这是天、地、人相互协调与统一的和谐境界。儒家"三才(材)"概念是由《易传》正式提出的。《易传》"三才(材)"说作为一种宇宙观,与《荀子》属于同一思想系统,都是肯定万物生于天地,都认为在天地化育万物的过程中人类社会变得越来越文明,只是相对说来,《荀子》比较注重制度("礼义")文明,《易传》则比较注重道德("仁义")文明。儒家的"三才(材)"思想的总体特征在于:以天地化育万物的宇宙观为哲学基础,主张通过制度文明与道德文明的建设来创立和发展符合自然规律(天地之道)的文明体系(人道),由此达成人类社会与自然界(天地人)相互关系的和谐。儒家的秩序观就是关于天、地、人三才(材)和谐的观念,根据这种观念,人是建立三才(材)和谐关系的决定力量,三才(材)关系能否达成和谐,取决于人对自己在三才(材)关系中的自我定位。儒家对人在三才(材)关系中地位的看法,集中体现在《易传》所谓"天尊地卑"的天秩观上。"天尊地卑"不仅表示天地在三才(材)中的上下次序,也表示人在三才(材)中的中位次序,因此对人来说,持中、守中是合乎"天秩"的人道。按照《易传》的天秩观,三才(材)时间关系中天为父(男、夫)、地为母(女、妇)、空间关系中天在上、地在下,"天尊地卑"是这双重秩序融于一体的,在这种一体关系中,上下关系也是父(男、夫)母(女、妇)关系;反之,父(男、夫)母(女、妇)关系也是上下关系。故"天尊地卑"意味着男(夫、父)为贵、女(妇、母)为贱的尊卑等级关系乃天经地义之自然关系。

如果说儒家是根据"三才(材)"的空间次序来确定"天尊地卑"的宇宙基本秩序和相应的社会秩序(包括"男尊女卑""夫尊妇卑""父尊母卑")的话,道家则是根据"道"派生天、地、人这一宇宙演进过程的时间次序来确定"域中四大"(道、天、地、王)的基本秩序的。老子"四大"说的宗旨在于建立符合"道"的"自然"本性的人间统治秩序,所谓"道法自然"实为"天人贯通""天人一体"之思想的道家式表达。道家天秩观的深刻之处在于意识到,世间万物都有一种自我生长、自我维持、自我调节的机制,

“圣王”应该信任并维护这种自然机制，而不是横加干涉，用行政、体制的力量破坏自然的生机。老子以宇宙论的“四大”之说向统治者指出了“自然”是决定宇宙秩序的最高法则，也是人类社会的最高价值；在“域中四大”这一宇宙大格局中，“王”要不失其为“大”，就必须“以百姓心为心”，让权力的运行用于实现万物之本性，而非戕丧万物之本性。

与道家和儒家的天秩观都不同，韩非是从空间秩序上来谈论“道”与“理”的关系，其天秩观集中体现在其以“道，理之者也”为基本命题的道理观中，该命题肯定了“道”是统御万物而使万物条理化的宇宙治理者；而该命题又是建基于“道者，万物之始”的命题，以其在理论上要确立“道”在空间次序上的最高法则地位，就必须假定“道”在时间次序上先于万物变化的宇宙本原地位。在韩非看来，“道”作为宇宙治理者，其统御万物而使万物条理化的结果——自然界的现实秩序，乃是“物各处其宜”，即变化着的万物都各自处在适宜的位置上，这便是韩非治理哲学所追求的理想秩序状态，按照这种秩序理想，“明主”（英明君主）应当以“道”为法则，以“无为”方式来治理天下，让天下之人各处其适宜的位置来发挥其各自所宜的作用，施展其各自所长的才能。

第二章　天道观

在古代典籍中，最早出现"天道"一词者似是《尚书·虞书·大禹谟》："惟德动天，无远弗届。满招损，谦受益，时乃天道。"[1]这段话的大意是说："只有道德的力量，才能感动天；不管天有多么高远，道德的感化力量都能达到。自满将会招来祸害，谦虚则能获得福祉，这是自然的道理。"然据东汉经学家郑玄（127—200）说，《大禹谟》"已逸"[2]。后来据阎若璩、惠栋等清代考据学者考证，较今文《尚书》多出25篇（含《大禹谟》）的古文《尚书》实系东晋豫章内史梅赜所伪造，故清代考据学者孙星衍（1753—1818）所著《尚书今古文注疏》中未收伪作的《大禹谟》等25篇。如此看来，似不能说"天道"一词最早见于《尚书》。但今文《尚书》中《洪范》篇数言"王道"，有"王道荡荡""王道平平""王道正直"等语[3]。而从《左传》所记伍子胥等人所言"盈必毁，天之道也"（伍子胥）[4]、"盈而荡，天之道也"（邓曼）[5]、"天道远，人道迩，非所及也，何以知之"（子产）[6]等数语来看，显然"天道"已成为春秋时流行之语。结合《国语》所记范蠡"天道皇皇，

---

① （汉）孔安国传，（唐）孔颖达正义：《尚书正义》，上海古籍出版社2007年版，第139页。

② （清）孙星衍：《尚书今古文注疏》，陈抗、盛冬铃点校，中华书局1986年版，第559页。

③ 参见（清）孙星衍：《尚书今古文注疏》，陈抗、盛冬铃点校，中华书局1986年版，第305页。

④ 《左传·哀公十一年》，《春秋左传诂》，载（清）洪亮吉：《春秋左传诂》中华书局1987年版，第868页。

⑤ 《左传·庄公四年》，载（清）洪亮吉：《春秋左传诂》，中华书局1987年版，第235页。

⑥ 《左传·昭公十八年》，载（清）洪亮吉：《春秋左传诂》中华书局1987年版，第731页。

日月以为常。……日困而还，月盈而匡"①的话，可将春秋时流行之语"天道"释读为"天体运动"或"天体运动规律"。具体地说，"天道"之"天"是指日月星辰之类的天体；"天道"之"道"则兼指（日月等天体）运动和（天体运动）规律——这与"道"字所包含的"行走"与"直路"两种意义②相对应：由"行走"之义，引申为"（天体）运行、运动"；由"直路"之义，引申为"（天体运动）轨道、规律"。

　　到了战国时期，"天道"之"天"的含义已经泛化，不再专指日月星辰之类的天体，也指非人为或排除了人为因素的自然现象。例如《庄子·大宗师》说："死生，命也，其有夜旦之常，天也。"③这是讲人的死生是一种不可避免的必然过程，就像永恒不息的昼夜交替运行，都是自然现象。又如《庄子·秋水》说："牛马四足，是谓天；落马首，穿牛鼻，是谓人。"④这里"天""人"二字对举使用，"天"指自然现象，"人"指人为现象。这句话的意思是说：牛马有四条腿，这就叫做自然现象；给马戴上笼头，给牛鼻穿上孔，这就叫做人为现象。这样，"天道"也就不再是专指天体运

---

① 上海师范大学古籍整理组校点：《国语》（下）卷二十一《越语下》，上海古籍出版社 1978 年版，第 653 页。

② 甲骨文里未见"道"字。西周金文里"道"字由"首""行"两部分组成，或由"首""行""止"三部分组成。由"首""行"组成"道"即"衜"，其字形结构为"首"在"行"的正中间。甲骨文有"行"字，其本义为十字路口。"首"字在甲骨文里的形象似动物的头部，在金文里更像鹿的头部。"首"在"行"的正中间是表示动物在路中间，则"衜"字当属会意字，是意指动物在路上行走。刘熙《释名·释道》："道，蹈也；路，露也，言人所践蹈而露见也。"（转引自林国雄：《论道》，《宗教学研究》1998 年第 4 期）刘熙对"道""路"的这种解释，无异于说"路是人走出来的"。这也意味着"道"字原本是被当作动词来使用的，意指人之践行。戴震《孟子字义疏证·天道》也是按"道"的本义来诠释并加以发挥："道，犹行也；气化流行，生生不息，是故谓之道。"（（清）戴震：《孟子字义疏证》，何文光整理，中华书局 1982 年版，第 21 页）许慎《说文解字》则将"道"当作名词来解释："道，所行道也，从辵从首。一达谓之道。"（（汉）许慎：《说文解字》，中华书局 1963 年版，第 42 页）这是把"道"释义为人所行走的通往一个方向的直路。要之，"道"字在古汉语中作为动词的本义为"行走"，作为名词的本义为"直路"。

③ 曹础基：《庄子浅注》，中华书局 1982 年版，第 93 页。

④ 曹础基：《庄子浅注》，中华书局 1982 年版，第 248 页。

动及其规律，而是泛指一切自然事物的运动及其规律了。例如《荀子·天论》所谓"天行有常"①（按：此语被刘向《说苑·谈丛》引作"天道有常"②），便是"大自然之运行（天演）是有定的、正常的，具有客观规律性"③的意思。

有必要指出的是，当"天道"一词被转换为现代话语形式时，它一般可以被替换成"自然规律"或"自然法则"，但是"自然规律"或"自然法则"远不足以概括古语"天道"一词的意义。在现代话语中，"自然规律"所指的对象是可以分类的，例如在某种分类意义上可以说"特殊规律"与"一般规律"（或曰"普遍规律"）；在另一种分类意义上则可以说"基本规律"与"非基本规律"。此外，还有"根本规律"与"非根本规律"的说法，这又是一种分类。但是在古语中"天道"一词所指的对象却不可分类，因为它是独一无二的，这个独一无二的对象是自然秩序的支配者，也是包括社会秩序在内的整个宇宙秩序的支配者。所以，当把古语"天道"转换成现代话语"自然规律"时，应该强调的是，这个所谓的自然规律具有唯一性。如果把这个唯一的自然规律所支配的自然秩序和社会秩序也都纳入"规律"范畴的话，则可以把前者叫作"根本规律"或"根本法则"，而把后者称为"非根本规律"或"非根本法则"。也正是在这个意义上，天道观可以也应该被理解为天秩观的深化形式，因为天秩观所涉及的是属于"天道"范畴、由"天道"所支配的宇宙秩序；而天道观所涉及的是宇宙秩序的支配者，它对人类来说是最高宇宙法则，因为站在人类立场上，从人类视角看，它是自然界和人类社会都必须服从的客观规律。本章所要论述的就是儒、道、法一般世界观中关于宇宙根本法则的思想。

① 《荀子·天论》，载梁启雄：《荀子简释》，中华书局1983年版，第220页。
② 梁启雄：《荀子简释·天论》"天行有常"句按语，中华书局1983年版，第220页。
③ 梁启雄：《荀子简释·天论》"天行有常"句按语，中华书局1983年版，第220页。

第一节　儒家："诚者，天之道"与"生生"之"易"

一、"志于道"、"志于仁"与"唯尧则天"

上文提到，《易经》之"天"兼有"自然之天""主宰之天""意志之天"三重意义。而西周宗教之"天"的核心意义是"主宰之天"，因其强调"皇天无亲，惟德是辅"①，故这个"主宰之天"又兼有"道德之天"的意义。孔子则既讲"畏天命"②，又主张"敬鬼神而远之"③，这表明了孔子对于"主宰之天"只是保留了形式上的敬畏，其实并不是真正信从，他所真心崇仰和尊重的是"自然之天"和"天道"，只是他从不轻易在公开场合谈论"性与天道"，以至于给他的学生留下了"夫子之言性与天道，不可得而闻也"的印象。

不过，孔子毕竟是"志于道"④的，并声称"朝闻道，夕死可矣"⑤。孔子又说："苟志于仁，无恶也。"⑥这说明了在孔子哲学中，"道"与"仁"具有本质上的同一性。《孟子·离娄上》引孔子言曰："道二：仁与不仁而已矣。"⑦不管这话是否确是孔子所说，由此都可以看出，"仁"是儒家孔孟所求之"道"。

然而，正如《中庸》所说："仁者人也，亲亲为大。"⑧"仁"之为"道"属于"人道"，它与"天道"有怎样的关联呢？

---

① 《左传·僖公五年》引《周书》，载（清）洪吉亮：《春秋左传诂》，中华书局 1987 年版，第 279 页。
② 《论语·季氏》，载杨伯峻译注：《论语译注》，中华书局 1980 年版，第 177 页。
③ 《论语·雍也》，载杨伯峻译注：《论语译注》，中华书局 1980 年版，第 61 页。
④ 《论语·述而》，载杨伯峻译注：《论语译注》，中华书局 1980 年版，第 67 页。
⑤ 《论语·里仁》，载杨伯峻译注：《论语译注》，中华书局 1980 年版，第 37 页。
⑥ 《论语·里仁》，载杨伯峻译注：《论语译注》，中华书局 1980 年版，第 36 页。
⑦ 杨伯峻译注：《孟子译注》，中华书局 1960 年版，第 165 页。
⑧ （宋）朱熹：《四书章句集注》，中华书局 1983 年版，第 28 页。

据孔子"巍巍乎！唯天为大，唯尧则之"①的话，可以推断，孔子是持有天人合一观念的，按照这种天人观，圣人（尧）之道其实是效法天道（"则天"）的行为，易言之，"人道"本质上是"天道"的体现。由此当然可以认为，在孔子哲学中，"仁"不仅属于"人道"，同时它也属于"天道"。

然则，参照《易传》"有天地，然后万物生焉"②、"天地感，而万物化生"③和"天地之大德曰生"④的话，来分析孔子"四时行焉，百物生焉，天何言哉"⑤的话，便可以认为，既然"四时行""百物生"是由于"天"的作用所造成，那么，"百物生"就应该是"天德"使然，即"天仁"之体现。这意味着孔子在淡化传统"天命"论的"主宰之天"和突出"自然之天"的作用的同时，又赋予了"自然之天"以道德属性，使之兼有了"道德之天"的意义；而当"仁"被纳入"自然之天"范畴而成为"天道"的本质内容时，"仁"也就获得了"天"的属性而成为一种"天性"了。如此，就不难理解《论语》记载子贡言及"性"与"天道"，为何会把它们联系在一起而讲"性与天道"；也不难理解当孟子领悟到"天下之言性也，则故而已矣。故者以利为本"⑥（意思是：天下的讨论人性，只要能推求其所以然就行了。推求其所以然，基础在于顺其自然之理。⑦）时，他为何会把"仁""义""礼""智"都纳入"性"范畴，认为"恻隐之心，仁之端也；羞恶之心，义之端也；辞让之心，礼之端也；是非之心，智之端也。人之有是四端也，犹其有四体也"⑧了——因为在孔子仁学思想中，"仁"原本就不只是属于"人道"，也是属于"天道"，而且是"天道"的本质内容，因而具有"天性"之特点。

---

① 《论语·泰伯》，载杨伯峻译注：《论语译注》，中华书局 1980 年版，第 83 页。

② 《易传·序卦》，载高亨：《周易大传今注》，齐鲁书社 1979 年版，第 643 页。

③ 《易传·象传·咸卦》，载高亨：《周易大传今注》，齐鲁书社 1979 年版，第 290 页。

④ 《易传·系辞下》，载高亨：《周易大传今注》，齐鲁书社 1979 年版，第 559 页。

⑤ 《论语·阳货》，载杨伯峻译注：《论语译注》，中华书局 1980 年版，第 188 页。

⑥ 《孟子·离娄下》，载杨伯峻译注：《孟子译注》，中华书局 1960 年版，第 196 页。

⑦ 参见杨伯峻译注：《孟子译注》，中华书局 1960 年版，第 196 页。

⑧ 《孟子·公孙丑上》，载杨伯峻译注：《孟子译注》，中华书局 1960 年版，第 80 页。

事实上，孔子所谓"天生德于予"①，就蕴含了泛指天赋予人以仁德之性的意义，因为孔子所谓"德"的本质含义就是"仁"。只是按照孔子"生而知之者，上也；学而知之者，次也；困而学之，又其次也；困而不学，民斯为下矣"②和"唯上知与下愚不移"③的思想，只有像先圣唐尧那样的"上智"之人，才能"生而知之"地"则天"，才能不学而能地顺其天赋仁性行事罢了。

二、从"信"到"诚"

孟子对孔子天道观的继承与发展，不仅体现在孟子直截了当地将"仁"纳入"性"范畴，并用"尽其心者，知其性也。知其性，则知天矣。存其心，养其性，所以事天也"④的直白语言，阐明了在孔子哲学中尚较隐晦的天人合一观念，从而使原本在孔子哲学中亦较隐晦的以"仁"为"天道"之本质内容的思想也得到了较为鲜明的阐发；更体现在孟子提出了"诚者，天之道也；思诚者，人之道也"⑤的学说，由此阐明了"天仁"具有"诚"的特性，并因而特别强调了"存心养性"者应当"思诚"，即在"求放心"，使"恻隐之心"得到"扩而充之"的过程中，努力使自己的仁心保持天然的"诚"性，使"人道"之"仁"与"天道"之"仁"在"诚"的基础上达到完全同一。

关于"诚"，朱熹（1130—1200）《四书集注·中庸注》云："诚者，真实无妄之谓，天理之本然也。"⑥这代表了宋儒对"诚"的理解。汉儒许慎《说文解字》则谓："诚，信也。从言，成声。"⑦又释"信"曰："信，诚也。从

① 《论语·述而》，载杨伯峻译注：《论语译注》，中华书局1980年版，第72页。
② 《论语·季氏》，载杨伯峻译注：《论语译注》，中华书局1980年版，第83页。
③ 《论语·阳货》，载杨伯峻译注：《论语译注》，中华书局1980年版，第181页。
④ 《孟子·尽心上》，载杨伯峻译注：《孟子译注》，中华书局1960年版，第301页。
⑤ 《孟子·离娄上》，载杨伯峻译注：《孟子译注》，中华书局1960年版，第173页。
⑥ （宋）朱熹：《四书章句集注》，中华书局1983年版，第31页。
⑦ （汉）许慎：《说文解字》，中华书局1963年版，第52页。

人从言，会意。"①如此"诚""信"互释，反映了汉儒将"诚""信"视为一体而不可分割的诚信观念。相对于宋儒，毕竟汉儒离先秦儒家不远，且许慎为汉代最著名的古文字学家，他对"诚""信"的解释可能更符合这两个字的古义。

从许慎的解释来看，"诚""信"二字皆与"言"相关。"信"作为一个会意字，由其"从人从言"的字形，可意会到该字的基本意义是"人言"。"诚"非会意字，其意义应从其字形字素"言"和字音字素"成"两个方面的结合上去把握："言"作为字形字素，是"诚"字的核心要素，它表示该字的核心意义是人言——因其如此，许慎才将"诚"释义为"信"；而"成"作为"诚"的字音字素，是对人言性状的说明，是表示人言之成就，即人之所言见之于事功的状态。据此分析来看，在汉儒的诚信观念里，"诚""信"二字的根本意义是落实在"诚"字上的，即人之所言见诸事功才能叫诚信，否则只说不做，那就不能叫诚信，而是有失诚信之名了。

尽管"诚""信"二字在汉代是互通而可以互释，但在先秦典籍中，最早表达与汉儒诚信观念相当的用语是"信"。儒家经典《诗经》中多处提及"信"，如"总角之宴，言笑晏晏，信誓旦旦，不思其反"(《国风·卫风·氓》)②、"无信人之言，人实诳女。……无信人之言，人实不信"(《国风·郑风·扬之水》)③；《尚书》也有多处提到"信"，如"尔无不信，朕不食言"(《汤誓》)④、"底至齐信，用昭明于天下"(《康王之诰》)⑤。从这些言论，可以了解到，在孔子之前的"六经"时代，不论是在日常生活中，还是在国家政治生活中，言说领域的诚信都已成为一个突出的社会问题，相应地，"信"已被当作通用于日常生活领域和国家政治生活领域的一项言语交际规则提出来了。

---

① （汉）许慎：《说文解字》，中华书局 1963 年版，第 52 页。
② 袁愈荌译诗，唐莫尧注释：《诗经全译》，贵州人民出版社 1981 年版，第 87 页。
③ 袁愈荌译诗，唐莫尧注释：《诗经全译》，贵州人民出版社 1981 年版，第 126 页。
④ （清）孙星衍：《尚书今古文注疏》，陈抗、盛冬铃点校，中华书局 1986 年版，第 219 页。
⑤ （汉）孔安国传，（唐）孔颖达正义：《尚书正义》，上海古籍出版社 2007 年版，第 747 页。

春秋时期，言说领域的诚信问题变得更加突出。《老子》所谓"夫礼者，忠信之薄而乱之首也"①，就说明了"忠信之薄"是当时社会所面临的最严峻的道德问题。《论语·卫灵公》载："子张问行。子曰：'言忠信，行笃敬，虽蛮貊之邦，行矣。言不忠信，行不笃敬，虽州里，行乎哉？'"②这同样反映出"言不忠信"是当时言说领域中相当突出的道德问题，同时也说明了孔子对于"忠信"之德的高度重视。

尽管老子和孔子都不约而同地意识到了当时言说领域中包括诚信问题在内的道德问题之严峻的形势，但《老子》全书只有"信"字而没有出现"诚"字，《论语》出现"信"字达38次③，而"诚"字仅出现2次：(1)《颜渊》："诚不以富"(意谓"的确对自己没有好处")④；(2)《子路》："诚哉是言也"(意谓"这句话说得真对呀")⑤。这两处"诚"字都不是指诚信，只有"诚哉是言"之"诚"与诚信有间接关联，因为这里的"诚"字有表示其言与其事相符合的含义，而言与事相符合正是诚信的应有之义。

《论语·阳货》载："子张问仁于孔子。孔子曰：'能行五者于天下为仁矣。''请问之。'曰：'恭、宽、信、敏、惠。恭则不侮，宽则得众，信则人任焉，敏则有功，惠则足以使人。'"⑥这里孔子明确将"信"纳入"仁"范畴，"信"乃成为"仁德"之一。从上文所引孔子之言"言忠信，行笃敬，虽蛮貊之邦，行矣。言不忠信，行不笃敬，虽州里，行乎哉？"尚看不出"忠"与"信"到底有何区别，只知其均与"言"有直接关系，是君子所当履践的言说道德。然而，参考《国语·周语下·单襄公论晋周将得晋国》中"言忠必及意，言信必及身"⑦的话，以及孔子本人所说"忠告而善道之，不可则

---

① 《老子·三十八章》，载（魏）王弼著，楼宇烈校释：《王弼集校释》，中华书局1980年版，第93页。

② 杨伯峻译注：《论语译注》，中华书局1980年版，第162页。

③ 参见杨伯峻译注：《论语译注·论语词典》，中华书局1980年版，第257页。

④ 杨伯峻译注：《论语译注》，中华书局1980年版，第127页。

⑤ 杨伯峻译注：《论语译注》，中华书局1980年版，第137页。

⑥ 杨伯峻译注：《论语译注》，中华书局1980年版，第183页。

⑦ 上海师范学院古籍整理组校点：《国语》，上海古籍出版社1978年版，第94页。

止，毋自辱焉"①、"可与言而不与之言，失人；不可与言而与之言，失言。知者不失人，亦不失言"②和"信则人任焉"③、"上好信，则民莫敢不用情"④、"君子名之必可言也，言之必可行也。君子于其言，无所苟而已矣"⑤等话语，可知"忠"与"信"的基本含义在于："忠"是指为了使自己不失人而对别人说该说的话时只说发自内心的话，不说违心话；"信"是指为了使自己能够得到别人的信赖与真心相待，对任何人都不轻许诺言，只说自己定能做到从而自信一定可以兑现的话，不说自己根本做不到从而无法兑现的话。质言之，作为君子所应履践的言说道德，"忠"是偏重于要求言说主体能言意一致，不能言不由衷；"信"是偏重于要求言说主体能言行一致，不能光说不做。由此可见，孔子仁学中的"信"概念已近似汉儒的诚信概念，也是要求言说主体将所言付诸行动，使其见诸事功。

但是，孔子关于"信"的论述中存在着这么一个问题：他一方面讲"言忠信、行笃敬，虽蛮貊之邦，行矣。言不忠信，行不笃敬，虽州里，行乎哉"，认为"人而无信，不知其可也"⑥，这实际上等于是主张"言必忠信"——《孔子家语》引孔子所说"言必忠信而心不怨"的话可以作为助证；而另一方面，孔子又说："言必信，行必果，硁硁然小人哉！"⑦其前后存在自相矛盾之处：前面是讲"言必信"，后面却讲"言不必信"。孔子可能是意识到了这个矛盾，所以提出"先行其言而后从之"⑧（意谓"把想要承诺别人的话先实行了，然后再说出来"），以这种言行方式来化解这个矛盾。之所以会有这个矛盾，主要是由于言与行的统一是有条件的，如果有言在先而后履行其言的条件发生了变化，那就无法实现言行统一了。孔子应该是看到了言行统一的

① 《论语·颜渊》，载杨伯峻译注：《论语译注》，中华书局1980年版，第132页。
② 《论语·卫灵公》，载杨伯峻译注：《论语译注》，中华书局1980年版，第163页。
③ 《论语·阳货》，载杨伯峻译注：《论语译注》，中华书局1980年版，第183页。
④ 《论语·子路》，载杨伯峻译注：《论语译注》，中华书局1980年版，第135页。
⑤ 《论语·子路》，载杨伯峻译注：《论语译注》，中华书局1980年版，第134页。
⑥ 《论语·为政》，载杨伯峻译注：《论语译注》，中华书局1980年版，第21页。
⑦ 《论语·子路》，载杨伯峻译注：《论语译注》，中华书局1980年版，第140页。
⑧ 《论语·为政》，载杨伯峻译注：《论语译注》，中华书局1980年版，第17页。

条件性，所以主张君子应该"先行其言而后从之"。相对于言语的承诺，"先行其言而后从之"的承诺方式可谓无言的承诺，行动的承诺。在孔子看，采取这种承诺方式，可以保证不失信于人，又可避免"言必信"所可能带来的因主客观条件发生变化而造成不能履行其先前诺言的问题。这样看来，孔子已有将诚信道德突破言说领域而使之成为行事领域的一种道德的倾向。这一思想倾向在其天道观上表现得更加明显，他所谓"四时行焉，百物生焉，天何言哉"①，就是说"四时行""百物生"都是由于"天"的作用所造成，但是"天"在发挥这种作用时并没有说话。孔子这段话的言下之意无非是要说明，"天"并不是以"言"而是以"行"来发挥其作用，易言之，"天"是通过无言的事为来体现其生物之"仁"，这种"仁"的体现方式便是"天仁"之"诚"，只不过孔子尚未用直白的语言将这层意思明确表达出来。而孟子恰恰是在"天"之"无言"上继承和发展了孔子的天道观，明确指出了"天不言，以行与事示之而已矣"②。按照孟子的天道观，"天"之"不言"而"以行与事示之"，这正是"诚者，天之道"的显证。这意味着，儒家的诚信道德到了孟子这里，由言说领域的道德转换为行事领域的道德了。

由于这个转变，"信"不再被当作儒家君子在言说领域所必须遵守的一种道德，至少在孟子看来是如此，其曰："大人者，言不必信，行不必果，唯义所在。"③尽管"言不必信"已内在地包含在孔子"言必信，行必果，硁硁然小人哉"的观点之中，但毕竟孔子并没有像孟子这样明确表示"言不必信"；孟子对"言不必信"的明确肯定，意味着"信"不再被视为言说领域的一种道德。尽管在字面上孟子也还有"言语必信，非以正行也"④的说法，但从其上下文关系来看，由上文"尧舜，性者也；汤武，反之也"（意谓"尧舜的行仁德是出于本性，汤武经过修身来回复本性然后力行"）⑤的话可知，

① 《论语·阳货》，载杨伯峻译注：《论语译注》，中华书局1980年版，第188页。
② 《孟子·万章上》，载杨伯峻译注：《孟子译注》，中华书局1960年版，第219页。
③ 《孟子·离娄下》，载杨伯峻译注：《孟子译注》，中华书局1960年版，第189页。
④ 《孟子·尽心下》，载杨伯峻译注：《孟子译注》，中华书局1960年版，第338页。
⑤ 《孟子·尽心下》，载杨伯峻译注：《孟子译注》，中华书局1960年版，第338页。

他这里所讲的"信"并非指君子在言语领域所必须遵守的道德准则,而是指君子应该学习尧舜、汤武,凭自己的良善本性讲真话,而不是为了证明自己的行为正直才说真话。也就是说,"信"在这里是作为一个日常用语出现的,是指说话真实,顺随良心,不为外在目的所左右。

《孟子·尽心下》记载孟子与浩生不害的对话:"浩生不害问曰:'乐正子何人也?'孟子曰:'善人也,信人也。''何谓善?何谓信?'曰:'可欲之谓善,有诸己之谓信,……'"①这里的"信"和"善"一样,都是作为日常用语出现的,"善"的意思是"好","信"的意思是"实在";"善人"就是"好人","信人"就是"实在人"。另外,《滕文公上》记孟子言曰:"父子有亲,君臣有义,夫妇有别,长幼有叙,朋友有信。"②杨伯峻先生将这里的"朋友有信"解释为"朋友之间有诚信之德"③。这样解释固然可通,但从具体语境来看,将"信"释为"诚信之德",则与上文"亲""义""别""序"不相协调,因为"亲""义""别""序"并非指四种人伦道德,而是指四种人伦关系。这里"信"是指朋友之间互相信任的人伦关系,而非指诚信道德。朋友之间的信任关系固然涉及诚信道德,但却不等于诚信道德,这种差别是不应该被忽略乃至混淆和抹杀的。孟子固然也提到过"诚信"二字,但其原话是这样说的:"故君子可欺以其方,难罔以非其道。彼以爱兄之道来,故诚信而喜之,奚伪焉?"④(杨伯峻译为:"所以对于君子,可以用合乎人情的方法来欺骗他,不能用违反道理的诡诈欺罔他。象既然假装着敬爱兄长的样子来,舜因此真诚地相信而高兴起来,为什么是假装呢?"⑤)这里所讲的"诚信"是"真诚地相信"之意,其所指之事与诚信之德是两回事。

《孟子》书中有两处提到"忠信":(1)《尽心上》:"君子居是国也,其君

---

① 杨伯峻译注:《孟子译注》,中华书局 1960 年版,第 334 页。

② 杨伯峻译注:《孟子译注》,中华书局 1960 年版,第 125 页。

③ 杨伯峻译注:《孟子译注》,中华书局 1960 年版,第 126 页。

④ 《孟子·万章上》,载杨伯峻译注:《孟子译注》,中华书局 1960 年版,第 210 页。

⑤ 杨伯峻译注:《孟子译注》,中华书局 1960 年版,第 211 页。

用之，则安富尊荣；其子弟从之，则孝悌忠信。"① (2)《梁惠王上》："壮者以暇日修其孝弟忠信，入以事其父兄，出以事其长上，可使制梃以挞秦楚之坚甲利兵矣。"② 这两处"忠信"实际上都是沿用孔子"言忠信"的传统说法，不过是表示孟子对传统"忠信"道德的尊重，并不表明其本人对于"信"的真实看法；"言不必信"才是孟子的真实看法。孟子在其他一些场合所讲的"信"都是"相信"或"信任"之意，如"尽信《书》，则不如无《书》"③"人皆信之"④，其"信"都是"相信"之意；如"不信仁贤，则国空虚"⑤，其"信"是"信任"之意。这些"信"字的含义与"朋友有信"之"信"的含义是相同的，只是"朋友有信"之"信"是特指朋友间相处应保持彼此互信而不见疑的关系罢了。

在孟子的伦理思想中，标识诚信之德的概念是"诚"而非"信"，这是孟子伦理思想与孔子伦理思想的重要差别之一。

在孔子伦理思想中，"信"是标识诚信之德的概念，这种道德属于"仁"范畴，是对求"仁"的君子在言说领域所提出的一个道德准则，按照这个道德准则，君子应力求言行一致，将自己对他人的仁爱落实到成人之美的行动上，而不是停留在口头上的言说仁德。诚然，这并不意味着孔子排斥口言仁德，相反，孔子认为有德者难免口言仁德，因为毕竟"有德者必有言"，虽然"有言者不必有德"⑥。但是孔子强调，君子对于仁德的正确态度与做法，应当是"讷于言而敏于行"⑦；反之，"巧言令色，鲜矣仁"⑧。

不过，孔子终究没有将"信"提升到天道观高度，把它纳入"天道"范畴，因为从逻辑上讲，虽然孔子已有明确的天人合一观念，并且清醒地意识

---

① 杨伯峻译注：《孟子译注》，中华书局 1960 年版，第 315 页。

② 杨伯峻译注：《孟子译注》，中华书局 1960 年版，第 10 页。

③ 《孟子·尽心下》，载杨伯峻译注，《孟子译注》，中华书局 1960 年版，第 325 页。

④ 《孟子·尽心上》，载杨伯峻译注，《孟子译注》，中华书局 1960 年版，第 316 页。

⑤ 《孟子·尽心下》，载杨伯峻译注，《孟子译注》，中华书局 1960 年版，第 328 页。

⑥ 《论语·宪问》，载杨伯峻译注：《论语译注》，中华书局 1980 年版，第 146 页。

⑦ 《论语·里仁》，载杨伯峻译注：《论语译注》，中华书局 1980 年版，第 41 页。

⑧ 《论语·学而》，载杨伯峻译注：《论语译注》，中华书局 1980 年版，第 3 页。

到了"天"有"无言"之特点，照理完全可以突破言说领域去思考和谈论"信"的问题，但是一方面，"信"原本是属于言说领域的道德，孔子的思考不能不受到这个传统"信"德观念的制约，另一方面，更为重要的是，他还受到来自他自己"有德者必有言"的道德观念的制约，这两个方面的因素，都使其摆脱不了"言"的纠缠，总是在言说领域内思考与谈论"信"的问题，即便他很可能已然意识到了"言必信"与"言不必信"的逻辑矛盾，他也只是提出"先行其言而后从之"来化解这个矛盾，依然没有摆脱"言"的纠缠。

与孔子相比，孟子所处的思想文化环境已有很大改变。就诚信问题而言，孟子至少受到来自两个方面的学术影响：

其一，据孟子自己说，当时他所面临的学术思潮情况是："圣王不作，诸侯放恣，处士横议，杨朱、墨翟之言盈天下。天下之言不归杨，则归墨。"① 而墨家的诚信之论是："言必信，行必果，使言行之合，犹合符节也，无言而不行也。"② 这个情况促使孟子对"信"作出了多少不同于孔子的思考。孔子固然并不认同"言必信，行必果"，认为这是"小人"之论；但是孔子所面临的是"忠信"之德沦丧的情况，这使得他仍然要正面提倡"信"，甚至在某些场合还不得不强调"言必信"，并用"先行其言而后从之"之论来予以补充。孟子则不然，他认为墨家的"兼爱"之论对儒家的"仁爱"学说构成了巨大威胁，因为它动摇了儒家"仁爱"学说的根基——"君子务本，本立而道生。孝弟也者，其为仁之本欤？"③"仁者人也，亲亲为大。"④ 所以，孟子怒斥："墨氏兼爱，是无父也。"⑤ 而"言必信，行必果"之论恰恰是墨家"兼爱"学说所反复强调的一个观点，实为"兼爱"学说的一个有机组成部分，是从属和服务于其"兼爱"价值观的，因此，作为儒家"仁爱"学说的继承

---

① 《孟子·滕文公下》，载杨伯峻译注：《孟子译注》，中华书局1960年版，第155页。

② 《墨子·兼爱下》，载王焕镳：《墨子校释》，浙江文艺出版社1984年版，第120—121、123页。按：这段话在《兼爱下》中提到两次。

③ 《论语·学而》，载杨伯峻译注：《论语译注》，中华书局1980年版，第2页。

④ （宋）朱熹：《四书章句集注》，中华书局1983年版，第28页。

⑤ 《孟子·滕文公下》，载杨伯峻译注：《孟子译注》，中华书局1960年版，第155页。

者，孟子提出"言不必信，行不必果，唯义所在"之论，在当时背景下具有回应和反击墨家"兼爱"学说的现实意义。

其二，孟子作为思孟学派的主要骨干，是直接传承子思学说的。而子思的天人观，则集中反映在"诚者，天之道也；诚之者，人之道也"①之论上。孟子则吸取了孔子关于"天"之"无言"的思想，将其发展为："天不言，以行与事示之而已矣。"②从而给"诚者，天之道也"的天道观命题注入了新的思想内容，使"诚"获得了"天"不以"言"而以"行与事"来体现其化育万物之"仁"的思想内涵。这样一来，欲"事天"而"赞天地之化育"的君子，自然应当遵循"天之道"，努力使自己的行事保持与"天之道"的一致，乃至达到"至诚"之境。这是孟子所谓"思诚者，人之道"的意义所在。

从"事天"君子的自我关系来说，孟子所谓"至诚"，是意味着通过心性修养，使自我放失了的天赋仁性实现自我复归；而从君子与天地的关系来说，君子是否自我复归到了天赋仁性，是以这种良善本性是否见之于"赞天地之化育"的"行与事"作为验证的，当且仅当其善性见诸行事时，其天赋仁性的自我复归才是真实的。也就是说，在孟子哲学中，"至诚"的本质意义在于复归于人的天赋仁性，并使这种善性体现和落实于"赞天地之化育"的"行与事"。

因此，如果说"诚"的意思确如朱熹所说"真实无妄"的话，则无论是对"天"而言，还是对"人（君子）"而言，其"真实"的意义都是在于化育万物之"仁"见诸"行与事"。用现代哲学话语来说，仁心仁言都是抽象的仁，仁行仁事方是现实的仁。"诚"之为"真实"，不是抽象的真心实言，而是现实的真行实事。以真行实事表现出来的"仁"，才是现实的"仁"；而"诚"就是现实的"仁"，见诸真行实事的"仁"。孟子天道论的全部意义都是要让人明白这样一个道理："天"有化育万物之"仁"，而"天"之"仁"就体现在其实际的化育万物上，"事天"君子理当效法"天不言，以行与事

---

① 《中庸》，（宋）朱熹：《四书章句集注》，中华书局1983年版，第31页。
② 《孟子·万章上》，载杨伯峻译注：《孟子译注》，中华书局1960年版，第219页。

示之"，努力以现实的仁行仁事来展示自己的良善本性。

三、从"诚者，天之道"到"诚能化万物"

荀子作为战国末年的大儒，对先秦学术曾做过比较全面的反思与批判，其中包括对思孟学派的批判。荀子评论子思、孟轲的学说是"略法先王而不知其统"（大致效法先王却不得先王之法的要领），并指摘思孟根据往古旧说所创立的新说是"甚僻违而无类，……闭约而无解"（非常不伦不类，晦涩不明），但他们却声称"此真先君子之言也"，以至于让俗儒误以为他们的学说就是孔子、子弓所创立而用以嘉惠于后代的学说，从而接受并传扬其学说，"是则子思孟轲之罪也"。[①] 荀子尤其批评了孟子的人性论，指摘其"人之性善"说是"无辨合符验，坐而言之，起而不可设张而不可施行"，实为"去圣王，息礼义"的歪论邪说。[②] 但是，荀子并没有全盘否定思孟学派的理论，相反在天人观上继承和发展了思孟学派的思想。

首先，在"三材"观念上，荀子继承了思孟学派的君子"可以赞天地之化育，则可以与天地参矣"的思想，明确肯定"君子者，天地之参也"[③]，并指出君子之所以"可以与天地参"，是因为"天有其时，地有其财，人有其治，夫是之谓能参"[④]。荀子认为，君子来到世界的意义就是为了治理世界——"天地生君子，君子理天地"[⑤]。治理世界是君子的天赋使命与职责。君子能尽到"理天地"的职责，才能与天地并列为"参"。

其次，荀子"明于天人之分"[⑥] 的思想看似与孟子"天人合一"思想相对立，其实与"天人合一"思想并不相干，根本不构成两种不同天人观的对

---

① 参见《荀子·非十二子》，载梁启雄：《荀子简释》，中华书局 1983 年版，第 62—64 页。

② 参见《荀子·性恶》，载梁启雄：《荀子简释》，中华书局 1983 年版，第 332 页。

③ 《荀子·王制》，载梁启雄：《荀子简释》，中华书局 1983 年版，第 109 页。

④ 《荀子·天论》，载梁启雄：《荀子简释》，中华书局 1983 年版，第 222 页。

⑤ 《荀子·王制》，载梁启雄：《荀子简释》，中华书局 1983 年版，第 109 页。

⑥ 《荀子·天论》："故明于天人之分，则可谓至人矣。"引自梁启雄：《荀子简释》，中华书局 1983 年版，第 221 页。

立；相反，"明于天人之分"是荀子从思孟学派继承而来的"三材"观念的思想前提，而且它其实也是思孟学派"三材"观念的思想前提，只是荀子将这个思想前提给予明确化了。从《荀子·天论》可知，所谓"天人之分"的"分"是"职分"之"分"（读奋），荀子主张"明于天人之分"，不过是要求人们弄清楚天人之间各自的职分。所以在《天论》中，荀子在提出"明于天人之分"的观点之后，接着便讲"天职"和"（人）不与天争职"，再讲"天""地""人"合为"参"；再接下来则说"列星随旋，日月递炤，四时代御，阴阳大化，风雨博施，万物各得其和以生，各得其养以成……天职既立，天功既成，形具而神生"云云①，实际上都是讲"天职"范围内的事，包括天生万物与人的情况，这与思孟学派的著作《中庸》所谓"天地之化育"②的情况是一致的。荀子的这些论述归结起来无非是讲"天地生君子"而已，所以接下来的论述是讲"君子理天地"的情况："圣人清其天君，正其天官，备其天养，顺其天政，养其天情，以全其天功。如是，则知其所为知其所不为矣，则天地官而万物役矣。"③要之，所谓"明于天人之分"，其本质意义是指明白"天"（或"天地"）之职分在于"天地生君子"，"人（君子或圣人）"之职分在于"君子理天地"。《中庸》固然没有"君子理天地""人有其治"之类的说法，但是《中庸》所谓"尽其性""尽人之性""尽物之性"以至于"赞天地之化育"之类的说法，其实也都是在讲人（君子）在天地间的特殊职责，以及人（君子）对自己的这种本分（职）作用的发挥情况，这与荀子的上述种种说法非但没有冲突，而且本质上是同一的，都是为了讲明人（君子）怎样达到与天地并列为"参"的道理。

再次，荀子继承和发展了思孟学派"诚者，天之道"的思想。荀子说：

"变化代兴，谓之天德。天不言而人推高焉，地不言而人推厚焉，四时不言而百姓期焉；夫此有常，以至其诚者也。……天地为大矣，不

① 详见《荀子·天论》，载梁启雄：《荀子简释》，中华书局1983年版，第221—223页。
② （宋）朱熹：《四书章句集注》，中华书局1983年版，第32—33页。
③ 《荀子·天论》，载梁启雄：《荀子简释》，中华书局1983年版，第223页。

诚则不能化万物。圣人为知矣，不诚则不能化万民。父子为亲矣，不诚则疏。君上为尊矣，不诚则卑。夫诚者，君子之守也，而政事之本也"。①

由此可见，关于"诚"，荀子也和孟子一样是从孔子关于"天"之"无言"的天道观念出发而加以发挥：孟子是由"天"之"无言"引申出"天不言，以行与事示之"；而荀子是由"天"之"无言"引申出"天不言""地不言""四时不言"。从其上下文来看，所谓"天不言""地不言""四时不言"，乃是针对"天德"而言。所谓"天德"，是指"天"能化育万物而使万物新陈代谢、生生不息（"变化代兴"）的本性；所谓"天不言""地不言""四时不言"，是说化育万物的"天德"不是以"言"而是以化育万物之"行"来体现的，即万物的新陈代谢、生生不息就是"天德"的表现。再与《天论》中"天行有常，不为尧存，不为桀亡"②的论述联系起来看，所谓"天不言而人推高焉，地不言而人推厚焉，四时不言而百姓期焉；夫此有常，以至其诚者也"，是说表现"天德"的万物之新陈代谢、生生不息的运行（"天行"）有其固定、正常且不以任何人的意志和行为为转移的客观规律（"常"）；唯其有了固定、正常的客观规律，才足以体现"天行"之"诚"。要之，"诚"就是"行"之有"常"的"天德"，亦即通过"天行"表现出来的"常德"。

在儒家哲学中，"德"的本质内涵为"仁"，"仁"是最高的"德"，故"仁"亦是一切"德"之总名。当这些具体的"德"被理解为天所赋予人者时，则称之为"性"，即《中庸》所谓"天命之谓性"③；当人顺着这些德性行事时，这样的行事过程便叫做"道"，即《中庸》所谓"率性之谓道"④。就"道"作为"率性"之"行"所依据的是具体的德性而言，"道"就是体现"仁""义""礼""智"这些具体德性的事为过程；从"率性"之"行"的

① 《荀子·不苟》，载梁启雄：《荀子简释》，中华书局1983年版，第29—30页。
② 梁启雄：《荀子简释》，中华书局1983年版，第220页。
③ （宋）朱熹：《四书章句集注》，中华书局1983年版，第17页。
④ （宋）朱熹：《四书章句集注》，中华书局1983年版，第17页。

总根据来说，"道"便是通过现实的"率性"之"行"来表现"仁"的过程；就"仁"不是以"言"而是以"率性"之"行"来表现自己而言，"仁"便是"诚"。也就是说，"诚"是"仁"的自我实现过程，而"仁"的自我实现是通过人的"率性"之"行"来达成的——这是思孟学派的核心观点。

但是，思孟又认为，除了极少数圣人以外，一般人都会受外界事物的影响和作用而产生耳目之官追求自我享受的欲望，由此迷失其良善本性。因此，要达到"率性"之"行"，必须经过修养，使人回归于天赋的善性。子思所注重的修养方法是"教"，故《中庸》有"修道之谓教"①之说；孟子也主张"教以人伦"②，但他更注重自我的"养"。所谓"养心莫善于寡欲"③，所谓"存其心，养其性"④，所谓"我善养吾浩然之气"⑤，都是孟子所倡导的自我修养方法。通过自我修养而回复到自己的天赋善性以至于达到"率性"之"行"，整个这一过程被孟子概括为"反身而诚"⑥，简言之曰"诚身"。其曰："诚身有道，不明乎善，不诚其身矣。"⑦这就是说，"诚身"是使人的天赋善性在行动上得到展示（"明善"）；如果不能使自己的善性在行动上得到展示（"不明乎善"），就不能算是"诚身"（"不诚其身"）。为什么这样说呢？孟子所摆出的理由是："诚者，天之道也。"⑧因为"天"就是以"行与事"来展示其化育万物之"仁"的，这是"天道"之"诚"——所谓"天之道"就是"天"展示其化育万物之"仁"的"行与事"，相当于荀子所谓"天行有常"（按：此语被刘向《说苑·谈丛》引作"天道有常"⑨）的"天行"或"天道"；所以对人来说，"诚身"就是效法"天道"，像"天"那样以"行与事"来展示其"仁"。

---

① （宋）朱熹：《四书章句集注》，中华书局1983年版，第17页。

② 《孟子·滕文公上》，载杨伯峻译注：《孟子译注》，中华书局1960年版，第124页。

③ 《孟子·尽心下》，载杨伯峻译注：《孟子译注》，中华书局1960年版，第339页。

④ 《孟子·尽心上》，载杨伯峻译注：《孟子译注》，中华书局1960年版，第301页。

⑤ 《孟子·公孙丑上》，载杨伯峻译注：《孟子译注》，中华书局1960年版，第62页。

⑥ 《孟子·尽心上》，载杨伯峻译注：《孟子译注》，中华书局1960年版，第302页。

⑦ 《孟子·离娄上》，载杨伯峻译注：《孟子译注》，中华书局1960年版，第173页。

⑧ 《孟子·离娄上》，载杨伯峻译注：《孟子译注》，中华书局1960年版，第173页。

⑨ 梁启雄：《荀子简释·天论》"天行有常"句按语，中华书局1983年版，第220页。

务求效法"天道",是谓"思诚";以"行与事"来展示自己天赋的善性,是谓"人之道"——这便是孟子所谓"思诚者,人之道也"①的义涵所在。但是,思孟学派讲"率性之谓道",这仅是就"人之道"而言;至于"天之道",思孟学派则未有进一步说明。根据孟子"知其性,则知天"的"天人合一"观和"仁义礼智,非由外铄我也,我固有之也"②的性善论,可从逻辑上推断,"天之道"是顺其固有的自然仁性而行。

然而,对于"天"的自然仁性,思孟未有所论;荀子则称之为"天德","天德"是"天"所固有,是自然而成,从这意义上说,"天德"就是"天职",即所谓"不为而成,不求而得,夫是之谓天职"③。荀子所谓"天职"还有另一层意思,是指"天德"能化育万物。就"天德"作为"天"化育万物的能力而言,"天德"就是"诚",所以他说"天地为大矣,不诚则不能化万物";由此引申指效法"天道"的"圣人"教化天下百姓的能力,所以他又说"圣人为知矣,不诚则不能化万民";更进一步引申指维系父子亲情和保持君主尊位的道德依据,所以又说"父子为亲矣,不诚则疏。君上为尊矣,不诚则卑"。从"诚"的后两种引申意义来说,荀子的思想与孟子关于"至诚而不动者,未之有也;不诚,未有能动者也"④的思想具有一致性,其实质都在于强调"诚"是化成天下的德性依据。

荀子和思孟学派关于"诚"的思想差异在于:

孟子的"至诚"概念包含着向人生来就具有的良善本性复归的意义;而荀子作为"性恶"论者则不认为人的道德是什么天赋的东西,而认为人的道德是"圣人"教化的结果——至于"圣人"凭什么可以教化万民,这是荀子人性论所没有解决的理论问题;这个理论问题是到了汉儒董仲舒提出"性三品"论,才得到一定意义上的澄清。

孟子讲"思诚"和"诚身",强调"养心莫善于寡欲";荀子则谓:"君子

---

① 《孟子·离娄上》,载杨伯峻译注:《孟子译注》,中华书局 1960 年版,第 173 页。

② 《孟子·告子上》,载杨伯峻译注:《孟子译注》,中华书局 1960 年版,第 259 页。

③ 梁启雄:《荀子简释》,中华书局 1983 年版,第 221 页。

④ 《孟子·离娄上》,载杨伯峻译注:《孟子译注》,中华书局 1960 年版,第 173 页。

养心莫善于诚，致诚则无它事矣。"① 主张通过"养心"达到"诚心守仁"，"诚心行义"，最终达至于"能化""能变"之境。② 这个"能化""能变"之境，就是"能化万民"的圣王治理境界，同时也是与能"变化代兴"的"天德"相一致的天人统一（≠天人合一）境界。但是，荀子并没有具体论述"致诚"的过程与方法。从其"君子至德，嘿然而喻，未施而亲，不怒而威；夫此顺命，以慎其独者也。善之为道者，不诚则不独，不独则不形，不形则虽作于心，见于色，出于言，民犹若未从也；虽从必疑"③ 的论述来看，荀子所谓"养心莫善于诚"，其意与《大学》"欲正其心者，先诚其意""意诚而后心正"④相近，也是主张通过反躬自省的修为，来达到在任何情况下都能自我保持其意念纯正向善，而不为外界因素改变的"慎独"之境，但荀子未尝如《大学》那样提出"格物致知"作为"诚其意"的根据，而是仅对"致诚"所达到的"心诚"之功能与功效有所描述，据他的描述，"心诚"的功能与功效主要是体现在政事上：以其功能而言，"心诚"则"能化万民"（可以教化万民）；以其功效而言，"心诚"则"民从无疑"（能令民众信服）。要之，荀子和思孟学派都认为"诚"能化育万物，但是其"致诚"的修养方法则有所差异。

孟子主张"言不必信"，否定"信"是言说领域的一个道德准则；他所谓"朋友有信"，并不是把"信"作为言说领域的一个道德准则提出来的，其"信"是泛指朋友相处的互信原则，按照这个原则，既然是朋友，则是无论做事或是说话，彼此都应该互相信任，而非互相怀疑。这个交友原则蕴含着君子之交坦诚相见、诚信相待的意义。"信"所包含的这层意思，正是由"信"向"诚"过渡的思想纽带。但孟子并没有揭示出"诚""信"之间的思想关联，相反是撇开了"信"来讲"诚"。而荀子恰恰是意识到了"诚""信"之间的内在联系，由此提出了"诚信"概念。在荀子看来，"心诚"可以收到"民从无疑"的政事功效。这意味着"心诚"具有取信于民的政治意义。

---

① 《荀子·不苟》，载梁启雄：《荀子简释》，中华书局 1983 年版，第 29 页。
② 参见《荀子·不苟》，载梁启雄：《荀子简释》，中华书局 1983 年版，第 29 页。
③ 《荀子·不苟》，载梁启雄：《荀子简释》，中华书局 1983 年版，第 30 页。
④ （宋）朱熹：《四书章句集注》，中华书局 1983 年版，第 3—4 页。

正是在这个意义上，荀子并称"诚""信"为"诚信"——所谓"诚信生神，夸诞生惑"①，所谓"诚信如神，夸诞逐魂"②，这两处"诚信"都是用以标识"诚""信"之间内在联系的治理哲学概念，这种内在联系便是"诚生信"或"诚则信"的逻辑关系，按照这种逻辑关系，只要治理者"心诚"，就必能收到取信于民而令万民信服的神奇效果。

最后，在天道观意义上，荀子关于"诚"的思想区别于思孟思想的主要特点是在于"常"，即荀子之"诚"包含着"常"的意义，而这个意义是思孟之"诚"所不具有的，或者保守一点说，至少思孟未尝明确表达出"诚"的这层含义。如上所述，荀子之"诚"是通过"天行"体现出来的"常德"，而这个"常"字包含着客观规律性的意义。因此，如果说荀子之"诚"在某种意义上也可以被释义为"真实"的话，那么，这个"真实"并非是一般意义的不虚假、无诈伪，而是指"天行"（天地化育万物的自然过程）的客观现实性，即不依赖于任何人的意志和行为，不受任何人的意志和行为的影响，又可以在感性的事为和事功上得到经验的验证。

综上所述，从孔子到思孟、荀子，以弘扬"仁道"为己任的儒家，其天道观的共性特征是在于把"仁道"本质地理解为"天道"（或曰"天行"）即天地化育万物的运行过程，"诚"就是标识这个天行过程本质的概念，该过程的本质在于："天"不是以言辞命令而是以化育万物的实行实事来体现其仁德的真实。

四、"一阴一阳之谓道"与"天地之大德曰生"

《易传》对"天行"或"天道"有多角度的描述，其中最著名者莫过于《系辞上》所谓"一阴一阳之谓道"，把这句话同《说卦》中"昔者圣人之作《易》也，……观变于阴阳而立卦，……是以立天之道曰阴与阳"③的话联系起来看，

---

① 《荀子·不苟》，载梁启雄：《荀子简释》，中华书局1983年版，第32页。
② 《荀子·致士》，载梁启雄：《荀子简释》，中华书局1983年版，第186页。
③ 高亨：《周易大传今注》，齐鲁书社1979年版，第609—610页。

"一阴一阳"应是指"阴阳"之"变";所谓"一阴一阳之谓道",就是说,"天之道"是由"阴阳"之"变"所构成的自然运行过程。根据《系辞上》中《易》与天地准,故能弥纶天地之道……与天地相似,故不违。……范围天地之化而不过"①等话语来分析,由"阴阳"之"变"所构成的自然运行过程就是"天地之化",即"天之道"实指"天地之道"。这就是说,《易传》是把"天地之道"理解为由"阴阳"之"变"所构成的"天地之化",进言之,是把"天地之化"本质地归结为"阴阳"之"变"。这个"阴阳"之"变",从"原始反终,故知死生之说"(高亨注:"此言'圣人'考察万物之始,故知其所以生;究求万物之终,故其所以死。"②)的角度,可理解为就是《系辞下》所谓"天地氤氲,万物化醇;男女构精,万物化生"③这一天地交感而化育万物的过程,该过程所显示的是"天地之大德曰生"④,即天地之化育万物是天地好生之德的体现;而从"仰以观于天文,俯以察于地理,是故知幽明之故"的角度,"阴阳"之"变"则可理解为就是《系辞下》所谓"日往则月来,月往则日来,日月相推而明生焉。寒往则暑来,暑往则寒来,寒暑相推而岁成焉"⑤的自然变化往复循环过程——《彖传》解释《复卦》所说的"'反复其道,七日来复',天行也"⑥,也是指自然界中"日月相推"和"寒暑相推"之类无限交替轮回的循环过程。

要之,自然界的变化("天地之化")既可归结为阴阳交感的生化过程,也可归结为阴阳交替的循环过程。这两个过程作为"天地之化"不可分割的两个方面之互相统一,就是宇宙生化的永恒循环,即《系辞上》所谓:"阖户谓之坤。辟户谓之乾。一阖一辟谓之变。往来不穷谓之通。"⑦——天地作为生化万物的宇宙之门,其一闭一开,则有万物一入一出的死生变化;其一

① 高亨:《周易大传今注》,齐鲁书社1979年版,第511—513页。
② 高亨:《周易大传今注》,齐鲁书社1979年版,第512页。
③ 高亨:《周易大传今注》,齐鲁书社1979年版,第576页。
④ 高亨:《周易大传今注》,齐鲁书社1979年版,第558页。
⑤ 高亨:《周易大传今注》,齐鲁书社1979年版,第570页。
⑥ 《易传·彖传·复卦》,载高亨:《周易大传今注》,齐鲁书社1979年版,第241页。
⑦ 高亨:《周易大传今注》,齐鲁书社1979年版,第536—537页。

闭一开往复无穷，则有万物一入一出往复无穷的生死循环。这个生死无限往复循环的宇宙生化过程，就是《系辞上》所谓的"生生"之"易"①。

在宇宙生化过程中，天地各自发挥其特殊作用——"大哉乾元，万物资生"②；"至哉坤元，万物资生"③。(高亨注："'大哉乾元，万物资生'，谓大哉天之善，万物赖之而有始。……'至哉坤元，万物资生'，谓至哉地之善，万物赖之以生长。《易传》认为，天地如男女，天创始万物，地生长万物。"④)对于天创始万物和地生长万物这两种不同性质的作用，《易传》又进一步解释道："大哉乾乎! 刚健中正，纯粹精也"⑤；"坤厚载物，德合无疆。"⑥ 这就是说，"天"是以纯粹的刚健中正之德创始万物，"地"是以无边的坤厚载物之德生长万物。据此，《易传》提出："天行健。君子以自强不息"⑦；"地势坤。君子以厚德载物。"⑧ 这就是说，君子应当效法"天地之道"，以"自强不息"和"厚德载物"，应合"生生"之"易"所体现的"天地之大德"。

这个"天地之大德"与思孟、荀子所讲的"天道"之"诚"有什么关系呢?

董平曾指出：《易传》认为"天地生生不已即是天道"，《中庸》是"推演《易传》的思想"，而提出"诚"作为"生生不已的天道，天地万物存在的根据"的。⑨ 董教授认为《易传》"生生不已的天道"与《中庸》的"诚"具有本质上的一致性，这是我们所认同的；但是他又认为《中庸》的"诚"是根据《易传》的思想"推演"出来的，这是我们所不能认同的。这里姑且不论《中庸》与《易传》二书写作时间孰先孰后，就算《中庸》是《易传》之后的作品，

---

① 《易传·系辞上》："生生之谓易。"参见高亨：《周易大传今注》，齐鲁书社 1979 年版，第 515 页。
② 高亨：《周易大传今注》，齐鲁书社 1979 年版，第 53 页。
③ 高亨：《周易大传今注》，齐鲁书社 1979 年版，第 76 页。
④ 高亨：《周易大传今注》，齐鲁书社 1979 年版，第 53—54 页。
⑤ 高亨：《周易大传今注》，齐鲁书社 1979 年版，第 70 页。
⑥ 高亨：《周易大传今注》，齐鲁书社 1979 年版，第 76 页。
⑦ 《易传·象传·乾卦》，载高亨：《周易大传今注》，齐鲁书社 1979 年版，第 56 页。
⑧ 《易传·象传·坤卦》，载高亨：《周易大传今注》，齐鲁书社 1979 年版，第 78 页。
⑨ 董平：《论〈易传〉的生生观念与〈中庸〉之诚》，《孔子研究》1987 年第 2 期。

但《孟子》总不能说是《易传》之后的作品吧！依据《孟子》之书，孟子有
"诚者，天之道"之说，这个"诚"总不能说是"推演《易传》的思想"吧！
所以，与其说《中庸》的"诚"是由《易传》"生生不已的天道"推演而来，
就不如说《易传》关于"生生"之"易"的天道观是对思孟和荀子关于"诚"
的天道观的发展。

在思孟和荀子的天道观中，"诚"是天地化育万物的德性依据，《易传》
则把"诚"发展为以"生"为内涵的"天地之大德"，并将这个"大德"的
实现过程归结为由"阴阳"之"变"所构成的"生生"之"易"。也就是说，
儒家天道观发展到《易传》，"诚"演变成以"生生"之"易"为实在内容的
"天道"了。

诚然，《易传》并没有像思孟、荀子那样将"天道"本质地归结为"诚"
的直接论述。《易传》直接论及"诚"的地方是《文言》释《乾卦》之言"修
辞立其诚"①，这是讲修饰文辞或写作立言所应遵循的真实性原则。但是，如
果把这话同《系辞上》中《易》与天地准，故能弥纶天地之道……与天地
相似，故不违"②的话联系起来看，则不难看出，"修辞立其诚"其实是从
《易》与天地准"引申出来的立言原则，即在《易传》作者看来，"诚"是"天
地之道"的实在内容，而《周易》是依据"天地之道"写出来的，是"修辞
立其诚"的典范之作！

第二节　道家："反者，道之动"与"道常无为"

一、"道体"与"道用"

作为老子哲学的最高范畴，"道"所标识的是宇宙间一切有形事物所由

---

① 高亨：《周易大传今注》，齐鲁书社 1979 年版，第 64 页。
② 高亨：《周易大传今注》，齐鲁书社 1979 年版，第 511—513 页。

之以起的根源，即宇宙本体。对此，《老子·一章》描述说："无名天地之始，有名万物之母。"① 这里"有"与"无"是对"道"作为宇宙本体的特性的界定②。"无"是指"道"不同于有形象可见的事物，而是无形无相的存在；"有"则是指"道"虽然无形无相，但绝非子虚乌有，而是真实存在。"道"作为宇宙本体的特性就在于它是"有"与"无"的统一。这里"有"与"无"都是就"道"而言，是对"道"的不同方面的性质的规定，以其亦"有"亦"无"，不像有形象可见的事物那样容易把握，但也正因为其无形无相，玄奥不可方物，它才能作为一切有形象可见的事物的共同根源，故曰："此两者同出而异名，同谓之玄，玄之又玄，众妙之门。"③ 这里"众妙"是指宇宙间所发生的一切，"众妙之门"是指宇宙间的一切所由以发生的共同根源。就"道"是宇宙间的一切所由以发生的共同根源而言，可以称它为"道体"；就宇宙间所发生的一切皆由于"道"的运动变化所致而言，则可以称它为"道用"。更明确地说，"道体"是指作为宇宙本体的"道"自身，即"道"之实体；"道用"是指"道"的运动变化，即"道"之作用。

不少研究者曾经指出，老子的宇宙论思想可能受到远古时代遗留下来的女性崇拜、生殖崇拜的影响，表现为推崇阴柔，推崇女性的生殖力量。例如，陈鼓应解释《老子·六章》中"谷神不死，是谓玄牝。玄牝之门，是谓天地根"④ 这段话，就如此提道："按这里用以形容'道'的不可思议的生殖力。'牝'，即是生殖，'道'（'谷神'）生殖天地万物，整个创生的过程却没有一丝形迹可寻，所以用'玄'来形容。'玄'，即幽深不测的意思。"⑤ 事实上，老子不仅将"道体"比作"玄牝之门"，更直称其为"天下母"：

---

① （魏）王弼著，楼宇烈校释：《王弼集校释》，中华书局 1980 年版，第 1 页。

② 参见（1）詹剑峰：《老子其人其书及其道论》，湖北人民出版社 1982 年版；（2）陈鼓应、白奚：《老子评传》，南京大学出版社 2001 年版。

③ 《老子·一章》，载（魏）王弼著，楼宇烈校释：《王弼集校释》，中华书局 1980 年版，第2 页。

④ 《老子·六章》，载（魏）王弼著，楼宇烈校释：《王弼集校释》，中华书局 1980 年版，第16 页。

⑤ 陈鼓应注译：《老子今注今译》，商务印书馆 2003 年版，第 98 页。

"有物混成，先天地生，寂兮寥兮，独立而不改，周行而不殆，可以为天下母。吾不知其名，强字之曰道。"①

"天下母"隐含以"母"喻"道"，是表示"道体"创生天地万物，就像人类世界的母亲生殖婴孩一样。在这意义上，"道体"是宇宙母体。因宇宙母体无形无相，"寂兮寥兮"，不可命名，所以勉为其难地称之为"道"。宇宙母体是"先天地生"的始基存在，它是"独立而不改"的，即在它之外不存在可以使它改变的力量，它的存在完全是由于它自身的原因。就此而言，"道体"是自因性的独立存在，用《庄子·大宗师》中的话来说，这种自因性也就是"自本自根"。因其"自本自根"，它才能作为宇宙母体而存在，成为"天地根"。（按：《老子·六章》所谓"天地根"之"天地"，非"天""地"之合称，而是对宇宙间一切有形可见之物的统称，世间万事万物之总名。）

但是，在老子哲学本体论中，"道"与天下万物的关系，并不仅仅是像母亲生殖婴孩那样的"道"创生万物的关系。就人类生命而言，婴孩从母体出生以后，就脱离母体而成为单独性的存在，而"道"创生万物之后，却并不与万物脱离，万物也不离开"道"而独立自存。老子说："道生之，德畜之，物形之，势成之。是以万物莫不尊道而贵德。道之尊，德之贵，夫莫之命而常自然。"② 在创生万物之后，"道"是"潜存"于万物之中，成为万物的存在依据。"德"就是万物中"潜存"的"道"。所谓"万物莫不尊道而贵德"，是意味着万物皆依赖于"道""德"——"道"创生万物（"道生之"），离开了"道"，万物无从产生；"潜存"于万物之中的"道"——"德"，又使万物得以养育而成长（"德畜之，物形之，势成之"），离开了"德"，万物无以成长。"生之"（产生万物）"畜之"（养育万物）是"道"作为宇宙母体发挥"生殖"作用与功用的形式，而其"生殖"作用与功用是在"道"之"周行而不殆"

① 《老子·二十五章》，载（魏）王弼著，楼宇烈校释：《王弼集校释》，中华书局1980年版，第63页。

② 《老子·五十一章》，载（魏）王弼著，楼宇烈校释：《王弼集校释》，中华书局1980年版，第136—137页。

的运动变化过程中实现的。这种运动变化过程作为"道"之"生殖"作用与功用的表现形式，我们称之为"道用"。"道"之为"天下母"是通过其"生之""畜之"的运动变化表现出来的，即"道用"是"道体"之显现。离开了"道用"，"道体"的真实性便无从体现；"道体"寓于"道用"之中，并且只有"道用"中的"道体"，才是真实可验的"道体"。老子描述"道体"的真实可验性道："天得一以清，地得一以宁，神得一以灵，谷得一以盈，万物得一以生，侯王得一以为天下贞。"[①] 此所谓"一"皆是就"道"而言，是"道"的代名词；"得一以清"云云，是说天之清朗、地之宁静、神之灵验、谷之充盈、万物之生长、侯王之使天下安定，无不是以"道"为用的结果，都是"道体"之作用与功用的呈显与体现。

二、"道常无为"

尽管万物是由于"道"的"生之""畜之"的作用才得以产生和成长，但是正如陈鼓应先生所说的那样，"道"的"生殖"作用是"幽深不测"的，"没有一丝形迹可寻"，这种作用方式可以理解为与人间那些"侯王"常常采用强迫命令来使民众服从自己的统治方式截然有别的特殊事为方式，其特点是虽然实有其事却无形迹，乃至于在作用于万物的过程中，万物完全感受不到有任何外在力量施加于它们，就好像万物纯粹是依靠它们自己，自然而然地产生和成长的，这也就是老子所谓"莫之命而常自然"的意思。

其实，老子所谓"视之不见名曰夷，听之不闻名曰希，搏之不得名曰微"[②]，所谓"道可道，非常道；名可名，非常名"[③]，在一定意义上也都可以被

---

① 《老子·三十九章》，载（魏）王弼著，楼宇烈校释：《王弼集校释》，中华书局1980年版，第106页。

② 《老子·十四章》，载（魏）王弼著，楼宇烈校释：《王弼集校释》，中华书局1980年版，第31页。

③ 《老子·一章》，载（魏）王弼著，楼宇烈校释：《王弼集校释》，中华书局1980年版，第1页。

看作是对"道"的"生殖"作用的描述，即对人类的关系来说，"道"的"生殖"作用是人所看不见、听不到、摸不着的，因其如此，这种作用形式也是不可言喻和名状的，与人间那种可以言说和命名的"道"的作用形式根本不同：前者是"常道"的作用形式，后者是"非常道"的作用形式。

"非常道"的作用形式，就是人间那些"侯王"按"损不足以奉有余"的"人之道"[①] 来进行的"有为"[②] 统治方式；"常道"的作用形式则是"道常无为而无不为"[③]。"常道"与"非常道"的根本区别是"天之道"与"人之道"的区别，即"常道"之"常"是表示天然性和非人为性，"非常道"之"非常"是表示非天然性和人为性。王弼解释"道常无为"道："顺自然也。"[④] 冯友兰的解释更为清楚："就其生万物说，'道'是'无不为'，就其无目的、无意识说，'道'是'无为'。"[⑤] 这两种解释是可以统一起来的，即"顺自然"的意思就是"道"作用于万物，使万物产生和成长，是无目的、无意识的。

对万物的无目的、无意识作用形式，是"常道"的天然性和非人为性的表现；与之相对的"非常道"的非天然性和人为性，则表现为有目的、有意识地作用于万物。有目的、有意识地作用于万物，是为了使万物服从人的意志，通过宰制万物来达成人的目的，这是"人之道"对万物的关系特色；反之，无目的、无意识的"天之道"对万物的关系特色则在于对万物不加宰制，即所谓："大道泛兮，其可左右。万物恃之以生而不辞，功成而不有，衣养万物而不为主。常无欲，可名于小；万物归焉而不为主，可名为大。以其终

---

① 参见《老子·七十五章》，载（魏）王弼著，楼宇烈校释：《王弼集校释》，中华书局1980年版，第186页。

② 《老子·七十五章》："民之难治，以其上之有为，是以难治。"参见（魏）王弼著，楼宇烈校释：《王弼集校释》，中华书局1980年版，第184页。

③ 《老子·三十七章》，载（魏）王弼著，楼宇烈校释：《王弼集校释》，中华书局1980年版，第91页。

④ 《老子注·三十七章》，载（魏）王弼著，楼宇烈校释：《王弼集校释》，中华书局1980年版，第91页。

⑤ 冯友兰：《中国哲学史新编》，转引自陈鼓应注译：《老子今注今译》，商务印书馆2003年版，第212页。

不自为大，故能成其大。"①"大道"之所以称为"大"，是因为"万物归焉而不为主"，即使万物都归服于"道"，"莫不尊道而贵德"，而"道"却并没有自以为尊贵的意识和宰制万物的意图。从这意义上说，"道常无为"就是"道"顺应万物的自我本性而对万物不作强制性干预，任万物自我生长。这就是说，"道常无为"并非意味着"道"消极无为或无所作为，而是意味着"道体"落入万物之中，绝不似人间君临天下的"侯王"那样依靠强制手段来迫使万民服从自己的意志，而是无有宰制万物之意，唯有顺应万物之事，依万物之本性而"为"，这是一种特殊的"为"，是"为"的一种方式，堪称"无为之为"。这种方式的"为"，因其不与事物的自然本性发生冲突，一如时雨润物而无声，故而有"为"之实，却无"为"之迹。这种"无为之为"，非但不是消极无为，而且由于其顺应了事物本性，是比人间有意识、有目的的"为"更加积极有效的作为，所以能收到"常无为而无不为"的效果。

三、"反者，道之动"

"道常无为而无不为"是"道体"在对万物的关系中所表现出来的作用与功用，这种作用与功用作为"无为而无不为"的过程是"道体"的运动变化，被我们称为"道用"。老子认为，"道用"有一定的规律性，所谓"周行而不殆"之"周行"、"大曰逝，逝曰远，远曰反"②和"反者，道之动"③之"反"，都是对"道体"运动变化（"道用"）规律的概括。"道之动"即"道体"的发用流行过程，老子称之为"逝"——《论语》所载孔子之言"逝者如斯夫，不舍昼夜"④之"逝"字，与此同义；"道体"之流行不断朝某个方向延展开去而

---

① 《老子·三十四章》，载（魏）王弼著，楼宇烈校释：《王弼集校释》，中华书局1980年版，第86页。

② 《老子·五十一章》，载（魏）王弼著，楼宇烈校释：《王弼集校释》，中华书局1980年版，第63—64页。

③ 《老子·四十章》，载（魏）王弼著，楼宇烈校释：《王弼集校释》，中华书局1980年版，第109页。

④ 《论语·子罕》，载杨伯峻译注：《论语译注》，中华书局1980年版，第92页。

到达一定极限，则称之为"远"；"道体"之流行达到一定极限，就会作反向运动，最后回归"道体"自身，这个回归过程则称之为"反"。冯达甫（1909—1997）先生说："'大'、'逝'、'远'、'反'是描述道的全部运行过程，就是'周行'。"① 这一断语是很精准的。

王弼注："反者，道之动"句曰："高以下为基，贵以贱为本，有以无为用，此其反也。"② 这是将"反"释义为"对反"（即相反相成的事物向自己的对立面转化的运动）。通观《老子》全书，提到"反"字的共有三处：除此章（第四十章）以外，还有上文所引述的第二十五章"远曰反"，以及第六十五章"玄德深矣，远矣，与物反矣，然后乃至大顺。"③"远曰反"之"反"显然是"返"之意，这比较容易判断；至于"深矣，远矣，与物反矣"，其句式与第二十五章"大曰逝，逝曰远，远曰反"极为相似，宋人林希逸（1193—1271）④注曰："反者，复也，与万物皆反复而求其初。"⑤ 然则，《老子》书中出现"反"字的三章中，其"反"均含有"返回""复归"之意。据此判断，"道体"的发用流行具有往复循环地不断向其自身回归的非线性特点，这种非线性运动当然也包含王弼所理解的那种"对反"运动。

"道之动"之所以具有"反"的特点，是因为老子预设了"道体"是宇宙万物的母体，"天下有始，以为天下母。既得其母，以知其子；既知其子，复守其母，没身不殆"⑥。作为"天下母"的"道体"，是万物发生之源，万物由此获得生机与生命力，从而得以生长发展，当其达到生命的巅峰状态

---

① 冯达甫：《老子译注》，转引自陈鼓应注译：《老子今注今译》，商务印书馆2003年版，第171页。

② 《老子·四十章》，载（魏）王弼著，楼宇烈校释：《王弼集校释》，中华书局1980年版，第110页。

③ 《老子·六十五章》，载（魏）王弼著，楼宇烈校释：《王弼集校释》，中华书局1980年版，第168页。

④ 参见王晚霞：《林希逸生卒年考辨》，《东南学术》2016年第1期。

⑤ 转引自陈鼓应注译：《老子今注今译》，商务印书馆2003年版，第305页。

⑥ 《老子·五十二章》，载（魏）王弼著，楼宇烈校释：《王弼集校释》，中华书局1980年版，第139页。

时，万物就不可避免地会走向衰亡，"物壮则老，是谓不道，不道早已"①。所以，不能是一味地求发展、求进步，当事物发展到其极盛之时，就应该顺应"道之动"的规律，自然返归其生命发生的源头——"道体"，从"道体"中汲取新的生机，获得新的生命力。这意味着"道体"不只是宇宙万物的母体，还是万物的归宿。

老子认为，"道"的运动特性是循环周流回到原点，这就决定了万物生长、发展，运动变化，最后也要回到创生它们的"道体"，这便是所谓"归根复命"——"致虚极，守静笃，万物并作，吾以观复。夫物芸芸，各复归其根。归根曰静，静曰复命。"②所谓"命"者，是物之生命本真；"复命"就是向"道体"的复归。日本老庄思想研究泰斗福永光司（ふくながみつじ，1918—2001）对此解释说："老子此一思想，其特色所在，实在是认现象个物之根源有个本体之道的永恒不灭；即是说，一切个物就其自身而言，虽是有限不完全，但其存在之根源，却是稳踏着无限而完全的'道'，因与'道'有着连续的本末关系，故由自末归本的复归，而得脱出其自身之有限性与不完全性。"③

三、"弱者道之用"

老子指出"反者，道之动"，揭示了"道"的运动变化的总体规律。当认识到了这一规律之后，人们在实践中如何加以利用呢？老子就此问题，提出了一个极具辩证法色彩的命题："弱者，道之用。"④

通观《老子》全书，可以发现，老子在指导人们生活实践方面，提出了

---

① 《老子·三十章》，载（魏）王弼著，楼宇烈校释：《王弼集校释》，中华书局1980年版，第79页。

② 《老子·十六章》，载（魏）王弼著，楼宇烈校释：《王弼集校释》，中华书局1980年版，第35—36页。

③ 陈鼓应注译：《老子今注今译》，商务印书馆2003年版，第137页。

④ 《老子·四十章》，载（魏）王弼著，楼宇烈校释：《王弼集校释》，中华书局1980年版，第110页。

一系列看似与人们的常识相反的主张，比如：在刚强进取（"雄"）和柔弱退守（"雌"）之间，人们通常选择刚强进取（"雄"），而老子却教导人们宁可选择柔弱退守（"雌"）而以退为进；在明辨是非（"白"）和不辨是非（"黑"）之间，人们通常选择明辨是非（"白"），而老子却教导人们宁可选择不辨是非（"黑"），以超脱是非争辩；在名誉显扬（"荣"）与声誉受损（"辱"）之间，人们通常选择名誉显扬（"荣"），而老子却教导人们宁可选择声誉受损（"辱"），以免受名誉牵累。① 老子还指出，委屈反能保全，屈就反能伸展；低洼反能充盈，破旧反能生新，少取反能多得，贪多反而迷惑。② 总之，"在雌雄、先后、高下、有无等等对立状态中，一般人多要逞雄、争先、登高、据有；老子却要人守雌、取后、居下、重无。老子认为守雌要胜于逞雄，取后而胜于争先"③。老子处世哲学非常突出的思想特色在于持柔守弱，正如《淮南子·缪称训》所说："老子学商容，见舌而知守柔矣。"④《文子·上德》则说："老子学于常枞，见舌而守柔，仰视屋树，退而目川，观影而知持后，故圣人虚无因循，常后而不先，譬如积薪燎，后者处上。"⑤ 宋儒朱熹也说："老子之学，大抵以虚静无为、冲退自守为事。故其为说，常以懦弱谦下为表，以空虚不毁万物为实。"⑥ 由此可见，后人对于退让谦下、持柔守弱这一老子思想的特色是有共识的。

　　老子之所以持有这样一种与常规思维迥然相反的思维方法，与他对"道之动"的规律的看法有关。"反者，道之动"，是表明"道之动"不是直线地

---

① 《老子·二十八章》："知其雄，守其雌，为天下谿。……知其白，守其黑，为天下式。……知其荣，守其辱，为天下谷。"参见（魏）王弼著，楼宇烈校释：《王弼集校释》，中华书局1980年版，第74页。

② 《老子·二十二章》："曲则全，枉则直，窪则盈，敝则新，少则得，多则惑。"（魏）王弼著，楼宇烈校释：《王弼集校释》，中华书局1980年版，第55—56页。按：此段诠释参见陈鼓应注译：《老子今注今译》，商务印书馆2003年版，第162页。

③ 陈鼓应、白奚：《老子评传》，南京大学出版社2001年版，第179页。

④ 刘文典：《淮南鸿烈集解》，冯逸、乔华点校，中华书局1989年版，第337页。

⑤ 王利器：《文子疏义》，中华书局2009年版，第258页。

⑥ （宋）黎靖德编：《朱子语类》第八册，王星贤点校，中华书局1986年版，第2986页。

向前运动，而是从"道体"出发，最后又返回到"道体"，如此"周行而不殆"地无限往复循环运动。这种"反"的规律既支配着"道体"（"道"自身），也支配着由"道体"派生出来的万事万物，使具体事物的运动也表现出循环往复之"反"的规律，即世间一切事物都不是直线地向前发展，而是发展到一定节点就会向自身回归。这个节点就是事物发展的"度"，达到这个"度"，就会自动返回其初始状态，这便是所谓"归根复命"——"夫物芸芸，各复归其根。归根曰静，是谓复命"①；反之，若一味向前发展，超过这个"度"而仍不知"反"，就会由盛转衰，由成转败，走向衰败与灭亡——"物壮则老，是谓不道，不道早已"②。老子提出"反者，道之动"的命题，是要让人们认识"反"这一宇宙普遍规律，并顺应这一规律行事，在为人处事的生活过程中注意把握行事的"度"，在达到这个"度"时主动采取退后、返回的策略，以避免走向衰亡。老子警告世人："持而盈之，不如其已。揣而锐之，不可长保。金玉满堂，莫之能守。富贵而骄，自遗其咎。功遂身退，天之道。"③对此，陈鼓应先生解说道："本章在于写'盈'。'盈'即是满溢、过度的意思。自满自骄，都是'盈'的表现。持'盈'的结果，将不免于倾覆之患。所以老子谆谆告诫人不可'盈'，一个人在功成名就之后，如能'身退'不盈，才是长保之道。"④"功遂身退"，就是在功名事业达到鼎盛的节点时退步向后，这是"天之道也"，也就是说，这一做法是符合"道"的运动规律的。宋人范应元说："阴阳运行，功成者退。天之道也。人当效天，故自古及今，功成名遂而身不退者，祸每及之。老子之言，万世龟鉴，如子房者，乃合天之道也。"⑤汉代的张良，辅佐刘邦成帝业之后，主动推却政务，"愿弃人间

---

① 《老子·十六章》，载（魏）王弼著，楼宇烈校释：《王弼集校释》，中华书局1980年版，第35—36页。

② 《老子·三十章》，载（魏）王弼著，楼宇烈校释：《王弼集校释》，中华书局1980年版，第79页。

③ 《老子·九章》，载（魏）王弼著，楼宇烈校释：《王弼集校释》，中华书局1980年版，第21页。

④ 陈鼓应注译：《老子今注今译》，商务印书馆2003年版，第107页。

⑤ （宋）范应元集注：《宋本老子道德经》，国家图书馆出版社2017年版，第36—37页。

事，欲从赤松子游耳"①，这是"功遂身退"的极佳典范。由此可见，老子的这一思想对历史上的许多杰出政治家都产生了深刻影响。

以"反"作为生活指南，主动顺应天道，不但表现在达到极盛状态时"功遂身退"，还表现在为人处事时持守柔弱。"人之生也柔弱，其死也坚强。草木之生也柔脆，其死也枯槁。故坚强者死之徒，柔弱者生之徒。是以兵强则灭，木强则折。强大处下，柔弱处上。"②无论是草木还是人类，活着的时候总是柔软的，死去后就会变得枯槁僵硬。老子由此得出结论：柔弱是生机的同类，强硬是死亡的同类。因此，老子教导人们持柔守弱，"专气致柔，能婴儿乎？"③老子持柔守弱的主张包含深刻的哲理：一方面，"道"作为创生万物的母体，其本性是虚无柔弱的，"道冲而用之或不盈，渊兮似万物之宗"④，故持柔守弱就是返归"体道"，循"道"而行；另一方面，就"道"所派生的具体事物而言，其初始阶段总是柔弱的，"含德之厚，比于赤子。蜂虿虺蛇不螫，猛兽不据，攫鸟不搏。骨弱筋柔而握固"⑤，初生"赤子"的柔弱是得到"道体"的滋养而"含德之厚"的体现，故而充满蓬勃生机与旺盛生命力。故明白"弱者，道之用"的原理而持柔守弱，也是意味着使自己葆有远大的发展前途。"在老子看来，柔弱与刚强也是对反的双方，任何事物在它新生的时候都是柔软和弱小的，事物成长的过程也就是由柔弱而刚强的过程，并通过刚强最终走向死灭。既然如此，只要事物尽量保持柔弱的状态，经常处于柔弱的地位，就可以延缓乃至防止向刚强的转化，从而推迟乃至避免走向死灭的到来。"⑥

---

① （汉）张良语，见（汉）司马迁：《史记·留侯世家》，中华书局1999年版，第1634页。

② 《老子·七十六章》，载（魏）王弼著，楼宇烈校释：《王弼集校释》，中华书局1980年版，第185—186页。

③ 《老子·十章》，载（魏）王弼著，楼宇烈校释：《王弼集校释》，中华书局1980年版，第23页。

④ 《老子·四章》，载（魏）王弼著，楼宇烈校释：《王弼集校释》，中华书局1980年版，第10页。

⑤ 《老子·五十五章》，载（魏）王弼著，楼宇烈校释：《王弼集校释》，中华书局1980年版，第145页。

⑥ 陈鼓应、白奚：《老子评传》，南京大学出版社2001年版，第185页。

老子甚至认为，在一定条件下，柔弱可以克制刚强，"天下之至柔，驰骋天下之至坚"①。"天下莫柔弱于水，而攻坚强者莫之能胜，以其无以易之。弱之胜强，柔之胜刚，天下莫不知，莫能行。"② 老子将"柔弱胜刚强"总结为一条规律，认为一旦认识了这一规律，并在军事、政治领域加以应用，就等于是掌握了克敌制胜的法宝。他说："将欲歙之，必固张之；将欲弱之，必固强之；将欲废之，必固兴之；将欲取之，必固与之。是谓微明。柔弱胜刚强。鱼不可脱于渊，国之利器不可以示人。"③ 这段话所表达的思想，被朱熹视为一种"忍术"："老氏之学最忍，它闲时似个虚无卑弱底人，莫教紧要处发出来，更教你枝梧不住，如张子房是也。子房皆老氏之学。如峣关之战，与秦将连和了，忽乘其懈击之；鸿沟之约，与项羽讲和了，忽回军杀之，这个便是他柔弱之发处。可畏！可畏！它计策不须多，只消两三次如此，高祖之业成矣。"④ 朱熹认为，张良辅佐汉高祖灭秦兴汉的妙策，就是老子之学的"柔弱胜刚强"，这是有一定道理的，但由此认定"老氏之学最忍"，则是儒家学者的偏见。实际上，"柔弱胜刚强"是老子从"道"的循环往复运动中总结出的人事规律，并以此告诫人们如何正确地应对盛衰、刚柔等不同局势，反败为胜，转弱为强，并非教唆什么见不得人的阴谋权术。明人薛蕙（1490—1539）曾评论《老子·三十六章》道："窃谓此章首明初盛则衰之理，次言刚强之不如柔弱。末则因戒人之不可用刚也。岂诚权诈之术？夫仁义圣智，老子且犹病之，况权诈乎？按《史记》陈平，本治黄帝老子之术，及其封侯，尝自言曰：'我多阴谋，道家之所禁，吾世即废亦已矣，终不能复起，以吾多阴祸也。'由是言之，谓老子为权数之学，是亲犯其所禁，而复为书

---

① 《老子·四十三章》，载（魏）王弼著，楼宇烈校释：《王弼集校释》，中华书局 1980 年版，第 120 页。

② 《老子·七十八章》，载（魏）王弼著，楼宇烈校释：《王弼集校释》，中华书局 1980 年版，第 187—188 页。

③ 《老子·三十六章》，载（魏）王弼著，楼宇烈校释：《王弼集校释》，中华书局 1980 年版，第 89 页。

④ （宋）黎靖德编：《朱子语类》第八册，王星贤点校，中华书局 1986 年版，第 2987 页。

以教人，必不然矣。"① 这一论断，是极有见地的。

第三节　法家："道无双"与"独道之容"

韩非以前的法家代表人物，很少谈论天道问题；但是，法家先驱人物、春秋时期著名政治家、思想家子产，却是历史上最早论及"天道"者。许抗生（1937—）先生曾指出："历史上首先明确地提出'天人'（或称'天道'与'人道'）这一对哲学范畴的是春秋末年郑国的子产……（子产）说：'天道远，人道迩，非所及也，何以知之？灶焉知天道？'（《左传》昭公十八年）子产不相信神灶的说法，认为天道离开太远，'非所及也'，怎么能知道有天灾呢？而人道是人自己办的事，当然是最近的，是人自己可以把握的。"②子产的这种"天道"观念，可能对后来的法家产生了一定影响，使包括商鞅在内的许多著名法家代表人物都忽视对"天道"的研究。

《管子》中《心术》上下、《白心》、《内业》四篇，一般被认为是战国稷下道家宋钘、尹文的作品，这四篇既被收入《管子》，而《管子》被《汉书·艺文志》列入道家类，后来又被《隋书·经籍志》列入法家类，《四库全书》也把它列入法家类，这至少说明，稷下道家与法家有密切的思想关联；而韩非的老师荀子身为儒学大师，曾三度出任稷下学宫祭酒，思想上受到了稷下道家的一定影响，尤其在天道观方面对稷下道家思想还有所吸收。③这说明战国时代，无论是法家还是儒家，都与道家有一定交集，并在不同程度上从道家那里吸取哲学智慧。韩非更是直接从《老子》本文中吸取道家智慧，其天道观主要是来源于老子天道观。

---

① 陈鼓应注译：《老子今注今译》，商务印书馆2003年版，第388页。

② 《中国哲学史研究》编辑部编：《中国哲学史主要范畴概念简释》，浙江人民出版社1988年版，第17—18页。

③ 参见白奚：《稷下学研究：中国古代的思想自由与百家争鸣》，生活·读书·新知三联书店1998年版。

一、"道无双，故曰一"

"道"是老子哲学的最高范畴，也是韩非哲学的最高范畴。老子和韩非的天道观都集中反映在他们的"道"论中。老、韩之"道"论的共同点，最突出地表现在，它们都肯定"道"是宇宙的开端。老子说"道"是"先天地生"①，是"天地之始"②；韩非也说"道者，万物之始"③——他们都假定宇宙在时间上有一个起点，他们所讲的"道"，其第一要义就是指处于时间起点上的原始宇宙。上文已提到，他们对这个原始宇宙（"道"）的具体描述也基本一致，总体上都是说"道"不同于"物"，假使用人的感觉器官去感知它的话，是感觉不到它的存在的，所以也无法给它命名。但是，从这里出发的老、韩"道"论，就越来越显示出其"道"有别了。

老子的"道"论从"道"之"先天地生"出发，从它的"寂"（无音）且"寥"（无形），它的"独立而不改，周行而不殆"，推出它"可以为天下母"④；再按时间顺序，由"天下母"依次推出"域中四大"——"道""天""地""人（王）"，最后得出"人法地，地法天，天法道，道法自然"⑤的结论。该结论中的核心命题是"道法自然"。这个"自然"，究竟是何意思？张岱年（1909—2004）先生曾指出："前人多解自然为一名词，谓道取法于自然，此大误。自然二字，《老子》书中曾数用之，如：'功成事遂，百姓皆谓我自然。''希言自然。''道之尊德之贵，夫莫之命而常自然。'所谓自然，皆系自己如尔之意，非一专名，此处当亦同，不得视为一名词。其意谓道更无所取法，道

---

① 《老子·二十五章》，载（魏）王弼著，楼宇烈校释：《王弼集校释》，中华书局1980年版，第63页。

② 《老子·一章》，载（魏）王弼著，楼宇烈校释：《王弼集校释》，中华书局1980年版，第1页。

③ 《韩非子》校注组：《韩非子校注》，江苏人民出版社1982年版，第35页。

④ 《老子·二十五章》，载（魏）王弼著，楼宇烈校释：《王弼集校释》，中华书局1980年版，第63页。

⑤ 《老子·二十五章》，载（魏）王弼著，楼宇烈校释：《王弼集校释》，中华书局1980年版，第65页。

之法是其自己如此。"① 根据"道"之"先天地生"的时间特性和"独立而不改"的空间特性，的确当如张先生所说，"道法自然"就是"道效法它自己"的意思。因为既然"道"是"先天地生"，那么在时间上，就没有先于"道"而存在的东西，即在天地尚未产生的时间起点上，"道"是唯一的存在，因而在空间上除"道"以外，不存在任何与"道"并立的事物，所以"道"是"独立而不改"的，即"道"作为独一无二的存在，除了来自"道"自身的因素，没有任何外来因素会影响到"道"而使"道"发生改变。由此当然可以得出"道法自然"的结论。

"道法自然"到了庄子的"道"论里被演绎为"道"是"自本自根"的："夫道，有情有信，无为无形；可传而不可受，可得而不可见；自本自根，未有天地，自古以固存；神鬼神帝，生天生地；在太极之上而不为高，在六极之下而不为深，先天地生而不为久，长于上古而不为老。"② 庄子正是效法"自本自根"之"道"来"治身"的。《庄子·德充符》载："惠子谓庄子曰：'人故无情乎？'庄子曰：'然。'惠子曰：'人而无情，何以谓之人？'庄子曰：'道与之貌，天与之形，恶得不谓之人？'惠子曰：'既谓之人，恶得无情？'庄子曰：'是非吾所谓情也。吾所谓无情者，言人之不以好恶内伤其身，常因自然而不益生也。'惠子曰：'不益生，何以有其身？'庄子曰：'道与之貌，天与之形，无以好恶内伤其身。今子外乎子之神，劳乎子之精，倚树而吟，据槁梧而瞑。天选子之形，子以坚白鸣！'"③ 庄子这里所讲的"自然"就是"自本自根"之意。对"道与之貌，天与之形"的"人"之"身"来说，它的"自本自根"就是天然自足，按照这种自足的天性，人压根儿就无求于身外之物，而"好恶"则意味着离开了自己的本性，而有求于身外之物了。因其有求于外物，故对外物有喜好或厌恶之情，这种好恶之情是意味着对外物进行价值评价，作出肯定或否定的评价，并依据这种评价来对外物作出或取或舍的选择。之所以会对外物有所选择，是因为自己对外物有所欲求，并根

---

① 张岱年：《中国哲学大纲》，载《张岱年全集》第 2 卷，河北人民出版社 1996 年版，第 51 页。
② 曹础基：《庄子浅注》，中华书局 1982 年版，第 95 页。
③ 曹础基：《庄子浅注》，中华书局 1982 年版，第 86 页。

据自己的欲求来辨别外物，以物色可以满足自己欲求的东西。庄子所谓"无情"，所谓"不以好恶内伤其身，常因自然而不益生"，是主张因循自己天然自足的本性，无求于身外之物，不劳神费心地辨识外界事物，不去追求能够分辨外物的知识，使自己置身于是非争论之外——这正是《庄子·天下》评论庄子所说的："独与天地精神往来，而不敖倪于万物。不遣是非，以与世俗处。""上与造物者游，而下与外死生、无终始者为友。"① 这种"不遣是非，以与世俗处"的处世方式，即是庄子所追求的与"自本自根"之"道"为一体的"逍遥游"之境。

到了韩非，他的"道"论则吸取了"道法自然"所蕴含的关于"道"独一无二的思想，提出了"道无双，故曰一"②的观点。该观点是韩非在《扬权》中提出的。《扬权》是韩非用韵文写成的一篇宣扬君权的哲理诗，全诗从天道观高度论证了君权至上，是韩非治理理论的纲要之作。此篇开宗明义道："天有大命，人有大命。"③ 这是肯定天人之间有共同的普遍法则。韩非认为，人类只有顺应这种普遍法则行事，才能既不费力，又不会受到伤害。对于君主来说，顺应宇宙普遍法则来治理天下，关键在于"权不欲见，素无为也"④，即不要去显摆自己的权势，要保持自己的本色，采取"无为"的行事方式。韩非所说的"无为"，有两个要点：第一，"执要"；第二，"虚静"。《扬权》指出："事在四方，要在中央。圣人执要，四方来效。虚而待之，彼自以之。"⑤（意谓："政事分散在地方，大权集中在中央。圣明君主执掌大权，四方臣民前来效力。君主虚静地对待臣民，臣民自然各尽其能。"⑥）君主为何要采取"无为"的治理方式？《扬权》曰："虚静无为，道之情也。"⑦ 从韩非"法""术""势"相互统一的法治理论来看，"虚静"属于"术"，"执要"

---

① 曹础基：《庄子浅注》，中华书局1982年版，第508页。
② 《韩非子》校注组：《韩非子校注》，江苏人民出版社1982年版，第65页。
③ 《韩非子》校注组：《韩非子校注》，江苏人民出版社1982年版，第61页。
④ 《韩非子》校注组：《韩非子校注》，江苏人民出版社1982年版，第61页。
⑤ 《韩非子》校注组：《韩非子校注》，江苏人民出版社1982年版，第61页。
⑥ 《韩非子》校注组：《韩非子校注》，江苏人民出版社1982年版，第61页注⑭。
⑦ 《韩非子》校注组：《韩非子校注》，江苏人民出版社1982年版，第65页。

属于"势"。从《扬权》的哲学论证来看，"虚静"之"术"的理据在于："夫道者，弘大而无形"①；"执要"之"势"的理据在于："道无双，故曰一"。故从哲学角度看，"执要"是意味着"圣人执一"②。

　　老子"道"论中固然也有以"一"代称"道"者，如："昔之得一者，天得一以清，地得一以宁，神得一以灵，谷得一以盈，万物得一以生，侯王得一以为天下贞。"③由"万物得一以生"句，可知此处"一"是指"道"；这段话中其他地方的"一"也都是指"道"。但老子这里所讲的"一"与韩非所谓"道无双，故曰一"的"一"并非一回事，即不是"独一无二"之"一"，而是"混而为一"之"一"，是指"道"具有"视之不见名曰夷，听之不闻名曰希，搏之不得名曰微。此三者不可致诘"④的不可名状的超验性。韩非所谓"道无双，故曰一"的"一"，则是指"道"具有独一无二性；他是根据"道"的这一特性，提出了"圣人执一"的观点。所谓"圣人执一"，就是"圣人执要"，即圣明君主占据国家权力结构的中心位置。君主在这个"中央"之"要"的权位上所掌握的政治权力，是国家最高权力。这个最高权力相对于其他权力所形成的居高临下的地位，即是"势"。所谓"势者，胜众之资也"⑤，是说"势"是制服国民的凭借。韩非认为，任何一个平常人，如其占据了国家权力结构的中心位置，他就可以制服其国民，即使像桀这样的不肖之徒，一旦得到势位，也照样"能制天下"；反之，像尧这样的圣贤，假使其不得势位而为匹夫，则"不能正三家"。⑥所以对君主来说，毋论其

---

①　《韩非子》校注组：《韩非子校注》，江苏人民出版社 1982 年版，第 64 页。

②　《韩非子》校注组：《韩非子校注》，江苏人民出版社 1982 年版，第 63 页。

③　《老子·三十九章》，载（魏）王弼著，楼宇烈校释：《王弼集校释》，中华书局 1980 年版，第 105—106 页。

④　《老子·十四章》，载（魏）王弼著，楼宇烈校释：《王弼集校释》，中华书局 1980 年版，第 31 页。

⑤　《韩非子·八经》，载《韩非子》校注组：《韩非子校注》，江苏人民出版社 1982 年版，第 644 页。

⑥　参见《韩非子·功名》，载《韩非子》校注组：《韩非子校注》，江苏人民出版社 1982 年版，第 297 页。

圣明与否，"得势位"乃是头等重要的事。"得势位，则不推进而名成"（意谓"有了势位，就是不用追求，也能获得名声"）①；假使连"势位"都没有，政治上其他一切就都无从谈起。而圣明君主所要占据的"势位"，乃是国家权力结构的中心地位；占据了这个权位，就是掌握了驾驭一切的政治权力。如果说"执一"与"执要"有什么区别的话，其区别仅仅在于："执要"指占据国家权力结构的中心位置，"执一"则指在这个权位上掌握能统御一切而又不受任何其他权力制约的绝对政治权力。掌握这种绝对权力的君主所处的地位，与"道"作为"理之者"②的地位是一致的——"理之者"是统御万物的宇宙最高治理者。

二、"明君贵独道之容"

紧接着"道无双，故曰一"的观点，《扬权》又提出了"明君贵独道之容"的观点，其原文如下：

> "夫道者，弘大而无形；德者，核理而普至。至于群生，斟酌用之，万物皆盛，而不与其宁。道者，下周于事，因稽而命，与时生死。参名异事，通一同情。故曰：道不同于万物，德不同于阴阳，衡不同于轻重，绳不同于出入，和不同于燥湿，君不同于群臣。——凡此六者，道之出也。道无双，故曰一。是故明君贵独道之容。君臣不同道，下以名祷。君操其名，臣效其形，形名参同，上下和调也。"③

从上下文关系看，"明君贵独道之容"是从"夫道者，弘大而无形……道无双，故曰一"推演而来。而有的注家认为"明君贵独道之容"是直接由"道无双，故曰一"推出，"明君贵独道之容"的意思就是"英明的君主尊重道

---

① 《韩非子·功名》，载《韩非子》校注组：《韩非子校注》，江苏人民出版社1982年版，第297页。

② 《韩非子·解老》："道，理之者也。"参见《韩非子》校注组：《韩非子校注》，江苏人民出版社1982年版，第199页。

③ 《韩非子》校注组：《韩非子校注》，江苏人民出版社1982年版，第64—65页。

的那种独一无二的样子"，故而将"独道之容"的"容"字解释为"貌，样子"①。这样解释固然也可以，只是既然作如此解读，"容"就应该被理解为是指"道"之形貌状态而非关系状态而言，从而"容"的具体含义当然就不是什么"道的那种独一无二的样子"（"独一无二"是指"道"的关系状态而言），而应该是"独一无二的道那种弘大而无形的样子"，因为关于"道"的形貌状态，上文讲得很明白："夫道者，弘大而无形"——用老子的话来说，"道"的这种形貌状态就是"无状之状"②。这也就是说，"明君贵独道之容"是由"夫道者，弘大而无形"和"道无双，故曰一"推出——"独道"者，"道无双"之谓也；"容"者，"道弘大而无形"之谓也。从其整体语境来看，《扬权》所谓"明君贵独道之容"，是与上文"权不欲见，素无为也"和下文"虚静无为，道之情也"互相呼应的。上文"素无为也"其实是包含"虚静"的，只因其重点在强调"执要""执一"，故不提"虚静"而单讲"无为"，这是偏重"明君贵独道"的方面；下文"虚静无为"将"虚静"与"无为"并列相提，且置"虚静"于"无为"之前，则是为了突出"虚静"，是偏重"明君贵独道之容"的方面。

关于"道"之"弘大而无形"与"虚静"之间的内在关联，韩非未有明确的阐述。但稷下道家作品《管子·心术上》有"虚无无形谓之道，化育万物谓之德"③"天之道，虚其无形"④"道也者，动不见其形，施不见其德，万物皆以得，然莫知其极"⑤之说，以此对照《韩非子·扬权》"夫道者，弘大而无形；德者，核理而普至。至于群生，斟酌用之，万物皆盛，而不与其宁"之说和《解老》"道有积而积有功；德者，道之功"⑥"今道虽不可得闻见，圣人执其见功以处见其形。故曰：'无状之状，无物之象'"⑦"圣人观其玄虚，

---

① 《韩非子》校注组：《韩非子校注》，江苏人民出版社1982年版，第65页注②。
② 《老子·十四章》，载（魏）王弼著，楼宇烈校释：《王弼集校释》，中华书局1980年版，第31页。
③ 赵守正：《管子注译（下册）》，广西人民出版社1982年版，第1页。
④ 赵守正：《管子注译（下册）》，广西人民出版社1982年版，第2页。
⑤ 赵守正：《管子注译（下册）》，广西人民出版社1982年版，第3页。
⑥ 《韩非子》校注组：《韩非子校注》，江苏人民出版社1982年版，第185页。
⑦ 《韩非子》校注组：《韩非子校注》，江苏人民出版社1982年版，第201页。

用其周行，强字之曰'道'"①"积德而后神静"②"思虑静，故德不去"③等论述，可以推断，韩非所谓"虚静"之"虚"应是指"道"之"弘大而无形"的"玄虚"样子，"静"是指圣人"观其玄虚"，效法"道"而"执其见功以处见其形"的"积德"，以至于达到"神静""思虑静"。也就是说，"虚"是对应于"道"，"静"是对应于"德"。

从《扬权》"圣人执一以静"④"虚以静后，未尝用己"⑤"故去喜去恶，虚心以为道舍"⑥等话语来看，"虚静"的本质是"虚"，其体现于"道"为"弘大而无形"，其体现于"圣人"则为喜恶不形于色。在韩非看来，万物皆有形，唯"道"无形，这是"道不同于万物"之处。"道"作为统御万物的宇宙治理者，是理万物于"无形""玄虚"之境。"道"以"无形""玄虚"而使万物皆得其理，这样的治理功效便是所谓"德"；因"德"而万物皆得其理，所以说"德者，核理而普至"。故统御臣民的国家治理者君主，想要成为"缘道理以从事"的圣君，就必须"去喜去恶"，使自己的心境达到像"道"那样"无形""玄虚"。这种"无形""玄虚"的心境，便是所谓"虚心"。只有这种心境，才适宜于"得道"，故曰"虚心以为道舍"。"去喜去恶"乃至于达到喜恶不形于色，这个过程便是所谓"积德"。"积德"是从君主对"道"的关系而言，意指君主趋近于"道"并最终与"道"相合。与"道"相合，是谓"得道"。"得道"对君主来说，是意味着他"得于道"而有"德"；其"德"体现于国家治理，就是给予群臣不同名分，使他们各按其名分来发挥其作用，并依据其名分来考核其事功实绩，若其功绩与其名分皆相符合，便是达到了君臣关系协调的治理效果。

综上所述，作为韩非治理哲学一般世界观基础的天道观，主要有两个

---

① 《韩非子》校注组：《韩非子校注》，江苏人民出版社1982年版，第202页。
② 《韩非子》校注组：《韩非子校注》，江苏人民出版社1982年版，第193页。
③ 《韩非子》校注组：《韩非子校注》，江苏人民出版社1982年版，第192—193页。
④ 《韩非子》校注组：《韩非子校注》，江苏人民出版社1982年版，第63页。
⑤ 《韩非子》校注组：《韩非子校注》，江苏人民出版社1982年版，第64页。
⑥ 《韩非子》校注组：《韩非子校注》，江苏人民出版社1982年版，第66页。

方面的内容：其一是关于"道无双"的观点；其二是关于"道无形"的观点。前者是为其集权政制理论作论证；后者是为其虚静治术理论作论证。

本章小结

春秋时"天道"成为流行语，是指日月星辰之类的天体运动或其运动规律。战国时"天道"的含义已泛化指一切自然事物的运动及其规律，但当其指自然规律时，它并非现代科学意义的自然规律，而是传统哲学或形而上学意义的自然规律，是宇宙间独一无二的，对人类来说，它是最高宇宙法则，支配着包括社会秩序和自然秩序在内的全宇宙的秩序，是自然界和人类社会都必须服从的根本法则。天道观就是关于宇宙根本法则的思想。

儒家天道观的核心范畴是"诚"。"诚"由"信"演变而来。孔子之前的"六经"时代，"信"已被当作日常生活的一项交际语言规则提出来。春秋时期，言说领域的诚信问题变得更加突出。在孔子伦理思想中，诚信道德已显出由言说道德向行事道德转变的倾向和趋势；到了孟子，诚信已从言说道德转变成行事道德。孔子之"信"是标识诚信之德的概念，属于"仁"范畴，这种道德要求"为仁"君子言行一致，将仁爱落实于行动，而非停留于口头言说。但孔子论"信"尚未摆脱"言"的纠缠，未能将"信"提升到天道观高度来进行思考与讨论。孟子则用"诚"来标识诚信道德，并将诚信道德提升到天道观高度加以新诠，通过传承子思学说和吸取孔子关于"天"之"无言"的思想，赋予子思天道观中"诚"概念以"天不言，以行与事"来体现其化育万物之"仁"的新内涵。孟子天道论的要旨在于阐明这么一个道理："天"之"仁"是体现在其化育万物的运行过程，"事天"君子应当效法"天道"，以现实的仁行仁事来展示自己的天赋善性。荀子虽指摘孟子性善论为歪论邪说，但未全盘否定思孟学说，相反在天人观上继承并发展了思孟思想，尤其是发展了思孟"诚者，天之道"的思想。荀子将"诚"理解为由"天行"（天地化育万物的自然过程）所体现出来的"常德"，它作为"天"所固有、自然而成的"天德",是"天"之所以能化育万物的德性依据,也是效法"天行"的"圣王"之所以能化成天下的德性依据。荀子之"诚"包含"常"(客观规律性)的意义,意味着"天行"不受任何人的意志和行为的影响,但可以在感性的事为和事功上得到验证。到了《易传》,"诚"被归结为以"生生"之"易"(死生无限往复循环的宇宙生化过程)为实在内容的"天道"。要之,儒家天道观的总体特征在于:(1)将"天道"或"天行"理解为天地化育万物、使万物生生不息的自然过程;(2)将该过程理解为"天"所具有的"至诚"的"好生"之"德"——"仁"的现实呈显过程。这种天道观对国家治理的指导意义在于:民生问题是国家治理的核心问题,国家治理归根到底是为了解决民生问题,为国者应当效法"天道",培养自己的"好生"之"德",使自己的天赋之"仁"达到"至诚"——现实地体现于推行"仁政"而使万民生生不息的国家治理过程。

道家的天道观集中反映在老子"道"论中。老子之"道"作为"天下母"可分"体""用"二面:"道体"是"道"作为创生万物的母体本身,"道用"是"道"作为"天下母"的生殖作用与功用,体现于使万物生长的"道之动"(道体的运动变化)。"道之动"以"反"为根本规律,它不是一直向前的直线运动过程,而是由自身出发、最后又返回自身,如此往复循环以至于无穷的"周行"过程。基于"反者,道之动"的思想,老子提出了"弱者,道之用"的命题,该命题包含两方面的思想:(1)"道"作为创生万物的母体,其本性如水一般柔弱,体现于对万物的关系中,像水一样"善利万物而不争"[1],此即所谓"道常无为而无不为"[2]。"无为"就是"不争",不与万物争利,任万物自然而然变化而不加干预;"无不为"就是"利万物","辅万物之自然"[3]

---

[1] 《老子·八章》,载(魏)王弼著,楼宇烈校释:《王弼集校释》,中华书局 1980 年版,第 20 页。

[2] 《老子·三十七章》,载(魏)王弼著,楼宇烈校释:《王弼集校释》,中华书局 1980 年版,第 91 页。

[3] 《老子·六十四章》,载(魏)王弼著,楼宇烈校释:《王弼集校释》,中华书局 1980 年版,第 166 页。

而"衣养万物"①。故"从事于道者"而治国理民，理当持守柔弱，常无为而不与百姓争利，"以百姓心为心"②，辅助百姓以成就他们的心愿，实现他们的利益。(2)"反"作为支配"道之动"的根本规律，也是支配由"道"所派生的具体事物的根本规律，故世间万事万物都不是线性地向前发展，而是发展到一定节点就定然会向自身的初始状态回归。故"从事于道者"不可一味逞强求进，而应持守柔弱，使自己"复归于婴儿"③，以保持自己初始状态下的蓬勃生机和旺盛生命力，以至于达到"长生久视"。因此，道家天道观中的"道"，作为宇宙最高法则，不仅是治国者应守的治国之道，也是治生者应守的治生之道。

法家的天道观集中反映在法家集大成者韩非的"道"论中。韩非的"道"论是在解读《老子》基础上对老子天道观的诠释之论。老、韩论"道"的共同之点在于肯定"道"为宇宙之开端，但由此出发，其"道"论便分道扬镳了。老子根据"道"之"先天地生"的时间特性和"独立而不改"的空间特性，得出了"道法自然"的结论；韩非则对《老子》中"先天地生"的"道"所具有的"混一"特性加以发挥，由"道"之"混"引出"道无形"的观点，由"道"之"一"引出"道无双"的观点，以之为其集权政制理论和虚静治术理论提供了哲学理据。

---

① 《老子·三十四章》，载（魏）王弼著，楼宇烈校释：《王弼集校释》，中华书局 1980 年版，第 86 页。

② 《老子·四十九章》，载（魏）王弼著，楼宇烈校释：《王弼集校释》，中华书局 1980 年版，第 129 页。

③ 《老子·二十八章》，载（魏）王弼著，楼宇烈校释：《王弼集校释》，中华书局 1980 年版，第 74 页。

第三章　人性论

在"究天人之际"的中国传统哲学中，人性论是与天道观紧密相联系的，作为人性论核心概念的"性"是沟通"天""人"的"桥梁"或"纽带"。"天人合一"作为中国传统哲学特有的思维方式，其"合一"之处恰恰就是落实在"性"概念上，因为这个概念所标识的是"天"所赋予人而使人成为"人"者——在先秦儒、道、法三家中，唯有儒家旁支荀卿之儒的"性"概念是一例外。

"性"字从"心"从"生"，其本义为"生"。上古文献中"性""生"二字相通，如《左传·昭公八年》："怨讟并作，莫保其性。"[1]《左传·昭公十九年》："民乐其性，而无寇雠。"[2] 此二例中"性"字均应读"生"，意指人的生命或性命。就"性"的问题曾与孟子发生过争论的告子之所谓"生之谓性"[3]，即是对"性"字本义的解释。人的生命或性命是大自然所赋予，《中庸》所谓"天命之谓性"[4]，就是依据"性"之本义而对"性"概念所做的哲学界说。这一界说实际上也是中国传统哲学中的通释，中国古代哲学家凡论"性"者都是在"性乃天赋"意义上来使用"性"概念的。先秦哲学史上最早论"性"的孔子，虽然对"性"未有明确解释，但事实上也是将"性"理解为天所赋予，同时认为"性"是通过后天的"习"可以发生改变的东西。孟子与告子围绕"性"的争论，其观点不同，但都承认抑或至少不否认"性"是天所赋

---

① （清）洪亮吉：《春秋左传诂》，中华书局 1987 年版，第 685 页。

② （清）洪亮吉：《春秋左传诂》，中华书局 1987 年版，第 737 页。

③ 《孟子·告子上》，载杨伯峻译注：《孟子译注》，中华书局 1960 年版，第 254 页。

④ 《中庸》，载（宋）朱熹：《四书章句集注》，中华书局 1983 年版，第 1 页。

予者。后来荀卿之儒批评思孟的"性善论"并提出"性恶论",然其肯定"性"乃天赋则未尝异于思孟。

在"性乃天赋"意义上来使用"性"概念,也是先秦儒、道、法三家之共性特点,由此出发所形成的三家人性论之差异,本质上是由于其天道观不同所致。此三家除了荀卿之儒,其思维方式都是彻底的"天人合一"思维,只因其天道观不同,其人性论亦有相应区别。儒家天道观的总体特征是赋予"天道"以"仁"的内容,认为天地化育万物的运行过程(即"天道"或"天行")是"天道"之"仁"的体现,所以很自然的在人性论上就以"仁"为"性"的内容——未能贯彻"天人合一"思维的荀卿之"性恶论"是个例外;相应地,在对人性的价值判断上则坚持"性善"论。道家天道观的总体特征是以"自然"为"天道"的内容,认为"域中四大"(道、天、地、王)都是以"自然"为运行法则,这种天道观内在地包含着以"自然"为"性"的内容的人性论观点——在下文中我们称这种"自然"人性论为"性朴论"。法家集大成者韩非的天道观是来源于道家鼻祖老子的天道观,是对老子天道观加以改造的产物;与此相应,韩非也把老子的"自然"人性论改造为"自为"人性论——按照韩非的老师荀子的"性恶论"逻辑,韩非的"自为"人性论亦可归入"性恶论"范畴,只是韩非本人并没有对人的"自为心"做出道德评判,他更倾向于把这种"自为心"当作一种"必然之道"[①]来理解。

对先秦诸子来说,人性论不仅是一个伦理学问题,同时也是政治哲学的重要组成部分。通过对人性的分析和论定,先秦诸子设计了不同的国家治理路线与策略。就儒、道、法三家来说,儒家的人性论以"性善论"为主流(荀子的"性恶论"为儒家支流),其治理路线是重在"道德教化"(荀子的"化性起伪"为辅),在治理方式上是推崇仁政礼教的柔性治理;与儒家"性善论"相对,法家"性恶论"所引出的治理路线是重在"以法为教""以吏为师",在治理方式上则讲究苛严法制的刚性治理。与儒、法都不同,道

---

① 《韩非子·显学》:"夫圣人之治国,不恃人之为吾善也,而用其不得为非也。……故有术之君,不随适然之善,而行必然之道。"参见《韩非子》校注组:《韩非子校注》,江苏人民出版社1982年版,第691—692页。

家的"性朴论"则自觉地超越于"善""恶"之上，推崇"善""恶"未分的"自然"人性，由此引出的治理路线是"去知返朴""归根复命"，由此达到"小国寡民""至德之世"的淳朴政治境界；在治理方式上，相对于儒家的柔性治理和法家的刚性治理来说，道家所推崇的是清正无为的非刚非柔之中道治理。

第一节　思孟之儒与荀卿之儒的人性论

儒家的人性论是立基于把所有人归入同类，并从人类中抽象出"人皆有之"的"恻隐之心"等人的本质要素，要求一切现实的人都按照由这些要素所构成的人性理念来为人处世，也要求治国者以不忍人之仁心来行其不忍人之仁政，以求天下归仁。这就是要把天下人的情感世界都统一到彼此都对对方有不忍人之心的仁道上，让每个人都依据仁道来为人处世，由此求得身正、家齐、国治而天下平。

一、孔子人性论思想之概要

孔子的学生曾说："夫子之言性与天道，不可得而闻也。"[1]不过，孔子终究还是说了"性相近也，习相远也"[2]的话，这表明了孔子对于人性问题其实是有所思考和研究的，而且他是把"性"和"习"联系起来进行这种思考和研究的，这里的"习"应该就是他所谓"学而时习之"[3]的"习"，由此可以认为，孔子是围绕教学过程中的"学""习"来思考和研究"性"的。

联系孔子"生而知之者，上也；学而知之者，次也；困而学之，又其次

---

① 《论语·公冶长》，载杨伯峻译注：《论语译注》，中华书局1980年版，第46页。

② 《论语·阳货》："子曰：'性相近也，习相远也。'"参见杨伯峻译注：《论语译注》，中华书局1980年版，第181页。

③ 杨伯峻译注：《论语译注》，中华书局1980年版，第1页。

也；困而不学，民斯为下矣"①、"唯上智与下愚不移"②、"我非生而知之者"和"天生德于予"③的论述来理解其"性"论，可以认为，孔子所讲的"性"是指人的天赋德性（"德"），这种德性是每个人先天具有的，而且各人的天赋德性本来差异不大（"相近"），通过他们的"习"，其差异可以变大，而且会变得越来越大（"相远"）。

孔子所讲的"习"是与"学""知"相联系的。关于"知"，孔子认为，有些人是"生而知之"，他们是天生富于智慧的"上智"；有些人既非"生而知之"又"困而不学"，因而无以获得知识，他们是愚昧无知的"下愚"——这两种人的"智""愚"差别是固定不变的；其他人都可以且迟早能通过自己后天的"学"而获得和增长知识。

不过，在孔子看来，知识是一回事，德性又是一回事；知识不等于德性，德性也不等于知识。就教学过程中所教授的知识来说，它必须通过受教者"学而时习之"，才能为他们所掌握——这里"学"是指教学过程中受教者的求知活动，"习"是指受教者将所学到的知识应用于实际生活过程；就受教者的德性来说，因为它是天赋的东西，是人人生来就有的，所以它无待于"学"，但是"习"能改变人与人之间的德性差异，使其由"相近"变得"相远"，即通过不同程度的"习"，各人的天赋德性能得到不同程度的发展，而且各人的天赋德性发展水平的差距可能因此变得很大。孔子"习相远"之教，是鼓励学生依循自己的良善德性行事，努力使自己的善性获得充分发展——这个"远"含有使善性向极致发展的意味。

二、思孟之儒对孔子人性论思想的发展

孔子生当春秋末年，"性"概念尚未广泛流行，《论语》中仅有两次出现"性"字，《老子》更是全书都没有出现一个"性"字。到了战国中期，"性"

---

① 《论语·季氏》，载杨伯峻译注：《论语译注》，中华书局 1980 年版，第 177 页。

② 《论语·阳货》，载杨伯峻译注：《论语译注》，中华书局 1980 年版，第 181 页。

③ 《论语·述而》，载杨伯峻译注：《论语译注》，中华书局 1980 年版，第 72 页。

成为广泛流行的概念，以《庄子》为例，仅《骈拇》篇中所出现的"性"字就多达 14 次，而且还不包括"性命" 3 次。当时学者们自觉地运用"性"概念来讨论人性问题，其论争焦点在于：人性到底是善的还是恶的？围绕这个问题，当时出现了几种不同观点，有的认为"性无善无不善"，有的认为"性可以为善，可以为不善"，也有的认为"有性善，有性不善"，唯有思孟之儒持"人之性善"的观点。① 思孟的"性善论"是对孔子"性相近也，习相远也"思想的继承和发展。

首先，从"性相近"方面说，孔子于"性"未有明确解释，而思孟则明确提出"天命之谓性"②。这是《中庸》开篇首句，应该把它看作是子思所说的话，它成为孟子以及后来继承和发展了思孟心性论思想的儒家学者（特别是宋明理学各派学者）解释"性"的共同经典依据。后儒是如何解释它以及怎样据此发挥他们各自的思想，这里姑且不论；仅从这句话本身来看，如上所说，它其实是基于"性"字的本义而对"性"概念所做的哲学界说，这一界说只是表明了凡被称为"性"的东西都是天赋的，或者说，凡天赋的东西都可以叫做"性"。所以，这个"性"概念并非是特指人性。事实上，《中庸》论"性"有"我之性""人之性""物之性"等说法，指出："能尽其性（引者按：即"我之性"），则能尽人之性；能尽人之性，则能尽物之性；能尽物之性，则可以赞天地之化育；可以赞天地之化育，则可以与天地参矣。"③ 这表明了《中庸》的"性"概念含义宽泛，在外延上包括"我之性"、"人之性"和"物之性"。因其如此，《中庸》之论"性"并无"性善"之说，因为"性善"是特指"人之性"而言。"性善"之说，应是孟子在子思"性论"基础上首次提出的，孟子曰：

> 人性之善也，犹水之就下也。人无有不善，水无有不下。④

孟子这话讲得很明确："性善"是就"人性"而言！而且"性善"所指

---

① 参见《孟子·告子上》，载杨伯峻译注：《孟子译注》，中华书局 1960 年版，第 258—259 页。

② 《中庸》，载（宋）朱熹：《四书章句集注》，中华书局 1983 年版，第 1 页。

③ （宋）朱熹：《四书章句集注》，中华书局 1983 年版，第 32—33 页。

④ 《孟子·告子上》，载杨伯峻译注：《孟子译注》，中华书局 1960 年版，第 254 页。

也很明确：如同流水的本性总是向下流一样，人的本性也总是向善发展。也就是说，"性善"是指人具有向善发展的本性。

另外，《孟子·告子上》记载了孟子与公都子的一段对话，其曰：

> "公都子曰：'告子曰："性无善无不善也。"或曰："性可以为善，可以为不善。是故文武兴，则民好善；幽厉兴，则民好暴。"或曰："有性善，有性不善。是故以尧为君而有象，以瞽瞍为父而有舜；以纣为兄之子且以为君，而有微子启、王子比干。"今曰"性善"，然则彼皆非与？'孟子曰：'乃若其情，则可以为善矣，乃所谓善也。若夫为不善，非才之罪也。恻隐之心，人皆有之；羞恶之心，人皆有之；恭敬之心，人皆有之；是非之心，人皆有之。恻隐之心，仁也；羞恶之心，义也；恭敬之心，礼也；是非之心，智也。仁义礼智，非由外铄我也，我固有之也，弗思耳矣。……'"①

这里，公都子（战国齐人，孟子弟子）向孟子发问的意思是说：别人都不认为"性善"，就你孟子认为"性善"，难道别人的观点都错了吗？也就是说，公都子是直接就孟子"性善"之说而向孟子发问的。然则，孟子答语中"乃若其情"之"其情"，分明是直接针对"性"而言，意谓"性之情"（人的天性使然的情感）也；所谓"乃若其情，则可以为善矣，乃所谓善也"，是孟子自我解释他所谓"性善"的意义所在，以回应公都子之问，其意思是说：我所谓"性善"，是就人的天性如此的情感而言，是指人的天性使然的情感可以向善发展。孟子后面所讲的"恻隐之心""羞恶之心""恭敬之心""是非之心"都是属于"性之情"，即由人的天性所决定的人之常情（正常情感）。所谓"恻隐之心，仁也；羞恶之心，义也；恭敬之心，礼也；是非之心，智也"，并不是说由人的天性所决定的人之常情直接就是仁义礼智了，只是说"恻隐之心，仁之端也；羞恶之心，义之端也；辞让之心，礼之端也；是非之心，智之端也"②而已。"端"即端倪、萌芽。因为"性之情"是仁义礼智的

---

① 《孟子·告子上》，载杨伯峻译注：《孟子译注》，中华书局1960年版，第258—259页。

② 《孟子·公孙丑上》，载杨伯峻译注：《孟子译注》，中华书局1960年版，第80页。

端倪、萌芽，这种端倪、萌芽是由人的天性所决定，或者说是由于人的天性所致，所以对每个人来说，它们都不是"由外铄我也"，而是"我固有之也"，只是平时谁都"弗思耳矣"，即人们平常从未想到过自己的天性之中就包含着仁义礼智的萌芽。在孟子看来，每个人的天性之中都包含着仁义礼智的萌芽，这正是人皆可以"为善"（向善发展）的先天根据，正因为如此，他才说"人之性善"。肯定人生来就具有向善发展的可能性，这当然不排除人也有可能向不善发展，但孟子认为，"为不善"（向不善发展）并非由于先天因素所造成，故曰"若夫为不善，非才之罪也"——不能认为有些人作恶是由于人的先天材质使然。

孟子的"性善论"对子思"性论"的发展，主要是体现在将宽泛的"性论"集中到了"人性论"上，并在"人性论"意义上提出了"性善"之说，而且明确指出了"性善"的含义是"乃若其情，则可以为善矣"——由人的天性所决定的人之常情具有向善发展的可能性。

由此可见，承接子思"天命之谓性"的"性"概念而来的孟子的"性"概念，不仅是特指人的天赋本性；而且它所指的人的天赋本性，并非是人的一般天性，而是且仅仅是人的这样一种天性——由这种天性所决定的人之常情可以向善发展。

孟子认为，在这个意义上论"性"，乃是为了探求人之所以为人之"故"。他说："天下之言性也，则故而已矣。……天之高也，星辰之远也，苟求其故，千岁之日至，可坐而致也。"①（意谓："论'性'不过是为了探求事物变化的原因，弄清事物变化的原理，以便能按照其原理采取行动。如果认识了天体运动的因果律，那么千年前和千年后的历法都可以推算而知了。"）由此可见，孟子所谓"故"含有"（事物变化的）原因、原理和规律"之意。他把"性"和"故"联系起来，并将"性"本质地理解为"故"，这表明了他所使用的"性"概念所实指的对象，是人何以可能向善发展的原因、原理和规律。

---

① 《孟子·离娄下》，载杨伯峻译注：《孟子译注》，中华书局 1960 年版，第 196 页。

据孟子的有关论述，从人何以可能向善发展的原因角度讲，这是由于："恻隐之心，仁之端也；羞恶之心，义之端也；辞让之心，礼之端也；是非之心，智之端也。人之有是四端也，犹其有四体也。"① 因为"四端"（仁、义、礼、智的萌芽）是人生来就有的，就像人生来就有四肢一样，所以"四端"是属于"性"（人的天赋本性）范畴。

但是，"四端"作为人的天性，又不同于同样是人生来就具有的诸如"食、色"之类的天性。告子曾对孟子说"食、色，性也"，但孟子不同意这样来理解"性"（人性），孟子认为，假使像告子这样来理解"性"（人性）的话，那么，人性与动物之性就没有什么区别了——"然则犬之性犹牛之性，牛之性犹人之性与?"② 孟子论"性"的特点恰恰是在于要区分人性与动物之性，使人知道人类具有区别于动物的特殊本质，从而使人懂得人之所以为人的原理。被孟子纳入"性"（人性）范畴的"四端"，正是人之所以区别于动物的特殊本质，即人之所以为人的原理。也正是在这个意义上，孟子说："无恻隐之心，非人也；无羞恶之心，非人也；无辞让之心，非人也；无是非之心，非人也。"③

正因其"性"有如此特定内涵，所以孟子主张把人和动物所共有的"食、色"之类的天性排除在人性之外，不以"性"来称谓它们——"口之于味也，目之于色也，耳之于声也，鼻之于臭也，四肢之于安佚也，性也，有命焉，君子不谓性也。"④

孟子认为，如果知道了"四端"是人生来就有的良善天性，并且知道了这种善性就是人的特殊本质所在，是人之所以为人的原理，自然就会知道按照这个原理去做人，将自己生而具有的良善天性加以扩充，使之发扬光大了。倘能如此，则足以使天下安定；反之，则连爹娘都赡养不了——"凡有四端于我者，知皆扩而充之矣，若火之始然，泉之始达。苟能充之，足以保

① 《孟子·公孙丑上》，载杨伯峻译注：《孟子译注》，中华书局 1960 年版，第 80 页。
② 《孟子·告子上》，载杨伯峻译注：《孟子译注》，中华书局 1960 年版，第 255 页。
③ 《孟子·公孙丑上》，载杨伯峻译注：《孟子译注》，中华书局 1960 年版，第 80 页。
④ 《孟子·尽心下》，载杨伯峻译注：《孟子译注》，中华书局 1960 年版，第 333 页。

四海；苟不充之，不足以事父母。"①

扩充"四端"的过程，就是依顺人的良善天性朝着仁、义、礼、智方向进行自我完善的修身过程。这个过程对普通人来说，也就是学为"圣人"的过程。因为人人都有"四端"，所以人人都可以学成"圣人"，这就是为什么孟子认为"人皆可以为尧舜"②的道理。人皆有良善天性。因此，人皆可以学成像尧舜一样的圣人——在这个意义上，孟子所谓"性"具有为人之道的意义，也就是说，孟子的"性善论"揭示了这样一条做人规律：只要坚持不懈地顺着人的良善天性去做人，就一定能使自己修养成像尧舜一样的圣人。

其次，从"习相远"方面说，孔子此教固然包含鼓励学生扩充自己的良善德性，使之向极致发展的意味，但毕竟孔子对此未尝有明确的表达，思孟则将孔子"习相远"的"习"具体化为"人之道"——这个"人之道"在子思即是所谓"率性之谓道"③的"率性"，具体表现为以"尽其性"为基础的"尽人之性""尽物之性"以至于"赞天地之化育"的过程；在孟子即是与"尽心""知性"以"知天"相辅相成的"存心""养性"以"事天"的过程——其最终目标是达到"与天地参"的境界。④ 修身臻于此等境界的人，便是像尧舜一样的圣人了。

按孟子"天下之本在国，国之本在家，家之本在身"⑤的治理哲学逻辑，修身成圣的过程与治国平天下的过程是一致的，对国家治理者来说，前者是后者的基础和根据，后者是前者的必然体现，二者之间是"内圣"与"外王"的关系。从这意义上说，孟子的"性善论"就是其"内圣外王之道"的人性论内容，因为它所揭示的做人规律，既是学为"圣人"何以可能的"内圣之道"，也是学为"圣王"何以可能的"外王之道"。从"内圣"方面说，既然人人生来都具有仁、义、礼、智的萌芽，那么，包括国家治理者在内的任何

---

① 《孟子·公孙丑上》，载杨伯峻译注：《孟子译注》，中华书局1960年版，第80页。

② 《孟子·告子下》，载杨伯峻译注：《孟子译注》，中华书局1960年版，第276页。

③ 《中庸》，载（宋）朱熹：《四书章句集注》，中华书局1983年版，第17页。

④ 参见本书《天人篇》第二章第一节。

⑤ 《孟子·离娄上》，载杨伯峻译注：《孟子译注》，中华书局1960年版，第167页。

人都可以按照自己的良善天性去行事做人，使自己成为圣人；从"外王"方面说，既然任何人都可以按照自己的良善天性去行事做人，国家治理者当然也可以按照自己的良善天性来治理国家，使自己成为圣王——孟子的确如是说："人皆有不忍人之心。先王有不忍人之心，斯有不忍人之政矣。以不忍人之心，行不忍人之政，治天下可运之掌上。"①

三、荀子的"性恶论"及其与孟子"性善论"之比较

孟子的"性善论"认为人生来就具有仁、义、礼、智的萌芽，这实际上是将"善"的根源归于"天"；而如上文所述，荀子也有"天德"概念，且谓"天地为大矣，不诚则不能化万物"②，即认为"诚"是天地化育万物的根据，这与思孟"诚者，天之道"的天道观是一致的，其实也是将"善"的根源归于"天"，而且荀子也认为"凡性者，天之就也"③，这与思孟"天命之谓性"的"性"概念更是完全一致，都是承认凡被称为"性"的东西都是天生的，照理来说，在人性论上荀子完全可以顺理成章地接过孟子的"性善论"旗帜，根本没有必要拔旗易帜另立"性恶论"与之对抗，然而事实恰恰相反，荀子非但没有接过孟子的"性善论"旗帜，而且还批评"性善论"是"去圣王，息礼义"④的错误理论，并针锋相对地提出了"与圣王，贵礼义"⑤的"性恶论"，这究竟是怎么回事呢？

关于"性"，荀子曾撰《性恶》之篇专门予以集中讨论。《性恶》开篇就提出了"人之性恶；其善者伪也"⑥的观点，并论证道：

"今人之性，生而有好利焉，顺是，故争夺生而辞让亡焉；生而有

① 《孟子·公孙丑上》，载杨伯峻译注：《孟子译注》，中华书局1960年版，第79页。
② 《荀子·不苟》，载梁启雄：《荀子简释》，中华书局1983年版，第30页。
③ 《荀子·性恶》，载梁启雄：《荀子简释》，中华书局1983年版，第328页。
④ 参见《荀子·性恶》，载梁启雄：《荀子简释》，中华书局1983年版，第332页。
⑤ 参见《荀子·性恶》，载梁启雄：《荀子简释》，中华书局1983年版，第332页。
⑥ 《荀子·性恶》，载梁启雄：《荀子简释》，中华书局1983年版，第327页。

疾恶焉，顺是，故淫乱残贼生而忠信亡焉；生而有耳目之欲，有好声色焉，顺是，故生而礼义文理亡焉。然则从人之性，顺人之情，必出于争夺，合于犯分乱理，而归于暴。故必将有师法之化，礼义之道，然后出于辞让，合于文理，而归于治。用此观之，然则人之性恶明矣，其善者伪也。"①

这段论证从"性恶"（即恶是出于天性）与"善伪"（即善是出于人为）两个方面，扼要阐明了其"性恶论"的思想。由下文"孟子曰：'今之学者，其性善'"②"孟子曰：'人之性善'"③可知，其"性恶"之说是直接针对孟子"性善"之说的。对照上文所引孟子之言"口之于味也，目之于色也，耳之于声也，鼻之于臭也，四肢之于安佚也，性也，有命焉，君子不谓性也"，明显可见，被荀子认为是"人之性"的那些东西，恰恰是孟子认为"君子不谓性"的东西。也就是说，虽然荀、孟所共用的"性"概念在一般意义上都是指天生的东西，即《中庸》所谓"天命"、荀子所谓"天之就"的东西，但是，荀子只是在"性"的一般意义上来使用这个概念，把它用来指称被他视为人性而并不被孟子视为人性的那些人生来具有的爱好与欲望，而孟子是在承认这些天生的爱好与欲望固然属于"性"（一般意义的"性"——泛指天性）的前提之下，强调了君子并不把它们称为"性"（特殊意义的"性"——特指人性），认为被君子称为"性"（人性）的东西，是人生来就具有并以此使人区别于动物的"四端"。所以，尽管从表面上看起来"性恶"与"性善"两种截然相反的价值判断所评价的对象同名为"性"，但这仅仅是在其对象均属于天生如此这一意义上同名之曰"性"，亦即它们都是属于人的天性，而其实它们并非是人的同一种天性："性恶"所评价的人的天性，是人生来就具有的"好利""疾恶"之本能，以及"好声色"的"耳目之欲"；"性善"所评价的人的天性，则是人生来就具有的"四端"。因此，从逻辑上讲，荀子的"性恶论"和孟子的"性善论"其实是属于两个不同的概念系统，它们

① 《荀子·性恶》，载梁启雄：《荀子简释》，中华书局 1983 年版，第 327 页。
② 《荀子·性恶》，载梁启雄：《荀子简释》，中华书局 1983 年版，第 328 页。
③ 《荀子·性恶》，载梁启雄：《荀子简释》，中华书局 1983 年版，第 331 页。

并不构成"非此即彼"的逻辑关系，也就是说，这两种人性论在逻辑上可以"同真"，也可能"同假"，还有可能是其一为"真"，另一为"假"。通过下文的进一步分析比较，更可以看出，这两种分属不同概念系统的人性论，除了其"性"概念不同并由此导致其对人性的价值判断一个言"性善"、一个言"性恶"以外，其思想内容并无实质性区别。

上文提到，孟子提出"性善论"是有其现实关怀，想要解决现实问题的，即他是要用"性善论"来说服当时各自主政一方的诸侯，使他们都能"行不忍人之政"；这既反映了他对当时处于战乱状态下各国政治现实的强烈不满，更反映了他对当时饱受战乱之苦的人民百姓的深切同情。《孟子·梁惠王上》所记之事就颇能说明当时各国侯王的普遍心态和孟子的政治理想：

> "孟子见梁惠王。王曰：'叟！不远千里而来，亦将有以利吾国乎？'孟子对曰：'王！何必曰利？亦有仁义而已矣。王曰，"何以利吾国？"大夫曰，"何以利吾家？"士庶人曰，"何以利吾身？"上下交征利而国危矣。万乘之国，弑其君者，必千乘之家；千乘之国，弑其君者，必百乘之家。万取千焉，千取百焉，不为不多矣。苟为后义而先利，不夺不餍。未有仁而遗其亲者也，未有义而后其君者也。王亦曰仁义而已矣，何必曰利？'"[①]

"利"字当头的态度，应该不仅仅是梁惠王（即魏惠王，战国七雄之一魏国第三任国君）如此，当时各国侯王亦无不如此，在孟子看来，这才是当时各国普遍存在的最大问题。侯王是"利"字当头，大夫以至于士庶人也都是"利"字当头，于是举国上下都是贪得无厌地逐"利"，这样就难免会发生"弑其君"的内乱；各国都是这种情况，则国与国之间的逐"利"战争，也是势所必然。天下百姓就是生活在这种因人人都贪得无厌地逐"利"所造成的内外战乱之中，苦不堪言！孟子希望梁惠王不要"利"字当头，言必称"利"，而应当讲"仁义"。孟子认为，躬行"仁义"，才能保证自己国家的安全与稳定——这与他所讲的"以不忍人之心，行不忍人之政，治天下可运之

---

① 《孟子·梁惠王上》，载杨伯峻译注：《孟子译注》，中华书局 1960 年版，第 1—2 页。

掌上"① 是完全一致的，所谓"王亦曰仁义而已矣"，也无非是奉劝侯王"行不忍人之政"。

由此可见，孟子对"利"的看法其实与荀子的看法是一样的，荀子认为人人都"好利"势必导致"争夺生而辞让亡"，孟子又何尝不是持这种观点呢？假使孟子也是按荀子的人性论逻辑来思维，将人的"好利"看作是"人之性"的话，孟子也未尝不会得出"性恶"的结论来。问题是孟子并不是按荀子的逻辑来看待和评价"人之性"；反过来说，荀子也不是按孟子的逻辑来看待和评价"人之性"。这才是造成他们一个认为"性善"，一个认为"性恶"的思想原因。但是，他们的思想又有共通之处，即：孟子认为"上下交征利而国危"（举国上下都逐利争利则国家殆危），荀子则认为人人"好利"则"争夺生而辞让亡"——显然，其思想实质是相同的，都是认为人的功利心是造成社会动乱的根源。因此，如何转移人心，使人心由朝向功利转向仁义，就成为其治理哲学的共同课题。

如何转移人心，这一治理哲学课题，用孟子的话来说，就是怎样"治人"的问题。孟子曰："然则治天下独可耕且为与？有大人之事，有小人之事。且一人之身，而百工之所为备，如必自为而后用之，是率天下而路也。故曰，或劳心，或劳力；劳心者治人，劳力者治于人；治于人者食人，治人者食于人，天下之通义也。"② 孟子认为，"治人"是属于"大人之事"，在社会分工上是由"劳心者"来分担的。而对"治人"的"大人"来讲，最需要其"劳心"的有三件事，即所谓："诸侯之宝三：土地、人民、政事。"③ 这三件事不是彼此孤立的，而是相互联系，其核心是"人民"，应围绕"人民"来思考与"治人"紧密相关的这三件事。

按孟子的有关论述，"人民"问题的实质是民心问题，"土地"问题的实质是民生问题，"政事"问题的实质是教育问题。要解决民心问题，必须解决民生问题和教育问题；解决民生问题和教育问题，是为了解决民心问题。

---

① 《孟子·公孙丑上》，载杨伯峻译注：《孟子译注》，中华书局1960年版，第79页。

② 《孟子·滕文公上》，载杨伯峻译注：《孟子译注》，中华书局1960年版，第124页。

③ 《孟子·尽心下》，载杨伯峻译注：《孟子译注》，中华书局1960年版，第335页。

孟子说：

> "桀、纣之失天下也，失其民也，失其民者，失其心也。得天下有道：得其民，斯得天下矣。得其民有道：得其心，斯得民矣。得其心有道：所欲与之聚之，所恶勿施尔也。"①

这段话讲了两层意思：其一，想要拥有天下，就必须设法得到人民的拥护；想要得到人民的拥护，就必须赢得民心。——这回答了为什么民心问题是"治人"的核心问题。其二，赢得民心有两个基本方法：积极方法是做符合人民需要的事；消极方法是不做人民反对的事。

按孟子的观点，人民的需要分为两个基本层面：

其一，与"土地"相关的民生需要。针对这方面的需要，孟子提出："天下有善养老，则仁人以为己归矣。五亩之宅，树墙下以桑，匹妇蚕之，则老者足以衣帛矣。五母鸡，二母彘，无失其时，老者足以无失肉矣。百亩之田，匹夫耕之，八口之家足以无饥矣。"② 这里孟子以"八口之家"作为参考标准，主张政府分配给每家"五亩之宅""百亩之田"的土地。孟子认为，按照这样的标准来规定各家应该拥有的稳定产业，是考虑到人民有了这样一份稳定产业，则"仰足以事父母，俯足以畜妻子，乐岁终身饱，凶年免于死亡"③。

其二，与"政事"相关的教育需要。关于这方面的需要，孟子指出："人之有道也，饱食暖衣，逸居而无教，则近于禽兽。圣人（引者按：指舜）有忧之，使契（引者按：指殷契）为司徒，教以人伦，——父子有亲，君臣有义，夫妇有别，长幼有叙，朋友有信。"④ 政府要实施"教以人伦"的教育，就必须兴办学校。"设为庠、序、学、校以教之。庠者，养也；校者，教也；序者，射也。夏曰校，殷曰序，周曰庠，学则三代共之，皆所以明人伦也。人伦明于上，小民亲于下。有王者起，必来取法，是为王者师也。"⑤ 孟子又

---

① 《孟子·离娄上》，载杨伯峻译注：《孟子译注》，中华书局1960年版，第171页。
② 《孟子·尽心上》，载杨伯峻译注：《孟子译注》，中华书局1960年版，第310页。
③ 《孟子·梁惠王上》，载杨伯峻译注：《孟子译注》，中华书局1960年版，第17页。
④ 《孟子·滕文公上》，载杨伯峻译注：《孟子译注》，中华书局1960年版，第125页。
⑤ 《孟子·滕文公上》，载杨伯峻译注：《孟子译注》，中华书局1960年版，第118页。

说："分人以财谓之惠，教人以善谓之忠，为天下得人者谓之仁。"①政府办学兴教的目的，就是为了"教人以善"。于此可见，孟子的"性善论"的确只是肯定了人具有"善"的先天基质，有朝着仁、义、礼、智方向进行自我修养和自我完善的先天根据，并不是说人生来就"善"了。在孟子看来，要使人的良善天性由"善"的可能性转变为现实性，必须靠各人的自我修为，但是这种个人修养是与社会教育联系在一起的，它们并非是彼此孤立进行的活动。实际上，个人修养是包含在"教人以善"的社会教育之中，并在社会教育中实现的。对个人来说，离开了社会教育，他们不可能自我完善——否则，"教人以善""教以人伦"就完全是多此一举了；其自我完善的个人修养，是在政府所主持的社会教育的启发和引导下进行的。对政府来说，只有办好社会教育，成功地引导人心向善发展，才能达到得民心而得天下的目的。"仁言不如仁声之入人深也，善政不如善教之得民也。善政，民畏之；善教，民爱之。善政得民财，善教得民心。"②

上述两个层面的需要构成人民需要的基本内容，所谓"得民心"，就是满足人民的这些基本生活需要。而相对说来，孟子更加重视人民的教育需要，因为按照其"人性之善也，犹水之就下也"和"教人以善"的思想，教育需要本质上是由人的天赋善性所决定，这种使人区别于动物的善性，需要通过教育的启发和引导，才能由"善"的可能转变为现实。所以，满足人民的教育需要，本质上就是满足人民获得做人尊严的需要。如果教育问题得不到解决，人民的教育需要得不到满足，即使他们过上了丰衣足食的物质生活，其精神生活也会因教育缺失而陷于贫乏，人的善性在他们身上就不能得到体现，这样活着是谈不上做人尊严的，跟禽兽差不多。

在任何情况下都保持做人的尊严，不失君子的体面，这是儒家一贯的生活信念与做人原则。子贡曾问孔子："贫而无谄，富而无骄，何如？"孔子回答道："可也；未若贫而乐，富而好礼者也。"③孔子又说："贫而无怨难，富而

---

① 《孟子·滕文公上》，载杨伯峻译注：《孟子译注》，中华书局1960年版，第125页。
② 《孟子·尽心上》，载杨伯峻译注：《孟子译注》，中华书局1960年版，第306页。
③ 《论语·学而》，载杨伯峻译注：《论语译注》，中华书局1980年版，第9页。

无骄易。"①孟子的观点和孔子是一样的，然而孟子所特别强调的一点是，家里没有稳定产业，物质生活没有保障，常常陷于贫困窘境，还能"贫而无怨"，"贫而乐"，这只有士君子才能做到，普通百姓是做不到的，因为普通百姓缺乏士君子那种安贫乐道的恒心，所以，要是普通百姓家里没有稳定产业的话，他们就会胡作非为，什么违法乱纪的事都干得出来——"无恒产而有恒心者，惟士为能。若民，则无恒产，因无恒心。苟无恒心，放辟邪侈，无不为已。"②正是考虑到这一点，孟子才主张按上述标准"制民之产"，以解决民生问题。这意味着在孟子看来，民生问题是从属于教育问题的，解决民生问题是为了更好地解决教育问题，如果民生问题得不到解决，对普通百姓的教育就难以收到实效，即便取得一定成效，其成果也难以巩固。

重视化导人心，将"治人"本质地理解为"治心"，并把经济上改善民生与施行道德教化结合起来作为"治心"方法——孟子这种治理思想可名之曰"治心论"；其"性善论"则为"治心"何以可能提供了理论论证，是其"治心论"的人性论基础。基于"性善论"的"治心论"是孟子治理哲学的主要内容。

荀子的治理哲学同样重视教化的作用，其治理思想亦属于"治心论"范畴，其"性恶论"亦是其"治心论"的人性论基础，不过不是像孟子的"性善论"那样是为"治心"何以可能提供哲学论证，而是为"治心"何以必要提供哲学论证。

在孟子治理哲学中，"治心"之所以可能的根据是在于人生来就有向"善"发展的基质，"性善论"即提供了这方面的哲学论证，说明了"四端"如同人的四肢一样是与生俱来的，故道德教化作为一种"治心"方法，其作用在于化导人心，即通过"教人以善"和"教以人伦"的"善教"，一方面使人明白"父子有亲，君臣有义，夫妇有别，长幼有叙，朋友有信"的为人之道，另一方面使人懂得"学问之道无他，求其放心而已矣"的修养之道，从而自

① 《论语·宪问》，载杨伯峻译注：《论语译注》，中华书局1980年版，第149页。
② 《孟子·梁惠王上》，载杨伯峻译注：《孟子译注》，中华书局1960年版，第17页。

觉进行"尽心""知性"以"知天"的心性修养和"存心""养性"以"事天"的道德实践，使"根于心"的"仁义礼智"① 由萌芽状态（不自觉的良善德性）发育成长为自觉的道德意识与道德行为。

荀子的治理哲学则不然，其"性恶论"只是为"治心"的必要性提供了哲学论证。荀子说：

> "若夫目好色，耳好听，口好味，心好利，骨体肤理好愉佚，是皆生于人之情性者也；感而自然，不待事而后生之者也。夫感而不能然，必且待事而后然者，谓之生于伪。是性伪之所生，其不同之征也。故圣人化性而起伪，伪起而生礼义，礼义生而制法度；然则礼义法度者，是圣人之所生也。"②

> "孟子曰：'人之性善。'曰：是不然。凡古今天下之所谓善者，正理平治也；所谓恶者，偏险悖乱也；是善恶之分也已。今诚以人之性固正理平治邪？则有恶用圣王，恶用礼义哉！虽有圣王礼义，将曷加于正理平治也哉！今不然：人之性恶；故古者圣人以人之性恶，以为偏险而不正，悖乱而不治，故为之立君上之埶以临之，明礼义以化之，起法正以治之，重刑罚以禁之，使天下皆出于治，合于善也；是圣王之治而礼义之化也。今当试去君上之埶，无礼义之化，去法正之治，无刑罚之禁，倚而观天下民人之相与也。若是，则夫强者害弱而夺之，众者暴寡而哗之，天下之悖乱而相亡不待顷矣。用此观之，然则人之性恶明矣，其善者伪也。"③

> "性也者，吾所不能为也，然而可化也。情也者，非吾所有也，然而可为也。注错习俗，所以化性也。"④

人生来具有的"好色""好听""好味""好利""好愉佚"之情是人类天然的本性，它不是人为所造成，也不是人为所能造成，但却可以通过人为方

---

① 《孟子·尽心上》："君子所性，仁义礼智根于心。"参见杨伯峻译注：《孟子译注》，中华书局 1960 年版，第 309 页。

② 《荀子·性恶》，载梁启雄：《荀子简释》，中华书局 1983 年版，第 330 页。

③ 《荀子·性恶》，载梁启雄：《荀子简释》，中华书局 1983 年版，第 331—332 页。

④ 《荀子·儒效》，载梁启雄：《荀子简释》，中华书局 1983 年版，第 95 页。

式去改变它。为什么要去改变它呢？因为这种天性会使人们陷入互相争夺、以强凌弱、以多欺少的野蛮混乱状态，这种情形既不合公正道理，也不利于社会安定。正因为顺着人的天性去做的那些事，不仅背离公正道理，更有害社会安定，所以决不是像孟子所说的那样是什么"人之性善"，倒是应该说"人之性恶"。"圣人"正是鉴于人之性恶，才创制了礼义法度，设立了君主，使君主运用礼义法度去规范人们的行为举止，改善人们的生活习惯，其目的就是为了转移人心，改变人性，使人情合于"善"。——这就是荀子对"治心"的必要性所做的哲学论证。

由荀子的上述论证可见，其"治心论"与孟子的"治心论"其实是大致相同的。

首先，荀子是追求"圣王之治而礼义之化"，而孟子也讲"无礼义，则上下乱"[1]——从其所说"教以人伦"的内容——"父子有亲，君臣有义，夫妇有别，长幼有叙，朋友有信"来看，其倡导"人伦之教"显然也是为了追求"礼义之化"。

其次，荀子所讲的"礼义之化"是包括"起法正以治之，重刑罚以禁之"的内容的，实际上他是把"法治""刑禁"作为"礼义之化"的辅助手段；而孟子也是既讲"善教"又讲"善政"，认为："善政，民畏之；善教，民爱之。"[2]"善教"是指良好的道德礼教，"善政"则指良好的法度禁令。[3] 只不过相对说来孟子更加重视"善教"，因为在他看来，"善政"只能得到"民财"，"善教"才能赢得"民心"，所以"善政不如善教之得民也"。[4] 然而孟子并没有因此就轻视法度禁令的作用，而是主张"政""教"并举施行，认为："徒善不足以为政，徒法不能以自行。"[5]

---

① 《孟子·尽心下》，载杨伯峻译注：《孟子译注》，中华书局 1960 年版，第 328 页

② 《孟子·尽心上》，载杨伯峻译注：《孟子译注》，中华书局 1960 年版，第 306 页。

③ 朱熹注："政，谓法度禁令，所以制其外也。教，谓道德齐礼，所以格其心也。"参见（宋）朱熹：《四书章句集注》，中华书局 1983 年版，第 353 页。

④ 参见《孟子·尽心上》，载杨伯峻译注：《孟子译注》，中华书局 1960 年版，第 306 页。

⑤ 《孟子·离娄上》，载杨伯峻译注：《孟子译注》，中华书局 1960 年版，第 162 页。

由是观之，荀、孟治理哲学的根本区别是在于其人性论所使用的"性"概念不同，由此才导致其对人性的价值判断截然相反。

究竟为什么荀子要改变"性"概念的内涵，使用与孟子的"性"概念意义截然相反的"性"概念呢？荀子下面的述论大体上就回答了这个问题：

> "孟子曰：'人之性善。'曰：是不然。凡古今天下之所谓善者，正理平治也；所谓恶者，偏险悖乱也；是善恶之分也已。……故善言古者必有节于今；善言天者必有征于人。凡论者，贵其有辨合，有符验。故坐而言之，起而可设张而可施行。今孟子曰：'人之性善。'无辨合符验，坐而言之，起而不可设张而不可施行；岂不过甚矣哉！故性善则去圣王，息礼义矣。性恶则与圣王，贵礼义矣。故櫽栝之生，为枸木也；绳墨之起，为不直也；立君上，明礼义，为性恶也。用此观之，然则人之性恶明矣，其善者伪也。"①

这段话的要义是说：孟子的"性善论"是"无辨合符验"的——从逻辑（"辨"）上讲它没有弄清"善恶之分"，混淆了"善""恶"两个不同概念，故而"无辨合"（即逻辑上不合理）；从经验（"验"）上讲它经不起人们的验证（"征"），故而"无符验"（即经验上得不到验证）。所以，要是按"性善论"去操作，就无法设立做人的规矩，即使勉强设立了规矩，也无法将其规矩推广实施。这里最可值得注意者是荀子所讲的"符验"。从"善言天者必有征于人"的话，可知"符验"是指"有征于人"，即在人们的经验活动中得到验证。荀子虽未具体说明孟子"性善论"究竟是怎样"无符验"，但据前面所引其言（"今人之性，生而有好利焉……；生而有疾恶焉……；生而有耳目之欲，有好声色焉……""若夫目好色，耳好听，口好味，心好利，骨体肤理好愉佚，是皆生于人之情性者也"）来看，显然他所提人之"好色""好听""好味""好利""好愉佚"，在他看来是无可置疑、不容争辩、有目共睹的经验事实，所以他才将其一一罗列出来作为论据，以证明孟子所谓"人之性善"是得不到人们经验验证的，并从这些经验事实出发进一步论证和说明，

---

① 《荀子·性恶》，载梁启雄：《荀子简释》，中华书局1983年版，第332页。

"性善论"不能提供关于"圣人"为何创制礼义法度和设立君主的合乎逻辑的解释，而"人之性恶"之论非但符合经验事实，还能合乎逻辑地解释"性善论"所解释不了的原因。

平心而论，荀子所讲的那些体现"人之性恶"的种种情况的确是事实，他据此对礼义法度产生的原因及其社会作用的解释与说明，也是言之有理，就此而言，他对孟子"性善论"的反驳是有力的。但是，更深入地看，他对"性也者，吾所不能为也，然而可化也"的"可化"之何以"可"（可能）的问题所做的解释，却缺乏说服力，据此非但不能推翻孟子的"性善论"，反倒显出其逻辑上存在混乱之处，因为照理来说，这个"可化"之"可"是由"人之性恶"之"恶"向"善"转变之可能；既然承认"可化"，那就意味着承认人有变"善"的可能；既然承认这种变化的可能，就得同时承认这种可能并非是外加于人的，而是人所固有的，因为如果认为它是外加于人的，那就等于否定人有变"善"的可能了；而只要承认由"恶"变"善"的可能性是人所固有，就不能不承认人生来就有向"善"发展的可能，于是也不能不承认孟子对"人之性善"的假设在理论上是能够成立的——然而，荀子并没有朝着这个方向去探究"性之可化"的所以然之故，而是从另外一个方向上思考了"性之可化"的问题——其《性恶》之文曰：

> "孟子曰：'人之学者，其性善。'曰：是不然。是不及知人之性，而不察乎人之性伪之分者也。凡性者，天之就也，不可学，不可事。礼义者，圣人之所生也，人之所学而能，所事而成者也。不可学、不可事而在人者，谓之性；可学而能，可事而成之在人者，谓之伪；是性伪之分也。……问者曰：'礼义积伪者，是人之性，故圣人能生之也。'应之曰：是不然。夫陶人埏埴而生瓦，然则瓦埴岂陶人之性也哉！工人斲木而生器，然则器木岂工人之性也哉！夫圣人之于礼义也，辟亦陶埏而生之也；然则礼义积伪者，岂人之本性也哉！凡人之性者，尧舜之与桀跖，其性一也；君子之与小人，其性一也。今将以礼义积伪为人之性邪？然则有曷贵尧禹，曷贵君子矣哉！凡所贵尧禹君子者，能化性、能起伪，伪起而生礼义；然则圣人之于礼义积伪也，亦犹陶埏而生之也。用此观

之，然则礼义积伪者，岂人之性也哉！所贱于桀跖小人者，从其性、顺其情、安恣睢，以出乎贪利争夺。故人之性恶明矣，其善者伪也。……'涂之人可以为禹。'曷谓也？曰：凡禹之所以为禹者，以其为仁义法正也。然则仁义法正有可知可能之理，然而涂之人也，皆有可以知仁义法正之质，皆有可以能仁义法正之具；然则其可以为禹明矣。……今使涂之人伏术为学，专心一志，思索孰察，加日县久，积善而不息，则通于神明，参于天地矣。故圣人者，人之所积而致也。"①

从逻辑上分析，荀子在肯定"凡人之性者，尧舜之与桀跖，其性一也；君子之与小人，其性一也"的前提下说"涂之人可以为禹"，这就相当于孟子在肯定"舜，人也；我，亦人也"②"圣人，与我同类者"③"尧舜与人同耳"④的前提下说"人皆可以为尧舜"⑤，故按理来说，其逻辑前提相同，由此推出的结论也应该是相同的，可是荀子却得出了与孟子"性善"之论截然相反的"性恶"结论，足见荀子所谓"涂之人可以为禹"与孟子所谓"人皆可以为尧舜"其实说的是两码事，即荀子并非如孟子那样将"人皆可以为尧舜"理解为人生来就有向"善"发展的可能性，而是从另一角度来理解和论证"涂之人可以为禹"的可能性——其论证过程如下：

（1）圣人（禹）之所以为圣人（禹），是因为圣人（禹）"为仁义法正"——在"凡所贵尧禹君子者，能化性、能起伪，伪起而生礼义"的语境下，所谓"为仁义法正"，就是"圣人化性而起伪，伪起而生礼义，礼义生而制法度"⑥，或"圣人……明礼义以化之，起法正以治之，重刑罚以禁之，使天下皆出于治，合于善也"⑦之意。

（2）既然圣人（禹）能创制"仁义法正"（礼义法度），这就证明（对人

---

① 《荀子·性恶》，载梁启雄：《荀子简释》，中华书局1983年版，第334页。

② 《孟子·离娄下》，载杨伯峻译注：《孟子译注》，中华书局1960年版，第198页。

③ 《孟子·告子上》，载杨伯峻译注：《孟子译注》，中华书局1960年版，第261页。

④ 《孟子·离娄下》，载杨伯峻译注：《孟子译注》，中华书局1960年版，第203页。

⑤ 《孟子·告子下》，载杨伯峻译注：《孟子译注》，中华书局1960年版，第276页。

⑥ 《荀子·性恶》，载梁启雄：《荀子简释》，中华书局1983年版，第330页。

⑦ 《荀子·性恶》，载梁启雄：《荀子简释》，中华书局1983年版，第331—332页。

类来说）"仁义法正有可知可能之理"——据《荀子·解蔽》"凡以知，人之性也；可以知，物之理也"①和"可学而能，可事而成之在人者，谓之伪"的论述，所谓"仁义法正有可知可能之理"应解读为（对人类来说）"仁义法正具有可知性和可为性"。

（3）既然仁义法正对于人类具有可知性和可为性，那么，仁义法正对于普通人当然也具有可知性（"可以知仁义法正之质"）和可为性（"可以能仁义法正之具"）。

由此可见，荀子是把"涂之人可以为禹"理解为礼义法度对于圣人和普通人具有同样的可知性和可为性，所以普通人也有可能成为圣人。据此，荀子认为，只要普通人"伏术为学，专心一志，思索孰察，加日县久，积善而不息"，就能达到"通于神明，参于天地"的"圣人"境界。

要之，荀子所谓"涂之人可以为禹"的可能性概念与孟子所谓"人皆可以为尧舜"的可能性概念是两个不同概念，其区别在于：孟子的可能性概念是指人对于"仁义礼智"的能知性和能为性——用孟子自己的话来说，这种能知性和能为性是属于"良知""良能"②；荀子的可能性概念则是指"仁义法正"对于人的可知性和可为性。

照荀子"凡以知，人之性也；可以知，物之理也"的说法，则可以说，孟子的可能性概念是属于"人之性"范畴，荀子的可能性概念则属于"物之理"范畴；前者是主体意义上的能知能为之性，后者是客体意义上的可知可为之理。显然，孟子所谓"人皆可以为尧舜"的可能性概念与其"性善论"的"性"概念是完全一致的，实际上是同一概念；而荀子所谓"涂之人可以为禹"的可能性概念与其"性恶论"的"性"概念是不一致的，甚至是相悖的，因为"涂之人可以为禹"的可能性显然不能用"恶"来加以评价。

---

① 梁启雄注："以当为可，可知犹能知。能知是人的本能，故曰'可知、人之性也。'下句'可以知、物之理也。'谓可以被人知，是物之理。"参见梁启雄：《荀子简释》，中华书局1983年版，第304页。

② 《孟子·尽心上》："人之所不学而能者，其良能也；所不虑而知者，其良知也。"参见杨伯峻译注：《孟子译注》，中华书局1960年版，第307页。

　　据上所论，尽管荀子思考了"性之可化"的问题，但他只是从客体方面去思考何以"可化"的问题，而没有从主体方面去思考这个问题，因而并没有回答人在本性上何以可能由"恶"向"善"转变的问题，只是说明了在由"恶"向"善"转变过程中人通过"起伪"（即"学"与"事"）可以认识和实行礼义法度，并通过这种"知"和"行"来达成由"恶"向"善"的转变。这样，从治理哲学上讲，追求"圣人之治和礼义之化"的"治人""治心"者，其推行礼义教化，就只是通过教育来使受教者达到对"礼义法度"或"仁义法正"的"知"与"行"，为此荀子提出"君子博学而日参省乎己，则知明而行无过矣"①的观点，认为"吾尝终日而思矣，不如须臾之所学也"②，并指出："学恶乎始？恶乎终？曰：其数则始乎诵经，终乎读礼；其义则始乎为士，终乎为圣人。"③就是说，学者通过由《诗》《书》《礼》《乐》《春秋》之经典渐进至礼法纲纪的学习④，使自己不断成长，由士人最终学成为圣人。这样的"学"固然包含着"日参省乎己"，但这个"省"只是结合学习的内容来检查自己的行为是否合乎经典上所讲的道理和礼法纲纪所定的规范，完全不存在孟子所谓"求放心"那样的良善天性之自觉活动。换言之，对教育者来说，其教育活动实际上仅仅是向受教者传授书本知识和行为规范，压根儿不存在开启其良心的活动。孟子的教化观则不然，他曾借商汤之口曰："天之生此民也，使先知觉后知，使先觉觉后觉也。予，天民之先觉者也；予将以斯道觉斯民也。非予觉之，而谁也？"⑤孟子所谓"教人以善"的教化活动，本质上就是"先知觉后知"和"先觉觉后觉"的活动。按孟子"凡有四端于我者，知皆扩而充之矣，若火之始然，泉之始达"⑥的思想理路，无论是"先知""先觉"还是"后知""后觉"，其"知"其"觉"都包含着自我扩充"四端"（即"仁

①　《荀子·劝学》，载梁启雄：《荀子简释》，中华书局 1983 年版，第 1 页。

②　《荀子·劝学》，载梁启雄：《荀子简释》，中华书局 1983 年版，第 1 页。

③　《荀子·劝学》，载梁启雄：《荀子简释》，中华书局 1983 年版，第 7 页。

④　参见《荀子·劝学》，载梁启雄：《荀子简释》，中华书局 1983 年版，第 7—8 页。

⑤　《孟子·万章上》，载杨伯峻译注：《孟子译注》，中华书局 1960 年版，第 225 页。

⑥　《孟子·公孙丑上》，载杨伯峻译注：《孟子译注》，中华书局 1960 年版，第 80 页。

义之心"或"良心"①）的自觉意识，只是这种自觉意识对"先知""先觉"者来说是自我觉醒的产物，对"后知""后觉"者来说则是因受教而觉醒的结果。

第二节 道家与法家的人性论

与儒家始终自觉运用"性"概念来开展人性问题的讨论不同，道家创始人老子则未曾使用过"性"概念，《老子》全书都没有出现"性"字，但这并不意味着老子对人性问题没有思考和研究。对此，徐复观曾指出："老学的动机与目的，并不在于宇宙论的建立，而依然是由人生的要求，逐步向上推求，推求到作为宇宙根源的处所，以作为人生安顿之地。因此，道家的宇宙论可说是他的人生论的副产物。他不仅要在宇宙根源的地方来发现人的根源，并且是要在宇宙根源的地方来决定人生与自己根源相应的生活态度，以取得人生的安全立足点。所以说道家的宇宙论，实即道家的人性论。"②但是到了《庄子》书中，"性"字已频频出现（这一点，上文已提到），这表明庄子不但对人性问题有高度自觉的关注，同时更自觉地运用"性"概念来讨论人性问题了。法家的人性论与道家的人性论存在着一定的交集关系，因为从法家集大成者韩非的人性论来看，它有两方面的思想来源：一方面，就韩非对人性的理解而言，其人性论是来源于商鞅的"性情"论；另一方面，就韩非人性论的世界观基础而言，其人性论是来源于老子的"道"论。

一、道家的"性朴论"

徐复观曾指出："《老子》一书，没有一个性字。但性字的流行，是在战国初期以后，所以《论语》中也只有两个性字。在现行《老子》一书中，如后所

---

① "仁义之心"或"良心"皆系孟子之语，详见《孟子·告子上》，载杨伯峻译注：《孟子译注》，中华书局1960年版，第263页。

② 徐复观：《中国人性论史·先秦篇》，上海三联书店2001年版，第287页。

述，有实质的人性论，但不曾出现性字，这也正可证明它是成立于战国初期或其以前的东西，不足为异。"①徐复观还认为，《老子》一书中"实质的人性论"是体现在有关"道"和"德"的论述中。"老子由道与德以说明宇宙万物创生的过程；道与德，是万物的根源，当然也是人的根源。因此，他对于道与德的规定，亦即是他对人性的规定。由此而展开他由人性以论人生的人生论。"②

《老子·五十一章》说："道生之，德畜之，物形之，势成之。是以万物莫不尊道而贵德。道之尊，德之贵，夫莫之命而常自然。"③所谓"道生之，德畜之，物形之，势成之"，阐述了"道"生成万物的四个阶段：（1）有了"道"，才能够生成万物，"道"是万物生成的基本动力和原则依据（"道生之"）；（2）万物依据"道"而形成，并将"道"内化为具体事物的"德"，也就是事物之本性，由此万物才能得到畜养（"德畜之"）；（3）万物既有内在之"德"，便依据其本性而形成发展为各种具体、个别的存在（"物形之"）；（4）外在环境使万物成熟壮大（"势成之"）。在"道"生万物的过程中，"道"和"德"是最重要的因素。王弼《老子注·五十一章》说："道者，物之所由也。德者，物之所得也。"④这就是说，"道"是万物产生之所"由"，而"德"是"道"分化后万物之所"得"。如果没有"道"，万物无从产生；而如果没有"德"，万物就不会有自己的本性。据此而言，老子所说的"道"，是宇宙万物的创生根源，它神秘渊静，绵绵若存，无形无迹，推动着万物的形成；"德"则是万物所分有的"道"，万物皆恃"道"而成形，每一事物所领有的那一部分"道"即是"德"。质言之，"道"与"德"的关系是全体与部分的关系，即"道"为全体、"德"是部分，在这种关系中，"道"与"德"是本质上同一的。"道""德"之间的这种关系，类似于《中庸》所说的"天命之谓性"⑤——《中庸》谓天命流行而为万物之"性"，《老子》则谓大道分化而为万物之"德"。由是观之，

① 徐复观：《中国人性论史·先秦篇》，上海三联书店 2001 年版，第 289 页。

② 徐复观：《中国人性论史·先秦篇》，上海三联书店 2001 年版，第 299 页。

③ （魏）王弼著，楼宇烈校释：《王弼集校释》，中华书局 1980 年版，第 136—137 页。

④ （魏）王弼著，楼宇烈校释：《王弼集校释》，中华书局 1980 年版，第 137 页。

⑤ 参见徐复观：《中国人性论史·先秦篇》，上海三联书店 2001 年版，第 298 页。

《老子》的"道"是对应于《中庸》之"天";《老子》之"德"则对应于《中庸》之"性"。诚然,儒家视野中的"天""性"和道家心目中的"道""德"各有不同的价值意蕴,但这种结构性的相似是一目了然的。由此可见,老子所说的"德",是由"道"分化而来的万物之"德",同时也是人性的本质,反映了老子的人性论思想。

老子所说的"德",虽然是人性的本质,但并没有伦理道德上的善恶意义,而是一种剥落一切人为文饰的天然原初本性。这种人性观与儒家迥然不同:儒家的人性观具有强烈的人文主义色彩,将"仁""义""礼""智"等社会文化性内容视为根植于人性的东西,于是"性善论"便成为儒家的一个必然结论;而道家的人性观,从老子开始,就将自然与社会、"天"与"人"对立看待,且扬"天"抑"人",认为人的自然本性是尚未经过人为加工的原始材质,超乎善恶之上,因而不能作简单的"性善""性恶"的区分,只能说是处于整全状态中而尚未分化的自然人性。

这种源初本性意义上的"德",被老子称作"常德",并比之以"婴儿"、"朴"(原木):

> "知其雄,守其雌,为天下谿。为天下谿,常德不离,复归于婴儿。知其白,守其黑,为天下式。为天下式,常德不忒,复归于无极。知其荣,守其辱,为天下谷。为天下谷,常德乃足,复归于朴。"[1]

"朴"是未经加工的原木,而"婴儿"则尚未受到人文世界的观念熏染,两者都是原初人性的象征。由此可见,老子心目中的人性,是没有受到任何社会化内容污染的自然本性,它如同"婴儿"、"朴"(原木)一样原始质朴,天真未漓而又生机盎然,未经分化,但又蕴藏着生命的一切可能性。这种人性论思想,用"性朴论"来加以概括,应该说是贴切合理的。

宋代的苏辙(1039—1112)在解释《老子・二十八章》时说:"雄雌,先后之及我者也。白黑,明暗之及我者也。荣辱,贵贱之及我者也。夫欲先

---

① 《老子・二十八章》,载(魏)王弼著,楼宇烈校释:《王弼集校释》,中华书局 1980 年版,第 74 页。

而恶后，欲明而恶暗，欲贵而恶贱，物之情也。"① 所谓"雌雄""白黑""荣辱"，是人的知性对事物状态的一种区分和"刻画"，其中当然也包含一定的社会文化性内容，如"荣辱"就是按照一定的社会文化价值标准所做出的一种区分。这种区分意味着后天的经验性内容已经在这些"区分"中打上了印记，而与先天的、未分化的自然人性相背离了。苏辙认为，《老子·二十八章》的主题就是"复性"，也就是从这种分化的认知状态中恢复到先天的自然人性状态，"古之圣人去妄以求复性，其性愈明，则其守愈下；其守愈下，则其德愈厚；其德愈厚，则其归愈大"②。因此，"知雄守雌""知白守黑""知荣守辱"之类的行为便不只是柔弱退让而已，更意味着是由后天的经验知性向先天的自然人性的复归。

老子的"性朴论"思想，是设想有一种原始的素朴真性，这种原始素朴真性源自天道，是人的本质属性。但在复杂的社会生活中，这种素朴真性必然会受到污染，首先是统治者的穷奢极欲，继而是普通民众在统治者的示范之下产生你争我夺之心，而最为根本的，则是人文世界中种种偏执性的价值观念。这些纷繁复杂的社会生活内容和观念形态，使人心产生种种欲望，以及似是而非的"知识"，素朴真性就分化、破碎为后天的"成心"。老子慨叹说："五色令人目盲；五音令人耳聋；五味令人口爽；驰骋畋猎，令人心发狂；难得之货，令人行妨。"③这是对放纵欲望的当头棒喝。庄子则说："悲夫，百家往而不反，必不合矣！后世之学者，不幸不见天地之纯，古人之大体，道术将为天下裂。"④这是悲叹知识世界的分裂。欲望的放纵、知识的分裂，其实都源自素朴真性的丧失和陷溺，如庄子所说："文灭质，博溺心，然后民始惑乱，无以反其性情而复其初。"⑤"文"和"博"，都是对后天人文世界中

① （宋）苏辙：《道德真经注》，华东师范大学出版社2010年版，第37页。
② （宋）苏辙：《道德真经注》，华东师范大学出版社2010年版，第37页。
③ 《老子·十二章》，载（魏）王弼著，楼宇烈校释：《王弼集校释》，中华书局1980年版，第28页。
④ 《庄子·天下》，载曹础基：《庄子浅注》，中华书局1982年版，第494页。
⑤ 《庄子·缮性》，载曹础基：《庄子浅注》，中华书局1982年版，第233页。

的知识观念的概括总结，但一味信任后天的知识观念，将会造成堵塞通往、返回先天素朴真性的"归乡之路"，"无以反其性情而复其初"。庄子的痛切陈词，是对人文世界偏执性知识观念的严厉批判，道出了道家学者对人类回归原始素朴真性的希冀和渴望。

在人文世界中，"朴"终究要斫为各种实用性的器具，即老子所谓"朴散则为器"，这似乎是"朴"之为"朴"的命运。孔子说："殷因于夏礼，所损益，可知也；周因于殷礼，所损益，可知也。其或继周者，虽百世可知也。"①这隐含着以"周礼"为三代礼乐文明高峰的意思。三代礼乐的发展，就是一个由"质"而"文"的演化过程，在儒家学者看来，这是文明的积累和发展，但从道家角度来看，它却是一个道德衰落过程。老子认为，原初性的"道"是万物之母，事物演变发展的最佳途径，不是一味向前，而是"复"——"万物并作，吾以观复。"②"复"是向初始状态的回归。就文明而言，需要祛除人为的伪饰而回归自然；就人性而言，也需要破除过分张扬的欲望，粉碎支离破碎的知识观念，从而回归先天的素朴真性。老子说："常德不离，复归于婴儿""常德乃足，复归于朴"③。又说："吾将镇之以无名之朴。无名之朴，夫亦将无欲。不欲以静，天下将自定。"④ 这里要指出的是，"朴"并非必然散失，通过一定的途径，人们还将"复归于朴"；"复归于朴"的途径，则是"无欲"和"去知"，"俗人昭昭，我独昏昏；俗人察察，我独闷闷。澹兮其若海，飂兮若无止。众人皆有以，而我独顽似鄙。我独异于人，而贵食母"⑤。

比较而言，庄子对"性朴论"的阐发较诸老子更为清晰。庄子继承了

① 《论语·为政》，载杨伯峻译注：《论语译注》，中华书局1980年版，第21—22页。
② 《老子·十六章》，载（魏）王弼著，楼宇烈校释：《王弼集校释》，中华书局1980年版，第35—36页。
③ 《老子·二十八章》，载（魏）王弼著，楼宇烈校释：《王弼集校释》，中华书局1980年版，第75页。
④ 《老子·三十七章》，载（魏）王弼著，楼宇烈校释：《王弼集校释》，中华书局1980年版，第91—92页。
⑤ 《老子·二十章》，载（魏）王弼著，楼宇烈校释：《王弼集校释》，中华书局1980年版，第48页。

老子的人性论思想，也认为人性从根源上来讲是素朴的，"夫至德之世，同与禽兽居，族与万物并，恶乎知君子小人哉！同于无知，其德不离；同于无欲，是谓素朴；素朴而民性得矣"①。但这种本然的素朴之性，由于后天的社会文化以及伦理道德观念的影响，逐渐从原始的整全、混沌状态中分化出来。这看起来似乎是进步，实际上是背离了人的真性。庄子对此有激烈的批评："夫纯朴不残，孰为牺樽！白玉不毁，孰为珪璋！道德不废，安取仁义！性情不离，安用礼乐！五色不乱，孰为文采！五声不乱，孰为六律！夫残朴以为器，工匠之罪也；毁道德以为仁义，圣人之过也。"②老子也说过大致同样的话："大道废，有仁义；智慧出，有大伪；六亲不和，有孝慈；国家昏乱，有忠臣。"③老庄对此类问题的认识是一脉相承的。

庄子比老子更进一步的是对心和性的关系进行了辨析，这是对道家人性论思想的发展，由此而进入了心性论的领域。庄子认为，素朴之性经过了社会文化、知识观念的熏染，就会演变为后天的"机心"。心灵的本来状态是虚灵恬淡，与素朴真性相通，而后天的"机心"则处于争夺的机括之中，时时被束缚而不能舒展自由，"与接为构，日以心斗"④，这样的心灵状态是可悲的。《庄子·天地》中讲过一个子贡与汉阴丈人的故事：汉阴丈人抱瓮灌圃，十分费力，却不肯接受子贡的建议用一种名为"槔"的机械抽水浇灌，并且说出了这样一番大道理：

> "有机械者必有机事，有机事者必有机心。机心存于胸中则纯白不备。纯白不备则神生不定，神生不定者，道之所不载也。吾非不知，羞而不为也。"⑤

汉阴丈人并非对"槔"这一类的机械完全无知，但他所担忧的是，机械

---

① 《庄子·马蹄》，载曹础基：《庄子浅注》，中华书局1982年版，第130页。
② 《庄子·马蹄》，载曹础基：《庄子浅注》，中华书局1982年版，第132页。
③ 《老子·十八章》，载（魏）王弼著，楼宇烈校释：《王弼集校释》，中华书局1980年版，第43页。
④ 《庄子·齐物论》，载曹础基：《庄子浅注》，中华书局1982年版，第18页。
⑤ 《庄子·天地》，载曹础基：《庄子浅注》，中华书局1982年版，第175页。

伎巧会败坏人的"纯白"天性，因而拒绝接受。汉阴丈人说："有机事者必有机心。"机械的出现减轻了人的劳作，解放了人的肢体，但却禁锢了人的心灵。显然，在汉阴丈人看来，人的心灵有两层结构：一是"纯白"之心；二是因"机事"而产生的"机心"。"纯白"之心，其实就是素朴真性在人心中的投射；而"机心"则掺杂了后天的经验知识，是对素朴真性的扰乱和破坏。汉阴丈人其实并不是拒绝物质文明带来的便利，他真正担忧的是物质文明对于人的天性的扭曲，以及由此带来的心灵奴役。

庄子比老子更为激进的地方在于以历史性的眼光，对上古以来的文明进化史进行了整体性的批判，与儒家认为这是一个文明演进过程不同，庄子将其概括为"道德下衰"，也就是本源性的"道德"不断分化、衰落。庄子还指出，"道德"的衰落，就其本质而言，其实就是"性"下滑为"心"，"离道以善，险德以行，然后去性而从于心"①。林希逸说："去其自然之性，而从其有为之心，故曰去性而从于心。"② 从"自然之性"滑落到"有为之心"，这显然就是"道德下衰"的主要原因。

与老子一样，庄子也主张摆脱后天的"机心""有为之心"而"复其初"，也就是回复人类的"素朴真性"。但庄子的观点是相当悲观的，他说："缮性于俗学，以求复其初；滑欲于俗思，以求致其明：谓之蔽蒙之民。"③"缮性"即修治本性，而以俗学、利欲来修治本性以求"复其初"，岂非缘木求鱼？只能称之为"蔽蒙之民"。由此可见，庄子的真意在于，只有摆脱世俗文化的影响和物质利益的诱惑，才能够恢复天性的本然，从而因任自然，达到生命的自由。而在庄子看来，这种境界，只能寄托于古代的贤者，"古之所谓得志者，非轩冕之谓也，谓其无以益其乐而已矣。今之所谓得志者，轩冕之谓也。轩冕在身，非性命也，物之傥来，寄者也。寄之，其来不可圉，其去不可止。故不为轩冕肆志，不为穷约趋俗，其乐彼与此同，故无忧而已矣！"④

① 《庄子·缮性》，载曹础基：《庄子浅注》，中华书局1982年版，第233页。

② （宋）林希逸著，周启成校注：《庄子鬳斋口义校注》，中华书局1997年版，第255页。

③ 《庄子·缮性》，载曹础基：《庄子浅注》，中华书局1982年版，第231页。

④ 《庄子·缮性》，载曹础基：《庄子浅注》，中华书局1982年版，第236页。

二、法家的"情性自为论"

"不逆天理，不伤情性。"① 是韩非在《大体》一文中表达其整体观念时提出的，是其整体观念的一个重要内容。这里他以"天理""情性"并举，"天理"属"天"，"情性"属"人"，"不逆天理，不伤情性"之说反映了他的天人一体观。按照这种天人观，"理"与"性"是完全一致的，遵循天理行事，必然要求按照人的情性行事。足见，在韩非哲学中，"情性"是属于"道理"范畴②；所谓"不逆天理，不伤情性"，就是"缘道理以从事"③。

韩非的"情性"概念是来源于商鞅。商鞅人性论的一个重要特点是"性""情"并提，"性""情"不分。从语法上讲，"性""情"在商鞅的用语里是属于同义词；从逻辑上讲，它们是同一概念。这种情况可以叫做"异名同谓"，即语词标志不同，其指称对象为一。这一情况在韩非的"情性"概念上得到了最为典型的反映，这是法家术语系统的独特性在人性论上的具体表现。

商鞅关于"性""情"的论述，相对集中于《商君书·算地》，按相关文字出现的先后次序，分别有如下三段论述：

（1）"夫民之情，朴则生劳而易力，穷则生知而权利；易力则轻死而乐用，权利则畏罚而易苦；易苦则地利尽，乐用则兵力尽。"④（高亨译为："人的常情，朴实就爱劳动，而不吝惜气力；穷困就运用智慧来计较利害。人民不吝惜气力，就看轻死亡，而乐意接受朝廷的役使。人民计较利害，就畏怕刑罚，而不怕艰苦。人民不怕艰苦，土地的利益就完

---

① 《韩非子·大体》，载《韩非子》校注组：《韩非子校注》，江苏人民出版社1982年版，第301页。
② 《韩非子·饰邪》有云："乱弱者亡，人之性也。"参见《韩非子》校注组：《韩非子校注》，江苏人民出版社1982年版，第170页。这里所讲的"性"在意义上就相当于"理"，"人之性"是指人事之理。这句话的意思是说：社会混乱国力衰弱的国家必然灭亡，这是人事之理。
③ 《韩非子·解老》，载《韩非子》校注组：《韩非子校注》，江苏人民出版社1982年版，第188页。
④ 《商君书·算地》，载高亨注译：《商君书注译》，中华书局1974年版，第63页。

全发掘出来了。人民乐意接受朝廷的役使，军队的力量就完全发挥出来了。"①)

（2）"民之性，饥而求食，劳而求佚，苦则索乐，辱则求荣，此民之情也。民之求利，失礼之法；求名，失性之常。"②（高亨译为："人民的常情，饿了就要求吃饭，疲劳就要求休息，痛苦就要求快乐，耻辱就要求光荣，这就是人民的常情。人民为了求利，却抛弃了礼法；为了求名，却违背了常情。"③)

（3）"民之生，度而取长，称而取重，权而索利。"④（高亨译为："人的常情：用尺量东西，就要取得长的；用秤称东西，就要取得重的；选择事物，就要取得有利的。"⑤)

其中第二段论述表明，"民之性"与"民之情"为同义语，故为引述方便起见，不妨并称其为"情性"。从商鞅这里对"情性"的解释来看，其"情性"主要是指人的生理本能，同时也指对追逐名利的自为心。第一段所讲的"民之情"，实指"情性"在不同情况下的变化规律，这在商鞅的"情性"论中不具有典型性。第三段所讲的"民之生（性）"则显然是指人的自私自利心。总体而言，商鞅所理解的"情性"，与明显属于齐法家（春秋战国时期管仲学派）作品的《管子·禁藏》所理解的"人之情"⑥是一致的，就是韩非人性论所讲的"自为心"⑦。从这个角度看，韩非的人性论几乎完全是继承了商鞅的"性情"论。

---

① 高亨注译：《商君书注译》，中华书局1974年版，第64页。
② 《商君书·算地》，载高亨注译：《商君书注译》，中华书局1974年版，第64页。
③ 高亨注译：《商君书注译》，中华书局1974年版，第65页。
④ 《商君书·算地》，载高亨注译：《商君书注译》，中华书局1974年版，第68页。
⑤ 高亨注译：《商君书注译》，中华书局1974年版，第69页。按："民之生"，高亨注："于（鬯）说：'生读为性。'"参见高亨注译：《商君书注译》，中华书局1974年版，第69页注48。
⑥ 《管子·禁藏》："凡人之情：得所欲则乐，逢所恶则忧，此贵贱之所同有也。""夫凡人之情，见利莫能勿就，见害莫能勿避。"参见赵守正：《管子注译》，广西人民出版社1982年版，第120页。
⑦ 《韩非子·外储说左上》，载《韩非子》校注组：《韩非子校注》，江苏人民出版社1982年版，第382页。

　　但是，商鞅的"情性"论是缺乏一般世界观方面的哲学论证的，韩非的人性论则从老子的"道"论中吸取了智慧并加以发展，使其由商鞅"情性"论继承而来的思想获得了哲学人性论的形式——可名之曰"情性自为论"。

　　前文已论及，韩非继承了老子"道"论中的某些思想，例如，他和老子一样认为"道"是宇宙万物的本原，并且由于老子讲"道常无为"，韩非亦讲"无为"。然而深究起来，老、韩的"无为"思想其实是有根本区别的。在老子那里，"无为"与"道法自然"密切相关，有云："天道无亲，常与善人。"① 这说明"无亲"是"自然"的内容。所谓"天道无亲"是指天道不容私情。所谓"天地不仁，以万物为刍狗；圣人不仁，以百姓为刍狗"②，也是表达了"天道无亲"的思想。陈荣捷（1901—1994）曾分析说："'不仁'一词大有争议，它或许可被视为老子反对儒家仁义思想的一种强烈展示。但事实上此处所描述的道家观念是肯定的而非否定的，它意指天地不偏不党，公正无私，毫无人为蓄意的仁爱之意，几乎所有的注者都能理解，《庄子》发挥得尤为精妙。"③ 天道不容私情，但"常与善人"，体现了天道大公无私的爱物爱人之情。老子把这种大公无私的品质赋予了"道"，则由"道"所决定的人性当然也应该是大公无私的，按照这种本性，当然亦是毫无偏私的爱物爱人。据王弼《老子注》的解释④，所谓"天地不仁"也意味着"天道无为"。老子自己也说："道常无为而无不为，侯王若能守之，万物将自化。"⑤ 万物的"自化"相应于"无为"，乃意味着"无为"是对万物不加干预，任凭万物自己变化。"故圣人云：我无

---

① 《老子·七十九章》，载（魏）王弼著，楼宇烈校释：《王弼集校释》，中华书局1980年版版，第189页。
② 《老子·五章》，载（魏）王弼著，楼宇烈校释：《王弼集校释》，中华书局1980年版，第13—14页。
③ ［美］陈荣捷编著：《中国哲学文献选编》，杨儒宾等译，北京联合出版公司2018年版，第143页。
④ 《老子注·五章》："天地任自然，无为无造，万物自相治理，故不仁也。仁者必造立施化，有恩有为。"参见（魏）王弼著，楼宇烈校释：《王弼集校释》，中华书局1980年版，第13页。
⑤ 《老子·三十七章》，载（魏）王弼著，楼宇烈校释：《王弼集校释》，中华书局1980年版，第91页。

为而民自化，我好静而民自正，我无事而民自富，我无欲而民自朴。"①圣人也像"道"任凭万物自己变化一样，对百姓不加干预，任凭百姓自我治理。百姓自我治理的结果是"自化""自正""自富""自朴"，这意味着人性原本就是公正朴实的，不会因自私自利而产生互相冲突和由此引起社会动乱，所以根本无须施加外在干预，来使民性变得公正朴实。老子推崇"自然"，提倡"无为"，认为人的本然状态是最完美的，一切雕饰和矫揉造作都是对人的自然本性的伤害。他指出："夫礼者，忠信之薄而乱之首。"②这就是说，对百姓施行礼义教化，倒是必然会导致公正朴实的忠信道德沦丧而引起社会动乱。然而，如上文所述，韩非的"无为"则要求君主"执要""执一"，其思想实质在于主张实行中央集权制度，使君主掌握不受任何制约的绝对权力，其天道观依据是在于"道"的独一无二品格，这是老子"道"论所未及者。

另外，老子"道"论更没有"理"概念，韩非"道"论则十分重视"理"，认为"道"是使万物皆有条理的宇宙治理者，而"物有理不可以相薄"③，即事理之间是互相排斥的。将这种事理观贯彻到其"情性"论中，就是认为人"皆挟自为心"④，这种"自为心"一方面体现在人人都趋利避害——"民之政计，皆就安利如辟危穷"⑤；"夫安利者就之，危害者去之，此人之情也"⑥；"好利恶害，夫人之所有也……喜利畏罪，人莫不然"⑦；"凡人之有为也，非

① 《老子·五十七章》，载（魏）王弼著，楼宇烈校释：《王弼集校释》，中华书局1980年版，第150页。
② 《老子·三十八章》，载（魏）王弼著，楼宇烈校释：《王弼集校释》，中华书局1980年版，第93页。
③ 《韩非子·解老》，载《韩非子》校注组：《韩非子校注》，江苏人民出版社1982年版，第199—200页。
④ 《韩非子·外储说左上》，载《韩非子》校注组：《韩非子校注》，江苏人民出版社1982年版，第382页。
⑤ 《韩非子·五蠹》，载《韩非子》校注组：《韩非子校注》，江苏人民出版社1982年版，第678页。
⑥ 《韩非子·奸劫弑臣》，载《韩非子》校注组：《韩非子校注》，江苏人民出版社1982年版，第127—128页。
⑦ 《韩非子·难二》，载《韩非子》校注组：《韩非子校注》，江苏人民出版社1982年版，第532—533页。

名之，则利之也。"（意思是说：人的作为，不是为名，就是为利。）①另一方面是体现在人与人之间互相以自私自利的计算之心相待，甚至"父母之于子也，犹用计算之心以相待也，而况无父子之泽乎?"②这使得人人都是靠别人不如靠自己，指望别人为自己不如自己为自己——"恃人不如自恃也"，"人之为己者不如己之自为也"③。就"自为心"的后一种表现而言，"自为"包含"自己为自己"的意思。在此意义上，"自为心"是指不指望别人来帮助自己，只靠自己来成就自己的心理。韩非说："挟夫相为而责望，自为则事行。"④即认为人与人之间如果都怀着互相依赖的心理，就会彼此互相责备和埋怨；而如果都怀着不指望别人来帮助自己，只靠自己来成就自己的心理，事情反而好办。

韩非认为"法通乎人情，关乎治理也"⑤，进而指出："凡治天下，必因人情。人情者，有好恶，故赏罚可用；赏罚可用，则禁令可立而治道具矣。"⑥这可视为法家"法治"学说的总纲领。所谓"因人情"，就是利用人趋利避害的"自为心"。如何利用？韩非提出："明主之所以导制其臣者，二柄而已矣。"⑦何谓"二柄"？"二柄者，刑德也。何谓刑德？曰：杀戮之谓刑，庆赏之谓德。为人臣者畏诛罚而利庆赏，故人主自用其刑德，则群臣畏其威而归

① 《韩非子·内储说上七术》引管仲语，参见《韩非子》校注组：《韩非子校注》，江苏人民出版社1982年版，第320页。
② 《韩非子·六反》，载《韩非子》校注组：《韩非子校注》，江苏人民出版社1982年版，第622页。
③ 《韩非子·外储说右下》，载《韩非子》校注组：《韩非子校注》，江苏人民出版社1982年版，第479—480页。
④ 《韩非子·外储说左上》，载《韩非子》校注组：《韩非子校注》，江苏人民出版社1982年版，第380页。
⑤ 《韩非子·制分》，载《韩非子》校注组：《韩非子校注》，江苏人民出版社1982年版，第720页。
⑥ 《韩非子·八经》，载《韩非子》校注组：《韩非子校注》，江苏人民出版社1982年版，第644页。
⑦ 《韩非子·二柄》，载《韩非子》校注组：《韩非子校注》，江苏人民出版社1982年版，第53页。

其利矣。"①韩非认为"二柄"可以充分调动人的自利心，协调人与人之间的关系，一方面消解人人"自为"带来的尖锐冲突，另一方面使"自为"带来的动力得到最大程度的利用，事事依法而行，臣民各司其职，君主通过任人用法，这样就实现了韩非心目中的"无为而治"。只有依靠法令才能控制争夺、抑制私利。所以他说："夫立法令者，以废私也。法令行而私道废矣。私者，所以乱法也。"②"《本言》曰：'所以治者，法也；所以乱者，私也。法立，则莫得为私矣。'故曰：道私者乱，道法者治。"③同时韩非还强调，要制止人与人之间争斗与压迫，也只有靠法治。"圣王之立法也，其赏足以劝善，其威足以胜暴，其备足以必完法。……法分明，则贤不得夺不肖，强不得侵弱，众不得暴寡。"④

实际上，不仅是韩非，整个"法家一脉，至《商君书》出，其作为统治的赏罚理论，实基于人性好利恶害之必然性的考察。"⑤《管子》书中的一些相关论述表明，齐法家也持有与三晋法家相同的观点，如《管子·形势》曰："民，利之则来，害之则去。民之从利也，如水之走下，于四方无择也。故欲来民者，先起其利，虽不召而民自至。设其所恶，虽召之而民不来也。"⑥"人主之所以令则行禁则止者，必令于民之所好而禁于民之所恶也。民之情莫不欲生而恶死，莫不欲利而恶害。故上令于生、利人，则令行；禁于杀、害人，则禁止。"⑦

---

① 《韩非子·二柄》，载《韩非子》校注组：《韩非子校注》，江苏人民出版社1982年版，第53—54页。

② 《韩非子·诡使》，载《韩非子》校注组：《韩非子校注》，江苏人民出版社1982年版，第617页。

③ 《韩非子·诡使》，载《韩非子》校注组：《韩非子校注》，江苏人民出版社1982年版，第618页。

④ 《韩非子·守道》，载《韩非子》校注组：《韩非子校注》，江苏人民出版社1982年版，第282—284页。

⑤ 张纯、王晓波：《韩非思想的历史研究》，中华书局1986年版，第75页。

⑥ 《管子·形势》，载赵守正：《管子注译》（上册），广西人民出版社1982年版，第181页。

⑦ 《管子·形势》，载赵守正：《管子注译》（上册），广西人民出版社1982年版，第179页。

第三节　善恶之争与公私之辨：儒、道、法 人性论之异趣

儒、道、法三家人性论存在着善与恶、公与私的不同价值取向，其间关系错综复杂，理清这种关系，有助于更加深刻地理解它们的人性论，把握到先秦哲学人性论的底蕴。

一、"性善论"与"性恶论"是先秦儒家"仁学"的两种发展形态

儒、道、法人性论中关于善与恶的争论，以儒家荀、孟之间的善恶之争最为典型。透过其"性善"与"性恶"不同判断的语言表象，深入到其理论内部的逻辑结构，可以发现，作为其理论基石的"性"概念其实是互有同异的两个概念，这两个概念是一种交叉关系，即它们在外延上有部分重合，这种重合关系表现在它们所指称的对象都是人的天然属性，这种属性对所有人来说都是与生俱来的，在现实的社会生活中它表现为人的某种普遍情感，因而属于"心"范畴。但是，荀子之"性"与孟子之"性"在其所指的人的天然属性的情感表现形式上是不同的：孟子之"性"所指的人的天然属性表现为"恻隐之心""羞恶之心""恭敬之心""是非之心"等道德情感；荀子之"性"所指的人的天然属性则表现为"好色""好听""好味""好利""好愉侠"等非道德情感。如果说前者是"仁心"的话，后者则为"私心"。荀、孟之间围绕善恶问题所发生的两种人性论之争，其实是由于他们使用了不同的"性"概念所引起的。然其价值观未尝不同，无论是"性善论"者，还是"性恶论"者，都是属于崇"仁"派。从这个意义上说，孟子的"性善论"和荀子的"性恶论"都是对孔子"仁学"思想的继承与发展，是先秦儒家"仁学"的两种发展形态。相对于宋明新儒家的心性论而言，孟"性善论"和荀"性恶论"在理论上的共同缺陷，是在于割裂了"仁心"与"私心"的关系，使一"心"

分为两截。这个理论缺陷是直到宋明理学的主要奠基人张载提出"心统性情"说，并经朱熹阐发，才得以克服的。①

二、儒家人性论崇尚受到节制的合理情感，道家人性论崇尚不受压抑的真实情感

按《中庸》的说法，儒家的人性论所尚之"仁"是以"亲亲为大"②。道家老子则主张："天道无亲，常与善人。"③这意味着儒、道人性论的根本分歧并不在于要不要行善，而是在于本着怎样的情感去行善。

儒家是本着"亲亲为大"的"仁爱"情感去行善，故仁者行善是首先要分别亲疏关系的，若是像墨家那样本着"爱无差等"④"爱人若爱其身"⑤的"兼爱"情感，以"为彼犹为己"⑥为行善原则，"为人之家，若为其家"⑦，则在儒家看来就是属于"无父"的"禽兽"⑧之行了。

而不分亲疏，一视同仁地善待他人，则是道家与墨家伦理思想的共同

---

① 张载说："性者理也。性是体，情是用，性情皆出于心，故心能统之。"参见《张子语录·后录下》，载（宋）张载：《张载集》，中华书局 1978 年版，第 339 页。朱熹极赏张载的"心统性情"说，曾发表评论："'惟心无对'。'心统性情'。二程却无一句似此切。'心统性情。'统，犹兼也。'心统性情。'性情皆因心而后见。心是体，发于外谓之用。孟子曰：'仁，人心也。'又曰：'恻隐之心。'性情上都下个'心'字。'仁人心也'是说体；'恻隐之心'，是说用。必有体而后有用，可见'心统性情'之义。"又说："心是神明之舍，为一身之主宰。性便是许多道理，得之于天而具于心者。发于智识念虑处，皆是情，故曰'心统性情'也。"参见（宋）黎靖德编：《朱子语类》第七册，王星贤点校，中华书局 1986 年版，第 2513、2514 页。
② 《中庸》："仁者人也，亲亲为大。"参见（宋）朱熹：《四书章句集注》，中华书局 1983 年版，第 28 页。
③ 《老子·七十九章》，载（魏）王弼著，楼宇烈校释：《王弼集校释》，中华书局 1980 年版，第 189 页。
④ 《孟子·滕文公上》引墨者夷子语。杨伯峻译注：《孟子译注》，中华书局 1960 年版，第 135 页。
⑤ 《墨子·兼爱上》，载王焕镳：《墨子校释》，浙江文艺出版社 1984 年版，第 106 页。
⑥ 《墨子·兼爱下》，载王焕镳：《墨子校释》，浙江文艺出版社 1984 年版，第 117 页。
⑦ 《墨子·兼爱下》，载王焕镳：《墨子校释》，浙江文艺出版社 1984 年版，第 117 页。
⑧ 参见《孟子·滕文公下》，载杨伯峻译注：《孟子译注》，中华书局 1960 年版，第 155 页。

点。就此而言，道、墨均属于"无亲"派。在伦理价值观上，"无亲"派都追求公平无私。

《韩非子·五蠹》曰："古者苍颉之作书也，自环者为之私（厶），背私（厶）谓之公，公私之相背也，乃苍颉固以知之矣。"① 贾谊《新书·道术》云："兼覆无私谓之公，反公为私。"② 许慎《说文解字》谓："公，平分也。从八从厶。八犹背也。韩非曰：背厶为公。"③ 贾谊和许慎都接受了韩非"背厶为公"之说，所谓"兼覆""平分"，其意思相同，都是指公平无私，或公正无私。

道家和墨家都认为天道是公平无私的。墨子曰："天之行广而无私，其施厚而不德，其明久而不衰，故圣王法之。"④ 故在墨子看来，"兼爱"乃是"以天为法"⑤，是"无私"的表现，而儒家"仁爱"则未免"有私"。老子则主张"见素抱朴，少私寡欲"⑥，看似只是要求减少私欲而已，但从其"常使民无知无欲"⑦"无名之朴，夫亦将无欲。不欲以静，天下将自定"⑧ 等话语来判断，"少私寡欲"其实是要达到"无私无欲"之"静"，这是一个"归根复命"的过程——"夫物芸芸，各复归其根。归根曰静，是谓复命。"⑨"静"是意味着复归于自己的"根命"，返回到老子"性朴论"所设想的素朴之性，这种素朴之性既是万物的共同本性，也是人的本性。在老子看来，人的本性是无

① 《韩非子》校注组：《韩非子校注》，江苏人民出版社1982年版，第671页。
② （汉）贾谊：《新书·道术》，载吴云、李春治校注：《贾谊集校注》，中州古籍出版社1989年版，第230页。
③ （汉）许慎：《说文解字》，中华书局1963年版，第28页。
④ 《墨子·法仪》，载王焕镳：《墨子校释》，浙江文艺出版社1984年版，第24页。
⑤ 《墨子·法仪》，载王焕镳：《墨子校释》，浙江文艺出版社1984年版，第24页。
⑥ 《老子·十九章》，载（魏）王弼著，楼宇烈校释：《王弼集校释》，中华书局1980年版，第45页。
⑦ 《老子·三章》，载（魏）王弼著，楼宇烈校释：《王弼集校释》，中华书局1980年版，第8页。
⑧ 《老子·三十七章》，载（魏）王弼著，楼宇烈校释：《王弼集校释》，中华书局1980年版，第91—92页。
⑨ 《老子·十六章》，载（魏）王弼著，楼宇烈校释：《王弼集校释》，中华书局1980年版，第36页。

私无欲的，以其无私无欲，心如止水，故曰"归根曰静，是谓复命"。无私无欲，才是人的本性的正常体现。知道无私无欲是人的本性的正常体现，这才叫通达明白；反之，则不免偏离人的本性，任私欲而妄为，给自己带来灾祸。故曰："复命曰常。知常曰明，不知常，妄作，凶。"①

老子接着说："知常容，容乃公，公乃王，王乃天，天乃道，道乃久。"②王弼注："……包通万物，无所不容。……无所不包通，则乃至于荡然公平也。荡然公平，则乃至于无所不周普也。无所不周普，则乃至于同乎天也。与天合德，体道大通，则乃至于〔穷〕极虚无也。穷极虚无，得道之常，则乃至于不穷极也。"③王弼对"容"和"公"的解释是符合老子本意的，老子的确是认为，当回归于"道"所赋予人的素朴本性，像"道"一样无私无欲而成为"圣人"时，其心就能包通万物，无所不容，公平对待万物而无所不周普，所以说："圣人常善救人，故无弃人；常善救物，故无弃物。"④公平无私的情感体现在"救人""救物"上就是"常善"，即行善时不分亲疏贵贱，也不论男女老少、美恶大小，一视同仁，莫不施救，不舍弃任何一人、任何一物。如此公平对待万物的无私情感，就是老子所谓"无亲"（不别亲疏，一视同仁）"不仁"（无所偏颇，普爱万物）的"常善"之情。故曰："天地不仁，以万物为刍狗；圣人不仁，以百姓为刍狗。"⑤

墨家虽然信奉公平无私的天道，反对儒家"亲亲之杀，尊贤之等"⑥的

---

① 《老子·十六章》，载（魏）王弼著，楼宇烈校释：《王弼集校释》，中华书局1980年版，第36页。

② 《老子·十六章》，载（魏）王弼著，楼宇烈校释：《王弼集校释》，中华书局1980年版，第36—37页。

③ 《老子注·十六章》，载（魏）王弼著，楼宇烈校释：《王弼集校释》，中华书局1980年版，第36—37页。

④ 《老子·二十七章》，载（魏）王弼著，楼宇烈校释：《王弼集校释》，中华书局1980年版，第71页。

⑤ 《老子·五章》，载（魏）王弼著，楼宇烈校释：《王弼集校释》，中华书局1980年版，第13—14页。

⑥ 《中庸》，载（宋）朱熹：《四书章句集注》，中华书局1983年版，第28页。

仁义原则，但在主张"以天为法"的同时，又强调"法不仁，不可以为法"①，在某种意义上还是提倡"仁义"道德的，因为毕竟墨家所信仰的"天"是有意志的，而"天志""天意"不只是表现为"天欲义而恶不义"②，也表现为"天之爱天下之百姓"③，"天之欲人之相爱相利，而不欲人之相恶相贼"④。墨家的"仁义"原则就是"兼而爱之、兼而利之"⑤。

而道家天道观中"天"或"道"是没有意志倾向的，依顺天道而行的"圣人"也没有意志倾向，所以说："圣人无常心，以百姓心为心。"⑥故道家所崇尚的"常善"之情不带有丝毫主观偏好，其行善也不以任何主观偏好强加于对象，在情感上完全以行善对象为转移，在行善过程中"以辅万物之自然，而不敢为"⑦，"功成不名有，衣养万物而不为主"⑧。从治国理民角度说，推行如此公平无私的善政，便是"处无为之事，行不言之教，万物作焉而不辞，生而不有，为而不恃，功成而弗居"⑨。其中"行不言之教"是相对于儒家所推崇的"道之以德，齐之以礼"⑩的名教。在老子看来，推行名教的结果是人类淳朴道德的逐步沦陷，所谓"失道而后德，失德而后仁，失仁而后义，失义而后礼。夫礼者，忠信之薄而乱之首"⑪也。老子所倡导的"行不言之教"的方

① 《墨子·法仪》，载王焕镳：《墨子校释》，浙江文艺出版社1984年版，第24页。
② 《墨子·天志上》，载王焕镳：《墨子校释》，浙江文艺出版社1984年版，第210页。
③ 《墨子·天志上》，载王焕镳：《墨子校释》，浙江文艺出版社1984年版，第214页。
④ 《墨子·法仪》，载王焕镳：《墨子校释》，浙江文艺出版社1984年版，第24页。
⑤ 《墨子·法仪》，载王焕镳：《墨子校释》，浙江文艺出版社1984年版，第24页。
⑥ 《老子·四十九章》，载（魏）王弼著，楼宇烈校释：《王弼集校释》，中华书局1980年版，第129页。
⑦ 《老子·六十四章》，载（魏）王弼著，楼宇烈校释：《王弼集校释》，中华书局1980年版，第166页。
⑧ 《老子·三十四章》，载（魏）王弼著，楼宇烈校释：《王弼集校释》，中华书局1980年版，第86页。
⑨ 《老子·二章》，载（魏）王弼著，楼宇烈校释：《王弼集校释》，中华书局1980年版，第6—7页。
⑩ 《论语·为政》，载杨伯峻译注：《论语译注》，中华书局1980年版，第12页。
⑪ 《老子·三十八章》，载（魏）王弼著，楼宇烈校释：《王弼集校释》，中华书局1980年版，第93页。

式是以"善人"为"不善人之师",以"不善人"为"善人之资",并要求"贵其师"而"爱其资"①,即不但尊重"善人",也爱惜"不善人",换言之,一视同仁地善待一切人——"善者,吾善之;不善者,吾亦善之";"信者,吾信之;不信者,吾亦信之"。②这意味着"行不言之教"是要给被教化者树立一个无条件地奉献自己对他人的爱的道德榜样:

> 无论别人怎样对待我,我都善待别人——待我好的人我善待他,待我不好的人我也善待他;无论别人是否对我讲信用,我都对别人讲信用——对我讲信用的人我对他讲信用,对我不讲信用的人我也对他讲信用。

老子相信,这样的道德榜样因其"常无欲"而"可名于小",但正是这种貌似渺小的榜样的力量,却能使被教化者自然归服,所以其实是力量无穷——"万物归焉而不为主,可名为大"③!这样的道德榜样以其绝对的爱的奉献行为所体现的道德乃是公平无私的道德,这种道德与儒家的"仁义"道德的根本区别在于:前者是"大小多少,报怨以德"④,后者是"以直报怨,以德报德"⑤。所谓"大小多少,报怨以德",就是说无论怨仇大小和多少,都像回报恩德一样报之以恩德,即不但以善行回报恩德,也以善行回报怨仇。而所谓"以直报怨,以德报德",则是说以合礼行为来回报怨仇⑥,以恩

---

① 《老子·二十七章》:"善人者,不善人之师;不善人者,善人之资。不贵其师,不爱其资,虽智大迷,是谓要妙。"参见(魏)王弼著,楼宇烈校释:《王弼集校释》,中华书局 1980 年版,第 71 页。

② 《老子·四十九章》,载(魏)王弼著,楼宇烈校释:《王弼集校释》,中华书局 1980 年版,第 129 页。

③ 《老子·三十四章》,载(魏)王弼著,楼宇烈校释:《王弼集校释》,中华书局 1980 年版,第 86 页。

④ 《老子·六十四章》,载(魏)王弼著,楼宇烈校释:《王弼集校释》,中华书局 1980 年版,第 165 页。

⑤ 《论语·宪问》,载杨伯峻译注:《论语译注》,中华书局 1980 年版,第 156 页。

⑥ "以直报怨"之"直"即"人之生也直"(《论语·雍也》,载杨伯峻译注:《论语译注》,中华书局 1980 年版,第 61 页)之"直",是"正直"之意。按孔子"克己复礼为仁"(《论语·颜渊》,载杨伯峻译注:《论语译注》,中华书局 1980 年版,第 123 页)的思想,人为正直与否的客观标准应该是"礼"。故"以直报怨"应该被理解为以合礼行为来回报怨仇,即礼当计较则计较之,礼不当计较则不予计较。

德来回报恩德。显然，按儒家的伦理逻辑，就不是像道家那样不管别人待我怎样，我都无条件奉献出自己的爱，而是别人待我好，我也待别人好，如果别人待我不好，我则按礼义规矩，视情采取相应的态度与行为。故以道家的伦理价值观来审视儒家的"仁义"道德，这样的道德由于在实践上受到某种社会规范约束，在情感表达上受到一定程度的压抑而未免失之于虚伪。与之相较，道家的道德实践则是超越一切社会规范，不受任何社会规范的约束，因而在情感表达上不受任何压抑，完全是真实情感的自然流露。

要之，就儒、道的人性论之差异而言，儒家人性论所崇尚的是受到节制的合理情感，道家人性论所崇尚的是不受压抑的真实情感。

三、儒家人性论推崇宗法社会的仁爱之情，法家人性论推崇法制社会的公共理性

法家的人性论——"情性自为论"所理解的"情性"，若按韩非老师荀子的评价，无疑是属于"恶"，但韩非以及法家其他人物均未曾直言其"恶"。惟齐法家作品《管子·枢言》有"人故相憎也，人之心悍，故为之法"[1] 之说，此所谓"人之心"犹言"人之情"或"人之性"；所谓"人之心悍"，就是人情凶险或人性险恶的意思。为什么说人性险恶？因为"人故相憎也"（按："故"通"固"[2]）。人与人之间本来就互相憎恶，这种关系是由人性决定的，所以说人性险恶。故"人之心悍"可被看作是"人之性恶"的法家表达形式。按齐法家的观点，"法"就是被用来对付险恶的人性的。这种人性相对于"法"所追求的"公"（公平、公正、公利）来说，它是逐"私"的。《商君书·权修》有云："公私之交，存亡之本也。"[3]"公私之分明，则小人不疾贤，而不肖者不妒功。"[4]"君臣释法任私必乱。故立法明分，而不以私害法，则治。……

---

① 赵守正：《管子注译》（下册），广西人民出版社 1982 年版，第 106 页。
② 参见赵守正：《管子注译》（下册），广西人民出版社 1982 年版，第 110 页注㉑。
③ 高亨注译：《商君书注译》，中华书局 1974 年版，第 113 页。
④ 高亨注译：《商君书注译》，中华书局 1974 年版，第 113 页。

惟明主爱权重信，而不以私害法。"①"明王任法去私，则国无隙蠹矣。"②将人的自为之性与"法"对立起来，并相应地将"私"与"公"对立起来，这是法家价值观的共性特点。齐法家作品《管子·正世》曰："行私则离公，离公则难用。"③《韩非子·五蠹》曰："私行立而公利灭矣。"④

法家不仅将人的"自为心"纳入"私"范畴，而且将儒家所讲的"亲亲为大"的"仁"也纳入"私"范畴，例如《商君书·开塞》中就提道：

> "天地设，而民生之。当此之时也，民知其母而不知其父，其道亲亲而爱私。亲亲则别，爱私则险，民众而以别险为务，则民乱。当此时也，民务胜而力征。务胜则争，力征则讼，讼而无正，则莫得其性也。故贤者立中正，设无私，而民说仁。当此时也，亲亲废，上贤立矣。凡仁者以爱利为务，而贤者以相出为道。民众而无制，久而相出为道，则有乱。故圣人承之，作为土地货财男女之分。分定而无制，不可，故立禁。禁立而莫之司，不可，故立官。官设而莫之一，不可，故立君。既立君，则上贤废，而贵贵立矣。然则上世亲亲而爱私，中世上贤而说仁，下世贵贵而尊官。上贤者，以道相出也；而立君者，使贤无用也。亲亲者，以私为道也，而中正者使私无行也。此三者，非事相反也，民道弊而所重易也，世事变而行道异也。"⑤

这里，商鞅论"上世亲亲而爱私""中世上贤而说仁""上世贵贵而尊官"这三"世"之变的过程及其变革原理，旨在论证建立集权于君主的法制国家的必然性和实行法治的合理性。在商鞅看来，确立法制的根本目的是为了有效地解决"亲亲而爱私"（亲爱自己的亲人而贪图个人的私利）以及"仁者以爱利为务"（仁慈的人以爱人利人为职责）所必然导致的社会纷争，而法治的根本任务是在于止息社会纷乱，建立社会秩序和实现社会安定。按照商

---

① 高亨注译：《商君书注译》，中华书局 1974 年版，第 110 页。
② 高亨注译：《商君书注译》，中华书局 1974 年版，第 114 页。
③ 赵守正：《管子注译》（下册），广西人民出版社 1982 年版，第 68 页。
④ 《韩非子》校注组：《韩非子校注》，江苏人民出版社 1982 年版，第 669 页。
⑤ 《商君书·开塞》，载高亨注译：《商君书注译》，中华书局 1974 年版，第 73—74 页。

鞅的观点,"亲亲之私"固然是"私",而"爱利之仁"看似"无私",但因为"以爱利为务"的"仁者"("贤者")总是走超出旁人的道路("相出为道"),所以在人数众多的情况之下,这种缺乏制度规范的越界行为在必然导致社会纷乱("民众而无制,久而相出为道,则有乱")的效果上,实际上与"私行"异曲同工,并无实质性区别,故相对于"法"所追求的"公",不管是"亲亲之私",还是"爱利之仁",本质上都是逐"私"的,只不过"以爱利为务"的"仁者"("贤者")所采取的越界行为是逐"私"的一种特殊表现形式罢了。

事实上,儒家所崇尚的"亲亲为大"的"仁",就是《礼记·礼运》所谓"各亲其亲,各子其子,货力为己"[1]的"天下为家"社会(宗法社会)的伦理道德。这种分别亲疏关系的宗法道德情感,无论是站在道家或墨家的立场还是站在法家的立场上看,都是有失公道的私情。即便是站在儒家立场上,像顾炎武这样的明清之际一代通儒,也认为"各亲其亲,各子其子"的"亲亲之仁"是一种私情——"自天下为家,各亲其亲,各子其子,而人之有私固情之所不能免矣,故先王弗为之禁。"[2]只不过顾炎武并不认为这种私情会导致社会纷乱,相反他认为,假如"亲亲之仁"能够成为天下人普遍的道德情感,人人都按这种道德情感去为人处世的话,则非但不会酿成天下大乱,反而必定会造成社会安定局面——"人人亲其亲,长其长,而天下平矣。"[3]

要之,就儒、法的人性论之差异而言,儒家人性论所崇尚的是"亲亲为大"的仁爱之情,法家人性论所推崇的是法制框架下"不别亲疏,不殊贵贱,一断于法"[4]的公共理性。

相对于法家的公共理性来说,儒家的仁爱之情是属于私情,这种私情势必导致"徇私枉法",因此要建立法制国家和实行法治,就决不能行仁义之

---

① (汉)郑玄注,(唐)孔颖达等正义:《礼记正义》,黄侃经文句读,上海古籍出版社1990年版,第412—413页。

② (清)顾炎武:《日知录》卷三《言私其豵》,载《顾炎武全集(18)》,上海世纪出版股份有限公司、上海古籍出版社2011年版,第141页。

③ (清)顾炎武:《日知录》卷六《未有上好仁而下不好义者也》,载《顾炎武全集(18)》,上海古籍出版社2011年版,第292页。

④ (汉)司马迁:《史记》,中华书局1999年版,第2487页。

道。对此，韩非曾论证说：

> "仁者，慈惠而轻财者也；暴者，心毅而易诛者也。慈惠则不忍，轻财则好与。心毅则憎心见于下，易诛则妄杀加于人。不忍则罚多宥赦，好与则赏多无功。憎心见则下怨其上，妄诛则民将背叛。故仁人在位，下肆而轻犯禁法，偷幸而望于上；暴人在位，则法令妄而臣主乖，民怨而乱心生。故曰：仁暴者，皆亡国者也。"①

由此可见，韩非关于"仁义"有害于国家治理的思维逻辑在于：凡仁者都心存慈惠，慈则心软不狠，惠则仗义疏财，喜好施舍。心软不狠，就会赦免许多该罚之人；喜好施舍，就会赏赐许多没有功劳的人。因此，心存慈惠的仁义之人与心地残忍的暴虐之人，其行为套路虽然各异，但却是殊途同归，皆足以导致亡国。

另外，韩非还从伦理方面论证了儒、墨的道德说教其实于世无补，推行这种说教，根本不足以使人伦关系达到和睦。韩非指出：

> "今儒、墨皆称先王兼爱天下，则视民如父母。……夫以君臣为如父子则必治，推是言之，是无乱父子也。人之情性莫先于父母，皆见爱而未必治也，虽厚爱矣，奚遽不乱？今先王之爱民，不过父母之爱子，子未必不乱也，则民奚遽治哉？"②

这就是说，假使真如儒、墨所说，只要像父母对待儿女那样来对待百姓，就能把国家治理好的话，则从人的本性来看，世上难道还有什么爱能超过父母对儿女的爱吗？然而以如此深厚的爱来对待儿女，就能把家庭治理好了么？事实正相反，父母如此厚爱儿女，也照样会出现叛逆之子，何况治国者对百姓的爱，还远不能跟父母对儿女的爱相比呢！既然如此，依儒、墨的那套道德说教去做，又怎能达到国家治理的目的呢?!

韩非继续论证道：

---

① 《韩非子·八说》，载《韩非子》校注组：《韩非子校注》，江苏人民出版社1982年版，第638—639页。

② 《韩非子·五蠹》，载《韩非子》校注组：《韩非子校注》，江苏人民出版社1982年版，第666页。

"今有不才之子，父母怒之弗为改，乡人谯之弗为动，师长教之弗为变。夫以父母之爱、乡人之行、师长之智，三美加焉，而终不动，其胫毛不改。州部之吏，操官兵，推公法，而求索奸人，然后恐惧，变其节，易其行矣。故父母之爱不足以教子，必待州部之严刑者，民固骄于爱、听于威矣。"①

韩非认为，要让一个不成器的孩子改邪归正，靠父母对儿女的深情厚爱，是达不到目的的。父母的怨怒，乡人的责骂，师长的训斥，都无济于事；父母的爱护、乡人的善行、师长的智慧，三者合起来，都不能使其改变。唯有地方政府官吏，动用武力，推行法治，查究奸人，才能起到震慑效果，使不成器的孩子心生恐惧，从而不得不改邪归正。

若是站在儒家立场来观察，则相比于仁爱之情，法家所提倡的公共理性实为无耻的理性。对此，孔子曾说："道之以政，齐之以刑，民免而无耻。道之以德，齐之以礼，有耻且格。"② 这段论述实际上是对法家与儒家两种价值观及治理模式的比较："道之以德，齐之以礼"是按仁道要求设计的德治模式，它能收到"（民）有耻且格"的治理效果；反之，"道之以政，齐之以刑"是受法家公共理性支配的法治模式，从其"民免而无耻"的治理效果上看，这种治理模式所推崇的公共理性，是有悖于仁道的无耻的理性。孔子曰："行己有耻，使于四方，不辱君命，可谓士矣。"③ 结合"志士仁人，无求生以害仁，有杀身以成仁"④ 的话来看，孔子所说的"士"与"仁人"是同类概念，他以"行己有耻"来界定"士"，实即认为"行己有耻"是"仁人"所特有的道德心理。这种道德心理也就是孟子所说的"羞恶之心"。（朱熹曰："耻者，吾所固有羞恶之心也。"⑤"羞，耻己之不善也；恶，憎人之不善也。"⑥）孟子曰："羞

---

① 《韩非子·五蠹》，载《韩非子》校注组：《韩非子校注》，江苏人民出版社 1982 年版，第 667—668 页。

② 《论语·为政》，载杨伯峻译注：《论语译注》，中华书局 1980 年版，第 12 页。

③ 《论语·子路》，载杨伯峻译注：《论语译注》，中华书局 1980 年版，第 140 页。

④ 《论语·卫灵公》，载杨伯峻译注：《论语译注》，中华书局 1980 年版，第 163 页。

⑤ （宋）朱熹：《四书章句集注》，中华书局 1983 年版，第 351 页。

⑥ （宋）朱熹：《四书章句集注》，中华书局 1983 年版，第 237 页。

恶之心，义之端也。""无羞恶之心，非人也。"①"耻之于人大矣，为机变之巧者，无所用耻焉。不耻不若人，何若人有?"②"人不可以无耻，无耻之耻，耻矣。"③（朱熹云："赵氏曰：'人能耻己之无所耻，是能改行从善之人，终身无复有耻辱之累矣。'"④）说到底，所谓"无耻"，就是缺乏王阳明所说的那种"知善知恶"的"良知"⑤。因此，站在儒家立场来看，法家所推崇的公共理性，其实是不知善恶的理性。受这种无耻的理性支配的法家治理模式，势必导致人们只是尽力避免受到法律惩罚，却普遍的缺乏良知，以致善恶不分，无所不为。

四、道家人性论崇尚自然而然的公平，法家人性论崇尚法治条件下的公平

道家和法家的人性论都追求"公"而"无私"，但是其"公""私"概念的含义并不相同。

如上文所述，道家老子所讲的"公"（荡然公平）是以"容"（无所不包通）为前提和根据的，即所谓"容乃公"，因此"公"在表现形式上具有"王"（无所不周普）的特点，即所谓"公乃王"。在老子看来，"容"体现着"道"的德性，所以他说："孔德之容，惟道是从。"⑥（王弼注："孔，空也。惟以空为德，然后乃能动作从道。"⑦）故"容"是意味着"知常"而返回到了无私

① 《孟子·公孙丑上》，载杨伯峻译注：《孟子译注》，中华书局 1960 年版，第 80 页。

② 《孟子·尽心上》，载杨伯峻译注：《孟子译注》，中华书局 1960 年版，第 303 页。

③ 《孟子·尽心上》，载杨伯峻译注：《孟子译注》，中华书局 1960 年版，第 302 页。

④ （宋）朱熹：《四书章句集注》，中华书局 1983 年版，第 350 页。

⑤ （明）王守仁：《传习录》（下）："无善无恶是心之体，有善有恶是意之动，知善知恶是良知，为善去恶是格物。"参见《王阳明全集》（全二册），吴光等编校，上海古籍出版社 1992 年版，第 117 页。

⑥ 《老子·二十一章》，载（魏）王弼著，楼宇烈校释：《王弼集校释》，中华书局 1980 年版，第 52 页。

⑦ 《老子注·二十一章》，载（魏）王弼著，楼宇烈校释：《王弼集校释》，中华书局 1980 年版，第 52 页。

无欲的虚静本性。于此足见"知常容，容乃公"所包含着的老子公私观的思维逻辑：无私则公。

老子对"道"无私无欲的虚静德性（"玄德"）有如此描述："生而不有，为而不恃，长而不宰，是谓玄德。"① 这种德性是通过"道"对万物的关系表现出来的——所谓"生而不有，为而不恃，长而不宰"，就是说："道"化育了万物，但却不占有万物；"道"对万物有化育之功，但却不自以为万物的生长都是靠自己；"道"事实上化育了万物，仿佛是万物的主宰②，但实际上并不宰制万物，而是任万物自由生长。由此可见，老子的"无私"概念是指无占有欲、居功欲和主宰欲。心中无此三欲，便是"知常"。只要心地无私，便能"容"而"公"。

以"道"为法则的天地之公平，是体现在"天地不仁，以万物为刍狗"③。"天地相合，以降甘露，民莫之令而自均"④，便是天地公平对待万物的一种具体表现。这里天地的公平是体现在万民对天地所降之甘露的均沾上。"莫之令"是表示万民对甘露的均沾不是天地故意使然，而是随着天地降下甘露，万民自然而然就均沾其甘露了。所谓"自均"即是表示万民自然而然地均沾甘露的情况。这种"自均"关系对万民而言是均沾（均衡地分享到天地所赐的甘露），对天地而言则是均分（均衡地赐予万民以甘露），即老子所谓"损有余而补不足"⑤ 这种属于"天之道"内容的均衡分配。这就是说，"自均"具有双重意义：既是天地降甘露于万民的"自然均分"，又是万民对天地所

---

① 《老子·十章》，载（魏）王弼著，楼宇烈校释：《王弼集校释》，中华书局1980年版，第24页。

② 《老子·四章》："道冲而用之或不盈，渊兮似万物之宗。"参见（魏）王弼著，楼宇烈校释：《王弼集校释》，中华书局1980年版，第10页。

③ 《老子·五章》，载（魏）王弼著，楼宇烈校释：《王弼集校释》，中华书局1980年版，第13—14页。

④ 《老子·三十二章》，载（魏）王弼著，楼宇烈校释：《王弼集校释》，中华书局1980年版，第81页。

⑤ 《老子·七十七章》："天之道，损有余而补不足。人之道则不然，损不足以奉有余。"参见（魏）王弼著，楼宇烈校释：《王弼集校释》，中华书局1980年版，第186页。

降甘露的"自然均沾"。

老子的"公"概念就包含"自然均衡分享"和"自然均衡分配"双重意义。相应地，体现其公平特质的"自然"也包含双重意义：

（1）主动的均分（均衡分配）是自然而然。所谓"道之尊，德之贵，夫莫之命而常自然"①，就是在主动的均分方面来讲"自然"的。根据上文"道生之，德畜之，物形之，势成之。是以万物莫不尊道而贵德"②，后面这段话的意思应该是说：万物之所以尊道而贵德，是因为道是自然而然地产生万物，德是自然而然地畜养万物。也就是说，道德对于万物有生养之功，但却不是把生养万物当作实现自己目的的工具，而是不带有任何目的，没有丝毫的故意，完全是任万物自然生长而不加干预，这正是道德的尊贵之处。

（2）受动的均分（均衡分享）也是自然而然。所谓"功成事遂，百姓皆谓我自然"③，就是在受动的均分方面来讲"自然"的。根据上文"太上，下知有之。……悠兮其贵言"④，后面这段话的意思应该是说：尊道而贵德的太上，居无为之事，行不言之教，任百姓自然而然地生活，使百姓生活得自自在在，太太平平，这种只见其治理功效而不见其政令言教的治国方式，使得百姓都以为自己过上这种自在太平的生活是自然而然的。

所谓"公乃王"之"王"（无所不周普）是指自然公平的分享与分配涵盖天下万民而无所遗漏。"王"并非泛指意义的无所不周普，而是指泽被天下这一特殊意义的无所不周普；因其泽被天下，故而称之为"王"。

要之，道家老子人性论所追求的公平是自然而然的公平。与此不同，法

---

① 《老子·五十一章》，载（魏）王弼著，楼宇烈校释：《王弼集校释》，中华书局1980年版，第137页。

② 《老子·五十一章》，载（魏）王弼著，楼宇烈校释：《王弼集校释》，中华书局1980年版，第137页。

③ 《老子·十七章》，载（魏）王弼著，楼宇烈校释：《王弼集校释》，中华书局1980年版，第41页。

④ 《老子·十七章》，载（魏）王弼著，楼宇烈校释：《王弼集校释》，中华书局1980年版，第40—41页。

家韩非人性论所追求的公平是建立在人为的法制基础上的"天下公平"①。

韩非论"公"是直接将"公""私"联系起来，并通过文字训诂，确立了"公私相背"②的公私对立观。他是由此出发来思考和讨论公私问题的。在《饰邪》篇中，韩非对"公""私"问题有较为集中的讨论：

> "明主之道，必明于公私之分，明法制，去私恩。夫令必行，禁必止，人主之公义也；必行其私，信于朋友，不可为赏劝，不可为罚沮，人臣之私义也。私义行则乱，公义行则治，故公私有分。人臣有私心，有公义。修身洁白而行公行正，居官无私，人臣之公义也；污行从欲，安身利家，人臣之私心也。明主在上，则人臣去私心行公义；乱主在上，则人臣去公义行私心。故君臣异心，君以计畜臣，臣以计事君，君臣之交，计也。害身而利国，臣弗为也；害国而利臣，君不为也。臣之情，害身无利；君之情，害国无亲。君臣也者，以计合者也。至夫临难必死，尽智竭力，为法为之。故先王明赏以劝之，严刑以威之。赏刑明，则民尽死；民尽死，则兵强主尊。刑赏不察，则民无功而求得，有罪而幸免，则兵弱主卑。故先王贤佐尽力竭智。故曰：公私不可不明，法禁不可不审，先王知之矣。"③

按其内在逻辑结构，这段话讲了这样三层意思：

第一，人的本性是自私的，人际交往中谁都是算计着怎样对自己有利，君臣之间也不例外，君主与臣子无不是带着自私自利的算计心来进行交往的（"君臣之交，计也"），彼此心底都是各有自己的算计（"群臣异心"）。正是这种互相的算计，才使他们走到了一起（"君臣也者，以计合者也"）：君主是凭着自己的算计来蓄养臣子；臣子是凭着自己的算计来侍奉君主。在这种

---

① 《韩非子·守道》："……大勇愿，巨盗贞，则天下公平，而齐民之情正矣。"参见《韩非子》校注组：《韩非子校注》，江苏人民出版社1982年版，第284页。

② 参见《韩非子·五蠹》，载《韩非子》校注组：《韩非子校注》，江苏人民出版社1982年版，第671页。

③ 《韩非子·饰邪》，载《韩非子》校注组：《韩非子校注》，江苏人民出版社1982年版，第178—179页。

互相算计的关系中，君主和臣子都各自做着有利于自己而非有利于对方或有害于自身的事，臣子不会做危害自身而有利于国家的事，君主不会做危害国家而有利于臣子的事。因为凭臣子的趋利避害本性，危害自身就是意味着他将无利可得或失去自我利益；凭君主的趋利避害本性，危害国家就是意味着他将失去身家（"臣之情，害身无利；君之情，害国无亲"①）。

第二，尽管君主和臣子是各怀算计心走到了一起，各自凭趋利避害的本性行事，但是，只要有了严明的法律制度，当国家遇到危难时，臣子就会竭智尽力地为国效劳，百姓也是如此；只要臣民都肯拼死为国家效力，兵力就会强盛，君主就会尊贵。反之，如果没有法律制度，或者有了法律制度而执法时刑赏不分明，使有罪者侥幸免罚，那就不可避免地会导致兵力衰弱、君主卑下。先王的贤臣们之所以肯竭力尽心地为国效劳，是因为先王明白公私的界限，制定和实施了严明的法律制度。

第三，公私的界限，首先是"公义"与"私义"的界限。"公义"是指君主舍弃私人恩惠而彰明法制，有令必行，有禁必止；"私义"是指臣子必定要为私利而对朋友讲信用，这既不是赏赐所能劝阻得了的，也不是刑罚所能阻止得了的。一个国家，若私义流行，则社会必定混乱；若公义流行，则必定天下太平。其次，公私的界限是"私心"与"公义"的界限。"私心""公义"都是对臣子而言，"公义"指为官清正廉洁，办事公道，不徇私情；"私心"指行事贪心，追逐情欲，处处为身家私利着想而作为。一个国家，如果君主贤明，臣子就会丢掉私心，奉行公义；反之，君主昏庸，臣子就会舍弃公义，一意行私。

总合起来，其中心思想在于：在人性自为条件下，必须建立和实施严明的法律制度，国家才能得到有效治理而达到强盛；而法治的精神实质是在于废私立公，按照这种法治精神，君主须去"私恩"，臣民须去"私心"，唯其如此，"公义"方能得到推行。

由此可见，韩非公私观的内在逻辑与老子公私观的逻辑是一样的，亦是

---

① 此处"亲"字当训为"本身"。

在于"无私则公"。但显而易见的是,韩非的公私观是推崇法治的,老子的公私观则是反法治的。老子说:"法令滋彰,盗贼多有。"① 老子还不只是反对法律制度,他更反对礼义制度,认为"夫礼者,忠信之薄而乱之首"②。在老子看来,一切人为建立起来的社会制度都属于"名"范畴,而"道常无名"③,故以"道"治国者绝不是靠制度来治理百姓,而是"镇之以无名之朴"④,"处无为之事,行不言之教"⑤,如此则"万物将自化","天下将自定"⑥。韩非的"道"论固然与老子的"道"论有某些一致之处,但更有相异之处,其中最明显的区别在于:韩非将"道"设想为万物的治理者,即所谓"道,理之者也"⑦,而"理之为物之制"⑧,如此则"道"就成了万物的立法者,即"道"通过"理"为万物立法,使"万物各异理"⑨ 而"不可以相薄"⑩,万物只能在各自的"理"的限度之内运动变化。这样一来,"道"就成为韩非法治思想的本体论依据。事实上,《韩非子·大体》就提出了"因道全法"的立法思想:

---

① 《老子·五十七章》,载(魏)王弼著,楼宇烈校释:《王弼集校释》,中华书局 1980 年版,第 150 页。

② 《老子·三十八章》,载(魏)王弼著,楼宇烈校释:《王弼集校释》,中华书局 1980 年版,第 93 页。

③ 《老子·三十二章》,载(魏)王弼著,楼宇烈校释:《王弼集校释》,中华书局 1980 年版,第 81 页。

④ 《老子·三十七章》,载(魏)王弼著,楼宇烈校释:《王弼集校释》,中华书局 1980 年版,第 91 页。

⑤ 《老子·二章》,载(魏)王弼著,楼宇烈校释:《王弼集校释》,中华书局 1980 年版,第 6 页。

⑥ 《老子·三十七章》,载(魏)王弼著,楼宇烈校释:《王弼集校释》,中华书局 1980 年版,第 91—92 页。

⑦ 《韩非子·解老》,载《韩非子》校注组:《韩非子校注》,江苏人民出版社 1982 年版,第 199 页。

⑧ 《韩非子·解老》,载《韩非子》校注组:《韩非子校注》,江苏人民出版社 1982 年版,第 199—200 页。

⑨ 《韩非子·解老》,载《韩非子》校注组:《韩非子校注》,江苏人民出版社 1982 年版,第 199 页。

⑩ 《韩非子·解老》,载《韩非子》校注组:《韩非子校注》,江苏人民出版社 1982 年版,第 199—200 页。

"使匠石以千岁之寿，操钩，视规矩，举绳墨，而正太山；使贲、育带干将而齐万民；虽尽力于巧，极盛于寿，太山不正，民不能齐。故曰：古之牧天下者，不使匠石极巧以败太山之体，不使贲、育尽威以伤万民之性。因道全法，君子乐而大奸止。澹然闲静，因天命，持大体。故使人无离法之罪，鱼无失水之祸。如此，故天下少不可。"①

这就是说，正像让匠石长寿千年，拿着钩子，看着规矩，弹好墨线，用尽技巧去整治泰山，也不能把泰山整治好，反而会毁坏泰山山体一样，让勇士孟贲、夏育身带利剑，用尽威力去治理民众，也不能把民众治理好，反而会伤害万民情性。所以，先王并不是这样来治理天下，而是因循统御万物的"道"，将万民的一切作为都纳入法治轨道。这么一来，君子就能享受安乐，奸恶之人则会停止作恶。以这种方式来治理天下，就是意味着安然闲静，顺应自然法则，掌控天下大局。推行这样的法治，也就是完全依据法律来进行治理，使人没有离开法律的罪过，就像使鱼儿没有离开水面的祸害。这样来治理天下，是很少行不通的。

要之，韩非要求君主和臣民"无私而公"，这本质上就是追求法治条件下的"天下公平"，即追求作为治理客体的人在法律上的平等。

本章小结

"性"字从"心"从"生"，古通"生"，本义指大自然所赋予人的生命或性命。中国古代各家人性论都是在"性乃天赋"意义上来使用"性"概念的，先秦儒、道、法也不例外。

但是，先秦儒家人性论所使用的"性"概念，又非泛指人的天性，而是特指人的某些天然属性。在孟子性善论中，"性"所指的人的天然属性表现为

---

① 《韩非子·大体》，载《韩非子》校注组：《韩非子校注》，江苏人民出版社 1982 年版，第303 页。

"恻隐之心""羞恶之心""恭敬之心""是非之心"等道德情感，这些道德情感被认为是决定人之常情可以向善发展的先天根据，故而有"性善"之说；在荀子性恶论中，"性"所指的人的天然属性则表现为"好色""好听""好味""好利""好愉佚"等非道德情感，这些非道德情感被认为是人与人之间产生利益纷争以致社会失序动荡的自然原因，故而有"性恶"之说。"性善""性恶"二说之根本分歧，是由于其实际使用了不同的"性"概念所导致。荀子之所以要改变"性"概念的内涵，使用与孟子"性"概念意义截然相反的"性"概念，是因为在荀子看来，"人之性善"得不到经验验证，"性善论"也不能提供关于"圣人"为何创制礼义法度和设立君主的合乎逻辑的解释，而"人之性恶"则符合经验事实，"性恶论"更能合乎逻辑地解释"性善论"所解释不了的原因。但是，孟、荀二儒皆服膺于孔子仁学，在仁学意义上，"性善论"和"性恶论"其实都是为人之成仁成圣何以可能提供哲学论证，只是孟子在论证"人皆可以为尧舜"时所使用的可能性概念，属于"人之性"范畴，是主体意义上的能知能为之性，与"性善论"之"性"概念完全一致；而荀子在论证"涂之人可以为禹"时所使用的可能性概念，属于"物之理"范畴，是客体意义上的可知可为之理，与"性恶论"之"性"概念并不一致，甚至相悖。从治理哲学角度看，儒家治理哲学是以"如何转移人心"为主题来探讨"治心"方法的"治心论"，其理论基础在于人性论——孟子"性善论"为"治心"之何以可能提供了哲学论证，荀子"性恶论"则为"治心"之何以必要提供了哲学论证。

先秦道家老子未曾使用过"性"概念，但他所说的"德"，是由"道"分化而来的万物之"德"，同时也是人性的本质，故老子关于"道""德"的哲学可以被理解为一种人性论。庄子则使用了"性"概念，并自觉运用"性"概念来讨论人性问题。老庄的人性论所宣扬的人性是一种素朴真性，其相较于儒家性善论所宣扬的那种有待于"学问"才能彰显的仁善之性，它是"无知""无情"之性；其相较于法家"情性自为论"所描述的那种"自为心"（约当庄子所说的"机心"），它是"无私"之性。道家的"性朴论"为"圣王"指出了一条"去知返朴""归根复命"的治理路线，沿着这条治理路线，去追求"小国寡民""至德之世"的无为治境。

法家的人性论所使用的"性"概念在语词标识上与"情"相混而无明显区别，故可用"情性论"来称谓之。三晋法家（商鞅、韩非）和齐法家对"情性"的理解是大同小异，总体上可用韩非所讲的"自为心"来概括其所理解的"情性"。在法家集大成者韩非的哲学体系中，"情性"属于"道理"范畴，是由"道理"引申出来的概念。其"物有理不可以相薄"的事理观贯彻到其"情性"论中，就是"皆挟自为心"（人人都趋利避害和互相以自私自利的计算之心相待）的"情性自为论"。"缘道理以从事"是对一切追求事业成功的人的普遍要求，尤其是对治国者的要求，按照这个要求，"凡治天下，必因人情"①。所谓"因人情"，就是利用人趋利避害的"自为心"。"人情者，有好恶，故赏罚可用；赏罚可用，则禁令可立而治道具矣。"②"情性自为论"为法家主张"以法治国"提供了哲学理据。

就儒、道、法三家人性论对其治理思想的关系而言，儒家人性论是崇尚受到节制的合理情感，道家人性论是崇尚不受压抑的真实情感，这导致儒、道两家都把国家治理本质地理解为"治心"，但儒家是主张用"名教"来"治心"，道家则反对"名教"对人的真情的压抑，主张以"不言之教"来"治心"，使人的真情能自由释放；儒家人性论是推崇宗法社会的仁爱之情，法家人性论是推崇法制社会的公共理性，这导致其推崇不同的治理模式——重视情感沟通的儒家柔性治理模式和凡事依靠法令的法家刚性治理模式；道家人性论是崇尚自然而然的公平，法家人性论是崇尚法治条件下的公平，这导致道、法皆以公平为最高治理价值，然其追求和实现公平价值的途径和方式则截然有别：道家是推崇"无名"，反对"法令滋彰"③，主张用"镇之以无名之

---

① 《韩非子·八经》，载《韩非子》校注组：《韩非子校注》，江苏人民出版社 1982 年版，第 644 页。

② 《韩非子·八经》，载《韩非子》校注组：《韩非子校注》，江苏人民出版社 1982 年版，第 644 页。

③ 《老子·五十七章》，载（魏）王弼著，楼宇烈校释：《王弼集校释》，中华书局 1980 年版，第 150 页。

朴"①的方式，使"民莫之令而自均"②；法家则主张"因任而授官，循名而责实，操杀生之柄，课群臣之能"③，"君操其名，臣效其形，形名参同，上下和调也"④。

---

① 《老子·三十七章》，载（魏）王弼著，楼宇烈校释：《王弼集校释》，中华书局 1980 年版，第 91 页。

② 《老子·三十二章》，载（魏）王弼著，楼宇烈校释：《王弼集校释》，中华书局 1980 年版，第 81 页。

③ 《韩非子·定法》，载《韩非子》校注组：《韩非子校注》，江苏人民出版社 1982 年版，第589 页。

④ 《韩非子·扬权》，载《韩非子》校注组：《韩非子校注》，江苏人民出版社 1982 年版，第65 页。

二、群道篇

1897 年，严复（1854—1921）翻译英国社会学家斯宾塞（Herbert Spencer，1820—1903）的著作《社会学研究》（The Study of Sociology），取名《群学肄言》。这是在跨文化学术研究中用"格义"方式将西方学术名词"sociology"翻译为"群学"，同时也意味着是以"反格"方式将中国传统学术中固有的名词"群"释义为"society"。现在西语"sociology"的通译名为"社会学"，"society"的通译名为"社会"。

然而，从西方管理学角度来进行解读，"群"也可以被解释为"组织"。从社会学角度将"群"解释为"社会"和从管理学角度将"群"解释为"组织"，这并非是简单的"仁者见仁，智者见智"，而是依据相关经典作家的有关论述，"社会"与"组织"确乎可以被当作具有同等意义的概念来理解。马克思（Karl Heinrich Marx，1818—1883）说："生产关系总合起来就构成为所谓社会关系，构成为所谓社会，并且是构成为一个处于一定历史发展阶段上的社会，具有独特的特征的社会"[①]；"社会关系的含义在这里是指许多个人的共同活动，不管这种共同活动是在什么条件下、用什么方式和为了什么目的而进行的。"[②] 美国管理家、现代管理学系统组织理论创始人巴纳德（Chester I. Barnard，1886—1961）说："组织是某种合作行为的集合"[③]，"当两个或两个以上的个人进行合作，即系统地协调彼此间的行为时，在我看来就形成了一个组织。"[④] 由此可见，无论是马克思所讲的"社会"，还是巴纳德所讲的"组织"，其实都是指人类个体之间为了满足彼此的需要，有目的地作用于客观现实所引起的彼此互相配合的动作系统，只不过巴纳德是强调了这种相互合作的动作系统是"一个稳定的系统"[⑤]。正是在其指

---

① 《马克思恩格斯全集》第 6 卷，人民出版社 1961 年版，第 487 页。

② 《马克思恩格斯选集》第 1 卷，人民出版社 2012 年版，第 160 页。

③ ［美］切斯特·巴纳德：《组织与管理》，曾琳、赵菁译，中国人民大学出版社 2009 年版，第 9 页。

④ ［美］切斯特·巴纳德：《组织与管理》，曾琳、赵菁译，中国人民大学出版社 2009 年版，第 6 页。

⑤ 参见［美］切斯特·巴纳德：《组织与管理》，曾琳、赵菁译，中国人民大学出版社 2009 年版，第 7—8 页。

称对象的同一性上,"社会"(society)和"组织"(organization)可被视为具有同等意义的概念,它们都可以用中国传统学术固有的术语"群"来加以标识。

在中国古文献中,《国语·周语》最早对"群"字做出解释:"兽三为群。"① 可见"群"原本是一个集合单位的名称。东汉学者许慎在《说文解字》中释"群"曰:"群,辈也。从羊,君声。"② 又释"辈"曰:"辈,若军发车,百辆为一辈。从车,非声。"③ 据此,"群"归根到底也是一个集合单位的名称。依据《国语》对"群"的释义以及"群"字"从羊,君声"的构字情况,"群"原本应该是指羊类个体的集合,然其个体数量未必就是《国语》所说的"三"。《诗经·小雅·无羊》云:"谁谓尔无羊?三百维群。"④ 其"群"所指的个体数量是"三百"!"三"或"三百"都是个约数,是虚指其个体数量之多,并非实指正好三只或三百只。然而,"群"所指的个体数量至少有三,不得少于三,这才有"兽三为群"之说。后来"群"的字义逐渐泛化,不再限于指羊类或兽类个体的集合,亦可指包括人类在内的任何物类个体的集合。当这个意义的"群"字被转换成动词来使用时,它是指某些同类事物的个体集合在一起,或使某些同类事物的个体集合起来,如《荀子·非十二子》所说"群天下之英杰"⑤ 之"群"。所以当"群"被当作名词来使用时,其意义与"类"相近,如《易传·系辞上》曰:"方以类聚,物以群分,吉凶生矣。"⑥ 这里"类"与"群"均可释义为"种类""门类",只是其具体用法略有差异:"类"是用于人或物聚合情境下言其所以聚合是以其同门同种之故;"群"则用于人或物离

---

① 上海师范大学古籍整理组校点:《国语》(上)卷一《周语上》,上海古籍出版社 1978 年版,第 8 页。

② (汉)许慎:《说文解字》,中华书局 1963 年版,第 78 页。

③ (汉)许慎:《说文解字》,中华书局 1963 年版,第 302 页。

④ 《诗经·大雅·文王》,载袁愈荌译诗,唐莫尧注释:《诗经全译》,贵州人民出版社 1981 年版,第 277 页。

⑤ 《荀子·非十二子》,载梁启雄:《荀子简释》,中华书局 1983 年版,第 64 页。

⑥ 高亨:《周易大传今注》,齐鲁书社 1979 年版,第 504 页。

散情境下言其所以离散是以其不同种类之故。这意味着当人们运用这两个概念来对外界事物进行思考时，"类"概念是被用来对性质相同的事物进行"合同"的归类思维，"群"概念则是被用来对性质相同的事物进行"别异"的分类思维，这实际上是同一思维过程的两个方面，彼此是不可分割的。因此，当"群"被当作动词来使用时，它实际上兼有"合"与"分"双重意义：在"合"的意义上，"群"是指将某些同类的个体事物集聚起来；在"分"的意义上，"群"是指将某些个体事物区分为不同种类。这意味着在思维过程中，"群"概念兼有"合同"与"别异"之双重逻辑功能。当该逻辑范畴被运用来指导处理人事关系时，这种可被称名为"群"的实践活动便包括这样两个方面的内容：一方面是将原本分散的一些个人组合成一个群体，另一方面是对这些被组合在一个群体中的个人进行分类。就其活动的目的和意义来说，将原本分散的一些个人组合成一个群体，是为了这些个人可以在这个群体中合作共事；对这些被组合在一个群体中的个人进行分类，则是为了这个群体中的个人彼此能够合作共事而对他们进行明确的分工，使他们可以达成彼此互有分工的合作共事。一个后来被称作"社会"或"组织"的人际合作共同体就是通过这种原本叫做"群"的实践活动被构建起来的。①

在先秦学术史上，最早在"社会"或"组织"意义上使用"群"概念的是孔子。孔子有"君子矜而不争，群而不党"②之说。据上文分析，"群"兼有"合""分"双重意义，孔子所谓"群而不党"的"群"应该也包含"合""分"双重意义。从其具体语境来看，这里所讲的"群"应该是指一种组织行为，其行为主体是"博学于文，约之以礼"③的"君子"，他们是根据"礼"（社会制度或组织制度）的要求，在自觉分辨和明确区分合"礼"行为与不合"礼"行为的基础上，选择和采取合"礼"的行为方式来开展彼此间的相互合作。这种以"礼"作为行为准绳的合作方式，便是孔子所提倡的君子

---

① 参见周可真：《文化哲学视域中的中国式管理》，《学术界》2018年第3期。

② 《论语·卫灵公》，载杨伯峻译注：《论语译注》，中华书局1980年版，第166页。

③ 《论语·雍也》，载杨伯峻译注：《论语译注》，中华书局1980年版，第63页。

合作方式。按照这种合作方式，合作双方都必须依"礼"行事，任何一方不依"礼"行事，其合作关系便不复存在，抑或不再是君子间的合作；而假如合作双方均非依"礼"行事，其合作就不是君子间的合作，而是小人间的合作了——孔子所谓"党"，正是指小人间的合作。所谓"群而不党"，就是提倡依"礼"行事的君子合作方式，反对违"礼"的小人合作方式。按孔子"克己复礼为仁"①的仁学思想，孔子所谓的"群"与"党"，"群"应是指依"礼"行事的君子合作出于爱人之心（"仁"），是属于互相成人之美的道义性合作；"党"是指违"礼"的小人合作出于爱身之心，是属于互相利用的功利性合作。总体而言，孔子"群而不党"之说，是属于"君子"与"小人"之辨的内容，其意义远不及后来荀子在人禽之辨的意义上讨论"群"。

先秦诸子论"群"最多最详最深刻者莫过于荀子，其论述相对集中于《荀子·王制》《富国》《君道》诸篇中。涂可国（1961—2025）曾从社会儒学角度将荀子群学要义概括为"人而能群的社会本质论、能难兼技的社会分工论、群居和一的社会理想论和明分使群的社会治理论四个层面"②；景天魁（1943—）则从社会学角度将荀子群学要义概括为"合群、能群、善群、乐群"，并认为其特质在于"人本性、整合性、贯通性和致用性"。③ 这里所要强调的是，《荀子·王制》所谓"力不若牛，走不若马，而牛马为用，何也？曰：人能群，彼不能群也"④、《富国》所谓"人之生，不能无群"⑤，都是表明了荀子是在人禽之辨的意义上来讨论"群"的，在荀子看来，"群道当则万物皆得其宜，六畜皆得其长，群生皆得其命"⑥。这种讨论具有哲学意义。本篇以"群道"命名即缘于此，但本篇并

---

① 《论语·颜渊》，载杨伯峻译注：《论语译注》，中华书局 1980 年版，第 123 页。

② 涂可国：《社会儒学视域中的荀子"群学"》，《中州学刊》2016 年第 9 期。

③ 景天魁：(1)《中国社会学崛起的历史基础》，《北京工业大学学报（社会科学版）》2017 年第 4 期；(2)《论群学复兴——从严复"心结"说起》，《社会学研究》2018 年第 5 期。

④ 《荀子·王制》，载梁启雄：《荀子简释》，中华书局 1983 年版，第 109 页。

⑤ 《荀子·富国》，载梁启雄：《荀子简释》，中华书局 1983 年版，第 122 页。

⑥ 《荀子·富国》，载梁启雄：《荀子简释》，中华书局 1983 年版，第 122 页。

不限于讨论荀子的"群道"思想，而是运用荀子的"群道"概念来探讨和论述先秦儒、道、法的国家组织哲学思想，其内容涉及国家组织制度、国家组织主体和国家组织目的，拟用三章分别论述这三个方面的思想。

第四章　礼法之辨

如本书导论中所说，当从政治学角度将管理学的"组织"与"管理"解读为"国家组织"和"国家管理"时，原本在政治学中关于国家政制的内容就被转换为关于国家组织的内容。这种转换是意味着国家治理哲学所要研究的政制是国家组织制度，或者反过来说，国家治理哲学所要研究的组织是国家组织制度。国家治理哲学之所以要研究国家组织制度，是因为关于国家的组织、制度和治理之间存在着这样一种关系：组织必须得到有效治理，才能得到维持和发展；而对组织的治理，不过是把关于组织的制度——包括组织规范（组织制度的具体化和组织行为的具体准则）——从观念转变为现实的行动，易言之，也就是受某种组织制度观念支配、驱使和指导的人事活动。这意味着国家组织是依赖于它的制度的，离开了一定制度，它就无法存在下去；而国家组织制度是人为设计出来的，是人类思维的产物，在被付诸实施之前是以观念形态存在于人的头脑之中，其实施过程是将其由观念形态转变成现实形态的治理行为过程。从这个意义上说，国家组织哲学的实质和核心是关于国家组织制度的设计理念与思想。

周代礼乐制度是先秦诸子关于国家组织制度的设计理念与思想的历史前提和现实基础。儒、道、法的国家组织哲学是周代礼乐制度转型时代的产物，这种转型是国家组织制度的转型，它起始于春秋时期管仲、子产等法家先驱人物的早期变法运动，终结于后期变法运动取得辉煌成果的秦国成功吞并六国而建立起大一统国家组织制度。这一转型过程，实质上是从以"礼"为主要标识的"封建"制国家（周朝）组织制度到以"法"为主要标识的"郡县"制国家（秦朝）组织制度的历史变革。因此，"礼""法"

关系是这一时期儒、道、法之国家组织哲学的主要议题。本章将儒、道、法三家围绕这一议题所展开的探讨与争论概括为"礼法之辨"并作扼要论述。

第一节　儒家："天秩有礼"和"礼者，人道之极"

一、"天秩有礼"——"礼"与"天道"的关系

《礼记》和《尚书大传》均有周公"制礼作乐"[①]之说。按此说，周代礼乐制度是由周公创立的。然而，据孔子说："殷因于夏礼，所损益，可知也；周因于殷礼，所损益，可知也。其或继周者，虽百世，可知也。"[②] 则"礼"作为一种国家组织制度，其实在夏代就已经建立和实施了；"殷礼""周礼"都是从"夏礼"传承而来，只是"殷礼"对"夏礼"、"周礼"对"殷礼"各有所因革罢了。故周公的"制礼作乐"应该被合理地理解为是对"殷礼"的因袭性改造。

李泽厚（1930—2021）曾说："周礼是原始巫术礼仪基础上的晚期氏族统治体系的规范化和系统化。"[③] 李先生这一说法也许比较适用于"夏礼"，因为夏不像商、周那样有前朝之"礼"可以资鉴，"夏礼"若非凭空产生，则必有一定历史凭借，这个历史凭借可能正如李先生所说的那样，是"原始巫术礼仪基础上的晚期氏族统治体系"。因为照《礼记》的说法，天子登基即位后紧接着"朝诸侯，分职授政任功"的两件大事——"践阼，临祭祀"

[①] （汉）伏胜《尚书大传》（《四部丛刊》，商务印书馆 1919 年版）卷四："周公摄政，一年救乱，二年克殷，三年践奄，四年建侯卫，五年营成周，六年制礼作乐，七年致政成王。"《礼记·明堂位》："周公相武王以伐纣。武王崩，成王幼弱，周公践天子之位，以治天下。六年，朝诸侯于明堂，制礼作乐，颁度量，而天下大服。七年，致政于成王。"参见《尚书正义》，（汉）郑玄注，（唐）孔颖达疏，北京大学出版社 2000 年版，第 1088—1089 页。

[②] 《论语·为政》，载杨伯峻译注：《论语译注》，中华书局 1980 年版，第 21—22 页。

[③] 李泽厚：《中国古代思想史论》，人民出版社 1986 年版，第 8 页。

和"临诸侯，畛于鬼神"①，都与祭祖、祭神之事直接相关——前者包括被称为"内事"的祭祖和被称为"外事"的祭祀天地山川之神；后者则包括致祝告鬼神之辞。这正说明了"礼"确如李先生所说是出于"尊敬和祭祀祖先"②的"原始巫术礼仪"。

尽管孔子曾声称："夏礼，吾能言之，杞不足征也；殷礼，吾能言之，宋不足征也。文献不足故也。足，则吾能征之矣。"③似乎他对"夏礼""殷礼"的情况都很了解，而其实这样的了解也许只是依据三代之"礼"的损益规律所做出的一种逻辑推断，而并不表明他实知其情。无论是对孔子时代的人，还是对今天的研究者来说，由于缺乏相关的历史文献，"夏礼""殷礼"的情况均无从知其详。我们只能大概地了知被李先生视为"礼"的基础的"原始巫术"在夏、商已衍变为卜筮之术，同时根据《诗经》"帝立子生商"④的说法，以及周公所作《召诰》中有"皇天上帝"的颂词和"有夏服天命""有殷受天命"⑤等说法，还可以知道，曾经流行于夏、商、周三代的卜筮之类的巫术活动，是行事之前向被称作"帝"或"天"或"皇天上帝"的至上神请示的宗教活动，这种宗教活动应是由原始宗教的祖先崇拜演变而来，故仍然带有鲜明的祖先崇拜色彩；然而无论是"帝"或是"天"，它们都不再是原始宗教祖先崇拜阶段所崇拜的祖先——本氏族的男性祖先，而是兼有至上神和祖宗神双重品格的万物之祖，或者说是至上神与祖宗神的合体了。

关于卜筮，《礼记·曲礼上》有云："卜筮不过三，卜筮不相袭。龟为卜，

---

① 《礼记·曲礼下》："君天下，曰'天子'。朝诸侯，分职授政任功，曰'予一人'。践阼，临祭祀：内事曰'孝王某'，外事曰'嗣王某'。临诸侯，畛于鬼神，曰'有天王某甫'。"参见（汉）郑玄注，（唐）孔颖达等正义：《礼记正义》，黄侃经文句读，上海古籍出版社1990年版，第77—78页。

② 李泽厚：《中国古代思想史论》，人民出版社1986年版，第10页。

③ 《论语·八佾》，载杨伯峻译注：《论语译注》，中华书局1980年版，第26页。

④ 《诗经·商颂·长发》，载袁愈荽译诗，唐莫尧注释：《诗经全译》，贵州人民出版社1981年版，第543页。

⑤ （清）孙星衍：《尚书今古文注疏》，陈抗、盛冬铃点校，中华书局1986年版，第395、398、394页。

策为筮，卜筮者，先圣王之所以使民信时日、敬鬼神、畏法令也；所以使民决嫌疑、定犹与也。"①《吕氏春秋》等古籍有"巫咸作筮"②之说。巫咸是商代人（按：《太平御览》所引《归藏》《世本》《外国图》等各有其说，或谓巫咸是黄帝时人，或谓尧帝之医，或谓殷帝太戊时候的神巫），则筮似乎是始于商代。但从殷墟甲骨文之甲骨数量巨大的情况来看，殷商的卜筮显然主要是采用甲骨来占卜，尽管不排除当时还可能兼用蓍草来占筮。《周礼·春官宗伯·筮人》谓筮人之职"掌三易以辨九筮之名"③，这表明，西周时代的卜筮主要是用蓍草来占筮，而且是《连山》《归藏》《周易》三种筮术并用，其筮法有九种之多，只是夏之《连山》、殷之《归藏》的筮法到了春秋以后就不知怎样地失传了。

包含"信时日、敬鬼神、畏法令"和"决嫌疑、定犹与（豫）"意义的卜筮之术，应该是"礼"的宗教习俗基础，"礼"是在这个基础上被构建起来的，所以它与卜筮之术所包含的宗教与社会功能具有一致性。《礼记·曲礼上》说："夫礼者所以定亲疏，决嫌疑，别同异，明是非也。"④这里"决嫌疑"与卜筮之"决嫌疑"完全相同，它与卜筮之"信时日""敬鬼神""定犹与（豫）""畏法令"具有如此内在关联性：因笃信时日有吉凶和吉凶由鬼神决定，所以行动之前才有向鬼神占问之举；占问是意味着因不知未来行动的吉凶，心中有"嫌疑"（疑惑、猜疑）以至于行动犹豫不决，生恐在未知吉凶的情况下轻率行事而产生不利结果。这些问题原本是借助于卜筮来解决的，而随着"礼"的出现，人们就可以通过学习"礼"来解决这些问题了，因为"礼"就是为了解决人们打算行事时心中的疑惑、猜疑与犹豫所设立的关于亲疏界限、同异界限和是非界限的标准，只要掌握了这些标准，人们就可以"定亲疏，决嫌疑，别同异，明是非"了。

---

① （汉）郑玄注，（唐）孔颖达等正义：《礼记正义》，黄侃经文句读，上海古籍出版社1990年版，第58—61页。

② 《吕氏春秋》："史皇作图，巫彭作医，巫咸作筮。"参见许维遹：《吕氏春秋集释》（上下册）卷十七《审分览·勿躬》，北京市中国书店1985年版，第17页。

③ （清）孙诒让：《周礼正义》，中华书局1987年版，第1964页。

④ （汉）郑玄注，（唐）孔颖达等正义，黄侃经文句读：《礼记正义》，上海古籍出版社1990年版，第15页。

如果说"礼"是基于卜筮之术而被构建起来的话，它们的宗教基础应该是相同的，即"礼"和卜筮之术一样，也是基于对至上神的崇拜。《尚书·皋陶谟》所谓"天秩有礼"①，应该就是西周统治者对"礼"的起源和"礼"的合理性所做出的解释。在"天命论"盛行的西周，"天秩有礼"应该被理解为："礼"是（先王或圣人）受命于"天"所确定的人间秩序。后来儒家继承和发展了这一礼仪观念，《礼记·礼运》中就转述孔子的话说："夫礼，先王以承天之道，以治人之情。"② 这话是否确系孔子所说，姑且不论，但它至少说明，儒家不仅继承了西周"天秩有礼"的观念，并将西周礼仪观念中的"天秩"概念发展为"天道"概念了。"天道"与"天秩"的意义差别在于："天秩"是表示体现"皇天上帝"意志的秩序，包括自然界和人类社会的秩序；"天道"则是表示自然界运行的根本法则。在上篇第二章论"天道"时已提到，"仁"是儒家孔孟所求之"道"，它不只是属于"人道"，也属于"天道"，而且是"天道"的本质内容。因此，"礼"作为"天道"在"治人之情"的人事中的表现形式，当然应该被理解为是"仁"的体现。对儒家鼻祖孔子来说，"为国以礼"③是他从周公那里继承而来的一个基本的国家治理原则。然而在孔子看来，仅仅依据和运用这个原则，尚不足以构建一个稳定而繁荣的礼义之邦所必需的国家组织制度，必须同时依据"礼"和"仁"才能建立起这样的国家组织制度。按孔子的有关论述，他所谓的"礼"包含下述两方面的意义：

其一，"礼"是指从夏代到周代乃至于后世百代有相因关系的国家组织制度——在上文所引"殷因于夏礼，所损益，可知也；周因于殷礼，所损益，可知也。其或继周者，虽百世，可知也"的论述中，"夏礼""殷礼"之"礼"即指国家组织制度而言；

其二，"礼"是指上述国家组织制度的具体化形式，即国家组织行为规范（国家组织成员的共同行为准则）——《论语·颜渊》所记孔子之言"非礼勿视，

① （清）孙星衍:《尚书今古文注疏》，陈抗、盛冬铃点校，中华书局1986年版，第85页。
② （汉）郑玄注，（唐）孔颖达等正义:《礼记正义》，黄侃经文句读，上海古籍出版社1990年版，第413页。
③ 《论语·先进》，载杨伯峻译注:《论语译注》，中华书局1980年版，第119页。

193

非礼勿听，非礼勿言，非礼勿动"①的所谓"礼"，即指国家组织行为规范而言。

从"礼"与"仁"对国家组织成员的关系来说，它们是"克己复礼为仁"②的关系，这种关系是意味着生活在"礼义之邦"的国家组织中的人们是从自我克制地接受"礼"对他们的行为的约束开始，由此渐进至以"仁"自律，这是一个由"克己复礼"的自觉状态转变为"为仁由己"③的自由状态的教养（政府的政治教化与个人的道德修养）过程。这种关系表明，"礼""仁"之间"礼"对"仁"具有先在性、本源性，"仁"是由"礼"所派生的东西。质言之，"仁"对人的心理世界所定的"爱有差等"之规，是来源于"礼"对人的行为世界所立的"贵贱有等，长幼有差，贫富轻重皆有称"④之法。因此，探究孔子的组织哲学思想，必须追问：为何"为国以礼"？孔子自己并没有直接回答这个问题，是《礼记·礼运》通过引述孔子之言的方式回答了这个问题："夫礼，先王以承天之道，以治人之情。"⑤这意味着儒家是在继承西周"天秩有礼"观念的基础上，进一步强调了"礼"作为自然界根本法则在人事中的表现形式，是通过"治人之情"的国家治理行为得以体现与落实的；在这种关系中，国家治理行为是"礼"由"天道"转变为"人道"的中介条件，这样，依"礼"从事的国家治理，就成为体现"天道"的"人道"行为了。

二、"礼者，人道之极"——"礼"与"人道"的关系

"礼者，人道之极"是荀子在《礼论》中提出的观点，其原文曰：

"绳墨诚陈矣，则不可欺以曲直；衡诚县矣，则不可欺以轻重；规矩诚设矣，则不可欺以方圆；君子审于礼，则不可欺以诈伪。故绳者，直

---

① 杨伯峻译注：《论语译注》，中华书局1980年版版，第123页。

② 杨伯峻译注：《论语译注》，中华书局1980年版版，第123页。

③ 《论语·颜渊》，载杨伯峻译注：《论语译注》，中华书局1980年版，第123页。

④ 《荀子·富国》，载梁启雄：《荀子简释》，中华书局1983年版，第120页。

⑤ （汉）郑玄注，（唐）孔颖达等正义：《礼记正义》，黄侃经文句读，上海古籍出版社1990年版，第413页。

之至；衡者，平之至；规矩者，方圆之至；礼者，人道之极也。"①

在同一篇中，荀子又有"圣人者，人道之极"的提法，其曰：

"天者，高之极也；地者，下之极也；无穷者，广之极也；圣人者，人道之极也。"②

这里两处"人道之极"含义不同："圣人者，人道之极"的"人道"指为人处世之道，即人际交往中对待自己和对待他人的处世方法，所谓"圣人者，人道之极"是说圣人的为人处世方法是为人处世的最高标准；"礼者，人道之极"的"人道"指做人的行为规范，即衡量某种行为是否符合"人"的行为的标准，所谓"礼者，人道之极"是说"礼"是评判某种行为是否符合"人"的行为的最高标准。荀子对"礼"的这种看法与《礼记》所说"是故圣人作，为礼以教人。使人以有礼，知自别于禽兽"③的观点是一致的，这涉及人之所以为人的特殊本质问题。

关于人的特殊本质，孔子在论及"孝"时有所触及。《论语·为政》载："子游问孝。子曰：'今之孝者，是谓能养。至于犬马，皆能有养；不敬，何以别乎？'"④这里孔子强调了孝顺不只是养活爹娘，更重要的是要敬重爹娘，只有敬重爹娘，才是把爹娘当作有别于犬马的"人"来对待。换言之，在孔子看来，人之所以为人，是因为凡人都有人格尊严，理应受人尊重；而任何人想要保持自己的人格尊严，他都应该把别人当"人"来对待，为维护其做"人"权利而尊重别人。所以，当子路请教怎样做"君子"时，孔子答以"修己以敬"⑤，即首先要学会自我尊重和尊重别人。但尊重别人并非是简单的礼貌待人，还要体现和落实在"安人""安百姓"的善行上，所以孔子接着又说"修己以安人""修己以安百姓"，并说"修己以安百姓，尧舜其犹病诸？"⑥

① 《荀子·礼论》，载梁启雄：《荀子简释》，中华书局 1983 年版，第 260 页。

② 《荀子·礼论》，载梁启雄：《荀子简释》，中华书局 1983 年版，第 261 页。

③ 《礼记·曲礼上》，载（清）孙希旦：《礼记集解》，沈啸寰、王星贤点校，中华书局 1989年版，第 11 页。

④ 杨伯峻译注：《论语译注》，中华书局 1980 年版，第 14 页。

⑤ 《论语·宪问》，载杨伯峻译注：《论语译注》，中华书局 1980 年版，第 159 页。

⑥ 《论语·宪问》，载杨伯峻译注：《论语译注》，中华书局 1980 年版，第 159 页。

认为"安百姓"是做人的最高境界。显然，"安人""安百姓"的善行，就是孔子所谓"为仁由己"①的"为仁"。也就是说，在孔子的仁学中，"为仁"是待"人"以"敬"的体现，或者说，待"人"以"敬"就体现和落实在"为仁"上。由是观之，《中庸》所谓"仁者人也，亲亲为大"②是完全符合孔子仁学思想的。"仁"就是"人"，即人之所以为人的本质；"为仁"就是使自己和别人都成为"人"的过程。而根据孔子"克己复礼为仁"和"非礼勿视，非礼勿听，非礼勿言，非礼勿动"③的论述，他显然是把"礼"当作做人的行为规范来看待的，而且是把这种行为规范当作评判一个人的行为是否符合"仁（人）"的行为的最高标准来看待的。据此可以说，孔子仁学中已经蕴含了"礼者，人道之极"的观念。

与孔子以"仁"来定义"人"并以"礼"作为标准来评判一个人的行为是否符合"仁（人）"的行为略有不同，孟子一方面说："仁也者，人也。"④这和孔子一样，亦是以"仁"来定义"人"；而另一方面，孟子则说：

"恻隐之心，人皆有之；羞恶之心，人皆有之；恭敬之心，人皆有之；是非之心，人皆有之。恻隐之心，仁也；羞恶之心，义也；恭敬之心，礼也；是非之心智也。仁义礼智，非由外铄我也，我固有之也，弗思耳矣。"⑤

"无恻隐之心，非人也；无羞恶之心，非人也；无辞让之心，非人也；无是非之心，非人也。恻隐之心，仁之端也；羞恶之心，义之端也；辞让之心，礼之端也；是非之心，智之端也。人之有是四端也，犹其有四体也。"⑥

这又分明是从"仁""义""礼""智"四个方面来定义"人"，并强调

---

① 《论语·颜渊》，载杨伯峻译注：《论语译注》，中华书局 1980 年版，第 123 页。

② （宋）朱熹：《四书章句集注》，中华书局 1983 年版，第 28 页。

③ 《论语·颜渊》，载杨伯峻译注：《论语译注》，中华书局 1980 年版，第 123 页。

④ 《孟子·尽心下》，载杨伯峻译注：《孟子译注》，中华书局 1960 年版，第 329 页。

⑤ 《孟子·告子上》，载杨伯峻译注：《孟子译注》，中华书局 1960 年版，第 259 页。

⑥ 《孟子·公孙丑上》，载杨伯峻译注：《孟子译注》，中华书局 1960 年版，第 80 页。

"仁""义""礼""智"是从人生来就有的"四端"生发出来，是人的天赋善性的真实体现，因而并不仅仅是人的天性使然的良善真心，更是人所固有的善性外露的真诚态度与行为。

据孟子所言"仁之于父子也，义之于君臣也，礼之于宾主也，知之于贤者也，圣人之于天道也，命也，有性焉，君子不谓命也"①，作为人的善性外露的真诚态度与行为，"仁""义""礼""智"各有其特定表现场合："仁"是表现在父子之间，"义"是表现在君臣之间，"礼"是表现在宾主之间，"知〈智〉"是表现在对待贤者。

诚然，就像"仁"并非局限于父子之间"亲亲"的态度与行为，而是由"亲亲"而推及于"仁民"而"爱物"——"亲亲而仁民，仁民而爱物"②，"礼"亦非局限于宾主之间"恭敬"的态度与行为，而是由"恭敬"而推及于处理其他一切对人、对物的关系；但是，正像"仁者人也，亲亲为大"，"礼"之为"人"乃是"恭敬为大"（或曰"辞让为大"），只是在不同关系场合，"恭敬"的态度与行为是有差别的，不是跟处理宾主关系完全一样，这和"君子之于物也，爱之而弗仁；于民也，仁之而弗亲"③是同一个道理。

要之，孟子关于"礼"的思想，归结起来，就是把"礼"理解为本于人的天赋善性而真诚待人的态度与行为，这种态度与行为就体现在以"恭敬之心"真诚待人。

按孟子所言"仁者爱人，有礼者敬人。爱人者，人恒爱之；敬人者，人恒敬之"④，"仁"与"礼"的区别只是"爱"与"敬"的区别；而依据孔子和有子的相关论述⑤，这种区别可以被理解为："爱"是拉近人际情感距离，使

---

① 《孟子·尽心下》，载杨伯峻译注：《孟子译注》，中华书局1960年版，第333页。

② 《孟子·尽心上》，载杨伯峻译注：《孟子译注》，中华书局1960年版，第322页。

③ 《孟子·尽心上》，载杨伯峻译注：《孟子译注》，中华书局1960年版，第322页。

④ 《孟子·离娄下》，载杨伯峻译注：《孟子译注》，中华书局1960年版，第197页。

⑤ 《论语·子路》："子曰：'君子和而不同，小人同而不和。'"参见杨伯峻译注：《论语译注》，中华书局1980年版，第141页。《论语·学而》："有子曰：'礼之用，和为贵。先王之道，斯为美；小大由之。有所不行，知和而和，不以礼节之，亦不可行也。'"参见杨伯峻译注：《论语译注》，中华书局1980年版，第8页。

之达到"和";"敬"是保持人际情感距离，使之免于"同"。"爱"与"敬"结合起来，就是使人际情感关系达到"和而不同"——这种情感关系也可理解为既非过分亲密又非过分疏远的不即不离、不偏不倚的中和关系。据此分析，可以认为，在"仁""礼"之间，孟子是主张用"礼"来节制"仁"，使人际情感关系达到"和而不同"。

综上所述，孔、孟都是在人格意义上谈论人之所以为人者，从"群"（组织）的角度来看，他们谈论"仁"和"礼"，虽然触及了人与人之间的分合关系，但这种分合关系仅限于情感领域——"仁"是偏于情感关系之"和"（合的方面），"礼"是偏于情感关系之"不同"（分的方面）。

与孔孟不同，荀子之所以把"礼"当作评判一个人的行为是否符合"人"的行为的最高标准，是因为他是从人之所以区别于动物且优于动物的角度来理解"人"的行为。荀子说：

"天地者，生之始也；礼义者，治之始也；君子者，礼义之始也；为之，贯之，积重之，致好之者，君子之始也。故天地生君子，君子理天地；君子者，天地之参也，万物之总也，民之父母也。无君子，则天地不理，礼义无统；上无君师，下无父子，夫是之谓至乱。……水火有气而无生，草木有生而无知，禽兽有知而无义，人有气、有生、有知，亦且有义，故最为天下贵也。力不若牛，走不若马，而牛马为用，何也？曰：人能群，彼不能群也。人何以能群？曰：分。分何以能行？曰：义。故义以分则和，和则一，一则多力，多力则强，强则胜物，故宫室可得而居也。故序四时，裁万物，兼利天下，无它故焉，得之分义也。故人生不能无群，群而无分则争，争则乱，乱则离，离则弱，弱则不能胜物；故宫室不可得而居也，不可少顷舍礼义之谓也。能以事亲谓之孝，能以事兄为之弟，能以事上谓之顺，能以使下谓之君。君者，善群也。群道当则万物皆得其宜，六畜皆得其长，群生皆得其命。"①

在荀子看来，人类之所以能成为自然界中优于动物、使包括动物在内

---

① 《荀子·王制》，载梁启雄：《荀子简释》，中华书局1983年版，第109—110页。

的万物为人类所利用的高贵者，是因为人类能组织起来进行分工基础上的合作，这种合作能使人类个体分散的力量凝聚成足以支配万物的强大合力，借助于这种合力，人类就可以居住在自己所建造的宫室房屋中，过上优越于动物的生活；而人类之所以能进行有效的分工与合作，是因为天地不仅产生了万物，而且产生了善于学习的君子，君子通过学习，创制了礼义。① 正是因为有了礼义，人类才能在组织过程中进行合理分工，从而实现有效合作。假使没有礼义，按人类好利恶害的天性，是必定要陷于互相争夺的纷乱状态的，这样人类就无法组织起来，只能互相离群索居，而当人类个体各自单独面对自然界时，他们比起动物来，力气不如牛，奔跑不如马，毫无优越性可言，而且劣势明显，又怎能支配万物，过上优于动物的生活呢？

在荀子的上述理论中，"义以分则和"是其核心思想。这里涉及三个概念："义""分""和"。其逻辑关系是"义以分"和"分则和"。然则，"义以分"之"义"是指什么？上述引文是出自《王制》，而《王制》中与"义以分"关系最为密切的论述是：

"分均则不偏，埶齐则不壹，众齐则不使。有天有地而上下有差，明王始立而处国有制。夫两贵之不能相事，两贱之不能相使，是天数也。埶位齐，而欲恶同，物不能澹则必争。争则必乱，乱则穷矣。先王恶其乱也，故制礼义以分之，使有贫、富、贵、贱之等，足以相兼临者，是养天下之本也。"②

这段论述与《荣辱》中的如下论述相似：

"夫贵为天子，富有天下，是人情之所同欲也；然则从人之欲，则埶不能容，物不能赡也。故先王案为之制礼义以分之，使有贵贱之等，长幼之差，知愚能不能之分，皆使人载其事而各得其宜，然后使悫（谷）

---

① 《荀子·劝学》："君子博学而日参省乎己，则知明而行无过矣。……学恶乎始？恶乎终？曰：其数则始乎诵经，终乎读礼；其义则始乎为士，终乎为圣人。"参见梁启雄：《荀子简释》，中华书局1983年版，第1、7页。

② 《荀子·王制》，载梁启雄：《荀子简释》，中华书局1983年版，第101—102页。

禄多少厚薄之称，是夫群居和一之道也。"①

这两段论述中所言"制礼义以分之"从语境到意义均相一致，与上文所引《王制》之文中"分何以能行？曰：义"明显是相互呼应，可见"义以分"之"义"就是"礼义"，与《性恶》中如下论述中所言"礼义"同义：

"故枸木必将待檃栝烝矫然后直；钝金必将待砻厉然后利；今人之性恶，必将待师法然后正，得礼义然后治。今人无师法，则偏险而不正；无礼义，则悖乱而不治。古者圣王以人之性恶，以为偏险而不正，悖乱而不治；是以为之起礼义、制法度，以矫饰人之情性而正之，以扰化人之情性而导之也。使皆出于治，合于道者也。今之人，化师法、积文学、道礼义者为君子；纵性情安恣睢、而违礼义者为小人。"②

这里"礼义"与"法度"相对应，犹言"礼仪"。（按：《说文》："義（义），己之威儀（仪）也。从我从羊。"③又："儀（仪），度也。从人，義（义）声。"④）"礼义（仪）"与"法度"都是指制度、行为准则而言——对人的组织来说是它的制度，对组织成员来说就是他们的行为准则。荀子所谓"义以分"，是就"礼义"对人的组织的意义和作用而言，意谓"礼义"为人的组织内部实行"分"提供了制度依据。这个"分"有两个方面的意义：

一方面，就"礼义"作为一种组织制度而言，"分"是对组织内部分工所做的制度安排——这意味着"礼义"是对人类组织的一种分工制度。之所以将这个意义的"分"解释为一种"分工"，是因为荀子所说"人能群，彼（动物）不能群"是针对人与动物对自然界所构成的不同关系而言，"人能群"是表示人能组织起来，依靠自己的组织来应对自然界，在自然界中从事"序四时，裁万物，兼利天下"的经济活动，显然，这种经济活动是人类改造和利用自然的生产活动。所以，荀子这里所说的"群"应该被合理地理解为人类的生产组织；他所谓"制礼义以分之"是针对从事"序四时，裁万物，兼利天

① 《荀子·荣辱》，载梁启雄：《荀子简释》，中华书局1983年版，第44—45页。
② 《荀子·性恶》，载梁启雄：《荀子简释》，中华书局1983年版，第327—328页。
③ （汉）许慎：《说文解字》，中华书局1963年版，第267页。
④ （汉）许慎：《说文解字》，中华书局1963年版，第165页。

下"的经济活动的人类生产组织而言，这样的"分"当然可以也应该被当作"分工"来理解，这种"分工"对人类生产组织的意义来说，是为了使组织中"人载其事而各得其宜"，即按照"贵贱之等，长幼之差，知愚能不能之分"，使每个组织成员都各自承担与其身份、年龄、才智和能力相宜的事务。

另一方面，就"制礼义以分之"的人类生产组织中的成员来说，"分"就是他们各自按"礼义"的规定所获得的名分。其名分包括两类：一类是与各人的身份、年龄、才智和能力相应的名分，包括君臣、父子、男女、兄弟等"名"和与之相应的责任、义务等"分"；另一类是道德名分，即各人按"礼义"规定履行其责任和义务所应得的名誉和名声，例如"能以事亲谓之孝，能以事兄为之弟，能以事上谓之顺，能以使下谓之君"①。

"分则和"是对人类生产组织而言，意谓因其组织内部有了明确分工，人与人之间就能进行有效合作了。这里把"和"解释为"有效合作"，是因为荀子说"制礼义以分之"的意义是在于"使有贵贱之等，长幼之差，知愚能不能之分，皆使人载其事而各得其宜"，所以，如果说"分"是指组织内部分工明确的话，则"和"便是指因其内部有明确分工，人类组织就可以"人载其事而各得其宜"地开展"序四时，裁万物，兼利天下"的生产活动了——这种生产活动，当然可以也应该被理解为是人类个体间互相协作的组织活动。

荀子在《王制》等篇中所讨论的"群"并不限于人类的生产组织。荀子对"群"的制度的讨论是就"王制"而言，而所谓"王制"也就是《王制》中所提到的"王者之制""圣王之制"②。《王制》开篇云："请问为政？"这就表明其"王制"之论是围绕"为政"问题来展开的，其"王制"属于"王者之政"范畴，《王制》所提"礼义"是一种政制，一种国家组织制度。但是，荀子对"王制"的具体论述，是从"人能群，彼（动物）不能群"的角度切入，以"序四时，裁万物，兼利天下"的经济活动为抓手，来论证"礼义"对"群"

---

① 《荀子·王制》，载梁启雄：《荀子简释》，中华书局1983年版，第110页。

② 《荀子·王制》，载梁启雄：《荀子简释》，中华书局1983年版，第106、110页。

的意义和作用，这反映了荀子对生产组织在国家组织中的重要地位和作用的认识，和他对经济生活在国家社会生活中的重要地位和作用的认识——他是基于这样的认识来理解"王制"，阐释"礼义"的本质的。然而，这并不表明荀子所讲的"礼义"是仅限于经济领域的。事实上，其"礼义"具有更加广泛的社会意义。例如，他在讲"礼义"的内容所涉及的所谓"贵贱之等"，就具有政治身份等差秩序意义；所谓"长幼之差"，则具有人伦身份等差秩序意义。尤其值得注意的是，荀子在论及"圣王之制"时特别提道：

> "圣王之制也：草木荣华滋硕之时，则斧斤不入山林，不夭其生，不绝其长也；鼋鼍鱼鳖鳅鳝孕别之时，罔罟毒药不入泽，不夭其生，不绝其长也；春耕、夏耘、秋收、冬藏四者不失时，故五谷不绝，而百姓有余食也；洿池渊沼川泽，谨其时禁，故鱼鳖优多而百姓有余用也；斩伐养长不失其时，故山林不童而百姓有余材也。"[①]

由此可见，荀子所讲的"礼义"不仅涉及经济、政治、人伦等方面的制度，还包括环境伦理方面的制度。以其如此，荀子所追求的由"礼义"所规制的"群"——符合其"群道"理念的国家组织形态，就不只是"人载其事而各得其宜"的人际和谐的组织形态，同时还是"万物皆得其宜，六畜皆得其长，群生皆得其命"的天人之际和谐的组织形态。在荀子看来，人类个体只有依靠这样的国家组织，才能过上优于动物的生活；因此，任何一个生活在这样的国家组织中的人，只有严格按照"礼义"所定的规矩行事，才能成为"人"——"君子"；反之，则为"小人"。所谓"今之人，化师法、积文学、道礼义者为君子；纵性情、安恣睢而违礼义者为小人"是也。

第二节　道家："礼者乱之首"和"镇之以无名之朴"

在礼法观上，道家的观念与儒、法两家有本质的不同。老子虽然明于周

---

① 《荀子·王制》，载梁启雄：《荀子简释》，中华书局1983年版，第106、110页。

礼，但并不提倡以"礼法"治世。他十分明确地指出，一方面，"礼为乱之首"，认为"礼义"是世道大乱的祸首；另一方面，"法令滋彰，盗贼多有"，严刑峻法也不能遏制人心的欲望膨胀。针对人心散乱的乱世局面，他主张"镇之以无名之朴"，也就是以"道"之"无名"引领众民回归自然真朴之性。

一、老子与"礼"

《史记》中《孔子世家》、《仲尼弟子列传》和《老子韩非列传》都记载了孔子适周问礼之事，其中记载较详细者为《老子韩非列传》：

"孔子适周，将问礼于老子。老子曰：'子所言者，其人与骨皆已朽矣，独其言在耳。且君子得其时则驾，不得其时则蓬累而行。吾闻之，良贾深藏若虚，君子盛德，容貌若愚。去子之骄气与多欲，态色与淫志，是皆无益于子之身。吾所以告子，若是而已。'孔子去，谓弟子曰：'鸟，吾知其能飞；鱼，吾知其能游；兽，吾知其能走。走者可以为罔，游者可以为纶，飞者可以为矰。至于龙吾不能知，其乘风云而上天。吾今日见老子，其犹龙邪？'"①

除《史记》以外，先秦至汉的有关典籍中，记载孔、老相会的文献还有很多，据陈鼓应、白奚统计："记载孔老相会的不仅有《史记》这样的正宗史书，诸子书中记载更多。道家作品《庄子》中有八条关于老子与孔子的交往与对话的材料；杂家的《吕氏春秋》中的《当染》篇也记载了孔子曾向老子问礼；儒家的《礼记·曾子问》中有四则材料记述了孔老交往；与《礼记》同为汉代儒家作品的《韩诗外传》《孔子家语》中也有这样的记载。"② 这些材料中，除道家和杂家以外，大部分是儒家文献，这说明孔子见老子而问礼，是先秦诸家（包括儒家）都一致承认的，老子在礼学方面曾对孔子有重要启迪。

---

① （汉）司马迁：《史记》，中华书局 1999 年版，第 1702 页。
② 陈鼓应、白奚：《孔老相会及其历史意义》，《南京大学学报（哲学·人文科学·社会科学）》1998 年第 4 期。

按《史记》的记载，孔子曾虚心向老子问礼，却受到了老子的尖锐批评，所谓"其人与骨皆已朽矣，独其言在耳"，暗示了老子对于前人论"礼"之言的不屑，认为他们的这些言论没有什么价值。《庄子》中也有类似的记录，从《天运》所记孔子与老子的对话来看，老子始终在批评儒家的仁义礼乐，如说"仁义，先王之蘧庐也，止可以一宿而不可久处"[①]，"夫六经，先王之陈迹也，岂其所以迹哉！"[②]

而在儒家文献中，老子则是一个精通礼仪的学者，他对孔子的指点也是在一些非常具体的礼仪问题上。据《礼记·曾子问》所记，孔子在回答曾子关于"师行迁庙主"的问题时，就声称是"吾闻诸老聃云"[③]；另外，当曾子问及葬礼的有关问题时，孔子直接回答"昔者吾从老聃助葬于巷党"[④]，并详述老聃如何处理葬礼的一些细节。《孔子家语》中也有一条记载：子夏问"三年之丧"，孔子亦称"吾闻诸老聃曰"云云。这些记载都出自儒家学者，如无事实依据，恐怕不会无缘无故去抬高道家的始祖老聃。这些文献资料都说明，老子对于礼制、礼学是相当精通的；孔、老相会时，孔子确实从老子那里得到了许多有关礼仪的具体教诲，所以当弟子问礼时，才会一再地声称"吾闻诸老聃云（曰）"。

对于老子精通礼制、礼学却以反"礼"著称的现象，清代学者汪中（1744—1794）颇感疑惑："按老子言行，今见于《曾子问》者凡四，是孔子之所从学者可信也。夫助葬而遇日食，然且以见星为嫌，止柩以听变，其谨于礼也如是。至其书则曰：'礼者，忠信之薄而乱之首也。'……彼此乖违甚矣。"[⑤] 其实，老子曾担任过周室中掌礼的史官，他自然是熟悉各种礼仪的，不但在礼学层面知道礼仪原理，更深悉礼仪制度在历史上和现实中的流弊。

① 《庄子·天运》，载曹础基：《庄子浅注》，中华书局 1982 年版，第 217 页。

② 《庄子·天运》，载曹础基：《庄子浅注》，中华书局 1982 年版，第 224 页。

③ （汉）郑玄注，（唐）孔颖达等正义：《礼记正义》，黄侃经文句读，上海古籍出版社 1990 年版，第 383 页。

④ （汉）郑玄注，（唐）孔颖达等正义：《礼记正义》，黄侃经文句读，上海古籍出版社 1990 年版，第 382 页。

⑤ （清）汪中：《述学·老子》，转引自杨义：《老子还原》，中华书局 2011 年版，第 282 页。

《庄子·天运》载有老子对孔子所说的话:"三皇五帝之治天下,名曰治之,而乱莫甚焉。"① 所谓"礼",就是三皇五帝以来用以治世的典章制度,这些典章制度区分上下、贵贱,使得社会秩序在表面上显得井井有条,实质上却是伤害了人们淳朴的性情,社会动乱实由于此。由此看来,老子既精通"礼"又反"礼",实为符合生活逻辑的正常现象,并无悖理违情的难解之处。

二、"礼者乱之首"

《老子》全书共有两处论"礼"之言,其中见于第三十一章者涉及军礼和丧礼的内容,其曰:"吉事尚左,凶事尚右。偏将军居左,上将军居右,言以丧礼处之。杀人之众,以悲哀泣之。战胜,以丧礼处之。"② 于此可见,老子确乎是一位通晓礼制、礼学的学者。而见于第三十八章者则将"道""德""仁""义""礼"排列为从高到低的价值序列,"礼"被置于这一序列的最低一级,并贬之曰"忠信之薄",又斥之曰"乱之首",充分表明了老子的反"礼"态度和黜"礼"主张。为深入了解其思想,现据王弼注本引录此章于下:

"上德不德,是以有德;下德不失德,是以无德。上德无为而无以为,下德为之而有以为。上仁为之而无以为,上义为之而有以为。上礼为之而莫之应,则攘臂而扔之。故失道而后德,失德而后仁,失仁而后义,失义而后礼。夫礼者,忠信之薄而乱之首。前识者,道之华而愚之始。是以大丈夫处其厚,不居其薄;处其实,不居其华。故去彼取此。"③

王弼对此章有一段很长的注释,亦略引录于下:

"德者,得也。常得而无丧,利而无害,故以德为名焉。何以得

---

① 《庄子·天运》,载曹础基:《庄子浅注》,中华书局 1982 年版,第 222 页。

② 《老子·三十一章》,载(魏)王弼著,楼宇烈校释:《王弼集校释》,中华书局 1980 年版,第 80 页。

③ 《老子·三十八章》,载(魏)王弼著,楼宇烈校释:《王弼集校释》,中华书局 1980 年版,第 93 页。

德？由乎道也。何以尽德？以无为用。以无为用，则莫不载也。……是
以上德之人，唯道是用，不德其德，无执无用，故能有德而无不为。不
求而得，不为而成，故虽有德而无德名也。下德求而得之，为而成之，
则立善以治物，故德名有焉。求而得之，必有失焉；为而成之，必有败
焉。善名生，则有不善应焉。故下德为之而有以为也。无以为者，无所
偏为也。凡不能无为而为之者，皆下德也，仁义礼节是也。"①

王弼注本《老子·三十八章》后半段区分"道""德""仁""义""礼"
五个层次，"道"为最理想的状态，而后依次是"失道而后德，失德而后仁，
失仁而后义，失义而后礼"。据王弼的注释，上述五个层次中"道"和"德"
是两个最基本的层次，"道"是宇宙间万事万物的普遍法则和根本原理，"德"
则是"道"在人类生活中的实际运用，所以说："何以得德？由乎道也。"而
"德"又分为"上德"与"下德"两种："上德"是"唯道是用"，像"道"一
样常无为，没有人为因素，自然而然，无名无迹，完全是大道流行的境界；
"下德"则"不能无为而为之"，因其由人为努力所致，故有"善"与"不善"
的名称区别，"仁""义""礼"就都是通过人为努力而达到的"下德"。但"下德"
之间更有分别："上仁"是"为之而无以为"，"上义"是"为之而有以为"——
同样是有为，"上仁"是没有刻意的做作，"上义"则有明显的居心；而"上
礼"更不只是有居心，假使自己的意图不为他人所理解而得不到回应的话，
就干脆"攘臂而扔之"（按：意谓捋起袖子，露出胳膊，伸手去强拖硬拉）——
用强制手段来迫使他人顺从自己。

细读《老子·三十八章》，可以体会出老子对"礼"的贬抑态度。老子
哲学中最重要的观念是"道"，其特点是"法自然"而"常无为"，无半点人
为的做作和虚伪。故以"道"治国，就是安于连善恶观念和道德名目都没有
的自然而淳朴的生活；以"仁义"治国，则需要提出一系列的善恶标准和道
德名目来对民众进行教化，这就破坏了自然的淳朴生活；而以"礼"治国，

---

① 《老子注·三十八章》，载（魏）王弼著，楼宇烈校释：《王弼集校释》，中华书局 1980 年
版，第 93—94 页。

则是要求民众服从一系列外在的社会规范，并通过强制力来推行这些社会规范。依老子之见，到社会秩序必须依靠"礼"（按：相对于"仁""义"，"礼""法"都属于硬性的社会规范）来维系时，这是表明人们的道德观念（按：相对于"礼""法"，"仁""义"都属于软性的道德观念）出了大问题，以至于依靠这些道德观念（"仁""义"）不再能维系社会秩序了，所以他才有"夫礼者，忠信之薄而乱之首"的慨叹！"上礼"社会中民众的真性是极度扭曲的，因而最不合乎"道"的要求，正如王弼说："夫礼也，所始首于忠信不笃，通简不阳，责备于表，机微争制。夫仁义发于内，为之犹伪，况务外饰而可久乎？故夫礼者，忠信之薄而乱之首也。"①

老子对"礼"的贬抑态度影响了后来的道家学者。在《庄子》书中，也有很多类似的对"礼"的批评性言论。庄子对这一问题说得更为清楚，所谓"礼"，如果只是外在化的行为规范而缺乏内心的真意，那就没有任何价值。在《渔父》篇中，借用渔父之口教训孔子说：

> "真者，精诚之至也。不精不诚，不能动人。……真在内者，神动于外，是所以贵真也。其用于人理也，事亲则慈孝，事君则忠贞，饮酒则欢乐，处丧则悲哀。……功成之美，无一其迹矣；事亲以适，不论所以矣；饮酒其乐，不选其具矣；处丧以哀，无问其礼矣。礼者，世俗之所为也；真者，所以受于天也，自然不可易也。"②

这里将"礼"与"真"对立起来看待，一为世俗之所为，一为自然不可易，显然是沿袭了《老子》"下德"与"上德"的划分思路。《庄子·田子方》载温伯雪子批评鲁国儒生之言说："明乎礼义而陋于知人心。"③凡此种种，都说明庄子学派对"礼"的价值评价不高。

但这里有一个值得探讨的问题：老、庄都有批评"礼"的言论，这究竟是说明他们反"礼"，还是说明他们意识到"礼"有流弊而需要加以改进呢？

---

① 《老子注·三十八章》，载（魏）王弼著，楼宇烈校释：《王弼集校释》，中华书局1980年版，第94页。

② 《庄子·渔父》，载曹础基：《庄子浅注》，中华书局1982年版，第474—475页。

③ 《庄子·田子方》，载曹础基：《庄子浅注》，中华书局1982年版，第306页。

对此，陈鼓应先生认为，老子其实并不反对"礼"，他所反对的只是"礼崩乐坏"时代形式化了的"礼"。在《先秦道家之礼观》一文中，陈先生指出：

> "在老子想法中，在最好的状态，仁义礼都蕴含在大道中，不用特异去标举，也不用将道德行为外化出来。老子之所以正言若反地发话，乃基于人伦道德之日渐沦丧，'攘臂而扔之'在老子时代已是相当普遍的现象，这种现象反映的是在那礼崩乐坏的年代，礼失去了内在的情质，外化不仅流为形式，而且华而不实地相率以伪，同时演为强民就范的工具，所谓'夫礼者，忠信之薄，而乱之首'并非对礼的否定，而是对那时代的动乱发出沉痛的呼唤，反映在周文凋敝的历史背景下，如何来重建社会人伦，这是对一个时代的重大课题进行的深刻反省。"①

陈先生的此番言论包含两个要义：一是"仁""义""礼"内在地蕴含在"道"中，也就是"仁""义""礼"与"道"并不相悖；二是《老子·三十八章》中贬抑"礼"的说法是"正言若反"，实际上是通过批评"礼崩乐坏"之时"礼"的外化、形式化，来表达对朴实无华、有"内在的情质"的"礼"的肯定。

陈先生的上述观点固然不无道理，但存在片面性。老子对"礼"的批判，切中了当时的时弊；对此，古往今来的学者多有言及。宋代学者叶适（1150—1223）就曾指出：

> "专一言礼，见于春秋，其君臣上下，不务德而以礼相缘饰，相责望，取足一时，不厚其本，难以长久。如晏子、子产之流，虽为言礼之宗，其去古人远矣。当是时，独老聃深知其弊，故其言曰……"②

春秋之时，西周的礼乐制度已经流于形式，成为一种"缘饰"，所以孔子说："礼云礼云，玉帛云乎哉？乐云乐云，钟鼓云乎哉？"③对这种形式化的"缘饰"之礼，儒道两家都有批评，但区别在于：儒家意在重建以"仁义"为精神内核的礼乐文明，而道家则由否定形式化的"礼"而一并否弃"仁义"，而寄希望于"复归于朴"。对于这一点，叶适看得很清楚，他说：

---

① 陈鼓应：《先秦道家之礼观》，《中国文化研究》2000年夏之卷（总第28期）。
② （宋）叶适：《习学记言序目》，中华书局1977年版，第157页。
③ 《论语·阳货》，载杨伯峻译注：《论语译注》，中华书局1980年版，第185页。

"老氏已先见。自其时言之，谓之救弊；若通行于后，则有德其可以无礼乎？道德之于礼，譬人身之有耳目手足也，非是则无以为人。故孔子曰：'安上治民，莫善于礼。道之以礼，有耻且格。'正谓不攘臂而扔之也。老子所讲不详而轻言治道，误后世莫大于此。"①

叶适的此番言论代表了后世儒家对于"礼"的看法，他们承认老子批评"礼"有补偏救弊的积极意义，但并不认为老子有"重建社会人伦"的意图；在他们看来，在"周文凋敝"的历史背景下，以孔子为代表的儒家才是致力于为"礼"注入精神性的道德生命而使之重获新生。朱熹在和他的学生郭德元讨论《老子·三十八章》时也指出：

"（老子）他曾为柱下史，故礼自是理会得，所以与孔子说得如此好。只是他又说这个物事不用得亦可，一似圣人用礼时反若多事，所以如此说。《礼运》中'谋用是作，而兵由此起'等语，便自有这个意思。"②

在朱熹看来，老子虽然明于礼制，但总的态度是"这个物事不用得亦可，一似圣人用礼时反若多事"，这与儒家的态度明显不同。假如老子指陈礼的时弊真有复活礼的企图的话，老子与孔子的思想就没有多少区别了，后世的儒道对立也就不会如此尖锐了。由此来看，陈鼓应先生对老子的评价或许应该移赠给孔子和儒家才对，用于老子和道家则不太合宜。

三、"镇之以无名之朴"

上文所引《老子·三十八章》中"上礼为之而莫之应，则攘臂而扔之"句，林希逸是这样解说的："'扔'，引也。民不从强以手引之，强掣拽之也。只是形容强民之意，故曰'攘臂而扔之'。"③这说明"礼"作为王朝的典章制度和礼仪规范，如同法令一样，其贯彻执行过程具有强制性、强迫性，这与老子"道法自然"的思想格格不入，所以为老子所不取。

---

① （宋）叶适：《习学记言序目》，中华书局 1977 年版，第 217 页。
② （宋）黎靖德编：《朱子语类》第八册，王星贤点校，中华书局 1986 年版，第 2997 页。
③ 转引自陈鼓应注译：《老子今注今译》，商务印书馆 2003 年版，第 218 页。

《老子·五十七章》进一步指出："天下多忌讳，而民弥贫；人多利器，国家滋昏；人多伎巧，奇物滋起；法令滋彰，盗贼多有。"① 这就更为明确地说明了老子反对统治者强行用具体的法令束缚人民。

《老子·三十八章》贬称"仁""义""礼"为"下德"；《五十七章》则指摘"法令滋彰，盗贼多有"——在《史记·酷吏列传》中，司马迁将这两章合并予以引述：

> "老氏称：上德不德，是以有德；下德不失德，是以无德。法令滋彰，盗贼多有。太史公曰：信哉是言也！法令者，治之具而非制治清浊之源也。昔天下之网尝密矣，然奸伪萌起，其极也上下相遁，至于不振。当是之时，吏治若救火扬沸，非武健严酷恶能胜其任而愉快乎？言道德者溺其职矣。……汉兴，破觚而为圜，斲雕而为朴，网漏于吞舟之鱼而吏治烝烝，不至于奸，黎民艾安。由是观之，在彼不在此。"②

司马迁比较了秦朝和汉初的法治情况：秦朝时法令严密，官吏"武健严酷"，然而"奸伪萌起"，严刑峻法并没有取得预期的效果；汉初时尊奉黄老道家，推行"与民休息"政策，返朴归真，虽然法网疏漏，但因为没有过多干预人民生活，反而取得了"吏治烝烝""黎民艾安"的积极效果。司马迁于是总结道："由是观之，在彼不在此。"所谓"在彼不在此"，是套用《老子·三十八章》末尾的话"去彼取此"，用在这里是指舍"法令"而取"道德"。这里司马迁虽未提及"礼"，但因其所引《老子·三十八章》是包含"礼"论的，所以实际上他是把"礼"当作"法令"一类的东西来看待的，认为它们都是由统治者运用一定的暴力手段来强制推行的（"攘臂而扔之"），如此强行干预人民生活的结果，是"法令滋彰，盗贼多有"。而汉初奉行黄老之术，其去严刑而从简政、去浮华而返质朴的无为政治，被司马迁比喻为"破觚而为圜，斲雕而为朴"（砍去棱角，使之成浑圆形；除去雕饰，使之返归真朴）。这种无为政治是反映道家的政治理想的。老子说：

---

① 《老子·五十七章》，载（魏）王弼著，楼宇烈校释：《王弼集校释》，中华书局1980年版，第150页。
② （汉）司马迁：《史记》，中华书局1999年版，第2379页。

　　"道常无为而无不为，侯王若能守之，万物将自化。化而欲作，吾将镇之以无名之朴。无名之朴，夫亦将不欲。不欲以静，天下将自正。"①

　　"道常无名，朴虽小，天下莫能臣也。侯王若能守之，万物将自宾。天地相合以降甘露，民莫之令而自均。"②

　　老子认为，统治者（"侯王"）若能遵"道"而行，以"道"治国，就该像"道"那样"常无为"，顺应众民之真性，任凭其自由发展；当其起贪欲而妄作时，也不应该用"礼""法"之类的条条框框来束缚众民的手脚，而是应当"镇之以无名之朴"，这样才能使他们返归于真朴之性，天下也才能复归于安宁。按老子的观点，事物的原始状态是最美好的状态，统治者的任务就是维护人民生活的自然自发状态，而非进行人为的干预。司马迁所指出的汉初政治的"斲雕而为朴"，就是老子政治思想的生动体现。

　　老子用"无名之朴"来指称"道"，是含有深意的。《说文解字》："朴，木素也。"段玉裁注："素犹质也。以木为质，未雕饰，如瓦器之坯然。……引伸为不奢之称，凡云简朴是也"③。"朴"的本义是指未经雕饰的木料，赋予"朴"以哲学意义则始于《老子》——王夫之（1619—1692）说："朴之为说，始于老氏，后世习以为美谈。"④"朴"作为木料，还没有加工成器物，因此就没有木桌、木柜、木案等种种名称，而未经分化的道同样也"无名"，甚至称之为"道"也是权宜性的"强名"。就此而言，"无名之朴"是对"道"的极为恰当的比喻。老子认为，"道"无名质朴，又微小幽暗，却有无形的威力，能够使万物自然服从。所以，人间的统治者只要以"道"治国，也必能使万民归服。

---

① 《老子·三十七章》，载（魏）王弼著，楼宇烈校释：《王弼集校释》，中华书局1980年版，第91页。

② 《老子·三十二章》，载（魏）王弼著，楼宇烈校释：《王弼集校释》，中华书局1980年版，第81页。

③ （汉）许慎撰，（清）段玉裁注：《说文解字注》，许惟贤整理，凤凰出版社2007年版，第443页。

④ （明）王夫之：《俟解》，载《船山全书》（第十二册），岳麓书社1996年版，第486页。

与作为木料的"朴"相对应的是"器"，与"道"相对应的则是人世间人为设置的礼法制度。老子清醒地意识到，无论他是多么反感于统治者用礼法制度来束缚人民，干涉人民的自由生活，但是"立天子，置三公"①，"朴散则为器，圣人用之则为官长"②，终究是"道之动"的必然结果。因此，问题的关键在于：面对"朴散为器""化而欲作"的局面，究竟应当如何应对？是像儒家、法家主张的那样，沿着"有名""有为"的路线继续走下去，强化礼法的作用以维护社会秩序，还是努力在现实政治中体现大道之真实朴素，使天下复归于朴呢？老子选择的是后者。"镇之以无名之朴"，"大制不割"③，都是老子对统治者提出的建议。对于老子所说的"镇之以无名之朴"，南宋道士范应元说：

"无名之朴，道也。人之心易塞而难虚，易动而难静，易迁而难守，易变而难常，虽已相化，而或有复为外物所动，欲起妄作者，则吾将镇之以道，使不敢妄作也。"④

关于老子所讲的"大制不割"，蒋锡昌（1897—？）说：

"'大制'犹云大治，'无割'犹云无治。盖无治，可以使朴散以后之天下复归于朴，正乃圣人之大治也。"⑤

以上这些见解固然都有一定道理，但相比于现代新儒家学者牟宗三的见解，还不能说是深刻的。

牟先生在《中国哲学十九讲》中对春秋时儒、墨、道、法四家学术的兴起有一个基本判断，即认为儒、道二家诸子既传承了西周以来的王官之学，同时他们的主张也是对春秋时代"周文疲弊"局面的刺激反应。牟先生所谓

① 《老子·六十二章》，载（魏）王弼著，楼宇烈校释：《王弼集校释》，中华书局 1980 年版，第 162 页。
② 《老子·二十八章》，载（魏）王弼著，楼宇烈校释：《王弼集校释》，中华书局 1980 年版，第 75 页。
③ 《老子·二十八章》，载（魏）王弼著，楼宇烈校释：《王弼集校释》，中华书局 1980 年版，第 75 页。
④ （宋）范应元集注：《宋本老子道德经》，国家图书馆出版社 2017 年版，第 150 页。
⑤ 转引自陈鼓应注译：《老子今注今译》，商务印书馆 2003 年版，第 186 页。

"周文疲弊"指的是，西周以来的礼乐制度已经"挂空"而形式化，缺乏内在精神的支撑，从而产生了僭越礼制、"礼崩乐坏"的种种弊端。牟先生指出，面对"周文疲弊"，儒、道两家的反应是不一样的：儒家在看到"周文疲弊"的同时，还是肯定"礼"的正面作用，并试图用超越性的"仁义"观念为礼注入新的生机和动力；而道家则将整个"礼"的系统看成是不自然、人为造作，试图将人们从礼的束缚中解放出来，返朴归真，恢复生命的自由和政治的淳朴。牟先生对此具体说道：

> "道家对周文是个什么样的态度呢？道家也是否定周文，但是道家不是采用功利主义的态度。道家思想背后有个基本的洞见（insight），就是自由自在。所以他把周文看成虚文，看成形式主义。因为如此，他把周文通通看成是外在的（external）。……他只看到周文是虚文，是外在的，所以是对我们生命的束缚桎梏，使我们不能自由自在。道家背后的基本精神是要求高级的自由自在，他那个自由不是放肆，不是现在这个世界所表现的这种自由。它是一种高级的修养，所以他讲逍遥、齐物、无待。因此把周文看成是虚文，是外在的，所以老子说：故失道而后德，失德而后仁，失仁而后义，失义而后礼。夫礼者，忠信之薄而乱之首。"①

牟宗三对于《老子·三十八章》的解读是十分深刻的。所谓"礼者，忠信之薄而乱之首"，代表了老子对于西周以来礼乐制度的整体态度。面对"周文疲弊"，春秋诸子都有自己的反思，但是所依据的原则和所得的结论却大相径庭。儒家依据是超越性的"仁义"观念，意在完善和提升"周文"；道家依据的则是"自然"观念，意在否弃"周文"而另辟自由之境。在道家看来，所谓仁义的观念和礼法的设置都是不自然的，是对人心的桎梏。

如果说老子还只是简略地点出"礼者乱之首"的主题，《庄子》中的许多篇章则对这一主题进行了详尽的阐述，如《天道》《天运》等篇都可以看作《老子·三十八章》的义疏。《庄子·天运》提出"至仁无亲"，以反对儒

---

① 牟宗三：《中国哲学十九讲》，上海古籍出版社2005年版，第51页。

家的"孝悌仁义，忠信贞廉"① 等观念。按《天运》所表达的意思，儒家所说的"孝悌仁义"都是有为有迹的，"至仁"则荡然无名，无为无迹，所以要高于普通所说的"仁义"。《庚桑楚》更具体提出了"至礼有不人，至义不物，至知不谋，至仁无亲，至信辟金"② 的说法，这里所谓"至仁""至义""至礼""至知""至信"，并不是认同于儒家，相反，是对儒家"仁义礼智信"的超越，由超越这些具体的道德规范而进入生命的自由境界，回归政治之朴与生命之朴。

第三节　法家："礼法并用"和"以法为教"

在先秦儒、道、法三家中，儒家对于周代礼乐制度总体上持保守态度，虽然孔子也认识到夏、商、周三代之"礼"存在损益关系，即后代对前代之"礼"有所损益，但从其"周监于二代，郁郁乎文哉！吾从周"③ 的话所表达的他对于周代文化的赞美和服膺态度来看，至少他并不认为有必要变革周代国家制度，至多只是主张做些有损有益的改良罢了。道家则明确表示"礼"是导致当时国家社会道德沦丧和秩序混乱的罪魁祸首，彻底否定了周代礼乐制度的合理性，但是道家在制度问题上显得对现存制度批判和否定有余，而对制度建设的设计和建议不足。法家则普遍不满于现行的国家组织制度，但并不像道家那样以消极的批判态度来看待现实中的国家组织制度，而是主张通过"变法"来改革现行的制度，并且不像儒家对现行制度的改良只是停留在理论上、口头上，许多法家人物都将其"变法"思想付诸行动，于是有战国初期魏国的李悝变法、楚国的吴起变法，战国中期韩国的申不害变法、秦国的商鞅变法等重大政治事变的发生。

---

① 参见《庄子·天运》，载曹础基：《庄子浅注》，中华书局 1982 年版，第 207 页。

② 《庄子·庚桑楚》，载曹础基：《庄子浅注》，中华书局 1982 年版，第 358 页。

③ 《论语·八佾》，载杨伯峻译注：《论语译注》，中华书局 1980 年版，第 28 页。

一、齐法家：从礼本论的"礼法并用"到法本论的"礼法并用"

余敦康（1930—2019）先生认为，在国家组织制度的设计上，齐法家"是设想了一种把中央集权和宗法制有机结合起来的封建体制，因而主张采用礼法并用的统治方式"[①]。这一特点可能与齐法家先驱者管仲生活在春秋前期有关。尽管春秋战国常被人们整体性地描述为"礼坏乐崩"的时代，但是春秋与战国毕竟还有所区别，明清之际经学大师顾炎武在《日知录》中曾做过这样的描述：

"如春秋时犹尊礼重信，而七国则绝不言礼与信矣。春秋时犹宗周王，而七国则绝不言王矣。（原注：《史记·秦本纪》：'孝公使公子少官师师会诸侯于逢泽以朝王。'盖显王时。）春秋时犹严祭祀，重聘享，而七国则无其事矣。春秋时犹论宗姓氏族，而七国则无一言及之矣。春秋时犹宴会赋诗，而七国则不闻矣。春秋时犹有赴告策书，而七国则无有矣。邦无定交，士无定主，此皆变于一百三十三年之间。史之阙文，而后人可以意推者也。不待始皇之并天下，而文、武之道尽矣。（原注：李康《运命论》云：'文薄之弊，渐于灵、景。辩诈之伪，成于七国。'）"[②]

我们不必全信顾氏其言，但至少春秋时期并不像人们通常所想象的那样和战国一样也是"礼坏乐崩"了，尤其是春秋前期，西周礼乐制度总体上还是稳定如常的，在这种情况下，管仲相齐前后关于政治改革的思考和实践，应该是在西周礼乐制度的总体框架范围内进行的，他并没有要超越现行制度的变革之想。明显反映管仲思想的《管子》首篇《牧民》中的"四维"之论曰：

"凡有地牧民者，务在四时，守在仓廪。国多财则远者来，地辟举则民留处，仓廪实则知礼节，衣食足则知荣辱，上服度则六亲固，四维张则君令行。故省刑之要，在禁文巧；守国之度，在饰四维；顺民之经，在

[①] 余敦康：《论管仲学派》，载中国哲学编辑部：《中国哲学》第二辑，生活·读书·新知三联书店 1980 年版，第 51 页。

[②] （清）顾炎武：《日知录》卷十三《周末风俗》，载《顾炎武全集（18）》，上海世纪出版股份有限公司、上海古籍出版社 2011 年版，第 522—523 页。

明鬼神，祇山川，敬宗庙，恭祖旧。不务天时则财不生，不务地利则仓
廪不盈。野芜旷则民乃荒，上无量则民乃妄，文巧不禁则民乃淫，不障
两原则刑乃繁。不明鬼神则陋民不悟，不祇山川则威令不闻，不敬宗庙
则民乃上校，不恭祖旧则孝悌不备。四维不张，国乃灭亡。国有四维，
一维绝则倾，二维绝则危，三维绝则覆，四维绝则灭。倾可正也，危可
安也，覆可起也，灭不可复错也。何谓四维？一曰礼，二曰义，三曰廉，
四曰耻。礼不逾节，义不自进，廉不蔽恶，耻不从枉。故不逾节，则上
位安；不自进，则民无巧诈；不蔽恶，则行自全；不从枉，则邪事不生。"①
　　管子将"礼"置于"国之四维"之首，足以反映出他对当时礼乐制度的
维护态度；而且"国之四维"中压根儿不提为一般法家所重视的"法"，并
认为"四维张则君令行"，这意味着在管子看来，只要现行的制度规范执行
得好，君主就根本不用愁政令不通，换言之，政令不通，是由于"国之四维"
出了问题。"四维不张，国乃灭亡。""礼""义""廉""耻"才是维护国家安
全、保持社会安定的根基所在。至于"法"，管子并不认为它对国家组织的
良性运行起关键作用，相反他主张"省刑"，即在他看来，刑罚繁多是会对
国家组织的良性运行起危害作用的。在接下来的论述中，《牧民》说道：

　　"政之所兴，在顺民心；政之所废，在逆民心。民恶忧劳，我佚乐
之；民恶贫贱，我富贵之；民恶危坠，我存安之；民恶灭绝，我生育之。
能佚乐之，则民为之忧劳；能富贵之，则民为之贫贱；能存安之，则民
为之危坠；能生育之，则民为之灭绝。故刑罚不足以畏其意，杀戮不足
以服其心。故刑罚繁而意不恐，则令不行矣；杀戮众而心不服，则上位
危矣。……明必死之路者，严刑罚也。开必得之门者，信庆赏也。……
严刑罚，则民远邪；信庆赏，则民轻难。"②
　　《牧民》强调"顺民心"和"刑罚不足以畏其意，杀戮不足以服其心"的"省
刑"，倡导"严刑罚""信庆赏"，与周公"敬天保民"和"明德慎罚"的思

① 《管子·牧民》，载赵守正：《管子注译》（上册），广西人民出版社1982年版，第1页。
② 《管子·牧民》，载赵守正：《管子注译》（上册），广西人民出版社1982年版，第1—2页。

想大致相合，都是出于维护礼乐制度和巩固国家根基的考虑。

《管子·五辅》提出的"德""义""礼""法""权"五项纲领性为政措施，也尚在《牧民》的"四维"框架范围之内。《五辅》所谓"德"之"六兴"是指统治者所应当推行的六项德政；"义"之"七体"是指人民百姓所应取的七种正义行为；"礼"之"八经"是指人们在国家组织中按其上下、贵贱、长幼、贫富八种不同身份所应遵守的行为礼仪；"法"之"五务"是指君主、大夫、官长、士和平民五个不同层级的成员所应履行的五种职责义务；"权"之"三度"是指审度天时、地利、人和，权衡举事之利弊得失。① 这里所讲的"礼"涉及上下、贵贱、长幼、贫富等差秩序的规定；"法"则涉及国家组织的职级分层和相应的职责义务的规定。"礼"和"法"合在一起，大致相当于儒家荀子所讲的"礼义"，其功能在于维护国家组织运行的秩序和保障、提高组织成员相互合作的效率。

《枢言》的礼法观也未超出《牧民》的"四维"框架，但提出了"法出于礼"②的命题，这是对自《牧民》以来齐法家之礼法观的概括，这一概括明确将"法"纳入了"礼"范畴；并提出了"人故相憎也，人之心悍，故为之法"③的法理观念。

《法禁》则开始重视"法"，指出："法制不议，则民不相私；刑杀毋赦，则民不偷于为善；爵禄毋假，则下不乱其上。三者藏于官则为法，施于国则成俗。其余不强而治矣。君一置其仪，则百官守其法；上明陈其制，则下皆会其度矣。"④ 其"法"概念在外延上涵盖法令、刑法和爵禄制度；其强调立法权应当集中于国君，由君主全权统一立法，并将法律内容公示天下，使国民皆知如何依法行事。

《任法》更提出："故法者，天下之至道也，圣君之实用也。"⑤ 将"法"提

①　详见《管子·五辅》，载赵守正：《管子注译》（上册），广西人民出版社1982年版，第84—87页。

②　《管子·枢言》，载赵守正：《管子注译》（上册），广西人民出版社1982年版，第106页。

③　《管子·枢言》，载赵守正：《管子注译》（上册），广西人民出版社1982年版，第106页。

④　《管子·法禁》，载赵守正：《管子注译》（上册），广西人民出版社1982年版，第124页。

⑤　《管子·任法》，载赵守正：《管子注译》（下册），广西人民出版社1982年版，第55页。

到了"天下之至道"的高度来理解和推崇，彰显了法家思想的典型特征。《任法》进而指出："所谓仁义礼乐者，皆出于法。此先圣之所以一民者也。"① 将"仁义礼乐"纳入"法"范畴，这与《枢言》"法出于礼"的礼法观形成了鲜明对照，表明了齐法家终于突破了《牧民》的"四维"框架，也表明了齐法家的"礼法并用"（余敦康语）由"礼治"范畴转变为"法治"范畴。尤其值得注意的是，《任法》还提出："法者不可不恒也，存亡治乱之所以出，圣君所以为天下大仪也。君臣上下贵贱皆发焉，故曰'法'。……君臣上下贵贱皆从法，此谓为大治。"② 其强调"君臣上下贵贱皆从法"，这简直就等于说"法律面前人人平等"了！

在《管子》中，《明法》《任法》二篇思想关系最为紧密，几乎可以把它们看作是出自同一作者的作品，因为由《任法》"君臣上下贵贱皆从法"的法治观念，已可逻辑地推导出"以法治国"的结论，只不过这个结论是由《明法》正式提出罢了。《明法》云：

> "夫国有四亡：令求不出谓之灭，出而道留谓之拥，下情求不上通谓之塞，下情上而道止谓之侵。故夫灭、侵、塞、拥之所生，从法之不立也。是故先王之治国也，不淫意于法之外，不为惠于法之内也。动无非法者，所以禁过而外私也。威不两错，政不二门。以法治国则举错而已。……先王之治国也，使法择人，不自举也；使法量功，不自度也。故能匿而不可蔽，败而不可饰也；誉者不能进，而诽者不能退也。然则君臣之间明别，明别则易治也，主虽不身下为，而守法为之可也。"③

比照《牧民》的"四维不张，国乃灭亡"之说，《明法》的"国有四亡"之论几乎就等于说"法维不张，国乃灭亡"了。《明法》主张将包括人才选录、功劳计量等在内的一切国家事务统统都纳入法治轨道，完全按照法律规定来处理国家事务。《明法》认为，对君主来说，以法治国的好处是，不用事必躬亲，只要依照法度去办，国家事务就都能得到妥善处理。

---

① 《管子·任法》，载赵守正：《管子注译》（下册），广西人民出版社1982年版，第54页。

② 《管子·任法》，载赵守正：《管子注译》（下册），广西人民出版社1982年版，第55页。

③ 《管子·明法》，载赵守正：《管子注译》（下册），广西人民出版社1982年版，第64—65页。

二、商鞅："效于古者，先德而治；效于今者，前刑而法"

冯友兰（1895—1990）先生曾将李悝、申不害、商鞅这些前期法家人物统称为"晋法家"①。周子良则主张以"三晋法家"来取代"晋法家"之名，并指出：

　　"三晋法家是指春秋战国时期形成于三晋，一些政治家、思想家和军事家关于'以法治国'、严刑峻罚、君主专制、富国强兵的思想或以'以法治国'为指导，进行富国强兵实践的总称。其主要代表有李悝、吴起、商鞅、慎到、申不害和韩非等。"

　　"他们认为必须变革旧有的礼制，制定明确、具体、公开的成文法，打破'刑不可知，威不可测'的秘密刑传统；主张君主专制、'以法为本'、'以法治国'、'以刑去刑'、'一断于法'；依靠赏罚、术势保证法的实施。其出发点是鼓励'农战'，其目标是富国强兵和在战争中立于不败之地，确保国家的存在。"②

周子良主张以"三晋法家"来取代"晋法家"之名，这固然有一定道理，但是他用"以法为本""以法治国""以刑去刑""一断于法"等来概括三晋法家的思想特质，则有欠妥当，因为从齐法家的作品《管子》的内容来看，《任法》"所谓仁义礼乐者，皆出于法"③就分明是属于"以法为本"思想；《明法》"以法治国则举错而已"④则是明确主张"以法治国"；《任法》"夫法者，上之所以一民使下也""君臣上下贵贱皆从法"⑤，也显然是主张"一断于法"。因此，并不能简单地将"以法为本""以法治国""以刑去刑""一断于法"纳入三晋法家思想系统。另外，余敦康先生用"礼法并用"来概括齐法家所

---

①　详见冯友兰：《中国哲学史新编》第一册，人民出版社 1982 年版，第 226—238 页。

②　周子良、王华、焦艳鹏：《三晋法家思想的华与实》，《山西大学学报（哲学社会科学版）》2002 年第 3 期。

③　《管子·任法》，载赵守正：《管子注译》（下册），广西人民出版社 1982 年版，第 54 页。

④　《管子·明法》，载赵守正：《管子注译》（下册），广西人民出版社 1982 年版，第 64 页。

⑤　《管子·任法》，载赵守正：《管子注译》（下册），广西人民出版社 1982 年版，第 55 页。

倡导的"统治方式"也有笼统之失，即作这样的概括虽然不错，但未免显得有些含混，因为从《管子》诸篇内容可以看出，齐法家中既有像《枢言》那样基于"法出于礼"的礼本论的"礼法并用"，也有像《任法》那样基于"仁义礼乐皆出于法"的法本论的"礼法并用"。据上文考察，基于"法出于礼"的礼本论的"礼法并用"，应是齐法家早期的思想和主张，特别是齐法家始祖管仲的思想和主张。从礼本论的"礼法并用"到法本论的"礼法并用"的转变，反映了齐法家思想发展的轨迹；法本论的"礼法并用"是齐法家思想发展的归宿，是齐法家思想的典型特征。

至于三晋法家，其思想情况其实是比较复杂的。从三晋法家前期的主要代表人物商鞅的思想情况来看，他曾当着秦孝公的面，跟甘龙、杜挚争论"变法"，说道：

"法者所以爱民也。礼者所以便事也。是以圣人苟可以强国，不法其故；苟可以利民，不循其礼。"①

"三代不同礼而王；五霸不同法而霸。故知者作法，而愚者制焉。贤者更礼，而不肖者拘焉。拘礼之人不足与言事，制法之人不足与论变。"②

"前世不同教，何古之法？帝王不相复，何礼之循？伏羲、神农，教而不诛；黄帝、尧、舜，诛而不怒；及至文、武，各当时而立法，因事而制礼。礼、法以时而定。制、令各顺其宜。兵甲器备，各便其用。臣故曰：治世不一道。便国不必法古。汤、武之王也，不循（引者按：或作'修'）古而兴。殷、夏之灭也，不易礼而亡。然则反古者未必可非，循礼者未足多（引者按：或作'多是'）也。"③

《商君书·更法》所记商鞅的上述言论，主要是表达了"礼""法"须应乎时事和适于事宜，所以应当随时代变化而变化的"更法"思想，并没有表现出重"法"轻"礼"抑或尊"法"黜"礼"的态度或倾向。

---

① 《商君书·更法》，载高亨注译：《商君书注译》，中华书局 1974 年版，第 15 页。
② 《商君书·更法》，载高亨注译：《商君书注译》，中华书局 1974 年版，第 16 页。
③ 《商君书·更法》，载高亨注译：《商君书注译》，中华书局 1974 年版，第 17 页。

《商君书·壹言》更明确指出："凡将立国，制度不可不察也，治法不可不慎也，国务不可不谨也，事本不可不抟也。制度时，则国俗可化，而民从制；治法明，则官无邪。"①这里强调了只有合乎时宜的制度，才具有移风易俗的作用和人人遵守的有效性。《壹言》进而指出："故圣人之为国也，不法古，不修今，因世而为之治，度俗而为之法。故法不察民之情而立之，则不成。治宜于时而行之，则不干。"②认为不同的时代有不同的治理方式，合乎时宜的制度是根据对民情的考察制定出来的；换言之，制度的合宜性是在于它的合于"民之情"。基于这个思想，《开塞》提出："古之民朴以厚，今之民巧以伪。故效于古者，先德而治；效于今者，前刑而法。"③认为"先德而治"（把道德摆在第一位来实行德治）是适用于古之民情朴实的治理方式；"前刑而法"（把刑罚摆在第一位来实行法治）是适用于今之民情虚伪的治理方式。这蕴含着"礼治"适用于古代、"法治"适用于当今的意思，只是没有明说罢了。

《说民》则谓："辩慧，乱之赞也。礼乐，淫佚之徵也。慈仁，过之母也。任誉，奸之鼠也。……故国有八者，上无以使守战，必削至亡。国无八者，上有以使守战，必兴至王。"④这是从战争角度否定"礼乐"的积极意义，认为如果没有礼和乐、慈心和仁道、侠义和赞誉，国家反而能在战争中赢得胜利而兴盛起来⑤。《去强》进一步指出：

"国有礼有乐，有《诗》有《书》，有善有修，有孝有弟，有廉有辩。国有十者，上无使战，必削至亡；国无十者，上有使战，必兴至王。国以善民治奸民者，必乱，至削；国以奸民治善民者，必治，至强。国用《诗》《书》、礼、乐、孝、弟、善、修治者，敌至必削国，不至必贫；国不用八者治，敌不敢至，虽至必却，兴兵而伐必取，取必能有之，按

①　《商君书·壹言》，载高亨注译：《商君书注译》，中华书局 1974 年版，第 81 页。

②　《商君书·壹言》，载高亨注译：《商君书注译》，中华书局 1974 年版，第 84 页。

③　《商君书·开塞》，载高亨注译：《商君书注译》，中华书局 1974 年版，第 77 页。

④　《商君书·说民》，载高亨注译：《商君书注译》，中华书局 1974 年版，第 52 页。

⑤　参见高亨注译：《商君书注译》，中华书局 1974 年版，第 53 页。

兵而不攻必富。"①

这里将"礼"、"乐"、《诗》、《书》和"善"、"修"（贤）、"孝"、"弟"、"廉"、"辩"统统列入富国强兵的负面清单，认为如果利用它们来治国，则必然会导致兵弱国穷。故《修权》谓"国之所以治者三：一曰法；二曰信；三曰权"②，压根儿不提"礼"。《靳令》则说："法平则吏无奸。法已定矣，不以善言害法。任功则民少言。任善则民多言。"③强调"法"对于吏治的极端重要性和与崇尚善行的德治相应的夸夸其谈的道德之言对于法治的危害性。《画策》更提出："胜民之本在制民，若冶于金、陶于土也。本不坚，则民如飞鸟禽兽，其孰能制之？民本，法也。故善治者塞民以法，而名地作矣。"④认为"法"才是国家治理中"制民""胜民"的根本保障。

总之，在"礼""法"关系上，商鞅并不否定"礼"的历史作用，但认为它只适用于特定时代的国家治理，并不适用于当时（战国时代）；符合当时民情的国家治理方式，乃是"前刑而法"的法治。

三、韩非："一民之轨，莫如法"和"礼者，所以情貌"

三晋法家后期的主要代表人物韩非的思想有似于商鞅，也是以历史观点来看待国家组织制度，这在韩非所写的著名论文《五蠹》中表现得最为明显：

"圣人不期修古，不法常可，论世之事，因为之备。……今欲以先王之政，治当世之民，皆守株之类也。"⑤

"事异则备变。上古竞于道德，中世逐于智谋，当今争于气力。……夫古今异俗，新故异备。如欲以宽缓之政，治急世之民，犹无辔策而御

① 《商君书·去强》，载高亨注译：《商君书注译》，中华书局 1974 年版，第 45 页。

② 《商君书·修权》，载高亨注译：《商君书注译》，中华书局 1974 年版，第 110 页。

③ 《商君书·靳令》，载高亨注译：《商君书注译》，中华书局 1974 年版，第 103 页。

④ 《商君书·画策》，载高亨注译：《商君书注译》，中华书局 1974 年版，第 137—138 页。

⑤ 《韩非子·五蠹》，载《韩非子》校注组：《韩非子校注》，江苏人民出版社 1982 年版，第 661—662 页。

马，此不知之患也。"①

这里"圣人不期修古，不法常可，论世之事，因为之备"之说与《商君书·壹言》所谓"圣人之为国也，不法古，不修今，因世而为之治，度俗而为之法"意思完全相同；所谓"上古竞于道德"与《商君书·开塞》所言"古之民朴以厚……故效于古者，先德而治"意思也相一致，由此可见商鞅对韩非的思想影响和韩非对商鞅思想的吸收程度。

在韩非看来，在"当今争于气力"的时代，既不应该崇尚"道德"，也不应该推崇"智谋"，而是应该发展国家实力（"气力"）。《五蠹》所抨击的对象是在韩非看来如同蛀虫一样危害国家、影响国家实力发展的五种人：

第一种是"学者"——韩非指摘他们称颂先王之道，进行仁义说教，又讲究仪表和修饰言辞，用以扰乱当代法治和动摇君主推行法治的决心；

第二种是"言谈者"——韩非指摘他们制造谎言，借助别国力量来谋取私利，而置国家利益于不顾；

第三种是"带剑者"——韩非指摘他们触犯法禁，收罗党徒，标榜气节，以显扬其名声；

第四种是"患御者"——韩非指摘他们为了逃避兵役，聚集贵族门下，用财货行贿，依仗权臣说情；

第五种是"工商之民"——韩非指摘他们制造粗劣器物，积聚奢侈品，囤积居奇，等待时机，从农民身上牟取利益。

韩非将"称先王之道以籍仁义，盛容而饰辩说，以疑当世之法，而贰人主之心"②的"学者"列为"五蠹"之首。从其文所言"今儒、墨皆称先王兼爱天下，则视民如父母"③来判断，韩非所指摘的"学者"是指儒家和墨家；

---

① 《韩非子·五蠹》，载《韩非子》校注组：《韩非子校注》，江苏人民出版社 1982 年版，第665—666 页。

② 《韩非子·五蠹》，载《韩非子》校注组：《韩非子校注》，江苏人民出版社 1982 年版，第679 页。

③ 《韩非子·五蠹》，载《韩非子》校注组：《韩非子校注》，江苏人民出版社 1982 年版，第666 页。

而从其下面的论述来看，他所谓的"学者"则主要是指儒家而言：

> "儒以文乱法，侠以武犯禁，而人主兼礼之，此所以乱也。夫离法者罪，而诸先王以文学取；犯禁者诛，而群侠以私剑养。故法之所非，君之所取；吏之所诛，上之所养也。法、趣、上、下，四相反也，而无所定，虽有十黄帝不能治也。故行仁义者非所誉，誉之则害功；工文学者非所用，用之则乱法。"①

韩非认为，对于"以文乱法"的儒生和"以武犯禁"的游侠，当时的君主竟然以礼相待，这是造成国家政治秩序混乱的根源。以韩非之见，君主决不应该称赞讲究仁义的儒生，因为称赞这些儒生，有害于耕战；君主也不应该任用这些搞文学的儒生，因为任用这些儒生，会扰乱法治。韩非对于在朝廷上总爱引经据典地"举先王言仁义"的儒臣和平素注重道德修养而竞相标榜清高的隐士极为反感，认为他们的这些行为只会起到"乱政"的作用：

> "举先王言仁义者盈廷，而政不免于乱；行身者竞于为高而不合于功，故智士退处岩穴，归禄不受，而兵不免于弱，政不免于乱，此其故何也？民之所誉，上之所礼，乱国之术也。"②

韩非尤其厌恶那些言必称"先王"、口不离"仁义"的儒生，明确主张"明主之国，无书简之文，以法为教；无先王之语，以吏为师；无私剑之捍，以斩首为勇"，认为假如能使一国之民"言谈者必轨于法，动作者归之于功，为勇者尽之于军"，则必能臻于"无事则国富，有事则兵强"的"超五帝侔三王"③之胜境。

《五蠹》"以法为教""以吏为师"的主张，主要是针对儒家"举先王言仁义"而提出，反映了韩非在政治上与儒家的对立立场，由此导致他在制度建设思

---

① 《韩非子·五蠹》，载《韩非子》校注组：《韩非子校注》，江苏人民出版社 1982 年版，第670 页。

② 《韩非子·五蠹》，载《韩非子》校注组：《韩非子校注》，江苏人民出版社 1982 年版，第673 页。

③ 《韩非子·五蠹》，载《韩非子》校注组：《韩非子校注》，江苏人民出版社 1982 年版，第674—675 页。

路上与儒家背道而驰。在"礼""法"关系上，韩非的老师荀况的思想与《管子·枢言》所持"法出于礼"的礼本论相一致。荀子说："礼者，法之大分类之纲纪也"①；"故非礼，是无法也"；"故学也者，礼法也。"② 荀子主张"人一之于礼义"③，要求将为人、处事、治国都纳入礼义制度来加以规范，所以说："人无礼则不生，事无礼则不成，国家无礼则不宁。"④ 韩非则不然，他说：

"国无常强，无常弱。奉法者强，则国强；奉法者弱，则国弱。"⑤

"故以法治国，举措而已矣。法不阿贵，绳不挠曲。法之所加，智者弗能辞，勇者弗敢争。刑过不辟大臣，赏善不遗匹夫。故矫上之失，诘下之邪，治乱决缪，绌羡齐非，一民之轨，莫如法。厉官威名，退淫殆，止诈伪，莫如刑。刑重，则不敢以贵易贱；法审，则上尊而不侵。上尊而不侵，则主强而守要，故先王贵之而传之。人主释法用私，则上下不别矣。"⑥

可以对比一下：韩非"一民之轨，莫如法"的观点与荀子"人一之于礼义"的观点乃是泾渭分明，截然有别；而韩非"以法治国"的主张与《管子·明法》的主张则毫无二致，完全相同！还可以将《韩非子·有度》和《管子·明法》的如下两段论述做一对比：

"故明主使法择人，不自举也；使法量功，不自度也。能者不可弊，败者不可饰，誉者不能进，非者弗能退，则君臣之间明辩而易治，故主仇法则可也。"（《韩非子·有度》)⑦

"先王之治国也，使法择人，不自举也；使法量功，不自度也。故

---

① 《荀子·劝学》，载梁启雄：《荀子简释》，中华书局 1983 年版，第 7 页。

② 《荀子·修身》，载梁启雄：《荀子简释》，中华书局 1983 年版，第 21 页。

③ 《荀子·礼论》，载梁启雄：《荀子简释》，中华书局 1983 年版，第 255 页。

④ 《荀子·修身》，载梁启雄：《荀子简释》，中华书局 1983 年版，第 16 页。

⑤ 《韩非子·有度》，载《韩非子》校注组：《韩非子校注》，江苏人民出版社 1982 年版，第 41—42 页。

⑥ 《韩非子·有度》，载《韩非子》校注组：《韩非子校注》，江苏人民出版社 1982 年版，第 50—51 页。

⑦ 《韩非子》校注组：《韩非子校注》，江苏人民出版社 1982 年版，第 46 页。

能匿而不可蔽，败而不可饰也；誉者不能进，而诽者不能退也。然则君臣之间明别，明别则易治也，主虽不身下为，而守法为之可也。"(《管子·明法》)①

这两段论述不但意思相同，连文字用语都高度相似！据此推断，《韩非子·有度》和《管子·明法》当属同一思想系统（至于这两篇文章的作者到底是谁参照了谁的作品，这里不去追究。）。所以，如果把《管子》中的《任法》和《明法》视为同一思想系统的作品，进而认为齐法家有一个从礼本论的"礼法并用"到法本论的"礼法并用"的思想演变过程的话，那么，也未尝不可以这样来理解从荀子到韩非的思想演变过程：这也是一个由礼本论的"礼法并用"到法本论的"礼法并用"的思想演变过程。只是韩非并没有像《管子·任法》那样认为"仁义礼乐皆出于法"，而是借助于对《老子》"德篇"首章的解释，表达了"德仁义礼皆出于道"的观点②。韩非在《解老》中所表达的这个观点，表明了他把"道"理解为最高"法"（即"法"的本源），也就是他在《主道》中所说的"道者，万物之始，是非之纪"③。所以他在《饰邪》中说："故先王以道为常，以法为本。"④这就是说，先王是以"道"为法则，根据"道"来制定法律，把法律作为立国的根本。因此，如果说"法"在礼本论者荀子那里是所谓"礼法"的话，那么，"法"在韩非这里则可以称为"道法"。

按照韩非的"道法"思想，"德""仁""义""礼"对于"道法"都只具有从属意义。"夫道者，弘大而无形"⑤，"虚静无为，道之情也"⑥，所以，作为"道

---

① 赵守正：《管子注译》（下册），广西人民出版社1982年版，第64—65页。
② 因原文篇幅较长，兹不俱引，详见《韩非子·解老》，载《韩非子》校注组：《韩非子校注》，江苏人民出版社1982年版，第183—187页。
③ 《韩非子·主道》，载《韩非子》校注组：《韩非子校注》，江苏人民出版社1982年版，第35页。
④ 《韩非子·饰邪》载《韩非子》校注组：《韩非子校注》，江苏人民出版社1982年版，第176页。
⑤ 《韩非子·扬权》，载《韩非子》校注组：《韩非子校注》，江苏人民出版社1982年版，第64页。
⑥ 《韩非子·扬权》，载《韩非子》校注组：《韩非子校注》，江苏人民出版社1982年版，第65页。

之功"的"德"① 应该是"以无为无思为虚";"虚，则德盛;德盛之谓上德"②。也就是说，"德"是完全自然而然所达到的虚静之境，不掺杂任何主观故意的成分。作为"德之光"的"仁"③ 应该是在这种自然的心境中产生的"欣然爱人"之情，这种自然的仁爱是"喜人之有福，而恶人之有祸也;生心之所不能已也，非求其报也"④（意谓"喜欢别人得到幸福，不喜欢别人遭到灾祸，完全是出于不由自主的自然情感，并非为了得到别人的报答"）。作为"仁之事"的"义"⑤ 则是指在处理"君臣上下之事"、"父子贵贱之差"、"知交朋友之接"和"亲疏内外之分"的人际等差关系时，一切以"宜"为转移:"臣事君宜，下怀上宜，子事父宜，众敬贵宜，知交友朋之相助也宜，亲者内而疏者外宜"——总之，"宜而为之"⑥。在国家组织生活中，"仁义"主要表现为两个方面:一方面，知君臣上下之别，守人臣之礼而不僭越——"仁义者，不失人臣之礼，不败君臣之位者也。"⑦另一方面，承平之时心忧天下，唯恐天下生祸患;国家有难时，不顾及自己的卑微地位和屈辱待遇而奔赴国难——"夫仁义者，忧天下之害，趋一国之患，不避卑辱谓之仁义。"⑧作为"义之文"的"礼"⑨ 则是恰当地处理人际等

① 《韩非子·解老》，载《韩非子》校注组:《韩非子校注》，江苏人民出版社1982年版，第185页。
② 《韩非子·解老》，载《韩非子》校注组:《韩非子校注》，江苏人民出版社1982年版，第183页。
③ 《韩非子·解老》，载《韩非子》校注组:《韩非子校注》，江苏人民出版社1982年版，第185页。
④ 《韩非子·解老》，载《韩非子》校注组:《韩非子校注》，江苏人民出版社1982年版，第183页。
⑤ 《韩非子·解老》，载《韩非子》校注组:《韩非子校注》，江苏人民出版社1982年版，第185页。
⑥ 《韩非子·解老》，载《韩非子》校注组:《韩非子校注》，江苏人民出版社1982年版，第184页。
⑦ 《韩非子·难一》，载《韩非子》校注组:《韩非子校注》，江苏人民出版社1982年版，第508页。
⑧ 《韩非子·难一》，载《韩非子》校注组:《韩非子校注》，江苏人民出版社1982年版，第507页。
⑨ 《韩非子·解老》，载《韩非子》校注组:《韩非子校注》，江苏人民出版社1982年版，第185页。

差关系时有条理的情感表达，以这种方式来显示对待具有不同地位与不同身份的人所应有的情感与态度差别（"礼者，所以情貌也，群义之文章也，君臣父子之交也，贵贱贤不肖之所以别也"①）。要而言之，韩非所讲的"礼"并非是如荀子所讲的那种具有国家组织制度意义的"礼"，而是指生活在具有等差秩序的国家组织中的人们处理人际关系时有分寸地表达出来的对待他人的礼节、礼貌。从"夫善赏罚者，百官不敢侵职，群臣不敢失礼"②"简侮大臣，无礼父兄，劳苦百姓，杀戮不辜者，可亡也"③等话语可以看出，在韩非看来，无论是在国家生活中还是在家庭生活中，待人以礼都是必要的和应该的。在家庭里固然应该礼待父、兄，就是在朝廷上君臣之间也应该彼此以礼相待，为臣者固然须守人臣之礼，就是君主也不能简侮大臣，也应该以一定的礼数来对待大臣。

韩非尤其注重诸侯国之间的外交礼数。"有道之君，外无怨仇于邻敌，而内有德泽于人民。夫外无怨仇于邻敌者，其遇诸侯也外有礼义。内有德泽于人民者，其治人事也务本。遇诸侯有礼义，则役希起；治民事务本，则淫奢止。"④反之，如果待人无礼，在某种情况下是会招来厄运的。例如，韩非在《亡征》中就说："国小而不处卑，力少而不畏强，无礼而侮大邻，贪愎而拙交者，可亡也。"⑤在《十过》中，韩非又分别举例说明了"行僻自用，无礼诸侯，则亡身之至也"⑥和"国小无礼，不用谏臣，则绝世之势也"⑦。

---

① 《韩非子·解老》，载《韩非子》校注组：《韩非子校注》，江苏人民出版社 1982 年版，第 184 页。

② 《韩非子·难一》，载《韩非子》校注组：《韩非子校注》，江苏人民出版社 1982 年版，第 505 页。

③ 《韩非子·亡征》，载《韩非子》校注组：《韩非子校注》，江苏人民出版社 1982 年版，第 147 页。

④ 《韩非子·解老》，载《韩非子》校注组：《韩非子校注》，江苏人民出版社 1982 年版，第 197 页。

⑤ 《韩非子·亡征》，载《韩非子》校注组：《韩非子校注》，江苏人民出版社 1982 年版，第 146 页。

⑥ 《韩非子·十过》，载《韩非子》校注组：《韩非子校注》，江苏人民出版社 1982 年版，第 81、83—84 页。

⑦ 《韩非子·十过》，载《韩非子》校注组：《韩非子校注》，江苏人民出版社 1982 年版，第 81、98—99 页。

但是，韩非主张礼貌待人时应注意礼数的简朴，而反对"礼繁"，他指出：

> "礼为情貌者也，文为质饰者也。夫君子取情而去貌，好质而恶饰。夫恃貌而论情者，其情恶也；须饰而论质者，其质衰也。何以论之？和氏之璧，不饰以五采；隋侯之珠，不饰以银黄。其质至美，物不足以饰之。夫物之待饰而后行者，其质不美也。是以父子之间，其礼朴而不明，故曰礼薄也。凡物不并盛，阴阳是也；理相夺予，威德是也；实厚者貌薄，父子之礼是也。由是观之，礼繁者，实心衰也。然则为礼者，事通人之朴心者也。"①

"礼"的作用本来是为了沟通人们朴实的心意，但是它在一定条件下也有负面作用。"众人之为礼也，人应则轻欢，不应则责怨。今为礼者事通人之朴心而资之以相责之分，能毋争乎？有争则乱，故曰：'夫礼者，忠信之薄也，而乱之首乎。'"② 韩非对老子论"礼"之语的解释未免过于牵强，经他这么一解释，就仿佛老子之所以将"礼"视为"乱之首"，是鉴于人们在互相行礼时会因礼数不周而导致互相责怪和怨恨从而引起人际纷争似的，这分明不合老子原意。不过，由此可以看出，韩非对"礼"的态度明显不同于老子：老子是反对统治者用"礼"来束缚人民的行为，使其失去符合人的真朴之性的自由生活；韩非则根本无意于让人民返朴归真去过一种符合其本性的自由生活，只是在他看来，"礼"作为沟通人们朴实心意的手段固然有必要，但是人际交往中讲究太多的礼数，以至于"礼繁"到了失去"为礼者，事通人之朴心者"的本来意义，只是追求外在仪表的文饰时，"礼"就未免沦落成"其质不美"的"心衰"者文饰外表的工具，这种仅仅是作为外在的文饰性工具的"礼"，乃是导致人们互相责怪和怨恨以致引起人际纷争的"乱之首"。更进一步说，老子是从国家治理角度去审视"礼"，认为"礼"对人

---

① 《韩非子·解老》，载《韩非子》校注组：《韩非子校注》，江苏人民出版社 1982 年版，第 186 页。

② 《韩非子·解老》，载《韩非子》校注组：《韩非子校注》，江苏人民出版社 1982 年版，第 183—187 页。

的真朴之性起着破坏性作用，是最不适合于用来治国的；韩非则是从人际交往角度来审视"礼"，认为过于繁琐的礼节是导致人际纷争的祸源，但他并不否认简朴的礼节对于日常生活和国家治理也有其积极意义。

本章小结

国家组织哲学的实质和核心是关于国家组织制度的设计理念与思想。先秦儒、道、法的国家组织哲学是周代礼乐制度转型时代的产物，这一转型过程实质上是从以"礼"为主要标识的周制到以"法"为主要标识的秦制的历史变革。故"礼""法"关系是先秦儒、道、法国家组织哲学的主要议题。

在先秦儒、道、法三家中，儒家对周代礼乐制度总体上持保守态度，其始祖孔子依然主张"为国以礼"，其"礼"概念在外延上是指夏、商、周乃至于后世百代有相因关系的国家组织制度和作为其制度的具体化形式的组织行为规范。孔子认为，"礼"原本是圣人为"治人之情"而依据"天道"制定出来的，从夏代开始运用于国家治理，其后每代都对前代之"礼"有所损益，虽百世之后也必定是如此。但孔子并没有去思考怎样对周代之"礼"进行合理损益的问题，而是撇开"礼"的损益不论，去探究一个稳定而繁荣的礼义之邦所必需的国家组织制度应该有怎样的道德作为其精神基础的问题。孔子的"仁学"就是为了解决这个问题，其核心观点认为，"礼"必须以"仁"作为道德基础才能立得住脚。孟子则进一步探讨了"仁""礼"关系，认为"仁""礼"的共同基础是人的良善本性，"仁"和"礼"都是从人的良善本性发展而来；在"仁""礼"之间，孟子主张用"礼"来节制"仁"，使人际情感关系达到"和而不同"。与孔、孟的关注点不同，荀子则偏重于思考国家组织制度的重建问题，并吸取法家思想，以"法"作为"礼"的补充。荀子"礼学"思想的主要特点，是从"群"的角度论证了"礼"对于人类的意义：人优于动物之处在于人能依靠"礼"的组织功能，将自己组成一个内部分工合理从而可以进行有效合作的群体，正是依靠其群体的力量，人类才能

"胜物"而成为"最为天下贵"者。荀子所追求的"群",是"人载其事而各得其宜"乃至"万物皆得其宜,六畜皆得其长,群生皆得其命"的国家组织形态,在这理想形态的国家组织中,不仅实现了人际和谐,也实现了天人之际和谐。在荀子看来,只有生活在这样的国家组织中,严格按照"礼"所定的规矩行事的人,才能成为天下最高贵的"人"。

道家始祖老子作为周朝史官(当时礼为史官所掌),精通周王室的各种礼仪,以至于连孔子都要向他问礼。然而,也正因为如此,老子深悉周制的流弊以及周制社会中道德的虚伪。老子称"仁""义""礼"为"下德",指摘"礼者乱之首",抨击"法令滋彰,盗贼多有",凡此都表明在老子看来,"礼""法"之类属于一路货,都是导致社会动荡不安的因素,其否定周代礼乐制度的态度十分明显。老子又称"无名天地之始,有名万物之母"①,这表明老子清楚地意识到,从"无名"之"道"到"有名"之"物"的演化,是由于"道之动"本身所造成,有其必然性;同时也意味着老子承认,"有名"的社会道德和社会制度的出现,是宇宙演化进程中无可避免的事,故有"始制有名"②之说。但老子又说:"名亦既有,夫亦将知止,知止所以不殆。③这是表明老子面对"有名"的社会道德和社会制度之现实,主张"知止",即顺应"道之动"之"反"的规律,及时"知返",从"有名"向"无名"回归。这种"知止"是对从事国家治理的"侯王"所提出的建议,是希望"侯王"抛弃"礼""法"之类"有名"的治国之"器",而"镇之以无名之朴"④,即在"朴散为器"⑤的情况下,用"无

---

① 《老子·一章》,载(魏)王弼著,楼宇烈校释:《王弼集校释》,中华书局1980年版,第1页。

② 《老子·三十二章》,载(魏)王弼著,楼宇烈校释:《王弼集校释》,中华书局1980年版,第82页。

③ 《老子·三十二章》,载(魏)王弼著,楼宇烈校释:《王弼集校释》,中华书局1980年版,第82页。

④ 《老子·三十七章》,载(魏)王弼著,楼宇烈校释:《王弼集校释》,中华书局1980年版,第91页。

⑤ 《老子·二十八章》,载(魏)王弼著,楼宇烈校释:《王弼集校释》,中华书局1980年版,第75页。

名之朴"来取代"有名之器",依据"道"在自我运动中"道常无名"①的特性,以"道"为法则,重建国家组织制度。对于这套"无名"的理想制度,正如其在描述"道"时所说"吾不知其名,字之曰道,强为之名曰大"②一样,老子亦强为之名曰"大制",而谓"大制不割"③,其意思是说,它不是像"礼""法"之类的"有名之器"那样以某种名目或名分的形式来规制人们的情感与行为,而是"以天下之心为心"(王弼语)④,让天下百姓能在"莫之命而常自然"⑤这种不受外来强行干预的情况下实行自我治理的制度。老子认为,在这种理想制度下,即可实现"我无为而民自化,我好静而民自正,我无事而民自富,我无欲而民自朴"⑥的"圣王之治"。庄子亦有类似的制度设想,故有"至礼有不人"⑦(视人若己而不相辞谢是最完美的礼)之说。

法家主张通过"变法"来改革现行制度,许多法家人物更将其"变法"思想付诸行动。以《管子》为代表的齐法家以"礼法并用"为基本特点,然其前期(以《牧民》《五辅》《枢言》为代表)是持"法出于礼"的"礼本论",其"礼"涉及上下、贵贱、长幼、贫富等差秩序的规定,其"法"则涉及国家组织的职级分层和相应的职责义务的规定,二者合在一起,大致相当于儒家荀子所讲的"礼义",其功能在于维护国家组织运行的秩序和保障组织成员相互合作的有效性和效率的提高;其后期(以《法禁》《任法》《明法》为

---

① 《老子·三十二章》,载(魏)王弼著,楼宇烈校释:《王弼集校释》,中华书局1980年版,第81页。

② 《老子·二十五章》,载(魏)王弼著,楼宇烈校释:《王弼集校释》,中华书局1980年版,第63页。

③ 《老子·二十八章》,载(魏)王弼著,楼宇烈校释:《王弼集校释》,中华书局1980年版,第75页。

④ 《老子注·二十八章》,载(魏)王弼著,楼宇烈校释:《王弼集校释》,中华书局1980年版,第75页。

⑤ 《老子·五十一》,载(魏)王弼著,楼宇烈校释:《王弼集校释》,中华书局1980年版,第137页。

⑥ 《老子·五十七章》,载(魏)王弼著,楼宇烈校释:《王弼集校释》,中华书局1980年版,第150页。

⑦ 《庄子·庚桑楚》,载曹础基:《庄子浅注》,中华书局1982年版,第358页。

代表）则持"以法治国"的"法本论"，其"法"包括法令、刑法和爵禄制度等，主张将人才选录、功劳计量等在内的一切国家事务都纳入法治轨道，完全按照法律规定来处理国家事务，认为如此"以法治国"的好处是，君主不用事必躬亲，只要依照法度去办，国家事务便都能得到妥善处理。三晋法家中，商鞅不否定"礼"的历史作用，但认为它只适用于民情朴实的古代，并不适用于民情虚伪的当今（战国时代），符合当今民情的国家治理方式应该是"前刑而法"（把刑罚摆在第一位来实行法治）。韩非早年受业于荀子，后来其学"归本于黄老"，从荀子到韩非也经历了一个类似齐法家由"礼本论"的"礼法并用"到"法本论"的"礼法并用"的思想演变过程：荀子礼法观的特征是"礼本论"的"礼法并用"，其"法"是属于"礼"范畴的"礼法"；韩非礼法观的特征是"法本论"的"礼法并用"，其"法"是属于"道"范畴的"道法"。按韩非的"道法"思想，"德""仁""义""礼"都是从属于"法"，对"法"起补充作用的。在国家组织生活中，"仁义"的作用在于：一方面，知君臣上下之别，守人臣之礼而不僭越；另一方面，承平之时心忧天下，唯恐天下生祸患；国家有难时，不顾及自己的卑微地位和屈辱待遇而奔赴国难。韩非所讲的"礼"，并不是如荀子所讲的那种具有国家组织制度意义的"礼"，而是指生活在具有等差秩序的国家组织中的人们处理人际关系时有分寸地表达出来的对待他人的礼节、礼貌。韩非认为，无论是在国家生活中还是在家庭生活中，待人以礼都是必要的和应该的；尤其在诸侯国之间的外交场合，如果待人无礼，在某些情况下是会招来厄运的。但是，韩非主张礼节简朴，反对"礼繁"。另外，韩非还认为，"礼"的作用是为了沟通人们朴实的心意，但它也给人们提供了互相指责的尺度，所以它也有引发人际争执而导致社会纷乱的负面作用。

第五章　君民之辨

　　国家组织哲学的内容牵涉国家组织制度、国家组织主体和国家组织目的三个主要方面，按其逻辑关系来说，国家组织制度的确定是国家组织治理赖以开展的必要前提和基础，因为国家组织治理不管采取何种方式，总是要依据某种组织制度来进行；而国家组织治理是一种主体活动，其主体性涉及：(1) 国家组织治理者是谁？抑或国家组织治理由谁来主持和承担？(2) 国家组织治理为何？国家组织治理为达成何种目的？抑或国家组织治理要实现何种理想？二者密切相关，不可分割，因为任何目的、理想总是一定的人的目的、理想，而作为主体的人总是抱有一定目的、理想的；但它们毕竟又是两回事，因为国家组织治理者是谁，还涉及治理主体在国家组织中的地位和作用等问题，而不仅仅是其抱有什么目的、怀有什么理想、追求什么境界的问题。

　　中国古代有相对于"百官"而言的"四民"之说，"百官"指公卿以下的众官，"四民"指包括士、农、工、商各阶层在内的平民百姓。在中国古代国家组织生活中，众官与百姓之间是"治人"者与"治于人"者的国家组织治理关系，而统御众官来治理百姓并协调众官与百姓关系的人便是所谓"君"或"王"。本章拟论述儒、道、法对君王与百姓之间关系的根本看法，这种看法涉及"国家组织治理由谁来主持和承担"的问题，从一个方面反映了其国家组织哲学对于国家治理主体性质的界定。

第一节　儒家：民本君末

据《尚书·夏书·五子之歌》记载："皇祖有训，民可近不可下，民惟邦本，本固邦宁。"[1] 尽管《五子之歌》向来被认为是属于所谓"伪古文"《尚书》），然其"民惟邦本"之说与《礼记·缁衣》中所引述的孔子之说"民以君为心，君以民为体"[2] 相比，前者反而直接触及了国家组织中"君民之间孰为国本"这一君民关系的实质与核心，后者所涉及的则是"君民之间孰为本"的关系，这种关系相对于前一种关系仅具有从属意义；而以往对于儒家民本思想的研究则往往忽视了这两种关系的差异性，抑或仅仅是从"君民之间孰为本"的角度来探讨儒家民本思想，仿佛儒家民本思想只是关于君主应当怎样看待百姓的"治道"和"治术"思想，而无关乎君与民在国家组织中的地位和作用了。然而从国家治理哲学角度来看，儒家民本思想恰恰首先是关于"君民之间孰为国本"的思想，其次才是关于"君民之间孰为本"的思想。

一、儒家民本思想之源

儒家的民本思想是与其"天"的信仰和观念联系在一起的，这种信仰和观念来源于西周的宗教"天命"论。与商朝的宗教观念相比，西周的宗教观念具有如此特点：其一，在至上神崇拜方面，商代所崇拜的是"上帝"，西周所崇拜的是"天"。其二，商朝的宗教观念中的"上帝"是没有道德意识的，所以商朝的君主以为无论自己怎样作为，"上帝"都会保佑自己；西周的宗教观念则认为"天"是具有是非观念和道德准则的。因此，只有遵守"天"所立下的道德标准的人，才能获得福禄，取得"天命"。其三，商朝的宗教观念中，"帝令"是永不改变的，所以当殷纣王在灭顶之灾已临眉睫的情况

---

[1] （汉）孔安国传，（唐）孔颖达正义：《尚书正义》，上海古籍出版社2007年版，第264页。

[2] （汉）郑玄注，（唐）孔颖达等正义：《礼记正义》，黄侃经文句读，上海古籍出版社1990年版，第931页。

下，依旧抱着"我生不有命在天"①的信念，笃信殷政权将永世常存，不会灭亡；西周的宗教观念则以其相信"天"有道德意识，所以认为"天命"并非永不改变，而是持有这样一种政治信念："天"只授权于有道德的君主来治理天下；反之，如果君临天下者不能遵守"天"所立下的道德标准，像夏桀、商纣那样昏庸残暴地鱼肉百姓，"天"就会收回对他们的成命，剥夺他们的统治权力。这就叫作"天命靡常"②。

据《左传》襄公三十一年所引《泰誓》之言"民之所欲，天必从之"③，周公是以是否顺从"民之所欲"作为君主是否遵守"天"的道德意识的根本标准的。周公的这一言论表明，在他的宗教道德观念中，"天意"包含着"爱民"之意，按照这种"天意"，"民"是神圣不可冒犯的，所以对受命于"天"的君主来说，"民欲"是不可违背的。这里周公虽没有直接提到"国"和"君"，但他这话主要是讲给国君听的，是要让周朝君主明白"天意"与"民欲"的一致性道理，使其懂得顺从"民欲"的重要性，知道如欲保住自己的君主地位，则须遵从"天意"而顺从"民欲"，否则就难免要重蹈桀、纣失国的覆辙。周公的这一言论实际上为君主在国家组织中的使命做了如此定位：君主是领受"天命"而来到这个组织，为了实现"天意"的要求而从事旨在满足"民之所欲"的组织治理活动。由此可见"天""君""民"之间存在着这样一种关系，在这种关系中，"天"是决定国家组织命运的主宰之神，按照这个主宰之神的旨意，"君""民"在国家组织中的地位和作用分别在于："民"在国家组织中的地位是"天意"的体现者，其作用是通过"民欲"来反映"天意"，显示"天意"的要求；"君"在国家组织中的地位是"天意"的实现者，其作用是通过旨在满足"民之所欲"的组织治理来达成"天意"，满足"天意"的要求。"天""君""民"之间的这种关系在《尚书·周书·泰誓》中

---

① 《尚书·西伯戡黎》，载（清）孙星衍：《尚书今古文注疏》，陈抗、盛冬铃点校，中华书局 1986 年版，第 254 页。

② 《诗经·大雅·文王》，载袁愈荽译诗，唐莫尧注释：《诗经全译》，贵州人民出版社 1981 年版，第 388 页。

③ （清）洪亮吉：《春秋左传诂》，中华书局 1987 年版，第 623 页。

有相应的表述："天将有立父母，民之有政有居。"① 孙星衍疏："父母者，谓天子也。"又引《汉书·谷永传》疏解之："天生烝民，不能相治，为立王者以统理之。"② 儒家的民本思想即是来源于周公，所谓"民本"就是指在"天为民立王（君）"的关系中，民是国之本，君是国之末。这种本末关系是站在"天"的立场上，要求"君"所应当认清的关系；凡君临天下者，只要认清了这种关系，按照"民本君末"关系来对待自己和对待民众，就能做到"统本举末"——以顺从反映"天意"的"民欲"来成就"天命"的王业。

二、孔子"安民"思想

民本思想在周公那里还只是萌芽，并无深刻而系统的论述，这种论述是从孔子开始逐步深入和系统化的。

孔子的民本思想集中反映在其"安民"论中。《论语·宪问》载：

> "子路问君子。子曰：'修己以敬。'曰：'如斯而已乎？'曰：'修己以安人。'曰：'如斯而已乎？'曰：'修己以安百姓。修己以安百姓，尧舜其犹病诸？'"③

孔子的这些话联结起来就是说，君子的自我修养应从"敬"入手，由此而达到"安人""安百姓"的目标。对君子来说，"安人"与"安百姓"都是显示其"仁爱"的行为，但"安人"是君子作为"志士仁人"的"仁爱"行为，"安百姓"是君子作为如尧舜那样的君临天下者的"仁爱"行为。这两种行为的区别在于："安人"所处理的是一般的人己关系；"安百姓"所处理的是特定的人己关系，即君民关系。进而言之，这两种行为的主体固然都是君子，但以其行为过程所处理的人际关系的内容不同，其组织身份亦有相应的差别：当其处理一般的人己关系时，君子的身份是国家组织中的"士"；当其处理君民关系时，君子的身份是国家组织中的"君"。孔子的"安民"论，

---

① （清）孙星衍：《尚书今古文注疏》，陈抗、盛冬铃点校，中华书局 1986 年版，第 279 页。
② （清）孙星衍：《尚书今古文注疏》，陈抗、盛冬铃点校，中华书局 1986 年版，第 279 页。
③ 《论语·宪问》，载杨伯峻译注：《论语译注》，中华书局 1980 年版，第 159 页。

就是其"安百姓"的理论,这是儒家组织哲学中关于"君民之辨"的一种理论,是孔子民本思想的表达。

对君子来说,"安人"与"安百姓"固然都是显示其"仁爱"的行为,但是从君子"修己"角度说,"安百姓"是比"安人"更高一级的境界,照孔子的说法,"修己以安百姓,尧舜其犹病诸?"——"安百姓"是连尧舜这样的圣君都担心自己做不到的。《论语·雍也》也载有孔子类似说法:"子贡曰:'如有博施于民而能济众,何如? 可谓仁乎?'子曰:'何事于仁,必也圣乎! 尧舜其犹病诸!'"① 可见,"安百姓"也就是"博施于民而能济众"的"圣"境,而"安人"是"仁"境。"仁""圣"境界的区别不是道德上的区别,而是功业上的区别,即相对于"安人"的功业,"安百姓"是更大的功业,是事业难度远高于"安人"的王业。一谈起"安百姓"或"博济众民",孔子都要讲"尧舜其犹病诸',这说明在他看来,"安百姓"是极不容易的事,它作为"仁者"的王业,是要按"己欲立而立人,己欲达而达人"② 的原则,务求使天下百姓都能"立"而"达"。据孔子"兴于《诗》,立于礼,成于乐"③"不学礼,无以立"④"下学而上达"⑤"克己复礼为仁。一日克己复礼,天下归仁焉"⑥ 等论述,"安百姓"的"立""达"目标,是要让天下百姓都能"下学于礼而上达于仁",以至于"克己复礼"而"天下归仁",也就是要让每个人都成为"人"——摆脱了野蛮状态的文明人。从国家组织哲学角度说,孔子的组织理想就是要把国家建设成为人人都摆脱了野蛮状态的文明组织,这也是孔子的"安民"大目标。

为了实现"天下归仁"的国家组织理想和"安民"大目标,孔子要求承担国家治理责任的君子"修己以敬"。这一要求反映了孔子的这样一种治理

① 杨伯峻译注:《论语译注》,中华书局 1980 年版,第 65 页。
② 《论语·雍也》,载杨伯峻译注:《论语译注》,中华书局 1980 年版,第 65 页。
③ 《论语·泰伯》,载杨伯峻译注:《论语译注》,中华书局 1980 年版,第 81 页。
④ 《论语·季氏》,载杨伯峻译注:《论语译注》,中华书局 1980 年版,第 178 页。
⑤ 《论语·宪问》,载杨伯峻译注:《论语译注》,中华书局 1980 年版,第 156 页。
⑥ 《论语·颜渊》,载杨伯峻译注:《论语译注》,中华书局 1980 年版,第 123 页。

逻辑：要把一个国家治理成为一个由文明人所构成的文明国家，应该也必须从承担国家治理责任的君子（君主）自我做起；当且仅当国家治理者把自己修养成文明人时，他所治理的国家组织才能被治理成为一个由文明人所构成的文明组织。所谓"修己以敬"，就是把"敬"当作文明根基来理解，主张君子要从培养自己的文明根基入手来进行自我修养。孔子所讲的"敬"有三种含义，亦即他所谓的"君子有三畏：畏天命，畏大人，畏圣人之言"①。（按：这里的"畏"均应释义为"敬畏"。）

　　首先，"畏天命"。这也就是孔子所谓"务民之义，敬鬼神而远之"②的意思，反映出孔子对西周以来宗教"天命"论所宣扬的"天命"仍保留着形式上的敬畏，其内心则转向了对"人"的重视。这里可以对比一下《管子》首篇标题"牧民"的提法和孔子"务民"的提法之差异："牧民"之说是把君与民比作放牧的人和他所放养的牲口，在这种比喻中，君是人，民是动物。"务民"之说则是把民当作君服务的对象，在这种关系中，君是为民而操劳。显然，这种关系蕴含着君对民的尊重，即把民当"人"来看待，并且由于君把民当"人"来看待，君为民的操劳就不是像《管子》所说的那种如同牧人放养牲口的"牧民"活动，而是如孟子所说"亲亲而仁民"③的那种"仁民"活动了。

　　在孔子看来，为民操劳的君主理应"敬鬼神而远之"。这里所谓"敬鬼神"，从孔子对西周宗教"天命"论的因袭方面去理解，就是认为君主应当把自己服务于民的劳动理解为对"天命"的敬畏和对"天意"的遵从，亦即是在完成自己的天赋使命，或者说是在成就"天命"的王业。但是为什么又要"远之"呢？在上篇第一章第一节中已经论及，孔子这种"远之"的态度是表明他并非真心信从"天命"，其真心崇仰和尊重的是"自然之天"和"天道"。事实上，孔子说过："道千乘之国，敬事而信，节用而爱人，使民以时。"④这里所讲的"使民以时"，是指君主"务民"过程中征用民力时，应该尊重自然规律，

<hr />

① 《论语·季氏》，载杨伯峻译注：《论语译注》，中华书局 1980 年版，第 177 页。
② 《论语·雍也》，载杨伯峻译注：《论语译注》，中华书局 1980 年版，第 61 页。
③ 《孟子·尽心上》，载杨伯峻译注：《孟子译注》，中华书局 1960 年版，第 322 页。
④ 《论语·学而》，载杨伯峻译注：《论语译注》，中华书局 1980 年版，第 4 页。

根据自然规律来做出应乎天时的合理安排，而不是违背天时的运行规律来胡乱征用民力。在孔子看来，这种尊重自然规律的"使民以时"是与君主"敬事而信，节用而爱人"具有密不可分的联系的，在这种联系中，君主"务民"过程中要做到"敬事而信，节用而爱人"，则必须"使民以时"；反之，"使民以时"也是"敬事而信，节用而爱人"的表现。这也就是说，"务民"作为君主的"仁民"行为，不能像迷信"天命"的人那样只靠卜筮揣测"天意"来决定自己的行动，而是既要保持对"天命"的敬畏，又不能迷信"天命"，而应该远离迷信"天命"的那套巫术，而遵从"天道"，按自然规律办事。这是孔子对传统宗教"天命"论的变革。

对承担国家治理责任的君子来说，其"畏天命""敬鬼神"，是意味着他把自己所承担的治理责任看作是天赋的神圣使命，是领受"天命"来"务民"的。从这个意义上讲，君子"修己以敬"是在于培养自己对国家治理的神圣使命感和相应的"事思敬"①"执事敬"②"行笃敬"③的责任意识与敬业精神。这种种的"敬"对君子（君主）来说，在宗教形式上是对"天命"的敬畏，在现实性上则是对国民的敬畏。显然，在这种尚未摆脱宗教形式的政治意识中，"天""君""民"之间的本质关系就在于："君"是受命于"天"来为"民"服务的。这种关系决定了君与民对国家的意义关系只能是"民本君末"，因为如果没有"民"，"天"就无须立"君"，国家就不会产生；如果离开了"民"，"君"就失去了存在的意义和价值，国家也将因之消亡。因此，"畏天命"对君子（君主）来说，其意义在于：在"天""君""民"之间进行正确的自我定位，摆正自己与民的关系，树立起"务民"（为民服务）的治理价值观。

其次，"畏大人"。结合孔子的"老者安之"④之说，从"安百姓"角度来理解"畏大人"，这里的"大人"应该被解读为"老者"（长辈）；"畏大人"是意味着"敬老者"。"敬老者"当然包括"敬父母"，而且首先是"敬父母"，

① 《论语·季氏》，载杨伯峻译注：《论语译注》，中华书局1980年版，第177页。
② 《论语·子路》，载杨伯峻译注：《论语译注》，中华书局1980年版，第140页。
③ 《论语·卫灵公》，载杨伯峻译注：《论语译注》，中华书局1980年版，第162页。
④ 《论语·公冶长》，载杨伯峻译注：《论语译注》，中华书局1980年版，第52页。

因为"仁者人也，亲亲为大"，"敬父母"是最重要的"仁爱"；而就其作为君子自我培养其文明根基的一个环节来说，"畏大人"还具有"君子务本"的意义，因为"敬父母"之"孝"乃是"仁爱"的根基——"君子务本，本立而道生。孝弟也者，其为仁之本欤？"[1]"畏大人"对君子（君主）的意义就在于建立"仁爱"的根基，由此出发，将"畏大人"的情感推广开去而达到"仁民"的目标。

再次，"畏圣人之言"。孔子相信人在智力上有"上智"与"下愚"的差别，并断定"唯上知与下愚不移"[2]，即认为不是通过人为的努力就可以改变人的智力差别。孔子心目中的"圣人"是智力特高之人，历史上只有唐尧、虞舜才配称"圣人"，尤其是唐尧，孔子认为他对"天道"的领悟能力是无人可及的，正是这种极高的悟性，才使唐尧能够效法他所领悟到的"天道"行事——"巍巍乎！唯天为大，唯尧则之。"[3]《礼记·礼运》所引述的孔子之言"夫礼，先王以承天之道，以治人之情"[4]，也反映出孔子对"圣人"领悟"天道"的能力的推崇。在孔子看来，"礼"就是"圣人"根据他所领悟到的"天道"制定出来而用于"治人之情"的。因此，"畏圣人之言"的实质是在于"畏天道"，亦即对自然规律的敬畏。根据孔子对"天道"与"礼"的关系的认识，"畏天道"必然导致对体现"天道"的"礼"的敬畏。因此，对承担国家治理责任的君子来说，"畏圣人之言"的意义是在于正确认识"天道""圣人""礼"三者的关系，根据这种关系来摆正自己对"圣人"和"礼"的态度，树立起对"圣人"所制经典与礼乐的信念，由此出发，办学兴教，据圣人之言，行礼教之实，以化导百姓，使其"克己复礼"而"天下归仁"。

要之，孔子"安民"思想的要义在于：尊天崇圣，务民教民，礼治国家，天下归仁。

---

[1]　《论语·学而》，载杨伯峻译注：《论语译注》，中华书局1980年版，第2页。

[2]　《论语·阳货》，载杨伯峻译注：《论语译注》，中华书局1980年版，第181页。

[3]　《论语·泰伯》，载杨伯峻译注：《论语译注》，中华书局1980年版，第83页。

[4]　（汉）郑玄注，（唐）孔颖达等正义：《礼记正义》，黄侃经文句读，上海古籍出版社1990年版，第413页。

三、孟子"民贵"思想

如上所述，"民本"的含义是"民为国之本"。周公已有"民本"意识，但未详加阐论；孔子"安民"思想中也包含"民本"观念，然亦未予申论。孟子的"民贵"论则在一定程度上对"民本"做出了阐释，其曰：

> "民为贵，社稷次之，君为轻。是故得乎丘民而为天子，得乎天子为诸侯，得乎诸侯为大夫。诸侯危社稷，则变置。牺牲既成，粢盛既洁，祭祖以时，然而旱干水溢，则变置社稷。"①

这段话的中心意思是说，在人民、社稷（代表国家的土神和谷神）、君主这三个国家要素中，社稷与君主都是可以变更的，唯有人民不可变更，所以人民对于国家是最重要的。值得注意的是，孟子的"民贵"论不是像周公、孔子那样从"天""君""民"的关系中来谈论"民"在国家中的地位，借助于"天"的权威来强调"民"的重要性，而是撇开了"天"，只从国家本身三要素对国家所构成的不同关系来说明"民"的重要性。从"君民之辨"角度看，孟子的"民贵"论无非是讲明了这么一个道理：人民是国家中始终存在、与国共存亡的恒定要素，是国家赖以存在的根据；君主则是国家中随时可以更换的过客。为什么君主是国家中的过客？在上述引文中孟子说了，天子作为统御诸侯的最高君主，是因为得到了人民的拥护才做了天子，如果失去了人民的支持，他的天子地位就保不住了；至于诸侯国的君主，如果他对国家有危害，天子就可以起用别人来取代他的君主地位。

孟子的"民贵"论主要是讲给君主们听的，他是要让做君主的人明白：君主并非是国家中的至尊者，没有资格凌驾于人民之上；相反，人民才是国家中的至尊者，君主的位置是人民给予的，只有得到人民的拥护，君主才能有自己的位子，才能保住自己的位子。按照孟子"民贵"论的逻辑，君主作为国家治理者在考虑治理问题时，单单是从保住自己的君位这一个人利益出发，他也必须考虑怎样才能"得乎丘民"。在孟子看来，这既是关乎君主自

---

① 《孟子·尽心上》，载杨伯峻译注：《孟子译注》，中华书局1960年版，第328页。

身利益的私人问题，又是关乎国家兴亡的公共问题。在《孟子·离娄上》所记的一段话中，孟子把"得乎丘民"的问题最终归结为周公曾经讲过的"从民所欲"的问题：

> "桀、纣之失天下也，失其民也，失其民者，失其心也。得天下有道：得其民，斯得天下矣。得其民有道：得其心，斯得民矣。得其心有道：所欲与之聚之，所恶勿施尔也。民之归仁也，犹水之就下、兽之走圹也。"①

当年周公论及"从民所欲"的问题时是讲"民之所欲，天必从之"，孟子这里谈论同样的问题则不提"天"，只提欲"得天下"者；周公未提"民欲"的内容是什么，孟子这里则明确地说"民欲"的内容是"归仁"。这样，孟子就从"民贵"论演绎出"仁政"论了。这里包含着这样的逻辑推论：既然人民在国家中的地位比君主更为重要，君主就应该把人民放在比自己更加优先的位置上，从人民的好恶出发来考虑国家治理问题，依据民心之所向来确定国家治理之道；既然民心向往仁，君主就应该顺乎民心而推行仁政。而孟子的"性善"论则为人心之所以向往仁和君主之所以能行仁政做出了哲学论证。由此可以说，在孟子的国家治理哲学中，"性善"论、"民贵"论和"仁政"论是密不可分的，"性善"论和"民贵"论是"仁政"论的两个逻辑前提，"仁政"论则是"性善"论和"民贵"论所共同得出的逻辑结论。

四、荀子"为民立君"思想

论及荀子的民本思想，以往论者常常引述《荀子·哀公》之言"君者，舟也；庶人者，水也。水则载舟，水则覆舟"②，其实这段话并不足以表达荀子的民本思想，因为荀子这里所用的"舟水之喻"，仅在于说明君民之间君对民的依赖关系。这种关系在某种意义上当然也可以说是"民本"，但这个意义的"民本"是"民为君之本"，而非"民为国之本"。"君"与"国"固

---

① 《孟子·离娄上》，载杨伯峻译注：《孟子译注》，中华书局1960年版，第171页。
② 梁启雄：《荀子简释》，中华书局1983年版，第403页。

然密不可分，不能想象无"君"之"国"（非君主制国家又当别论），但"君"与"国"毕竟不是一回事，"国"是指一个由许多个人相互协作所构成的组织，"君"是指这个组织的最高治理者或治理总管，故"君之本"并不等于是"国之本"，反之亦然。儒家"民本"思想固然包含"民为君之本"观念，但这个观念是由"民为国之本"观念派生出来的。如果"民"并非"国之本"，则"民"就不必是"君之本"。这里的逻辑关系是：既然"民"是"国之本"，则"民"当然也是"君之本"。站在"国"的立场上说，如果"君"把"民"当作"国之本"来看待，"君"就理应把"民"当作"君之本"来看待；当且仅当"君"把"民"当作"君之本"来看待时，"君"才是真把"民"当作"国之本"来看待。这也就是说，"民为国之本"观念是落实在"民为君之本"观念上的，"民为君之本"观念是"民为国之本"观念的体现。

荀子民本思想所包含的"民为国之本"观念是在《荀子·大略》中表达出来的：

> "天之生民，非为君也。天之立君，以为民也。故古者列地建国，非以贵诸侯而已；列官职，差爵禄，非以尊大夫而已。"[1]

如上文所说，在儒家民本思想中，"民本"是指在"天为民立君"的关系中，民是国之本，君是国之末；而"天为民立君"观念在《尚书·周书·泰誓》中已以"天将有立父母，民之有政有居"的表述方式表达出来。荀子所提"天为民立君"有何新意或特殊内涵呢？

首先，在西周宗教"天命"论中"天"是有情感意志的主宰之神。《尚书·周书·泰誓》接着"天将有立父母，民之有政有居"的话，说道："武王乃作《太誓》，告于庶众：'今殷王纣乃用其妇人之言，自绝于天，毁坏其三正，离逷其王父母弟。四方之多罪逋逃，是宗是长，是信是使。乃断弃其先祖之乐，乃为淫声，用变乱正声，怡悦妇人。故今予发维共行天罚。勉哉夫子！不可再，不可三！'"[2]其大意是说：殷纣荒淫无道，行事逆天，人神共愤，所以今

① 梁启雄：《荀子简释》，中华书局 1983 年版，第 376 页。
② （清）孙星衍：《尚书今古文注疏》，陈抗、盛冬铃点校，中华书局 1986 年版，第 279 页。

天我姬发和大家共奉天命，实施对殷纣的天罚。在此语境之下，所谓"天将有立父母，民之有政有居"，其实义乃指当老百姓得知武王将要讨伐那位无道昏君，"天"将要另立这位仁人君子为新君时，都庆幸国家将有贤君善政、自己将有安居生活。可见，西周以来传统的"天为民立君"观念中的"天"，是以至上神崇拜为特点的传统宗教范畴的主宰之"天"。

荀子所讲的"天"则是以"究天人之际"的哲学天道观范畴的自然之"天"。他在《天论》中明确指出："天行有常：不为尧存，不为桀亡。"[①] 断然否定天人之间存在互相感应关系。荀子接着说道：

> "强本而节用，则天不能贫。养备而动时，则天不能病。修道而不贰，则天不能祸。故水旱不能使之饥，寒暑不能使之疾，祆怪不能使之凶。本荒而用侈，则天不能使之富。养略而动罕，则天不能使之全。倍道而妄行，则天不能使之吉。故水旱未至而饥，寒暑未薄而疾，祆怪未至而凶。受时与治世同，而殃祸与治世异，不可以怨天，其道然也。故明于天人之分，则可谓至人矣。"[②]

在荀子看来，唐尧、夏桀虽处于不同时代，其自然环境却是相同的，在这种环境中生活的人们都会遇到"水旱"（洪灾与旱灾）、"祆怪"（怪异事物和反常现象），都要经历"寒暑"（严冬与酷暑），但是他们的人生遭遇却大不一样：唐尧时代的人们享受"治世"的幸福，夏桀时代的人们遭受"乱世"的殃祸。这种差别是属于国家治理方面的差别，与"天行"（自然界的运行变化）毫无关系[③]，而是"其道然也"，即由于国家治理方法不同所造成。荀子认为，将"天行"与"人事"严格区分开来，这才是"明于天人之分"的"至人"（明白了天与人各有不同职分这一天人之际的根本道理的高明之人）。

---

① 梁启雄：《荀子简释》，中华书局1983年版，第220页。
② 梁启雄：《荀子简释》，中华书局1983年版，第220—221页。
③ 《荀子·天论》："治乱天邪？曰：日月星辰瑞历，是禹桀之所同也；禹以治，桀以乱；治乱非天也。时邪？曰：繁启蕃长于春夏，畜积收臧于秋冬，是又禹桀之所同也；禹以治，桀以乱；治乱非时也。地邪？曰：得地则生，失地则死，是又禹桀之所同也；禹以治，桀以乱；治乱非地也。"参见梁启雄：《荀子简释》，中华书局1983年版，第225页。

因此，在荀子这里，"天"之"为民立君"是"天人之分"（天与人各有不同职分）的自然原理使然，而非如《泰誓》中所说的那样是出于"天"的故意。

其次，西周宗教观念中的"天为民立君"，是以"天"有道德意识和相应的喜怒好恶为立论依据的，在这种宗教观念中，"天"是授权于有道德的贤人来为众民治理国家，如果总管国家治理事务的君主像桀、纣之类的昏君那样失德而鱼肉百姓的话，"天"就会剥夺其君权，而将君权另授予有德之人。而荀子认为，"天"只是按其固有的规律（"常"）来运行的自然事物，并没有像人一样的意志情感，当然也不会与人类发生情感互动关系，"天为民立君"不是由于"天"意识到人类需要有一个管理他们的人，所以才"为民立君"的，而是天人之间本来就各有不同职分。"不为而成，不求而得，夫是之谓天职。"①（杨倞注："不为而成，不求而得，四时行焉，百物生焉，天之职任如此，岂爱憎於尧桀之间乎！"②）因此，对于四时运行、万物生长之类的"天职"之事，"明于天人之分"的"至人"是不予考虑、不加努力和不加思辨的，尽管其思虑实深，能力实大，思辨实精。"虽深，其人不加虑焉；虽大，不加能焉；虽精，不加察焉。夫是之谓不与天争职。"③那么，人的职分是什么呢？荀子说："天有其时，地有其财，人有其治，夫是之谓能参。"④这就是说，人的职分是凭借天时地利来治理万物。能够治理万物的人，就是与天地并列为"参"的"君子"。与天地并列为"参"的"君子"，既是万物的总管，也是万民的君主。所以说："君子者，天地之参也，万物之总也，民之父母也。"⑤（按：此所谓"民之父母"是指统理万民的君主或天子。）君子（君主）从哪里来？曰："天地生君子"⑥。在荀子民本思想中，"天为民立君"就是"天地生君子，君子理天地"⑦的意思。"天之立君"就是"天

① 《荀子·天论》，载梁启雄：《荀子简释》，中华书局1983年版，第221页。
② 引自梁启雄：《荀子简释》，中华书局1983年版，第221页。
③ 《荀子·天论》，载梁启雄：《荀子简释》，中华书局1983年版，第221—222页。
④ 《荀子·天论》，载梁启雄：《荀子简释》，中华书局1983年版，第222页。
⑤ 《荀子·王制》，载梁启雄：《荀子简释》，中华书局1983年版，第109页。
⑥ 《荀子·王制》，载梁启雄：《荀子简释》，中华书局1983年版，第109页。
⑦ 《荀子·王制》，载梁启雄：《荀子简释》，中华书局1983年版，第109页。

地生君子"的过程，这个过程和万物的生成是属于同一过程，在"列星随旋，日月递炤，四时代御，阴阳大化，风雨博施"的自然条件下，"万物各得其和以生，各得其养以成，不见其事而见其功，夫是之谓神。皆知其所以成，莫知其无形，夫是之谓天。唯圣人为不求知天"①。这意味着圣人对于"天之生民""天之立君"之类的事，是只看其事实而不深究其所以然之故的，因为那是属于"天职"范围内的事，是人不应该去过问的。所以，接下来荀子又说："天职既立，天功既成，形具而神生，好恶喜怒哀乐臧焉，夫是之谓天情。耳目鼻口形能各有接而不相能也，夫是之谓天官。心居中虚，以治五官，夫是之谓天君。"② 这里所提到的"形""神""天官""天君"都是指人类而言，它们是构成人类生命的要件；这些要件都齐备了，人类就诞生了。而人类的诞生是自然界尽其"天职"而成其"天功"的结果，这个结果也包括"理天地"之"君子"（君主）的诞生。这就是说，"天为民立君"完全是一个自然而然的过程。因此，所谓"天之立君，以为民也"，看起来似乎是说天故意为民立君，而其实按荀子"天论"的逻辑，只能把"天之立君"理解为自然的为民立君，而非至上神故意的为民立君，就像只能把"天之生民"理解为自然的产生人类，而非至上神故意的创生人类。

要之，在荀子民本思想中，"天为民立君"的意义就是"自然为民立君"，在这种关系中，民是自然的国之本。故如果说在儒家"民本"思想中"民为君之本"观念是由"民为国之本"观念派生出来的话，那么，在荀子"民本"思想中则是由"民是自然的国之本"观念派生出"民是自然的君之本"观念；而"民是自然的君之本"也就是荀子运用"水舟之喻"所描述的关系："君者，舟也；庶人者，水也。水则载舟，水则覆舟。"③

通观先秦儒家民本思想，相对说来，孟子的"民贵"论最具有典型性和代表性，因为它不是借助于"天"的权威，而是根据人民、社稷、君主三者对国家的不同关系来论证国家始终离不开人民，证明人民是国家三要素中唯

① 《荀子·天论》，载梁启雄：《荀子简释》，中华书局1983年版，第222页。
② 《荀子·天论》，载梁启雄：《荀子简释》，中华书局1983年版，第223页。
③ 《荀子·哀公》，载梁启雄：《荀子简释》，中华书局1983年版，第403页。

一不可变更的恒定要素，因而为国家之根本，这是最有说服力的，在先秦"君民之辨"中代表了儒家最高思想水平。

第二节　道家：民主君辅

道家老子之学本为"君人南面之术"。因此，对君民关系，老子有非常深刻的认识，针对现实社会中君民关系的乱象，提出了"民主君辅"的论见，试图据此重建以"自然"为本的社会秩序和君民关系。

一、对现实君民关系的批判

春秋战国是中国历史上前所未有的大变动时期，西周以来的贵族礼乐制度逐渐崩溃，诸侯国之间战争不断，兵连祸结，人民承受着巨大的痛苦。这在《老子》书中也有所反映："天下有道，却走马以粪；天下无道，戎马生于郊。"[①] 在老子看来，战争的主要原因是由于统治者"不知足"。"咎莫大于欲得，祸莫大于不知足。"[②] 统治者的野心不但导致了社会灾难，也激化了社会矛盾，使君民关系陷入难以调解的僵局。《老子》中有以下内容，反映了当时君民关系的恶化：

> "民不畏死，奈何以死惧之？若使民常畏死，而为奇者，吾将得而杀之，孰敢？常有司杀者杀。夫代司杀者杀，是谓代大匠斫。夫代大匠斫者，希有不伤其手矣。"（《老子·七十四章》）[③]

> "民之饥，以其上食税之多，是以饥。民之难治，以其上之有为，

---

① 《老子·四十六章》，载（魏）王弼著，楼宇烈校释：《王弼集校释》，中华书局 1980 年版，第 125 页。

② 《老子·四十六章》，载（魏）王弼著，楼宇烈校释：《王弼集校释》，中华书局 1980 年版，第 125 页。

③ （魏）王弼著，楼宇烈校释：《王弼集校释》，中华书局 1980 年版，第 184 页。

是以难治。民之轻死，以其上求生之厚，是以轻死。夫虽无以生为者，是贤于贵生。"（《老子·七十五章》）①

对其中第七十四章的内容，苏辙《老子解》解释说："政烦刑重，民无所措手足，则常不畏死，虽以死惧之，无益也。"②也就是说，统治者的政刑烦苛，使得人民无乐生之念而"常不畏死"，就是用严刑峻法来进行恐吓，也无济于事。而人民之所以"难治""轻死"的根本原因是由于统治者之"多欲"：

"吏余珍馐，民乏糟糠，怨气冲天，祸乱斯作。殊不知，民不难治，至于难治者，由上之人有为多欲，而民亦化上，是以难治也。"③

"民本不轻死，以其在上者嗜欲太厚，意欲自生其生，下民化之，于利甚切，不顾危亡，是以轻死。"④

人民本来并不难于治理，只因统治者的"多欲"起到了负面性的示范作用，人民也被激发出种种欲望而变得难于治理；人民本来也并不"轻死"，只因统治者"自生其生"，不顾人民死活，不给人民留下生路，民众遂"不顾危亡，是以轻死"。

老子进一步指出："天下多忌讳，而民弥贫；人多利器，国家滋昏；人多伎巧，奇物滋起；法令滋彰，盗贼多有。"⑤统治者因"多欲"而造成的过度"有为"，扰乱了原本平静安宁的社会秩序。这样的统治者，完全成了民众的对立面，只配称为"盗夸"。"朝甚除，田甚芜，仓甚虚；服文采，带利剑，厌饮食，财货有余；是谓盗夸。非道也哉！"⑥所谓"盗夸"，《韩非子·解老》引文作"盗芋"，意为"盗魁"。王弼则注解说："凡物，不以其道得之，则皆邪也，邪则盗也。夸而不以其道得之，窃位也。故举非道以明，非道则皆盗夸

①　（魏）王弼著，楼宇烈校释：《王弼集校释》，中华书局 1980 年版，第 184—185 页。
②　（宋）范应元集注：《宋本老子道德经》，国家图书馆出版社 2017 年版，第 287 页。
③　（宋）范应元集注：《宋本老子道德经》，国家图书馆出版社 2017 年版，第 292 页。
④　（宋）范应元集注：《宋本老子道德经》，国家图书馆出版社 2017 年版，第 292 页。
⑤　《老子·五十七章》，载（魏）王弼著，楼宇烈校释：《王弼集校释》，中华书局 1980 年版，第 150 页。
⑥　《老子·五十三章》，载（魏）王弼著，楼宇烈校释：《王弼集校释》，中华书局 1980 年版，第 141—142 页。

也。"① 照此解释，"盗夸"是指统治者以"非道"的"有为"手段来满足其贪得无厌的欲望。正是这种"盗夸"行为，造成了如此荒唐的社会现象：一边是统治者的朝堂奢华，服饰华丽，挎剑游荡，食不厌精，富得流油；另一边却是农田荒废，仓库空虚，人民普遍生活在饥寒交迫的穷困之中。在这种情况下，统治者的统治地位不再具有合法性，以"盗夸"之行而居君王之位，王弼称之为"窃位"，是极恰当的。战国时期，孟子曾面对齐宣王"臣弑其君"的责难，理直气壮地回应道："闻诛一夫纣矣，未闻弑君也。"② 儒、道固然在政治上多有歧见，却也有共识，这突出表现在，其两家都肯定"君"的合法性是在于其治国之"有道"，这是儒、道的国家治理哲学的一大共性特点。

《老子》书中类似上述对统治者的批评言论还有很多，其语言的犀利程度令人触目惊心。由此可见，老子对当时的君民关系有着清醒的认识，其撰此五千言的出发点，在很大程度上是为了向当时的"侯王"献策，希望"侯王"能够正视君民对立的社会现实状况，对统治方式做出合理的调整，由"非道"转变为"有道"，使君民关系得到改善，以至达到和谐。正如南宋道教学者范应元在评论《老子·七十五章》时所说："此老氏伤时之言，而亦足以戒后世也。"③

《庄子》书中对于当时统治者的残暴虐民，也有所描写。在《人间世》中，庄子借儒门的贤者颜回之口，描述了一个刚愎自用的暴君形象，"回闻卫君，其年壮，其行独。轻用其国而不见其过。轻用民死，死者以国量，乎泽若蕉，民其无如矣！"④颜回出于儒家知识分子的社会责任感，决定前往劝谏以拯救正在承受苦难的卫国人民，而庄子笔下的孔子却兜头给颜回浇下一盆凉水："若殆往而刑耳！"⑤这其实是反映了庄子的真实心态。在庄子心目中，君

---

① 《老子注·五十三章》，载（魏）王弼著，楼宇烈校释：《王弼集校释》，中华书局 1980 年版，第 142 页。

② 《孟子·梁惠王下》，载杨伯峻译注：《孟子译注》，中华书局 1960 年版，第 42 页。

③ （宋）范应元集注：《宋本老子道德经》，国家图书馆出版社 2017 年版，第 214 页。

④ 曹础基：《庄子浅注》，中华书局 1982 年版，第 48 页。

⑤ 曹础基：《庄子浅注》，中华书局 1982 年版，第 49 页。

臣关系是天地间自然生成的义务与责任，"天下有大戒二：其一命也，其一义也。子之爱亲，命也，不可解于心；臣之事君，义也，无适而非君也，无所逃于天地之间。是之谓大戒"①。南宋理学家林希逸对《人间世》的这段话十分欣赏，"此一段却是十分正当说话，其论人间世至有此语，岂得谓庄子为迂阔大言者！"②但林希逸似乎没有明白，庄子论"君臣大义"并非如儒家那样视之为天经地义而极力加以维护，而是将其看作如天网地维一般无可逃避的黑色存在，所以想要在暴君昏主之间运用"游世"技巧来避免自己受到伤害。"在庄子笔下，颜回代表的年轻人的冲动受到老师无情的讥讽。孔子的一个'嘻'字给人的印象是深刻的，看起来像是冷笑；而'若殆往而刑耳'的话，听起来绝对是当头棒喝。在一个仅免刑焉的时代，在一个人们应该努力寻找生存空间的时候，颜回却向着相反的方向走去。"③在庄子看来，颜回的救世理想只不过是年轻人"好名"的冲动，而"好名"则会导致灾难性的后果："且昔者桀杀关龙逢，纣杀王子比干，是皆修其身以下伛拊人之民，以下拂其上者也，故其君因其修以挤之。是好名者也。"④庄子的这种思考使他最终走向了"乘物以游心，托不得已以养中"⑤，对外部世界的黑暗视而不见、听而不闻的游世主义。

先秦道家的思想家，从老子到庄子，对君民关系的认识是一以贯之的，形成了一条清晰的思想线索。与儒家竭力歌颂尧舜等古代圣王不同，老、庄都对强大的君权感到恐惧，他们对君权暴虐滥用的批判，揭开了那个时代黑暗帷幕的一角，反衬出儒家田园牧歌式"圣君"观念的虚假性。但老、庄也并非绝对反对设立君主，如后世儒家所讲的那样"无父无君"，而是试图将君权纳入"道"的轨道，建立道家式的"无为"政治。而在道家的"无为"政治理想中，君民关系发生了截然不同的变化，由现实性的激烈对抗转变为

---

① 《庄子·人间世》，载曹础基：《庄子浅注》，中华书局 1982 年版，第 58 页。

② （宋）林希逸著，周启成校注：《庄子鬳斋口义校注》，中华书局 1997 年版，第 68 页。

③ 王博：《庄子哲学》，北京大学出版社 2004 年版，第 31 页。

④ 《庄子·人间世》，载曹础基：《庄子浅注》，中华书局 1982 年版，第 51 页。

⑤ 《庄子·人间世》，载曹础基：《庄子浅注》，中华书局 1982 年版，第 60 页。

理想性的和谐互补，由此"民主君辅"成为道家构想的理想型君民关系，这一乌托邦式的政治理想为中国古代治理哲学提供了丰富的养分。

二、"辅万物之自然而弗能为"

老子批评统治者对人民的残酷剥削，并警告统治者，严刑峻法只能引起人民的激烈反抗，导致君民关系的恶化。仔细分析《老子》一书，其中的言论多为对统治者的进言，希望统治者能够调整措施，处理好君主和人民的关系，从而实现道家国家治理理想中的"无为"之治。

老子"无为"治理理想中的君民关系是根据其宇宙观中"道"与万物的关系来确定的。所谓"道常无为而无不为，侯王若能守之，万物将自化"①，表明：（1）老子的"道"论是一种治理哲学——关于国家治理的世界观理论，这种理论把"道"设定为宇宙最高治理者，认为人间的国家治理原则是来源于"道"，"道"是人间负责国家治理的侯王所当效法的榜样；（2）"道常无为"是作为宇宙最高治理者的"道"对万物所采取的治理方式，这种治理方式以"无为"为本质特征，因而"无为"也是侯王所当采取的国家治理方式。

关于"道"对万物的"无为"，老子有如下较为具体的论述：

"大道泛兮，其可左右。万物恃之以生而不辞，功成而不有，衣养万物而不为主。常无欲，可名于小；万物归焉而不为主，可名为大。"②

"道生之，德畜之，物形之，势成之。是以万物莫不尊道而贵德。……故道生之，德畜之，长之、育之、亭之、毒之、养之、覆之。生而不有，为而不恃，长而不宰，是谓玄德。"③

---

① 《老子·三十七章》，载（魏）王弼著，楼宇烈校释：《王弼集校释》，中华书局1980年版，第91页。
② 《老子·三十四章》，载（魏）王弼著，楼宇烈校释：《王弼集校释》，中华书局1980年版，第86页。
③ 《老子·五十一章》，载（魏）王弼著，楼宇烈校释：《王弼集校释》，中华书局1980年版，第136—137页。

这两段话中，主要讲了"道"创生万物和"道"养育万物两个方面，"玄德"则是对"道"创生万物和养育万物这两个方面作用的统称，这个称谓一方面是表示"道"的这些作用神妙而难以言喻，另一方面是表示其神妙的作用对万物来说是"道"之德性的体现。"道"的这两个方面作用互有差异，为了表示这种差异，老子称发挥其创生作用的"天地之始"为"道"，故曰"道生之"（道使万物得以形成）；而称发挥其养育作用的"万物之母"为"德"，故曰"德畜之"（德使万物得以保存）。"道"对万物的创生作用并不属于"道"对万物的治理范畴，但它是后者的前提。所谓"万物恃之以生而不辞"是表示，创生万物完全是"道"对万物所尽的义务，而且"道"尽其义务而毫无推辞，这意味着创生万物对"法自然"的"道"来说是一个自然而然的过程，也因为如此，所以它是"生而不有"，即虽然创生了万物，却不因此而占有万物，以万物为私有物，这体现了"道"之"常无欲"而无私，其尽义务而创生万物是它的无私奉献。这种无私品格是"道"之"玄德"的本质内容，是"道"之"无为"而治万物的根据。所以老子要求人间的国家治理者应"少私寡欲"①，即要像"道"一样具有无欲无私的品格。正因为"道"具有这种"玄德"品格，所以它能"无为"以治万物，即所谓"为而不恃，长而不宰"。这里"为"是指"道"发挥其"衣养万物"（保护养育万物）的作用而言，"不恃"是指"道"在创生万物（即分化为万物）之后，以"德"的形式养育万物（"德畜之"），使万物得以成长、发育、开花、结果、养护、保护（"长之、育之、亭之、毒之、养之、覆之"），然其尽管如此成就了万物，它却并不自恃有功（"功成而不有"）；"长而不宰"是指"道"之为"德"，只是"衣养万物"，做万物的护主（"长"），而不做统治万物的主宰（"不为主"）。

老子就是根据"道"与万物之间的这种关系来设想人间国家治理中君民之间的应然关系的，在这种关系中，君是养民保民的护主，而非统治万民的主宰，所以他只做成就百姓的事，决不做为了满足私欲而宰制百姓的事。

---

① 《老子·十九章》，载（魏）王弼著，楼宇烈校释：《王弼集校释》，中华书局1980年版，第45页。

"是以圣人欲不欲，不贵难得之货。学不学，复众人之所过。以辅万物之自然，而不敢为。"①（按：末句郭店竹简甲本《老子》作"能辅万物之自然而弗能为"②）

"圣人"是老子心目中效法"道"而采取"无为"方式来治理百姓的理想之君，亦即被老子列入"域中四大"而与"道""天""地"相并列的"王"。现实世界中的侯王要能成为名副其实的"王"，他就必须"欲不欲"（以无欲为欲乃至于消除私欲），从而"不贵难得之货"（无贪财之欲而看淡珍稀之物），"学不学"（以不学为学乃至于弃智绝巧），"复众人之所过"（弥补众人贪财尚智的过失而不用智巧跟百姓争利）。唯其如此，才能达到"以辅万物之自然，而不敢为"。这句话中的"不敢为"，郭店竹简甲本《老子》作"弗能为"，二者在语意上有所差别："不敢为"是被迫的"不为"，如宋人范应元所解释的，圣人"将以辅万物自然之理而不敢妄为也"③；"弗能为"则是主动的"弗为"。刘笑敢认为："虽然竹简甲本和通行本的区别不是很大，但是竹简甲本的文字更明确说明圣人'辅万物之自然而弗能为'是主动的、自发的，这更符合老子以自然为最高价值的基本思想。从而'无为'也是为了实现自然的秩序而主动采取的姿态，并不是'不敢'行动的托辞。"④

"以辅万物之自然"的所谓"自然"，在外延上是包括自然界的运动之"自然"和人类社会的生活之"自然"的。在老子哲学中，"自然"具有最高价值的意义，"人法地，地法天，天法道，道法自然"⑤。在人类社会生活中，人们日出而作，日入而息，耕田而食，凿井而饮，看似浑浑噩噩，平淡无奇，其实却蕴含着"自然"之至理。国家治理的任务是在不打破这种质朴生

① 《老子·六十四章》，载（魏）王弼著，楼宇烈校释：《王弼集校释》，中华书局1980年版，第166页。
② 参见刘笑敢：《老子古今：五种对勘与析评引论》下卷，中国社会科学出版社2006年版。
③ （宋）范应元集注：《宋本老子道德经》，国家图书馆出版社2017年版，第257页。
④ 刘笑敢：《老子古今：五种对勘与析评引论》下卷，中国社会科学出版社2006年版，第622页。
⑤ 《老子·二十五章》，载（魏）王弼著，楼宇烈校释：《王弼集校释》，中华书局1980年版，第65页。

活秩序的前提下，努力维护其生活的"自然"节奏。老子说：

"太上，下知有之；其次，亲而誉之；其次，畏之；其次，侮之。"①

这里，老子以自己的国家治理理念为标准，将理想的和实现的统治者分成四个档次：最高档次的"太上"是最为理想的统治者，因其清心寡欲，不扰民，不给众民增添任何负担，其治国理政的活动显得无声无息，若有若无，以至于众民只知道有统治者的存在，完全不知道统治者有何作为；比"太上"次一等的统治者，有很好的亲民形象，常施恩惠于众民，所以能博得广泛赞誉；再次一等的统治者，则以严刑峻法治国，使众民畏惧而逃避刑罚；最差的统治者，昏庸而贪婪，胡作非为，无所不为，只能招来人民的轻蔑和侮辱。最后老子总结道："悠兮其贵言。功成事遂，百姓皆谓我自然。"②"贵言"即不轻易发言，意味着"处无为之事，行不言之教"③，也就是按"太上"的办法治国理民，让众民感觉不到统治者的作为，感受不到来自政权的压力，沐浴在自由的空气中，乃至于认为美好生活的实现完全是自然而然的结果。这是老子心目中"最美好的政治"，"在'贵言'的理想政治情况中，人民和政府相安无事，甚至人民根本不知道统治者是谁（"不知有之"）；政权压力完全消解，大家呼吸在安闲自适的空气中。这是老子所理想的乌托邦政治情况"④。由此可见，在老子的国家治理构想中，民众的"自然"生活秩序是优先考虑的目标，而君主的角色只是"辅助"并维护这种"自然"的秩序。

老子认为，在国家治理中，当君主成为百姓"自然"生活秩序的维护者时，他便是"圣人"了。"圣人无常心，以百姓心为心"⑤，所以"圣人处上

① 《老子·十七章》，载（魏）王弼著，楼宇烈校释：《王弼集校释》，中华书局1980年版，第40页。
② 《老子·十七章》，载（魏）王弼著，楼宇烈校释：《王弼集校释》，中华书局1980年版，第41页。
③ 《老子·二章》，载（魏）王弼著，楼宇烈校释：《王弼集校释》，中华书局1980年版，第6页。
④ 陈鼓应注译：《老子今注今译》，商务印书馆2003年版，第143—144页。
⑤ 《老子·四十九章》，载（魏）王弼著，楼宇烈校释：《王弼集校释》，中华书局1980年版，第129页。

而民不重，处前而民不害。是以天下乐推而不厌"①。由是观之，在老子的政治理想中，国君与人民百姓之间是这样一种关系：治人之君是由人民推举出来的，其治权由人民所赋予，其职权和职责仅在于辅助人民进行自我管理。"我无为而民自化，我好静而民自正，我无事而民自富，我无欲而民自朴"②的"圣人之治"③，就是实现于这种"民主君辅"的关系中。

老子的"民主君辅"观念，当然不同于现代民主思想，但主张虚化君主权力、强调民众的作用，却与现代民主思想有着融通的一面，在先秦诸家中独树一帜。萧公权比较先秦诸子的政治思想，有如下的判断："若以今语举之，则孔墨诸家皆接近君主专制之观点，而老子独倾向于'虚君'民治。所可惜者，吾国古代未有实际民治之制度，如古希腊之所曾见，使老子得据以建立一积极具体之民治思想，其柔谦之术遂成为消极之政治抗议。此则限于历史环境，不足为老子病也。"④萧公权指出老子有"'虚君'民治"的倾向，这一判断是极为准确的。"'虚君'民治"就是"民主君辅"，这一观念开创了我国民主政治思想之先河，在今天依然有着积极的意义。

第三节　法家：君主民器

一、时势立君

"天为民立君"是儒家的传统观念，虽然孟子并不强调这一点，荀子则把"天"理解为一种自然力量，认为君主是自然产生的；道家老子则认为君

---

① 《老子·六十六章》，载（魏）王弼著，楼宇烈校释：《王弼集校释》，中华书局1980年版，第170页。

② 《老子·五十七章》，载（魏）王弼著，楼宇烈校释：《王弼集校释》，中华书局1980年版，第150页。

③ 《老子·三章》，载（魏）王弼著，楼宇烈校释：《王弼集校释》，中华书局1980年版，第8页。

④ 萧公权：《中国政治思想史》，辽宁教育出版社1998年版，第160页。

主应该是由天下百姓共同推举出来为百姓服务的。法家的观点与儒、道都不同，商鞅对于君主的产生有如下论述：

"天地设而民生之。当此之时也，民知其母而不知其父，其道亲亲而爱私。亲亲则别，爱私则险。民众，而以别险为务，则民乱。当此时也，民务胜而力征。务胜则争，力征则讼，讼而无正，则莫得其性也。故贤者立中正，设无私，而民说仁。当此时也，亲亲废，上贤立矣。凡仁者以爱〔利〕为务，而贤者以相出为道。民众而无制，久而相出为道，则有乱。故圣人承之，作为土地货财男女之分。分定而无制，不可，故立禁。禁立而莫之司，不可，故立官。官设而莫之一，不可，故立君。既立君，则上贤废而贵贵立矣。然则上世亲亲而爱私，中世上贤而说仁，下世贵贵而尊官。"①

"古者未有君臣、上下之时，民乱而不治。是以圣人列贵贱，制爵位，立名号，以别君臣上下之义。地广，民众，万物多，故分五官而守之。民众而奸邪生；故立法制、为度量以禁之。"②

把这两段论述联系和对照起来看，可以清楚地看出商鞅关于国家和国君起源的思想：他把人类从"民知其母而不知其父"的原始状态开始的历史划分为三个阶段：（1）人们各爱其亲、各为其私而互相争讼的乱世阶段——约略相当于母系氏族阶段；（2）由推崇公正无私、好尚仁慈、由贤人主持公道但缺乏制度规范与约束的德治阶段——约略相当于父系氏族阶段；（3）有等级制度与法律且有政府百官司法并由君主统御百官的法治阶段——有国家的阶段。商鞅进而从法治主义角度论证了这三个历史阶段发展过渡的必然性，认为第一个阶段没有任何规范与约束，故世道最乱，为了息乱致治，必然要进入到第二阶段；但是到了第二阶段，虽然有了一定的道德规范与相应的道德约束，却因为没有法制，世道仍不免归于乱，所以必然要发展到第三阶段，这个阶段由于创制了法律，并设立了司法官员和统御百官的国君，人们

① 《商君书·开塞》，载高亨注译：《商君书注译》，中华书局1974年版，第73—74页。
② 《商君书·君臣》，载高亨注译：《商君书注译》，中华书局1974年版，第169页。

的活动受到了法制的有效规范与约束，天下终于可以达到大治。显然，按照商鞅的观点，国家和国君的产生是由于时势所造成，或者也可以说是历史的必然选择。

对于国家和国君的产生，《管子》《韩非子》等其他法家经典均未有如上述商鞅那样明确的论述，故这一论述所表达的可被概括为"时势立君"的观点，应可视为法家的代表性观点。

二、称君为"主"

在君民关系上，法家的观念与儒、道二家都有明显区别，这仅从其著述中称呼国君的用语上便可看出来一些端倪来。《管子》《商君书》《韩非子》等法家主要经典中，用以称谓国君的"主""人主"等语词出现的频率很高：

《管子》："人主不尊，则令不行矣。"（《权修》）①"人主不周密，则正言直行之士危；正言直行之士危，则人主孤而毋内；人主孤而毋内，则人臣党而成群。使人主孤而毋内、人臣党而成群者，此非人臣之罪也，人主之过也。"（《法法》）②"九本搏大，人主之守也。"（《幼官》）③"人主不可以不慎贵，不可以不慎民，不可以不慎富。"（《枢言》）④"粟者，王之本事也，人主之大务，有人之涂，治国之道也。"（《治国》）⑤"人主，天下之有势者也。"（《形势解》）⑥"是故群臣之不敢欺主者，非爱主也，以畏主之威势也；百姓之争用，非以爱主也，以畏主之法令也。"（《明法解》）⑦

《商君书》："凡世主之患，用兵者不量力，治草莱者不度地。"（《算

① 赵守正：《管子注译》（上册），广西人民出版社1982年版，第19页。
② 赵守正：《管子注译》（上册），广西人民出版社1982年版，第139页。
③ 赵守正：《管子注译》（上册），广西人民出版社1982年版，第66页。
④ 赵守正：《管子注译》（上册），广西人民出版社1982年版，第105页。
⑤ 赵守正：《管子注译》（下册），广西人民出版社1982年版，第73页。
⑥ 赵守正：《管子注译》（下册），广西人民出版社1982年版，第178页。
⑦ 赵守正：《管子注译》（下册），广西人民出版社1982年版，第223页。

地》)①"数者臣主之术，而国之要也。故万乘失数而不危，臣主失术而不乱者，未之有也。"②（《算地》)"主操名利之柄，而能致功名者，数也。"（《算地》)③"权者君之所独制也。人主失守则危。"（《修权》)④"人主之所以禁使者，赏罚也。"（《禁势》)⑤"凡世莫不以其所以乱者治，故小治而小乱，大治而大乱，人主莫能世治其民，世无不乱之国。"（《慎法》)⑥"人主为法于上，下民议之于下，是法令不定，以下为上也。此所谓名分之不定也。夫名分不定，尧、舜犹将皆折而奸之，而况众人乎？此令奸恶大起，人主夺威势，亡国灭社稷之道也。"（《定分》)⑦

《韩非子》："重人不能忠主而进其仇，人主不能越四助而烛察其臣，故人主愈弊而大臣愈重。"（《孤愤》)⑧"今有国者虽地广人众，然而人主壅蔽，大臣专权，是国为越也。"（《孤愤》)⑨"人主者明能知治，严必行之，故虽拂于民，必立其治。"（《南面》)⑩"夫令必行，禁必止，人主之公义也。"（《饰邪》)⑪"明主在上，则人臣去私心行公义；乱主在上，则人臣去公义行私心。"（《饰邪》)⑫"人主之大物，非法则术也。"（《难三》)⑬"人主之所以身危国亡者，大臣太贵，左右太威也。"（《人主》)⑭

然而，在儒、道经典中，使用"主""人主"等语词来称谓国君的情况极为罕见——儒家经典中《论语》《孟子》压根儿没有，仅见于《荀子》，如：

---

① 高亨注译：《商君书注译》，中华书局 1974 年版，第 61 页。
② 高亨注译：《商君书注译》，中华书局 1974 年版，第 64 页。
③ 高亨注译：《商君书注译》，中华书局 1974 年版，第 64 页。
④ 高亨注译：《商君书注译》，中华书局 1974 年版，第 110 页。
⑤ 高亨注译：《商君书注译》，中华书局 1974 年版，第 173 页。
⑥ 高亨注译：《商君书注译》，中华书局 1974 年版，第 179 页。
⑦ 高亨注译：《商君书注译》，中华书局 1974 年版，第 190 页。
⑧ 《韩非子》校注组：《韩非子校注》，江苏人民出版社 1982 年版，第 105 页。
⑨ 《韩非子》校注组：《韩非子校注》，江苏人民出版社 1982 年版，第 107 页。
⑩ 《韩非子》校注组：《韩非子校注》，江苏人民出版社 1982 年版，第 165 页。
⑪ 《韩非子》校注组：《韩非子校注》，江苏人民出版社 1982 年版，第 178 页。
⑫ 《韩非子》校注组：《韩非子校注》，江苏人民出版社 1982 年版，第 179 页。
⑬ 《韩非子》校注组：《韩非子校注》，江苏人民出版社 1982 年版，第 554 页。
⑭ 《韩非子》校注组：《韩非子校注》，江苏人民出版社 1982 年版，第 705 页。

"国者，天下之利用也；人主者，天下之利埶也。……故人主天下之利埶也，然而不能自安也，安之者必将道也。"①"故治国有道，人主有职。"②"人主者，以官人为能者也；匹夫者，以自能为能者也。人主得使人为之，匹夫则无所移之。"③道家经典中《老子》仅有一处提到"人主"："以道佐人主者，不以兵强天下，其事好还。"④《庄子》也仅有个别客观陈述性话语中提到"人主"，如："人主莫不欲其臣之忠，而忠未必信，故伍员流于江，苌弘死于蜀，藏其血，三年而化为碧。"⑤

　"语言是一种实践的、既为别人存在因而也为我自身存在的、现实的意识。"（马克思语）⑥ 用以称谓国君的"主""人主"等语词常见于法家经典而罕见于儒、道经典，这种语言现象无疑直接地反映了此三家对于君在国家中的地位持有大相径庭的看法。在法家的政治意识中，早就形成了君为一国之主的君主概念，儒、道二家则本没有这样的概念，这一概念是到了战国中晚期才渗透到了儒、道二家的政治意识中。这种现象可用韩非的下述观点来加以解释："有主名而无实，臣专法而行之，周天子是也。"⑦按照韩非的这一观点，"主"的实义是指拥有足以支配群臣的政治权力的国君，然而在实行分封制的周代，周天子仅是名义上的天下共主，实际上并不拥有支配诸侯和统治诸侯国的最高权力，不过是一个有名无实的主儿。而包括韩非在内的法家人物则无不主张国家权力集中于中央，使国君拥有统御百官的最高权力，因而在法家的权力观念中，国君应该是"主"。儒、道二家之所以原无"主"的概念，是因其压根没有法家那样的中央集权意识和集权主张；至于周末大

① 《荀子·王霸》，载梁启雄：《荀子简释》，中华书局 1983 年版，第 137 页。
② 《荀子·王霸》，载梁启雄：《荀子简释》，中华书局 1983 年版，第 145 页。
③ 《荀子·王霸》，载梁启雄：《荀子简释》，中华书局 1983 年版，第 146 页。
④ 《老子·三十章》，载（魏）王弼著，楼宇烈校释：《王弼集校释》，中华书局 1980 年版，第 78 页。
⑤ 《庄子·外物》，载曹础基：《庄子浅注》，中华书局 1982 年版，第 407 页。
⑥ 《马克思恩格斯选集》第 1 卷，人民出版社 2012 年版，第 161 页。
⑦ 《韩非子·备内》，载《韩非子》校注组：《韩非子校注》，江苏人民出版社 1982 年版，第 160 页。

儒荀子在其文章中多次使用"人主""明主"之类的词儿，也以"主"来称谓国君，这表明他或多或少受到法家思想的影响而具有一定的中央集权意识，不过据实说，这种集权意识并没有在荀子心中扎下根，其"君舟民水"之喻即是见证，它表明了在其思想深处仍是儒家的"民本"意识。

三、"国者，君之车"

尽管从总体上说法家都有"主"的概念，但是其内部对于君在国家中的定位以及君民关系的具体看法还是有一定差异的。

代表齐法家思想的《管子》说："主，牧万民，治天下，莅百官，主之常也。"① 又说："凡牧民者，欲民之可御也。欲民之可御，则法不可不重也。"② 这是把万民和君主比喻为马车和驾驭马车的人，将法律比喻为驾驭马车的缰绳，君主用法律来规范和制约万民，犹如驾驭马车的人手握缰绳来驾驭马车。这里"牧""御"二字虽然都是比喻性用辞，但这种比喻多少也反映出一种潜意识，在这种潜意识中，君主和人民的关系就像人和牛马的关系，在这种关系中，人民是不具有独立人格特征的。然而在其显意识中，齐法家则未尝完全把人民当作牛马来看待，而是主张以不同于对待牛马的方式来对待人民。《管子》道："渊者，众物之所生也，能深而不涸，则沈玉至。主者，人之所仰而生也，能宽裕纯厚而不苛忮，则民人附。"③ 这就是说，万物的生长都必须依赖于水，如果水潭足够深，以至于常年有水而不会枯竭的话，人们就自然会到这水潭来投玉求神。百姓的生活都必须仰赖于君主，如果君主足够宽容且纯良厚道而非褊狭刻薄的话，人民自然就会依从于君主。可见，齐法家在一定程度上还是把老百姓当作人来看待的，所以才要求君主宽容纯良厚道地对待百姓；不过，齐法家终究认为君民之间是百姓依靠君主来生活而非君主依靠百姓来养活，这又在一定程度上把君民关系看作是如同

① 《管子·形势解》，载赵守正：《管子注译》（下册），广西人民出版社1982年版，第177页。
② 《管子·权修》，载赵守正：《管子注译》（上册），广西人民出版社1982年版，第19页。
③ 《管子·形势解》，载赵守正：《管子注译》（下册），广西人民出版社1982年版，第177页。

放养牛马的人和由人所放养的牛马的关系了，因为在这种关系中，当然可以说牛马是依靠人的放养而存活的。

正因为齐法家在一定程度上把老百姓当作人来看待，所以齐法家有时又把君民关系比作蛟龙与水的关系："人主，天下之有威者也。得民则威立，失民则威废。蛟龙待得水而后立其神，人主待得民而后成其威。"[1]肯定君主的权威必须依靠人民才能树立起来，便是在一定意义上肯定君主需要人民支持，因为只有得到人民的支持，君主才能获得权威。所以，齐法家虽然认为"欲民之可御，则法不可不重"，却不主张单靠铁面无私的"法"来绳约百姓，而是主张"刑""政""法""德""道"兼施并用：

> "刑以弊之，政以命之，法以遏之，德以养之，道以明之。刑以弊之，毋失民命；令之以终其欲，明之毋径；遏之以绝其志意，毋使民幸；养之以化其恶，必自身始，明之以察其生，必循其理。致刑，其民庸心以蔽；致政，其民服信以听；致德，其民和平以静；致道，其民付而不争。罪人当名曰刑。出令时当曰政。当故不改曰法。爱民无私曰德。会民所聚曰道。"[2]

其中，"刑"（判罚罪行的刑律）"政"（合乎时宜的政令）"法"（稳定不变的法规）是用于规范被治理者行为的标准，并使用强制性手段来执行这些标准，以便使百姓明白什么是不能做的，什么是必须做的，从而使他们行而无妄；"德"（公正无偏私的爱民道德）"道"（合乎民众所宜的做人道理）则首先是用于约束治理者自身行为的标准，并通过治理者按照这些标准来进行的自我修养，为被治理者做出行为表率，由以化育百姓，使百姓明白什么是应该做的，什么是应该遵守的，从而使其心平气和，守理不争。

齐法家还专门从合乎时宜的政令方面，说明了君主治国应该根据四时运行规律，采取"刑""德"并重的治理手段与方法。"德始于春，长于夏；刑始于秋，流于冬。刑德不失，四时如一。刑德离乡，时乃逆行。作事不成，必

---

① 《管子·形势解》，载赵守正：《管子注译》（下册），广西人民出版社1982年版，第178页。
② 《管子·正》，载赵守正：《管子注译》（下册），广西人民出版社1982年版，第49页。

有大殃。"①"刑德者四时之合也。刑德合于时则生福，诡则生祸。"②也就是说，春、夏适宜推行德政，秋、冬适宜推行刑政。每一季节的政策都要根据该季节所应办的事务来确定，一年四季的事务不同，各季政令也相应有差。春季应办的事务为："号令修除神位，谨祷弊梗，宗正阳，治堤防，耕芸树艺，正津梁，修沟渎，甃屋行水，解怨赦罪，通四方。"据此确定五项政令：(1)"论幼孤，赦有罪"；(2)"赋爵列，授禄位"；(3)"冻解修沟渎，复亡人"；(4)"端险阻，修封疆，正千伯(引者按：即"阡陌")"；(5)"无杀麛夭，毋蹇华绝萼"。夏季应办的事务为："号令赏赐赋爵，受禄顺乡，谨修神祀，量功赏贤，以动阳气。"据此确定五项政令：(1)"求有功发劳力者而举之"；(2)"开久坟，发故屋，辟故卯以假贷"；(3)"令禁扇去笠，毋扱免，除急漏田庐"；(4)"求有德赐布施于民者而赏之"；(5)"令禁罝设禽兽，毋杀飞鸟"。秋季应办的事务为："号令毋使民淫暴，顺旅聚收，量民资以畜聚。赏彼群干，聚彼群材，百物乃收，使民毋怠。"据此确定五项政令：(1)"禁博塞，圉小辩，斗译踦"；(2)"毋见五兵之刃"；(3)"慎旅农，趣聚收"；(4)"补缺塞坼"；(5)"修墙垣，周门闾"。冬季应办的事务为："号令修禁徙民，令静止，地乃不泄，断刑致罚，无赦有罪，以符阴气。"据此确定五项政令：(1)"论孤独，恤长老"；(2)"善顺阴，修神祀，赋爵禄，授备位"；(3)"效肢计，毋发山川之藏"；(4)"捕奸遁，得盗贼者有赏"；(5)"禁迁徙，止流民，圉分异"。③

从齐法家主张采取宽严相济、刚柔并举、刑德兼用的治国之策，可以看出，其君民观多少受到周公以来周代传统政治思想的影响而略带些"民本"色彩。

相比之下，三晋法家则完全没有"民本"色调。韩非说："国者，君之车也；势者，君之马也。"④这分明是把君定义为国主了，在这个定义中，国

---

① 《管子·四时》，载赵守正：《管子注译》(下册)，广西人民出版社 1982 年版，第 38 页。

② 《管子·四时》，载赵守正：《管子注译》(下册)，广西人民出版社 1982 年版，第 36 页。

③ 《管子·四时》，载赵守正：《管子注译》(下册)，广西人民出版社 1982 年版，第 36—38 页。

④ 《韩非子·外储说右上》，载《韩非子》校注组：《韩非子校注》，江苏人民出版社 1982 年版，第 441 页。

是君的工具，一种君可以借"势"来驱动它和凭其意愿来操纵它以达成其目的、理想和目标的工具。因此，对君主来说，最重要的是怎样把国家牢牢掌控在自己手中。"所谓亡君者，非莫有其国也，而有之者皆非己有也。"①君主所忧虑的首要问题，不是国家是否得到了治理，而是国家是否属于自己；如果连国家都不属于自己了，国家治理就没有意义了。因此，对于君主来说，国家治理的本质是在于如何能牢牢地掌控国家，使国家成为实现自己目的的工具。而国家赖以存在的基础是臣民，"为主而无臣，奚国之有？"②君主是靠着臣民而形成强大威势的——"何谓威强？曰：君人者，以群臣百姓为威强者也。"③由于君主须借助臣民来树立自己的威势，所以君主有必要了解臣民的喜好，并且努力使自己的喜好与臣民的喜好保持一致。"群臣百姓之所善，则君善之；非群臣百姓之所善，则君不善之。"④但是君主如此做法，并非是从臣民方面考虑，为臣民着想，而是从君主自身利益出发，为君主自己着想的。"万物莫如身之至贵也，位之至尊也，主威之重，主势之隆也。此四美者，不求诸外，不请于人，议（引者按：通"义"）之而得之矣。"⑤君主想要使自己获得高贵无比的身份、至尊无上的地位、强大无比的威力、隆盛无比的权势，不能靠别的，只能靠自己措置得当。保持与臣民喜好的一致，就是君主为获得自己应有的威力所不得不采取的措施。

在韩非看来，不仅君主是为了自己的利益，才考虑怎样努力使自己的喜好和臣民的喜好达成一致，臣民也都是出于自身利益的考虑才归附于君

---

① 《韩非子·八奸》，载《韩非子》校注组：《韩非子校注》，江苏人民出版社1982年版，第77页。

② 《韩非子·扬权》，载《韩非子》校注组：《韩非子校注》，江苏人民出版社1982年版，第68页。

③ 《韩非子·八奸》，载《韩非子》校注组：《韩非子校注》，江苏人民出版社1982年版，第75—76页。

④ 《韩非子·八奸》，载《韩非子》校注组：《韩非子校注》，江苏人民出版社1982年版，第75—76页。

⑤ 《韩非子·爱臣》，载《韩非子》校注组：《韩非子校注》，江苏人民出版社1982年版，第31页。

主的。"人臣之于其君，非有骨肉之亲也，缚于势而不得不事也。"①"臣尽死力以与君市，君垂爵禄以与臣市。君臣之际，非父子之亲也，计数之所出也。"②韩非对君民关系的思考和研究，是从君主与臣民互相利用的角度，将重点放在君主怎样驾御具体管束百姓的群臣的吏治问题上的，因为在君主与臣民互相利用的关系中，君主是依靠严守法治原则、责成臣下完成任务来建功立业的，"故明主治吏不治民"。③

韩非根据他对历史的考察，认为："当今之时，能去私曲就公法者，民安而国治。"④而以法治吏的目的，是为了借助于法律的权威来迫使群臣不得不做忠臣，否则"为人臣不忠，当死；言而不当，亦当死"⑤。韩非理想中的忠臣大致是这样的：

> "贤者之为人臣，北面委质，无有贰心。朝廷不敢辞贱，军旅不敢辞难；顺上之为，从主之法，虚心以待令，而无是非也。故有口不以私言，有目不以私视，而上尽制之。"⑥

既有才能又对君主没有贰心，在朝廷不敢推辞卑贱的任务，在军队不敢拒绝参加危险的战役；一切听从君主的指挥和调遣，对君主所立的法度谨守不违，总是虚心恭候君主的命令，绝不自作主张，有嘴不用来为私辩说，有眼不用来为私察看，全由君主掌控。——这便是韩非心目中忠臣的主要标准。显然，这样的忠臣毫无人的个性可言，也毫无人的尊严可言，只是

---

① 《韩非子·备内》，载《韩非子》校注组：《韩非子校注》，江苏人民出版社 1982 年版，第 155 页。

② 《韩非子·难一》，载《韩非子》校注组：《韩非子校注》，江苏人民出版社 1982 年版，第 502—503 页。

③ 《韩非子·外储说右下》，载《韩非子》校注组：《韩非子校注》，江苏人民出版社 1982 年版，第 485 页。

④ 《韩非子·有度》，载《韩非子》校注组：《韩非子校注》，江苏人民出版社 1982 年版，第 44 页。

⑤ 《韩非子·初见秦》，载《韩非子》校注组：《韩非子校注》，江苏人民出版社 1982 年版，第 2 页。

⑥ 《韩非子·有度》，载《韩非子》校注组：《韩非子校注》，江苏人民出版社 1982 年版，第 46 页。

被君主用来实现其个人目的的工具。在这种君臣关系中，群臣的一切努力都不过是为了成就君主个人的功业。"臣有其劳，君有其成功，此之谓贤主之经也。"①（意谓："臣下承担劳苦，君主享受成功，这就叫贤明君主的常守之法。"）

总之，在韩非看来，君臣之间的正当关系应该是臣忠心不二顺从君的"君主臣仆"关系。至于君主与百姓的关系，韩非则分别确定了君的"主上"地位和百姓的"民人"地位②，这种关系决定了君民之间的价值关系是"君之于民也，有难则用其死；安平则尽其力"③，在这种关系中，君是目的，民是工具，民对于君仅具有器用意义。综观之，在君与民在国家中的地位关系问题上，韩非的根本看法可以被概括为"君为国主，民为国器"，简言之曰"君主民器"——民是供作为国主的君使用以为国家派上各种不同用场的器具。

韩非的前辈商鞅也是基于人性好利恶害的认识，把君主和臣民的关系看作是互相利用的关系，但是相对于韩非比较重视从君臣关系维度来考虑君主怎样驾御群臣，以达到对国家与百姓的绝对掌控来说，商鞅则比较重视从君民关系维度来思考和研究君主怎样驾御百姓的问题。商鞅的法治主张就是从君主怎样"制民"的角度提出来的，他说：

"昔之能制天下者，必先制其民者也；能胜强敌者，必先胜其民者也。故胜民之本在制民，若冶于金、陶于土也。本不坚，则民如飞鸟禽兽，其孰能制之？民本，法也。故善治者塞民以法，而名地作矣。"④

商鞅眼里，民如飞鸟禽兽，所以认为君主想要得到"主"的名声和土地，成为名副其实的国君，就必须把百姓禁锢在法制的栅栏里，这样才能使国家

---

① 《韩非子·主道》，载《韩非子》校注组：《韩非子校注》，江苏人民出版社 1982 年版，第 36 页。

② 参见《韩非子·扬权》。

③ 《韩非子·六反》，载《韩非子》校注组：《韩非子校注》，江苏人民出版社 1982 年版，第 624 页。

④ 《商君书·画策》，载高亨注译：《商君书注译》，中华书局 1974 年版，第 137 页。

得到有效治理。

然而，相比于韩非，商鞅过分信崇"法"，一味强调"任法而治"①，认为只要向国民公布了国家法律，老百姓在自己家里就可以根据法律来判断是非，由此自然会按法律规定来权衡利弊，决定行为取舍，根本用不着官府来断案。商鞅道："国治，断家王，断官强，断君弱。"②就是说，最理想的法治是百姓各自在家据法做决断；由官府来断案，是不得已而求其次；倘使由君主来亲自断案，国家就会衰弱。所谓"法任而国治"③，就是要让举国之人都知法守法，使国家的一切事务都完全纳入法治轨道，以至于"有道之国，治不听君，民不从官"④，一切都服从法制，人人都依法办事，国家自然就能治理好了。

显然，在商鞅所追求的这种理想的法治状态下，在法律面前，不但百官没有半点灵活的主观裁量权，连君主也没有这样的裁量权。这样一来，商鞅的法治主张实际上是无限抬高法律的权威，以至于让法律的权威盖过了君主的权威，由此用法律架空了君权。

对于商鞅这样的法治主张，韩非是不以为然的。韩非说："今人主非使赏罚之威利出于己也，听其臣而行其赏罚，则一国之人皆畏其臣而易其君，归其臣而去其君矣。此人主失刑德之患也。"⑤韩非强调指出："明主之所导制其臣者，二柄而已矣。二柄者，刑德也。何谓刑德？曰：杀戮之谓刑，庆赏之谓德。为人臣者畏诛罚而利庆赏，故人主自用其刑德，则群臣畏其威而归其利矣。"⑥君主一定要把赏罚权都掌握在自己手里，绝不让其落入群臣百官之手！韩非的这一主张应该就是针对如商鞅所说的那种"治不听君，民不从官"的"任法"观点提出来的，其目的是为了强化君权，

① 《商君书·慎法》，载高亨注译：《商君书注译》，中华书局1974年版，第181页。
② 《商君书·说民》，载高亨注译：《商君书注译》，中华书局1974年版，第58页。
③ 《商君书·慎法》，载高亨注译：《商君书注译》，中华书局1974年版，第181页。
④ 《商君书·说民》，载高亨注译：《商君书注译》，中华书局1974年版，第59页。
⑤ 《商君书·二柄》，载高亨注译：《商君书注译》，中华书局1974年版，第54页。
⑥ 《商君书·二柄》，载高亨注译：《商君书注译》，中华书局1974年版，第53—54页。

防止君权受到法律的牵制。

第四节　儒、法君民观与忠孝观之差异比较

在先秦儒、道、法三家中，无论是儒家的"民本君末"观，还是道家的"民主君辅"观，都肯定了人民在国家中的根本地位，强调了国家必须依赖于人民才能存在，在此意义上，它们的国家主体观念都是属于"民为国本"的观念，都是与法家相对立的，后者的"君主民器"观则属于"君为国主"的国家主体观念。这种国家主体观念的差异在伦理价值观领域则突出表现为儒家和法家在忠孝观上的冲突。

如本书导论中所说，自秦至清长达两千一百余年的郡县制帝国历史，本质上不过是先秦法家政治理想持续恒久的具体实践过程。而法家的政治理想，说到底也就是"君为国主"的国家主体价值观。自秦至清的郡县制帝国，说到底也正是按法家"君为国主"的国家主体价值观来设计和付诸实践的，并且持续实践达两千一百余年。根据这种国家主体价值观设计出来的国家政权结构，地方权力、中央权力和君权高度统一，其三者之间的基本关系是地方服从中央，中央服从国君，由此形成国家权力高度集中于君权的集权结构，在这个权力结构中，帝国君主拥有至高无上的权力，一种可以支配全国的臣民及各类组织，却不受来自任何组织和其他个人的法理制约和伦理制约①的绝对权力——皇权。

这种以皇权为核心的郡县制帝国集权结构，不仅使国家权力高度集约于皇权，同时为了维护皇权在这个权力结构中的核心地位，也相应地要求国家人伦结构高度集约于君臣之伦，正是适应这种国家伦理要求，由西汉大儒董仲舒倡议、经东汉著名史学家班固（32—92）所撰《白虎通义》所厘定的所

---

① 在法理上，全国的臣民以及各级政权组织都必须服从君命，不得违抗"圣旨"，否则有"抗旨"之罪；在伦理上，全国的臣民都应当忠诚于自己的国君，不该有贰心，否则有"不忠"之过。

谓"王道三纲"①便隆重地登台亮相了，从此"三纲"（"君为臣纲""夫为妻纲""父为子纲"）成为郡县制帝国的国家伦理纲领。这"三纲"归根到底其实只是"一纲"——"君为臣纲"，因为"父为子纲"中的"父"与"子"和"夫为妻纲"中的"夫"与"妻"，除了"君"以外，无不属于"臣"。这意味着"三纲"被确立为郡县制帝国伦理的通则，标志着先秦时代"亲亲"和"尊尊"的封建制邦国伦理原则转变成了"唯君是亲"和"唯君是尊"的原则，从而原本反映和体现"亲亲""尊尊"原则的伦理道德高度集约化为忠君之德——"忠"成为统摄其他道德的最高道德。于是，原本反映和体现"亲亲"原则的"孝"，也就成了"忠"的附属品，成为维护至高无上的皇权的一个政治工具②。

"三纲"思想其实是来源于先秦法家韩非。韩非因其兼重"法""术""势"，又有"上古竞于道德，中世逐于智谋，当今争于气力"③的人情演变史观，而且他自认其所处的"争于气力"时代的实际情形也是"力多则人朝，力寡则朝于人"④，所以给后人留下了一种似乎他不讲"道德"的印象。其实不然，而且事实几乎是正好相反。关于"道德"，《韩非子》中有一专论忠孝的篇章——《忠孝》，对忠孝道德大加阐扬！

---

① 《春秋繁露·基义》："君臣、父子、夫妇之义，皆取诸阴阳之道。君为阳，臣为阴；父为阳，子为阴；夫为阳，妻为阴。……阳之出也，常悬于前而任事；阴之出也，常悬于后而守空处。此见天之亲阳而疏阴，任德而不任刑也。是故仁义制度之数，尽取之天。天为君而覆露之，地为臣而持载之；阳为夫而生之，阴为妇而助之；春为父而生之，夏为子而养之；秋为死而棺之，冬为痛而丧之。王道之三纲，可求于天。"参见（汉）董仲舒：《春秋繁露》，上海古籍出版社1989年版，第73—74页。《白虎通义·三纲六纪》："三纲者，何谓也？谓君臣、父子、夫妇也。……故《含文嘉》曰：'君为臣纲，父为子纲、夫为妻纲。'"参见（清）陈立：《白虎通疏证》（上），吴则虞点校，中华书局1994年版，第373—374页。
② 从现实性上说，"孝"至多只是朝廷在进行所谓选贤任能的取士时所要考虑的一个因素（例如汉行察举制时），在某些情况下（例如魏晋南北朝行九品中正制时）"孝"就不是一个必须加以考虑的要素了。
③ 《韩非子·五蠹》，载《韩非子》校注组：《韩非子校注》，江苏人民出版社1982年版，第665页。
④ 《韩非子·显学》，载《韩非子》校注组：《韩非子校注》，江苏人民出版社1982年版，第691页。

但是，韩非自认为他的忠孝观与长期以来一直流行的传统忠孝观是根本对立的。他指出："天下皆以为孝悌忠顺之道为是也，而莫知察孝悌忠顺之道而审行之，是以天下乱。"① 韩非的忠孝观便是立基于对"孝悌忠顺之道"的历史考察之上，其结论认为，从尧、舜、汤、武直到孔子，这些世人心目的圣贤，其实没有一个人真正懂得孝悌忠顺之道，他们的观念和行为甚至正好与孝悌忠顺之道相反。例如，尧、舜之时，尧作为君主，却把臣子舜奉为君主；舜作为臣子，又把君主尧当作臣子。汤、武之时，他们作为臣子，却杀害了君主，还斩断君主的尸体。尧那样的做法，说明他根本不是什么明主，也证明他压根儿不知道什么叫明主。舜及汤、武那样的做法，说明他们都不是忠臣，也证明他们都不知道什么叫忠臣。而孔子居然还称颂舜为"有道者"，这岂不是说明"孔子本未知孝悌忠顺之道也"②！韩非指出："夫所谓明君者，能畜其臣者也；所谓贤臣者，能明法辟、治官职以戴其君者也。"③（意谓："所谓英明君主，就是能够驯服自己的臣子的人；所谓贤能臣子，就是能够自觉守法、恪尽职守来拥戴自己的君主的人。"）又说："尽力守法，专心于事主者为忠臣。"④ 基于对"忠"的这种理解，韩非主张把"尽力守法，专心于事主"的道德进行推广，使之成为臣对君、子对父、妻对夫的普遍道德标准，他声称：

"臣事君，子事父，妻事夫。三者顺则天下治，三者逆则天下乱，此天下之常道也。"⑤

由此可见韩非道德观的实质，是在于提倡臣对君忠顺、子对父孝顺、妻

---

① 《韩非子·忠孝》，载《韩非子》校注组：《韩非子校注》，江苏人民出版社 1982 年版，第697 页。
② 《韩非子·忠孝》，载《韩非子》校注组：《韩非子校注》，江苏人民出版社 1982 年版，第699 页。
③ 《韩非子·忠孝》，载《韩非子》校注组：《韩非子校注》，江苏人民出版社 1982 年版，第698 页。
④ 《韩非子·忠孝》，载《韩非子》校注组：《韩非子校注》，江苏人民出版社 1982 年版，第702 页。
⑤ 《韩非子·忠孝》，载《韩非子》校注组：《韩非子校注》，江苏人民出版社 1982 年版，第698—699 页。

对夫随顺的伦常之德，反对倒过来为人君而君其臣、为人父而父其子、为人夫而夫其妻的乱伦之德，认为："父而让子，君而让臣，此非所以定位一教之道也。"①

自两汉逐步确立而后成为郡县制帝国伦理之通则的"三纲"，其思想来源正是韩非的伦常观念，一种旨在维护君主在国家中"独一无双"的至尊地位和至高无上的权力的忠孝伦理价值观。

即使认为儒家也早就有了"三纲"观念萌芽，例如孔子就有"君君，臣臣，父父，子子"②之说，还有"君使臣以礼，臣事君以忠"③的提法，其伦理价值观也是根本不同于法家韩非的，与后世所谓"三纲王道"观念根本不是一回事。

孔子所提倡的最高道德是"仁"，而"仁者人也，亲亲为大"④，"孝悌也者，其为仁之本欤"⑤。故在"本立而道生"的意义上，"孝"是"仁"的本源和根据；在"仁"以"亲亲为大"的意义上，"孝"是"仁"的要旨和核心。从这两方面看，在孔子的伦理价值观中，"亲亲"原则是绝对优先于"尊尊"原则的，"忠"无论如何都不能不从属于"孝"。

再说孔子所讲的"忠"，是"事上也敬"⑥"执事敬"⑦"行笃敬"⑧"事君，敬其事而后其食"⑨意义上的"敬"，即大臣为君办事的一种敬业之德，这种道德是要求事君之臣做事踏实认真，不得虚浮马虎，应付了事。另外，孔子讲"臣事君以忠"是有条件的，这个条件一方面是"君使臣以礼"，另一方

① 《韩非子·忠孝》，载《韩非子》校注组：《韩非子校注》，江苏人民出版社1982年版，第698页。
② 《论语·颜渊》，载杨伯峻译注：《论语译注》，中华书局1980年版，第128页。
③ 《论语·八佾》，载杨伯峻译注：《论语译注》，中华书局1980年版，第30页。
④ 《中庸》，载（宋）朱熹：《四书章句集注》，中华书局1983年版，第28页。
⑤ 《论语·学而》，载杨伯峻译注：《论语译注》，中华书局1980年版，第2页。
⑥ 《论语·公冶长》，载杨伯峻译注：《论语译注》，中华书局1980年版，第47—48页。
⑦ 《论语·子路》，载杨伯峻译注：《论语译注》，中华书局1980年版，第140页。
⑧ 《论语·卫灵公》，载杨伯峻译注：《论语译注》，中华书局1980年版，第162页。
⑨ 《论语·卫灵公》，载杨伯峻译注：《论语译注》，中华书局1980年版，第170页。此句意为：对待君主，工作认真，把拿俸禄的事放在后面。

面是"大臣者，以道事君，不可则止"①。如果不能满足这两个方面的条件，而是出现"邦无道"而"道不行"的情况，事君之臣就可以辞职不干了，所谓"邦有道，则仕"②，"无道则隐"③，"道不行，乘桴浮于海"④也。如果连辞职都辞不掉的话，则可"卷而怀之"⑤，将自己的本领收藏起来，学习宁武子那种"邦有道，则知；邦无道，则愚"⑥的处世法则，装聋作哑，以全其身。所以，孔子所提倡的"忠"，本质上是忠于"道"，而不是忠于"君"。

儒法之间在国家主体观念上"民为国主"与"君为国主"的差异，在伦理价值观上恰恰就表现在：儒家是"以孝为本"，"以孝为大"；法家是"以忠为本"，"以忠为大"。

在"忠"的问题上，明清之际大儒黄宗羲、顾炎武，就正是继承并且发展了先儒孔子的仁学思想。黄宗羲说："我之出而仕也，为天下，非为君也；为万民，非为一姓也。"⑦这是从积极方面继承和发展了孔子的忠德观，使孔子"邦有道则仕""无道则隐""道不行，乘桴浮于海"这样一种带有一定消极性的"忠于道"的忠德观，发展为"为天下出仕""为万民出仕"这样一种具有积极进取意义的"忠于天下""忠于万民"的忠德观。据笔者分析，顾炎武也有类似黄宗羲的忠德观。"顾炎武关于宗法立国的思想是基于传统的忠君意识，从这种封建伦理观念出发的，然其最终引出的结论却是具有一定民主精神的忠民之德，这是一种以博爱人类为情感基础的、包含着近代资产阶级人道主义因素的、具有中国传统宗法伦理特色的新道德。这种新道德所指向的对象是抽象的'人'——区别于禽兽的人的类本质。……顾炎武（同时也包括黄宗羲等明清之际杰出启蒙学者）在儒家学说发展史上的一个重要

① 《论语·先进》，载杨伯峻译注：《论语译注》，中华书局1980年版，第117页。
② 《论语·卫灵公》，载杨伯峻译注：《论语译注》，中华书局1980年版，第163页。
③ 《论语·泰伯》，载杨伯峻译注：《论语译注》，中华书局1980年版，第82页。
④ 《论语·公冶长》，载杨伯峻译注：《论语译注》，中华书局1980年版，第43页。
⑤ 《论语·卫灵公》，载杨伯峻译注：《论语译注》，中华书局1980年版，第163页。
⑥ 《论语·公冶长》，载杨伯峻译注：《论语译注》，中华书局1980年版，第50页。
⑦ （清）黄宗羲：《明夷待访录·原君》，载《黄宗羲全集》第一册，浙江古籍出版社1985年版，第3页。

的历史贡献恰恰在于，他把原本不属于人道主义范畴的儒家学说发展成为一种人道主义学说——他通过对'亡国'与'亡天下'、'保国'与'保天下'的严格区分，不仅同时把'君'与'人'也严格区分开来，而且重新确定了道德的真正对象是'人'而不是'君'。按照这种新的伦理观，'君'并非天然就是道德的对象，'君'要成为道德的对象，惟其成为'人'才是可能的。在这里，'人'是本体，'君'则是有待于反归于其本体，在自己的思想和行动上反映和体现这个本体的个别之人；只有当这个特殊的人尽到其人所应尽的'保天下'之责而成为一个现实地区别于禽兽的人的时候，他才同时亦成为道德的对象。也只有当其成为道德的对象的时候，他所要保的'国'才同时成为一种合乎道德的存在，从而'保国'也才成为一种合乎道德责任的行为，亦即与'保天下'这种出于道德责任的真正的道德行为相一致的、从而也是人所应取的一种道德行为。"①

本章小结

国家组织治理由谁来主持和承担，是国家组织哲学的重要议题之一，对于这个问题的解答，决定着对国家治理主体性质的界定。在中国传统国家治理哲学中，儒家是以民本思想来解答这个问题的。在儒家民本思想中，"民本"首先是指在"天为民立君"的关系中，民是国之本，君是国之末；然后由"民为国之本"观念，逻辑地派生出"民为君之本"观念。这两种观念的关系在于："民为国之本"观念是落实在"民为君之本"观念上的；"民为君之本"观念是"民为国之本"观念的体现。儒家民本思想来源于周公。周公政治思想是以"天命论"的宗教意识形式来表现的，在这种宗教意识中，"天"是决定国家组织命运的主宰之神，按照这个主宰之神的旨意，"君""民"

---

① 周可真：《明清之际新仁学——顾炎武思想研究》，中国大百科全书出版社 2006 年版，第226—227 页。

在国家组织中的地位和作用分别在于："民"在国家组织中的地位是"天意"的体现者，其作用是通过"民欲"来反映"天意"，显示"天意"的要求；"君"在国家组织中的地位是"天意"的实现者，其作用是通过旨在满足"民之所欲"的组织治理来达成"天意"，满足"天意"的要求。孔子的政治思想是源自周公，仍带有宗教意识色彩。像周公一样，孔子也是从"天""君""民"的关系中来谈论"民"在国家中的地位，借助于"天"的权威来强调"民"的重要性。在周、孔的共同意识中，"天""君""民"之间的本质关系在于："君"是受命于"天"来为"民"服务的。这种关系决定了君与民对国家的意义关系只能是"民本君末"，因为如果没有"民"，"天"就无须立"君"，国家就不会产生；如果离开了"民"，"君"就失去了存在的意义和价值，国家也将因之消亡。荀子也是从"天""君""民"的关系中来谈论"民"在国家中的地位，但荀子所讲的"天"是"自然之天"，按荀子的天人观，"天"之"为民立君"，并非像传统宗教"天命论"所说的那样是出于"天"（主宰之天）的故意，而是"天人之分"（自然界中天与人各有不同职分）的自然原理使然，故在荀子民本思想中，"天为民立君"的意义是"自然为民立君"，在这种关系中，民是天然的国之本；进而由"民是自然的国之本"观念，派生出"民是自然的君之本"观念，在后一种观念中，君民关系即是如荀子运用"水舟之喻"所描述的关系——"君者，舟也；庶人者，水也。水则载舟，水则覆舟。"[①] 先秦儒家民本思想中孟子思想最为独特，他的"民贵"论不是从"天""君""民"的关系中来谈论"民"在国家中的地位，借助于"天"的权威来说明"民"的重要性，而是根据人民、社稷、君主三者对国家的不同关系来论证国家始终离不开人民，证明人民是国家三要素中唯一不可变更的恒定要素，因而为国家之根本，这是最有说服力的民本学说，在先秦"君民之辨"中代表了儒家最高思想水平。孟子的"民贵"论主要是讲给君主们听的，他是要让君主们明白：君主并非是国家中的至尊者，没有资格凌驾于人民之上；相反，人民才是国家中的至尊者，君主的位置是人民给予的，只

---

① 《荀子·哀公》，载梁启雄：《荀子简释》，中华书局 1983 年版，第 403 页。

有得到人民的拥护，君主才能有自己的位子，才能保住自己的位子。在孟子的国家治理哲学中，"性善"论、"民贵"论和"仁政"论是密不可分的，"性善"论和"民贵"论是"仁政"论的两个逻辑前提，"仁政"论是"性善"论和"民贵"论所共同得出的逻辑结论。

在君民关系上，道家老子和庄子的君民观是基于他们对现实君民关系的体察，通过这种体察，他们对现实社会中统治者的贪恋残暴有清醒认识，也对强大的君权感到恐惧，更对君民关系的恶化感到担忧，这些认知与忧虑在《老子》《庄子》书中都有不同程度的表达，其中较多是对统治者的犀利批评与警告，也有对百姓关切与同情的表示。在理智层面，老子、庄子主要还是对如何合理地调节君民关系向治国者提出建议，这些建议的核心思想是希望治国者转换国家治理方式，由"非道"转为"有道"，以实现道家心目中的理想社会和政治目标。就道家君民观的本质特征而言，它可以被概括为"民主君辅"。这包含两层意思：（1）当且仅当君主一切想百姓之所想，全心全意为百姓（"圣人无常心，以百姓心为心"[1]），而不与百姓争利，不给百姓造成负担，更不强行干预百姓的生活而给其带来伤害（"处上而民不重，处前而民不害"[2]），使百姓都自认为其利益的实现是由于他们自己努力的结果而非统治者的功劳（"功成事遂，百姓皆谓我自然"[3]）时，天下百姓才会放心并乐意地将权力托付给他（"是以天下乐推而不厌"[4]）；（2）在国家治理过程中，君主做着有利于百姓的事，但却不控制百姓的行动（"衣养万物而不为主"[5]），而是让

---

[1] 《老子·四十九章》，载（魏）王弼著，楼宇烈校释：《王弼集校释》，中华书局1980年版，第129页。

[2] 《老子·六十六章》，载（魏）王弼著，楼宇烈校释：《王弼集校释》，中华书局1980年版，第170页。

[3] 《老子·十七章》，载（魏）王弼著，楼宇烈校释：《王弼集校释》，中华书局1980年版，第41页。

[4] 《老子·六十六章》，载（魏）王弼著，楼宇烈校释：《王弼集校释》，中华书局1980年版，第170页。

[5] 《老子·三十四章》，载（魏）王弼著，楼宇烈校释：《王弼集校释》，中华书局1980年版，第86页。

百姓自主行动，君主只是从旁做服务（"辅万物之自然，而不敢为"①），不发号施令（"希言""贵言"）来干预百姓的行动。在前一层意思上，"民主君辅"表示国家治理主体的权力是来源于人民，君主的权力是人民授予的，在这种权力关系中，民是君之本，民尊而君贱——这与儒家孟子"民贵"思想相一致；在后一层意思上，"民主君辅"表示国家治理主体所采取的治理方式是以人民自主、君主辅助为特征的"无为之治"——这是道家特有的治理思想。

　　法家的君民观截然不同于儒、道，全无儒、道那样的民本意识。按商鞅的观点，国家和国君的产生纯粹是客观时势使然，与天意与民意均无关系。而在韩非看来，身居君位也不一定就能称得上"主"，堪称"主"者是有足够权力使群臣百姓都臣服自己的国君，像周天子那样虽然名义上是天下共主，实际上却并不拥有支配诸侯的权力，是不足以称为"主"的。在法家政治意识中，国家的强弱首先是取决于国家的集权程度，取决于君主权力的大小，只有使国家权力全部集中于君主，国家才能强大。故对法家来说，国家治理的首要问题，是如何加强君主权力，使国君成为拥有支配一切的最高权力，成为名副其实的一国之主。但在如何加强君主权力的具体看法上，法家内部并不完全一致。齐法家多少带有儒家那样的"民本"色调，主张采取宽严相济、刚柔并举、刑德兼用的治国之策来加强君权，这种治国之策反映出齐法家多少承认人民具有一定的独立人格，也因此齐法家不只是把君主看作专事"牧民"的"牧主"，也把君民关系比作蛟龙与水的关系，即认为君主需要借力于民来树立自己的权威，其中包含着君主应当设法寻求民意支持的意思。三晋法家则完全不考虑民意问题，至多也只是像韩非那样考虑到臣民的喜好，主张君主保持与臣民喜好的一致，以便拉近君臣关系，利用其亲密关系来加强君主的权威。这不是道德意义上的尊重民意，而是功利意义上的体察和利用民情而已。韩非对君民关系的基本定位是：君为"主上"，民为"民人"。这是一种主仆关系，在这种关系中，君是目的，民是工具，"君之

---

① 《老子·六十四章》，载（魏）王弼著，楼宇烈校释：《王弼集校释》，中华书局1980年版，第166页。

于民也，有难则用其死；安平则尽其力"①，民对于君仅具有器用意义。韩非甚至认为，整个国家都是"君之车"，是君主用以达成自己目的的工具。把包括群臣百姓以及绳约群臣百姓的法制在内的整个国家都当作君主的工具来利用，以强化君权，这是韩非超越于其前辈商鞅之处。商鞅的法治思路是要把百姓禁锢在法制的栅栏里，为此无限抬高法律的权威，以至于让法律的权威盖过了君主的权威，这是以法律来架空君权。对于商鞅这种"治不听君，民不从官"②的"任法"思想，韩非颇不以为然。韩非强调，君主一定要将赏罚权掌握在自己手里，绝不能让其落入群臣百官之手，以免君权受到法律牵制。为此，韩非十分重视从君臣关系维度来考虑君主怎样驾驭群臣，以达到对国家与百姓的绝对掌控，他认为君臣之间的正当关系，应该是臣忠心不二顺从君主的"君主臣仆"关系，这与孔子所强调的"大臣者，以道事君，不可则止"③的儒家君臣观念有明显区别。

在先秦儒、道、法三家中，无论是儒家的"民本君末"观，还是道家的"民主君辅"观，都是肯定了人民在国家中的根本地位，强调了国家必须依赖于人民才能存在，在此意义上，它们的国家主体观念都是属于"民为国本"的观念，都是与法家相对立的，后者的"君主民器"观则属于"君为国主"的国家主体观念。这种国家主体观念的差异在伦理价值观领域则突出表现为儒家和法家在忠孝观上的冲突：儒家是"以孝为本"，"以孝为大"；法家是"以忠为本"，"以忠为大"。

---

① 《韩非子·六反》，载《韩非子》校注组：《韩非子校注》，江苏人民出版社1982年版，第624页。
② 《商君书·说民》，载高亨注译：《商君书注译》，中华书局1974年版，第59页。
③ 《论语·先进》，载杨伯峻译注：《论语译注》，中华书局1980年版，第117页。

第六章 天下之辨

国家治理主体的性质不只是取决于由谁来治理国家组织，还取决于国家组织治理者持有何种目的，特别是取决于反映国家组织的根本目的的治理理想。这个根本目的对于国家政权的执掌者来说，是其应加探究以弄明的"所以然之故"和应当服从和遵循的"所当然之则"。在中国古代政论家、思想家那里，他们是将这个问题当作政治的最高问题来进行哲学方式的探讨的。按照他们的普遍看法，国家目的本质上并非是主观意识范畴的东西，相反是有待于人的意识去把握的客体之物，这个客体之物被普遍称作"道"或"天道"等等，此类名称有别而实指无异的哲学概念，都是标识宇宙本原或本体的范畴，也就是说，国家目的应该是反映宇宙本性的，只有符合宇宙本性的国家目的，才是合理的目的，才是值得执政者去追求，也是其应当追求并努力去实现的理想目标。由于儒、道、法各有其特殊的宇宙观，其三家对国家目的的定位也各不相同，据此确定的体现其国家目的观从而归根到底体现其宇宙观的国家理想也有相应差别。

第一节 儒家：天下为家

一、"小康"：儒家的理想国

儒家经典《礼记·礼运》固然有关于"天下为公"和"天下为家"两种不同性质的国家理想——"大同"与"小康"的构想与描述，且声称孔子曾自言于"大道之行也，天下为公"①的"大同"虽然"未之逮也，而有志焉"②，似乎"大同"才是孔子所立志要追求和努力去实现的理想国，但是按孔子"为国以礼"③"克己复礼为仁"④的仁道原则，它所描述的"小康"才是与孔子的仁道原则相一致的儒家理想国。

孔子之所以主张"为国以礼"，是因为他对"礼"有如此根本看法："夫礼，先王以承天之道，以治人之情……是故夫礼必本于天……圣人以礼示之，故天下国家可得而正也。"⑤正是由于他把"礼"本质地理解为由"承天之道"的"圣人"制定出来从而必然符合"天之道"的天命国法，他才主张"为国以礼"，即依据"礼"来组织人群，构建人群关系体系，使所构建的人群组织形成有一种其内部关系"贵贱有等，长幼有差，贫富轻重皆有称"⑥的有序结构。按荀子的说法，具有这种有序结构的组织，是"有气有生有知亦且有义"而"最为天下贵"的人之所以优于动物和胜过动物的根据所在，因为这种差等有序的礼制结构，能使人群内部关系达到合"义"之"分"（即合理的分工）从而形成"分则和"的和谐合作，正是依靠这种和谐合作，才使人获得了一种远高于动物而可以"序四时，裁万物，兼利天下"的群体活动效能——"和则一，一则多力，多力则强，强则胜物"。⑦

正是"为国以礼"的国家组织原则，决定了"为政以德"⑧的国家治理原则。在儒家国家治理思想体系中，"为国以礼"的组织原则和"为政以德"的治理原则本质上都是体现"天之道"的天命国法，是不可动摇的国家治理

---

① （汉）郑玄注，（唐）孔颖达等正义：《礼记正义》，黄侃经文句读，上海古籍出版社 1990 年版，第 412 页。

② （汉）郑玄注，（唐）孔颖达等正义：《礼记正义》，黄侃经文句读，上海古籍出版社 1990 年版，第 411 页。

③ 《论语·先进》，载杨伯峻译注：《论语译注》，中华书局 1980 年版，第 119 页。

④ 《论语·颜渊》，载杨伯峻译注：《论语译注》，中华书局 1980 年版，第 123 页。

⑤ 《礼记·礼运》引孔子语，载（汉）郑玄注，（唐）孔颖达等正义：《礼记正义》，黄侃经文句读，上海古籍出版社 1990 年版，第 413 页。

⑥ 参见《荀子·富国》，载梁启雄：《荀子简释》，中华书局 1983 年版，第 120 页。

⑦ 详见《荀子·王制》，载梁启雄：《荀子简释》，中华书局 1983 年版，第 109—110 页。

⑧ 《论语·为政》，载杨伯峻译注：《论语译注》，中华书局 1980 年版，第 11 页。

原则；它们相辅相成而不可割裂，由此构成了儒家特有的"道之以德，齐之以礼"①的国家治理模式。这种国家治理模式有三个方面的基本特性：

其一，要求治国者"好礼""好义""好信"——《论语·子路》："上好礼，则民莫敢不敬；上好义，则民莫敢不服；上好信，则民莫敢不用情。夫如是，则四方之民襁负其子而至矣。"②

其二，要求实行"有教无类"③的学校教育——《孟子·滕文公上》："设为庠序学校以教之。庠者，养也；校者，教也；序者，射也。夏曰校，殷曰序，周曰庠；学则三代共之，皆所以明人伦也。人伦明于上，小民亲于下。有王者起，必来取法，是为王者师也。"④

其三，要求贵族精英"克己复礼""约之以礼"——《论语·雍也》："君子博学于文，约之以礼，亦可以弗畔矣。"⑤《论语·颜渊》："克己复礼为仁。一日克己复礼，天下归仁焉。"⑥

这三个方面的要求都是为了达到一国之人皆"明人伦"而"知礼"而"立于礼"⑦，由此确保国家组织结构的有序稳定。依据"天之道"而运用"礼"来构建组织和规范组织行为从而形成这种组织结构具有稳定性的礼治国家社会，决不可能是《礼运》所描述的"大道之行也，天下为公。选贤与能，讲信修睦。故人不独亲其亲，不独子其子。使老有所终，壮有所用，幼有所长。鳏寡孤独废疾者，皆有所养。男有分，女有归。货恶其弃于地也，不必藏于己。力恶其不出于身也，不必为己。是故谋闭而不兴，盗窃乱贼而不作。故外户而不闭"⑧

---

① 《论语·为政》，载杨伯峻译注：《论语译注》，中华书局 1980 年版，第 12 页。

② 《论语·子路》，载杨伯峻译注：《论语译注》，中华书局 1980 年版，第 135 页。

③ 《论语·卫灵公》，载杨伯峻译注：《论语译注》，中华书局 1980 年版，第 170 页。

④ 《孟子·滕文公上》，载杨伯峻译注：《孟子译注》，中华书局 1960 年版，第 118 页。

⑤ 《论语·雍也》，载杨伯峻译注：《论语译注》，中华书局 1980 年版，第 63 页。

⑥ 《论语·颜渊》，载杨伯峻译注：《论语译注》，中华书局 1980 年版，第 123 页。

⑦ 《论语·尧曰》："不知礼，无以立也。"《论语·泰伯》："立于礼"。参见杨伯峻译注：《论语译注》，中华书局 1980 年版，第 211、81 页。

⑧ （汉）郑玄注，（唐）孔颖达等正义：《礼记正义》，黄侃经文句读，上海古籍出版社 1990 年版，第 412 页。

的"大同"，因为这里面不仅连一个"礼"字都没有提到，完全不合倡导"克己复礼为仁"的儒家仁学之常情，而且"不独亲其亲，不独子其子"的"大同"伦理，也明显不合儒家"别同异""定亲疏"之"礼"和"亲亲为大"之"仁"，更有曾被孟子斥为"是无父""是禽兽"的"墨氏兼爱"①伦理之嫌！那种礼治国家社会只可能是《礼运》所描述的"大道既隐，天下为家。各亲其亲，各子其子，货力为己。大人世及以为礼，城郭沟池以为固。礼义以为纪，以正君臣，以笃父子，以睦兄弟，以和夫妇，以设制度，以立田里，以贤勇知，以功为己。故谋用是作，而兵由此起。禹、汤、文、武、成王、周公，由此其选也。此六君子者，未有不谨于礼者也。以著其义，以考其信，著有过，刑仁讲让，示民有常。如有不由此者，在埶者去，众以为殃"②的"小康"社会——这里"兵由此起"只是"谋用是作"的结果，而不是"礼义以为纪"所造成的，恰恰相反，在"兵起"之后，正是由于"未有不谨于礼"的"六君子"对"礼"能"著其义"，且依"礼"来"考其信，著有过"以至于"刑仁讲让，示民有常"，才又重新出现"如有不由此（礼）者，在埶者去，众以为殃"的礼义文明状态。故《礼运》所谓"丘未之逮也，而有志焉"的说法是不靠谱的，未可信以为真。

"天下为家"的"小康"之国是以"各亲其亲，各子其子，货力为己"的"家"为基本生产单位，这些以血缘为纽带所构成的家庭组织都采取"货力为己"的私营方式来从事生产经营活动，它们与国家之间的联系也是借助于血缘的纽带建立起来的宗法政治关系，这种政治关系的制度表现形式便是所谓"封土建国"的"封建"之法——分封制。通过分封，形成若干大小不等的封国，所有这些封国以及作为其共主的天子所直接管辖的王畿，就构成了一个联邦国家（可简称"邦国"）。儒家理想的"小康"之国就是这样的邦国。这种邦国形态的国家，虽然名义上是"溥天之下，莫非王土；率土之滨，莫非王臣"③，

---

① 参见《孟子·滕文公下》，载杨伯峻译注：《孟子译注》，中华书局 1960 年版，第 155 页。

② （汉）郑玄注，（唐）孔颖达等正义：《礼记正义》，黄侃经文句读，上海古籍出版社 1990 年版，第 412—413 页。

③ 《诗经·小雅·北山》，载袁愈荌译诗，唐莫尧注释：《诗经全译》，贵州人民出版社 1981 年版，第 326 页。

实际上"王土"并非由"王"所独占，而是最终都分配到各自"货力为己"地进行生产经营活动的具体家庭，故邦国的"王有"是以各家的"私营"来体现的。要之，"小康"之国是以家庭组织的小生产为基础、家庭私营经济为特点的私有制国家。

二、"大同"思想是渊源于道家，非正宗儒家思想

对于上文所引述的《礼运》"大同"之论，清代经学家孙希旦（1736—1784）认为，它所描写的是五帝之世——孙希旦在《礼记集解》中有如是解说：

> "大道，言道之广大而不偏私也。行，谓通达于天下也。天下为公者，谓天子之位，传贤而不传子也。选贤与能，诸侯国不传世，惟贤能者则选而用之也。讲信者，谈说忠信之行。修睦者，修习亲睦之事。男有分者，士、农、工、商各安其业也。女有归者，嫁不失时也。谋，谓相图谋也。盖人之所以相图谋而至于为盗窃乱贼者，由于身困穷而俗恶薄也。今大道之行如此，则民无不足不赡之患，而有亲逊和睦之风，故图谋闭塞而不兴，盗窃乱贼而不作，故门户之扉从外阖而不关闭也。同，和叶，平也。此言五帝之时也。"[1]

《礼运》所描述的"大同之世"，是与"小康之世"相对应的。"小康之世"在现实历史中指的是夏、商、周"三代"，代表人物为"六君子"——夏禹、商汤、周文王、周武王、周成王、周公。在儒家的历史传说中，"六君子"所主导的"三代"，向来是华夏历史上的黄金时代。但是，在《礼运》的描述中，它实际上是由"大同之世"堕落、倒退而来，"故谋用是作，而兵由此起。禹、汤、文、武、成王、周公，由此其选也"。所谓"谋用是作，而兵由此起"，分明是说这是一个因人们竞相逐于智谋而陷入战乱的无序世界，一个待于拯救的破裂世界；而《礼运》所大谈的"礼"，正是适应了这个时势之"运"，被"六君子"用来拯救这个破裂世界、为这个世界建立正

---

① （清）孙希旦：《礼记集解》，沈啸寰、王星贤点校，中华书局 1989 年版，第 582—583 页。

常运作所必需的社会秩序。

《礼运》对"大同""小康"的对比描写，从儒家的实际创始者孔子口中说出来，显得有些突兀和不合常理。按照常理，孔子"祖述尧舜，宪章文武"，"六君子"都是属于儒家心目中的圣王（"先圣""先王"），而《礼运》却将圣王统治的时代排在"大道之行"的"大同之世"之后，被当作文明程度较前者为低级的"小康之世"来看待，这就不免启人疑窦：在孔子的心目中，体现其价值理想的究竟是"大同"还是"小康"？

对于这个问题，历史上有一些儒家学者认为，《礼运》关于"天下为公""大同之世"的描述反映的是道家思想。例如，汉儒郑玄注解《礼运》的"故谋用是作，而兵由此起"说："以其违大道敦朴之本也。教令之稠，其弊则然。《老子》曰：'法令滋彰，盗贼多有。'"① 宋末元初理学家陈澔（1260—1341）在《礼记集说》中引石梁王氏曰："以五帝之世为大同，以禹、汤、文、武、成王、周公为小康，有老氏意。"② 陈氏曰："礼家谓太上之世贵德，其次务施报往来，故言大道为公之世，不规规于礼。礼乃道德之衰，忠信之薄。大约出于老庄之见，非先圣格言也。"③ 朱熹在回答学生所提"《礼运》似与《老子》同"的问题时说："不是圣人书。胡明仲云：'《礼运》是子游所作，《乐记》是子贡作。'计子游亦不至如此之浅。"④

上述这些著名儒家学者的意见，说明了《礼运》文本和思想来源的复杂性，所谓"天下为公"的"大同"思想，可能别有源头。《礼运》所说的"大同之世"，其特点是"大道之行也，天下为公"，"大道"多见于老庄道家之书，先秦儒家的典籍中很少使用。《老子·十八章》说："大道废，有仁义"⑤，这与《礼运》所说的"大道既隐，天下为家。各亲其亲，各子其子"⑥ 也非常

① 李学勤主编：《十三经注疏·礼记正义》，北京大学出版社 1999 年版，第 660 页。
② （元）陈澔注：《礼记集说》，世界书局 1936 年版，第 120 页。
③ （元）陈澔注：《礼记集说》，世界书局 1936 年版，第 121 页。
④ （宋）黎靖德编：《朱子语类》第六册，王星贤点校，中华书局 1986 年版，第 2240 页。
⑤ （魏）王弼著，楼宇烈校释：《王弼集校释》，中华书局 1980 年版，第 43 页。
⑥ （汉）郑玄注，（唐）孔颖达等正义：《礼记正义》，黄侃经文句读，上海古籍出版社 1990 年版，第 412 页。

吻合。有研究者指出："《礼运》大同章的'大道'是道家之道，具有非礼性质。当它'行'时，不见有礼；只有'既隐'之后，才需要礼出来救世。而且'大道既隐'之后的三代，由'礼'来接替'道'，天下也只能维持'小康'局面，其'谋用是作，兵由此起'八字，还有点乱世的味道。"① 这一说法是相当准确的。

《礼运》中关于"大同""小康"的描述掺杂了道家思想的影响，这并不意味着应当把《礼运》当作道家经典来看待。事实上，《礼运》的主要篇幅是描写"礼"的由来及其意义，它是一篇较为典型的儒家礼学文献。但同时也得承认，《礼运》之书的确是受到了战国时期道家思想的影响而写成的。除了篇首关于"大同""小康"的描述有道家思想的痕迹之外，《礼运》中还有"是故夫礼，必本于大一"②的说法，"大一"即"太一"，"太一"是道家对形上本体的描述语，《庄子·天下》："古之道术有在于是者，关尹、老聃闻其风而悦之。建之以常无有，主之以太一。"③ 荆门郭店楚简的道家文献中有《太一生水》。由此可见，《礼运》的思想有儒、道混杂的一面，特别是关于"天下为公"的"大同"之世的描述，可被视为掺入儒典的道家思想之体现。

第二节　道家：天下为公

道家的"天下观"可被概括为"天下为公"。《礼记》虽为儒家经典，但《礼运》中的"天下为公"观念实是受道家影响而形成。道家的"天下为公"思想，反映了道家的社会共同体理想，即人人平等、平均分配和互相扶助。《老子》的"小国寡民"、《庄子》的"至德之世"，都反映了道家对这种理想化的社会共同体的憧憬和追求。

① 董楚平：《"天下为公"原义新探》，《文史哲》1984 年第 4 期。
② （汉）郑玄注，（唐）孔颖达等正义：《礼记正义》，黄侃经文句读，上海古籍出版社 1990 年版，第 437 页。
③ 曹础基：《庄子浅注》，中华书局 1982 年版，第 505 页。

一、从道家思想角度阐释"天下为公"

《礼运》中"天下为公"和"天下为家"虽被说成同出于孔子之口，但二者实有思想差异。[①] 按后儒的解释，"天下为公"和"天下为家"的区别，主要体现在君位传承制度的设计与安排上。汉代经学家郑玄说："公犹共也。禅位授圣，不家之。"[②] 唐代孔颖达进一步指出："'天下为公'，谓天子位也。为公，谓揖让而授圣德，不私传子孙，即废朱钧而用舜禹是也。"[③] 郑玄等人将"天下为公"释为"天下为共"，即指君位传承的"公共"性。与之相对的是"天下为家"，即君位世袭制度。孔颖达解释说："'天下为家'者，父传天位与子，是用天下为家也。禹为其始也。"[④]

儒家经学学者的解释有一定道理。在中国古代原始氏族社会向宗法封建制转化的过程中，曾经出现过后人称为"禅让"的原始民主制。对此，先秦诸子的著作中都有所记载，近年新发现的上博竹简《子羔》《容成氏》和郭店竹简本《唐虞之道》也进一步证实了这一历史事实。战国时期，甚至形成了一股"禅让"思潮，并直接酝酿、激发了现实中燕国的"燕王哙让国"事件[⑤]。但客观地说，"禅让"思想并非儒家所独有，李存山（1951—）说："实际上，崇尚禅让曾经是先秦儒、墨、道等家一致的思想（墨子的'尚同'、'尚贤'即主张'禅让'，老子更崇尚圣人的'无为之治'和'小国寡民'，其反对'家天下'是可以肯定的）。"[⑥] 也就是说，即如郑玄和孔颖达所言，"天下为公"和"天下为家"主要涉及的是君位传承问题，也不能被判定为是儒家的一家之言。

比较儒、道二家的思想，儒家重视血缘伦理和宗法关系，应更倾向于

---

① 熊十力在《乾坤衍》中将其分判为"小康学派"和"大道学派"，谓代表孔子前后期思想。

② 李学勤主编：《十三经注疏·礼记正义》，北京大学出版社 1999 年版，第 658 页。

③ 李学勤主编：《十三经注疏·礼记正义》，北京大学出版社 1999 年版，第 659 页。

④ 李学勤主编：《十三经注疏·礼记正义》，北京大学出版社 1999 年版，第 661 页。

⑤ 关于"燕王哙让国"事件，参见徐克谦：《燕王哙让国事件与战国社会转型中的政权交接问题》，《南京师范大学文学院学报》2008 年第 3 期。

⑥ 李存山：《先秦儒家的政治伦理教科书——读楚简〈忠信之道〉及其他》，《中国文化研究》1998 年第 4 期。

"大人世及以为礼"的"天下为家";道家力主超越世俗道德,摆脱社会关系的网罗,以原始素朴的方式维系"小国寡民"的社会存在,则"天下为公"的"禅让"之说更有可能是出自道家。儒家基于血缘伦理的立场,对"天下为公"的君位传承制度表面上肯定,实质上有所保留。孟子与万章讨论"禹不传贤而传子"的问题时,将禹破坏禅让制的责任推脱给"天","天与贤,则与贤;天与子,则与子"①。又引述孔子的话说:"唐虞禅,夏后殷周继,其义一也。"② 这说明儒家在根本上是主张"天下为家"的"传子"制度的,对于"禅让制"的颂扬,不过是随顺、迎合当时普遍的社会思潮。而《礼运》将"天下为公"同"天下为家"直接对立起来,扬彼而抑此,则有悖于儒家一贯的立场与做法。冯友兰在《中国哲学史》中评论《礼运》的这一段文字说:"后来之儒家哲学,颇受道家哲学之影响。一部分儒家之政治社会哲学之受道家影响者,可以《小戴礼记》中之《礼运》首段所说代表之。……此谓一般儒家所殷殷提倡之政治社会,为仅小康之治,于其上另有大同之治。此采用道家学说之政治社会哲学也。"③

《礼运》所说的"天下为公",后世普遍重视其中"选贤与能"的含义,这固然是儒家所特别强调的(道家是"不尚贤"④ 的),但"天下为公"还有另一层含义,即强调分配制度的公平、公允,对此儒家虽然也讲"不患贫而患不安",以至于认为"均无贫"⑤,但儒家强调财富分配的公平是着眼于有共同血缘关系的家族内部,而《礼运》则说:"故人不独亲其亲,不独子其子。使老有所终,壮有所用,幼有所长,矜寡孤独废疾者,皆有所养。"⑥ 这

---

① 《孟子·万章上》,载杨伯峻译注:《孟子译注》,中华书局 1960 年版,第 221 页。

② 《孟子·万章上》,载杨伯峻译注:《孟子译注》,中华书局 1960 年版,第 222 页。

③ 冯友兰:《中国哲学史》(上),载《三松堂全集》第二卷,河南人民出版社 2001 年版,第 585 页。

④ 《老子·三章》,载(魏)王弼著,楼宇烈校释:《王弼集校释》,中华书局 1980 年版,第 8 页。

⑤ 《论语·季氏》,载杨伯峻译注:《论语译注》,中华书局 1980 年版,第 172 页。

⑥ (汉)郑玄注,(唐)孔颖达等正义:《礼记正义》,黄侃经文句读,上海古籍出版社 1990 年版,第 412 页。

分明是主张打破家族界限，要求超越血缘关系，在所有社会成员中实行公平分配。日本著名汉学家沟口雄三（1932—2010）说："再如汉代编纂的《礼记·礼运》篇'大道之行也，天下为公'中著名的'大同'论述，是将人们不独亲其亲、共同扶助无依无靠的孤老残疾，或毫不吝啬地拿出多余的财物与劳力的，即'不必藏于己'、'不必为己'的共同互惠的社会，描写为天下为公的大同世界。就此而言，可以说这里的'公'是突出了'平分'之义。"①所谓"天下为公"，是指物质财富分配的公允、公平，并且这种分配制度的公平、公允并不以血缘家庭为核心，而是面向每一个社会成员。这段话中特别强调的是"故人不独亲其亲，不独子其子"，这与儒家的"亲亲为大"的伦理原则明显相背离，绝不可能是儒家的主张。《礼运》对"天下为公"的社会设想，有一定的空想性，但也有历史依据，那就是上古时代的原始民主制、原始公有制。相对来说，这一社会存在与孔孟力图恢复的西周宗法社会、礼乐文明并不契合，而道家所描绘的理想社会蓝图，如"小国寡民""至德之世"，则在一定程度上反映了道家学者对原始公有制和民主制的向往和留恋。据此分析，"天下为公"理念中所蕴含的平均分配、互相扶助的社会共同体理想，应该是属于道家理想。

道家文献中，并没有具体提出"天下为公"的命题，但对"公"的阐述很多。如老子说："知常容，容乃公，公乃王，王乃天，天乃道，道乃久，没身不殆。"②庄子说："顺物自然而无容私焉，而天下治矣。"③老子将"公"与"道"联系在一起对待，庄子则指出"顺物自然"就是"公"（"无容私"）。从这些论述可以看出，道家认为"公"是"道"的体现。进一步说，道家所说的"公"或"道"是以"自然"为本质内涵的，道家的"天下为公"是天道自然在社会秩序上的体现，在这种自然的社会秩序中，分配的公平完全不

① [日]沟口雄三：《中国的公与私·公私》，郑静译，生活·读书·新知三联书店2011年版，第8页。
② 《老子·十六章》，载（魏）王弼著，楼宇烈校释：《王弼集校释》，中华书局1980年版，第36—37页。
③ 《庄子·应帝王》，载曹础基：《庄子浅注》，中华书局1982年版，第114页。

受年龄差别、婚姻状态和血缘亲疏关系的限制，所有人"皆有所养"。这是道家"天下为公"思想的精髓所在，反映了道家独特的社会共同体理想。

二、"天下为公"的理想社会的特点

儒、道、法三家的"天下观"，其实都是各自所追求的理想社会之反映。儒家有历史性和现实性的一面，在设计理想社会的蓝图时，经常以尧舜和夏商周"三代"为蓝本，"殷因于夏礼，所损益，可知也；周因于殷礼，所损益，可知也。其或继周者，虽百世，可知也"①。而对于道家来说，理想社会建立在"大道"流行的基础上，天道和人道相反，"天之道，损有余而补不足。人之道则不然，损不足以奉有余"②。五帝和三王的政治，无论如何吹嘘"仁义"，总有人为的一面，"夫施及三王而天下大骇矣"③。因此，道家的理想社会，是天道的反映，道的形而上本性决定了这种理想社会在人世间几乎无可寻觅，只能托诸幻想，或是用虚无飘渺的寓言和神话来表达。

根据先秦道家的主要经典《老子》和《庄子》书中的有关论述，道家"天下为公"的理想社会主要有以下几个特点。

（一）道家的理想社会是人口规模都很小的众多小国和平共处的祥和社会

《老子·八十章》有关于"小国寡民"的描述：

"小国寡民，使民有什伯之器而不用，使民重死而不远徙。虽有舟舆，无所乘之。虽有甲兵，无所陈之。使民复结绳而用之。甘其食，美其服，安其居，乐其俗。邻国相望，鸡犬之声相闻，民至老死不相往来。"④

---

① 《论语·为政》，载杨伯峻译注：《论语译注》，中华书局1980年版，第22页。
② 《老子·七十七章》，载（魏）王弼著，楼宇烈校释：《王弼集校释》，中华书局1980年版，第186页。
③ 《庄子·在宥》，载曹础基：《庄子浅注》，中华书局1982年版，第147页。
④ 《老子·八十章》，载（魏）王弼著，楼宇烈校释：《王弼集校释》，中华书局1980年版，第190页。

　　这一章的文字，唐代傅奕注本在"使民复结绳而用之"句之后，比通行本多出"至治之极"四字①，这不是注者妄自增益，而是有一定的文本依据的——《史记·货殖列传》开篇所引《老子》曰："至治之极，邻国相望，鸡狗之声相闻，民各甘其食，美其服，安其俗，乐其业，至老死不相往来。"② 由此可见，老子所描述的"小国寡民"，并不是对远古时代某个阶段的社会存在的一种追述，而是根据老子自己的治国理念所设想出来的达到了"至治之极"的理想社会。陈鼓应、白奚认为："'小国寡民'是老子出于对现实的不满而在当时散落农村生活的基础上所构幻出来的'桃花源'式的乌托邦。"③

　　诚然，除了"小国寡民"的描述以外，《老子》书中也屡次言及"大国"，如著名的格言："治大国若烹小鲜。"④ 又如："故大国以下小国，则取小国；小国以下大国，则取大国。故或下以取，或下而取。大国不过欲兼畜人，小国不过欲入事人，夫两者各得其所欲，大者宜为下。"⑤ 但是这些言及"大国"的议论，都是对现实的国家治理——包括对国际关系的处理所发表的见解，有非常实际的意味。而《老子·八十章》所提出的"小国寡民"则不然，春秋时各诸侯国相互兼并，现实中已没有"鸡犬之声相闻"而彼此相安无事的微型邦国，所以老子的"小国寡民"是主观设计的理想社会，正如陈鼓应先生所说，"小国寡民"的"小"和"寡"，都应作动词看，即"小其国"和"寡其民"，"显然都不是在进行描述，而是在进行设计"。⑥

　　老子所设计的理想社会之所以是"小国寡民"，这与他生活在"天下无

①　参见刘笑敢：《老子古今：五种对勘与析评引论》下卷，中国社会科学出版社 2006 年版，第 744 页。

②　（汉）司马迁：《史记》，中华书局 1999 年版，第 2461 页。

③　陈鼓应、白奚：《老子评传》，南京大学出版社 2001 年版，第 242 页。

④　《老子·六十章》，载（魏）王弼著，楼宇烈校释：《王弼集校释》，中华书局 1980 年版，第 157 页。

⑤　《老子·六十一章》，载（魏）王弼著，楼宇烈校释：《王弼集校释》，中华书局 1980 年版，第 160 页。

⑥　陈鼓应、白奚：《老子评传》，南京大学出版社 2001 年版，第 234 页。

道，戎马生于郊"①的战乱年代和他对饱受战乱之苦的百姓的深切同情及其珍爱生命、反对"乐杀人"②的残酷战争的博爱情怀和和平理想有密切关系。春秋末期，西周封建制度趋于瓦解，在诸侯兼并战争中，出现了一些如《老子》书中所称的"万乘之主"的大型国家，而在"天下无道"的情况下，这些大国君主完全不懂"治大国若烹小鲜"，不知"恬淡为上"③，"清静为天下正"④，而是对内"以智治国"⑤，"尚贤"而"贵难得之货"⑥，以致于"人多伎巧，奇物滋起；法令滋彰，盗贼多有"⑦，对外则"以兵强天下"⑧，动辄用兵，"胜而美之"⑨，遂使得诸侯兼并战争和争霸战争日趋激烈。老子以"善利万物而不争"⑩，"善者，吾善之；不善者，吾亦善之"⑪的博爱情怀，坚决反对以武力征服天下的对外战争和战争中为取胜而务求多杀人的残暴行为，一再强

① 《老子·四十六章》，载（魏）王弼著，楼宇烈校释：《王弼集校释》，中华书局1980年版，第125页。
② 《老子·三十一章》，载（魏）王弼著，楼宇烈校释：《王弼集校释》，中华书局1980年版，第80页。
③ 《老子·三十一章》，载（魏）王弼著，楼宇烈校释：《王弼集校释》，中华书局1980年版，第80页。
④ 《老子·四十五章》，载（魏）王弼著，楼宇烈校释：《王弼集校释》，中华书局1980年版，第123页。
⑤ 《老子·六十五章》，载（魏）王弼著，楼宇烈校释：《王弼集校释》，中华书局1980年版，第168页。
⑥ 《老子·三章》，载（魏）王弼著，楼宇烈校释：《王弼集校释》，中华书局1980年版，第8页。
⑦ 《老子·五十七章》，载（魏）王弼著，楼宇烈校释：《王弼集校释》，中华书局1980年版，第150页。
⑧ 《老子·三十章》，载（魏）王弼著，楼宇烈校释：《王弼集校释》，中华书局1980年版，第78页。
⑨ 《老子·三十一章》："兵者，不祥之器，非君子之器。不得已而用之……胜而不美。而美之者，是乐杀人。"参见（魏）王弼著，楼宇烈校释：《王弼集校释》，中华书局1980年版，第80页。
⑩ 《老子·八章》，载（魏）王弼著，楼宇烈校释：《王弼集校释》，中华书局1980年版，第20页。
⑪ 《老子·四十八章》，载（魏）王弼著，楼宇烈校释：《王弼集校释》，中华书局1980年版，第128页。

调，"兵者，不祥之器"①，"以道佐人主者，不以兵强天下"②，"强梁者不得其死"③，"夫乐杀人者，则不可得志于天下矣"④，"非其神不伤人，圣人亦不伤人"⑤。因此之故，老子设想，若是"小国寡民"，则"虽有甲兵，无所陈之"。这意味着，在老子看来，如果天下尽是一些人口规模很小的小国，因其人口总量都很少，能打仗的人就更是少之又少，则即使各国都有甲兵，也不会发生国家之间的战争，而是可以实现诸小国之间"邻国相望，鸡犬之声相闻，民至老死不相往来"的和平共处，而各小国处在这种和平的国际环境中，也更易实行无为治国而臻于"至治之极"。

（二）道家的理想社会是尚未发生"物化"现象的素朴文明社会

在上文所引《老子》关于"小国寡民"的描述中，"使民有什伯之器而不用，使民重死而不远徙。虽有舟舆，无所乘之；虽有甲兵，无所陈之；使民复结绳而用之"这段文字，历来被一些学者视为老子反对技术进步、企图从文明社会倒退到原始社会的重要证据。如李泽厚就批评说："老子所追求、称道、幻想的理想社会，则是比孔墨理想更为古远的'小国寡民'的原始时期：……在这种社会里，一切任其'自然'，人像动物式的生存和生活，浑浑噩噩，无知无欲，没有任何追求向往。……一切人为的进步，从文字技艺到各种文明都在废弃之列。这正是处于危亡之际的氏族贵族把往古回忆作为理想画图来救命的表现。"⑥

然而细品《老子·八十章》，可以发现，"小国寡民"的社会中有"什百

---

① 《老子·三十一章》，载（魏）王弼著，楼宇烈校释：《王弼集校释》，中华书局1980年版，第80页。按：同一章首句则谓"夫佳兵者，不祥之器"。

② 《老子·三十章》，载（魏）王弼著，楼宇烈校释：《王弼集校释》，中华书局1980年版，第78页。

③ 《老子·四十二章》，载（魏）王弼著，楼宇烈校释：《王弼集校释》，中华书局1980年版，第118页。

④ 《老子·三十一章》，载（魏）王弼著，楼宇烈校释：《王弼集校释》，中华书局1980年版，第80页。

⑤ 《老子·六十章》，载（魏）王弼著，楼宇烈校释：《王弼集校释》，中华书局1980年版，第158页。

⑥ 李泽厚：《中国古代思想史论》，人民出版社1986年版，第90—91页。

之器""舟舆""甲兵"等各类只有文明社会才会有的器具（特别是属于国家统治机器的"甲兵"）；与之相应，在这个社会中，人们的衣食起居等物质生活条件也相当不错，以至于能让他们过上"甘其食，美其服，安其居，乐其俗"的安宁美好生活。哪有这样的原始社会呢！这分明是一个知识与技术的积累达到了相当阶段的文明社会，只是生活在这个文明社会中的人，性情朴实，尚未出现过度依赖于某种器具和技术手段的"异化"现象，以至于"虽有舟舆，无所乘之；虽有甲兵，无所陈之"。冯友兰先生曾指出："《老子》认为，这是'至治之极'。这并不是一个原始的社会，用《老子》的表达方式，应该说是知其文明，守其素朴。"[1] 所谓"知其文明，守其素朴"，就是一种素朴的文明。老子以"小国寡民"为理想社会，绝非是要反文明，开文明的倒车，而是倡导一种素朴的文明。这对于今天文明高度发达的社会，不无积极而重要的启示意义。

（三）道家的理想社会是靠天然自发的秩序来维系的人与自然互相和谐的共同体

一个社会共同体的存在，究竟靠什么来维系？先秦诸子对此各有所见。大体而言，儒家主张以"礼"立国，法家倡导以"法"治世，而道家则认为，无论是"礼"还是"法"，都是外在化的，将外在化的东西强加于社会之上，必然会扭曲人的本性，破坏淳厚真朴的民风，老子所谓"夫礼者，忠信之薄而乱之首"[2]，其实就已经阐明了这个思想。庄子对"礼"的否定更为激烈，《庄子·田子方》中借温伯雪子之口说"中国之民，明乎礼义而陋乎知人心"[3]，实际上就是对儒家学派而发。《庄子》书中所描述的反映庄周学派社会理想的所谓"至德之世""建德之国"，是带有寓言性质的乌托邦式的幻想：

"故至德之世，其行填填，其视颠颠。当是时也，山无蹊隧，泽无

① 冯友兰：《中国哲学史新编》上卷，人民出版社1998年版，第347页。
② 《老子·三十八章》，载（魏）王弼著，楼宇烈校释：《王弼集校释》，中华书局1980年版，第190页。
③ 曹础基：《庄子浅注》，中华书局1982年版，第307页。

舟梁；万物群生，连属其乡；禽兽成群，草木遂长。"①（林希逸注云："人各随其乡而居，自为连属，一乡之中，自有长幼上下相连属也。"②）

"南越有邑焉，名为建德之国。其民愚而朴，少私而寡欲；知作而不知藏，与而不求其报；不知义之所适，不知礼之所将。猖狂妄行，乃蹈乎大方。其生可乐，其死可葬。"③（林希逸注云："战国之时，南越未通中国，故借其地以为名，初无他义。知作而不知藏，言耕作以自食而无私蓄也。未有礼义之名，故曰不知义之所适，不知礼之所将。将，行也。猖狂妄行，从心所欲，皆合乎道，故曰蹈乎大方。"④）

按《庄子》的以上描述，在道家的理想社会中，也有长幼、上下之分的秩序，但是这种秩序是没有名分的自然秩序，人们也根本不知礼义之名，只是凭着自己"少私寡欲"的"愚朴"本性，过着"从心所欲"却"皆合乎道"的自然有序的生活。在《庄子》所描述的这个自然秩序支配一切的世界里，"山无蹊隧，泽无舟梁"，其物质文明尚未发展起来，相对于《老子》所描述的"小国寡民"社会，是较为原始的社会，大约相当于刚进入农耕阶段的早期农业文明社会，所以人们是"知作而不知藏，与而不求其报"（林希逸释为"知作而不知藏，言耕作以自食而无私蓄也"）；在这样的农业社会里，人们从事自食其力的耕作，只图饱暖而无私蓄，当然也没有私产，其经济形态大略相当于原始公社制的自然经济；在这种自然经济关系中，人与自然之间没有任何冲突，"万物群生，连属其乡；禽兽成群，草木遂长"，呈现出人与自然和谐相处的理想状态。这种理想的社会状态，实际上就是根源于"道"的自然状态，"人法地，地法天，天法道，道法自然"⑤。由"道"所支配的自然状态的社会，就是毫无偏私的公正、公平、公有的社会，这也就是道家

---

① 《庄子·马蹄》，载曹础基：《庄子浅注》，中华书局1982年版，第130页。

② （宋）林希逸著，周启成校注：《庄子鬳斋口义校注》，中华书局1997年版，第149页。

③ 《庄子·山木》，载曹础基：《庄子浅注》，中华书局1982年版，第291页。

④ （宋）林希逸著，周启成校注：《庄子鬳斋口义校注》，中华书局1997年版，第302页。

⑤ 《老子·二十五章》，载（魏）王弼著，楼宇烈校释：《王弼集校释》，中华书局1980年版，第65页。

式的"天下为公"的理想社会——破除了礼仪名分等外在化的规范，纯靠天然自发的秩序来维系的人与自然互相和谐的共同体。

第三节　法家：天下为君

一、"国博君尊"的帝王理想

尽管法家的集大成者韩非曾被司马迁评论为学术上"归本于黄老"[①]，然而据实说，无论是韩非还是其他法家人物，他们都未尝欣赏老子所追求的那种"天下为公"的"小国"理想。

先秦法家是周朝发展到春秋战国时期出现的改制派，法家的改制虽然在实践意义上是在诸侯国范围内进行的局部性改革，但因为诸侯国的体制与整个周朝的体制是同一模式，所以即使是局部性的改革，也牵涉到周朝制度的整体，从这个意义上说，法家的所思所为也可以被看作是不满于周制而试图变革周制的努力。

从春秋时期齐国的管仲、晋国的郭偃、郑国的子产和战国初期魏国的李悝，以及出生在卫国，先后出仕于鲁、魏、楚的吴起等法家先驱的变法思想和变法实践的内容来看，他们的改制只是在周制大框架之下进行的枝节性改革，包括田赋制度的改革、法典的建设、兵制的改革、世卿世禄制的改革等等，但都还没有触及周制的根本，只有秦国的商鞅变法才触碰到周制的根本。

商鞅在公元前 356 年被秦孝公任命为左庶长之后，先进行过一次变法，其中最重要的内容是废除了世卿世禄制，建立了按军功赏赐的二十等爵制，颁布并实行了魏国李悝的《法经》，又增加了连坐法，但尚未触及周制的根本。公元前 349 年秦国迁都咸阳后，秦孝公又命令商鞅进行了第二次变法，这次变法才真正触及周制根本，因其不仅废除了井田制，承认土地私有，允许自由

---

① （汉）司马迁：《史记·老子韩非列传》，中华书局 1999 年版，第 1706 页。

买卖，而且废除了分封制，普遍推行县制。这次变法为后来秦并六国建立大
一统帝国提供了有现实范本可资参考的蓝图，是一次具有划时代意义的变法。

对于商鞅变法，战国末期主张"礼""法"并用的大儒荀子是关注不够
的。《荀子》全书仅有一处提到商鞅，是在《议兵》中把商鞅和齐国的田单、
楚国的庄蹻、燕国的缪蚔一起当作"善用兵者"①来看待的，这说明荀子可
能根本没有关注到商鞅变法本身的内容，或者只是从用兵角度来理解商鞅变
法的意义。作为荀子的学生，韩非对于商鞅变法则给予了高度关注。《韩非
子》书中共有六篇（《和氏》《奸劫弑臣》《南面》《内储说上》《定法》《五蠹》）
提及商鞅，其中《和氏》《奸劫弑臣》《定法》三篇都直接谈到了商鞅变法及
其内容和意义，从其评论可以看出，韩非所追求的正是他所谓"国博君尊"②
的帝王理想。

韩非在《和氏》中论吴起与商鞅道：

"昔者吴起教楚悼王以楚国之俗曰：'大臣太重，封君太众。若此，
则上逼主而下虐民，此贫国弱兵之道也。不如使封君之子孙三世而收爵
禄，绝减百吏之禄秩，损不急之枝官，以奉选练之士。'悼王行之期年
而薨矣，吴起枝解于楚。商君教秦孝公以连什伍，设告坐之过，燔诗
书而明法令，塞私门之请而遂公家之劳，禁游宦之民而显耕战之士。孝
公行之，主以尊安，国以富强。八年而薨，商君车裂于秦。楚不用吴起
而削乱，秦行商君法而富强。二子之言也已当矣，然而枝解吴起而车裂
商君者，何也？大臣苦法而细民恶治也。当今之世，大臣贪重，细民安
乱，甚于秦、楚之俗，而人主无悼王、孝公之听，则法术之士安能蒙二
子之危也而明己之法术哉！此世所以乱无霸王也。"③

这里韩非充分肯定了吴起之所言"大臣太重，封君太众。若此，则上逼
主而下虐民，此贫国弱兵之道也"，并高度评价了商鞅变法中"连什伍，设

①　《荀子·议兵》，载梁启雄：《荀子简释》，中华书局1983年版，第197页。
②　《韩非子·制分》："夫凡国博君尊者，未尝非法重而可以至乎令行禁止于天下者也。"参
见《韩非子》校注组：《韩非子校注》，江苏人民出版社1982年版，第718页。
③　《荀子·和氏》，载梁启雄：《荀子简释》，中华书局1983年版，第123—124页。

告坐之过，燔诗书而明法令，塞私门之请而遂公家之劳，禁游宦之民而显耕战之士"的内容，认为这些措施的实行使得秦国取得了"主以尊安，国以富强"的成效。

在《奸劫弑臣》中，韩非评论了商鞅变法中"赏告奸"的内容：

"古秦之俗，君臣废法而服私，是以国乱兵弱而主卑。商君说秦孝公以变法易俗而明公道，赏告奸，困末作而利本事。当此之时，秦民习故俗之有罪可以得免，无功可以得尊显也，故轻犯新法。于是犯之者其诛重而必，告之者其赏厚而信，故奸莫不得而被刑者众，民疾怨而众过日闻。孝公不听，遂行商君之法。民后知有罪之必诛，而告私奸者众也，故民莫犯，其刑无所加。是以国治而兵强，地广而主尊。"①

显然，对商鞅变法中"赏告奸"的做法，韩非是充分肯定的，认为这一措施的实行对于秦国达到"国治而兵强，地广而主尊"起到了重要作用。

在《定法》中，韩非将申不害和商鞅放在一起置以对比性评论，对申不害所重之"术"和商鞅所重之"法"的利弊得失作了如下点评：

"今申不害言术而公孙鞅为法。术者，因任而授官，循名而责实，操杀生之柄，课群臣之能者也。此人主之所执也。法者，宪令著于官府，刑罚必于民心，赏存乎慎法，而罚加乎奸令者也。此臣之所师也。君无术则弊于上，臣无法则乱于下，此不可一无，皆帝王之具也。……申不害，韩昭侯之佐也。韩者，晋之别国也。晋之故法未息，而韩之新法又生；先君之令未收，而后君之令又下。申不害不擅其法，不一其宪令，则奸多。故利在故法前令则道之，利在新法后令则道之，利在故新相反，前后相勃，则申不害虽十使昭侯用术，而奸臣犹有所谲其辞矣。故托万乘之劲韩，七十年而不至于霸王者，虽用术于上，法不勤饰于官之患也。公孙鞅之治秦也，设告相坐而责其实，连什伍而同其罪，赏厚而信，刑重而必。是以其民用力劳而不休，逐敌危而不却，故其国富而兵强；然而无术以知奸，则以其富强也资人臣而已

---

① 《荀子·奸劫弑臣》，载梁启雄：《荀子简释》，中华书局1983年版，第131—132页。

矣。……故乘强秦之资数十年而不至于帝王者，法虽勤饰于官，主无术于上之患也。……申子未尽于术，商君未尽于法也。……二子之于法术，皆未尽善也。"①

这里韩非对重"术"的申不害和重"法"的商鞅都提出了批评，认为其共同缺陷在于未能将"术"与"法"结合起来，因其如此，申不害虽重"术"而实"未尽于术"，商鞅虽重"法"而实"未尽于法"，其"术"其"法"皆"未尽善也"。特别值得注意的是，韩非认为，由于商鞅"无术以知奸"，结果导致其变法虽然使秦国变得富强了，但其富强的成果却被秦国的那些重臣窃取了，对成就秦君的帝王之业并未产生积极效果。

从以上韩非对商鞅变法所做的评价来看，他认为商鞅变法总的说来是有得有失，它对秦国的治理与富强、国土的增加和君主的尊荣与安全都起到了积极作用，但这些作用并未使秦君的帝王之业取得进展，其成果只是满足了那般重臣的私欲。这里值得关注的是韩非对商鞅变法的评语：其积极评价所用的评语是"主以尊安，国以富强"，"国治而兵强，地广而主尊"；其消极评价所用的评语是"不至于帝王"。这些评语反映出韩非所追求的确乎就是"国博君尊"的帝王理想。

二、"圣人执要，四方来效"的帝国理想

著名中国政治思想史专家刘泽华（1935—2018）先生曾指出：

"在中国的历史上，除为数不多的人主张无君论之外，都是有君论者，在维护王权和王制这一点上是共同的……天、道、圣、王简称'四合一'，置王于绝对至尊。'四合一'是传统思想中的普遍性命题，只要是能够称得上是思想家的，几乎没有不论述'四合一'的。如何'合一'，固然有种种说法和理论，但所追求的都是'四合一'。……君王贵"独"：势位独一，权力独操，决事独断，地位独尊，天下独占。这'五独'是

---

① 《荀子·定法》，载梁启雄：《荀子简释》，中华书局 1983 年版，第 589—592 页。

诸子百家的共同主张，也是社会的共识。"①

刘先生的"四合一"论固然有理，合于实情，然其"五独"之说对先秦儒、道、法三家而言，恐怕不尽合适。

以道家而论，其鼻祖老子也是一位有君论者，但老子理想中的"太上"（"为道"之君），谓其"势位独一"，这自然没有问题，因为凡有君论者都认为"君"是一国之中"独一"的，绝不认为一国可容二君；谓其"地位独尊"也勉强说得过去，因为按老子的"玄德"之论，"为道"的"太上"和"道"一样，是"生而不有，为而不恃，长而不宰"②的，具有这种"玄德"的"太上"，其"长而不宰"固然蕴含"地位独尊"——"长"者，其位独尊也；然其"不有"（不据为己有）"不恃"（不自恃有功）"不宰"（不宰制万物）则说明了其并非"天下独占"，也完全谈不上"权力独操"。在"从事于道"③这一点上，"太上"无异于"圣人"，而"圣人云：我无为而民自化，我好静而民自正，我无事而民自富，我无欲而民自朴"④。老子的国家治理理想是追求"自化""自正""自富""自朴"的百姓自治，在这种治理状态下，"无为""好静""无事""无欲"之君，又谈何"权力独操""决事独断"呢?!

再以儒家而论，众所周知，其鼻祖孔子是服膺于周公，称赞西周礼乐制度的。其论三代之"礼"，虽有"损益"之说，但这种"损益"只是枝节变化，而非根本变革；换言之，对于西周礼乐制度，孔子并没有提出革命性要求。而西周礼乐制度与封建制（分封制）是密不可分的，实际上它们是同一套制度的不同方面，在这种制度下，全国的土地只是名义上归周天子所有，实际上是为众侯王分别占有的，所以对周天子来说，"天下独占"是有其名而无其实。从权力结构来说，封建制相对于后起的郡县制，其区别在于郡县

---

① 刘泽华:《中国的王权主义》，上海人民出版社 2000 年版，第 3—4 页。

② 《老子·十章》，载（魏）王弼著，楼宇烈校释:《王弼集校释》，中华书局 1980 年版，第 24 页。

③ 《老子·二十三章》，载（魏）王弼著，楼宇烈校释:《王弼集校释》，中华书局 1980 年版，第 58 页。

④ （魏）王弼著，楼宇烈校释:《王弼集校释》，中华书局 1980 年版，第 150 页。

制是一种集权制度，而封建制是一种分权制度，所以对周天子来说，谓其"地位独尊"固然可以，但其独尊的地位是虚而不实的，因为在当时分权制度下，他根本不享有独揽国家权力的政治独尊地位，因此压根儿不具有"权力独操""决事独断"的政治条件。也正因为如此，韩非才说："有主名而无实，臣专法而行之，周天子是也。"①而儒家，从孔子到孟子再到荀子，都没有对周代分权制框架下周天子这种"有主名而无实"的现实状态提出过质疑，只是对诸侯中违背"周礼"的僭越行为提出过批评与指摘，如孔子针对这些僭越行为，提出"天下有道，则礼乐征伐自天子出"②，孟子更提出"君轻民贵"之论，荀子则提出"君舟民水"之喻，以尊重"民"的权利来制约"君"的权力。由是观之，刘先生的"五独"之说对先秦儒家也基本上是不适用的。

所以，就先秦儒、道、法三家而言，刘先生的"五独"之说只是大致适用于先秦法家而已。之所以说是"大致适用"，是因为并非所有法家人物的理想君主都具有"五独"特点。上文已提到，法家中最重要的代表人物之一商鞅，就并不追求君主"决事独断"，因为在商鞅的法治理想中，"法任而国治"③，只要法制健全，人人依法办事，国家就能治理好。在这种理想的法治状态下，甚至不需要官府来断案，更不用说由君主来亲自断案了。"有道之国，治不听君，民不从官"④，百姓都各自在家依据法律来做出自我决断——这是法家思想中最为典型的"一断于法"的理想法治状态。按照商鞅的法治逻辑，"国治，断家王，断官强，断君弱"⑤。也就是说，君主独断不仅是不必要的，而且这样做会导致国家衰弱。

也正是因为商鞅实际上用"一断于法"的法制架空了君权，所以韩非才批评其一味任"法"而不知用"术"。何谓"术"？"术者，因任而授官，循

---

① 《韩非子·备内》，载《韩非子》校注组：《韩非子校注》，江苏人民出版社1982年版，第160页。
② 《论语·季氏》，载杨伯峻译注：《论语译注》，中华书局1980年版，第174页。
③ 《商君书·慎法》，载高亨注译：《商君书注译》，中华书局1974年版，第181页。
④ 《商君书·说民》，载高亨注译：《商君书注译》，中华书局1974年版，第59页。
⑤ 《商君书·说民》，载高亨注译：《商君书注译》，中华书局1974年版，第58页。

名而责实，操杀生之柄，课群臣之能者也。"① 韩非强调"法""术"并用，一方面是为了弥补"法""术"分离状态下"君无术则弊于上，臣无法则乱于下"② 的缺失，另一方面，更重要的是为了强加君权，因为在韩非心目中，"法""术"之所以"不可一无"，是因为它们都是"帝王之具"。故"法""术"并用对韩非来说，是意味着"法""术"都应牢牢掌控于君主之手，使之成为服务于其"帝王之业"的工具。

在韩非看来，商鞅法治思想的最大缺陷是在于只知"富国强兵"，却忘记了"富国强兵"对于君主的意义，以至于不考虑君主的利益。在韩非看来，按商鞅的法治思路去做，势必会导致国家权力被一批重臣所把持，由此形成"上逼主"的强大势力，以至于影响和削弱君主的权力和权威，导致君主被架空，从而使国家事实上沦为这些重臣达成其私利目的的工具，在这种情况下，"富国强兵"就只是便宜了这般重臣，对君主却没有实际意义。韩非的心思恰恰是集中在"人主"身上，在其"国博君尊"的帝王理想中，"国博"是从属于"君尊"的，在"君尊"条件下，"国博"才有意义。这种关系表明，韩非的帝王理想是要建立一个国家权力高度集中于君主，使君主拥有统御群臣的绝对权力，确保国家成为"君之车"的大一统帝国。在如此"国博君尊"的理想国度中，帝国尊君一如可以从心所欲地驾驭马车的自由御人③，既能"处势"熟练地玩弄国家于掌心，更能"抱法"自如地令行禁止于天下。④这样的帝国尊君就是韩非想象中的"帝王"，如此"帝王"庶可配得上刘泽华先生所说的"五独"之君。

在《扬权》篇中，韩非曾如此描述其理想中大一统帝国的总体格局与治

---

① 《韩非子·定法》，载《韩非子》校注组：《韩非子校注》，江苏人民出版社 1982 年版，第589 页。

② 《韩非子·定法》，载《韩非子》校注组：《韩非子校注》，江苏人民出版社 1982 年版，第589 页。

③ 《韩非子·外储说右上》："国者，君之车也；势者，君之马也。"参见《韩非子》校注组：《韩非子校注》，江苏人民出版社 1982 年版，第441 页。

④ 《韩非子·难势》："抱法处势则治，背法去势则乱。"参见《韩非子》校注组：《韩非子校注》，江苏人民出版社 1982 年版，第575 页。

理面貌：

> "事在四方，要在中央。圣人执要，四方来效。虚而待之，彼自以之。"①（意思是：政事分散在地方，大权集中在中央。圣明君主掌握权柄，四方臣民都来效力。君主虚静地对待臣民，臣民自然地各尽所能。）

由"帝王"之君所控制的国家，也是一种私有制国家，只是这种反映法家理想的私有制国家与儒家理想中"天下为家"的私有制国家在私有制的具体形态上是有区别的。如果说"溥天之下，莫非王土；率土之滨，莫非王臣"对于儒家的"民本"私有制邦国来说只是名义上的话，它对于法家的"君主"私有制帝国来说就是实质性的了，因为这种"君主"帝国在本性上不过是"君之车"，其政府百官不过是"君之仆"，人民百姓不过是"君之器"。因此，如果说儒家的"民本"邦国是名为"国王所有"而实为"各家私营"的"天下为家"之国的话，那么，法家的"君主"帝国则非但是"帝王所有"而且是"帝王独营"的"天下为君"之国了，后者在本质上就是明清之际大儒黄宗羲针对当时郡县制帝国的社会现实予以猛烈抨击的那种"以我之大私为天下之大公""使天下之人不敢自私，不敢自利"的君主私有独营制国家：

> "……后之为人君者不然，以为天下利害之权皆出于我，我以天下之利尽归于己，以天下之害尽归于人，亦无不可；使天下之人不敢自私，不敢自利，以我之大私为天下之大公。始而惭焉，久而安焉，视天下为莫大之产业，传之子孙，受享无穷……屠毒天下之肝脑，离散天下之子女，以博我一人之产业……敲剥天下之骨髓，离散天下之子女，以奉我一人之淫乐，视为当然，曰'此我产业之花息也'。"②

黄宗羲的这些精彩绝伦、精辟异常的断语，不仅是对中华郡县制帝国社会制度的一针见血之评，实质上也是对先秦法家集大成者韩非理想中的帝国社会制度的一语中的之论。

---

① 《韩非子·扬权》，载《韩非子》校注组：《韩非子校注》，江苏人民出版社1982年版，第61页。
② （清）黄宗羲：《明夷待访录·原君》，载《黄宗羲全集》第一册，浙江古籍出版社1985年版，第2—3页。

本章小结

儒、道、法各有其特殊的宇宙观，故三家所设定的符合宇宙本性的国家组织目的和由此确定的国家理想遂有相应差别，这些思想差别集中反映在它们的天下观中。

儒家经典《礼记·礼运》中"大同"与"小康"之说，是对"天下为公"和"天下为家"两种不同性质的国家理想的描述。人们往往根据《礼运》中转述孔子关于"大同"的"未之逮也，而有志焉"的言论，认定"天下为公"的"大同"就是孔子所追求的理想国，因而代表了先秦儒家的国家理想。而其实，根据《礼运》描述，"天下为家"的"小康"是"货力为己"的私有制国家，作为其国家道德基础的伦理原则是"各亲其亲，各子其子"的"亲亲"原则，这与儒家"亲亲为大"的仁学精神正相一致；而"天下为公"的"大同"理想中"人不独亲其亲，不独子其子"的伦理原则，却明显背离儒家"亲亲为大"的基本精神，倒是与老子"天道无亲，常与善人"[1] 的伦理思想相吻合。此外，《礼运》所谓"是故夫礼，必本于大一"[2] 也分明是援道入儒之说，因为据《庄子·天下》所述，"建之以常无有，主之以太一"[3] 恰恰是关尹、老聃最基本的学术观点。《礼运》之受道家思想影响深矣！据此虽不能将《礼运》划归为道家经典，但《礼运》非儒家原典正经却是可以肯定的。然而，也正因为《礼运》深入儒、道两家思想之殿堂，其"天下为公"和"天下为家"之言，倒是可以被分别用来概括儒、道的天下观，尽管其对"小康"与"大同"的具体描述未必准确表达了儒、道的国家理想。

---

① 《老子·七十九章》，载（魏）王弼著，楼宇烈校释：《王弼集校释》，中华书局1980年版，第189页。

② （汉）郑玄注，（唐）孔颖达等正义：《礼记正义》，黄侃经文句读，上海古籍出版社1990年版，第437页。

③ 《庄子·天下》，载曹础基：《庄子浅注》，中华书局1982年版，第505页。

"天下为家"是由先秦儒家（既非汉唐儒家更非宋明新儒家）基于周代分封制国家所提出的天下观，从国家治理哲学维度加以审视，其天下观所反映的理想国，是据于"仁"、依于"礼"，以"家"为单元、"王"为统领的邦国组织。在这个家本位的国家组织中，名义上归属于"王"的自然资源和人力资源（"溥天之下，莫非王土；率土之滨，莫非王臣"①），实际被配置到各"家"，由各"家"进行"货力为己"的私营。依"礼"构建的"贵贱有等，长幼有差，贫富轻重皆有称"②的组织制度，不但决定组织的资源配置方式，也决定组织的人际交往伦理，对组织伦理关系起调节作用，使组织成员的情感行为，符合组织伦理最高道德准则"仁"的要求，并通过"有教无类"的学校教育，培养"明人伦""知礼义"的社会精英（"君子"），拔其"学而优"者担任"治人"工作，参与国家组织治理，以"好礼""好义""好信"的道德自律，赢得民心归服，以"克己复礼"的道德表率作用，引领天下民众"复礼""归仁"。要之，"天下为家"的儒家天下观是以"为国以礼"（国家治理原则）和"天下归仁"（国家治理目标）为基本内涵的。

"天下为公"是先秦道家在"礼坏乐崩"时代，基于对周代礼乐制度的反思与批判所提出的天下观。这种天下观所反映的，与其说是道家为人类社会所设计的理想国的蓝图，勿宁说是道家出于对现实的不满而幻想超越现实所浪漫地想象出来的乌托邦。在这个乌托邦的设想中，普天之下有众多人口规模很小的小国（"小国寡民"③），各国都有能守"无为""无名"之"道"④

---

① 《诗经·小雅·北山》，载袁愈荌译诗，唐莫尧注释：《诗经全译》，贵州人民出版社 1981 年版，第 326 页。

② 参见《荀子·富国》，载梁启雄：《荀子简释》，中华书局 1983 年版，第 120 页。

③ 《老子·八十章》，载（魏）王弼著，楼宇烈校释：《王弼集校释》，中华书局 1980 年版，第 190 页。

④ 《老子·三十七章》："道常无为，而无不为。侯王若能守之，万物将自化。"参见（魏）王弼著，楼宇烈校释：《王弼集校释》，中华书局 1980 年版，第 91 页。《老子·三十二章》："道常无名，朴虽小，天下莫能臣也。侯王若能守之，万物将自宾。"参见（魏）王弼著，楼宇烈校释：《王弼集校释》，中华书局 1980 年版，第 81 页。

的"太上"作为君王，他们"处无为之事，行不言之教"①，故其臣民百姓都仅知有其人而已，并不知其究竟何所为（"太上，下知有之"②）。所以"太上"是"处上而民不重，处前而民不害"③，乃至其"功成事遂，百姓皆谓我自然"④。以"太上"无私欲，凡事"以百姓心为心"⑤，又不以"礼义"来教化百姓，不以等级名分来规制约束百姓，故"其民愚而朴，少私而寡欲；知作而不知藏，与而不求其报；不知义之所适，不知礼之所将"⑥。也因为人类的淳朴真性得到了很好的保持，自然环境也没有被人类破坏，仍保持着其原生状态，呈现出人与自然和谐共生的繁盛景象（"山无蹊隧，泽无舟梁；万物群生，连属其乡；禽兽成群，草木遂长"⑦）。故尽管各国都有比较齐全的各种器具（"有舟舆""有什伯之器"⑧），包括国家统治机器（"有甲兵"⑨），但是众小国之间相处和谐，从不发生战争冲突（"邻国相望，鸡犬之声相闻，民至老死不相往来"⑩），天下百姓都享受着和平生活（"虽有甲兵，无所陈之"⑪），其

---

① 《老子·二章》，载（魏）王弼著，楼宇烈校释：《王弼集校释》，中华书局1980年版，第6页。

② 《老子·十七章》，载（魏）王弼著，楼宇烈校释：《王弼集校释》，中华书局1980年版，第40页。

③ 《老子·六十六章》，载（魏）王弼著，楼宇烈校释：《王弼集校释》，中华书局1980年版，第170页。

④ 《老子·十七章》，载（魏）王弼著，楼宇烈校释：《王弼集校释》，中华书局1980年版，第41页。

⑤ 《老子·四十九章》，载（魏）王弼著，楼宇烈校释：《王弼集校释》，中华书局1980年版，第129页。

⑥ 《庄子·山木》，载曹础基：《庄子浅注》，中华书局1982年版，第291页。

⑦ 《庄子·马蹄》，载曹础基：《庄子浅注》，中华书局1982年版，第130页。

⑧ 《老子·八十章》，载（魏）王弼著，楼宇烈校释：《王弼集校释》，中华书局1980年版，第190页。

⑨ 《老子·八十章》，载（魏）王弼著，楼宇烈校释：《王弼集校释》，中华书局1980年版，第190页。

⑩ 《老子·八十章》，载（魏）王弼著，楼宇烈校释：《王弼集校释》，中华书局1980年版，第190页。

⑪ 《老子·八十章》，载（魏）王弼著，楼宇烈校释：《王弼集校释》，中华书局1980年版，第190页。

社会财富悉依"损有余而补不足"①的原则来进行公平分配，不存在贫富分化现象，人人都过着安乐富足的生活("甘其食，美其服，安其居，乐其俗"②)。这样的乌托邦设想，固然并不就是道家为人类社会所设计的理想国之蓝图，只是寄托了道家对远去的原始公有制和民主制的思古幽情，但在这怀古情思中，又蕴寓着道家"和"③(和谐)的组织目标，"自然"的组织原则与治理原则，"公"(公有、公正、公平)的组织制度、资源配置和财富分配，这是"天下为公"的道家天下观的基本内涵。

与儒、道相比，法家的天下观不只是观念性的，更有其现实的实践内容。从商鞅的变法实践来看，其第一次变法主要是废除世卿世禄制，建立按军功赏赐的二十等爵制，并在李悝《法经》基础上增加了连坐法，但这些都还没有触及周制根本；真正触及周制根本的是第二次变法，因为这次变法不仅废除了井田制，承认土地私有，允许自由买卖，而且废除了分封制，普遍推行县制。从国家组织哲学角度看，其废分封而行县制，是意味着打破了周代家本位的国家组织体系而重新建立了一种国家组织体系，后者不再以"家"为中心，而是以"国"为中心，由于这个"国"是由各级行政组织所组成的宝塔形结构的国家组织，处于该组织顶尖位置的是国君，故实质上是以"君"为中心的国家组织。考虑到法家集大成者韩非对商鞅变法的高度评价与肯定，可将法家的天下观概括为"天下为君"，以区别于儒家的"天下为家"和道家的"天下为公"。"天下为君"的法家天下观的基本内涵是"国博君尊"。"国博"是地广人众，兵强国富；"君尊"是国家权力全部集中于君主一人，君主拥有统御群臣百姓的绝对权力。法家这一国家理想的实质在于将原来名义上是"溥天之下，莫非王土；率土

---

① 《老子·四十二章》："万物负阴而抱阳，冲气以为和。"参见（魏）王弼著，楼宇烈校释：《王弼集校释》，中华书局1980年版，第117页。《老子·五十五章》："知和曰常。"参见（魏）王弼著，楼宇烈校释：《王弼集校释》，中华书局1980年版，第145页。

② 《老子·八十章》，载（魏）王弼著，楼宇烈校释：《王弼集校释》，中华书局1980年版，第190页。

③ 《老子·七十七章》，载（魏）王弼著，楼宇烈校释：《王弼集校释》，中华书局1980年版，第186页。

之滨，莫非王臣"而实际上是"各家私营"的"民本"邦国私有制，转换成实质上"以我之大私为天下之大公"、"使天下之人不敢自私，不敢自利"的"君主"帝国私有制。

三、政道篇

"政道"之名古已有之。《后汉书·安帝纪论》:"孝安虽称尊享御,而权归邓氏,至乃损彻膳服,克念政道。"①《新唐书·褚遂良传》:"迁谏议大夫,兼知起居事。……帝曰:'朕有不善,卿必记邪?'对曰:'守道不如守官,臣职载笔,君举必书。'帝曰:'朕行有三:一,监前代成败,以为元龟;二,进善人,共成政道;三,斥远群小,有受谗言,朕能守而勿失,亦欲史氏不能书吾恶也。'"②"克念政道""共成政道"都是指施政方略而言。王安石《临川文集》卷六十八《论议·夔》:"夫其所以治,至于鸟兽草木,则天下之功至矣,治天下之功至,则可以制礼之时也,故次命伯夷以为典礼也。夫治至于鸟兽、草木,而人有礼以节文之,则政道成矣。"③ 这里讲"人有礼以节文之,则政道成矣",其"政道"概念则涉及礼仪制度,而非仅仅指施政方略。按王安石的观点,施政方略是以礼仪作为制度依据的,必须按照礼仪制度的要求来确定施政方略。也就是说,王安石的"政道"概念强调了施政方略应当符合礼仪制度,否则就不具有合法性。本篇将"政道"概念引入国家治理哲学,用以指称先秦儒、道、法国家治理哲学中关于获取和行使国家治理权力的合法性或正当性的内容。

先秦儒、道、法国家治理哲学中有关政道的探讨,主要由"王霸之辨"和"义利之辨"所构成。"王霸之辨"的核心问题是:怎样获得和维护国家治理权力才是合法的或正当的?"义利之辨"的核心问题是:怎样行使和运用国家治理权力才是合法的或正当的?

---

① (宋)范晔:《后汉书》,中华书局1973年版,第243页。
② 许嘉璐主编:《二十四史全译·新唐书》第五册,汉语大词典出版社2004年版,第2680—2681页。
③ (宋)王安石:《王临川全集》,世界书局1935年版,第428页。

第七章　王霸之辨

　　"王霸之辨"所运用的基本概念是"王"与"霸"和相应的"王道"与"霸道"两组概念。

　　许慎《说文解字》释"王"曰："天下所归往也。董仲舒曰：'古之造文者，三画而连其中谓之王。三者，天、地、人也；而参通之者，王也。'孔子曰：'一贯三为王。'凡王之属皆从王。（李阳冰曰："中画近上。王者，则天之义。"）"[1] 结合《诗经》"溥天之下，莫非王土；率土之滨，莫非王臣"[2] 之说，"王"的含义有二：其一，拥有天下土地和人民者。其二，参通天、地、人三才者。许慎引用董仲舒和孔子的话来进一步说明他所谓"天下所归往"[3] 的意思，这意味着在许慎看来，拥有天下土地和人民者，理应参通天、地、人三才；若不能参通天、地、人三才，却占有天下土地和人民，那是不合法的。许慎对"王"的字义解释，已涉及王权的合法性问题。

　　许慎《说文解字》释"霸"曰："月始生，霸然也。承大月，二日；承小月，三日。从月䨣声。《周书》曰：'哉生霸。'（"普""伯"切。臣铉等曰：今俗作"必""驾"切，以为霸王字。）"[4] 意思是"霸"字的本义是指月亮在大月的初一初二、小月的初一至初三所显示出来的样子。徐氏（按："臣铉

---

① （汉）许慎：《说文解字》，中华书局 1963 年版，第 9 页。

② 《诗经·小雅·北山》，载袁愈荌译诗，唐莫尧注释：《诗经全译》，贵州人民出版社 1981 年版，第 326 页。

③ 许慎所谓"天下所归往"之说，盖据《吕氏春秋·下贤》："王也者，天下之往也。"参见许维遹：《吕氏春秋集释》（下册）卷十五《慎大览·下贤》，北京市中国书店 1985 年版，第 14 页。

④ （汉）许慎：《说文解字》，中华书局 1963 年版，第 141 页。

等"是注解《说文》的五代北宋之际文字学家徐铉、徐锴兄弟的谦称)注解说,"霸"原读作"pò",现通读为"bà",是为"霸王"之"霸"。将"霸"的本义和后起的"霸王"之"霸"的意义结合起来,并把它同"王"字对待起来分析,则可以作这样的理解:如果把"王"比作满月(十五的月亮,完整的月亮)的话,"霸"则可以比作新月(月初的月亮,部分的月亮)。再参照上述"王"的第一种意义,则可以认为,"王"是拥有全天下土地和人民的人,"霸"是指仅拥有天下一部分土地和人民的人。《商君书》所谓"三代不同礼而王;五霸不同法而霸"①,这里的"王"与"霸"就分别是指拥有全天下土地和人民的天子和仅拥有天下一部分土地和人民但在诸侯会盟时担任盟主的诸侯而言。在这个意义上,"王"与"霸"的区别仅仅在于拥有天下土地和人民的多少(是天下的全部土地和人民,还是天下的一部分土地和人民)的差异。然则,无论是"王"抑或"霸",都存在着一个权力合法性问题,即:以怎样的方式来获得和维护对一定土地和人民的统治权才是合法的或正当的?"王道"与"霸道"即是围绕这个问题的思考而产生的概念,这里的"道"就是指获得和维护对一定土地和人民的统治权的理据与正当途径和手段。

第一节 儒家:"敬德保民"的"王道"

一、"敬天保民"与"敬德保民"

"敬德保民"原本是依据《尚书·周书》中相关篇章中的用语,对这些篇章中所反映出来的宗教天命论盛行时代周初的政治思想或政治路线的概括。《周书》中多处出现"敬德"之语,其中出现频率最高的要数《召诰》:

"天亦哀于四方民,其眷命用懋,王其疾敬德。"②(孙星衍疏:"言天

---

① 《商君书·更法》,载高亨注译:《商君书注译》,中华书局1974年版,第16页。
② 《尚书·周书·召诰》,载(清)孙星衍:《尚书今古文注疏》,陈抗、盛冬铃点校,中华书局1986年版,第396页。

亦哀此四方穷民，其眷顾大命，用勉于敬德者以为民主，王其速敬德，以答天意。"①）

"惟不敬厥德，乃早坠厥命。"②

"王乃初服。呜呼！若生子，罔不在厥初生，自贻哲命。今天其命哲、命吉凶、命历年。知今我初服，宅新邑，肆惟王其疾敬德。王其德之，用祈天永命。"③（孙星衍疏："言王初服，如教子之初，自传之以明哲之命。今天其命明哲、命吉、命凶，与命年岁之永短，均未可知。所可知者，今我王初服厥命，宅兹新邑，今惟王其速敬德耳。言王其敬德，以祈求天命之永长。"④）

《周书》中出现"保民"（包括"保小人"）之语较多者为《康诰》与《无逸》：

《康诰》："往敷求于殷先哲王，用保乂民。汝丕远，惟商耇成人，宅心知训。别求闻由古先哲王，用康保民。弘于天，若德，裕乃身，不废在王命。"⑤（孙星衍疏："言遍求殷先哲王用安治民之道，并求商之遗老贤人，亦不远，汝心度量，可以知道矣。谓东土本商邑，故告以求商先王善政贤人也。……又遍求古先哲王致民安乐之道。……康乐安保民之君，弘大如天，而顺于德，安民所以裕身。若是，则不废王命矣。"⑥）

"敬哉！天畏棐忱，民情大可见。小人难保，往尽乃心，无康好逸豫，乃其乂民。"⑦（孙星衍疏："敬之哉！天威之明，惟诚是辅，验之

① （清）孙星衍：《尚书今古文注疏》，陈抗、盛冬铃点校，中华书局1986年版，第396页。

② 《尚书·周书·召诰》，载（清）孙星衍：《尚书今古文注疏》，陈抗、盛冬铃点校，中华书局1986年版，第399页。

③ 《尚书·周书·召诰》，载（清）孙星衍：《尚书今古文注疏》，陈抗、盛冬铃点校，中华书局1986年版，第399页。

④ （清）孙星衍：《尚书今古文注疏》，陈抗、盛冬铃点校，中华书局1986年版，第399页。

⑤ 《尚书·周书·康诰》，载（清）孙星衍：《尚书今古文注疏》，陈抗、盛冬铃点校，中华书局1986年版，第361页。

⑥ （清）孙星衍：《尚书今古文注疏》，陈抗、盛冬铃点校，中华书局1986年版，第361—362页。

⑦ 《尚书·周书·康诰》，载（清）孙星衍：《尚书今古文注疏》，陈抗、盛冬铃点校，中华书局1986年版，第362页。

民情，大可见矣。小不易安也，汝往尽心，毋苟安而好佚乐，乃治民之道。"①)

"惟民其毕弃咎，若保赤子。"②(孙星衍疏："言用刑则谓保民如保赤子，毋令无知陷于罪。"③)

《无逸》："作其即位，爰知小人之依，能保惠于庶民，不敢侮鳏寡。"④

"徽柔懿恭，怀保小民，惠鲜鳏寡。"⑤(意谓："以善良仁慈的心肠与和善恭谨的态度，安抚和保护百姓，给老而无妻的鳏夫和老而无夫的寡妇施以恩惠。")

王定璋（1942—）认为，《尚书》中神权政治有一个"从敬天保民到敬德保民"的嬗变过程。"从'敬天'到'敬德'不过一字之差，内涵却判然有别。天向德演变正是神权政治人性化，世俗化的迈进。'敬天'和'敬德'的目标是一致的，那就是保民。所谓保民，就是保有民众的支持，保有自己的江山社稷，终极目的目标当然是统治者的自身利益。"⑥ 罗移山（1953—）则认为，"德"是"天"的至善性，"敬德"就是"敬天"；"保民"是"敬德"的必然结果和具体表现。"敬德"和"保民"是周王朝政治路线不可分割的两个方面，前者是理论基础，后者是实践表征。⑦

应该说，上述两种见解是各有得失的。罗移山的见解之得在于将"德"

---

① （清）孙星衍：《尚书今古文注疏》，陈抗、盛冬铃点校，中华书局 1986 年版，第 363 页。

② 《尚书·周书·康诰》，载（清）孙星衍：《尚书今古文注疏》，陈抗、盛冬铃点校，中华书局 1986 年版，第 364 页。

③ （清）孙星衍：《尚书今古文注疏》，陈抗、盛冬铃点校，中华书局 1986 年版，第 364 页。

④ 《尚书·周书·无逸》，载（清）孙星衍：《尚书今古文注疏》，陈抗、盛冬铃点校，中华书局 1986 年版，第 439 页。

⑤ 《尚书·周书·无逸》，载（清）孙星衍：《尚书今古文注疏》，陈抗、盛冬铃点校，中华书局 1986 年版，第 441 页。

⑥ 王定璋：《从敬天保民到敬德保民——〈尚书〉中神权政治的嬗变》，《天府新论》1999 年第 6 期。

⑦ 参见罗移山：《从〈周易〉卦爻辞看周王朝"敬德保民"政治路线的具体蕴涵》，《河南师范大学学报（哲学社会科学版）》2001 年第 2 期。

理解为"天"的至善性，并看到了"敬德"与"敬天"的一致性；其失在于忽视了"敬德"与"敬天"的差异性。其实，"敬德"之"敬"与"敬天"之"敬"，其意义并不完全相同。"敬天"之"敬"是表示对"天"的虔诚信仰；"敬德"之"敬"是表示出于对"天"的虔诚信仰，将"天"的至善之意贯彻落实于保民行动所表现出来的真诚保民之心。《尚书·康诰》有云：

> "敬哉！无作怨，勿用非谋、非彝，蔽时忱。丕则敏德，用康乃心，顾乃德，远乃猷裕，乃以民宁，不汝瑕殄。"① （孙星衍疏："言汝其敬之哉！无作怨于民，勿用非道之谋，非典之法，以蔽是诚心。则法敏德，以安汝心，顾省汝谋，远虑乃道，乃以安民，则国祚不以汝世远而殄绝也。"②）

这里的"敬"即是"敬德"之"敬"，系指保民的诚心。这种诚心在保民行动中的具体表现，从消极方面说，是不做让民众怨恨的事，不做不合道义的事，不做背离法典规定的事；从积极方面说，是信守法典之规而无所背离，敏行道德之善而无所懈怠，深谋远虑安民之法而避免短视妄举。

王定璋的见解之失在于未能正确理解"敬德"与"敬天"的关系，而在某种意义上割裂了它们的关系，把它们当作两个不同阶段的思想来看待了；但是，他认为"敬天"和"敬德"的实质都是在于保民，这是正确的，虽然这种关系并不能被说成"目标是一致的"，因为它们并不是两个不同阶段的思想，而是同一思想的两个方面。

如果把"敬德保民"置于具体的历史语境中，并从国家治理哲学角度来加以审视的话，应可把它理解为就是周初"王道"概念的具体内涵。

"王道"之名最早见于《尚书·洪范》：

> "无偏无陂，遵王之义。无有作好，遵王之道。无有作恶，遵王之路。无偏无党，王道荡荡。无党无偏，王道平平。无反无侧，王道

---

① 《尚书·周书·康诰》，载（清）孙星衍：《尚书今古文注疏》，陈抗、盛冬铃点校，中华书局1986年版，第370—371页。

② （清）孙星衍：《尚书今古文注疏》，陈抗、盛冬铃点校，中华书局1986年版，第371页。

正直。"①

从其具体语境可见，这里的"王道"是"王之道"的缩略语，而"王之路"是"王之道"的别称，故"王道"亦可视为"王之路"的缩略语。这里用以描述"王道"特性的用语是"荡荡"、"平平"和"正直"——"荡荡"是"无偏无党"之意，"平平"是"无党无偏"之意，"正直"是"无反无侧"（不违背法度）之意。按孙星衍的疏解，此处"王道"的含义可一言以蔽之曰：公而无私之道。简言之曰：公道。②考虑到周初的政治思想是基于对殷纣亡国教训的总结，这个"公道"实际上是相对于殷纣的"私道"来说的。也就是说，在周初统治者（主要是周公）看来，殷纣之所以会失去其"王"的政治权力，是由于其行"私道"的缘故；而周文王之取代殷纣而为"王"，则是行"公道"。这意味着"公道"就是周初的"王道"理念，按照这个理念，获得和维护天下统治权的理据在于"公道"。而按照《尚书·周书》的思想，"公道"的具体含义就是"敬德保民"；"敬德保民"是获得和维护天下统治权的合法性所在，惟"敬德保民"者，才能成"王"，才能使天下百姓归往于他。

《论语·子张》载："孟氏使阳肤为士师，问于曾子。曾子曰：'上失其道，民散久矣。如得其情，则哀矜而勿喜！'"③"敬德保民"之"保民"即相对于如曾参所说的那种"民散"的情形而言。"民散"首先是指民心离散，其次是指因民心离散所导致的民众的离散（民众纷纷脱离原来统治者的统治区域而徙往别处）；相应地，"保民"则意味着争取民心，设法使本地的民众留在原地而不徙往别处，同时使外地民众也前来归附。然则，与争取民心的行动与做法（"保民"）相辅相成的"敬德"，便是争取民心的意识与思想。在周初，争取民心的"敬德"意识与思想，是与"民之所欲，天必从之"④的"敬

---

① 《尚书·周书·洪范》，载（清）孙星衍：《尚书今古文注疏》，陈抗、盛冬铃点校，中华书局 1986 年版，第 305 页。

② 详见孙星衍的疏解文字——载（清）孙星衍：《尚书今古文注疏》，陈抗、盛冬铃点校，中华书局 1986 年版，第 305—306 页。

③ 《论语·子张》，载杨伯峻译注：《论语译注》，中华书局 1980 年版，第 203 页。

④ 《左传·襄公三十一年》引《泰誓》，载（清）洪亮吉：《春秋左传诂》，中华书局 1987 年版，第 623 页。

天"意识与思想互为表里的，这里"敬天"是争取民心的道德意识的宗教形式，"敬德"是这种宗教形式的道德意识的世俗内容。所以，当偏重于强调争取民心的道德意识的宗教形式时，则可将周初的"王道"思想概括为"敬天保民"；而当偏重于强调争取民心的道德意识的世俗内容时，又可将周初的"王道"思想概括为"敬德保民"。鉴于儒家对周公的普遍推崇及其思想传承与发展关系，可用"敬德保民"来概括儒家先驱周公和先秦儒家的"王道"思想。

二、孔子"霸从属王"的王霸观和"无信不立"的王道观

儒家鼻祖孔子本人并未提及"王道"，《论语》也没有出现"王道"二字；"王"字在《论语》中也仅出现 3 次，其中 2 次是指君主①，但有 1 次与"王霸之辨"的"王"直接相关，即《子路》篇所载："子曰：'如有王者起，必世而后仁。'"②杨伯峻将此句译为："如果有王者兴起，一定需要三十年才能使仁道大行。"③据此，孔子是把"王者"当作行仁政的必要条件来看待的，即在孔子看来，唯有"王者"才能行仁政，这意味着能行仁政者才堪称为"王者"，换句话说，"王者"就是能行仁政者。这应可被看作是孔子对周公"敬德保民"的"王道"思想的继承和发展，即孔子将"敬德"理解为笃行仁德，而将"保民"理解为体现仁德的行为。

孔子也曾论及与"王霸之辨"直接相关的"霸"。《论语·宪问》记载：

"子贡曰：'管仲非仁者与？桓公杀公子纠，不能死，又相之。'子曰：'管仲相桓公，霸诸侯，一匡天下，民到于今受其赐。微管仲，吾其被发左衽矣！岂若匹夫匹妇之为谅也，自经于沟渎而莫之知也？'"④（杨伯峻译为："子贡道：'管仲不是仁人罢？桓公杀掉了公子纠，他不但不以身殉难，还去辅助他。'孔子道：'管仲辅相桓公，称霸诸侯，使天

---

① 参见杨伯峻译注：《论语译注》附《论语词典》"王"条，中华书局 1980 年版，第 226 页。

② 《论语·子路》，载杨伯峻译注：《论语译注》，中华书局 1980 年版，第 137 页。

③ 杨伯峻译注：《论语译注》，中华书局 1980 年版，第 137 页。

④ 《论语·宪问》，载杨伯峻译注：《论语译注》，中华书局 1980 年版，第 151—152 页。

下一切得到匡正，人民到今天还受到他的好处。假若没有管仲，我们都会披着头发，衣襟向左边开，[沦为落后民族]了。他难道要像普通老百姓一样守着小节小信，在山沟中自杀，还没有人知道的吗？"①)

由此可见，对管仲辅助齐桓公所达到的那种"一匡天下"的"霸诸侯"，孔子是持积极的肯定态度的。显然，在孔子看来，无论是"王"还是"霸"，只要对人民有好处，就值得肯定。同时，也很明显，孔子对"霸"的肯定是有条件的，即当且仅当"霸"给人民带来好处时，这样的"霸"才是值得肯定的。也就是说，孔子所肯定的是合于仁德的"霸"，这样的"霸"是从属于"王"的，是为达成"王"的根本目的服务的一种特殊手段。

从《论语·颜渊》的下述记载，可以看出孔子"王道"思想中，特别看重"信"的政治意义：

"子贡问政。子曰：'足食，足兵，民信之矣。'子贡曰：'必不得已而去，于斯三者何先？'曰：'去兵。'子贡曰：'必不得已而去，于斯二者何先？'曰：'去食。自古皆有死，民无信不立。'"②

对其中孔子所说"民无信不立"这句话，杨伯峻译为："如果人民对政府缺乏信心，国家是站立不起来的。"③据此来看，在政治权力（国家治理权力）的合法性问题上，孔子最重视"信"，主张以"信"作为政治权力合法性的道德基础。据《论语·阳货》记载，子张曾问仁于孔子，孔子回答说："能行五者于天下为仁矣。"孔子所讲的"五者"是指"恭""宽""信""敏""惠"。论及其中的"信"，孔子说道："信则人任焉。"④在《论语·子路》所记与樊迟的对话中，孔子又说道："上好信，则民莫敢不用情。"⑤杨伯峻将此句译为："统治者诚恳信实，百姓就没有人敢不说真话。"⑥由此联系到老子所说"夫

① 杨伯峻译注：《论语译注》，中华书局1980年版，第152页。
② 《论语·颜渊》，载杨伯峻译注：《论语译注》，中华书局1980年版，第126页。
③ 杨伯峻译注：《论语译注》，中华书局1980年版，第126页。
④ 杨伯峻译注：《论语译注》，中华书局1980年版，第183页。
⑤ 《论语·子路》，载杨伯峻译注：《论语译注》，中华书局1980年版，第135页。
⑥ 杨伯峻译注：《论语译注》，中华书局1980年版，第135页。

礼者，忠信之薄而乱之首也"①的话，可以想见，统治者对老百姓讲话不守信用，谎话连篇，是春秋末年普遍的政治现象，而且统治者失信于百姓的情况非常严重，这才会引起老子和孔子不约而同的严重关切，并且都强调了"信"对于国家具有至关重要的意义：老子认为，统治者失信于民，是导致国家动乱的首要原因；孔子认为，统治者失信于民，就等于是失去了国家的道德根基，使得国家无法立足。孔子还说："人而无信，不知其可也。大车无輗，小车无軏，其何以行之哉？"②这就是说，一个不讲信用的人是无法在社会上立足的，这就如同车辕前面没有套牲口的横木，车是没法行走的。在孔子看来，为人是如此，为国也是同样的道理。如果说孔子的"王道"思想就是主张以仁德立国的话，这一"王道"主张的首要意义就在于强调，仁爱不能是仅仅嘴上说说而已，而是必须落实到"安人""安百姓"③的行动上，所谓"力行近乎仁"④，"巧言令色，鲜矣仁"⑤也。

三、孟子"霸不如王"的王霸观和"以德行仁"的王道观

先秦的"王霸之辨"实际是由孟子发起⑥，对此他有一段著名的论述：

"以力假仁者霸，霸必有大国；以德行仁者王，王不待大——汤以七十里，文王以百里。以力服人者，非心服也，力不赡也；以德服人者，中心悦而诚服也，如七十子之服孔子也。"⑦

这里，孟子以"霸"与"王"对举，认为"霸"与"王"的区别在于：

① 《老子·三十八章》，载（魏）王弼著，楼宇烈校释：《王弼集校释》，中华书局1980年版，第93页。
② 《论语·为政》，载杨伯峻译注：《论语译注》，中华书局1980年版，第21页。
③ 参见《论语·宪问》，载杨伯峻译注：《论语译注》，中华书局1980年版，第159页。
④ 《中庸》引孔子语，载（宋）朱熹：《四书章句集注》，中华书局1983年版，第29页。
⑤ 《论语·学而》，载杨伯峻译注：《论语译注》，中华书局1980年版，第3页。
⑥ 谢晓东（1977—）认为，墨子所揭示的政治形态的义利之辨是孟子所阐发的王霸之辨的先声。参见谢晓东：《墨子的义政概念及其重构》，《东南学术》2019年第5期。
⑦ 《孟子·公孙丑上》，载杨伯峻译注：《孟子译注》，中华书局1960年版，第75页。

"霸"是"以力服人";"王"是"以德服人"。孟子于兹强调的是"以德行仁者王",这个思想其实是对孔子"王道"思想中笃行仁德的"敬德"思想的继承,但又不是对孔子思想的简单继承,而是对为何要笃行仁德做了一番论证,即认为统治者之所以要行仁德,是因为这样做,才能使天下之人像孔子众弟子甘拜其门下一样,心悦诚服地归往于他,使他成为名副其实的"王"。显然,孟子的"王"的概念比起孔子"上好信,则民莫敢不用情"的"王道"观念来又更进了一步:孔子是认为如果统治者讲诚信,老百姓就没有理由不讲诚信,这里统治者与老百姓之间的诚信关系是一种理性关系,在这种关系中,老百姓的讲诚信,是由于统治者讲诚信而不得不然;相比之下,孟子则更注重老百姓的自由意志,认为统治者与老百姓之间互有仁爱的情感关系的建立,有赖于统治者对老百姓的自由意志的尊重,因为老百姓对统治者是不是有仁爱情感,是取决于老百姓自由意志的选择;老百姓对统治者的仁爱情感是不能采用强制手段来达成的,这种情感绝对勉强不得,只能顺其自然,否则即使老百姓表面上显得其似乎对统治者怀有仁爱情感,其情感也决非是真情实感!这种虚假的仁爱情感是不能保证老百姓不会背叛统治者的;要保证老百姓绝对服从而不背叛统治者,只有一个办法,就是统治者真心实意地仁爱百姓而实行仁政,因为"至诚而不动者,未之有也"[1]——只要统治者实行仁政从而足显其爱百姓的诚心,百姓就必定会以诚爱相回报。然则,统治者有否可能诚爱百姓呢?孟子认为,这是完全可能的,因为人生来就有"恻隐之心"[2],任何人只要尽力将自己与生俱来的"恻隐之心"加以扩充,就定能培养出对他人的真诚仁爱。

在上述引文中,尽管孟子对"霸""王"做了严格区分,但并未显示出对"霸"有摒斥意向。关于"霸",孟子还有如下论述:

> "五霸者,三王之罪人也;今之诸侯,五霸之罪人也;今之大夫,今之诸侯之罪人也。……五霸者,搂诸侯以伐诸侯者也,故曰,五霸者,

---

① 《孟子·离娄上》,载杨伯峻译注:《孟子译注》,中华书局 1960 年版,第 173 页。

② 参见《孟子·公孙丑上》,载杨伯峻译注:《孟子译注》,中华书局 1960 年版,第 80 页。

三王之罪人也。……今之诸侯皆犯此五禁，故曰，今之诸侯，五霸之罪人也。……今之大夫皆逢君之恶，故曰，今之大夫，今之诸侯之罪人也。"①

"霸者之民驩虞如也，王者之民皞皞如也。杀之而不怨，利之而不庸，民日迁善而不知为之者。夫君子所过者化，所存者神，上下与天地同流，岂曰小补之哉？"②[杨伯峻译为："霸主的（功业显著，）百姓欢喜快乐，圣王的（功德浩荡，）百姓心情舒畅。百姓被杀了，也不怨恨；得到好处，也不认为应该谢酬，每日里向好的方面发展，也不知道谁使他如此。圣王经过之处，人们受到感化，停留之处，所起的作用，更是神秘莫测；上与天，下与地同时运转，难道只是小小的补益吗？"③]

"虞不用百里奚而亡，秦穆公用之而霸。不用贤人则亡，削何可得与？"④

从这些论述来看，孟子虽有"五霸者，三王之罪人"之说，看起来似乎他是将"霸"与"王"互相对立起来了，而其实他这个说法是有条件的，即只是针对春秋五霸"搂诸侯以伐诸侯"（挟持一部分诸侯来攻伐另一部分诸侯）的行为而言，而并不意味着他是一般地"尊王黜霸"⑤；相反，从其"霸者之民驩虞如也"、"虞不用百里奚而亡，秦穆公用之而霸。用贤人则亡，削何可得与"的话来看，孟子对"霸"还是有所肯定的，至少他对"用贤人"而"霸"并不以为非，因为在他看来"不用贤人则亡"，"霸"毕竟强于"亡"也。当然，从总体上看，虽然孟子对"霸"有所肯定，但显而易见的是，在他看来，无论怎样，"霸"总是不及"王"，哪怕是像"用贤人"而"霸"的秦穆公，也不如"以德行仁者"。

---

① 《孟子·告子下》，载杨伯峻译注：《孟子译注》，中华书局 1960 年版，第 287—288 页。

② 《孟子·尽心上》，载杨伯峻译注：《孟子译注》，中华书局 1960 年版，第 305—306 页。

③ 杨伯峻译注：《孟子译注》，中华书局 1960 年版，第 306 页。

④ 《孟子·告子下》，载杨伯峻译注：《孟子译注》，中华书局 1960 年版，第 284 页。

⑤ 学术界有一种比较权威且流行既久且广的观点，认为孟子是"尊王黜霸"的。参见萧公权：《中国政治思想史》，新星出版社 2005 年版，第 66 页。这种看法并不尽合孟子思想之实情。

《孟子·公孙丑上》所载孟子与其弟子公孙丑之间的一席对话，也表明了孟子对于"管仲以其君霸"（管仲辅佐齐桓公使其称霸天下）是有所肯定的，所以才会说"以齐王，由反手也"（以齐国来统一天下，易如反掌）。但是，孟子更认为，就当时的民心所向来说，齐国要实现统一天下的王业，事半功倍的做法，应当是实行仁政。"孔子曰：'德之流行，速于置邮而传命。'当今之时，万乘之国行仁政，民之悦之，犹解倒悬也。故事半古之人，功必倍之，惟此时为然。"①（杨伯峻译为："孔子说过：'德政的流行，比驿站的传达政令还要迅速。'现在这个时候，拥有万辆兵车的大国实行仁政，老百姓的高兴，正好像被人倒挂着而给解救了一般。所以，'事半功倍'，只有在这个时代才行。"②）

综上所述，孟子的王霸观是认为"霸"不如"王"，其"王道"观念乃是基于性善论而主张"以德行仁"。

四、荀子"王优于霸"的王霸观和"以仁为本""兼重礼法"的王道观

在先秦诸子中，荀子对"王霸之辨"的论述最为深入系统，曾专门撰写《王霸》一文，阐述其王霸观与王道观；另外，《王制》《强国》《议兵》《天论》等更加以补充。荀子对"王""霸"关系及"王道"的阐论是多维度的，下面从国家治理哲学角度予以考察、分析。

（一）从百姓对"用国者"（国家理治权力主体）的关系方面来界定"王"与"亡"

"用国者，得百姓之力者富，得百姓之死者强，得百姓之誉者荣。——三得者具而天下归之，三得者亡而天下去之。天下归之之谓王，天下去之之谓亡。"③

---

① 以上引文均出自《孟子·公孙丑上》，载杨伯峻译注：《孟子译注》，中华书局1960年版，第56—57页。

② 杨伯峻译注：《孟子译注》，中华书局1960年版，第59页。

③ 《荀子·王霸》，载梁启雄：《荀子简释》，中华书局1983年版，第155页。

荀子的这段论述讲了两层意思：

第一，对国家治理权力主体来说，"王"就是全天下都归于他，由他来统理；或者说，天下百姓都归附于他，都服从他的统治，这就叫做"王"。反之，"亡"就是他失去了对天下的统治权；或者说，天下百姓都纷纷离他而去，不再服从他的统治，这就叫作"亡"。显然，这里所讨论的"王""亡"关系，是天下统治权的得失关系。其"王"概念的内涵在于天下统治权的获得与拥有，这包含相互关联和递进关系的两层意义：一是国家治理权力的获得与拥有；二是国家治理权力的控制范围涵盖整个天下，而非其中一部分或某些部分。

第二，"王"（获得和拥有天下统治权）的充要条件有三个：一是"得百姓之力"——天下百姓都愿意为他效劳；二是"得百姓之死"——天下百姓都愿意为他卖命；三是"得百姓之誉"——天下百姓都称赞他、颂扬他。必须同时具备这些条件，才能成为获得和拥有天下统治权的"王"；而且也只要具足这些条件，就能成为"王"。反之，假使这些条件都不具备，件件都缺，那就是"亡"了。这样的"王""亡"概念意味着，在荀子的政治权力观念里，也还存在着介于"王""亡"之间的权力关系状态，即获得和拥有一定政治权力，但因上述条件或缺其一二，其权力控制范围仅限于天下一部分或某些部分，而非整个天下。

（二）从国家制度层面来界定"王""霸""亡"

"故用国者，义立而王，信立而霸，权谋立而亡，——三者明主之所以谨择也，仁人之所以务白也。"①

"故与积礼义之君子为之则王，与端诚信全之士为之则霸，与权谋倾覆之人为之则亡，——三者明主之所以谨择也，仁人之所以务白也。"②

"礼者，治辨之极也，强固之本也，威行之道也，功名之总也。王公由之，所以得天下也，不由，所以陨社稷也。"③

---

① 《荀子·王霸》，载梁启雄：《荀子简释》，中华书局 1983 年版，第 138 页。

② 《荀子·王霸》，载梁启雄：《荀子简释》，中华书局 1983 年版，第 143 页。

③ 《荀子·议兵》，载梁启雄：《荀子简释》，中华书局 1983 年版，第 202 页。

"礼义不加于国家，则功名不白。故人之命在天，国之命在礼。君人者，隆礼尊贤而王，重法爱民而霸，好利多诈而危，权谋倾覆幽险而尽亡矣。"①

这些论述表明，在荀子的政治权力观念里，有"王""霸""亡"三种权力关系状态。依据上面的分析，这三种权力关系状态应该是："王"是获得和拥有对天下的统治权；"亡"是失去对天下的统治权；"霸"是获得和拥有对天下部分的统治权。但这里荀子则不是从权力控制范围的大小方面来界定"王""霸""亡"，也不是从百姓对"用国者"（国家治理权力主体）的关系中来界定"王""霸""亡"，而是从"用国者"为了维护自己的政治权力和运用自己的政治权力来进行国家治理所依托的制度方面来对"王""霸""亡"分别做出本质规定："王"是以"礼义"立国；"霸"是以"法"和"诚信"立国；"亡"是以"权谋"立国。

在荀子的语汇中，"义"的使用频率很高，在不同语境下有不同含义。当"义"单独使用时，它是与"仁"相对而言，"彼仁者爱人，爱人故恶人之害之也；义者循理，循理故恶人之乱也"②。也就是说，"仁"是指对他人加以爱护而不忍加以伤害的情感；"义"是指自觉遵守一定规矩来行动并对他人的违规行为不能容忍的理性。在这种意义上，荀子有时将"义"与"仁"合并而称"仁义"，例如说："武王之诛纣也，非以甲子之朝而后胜之也，皆前行素修也，此所谓仁义之兵也。"③（意谓："武王之伐纣，并非是甲子那一天一战而定乾坤的，而是事先做了充分准备，训练和培养了一支克敌制胜的仁义之师，所以才能取得那样的战果。"）在本书第四章讨论荀子关于"礼法之辨"的思想时提道：当"义"与"礼"合并而称"礼义"，并与"法度"互相对应和并举使用时，"礼义"犹言"礼仪"，它与"法度"一样，指的是制度、行为准则——对人的组织来说是它的制度，对组织成员来说就是他们的行为准则。上述引文中所出现的"义"显然与"礼义"同义，也是指组织

---

① 《荀子·天论》，载梁启雄：《荀子简释》，中华书局 1983 年版，第 228 页。

② 《荀子·议兵》，载梁启雄：《荀子简释》，中华书局 1983 年版，第 200 页。

③ 《荀子·议兵》，载梁启雄：《荀子简释》，中华书局 1983 年版，第 201—202 页。

制度与组织行为规范。

这里撇开"权谋立而亡"① 不论，仅就"王""霸"关系而言，荀子所谓"义立而王，信立而霸"，这是他对"王""霸"之间本质区别的一种界定，这样的界定是基于他对"礼义"与"诚信"在国家治理中的价值关系的一种判断，即"凡为天下之要，义为本而信次之"②。这意味着荀子对"王""霸"关系所做出的上述界定，本质上是为了表达他对"礼义"与"诚信"对于国家治理权力的意义差异关系的认识，按照这样的认识，对获得和拥有天下统治权的"王"来说，"礼义"是其立国之本，"诚信"是从属于"礼义"的次要因素。在荀子看来，对作为国家治理权力主体的"用国者"来说，认清"礼义""诚信"之间的本末与主次关系是非常重要的，因为这牵涉到"用国者"是成"王"抑或成"霸"的问题；如果认不清这种关系，以至于舍本逐末地离开"礼义"这个立国之本而诉诸"诚信"，指望依靠"诚信"来赢得人们的信任，以求"天下归之"的话，那是不能得遂所愿的，充其量只能成"霸"，而不足以为"王"。

荀子认为，春秋"五伯（霸）"都是属于"重法爱民而霸"者。他评论其"重法爱民"的为国之道曰：

"德虽未至也，义虽未济也，然而天下之理略奏矣，刑赏已诺信乎天下矣，臣下晓然皆知其可要也。政令已陈，虽睹利败，不欺其民；约结已定，虽睹利败，不欺其与；如是，则兵劲城固，敌国畏之；国一綦明，与国信之；虽在僻陋之国，威动天下，五伯是也。非本政教也，非致隆高也，非綦文理也，非服人之心也，乡方略，审劳佚，谨畜积，修战备，齺然上下相信，而天下莫之敢当。故齐桓、晋文、楚庄、吴阖间、越勾践，是皆僻陋之国也，威动天下，强殆中国，无它故焉，略信也，是所谓信立而霸也。"③

---

① 荀子认为，"上诈其下，下诈其上"的"权谋"是要不得的，因为这会导致"敌国轻之，与国疑之"，如此"权谋日行，而国不免危削，綦之而亡，齐闵薛公是也"。参见《荀子·王霸》，载梁启雄：《荀子简释》，中华书局1983年版，第140页。

② 《荀子·强国》，载梁启雄：《荀子简释》，中华书局1983年版，第219页。

③ 《荀子·王霸》，载梁启雄：《荀子简释》，中华书局1983年版，第140页。

显然，所谓"信立而霸"的"信"，或所谓"与端诚信全之士为之则霸"的"诚信"，都是指"重法爱民"者之"刑赏已诺信乎天下"而言，是法律上的诚信。荀子认为，因其"信立"而"不欺其民"，故能"上下相信，而天下莫之敢当"，这是"霸"的长处；然而，这种"诚信"是建立在"刑赏已诺信乎天下"的基础上的诚信，是属于法律上的诚信，而"非本政教也，非致隆高也，非綦文理也，非服人之心也"——也就是说，那种法律上的诚信，并不是基于礼义制度下政治教化所建立起来的高尚道德理性，因而并非是发自人们内心的彼此真诚的互相信任——这是"霸"的短处。总体上，荀子虽然没有完全否定"霸"，但对"霸"的评价显然偏低，他称春秋五霸"皆僻陋之国也，威动天下，强殆中国"即是明证。"僻陋之国"是表示这些国家的文明程度低，基本上是属于尚未开化的蛮邦；"强殆中国"是表示这些蛮邦的崛起对于礼义之邦是一种威胁，会对礼义之邦的文明造成危害。从这个意义上说，荀子对于"霸"是持基本否定态度的——他不是否定"霸"之"重法爱民"和相应的"不欺其民"之"诚信"，而是否定"霸"之脱离礼义制度的法制建设和相应的脱离礼教的以法为教——所谓"信立而霸"之"信"即是以法为教的结果。

荀子倒也不认为"诚信"对于"王"来说是不必要的，可有可无的。事实上，荀子也推崇"诚信"，不过他所崇尚的诚信，是通过礼义教化建立起来的发自人们内心的真诚的互相信任。这种有时被荀子称为"忠信"的诚信，是属于仁义道德范畴的诚信。荀子对于"忠信"是十分看重的，他曾拿禹、汤同桀、纣做过如此对比："古者禹、汤本义务信而天下治，桀、纣弃义倍信而天下乱。故为人上者必将慎礼义、务忠信，然后可。此君人者之大本也。"① 可见，在荀子看来，"礼义"和"忠信"都是属于"君人者之大本"，亦即"用国者"（国家治理权力主体）由以立国以为"王"的主要依据——"礼义"是国家制度方面的依据，"忠信"是社会道德方面的依据。

---

① 《荀子·强国》，载梁启雄：《荀子简释》，中华书局 1983 年版，第 219 页。

（三）从国家政策层面来界定"王""霸"

"故王者富民，霸者富士，仅存之国富大夫，亡国富筐箧，实府库。
筐箧已富，府库已实，而百姓贫；夫是之谓上溢而下漏。"①

在这段论述中，荀子是从经济角度来阐述"王""霸"之间在对内政策
上的差异，即"王者富民，霸者富士"。古代有所谓"四民"之说，如管仲说：
"士农工商四民者，国之石民也。"② 所谓"王者富民"，应可理解为王者的治
国之策是追求全民共同富裕。荀子之所以主张实行这样的富民政策，是基于
其民本思想而从安民方面着想。他说：

"马骇舆，则君子不安舆；庶人骇政，则君子不安位。马骇舆，则
莫若静之；庶人骇政，则莫若惠之。选贤良，举笃敬，兴孝弟，收孤
寡，补贫穷；如是，则庶人安政矣。庶人安政，然后君子安位。传曰：
'君者，舟也；庶人者，水也。水则载舟，水则覆舟。'此之谓也。故君
人者，欲安，则莫若平政爱民矣；欲荣，则莫若隆礼敬士矣；欲立功名，
则莫若尚贤使能矣；——是君人者之大节也。三节者当，则其余莫不当
矣。三节者不当，则其余虽曲当，犹将无益也。"③

荀子之倡导"富民"即是出于"平政爱民"的考虑，这种思想所依据的
逻辑是：当且仅当实行"选贤良，举笃敬，兴孝弟，收孤寡，补贫穷"的王
道政策而达到"庶人安政"时，才能实现"君子安位"。荀子所主张的"富民"
政策，其基本内容就是"收孤寡，补贫穷"。这些内容实际上是包含在其王
道政策中的，而荀子独独强调"王者富民"，这反映了其王道思想，是把解
决民生问题放在优先位置来考虑的，认为只有解决了民生问题，使老百姓全
面摆脱了贫穷状态，都过上了温饱不愁的富足生活，"选贤良，举笃敬，兴
孝弟"才有实际意义，才能取得实际成效。

荀子把"平政爱民"和"隆礼敬士"、"尚贤使能"当作治国理民者（"君
人者"）所应注重和谨守勿失的三个"大节"，这意味着，在其王道理想中，

---

① 《荀子·王制》，载梁启雄：《荀子简释》，中华书局 1983 年版，第 103 页。

② 《管子·小匡》，载赵守正：《管子注译》（上册），广西人民出版社 1982 年版，第 198 页。

③ 《荀子·王制》，载梁启雄：《荀子简释》，中华书局 1983 年版，第 103 页。

出于"平政爱民"考虑的"富民"政策是与"隆礼敬士""尚贤使能"紧密联系在一起的，即"富民"不是国家治理的根本目标，国家治理的根本目标是要让老百姓达到如孔子所说的"富而好礼"①——不但生活富足，而且守礼行仁。正是为了实现这个目标，所以才要"敬士""尚贤"；"敬士""尚贤"的意义就在于重视和发挥贤能之士在弘扬仁义道德和维护社会秩序方面的作用。

关于"士"，荀子曾撰《致士》一文，从文中"国家者，士民之居也。……国家失政则士民去之"②"刑政平而百姓归之，礼义备而君子归之"③"赏僭则利及小人，刑滥则害及君子。若不幸而过，宁僭无滥；与其害善，不若利淫"④等论述来看，"士""君子"是同类概念，"民""百姓""小人"是同类概念。《王制》所谓"隆礼敬士"与《致士》所谓"礼义备而君子归之"互相呼应，表明"士"与"君子"同义，都是表示人类中之"善"者——这固然并不意味着"民""百姓""小人"都是表示人类中之"恶"者，但相对于"士"或"君子"来说，"民"或"百姓"或"小人"至少不属于"善"类。在《致士》中，荀子讲明了为何要"敬士""尚贤"的道理：

> "无土则人不安居，无人则土不守，无道法则人不至，无君子则道不举。故土之与人也，道之与法也者，国家之本作也；君子也者，道法之总要也；不可少顷旷也，得之则治，失之则乱；得之则安，失之则危；得之则存，失之则亡。故有良法而乱者有之矣，有君子而乱者，自古及今，未尝闻也。传曰：'治生乎君子，乱生乎小人。'此之谓也。"⑤

由此可见，之所以要"敬士""尚贤"，是因为"道"与"法"和"土"（土地）与"人"（人口）都是"国家之本作"——国家的基业，而"君子"是"道法之总要"——"道"与"法"的统领者；如果没有"君子"来统领"道"

---

① 《论语·学而》，载杨伯峻译注：《论语译注》，中华书局1980年版，第9页。
② 《荀子·致士》，载梁启雄：《荀子简释》，中华书局1983年版，第185页。
③ 《荀子·致士》，载梁启雄：《荀子简释》，中华书局1983年版，第185页。
④ 《荀子·致士》，载梁启雄：《荀子简释》，中华书局1983年版，第188页。
⑤ 《荀子·致士》，载梁启雄：《荀子简释》，中华书局1983年版，第185—186页。

与"法"，国家就会陷于混乱。因此，"敬士""尚贤"的本质是在于尊"道"重"法"。

关于"道"与"法"，荀子在《解蔽》中评论说："慎子蔽于法而不知贤。"①又说："由法谓之道尽数矣。"②意思是：慎到从法律观点看待"道"，把"道"看作只是法律的条款。荀子认为，慎到的这个观点是错误的，"道"并不是什么法律条文。"道也者何也？曰：礼让忠信是也。"③"道"是以"礼让忠信"为内容的仁义道德。所以，"敬士""尚贤"的意义并不在于"富士"，而是为了发挥贤能之士在弘扬仁义道德和维护社会秩序方面的特殊社会作用。"富士"则意味着完全忽视了贤能之士的上述特殊社会作用，只是从经济利益方面给他们以特殊恩惠，使他们能过上比其他人优越的富足生活，也就是没有把国家治理的根本目标定位于使全体国民"富而好礼"，这显然是为荀子的王道思想所不容的。

（四）从"强""霸""王"关系中来定义"霸道"与"王道"

荀子在《王制》中讨论了国际竞争战略问题，他认为有三种不同战略：

> "王夺之人，霸夺之与，强夺之地。夺之人者臣诸侯，夺之与者友诸侯，夺之地者敌诸侯。臣诸侯者王，友诸侯者霸，敌诸侯者危。"④

荀子这里所讲的"王""霸""强"实际上是把国际竞争战略分上、中、下三等：上等战略是"王"，即与别国争夺民众，采取这种战略，可使别国臣服；中等战略是"霸"，即与别国争夺盟友，采取这种战略，可与别国友好相处；下等战略是"强"，即与别国争抢地盘，采取这种战略，则会树立众多敌国，是很危险的。荀子这里所说的"强"是下文所谓"用强"之"强"，大致相当孟子所谓"以力服人"⑤的"霸"。荀子对于这样的"强"是完全否定的，他说：

---

① 《荀子·解蔽》，载梁启雄：《荀子简释》，中华书局1983年版，第290页。
② 《荀子·解蔽》，载梁启雄：《荀子简释》，中华书局1983年版，第291页。
③ 《荀子·强国》，载梁启雄：《荀子简释》，中华书局1983年版，第213页。
④ 《荀子·王制》，载梁启雄：《荀子简释》，中华书局1983年版，第103页。
⑤ 《孟子·公孙丑上》，载杨伯峻译注：《孟子译注》，中华书局1960年版，第75页。

"用强者：人之城守，人之出战，而我以力胜之也，则伤人之民必甚矣；伤人之民甚，则人之民恶我必甚矣；人之民恶我甚，则日欲与我斗。人之城守，人之出战，而我以力胜之，则伤吾民必甚矣；伤吾民甚，则吾民之恶我必甚矣；吾民之恶我甚，则日不欲为我斗。人之民日欲与我斗，吾民日不欲为我斗，是强者之所以反弱也。地来而民去，累多而功少，虽守者益，所以守者损，是以大者之所以反削也。诸侯莫不怀交接怨而不忘其敌，伺强大之间，承强大之敝，此强大之殆时也。"①

依靠和动用武力来跟别国争抢地盘，这必然会招致别国人民的仇恨与报复和本国人民的厌战与逃离，所以即使夺占再多的国土也是守不住的，国家非但不会因此变强，反而会因此变弱。因此，荀子反对"强夺之地"。

然而，荀子又并非一般地反对"强"，相反在一定意义上他认为"强"也是可取的，但是他指出：

"知强大者不务强也。虑以王命，全其力，凝其德。力全则诸侯不能弱也，德凝则诸侯不削也，天下无王霸主，则常胜矣；是知强道者也。"②

这就是说，要使自己变得强大，不能采用武力方式来跟别国争抢地盘，而是应当巧妙地利用天子的命令来保全自己的实力，积聚自己的道德声望，如此奉行"强道"，则可在天下未有君主成就其王业或霸业的情况下，使自己立于不败之地。

接下来，荀子论"霸道"曰：

"彼霸者不然：辟田野，实仓廪，便备用，案谨募选阅材伎之士，然后渐庆赏以先之，严刑罚以纠之；存亡继绝，卫弱禁暴，而无兼并之心，则诸侯亲之矣。修友敌之道以敬接诸侯，则诸侯说之矣。所以亲之者，以不并也；并之见，则诸侯疏矣。所以说之者，以友敌也；臣之见，

---

① 《荀子·王制》，载梁启雄：《荀子简释》，中华书局 1983 年版，第 103—104 页。

② 《荀子·王制》，载梁启雄：《荀子简释》，中华书局 1983 年版，第 104—105 页。

则诸侯离矣。故明其不并之行，信其友敌之道，天下无王霸主①，则常胜矣，是知霸道者也。"②

这就是说，在天下未有君主成就其王业的情况下，奉行"霸道"，就能使自己立于不败之地。具体来说，霸道的内容包括对内发展农业生产，改善技术装备，谨慎招纳选用人才，并以赏罚分明的激励机制来引导和制约人才；对外则努力使濒临灭亡的国家或其世家大族得以延续，并保护弱小国家和阻止国际侵略行为，没有吞并别国的野心，而是与别国友好相处，礼尚往来。

荀子又论"王道"曰：

"彼王者不然：仁眇天下，义眇天下，威眇天下。仁眇天下，故天下莫不亲也。义眇天下，故天下莫不贵也。威眇天下，故天下莫敢敌也。以不敌之威，辅服人之道，故不战而胜，不攻而得，甲兵不劳而天下服。是知王道者也。知此三具者，欲王而王，欲霸而霸，欲强而强矣。"③

这里荀子讲了观察天下的三个角度，其中"仁眇天下"是站在最高立场即"仁"的立场来观察天下，从这个高度看，"天下莫不亲也"——普天之下都是亲近自己的人；其次是站在"义"的立场来观察天下，则"天下莫不贵也"——普天之下都是尊重自己的人；再次是站在"威"的立场来观察天下，则"天下莫敢敌也"——普天之下都是不敢与自己为敌的人。荀子认为，凡"知王道者"都应该从这三个角度来观察天下，这样就无论如何都不会对天下之人有亵渎、伤害之心，也就不会以残害生灵、牺牲无辜百姓的手段来取得天下统治权，所谓"行一不义，杀一无罪，而得天下，仁者不为

---

① 梁启雄引王念孙注："上文说强者之事，云：'天下无王霸主，则常胜矣。'言天下无王霸主，则强者常胜也。此文说霸者之事，云：'天下无王主，则常胜矣。'言天下无王主，则霸者常胜也。王主二字之间不当更有'霸'字，盖涉上文'王霸主'而衍。"参见梁启雄：《荀子简释》，中华书局1983年版，第105页。

② 《荀子·王制》，载梁启雄：《荀子简释》，中华书局1983年版，第105页。

③ 《荀子·王制》，载梁启雄：《荀子简释》，中华书局1983年版，第103—106页。

也"①。真"知王道者"应该明白，"不战而胜，不攻而得，甲兵不劳而天下服"，才是取得天下统治权的正当合法的选择；如果明白了这个道理，便可在"王""霸""强"之间进行自由选择，即所谓"欲王而王，欲霸而霸，欲强而强"。荀子认为，这种选择至关重要，以其不仅关乎或"王"或"霸"或"强"，而且归根到底关乎或"王"或"亡"："善择者制人，不善择者人制之；善择之者王，不善择之者亡。夫王者之与亡者，制人之与人制之也。是其为相县也，亦远矣。"②

要之，在荀子看来，"王者"应该是"仁者"，或者说，唯有"仁者"，才可以成为"王者"。故从"王"与"仁"的这种统一性上说，"王道"即是"仁道"。

正因为荀子站在"仁"的立场来观察天下，从"仁"的角度来考察政治现象，从而把"义"或"礼义"视为立国之本，所以，与其说他是主张以"礼义"立国，更不如说他是主张以"仁义"立国。事实上，荀子曾这样说："彼仁义者，所以修政者也；政修则民亲其上，乐其君，而轻为之死。"③这里所谓"修政"是"使政治清明"之意；"政修"是"政治清明"之意。所谓"彼者，所以修政者也"，是说"仁义"是政治清明的根据，换言之，政治清明是实行仁政的结果。荀子认为，实行仁政可以收到"亲其上，乐其君，而轻为之死"的政治效果——"民亲其上"，就是"（君）得百姓之力"；"（民）乐其君"，就是"（君）得百姓之誉"；"（民）轻为之死"，就是"（君）得百姓之死"——"三得者具而天下归之"（参见上文），是为"王"矣。"王""霸"之别本质上就是"仁"与"不仁"之分。

事实上，在荀子的"王道"思想中，"王道"的内容除了"礼义""忠信"以外，还包括"厚德音"（推崇合乎仁德的言教）"尚贤使能"（尊崇并重用贤能之士）"爵服庆赏"（"无德不贵，无能不官，无功不赏，无罪不罚，朝无幸位"的官僚等级制度和相应的服饰制度及赏罚制度）等诸多方面：

"故厚德音以先之，明礼义以道之，致忠信以爱之，尚贤使能以次

---

① 《荀子·王霸》，载梁启雄：《荀子简释》，中华书局1983年版，第138页。

② 《荀子·王制》，载梁启雄：《荀子简释》，中华书局1983年版，第113—114页。

③ 《荀子·议兵》，载梁启雄：《荀子简释》，中华书局1983年版，第200—201页。

之，爵服庆赏以申之，时其事，轻其任以调齐之；长养之，如保赤子。政令以定，风俗以一，有离俗不顺其上，则百姓莫不敦恶，莫不毒孽，若祓不祥，然后刑于是起矣。"①

"王者之论，——无德不贵，无能不官，无功不赏，无罪不罚，朝无幸位，民无幸生，尚贤使能而等位不遗；析愿禁悍，而刑罚不过。百姓晓然皆知夫为善于家而取赏于朝也；为不善于幽而蒙刑于显也。夫是之谓定论，是王者之论也。"②

其中"厚德音"和"无德不贵"被置于优先地位，足见其对仁德及其教化的极端重视，由此突显了其作为孔子之后"儒分为八"中"孙卿之儒"的身份——荀子终究是崇"仁"的儒家学者和思想家，所以他才会从"仁"的角度，以"仁"为标准来区分"王""霸"，定义"王道"和"霸道"。

综上所述，荀子的王霸观的要义在于：（1）从权力控制范围大小来界定"王"与"霸"："王"是获得和拥有对整个天下的统治权；"霸"是获得和拥有对天下部分的统治权。（2）从道德和制度两个层面来定义"王道"与"霸道"：在道德层面，"王道"是以"仁"立国，"霸道"是以"信"立国；在制度层面，"王道"是以"礼"立国，"霸道"是以"法"立国。（3）无论"王道"抑或"霸道"，甚至于"强道"，都排斥武力和权谋。在荀子看来，靠权谋来维持的政治权力必定会得而复失，靠武力来维持的政治权力也是危险的。政治权力无论大小，都不是靠权谋和武力所能维持得了的，必须靠道德与制度才能得到维持。（4）"王道"与"霸道"都是立基于一定的道德和制度，但相对而言，"王道"所本的仁德和礼制要优于"霸道"所本的信德与法制，而且仁德和礼制是可以兼容信德与法制的。据此，可将荀子的王霸观概括为"王优于霸"，其王道观则可概括为"以仁为本"和"兼重礼法"。

通过以上考察与分析，可以得出如下几点结论：

第一，总的说来，儒家是把"仁"和"礼"（道德和制度）视为政治权

① 《荀子·议兵》，载梁启雄：《荀子简释》，中华书局1983年版，第204—205页。
② 《荀子·王制》，载梁启雄：《荀子简释》，中华书局1983年版，第106—107页。

331

力的合法性基础，然而比较而言，孔子是兼重"仁""礼"，孟子则较看重"仁"，而荀子较看重"礼"，并主张以"法"作为"礼"的补充。

第二，儒家崇"王"且有条件地肯定"霸"，然而不论在何种意义上肯定"霸"，儒家都不主张依靠武力来维持政治权力。

第三，孟、荀的"霸"概念有所区别：孟子"霸"概念的主要内涵是"以力服人"，而荀子的"霸"概念则不含"以力服人"之义；但孟、荀都明确表示反对依靠武力来维持政治权力，都主张依靠仁德和礼制来维持政治权力，虽然他们对仁德和礼制各有所偏倚——孟子相对倚重仁义道德，荀子则较为倚重礼义制度。

第二节　道家："容乃公"的"王道"

先秦道家未必有自觉的"王霸之辨"意识，但是对于国家治理权力的合法性问题还是有所思考，例如《老子·六十六章》有云："是以圣人处上而民不重，处前而民不害，是以天下乐推而不厌。"[1]这里就讲到了理想的统治者（"圣人"）是天下人所拥戴而乐意推举的，当且仅当统治者"处上而民不重，处前而民不害"时，天下人才拥戴而乐意推举之。但是，怎样才能做到"处上而民不重，处前而民不害"呢？这就是涉及国家统治权的基础问题，对于这个问题的思考，也就是对国家治理权力合法性的探究。从"王霸之辨"视角来看，"天下乐推而不厌"显然是意味着"天下所归往"（东汉·许慎语）或"天下之往"（《吕氏春秋》语），这正是所谓"王"的最普遍的意义；而《老子》书中更反复出现"王"字，尤其是第二十五章中提到"道大，天大，地大，王亦大"[2]，将"王"置于和"道""天""地"相并列的地位——这些都表明

---

① 《老子·六十六章》，载（魏）王弼著，楼宇烈校释：《王弼集校释》，中华书局1980年版，第170页。

② 《老子·二十五章》，载（魏）王弼著，楼宇烈校释：《王弼集校释》，中华书局1980年版，第64页。按：帛书甲本和乙本，以及郭店竹简甲本均作"王亦大"。

了老子虽无"王霸之辨"的自觉意识，却有"王"的自觉意识和相应的"王道"观。根据《老子》中的有关论述，可用"容乃公"来概括道家的"王道"观。

"公"的本义，是指氏族共同体的领袖，如甲骨文中的"公"，即指殷商之"先公"，也就是殷商民族处于氏族发展阶段的首领，后世遂成为周制的"五等爵"之一，如"周公""召公"等皆是。《诗经·小雅·大田》云："雨我公田，遂及我私。"①所谓"公田"，即氏族共同体的公有田产，由此"公"亦有"公共"之义。"从《诗经》的例子推出的：'公'是对于'共'所表示的众人共同的劳动、祭祀场所——公宫、公堂，以及支配这些场所的族长的称谓，进而在统一国家成立后，'公'成为与君主、官府等统治机关相关的概念。"②由于"公"含有"公共"之义，后来便从此义引申出公平、公允等义，这些意义的"公"所指称的是共同体的公共利益，其与指称私人利益的"私"相对立。先秦诸子对于"公""私"皆有所论，其中道家从《老子》的"容乃公"开始，"公"与"道"联系在一起，"公"成为一个具有形上品格的哲学概念；而《庄子》则为"公"增添了自然色彩；最后黄老道家的"立法尚公"思想形成了道家的王道政治论。

一、《老子》"容乃公"的王道思想

《吕氏春秋》有一条记载说："故老聃则至公矣。"③这是讲老子看问题最为公平、全面。显然，这样的评价不仅仅是《吕氏春秋》作者的私见，也是当时思想家们的一种共识，所以《吕氏春秋》才有如此描述。

"至公"是战国末期思想家对老子思想言论品质的一种共识性评价（按：这种广泛的好评应是汉初之所以流行黄老之学的一个重要历史前提），而"公"更是老子哲学的一个重要概念，而且在先秦典籍中，"公"作为一个哲

① 载袁愈荄译诗，唐莫尧注释：《诗经全译》，贵州人民出版社1981年版，第344页。
② [日]沟口雄三：《中国的公与私·公私》，郑静译，生活·读书·新知三联书店2011年版，第6页。
③ 张双棣、张万彬、殷国光等注译：《吕氏春秋译注》，吉林文史出版社1987年版，第21页。

学概念，也是首见于《老子》：

> "知常容，容乃公，公乃王，王乃天，天乃道，道乃久，没身不殆。"①

关于《老子·十六章》中的这段文字，朱谦之（1899—1972）《老子校释》引劳健说，其中提道：

> "'知常容，容乃公'，以容、公二字为韵。'天乃道，道乃久'，以道、久二字为韵。独'公乃王，王乃天'二句韵相远。'王'字义本可疑，王弼注此二句云：'荡然公平，则乃至于无所不周普也。无所不周普，则乃至于同乎天也。''周普'显非释'王'字……此二句'王'字盖即'全'字之讹。'公乃全，全乃天'，全、天二字为韵。王弼注云'周普'，是也。"②

陈鼓应《老子今注今译》即据劳健说，改此二句为"公乃全，全乃天"。

劳健等人的说法固然有其合理性，但并没有版本依据，属于校勘学中的"理校"。刘笑敢在《老子古今》一书中指出，劳健说"实有所见，也颇有道理"，但帛书甲乙本《老子》均作"公乃王"，而"略早于王弼本的河上本注文作'公正无私，则可以为天下王……能王则德合神明……'，可见，作'王'已经有久远历史"③。劳健等人的说法属于假说，虽有一定道理，但不足为凭。

《老子·十六章》中"公乃王"一句实属关键。"公乃王，王乃天，天乃道"，公、王、天、道四者呈现出一种递进关系。范应元曾引述西汉河上公注说：

> "公正则可以为天下王；能王，德合神明，乃与天通；德与天通，则与道合同；与道合同，乃能长久。能公，能王，通天，合道，四者纯备，道德弘远，无殃无咎，乃与天地俱殁。"

范应元自己则说：

---

① 《老子·十六章》，载（魏）王弼著，楼宇烈校释：《王弼集校释》，中华书局 1980 年版，第 36—37 页。

② 朱谦之：《老子校释》，中华书局 1984 年版，第 67 页。

③ 刘笑敢：《老子古今：五种对勘与析评引论》下卷，中国社会科学出版社 2006 年版，第 203 页。

"王者，天下归往之称。惟其无私，故天下之人往而归之。"①

《老子·二十五章》"道大，天大，地大，王亦大"，也是"王、天、道"并称，与第十六章"公乃王，王乃天，天乃道"相契合。

综观之，通行本《老子·十六章》作"公乃王，王乃天"，其实无误，且更为合理。

据河上公和王弼的注义，《老子·十六章》中所谓的"公"是"公正无私"（河上公语）、"荡然公平"（王弼语）之意。王弼注此章"容乃公"至"道乃久"这一段说：

> "无所不包通，则乃至于荡然公平也。荡然公平，则乃至于无所不周普也。无所不周普，则乃至于同乎天也。与天合德，体道大通，则乃至于〔穷〕极虚无也。"②

据此解释，由"公"可以渐次递进至"天""道"，则这里的"公"应当被理解为是对形上之道的一种描述，即"公"是天道的体现，它具有形上品格。另外，"公乃王"一语将"公"和"王"联结在一起，乃意味着王者之道必荡然公平，这就形成了具有道家特色的王道政治论。战国中后期黄老道家的"立法尚公"思想，就与老子的"公乃王"有一定联系。

除第十六章以外，《老子》书中还有如下两章出现与"公"相对立的"私"字：

> 第七章："天长地久。天地所以能长且久者，以其不自生，故能长生。是以圣人后其身而身先，外其身而身存。不以其无私邪？故能成其私。"③

> 第十九章："见素抱朴，少私寡欲。"④

其中，第七章"无私"的意义就是"公"。明人薛蕙解释此章宗旨说：

① （宋）范应元集注：《宋本老子道德经》，国家图书馆出版社2017年版，第67、66页。
② 《老子注·十六章》，载（魏）王弼著，楼宇烈校释：《王弼集校释》，中华书局1980年版，第36—37页。
③ 《老子·七章》，载（魏）王弼著，楼宇烈校释：《王弼集校释》，中华书局1980年版，第19页。
④ 《老子·十九章》，载（魏）王弼著，楼宇烈校释：《王弼集校释》，中华书局1980年版，第45页。

"然要其归，乃在于无私。"① 说明第七章的旨意在于阐明圣人之"公"。圣人之"公"是仿效天地的，所以前文以"天长地久"为开端，"老子用天地的运作不为自己来比喻圣人的行为没有贪私的心念"②。第十九章以"见素抱朴"和"少私寡欲"联为一组对称之词，一正一反，恰好点出"朴素"的反面就是"私欲"，这也就意味着与"私欲"相对的"公"就是自然之朴素。由此可见，老子的"公"的观念，除了公平正直以外，还与天地之道、自然朴素联系在一起。公平正直是老子"公"概念的表层含义，天地之道、自然朴素才是老子"公"概念的哲学内涵。换言之，在老子的思想中，"公"源出于天地之道，是人的朴素本性的表现，其体现于行动则为行事公平正直，而无所偏私。

老子以"公"为公正、不偏私，看似简单，实则有其深刻的理论内涵。就道家思想本身而言，"道"是统领一切、包容一切的，从"道"的立场来看，统治者在处理人间事务时，当然不能偏于一隅，而是尽量要做到公平、全面，这样才合乎"道"的要求。

二、《庄子》自然之"公"的政治思想

老子将"公"与"道"联结在一起，赋予了"公"以道义意义，而庄子则深化了"公"的理论内涵。刘泽华指出：

"作为哲学化的'公道'一词在战国时期才被人们使用。'公'与'道'的结合是两个普遍性概念的组合。最早把两者连在一起的是老子。他说：'知常容，容乃公，公乃王，王乃天，天乃道，道乃久，没身不殆。'(《老子》第十六章) 这段文字虽然还没有出现'公道'，但已经沟通了'公'与'道'。庄子进一步把'公'与'道'互相定义：'阴阳者，气之大者也，道者为之公。'又说：'道不私，故无名。'(《庄子·则阳》)

---

① 陈鼓应注译：《老子今注今译》，商务印书馆 2003 年版，第 101 页。
② 陈鼓应注译：《老子今注今译》，商务印书馆 2003 年版，第 101 页。

不私即是公。"①

庄子对于"公"的定义，是继承老子的"公道"思想而来，但同时也有自己的特点，那就是进一步突出了"公"的自然色彩。

《庄子》书中，对于"公"和"无私"的阐述主要有以下这些内容：

《大宗师》："天无私覆，地无私载。天地岂私贫我哉？求其为之者而不得也。"②

《应帝王》："顺物自然而无容私焉，而天下治矣。"③

《达生》："与齐俱入，与汩皆出，从水之道而不为私焉。"④

《山木》："南越有邑焉，名为建德之国。其民愚而朴，少私而寡欲；知作而不知藏，与而不求其报；不知义之所适，不知礼之所将。猖狂妄行，乃蹈乎大方。其生可乐，其死可葬。"⑤

《则阳》："是故丘山积卑而为高，江河合水而为大，大人合并而为公。……四时殊气，天不赐，故岁成；五官殊职，君不私，故国治；文武大人不赐，故德备；万物殊理，道不私，故无名。……故天地者，形之大者也；阴阳者，气之大者也；道者为之公。"⑥

《庄子》书中这些关于"公"和"无私"的言论，一方面是沿续《老子》的思路，《山木》所谓"少私而寡欲"，乃是直接援引《老子·十九章》的原文"见素抱朴，少私寡欲"；《则阳》所谓"道者为之公"，"道不私，故无名"，则是直指"公"为"道"之体现。另一方面，庄子对"公"的观念也有所深化，强调突出了"公"的自然色彩。"天无私覆，地无私载"是将"公"的观念上升到"天地之公"，天地的运行是自然而然的，这一自然而然的运行秩序就是"公"的体现。"从水之道而不为私焉"，意为顺乎水之自然。林希

① 刘泽华：《春秋战国的"立公灭私"观念与社会整合》，载刘泽华、张荣明等：《公私观念与中国社会》，中国人民大学出版社2003年版，第5页。
② 《庄子·大宗师》，载曹础基：《庄子浅注》，中华书局1982年版，第110—111页。
③ 《庄子·应帝王》，载曹础基：《庄子浅注》，中华书局1982年版，第114页。
④ 《庄子·达生》，载曹础基：《庄子浅注》，中华书局1982年版，第282页。
⑤ 《庄子·山木》，载曹础基：《庄子浅注》，中华书局1982年版，第291页。
⑥ 《庄子·山木》，载曹础基：《庄子浅注》，中华书局1982年版，第402页。

逸解释说："从水之道而不为私，顺而不逆之意。生于陵则安于陵，长于水则安于水，皆随其自然而不知其所以然。"①

《庄子》书中最为突出"公"之自然色彩的，是《应帝王》中"顺物自然而无容私焉，而天下治矣"这段话。这里蕴含的意思非常明确，"无容私"即是"公"，而"公"就是"顺物自然"，也就是顺应事物的自然状态，而不加人为干扰，由此可以达到"天下治矣"的理想目标。对此，日本学者沟口雄三曾分析说：

> "三世纪末老庄派思想家郭象为《庄子·应帝王》的'顺物自然而无容私焉，而天下治矣'加注说：'任性自生，公也。心欲益之，私也。容私果不足以生生，而顺公乃全也。'这里的'公'似乎把自然生成或生生作为本来的正确状态，把其无偏向的普遍性看作'公'。在这里'公'是自然本来的中正的状态。'私'是搅乱其中正性的、地位低下者的人为，即偏私。"②

"自然"是道家思想的重要概念，老子有"道法自然"的说法，庄子关于"自然"的阐述更多。据学者统计，"'自然'作为一个概念，主要是一个道家用语，主要见于道家典籍。'自然'一语，《老子》5见，《庄子》8见，《列子》6见。儒家的十三经，无一提及'自然'。先秦儒家者中，只有《荀子》2见"③。由此可见道家对"自然"的重视程度。

庄子所论述的"自然"，有情感之自然、社会之自然，但最为根本的，是万物生生之自然，也就是宇宙秩序的和谐自然。

> "古之人，在混芒之中，与一世而得淡漠焉。当是时也，阴阳和静，鬼神不扰，四时得节，万物不伤，群生不夭。人虽有知，无所用之，此之谓至一。当是时也，莫之为而常自然。"（《庄子·缮性》)④

① （宋）林希逸著，周启成校注：《庄子鬳斋口义校注》，中华书局1997年版，第295页。
② [日]沟口雄三：《中国的公与私·公私》，郑静译，生活·读书·新知三联书店2011年版，第12页。
③ 罗安宪：《存在、状态与"自然"——论庄子哲学中的"自然"》，《现代哲学》2018年第3期。
④ 曹础基：《庄子浅注》，中华书局1982年版，第402页。

在庄子看来，所谓自然，就是天地万物的原始状态，这一原始状态本来就是公平而中正的，如天地之养育万物，无所偏私，"天无私覆，地无私载"，"阴阳和静，鬼神不扰"。由此而言，庄子对"公"的观念的认知，是从"天地之公"，也就是"自然之公"的角度进行认识的。"公"是天地无私的体现，也是宇宙和谐自然的反映，因此无论是人的个体生存，还是国家治理，都应该体现"自然之公"的宇宙法则。

庄子的"自然之公""天地之公"思想，对于后世道家有着重要影响，并孕育出"天下为公"的思想。如《吕氏春秋·贵公》说："天下非一人之天下，天下之天下也。阴阳之和，不长一类；甘露时雨，不私一物；万民之主，不阿一人。"[①]《贵公》依仿《老子》之言，体现的是老子学派的思想，这一点早就有人指出过，因此《贵公》所阐述的"公"的思想就特别值得注意。[②]《贵公》指出天地间的"阴阳之和""时雨之润"是无所偏私的，因此作为"万民之主"的君王也应该公平、公允，如沟口雄三所说："我们可以清楚地看到这种政治上的公·平·正是以天的无私不偏为根据的。可以认为，中国的公·私在由共同体的公·私整合为政治上的君·国·官对臣·家·民之间的公·私的过程中，从道家思想吸收了天的无私、不偏概念作为政治原理。"[③]

三、《黄帝四经》"立法尚公"的王道政治论

《汉书·艺文志》记载道家书目，有《黄帝四经》《黄帝铭》《杂黄帝》《黄帝君臣》等，其中说《杂黄帝》是"六国时贤者所作"，《黄帝君臣》则"起六国时，与《老子》相似也"[④]，可见这批以"黄帝"为名的"黄帝书"都是

---

① 张双棣、张万彬、殷国光等注译：《吕氏春秋译注》，吉林文史出版社 1987 年版，第 21 页。

② 参见陈瑶：《〈吕氏春秋〉与〈道德经〉相关篇目论析》，《文学评论》2015 年第 4 期。

③ [日]沟口雄三：《中国的公与私·公私》，郑静译，生活·读书·新知三联书店 2011 年版，第 49 页。

④ (汉) 班固：《汉书》，中华书局 2000 年版，第 1369 页。

战国时人所作，内容则与《老子》相似，故将其归入道家。"黄帝书"在战国时就出现了，但所谓"黄老"之名，先秦人的书里都没有提到过。汉初司马谈在《论六家要旨》中也仅提到阴阳、儒、墨、名、法、道德这"六家"，其子司马迁在《史记》中才正式说到"黄老"一词，《孟轲荀卿列传》中说慎到、田骈、接子、环渊"皆学黄老道德之术"，"黄老"与"道德"并提，则这一派学术应该就是司马谈所说"六家"中的"道德家"。汉人起初仅称其"道家"或"道德家"，至司马迁才撰出"黄老"之称。汉景帝（前 188—前 141）"改子为经"，将原本的《黄帝》改称为《黄帝四经》，这一举措大大提高了黄老学的地位，使其成为西汉帝国的官方主流学术①。

黄老学在学派上归属于道家，是老子后学，但此派学术出现于战国时期，与春秋时老子面临的形势已经很不一样，因而所提出的思想主张也有所不同。春秋时期，齐桓、晋文等"五霸"维持了一个以周天子为共主的封建局面，华夏礼乐文明还受到适度的尊崇，"兴灭国，继绝世"是当时人心目中的"义举"，相反兼并则并不受到肯定。《老子》构想"小国寡民"的政治秩序，是出于对战争频繁的忧虑和厌恶，幻想回到上古时期小国林立而又互不干扰的状态。到了战国时期，各国相继称王，齐缗王、秦昭王甚至还称"东帝""西帝"，周天子的政治权威荡然无存，华夏大地上的各诸侯国由兼并而统一已迫在眉睫。黄老学产生于这一形势下，自然会提出自己的政治主张，这一政治主张具体而言与老子并不完全一样，但在思想根源上则依然承自老子，那就是"道法自然"和"公乃王"。

我们在读到司马迁关于"黄老道德之术"的描写时，常会产生的疑虑是，《史记》中所记录的黄老学常和法家联系在一起。如司马迁说齐国稷下学的慎到、田骈、接子、环渊"皆学黄老道德之术"，而慎到是法家人物，以重"势"而知名；此外又说韩非子"归本于黄老"。其实司马谈在《论六家要旨》中就已经说过，道家"采儒墨之善，撮名法之要"，汉初的道家就是黄老道家，这说明黄老道家本身就有融合法家、名家的特点，而战国时的法家学派

---

① 参见王葆玹：《黄老与老庄》，中国人民大学出版社 2012 年版，第 23 页。

之形成也与黄老学有密切关系。

战国时的形势和潮流趋向，是要在列国兼并的基础上构建一个广土众民的大帝国，打破西周宗法封建制下的分散小国状态，时代潮流和时代精神都向着这个方向而去。黄老道家与当时的时代精神相呼应，主张法治强国，这与当时的法家接近，甚至为法家人物慎到、韩非子等人直接采用；但黄老道家仍然维护"道"的至高地位，"道"为"法"之源，"法"为"道"之形，由此而有"道生法"的说法，因此其仍然属于道家学派，与一味主张严刑峻法、"刻薄寡恩"的法家学派有鲜明的区别。

黄老道家主张"道生法"，"法"是"道"在社会政治领域的具体体现，因此法律、法令的制定就不能完全出于统治者的私意，而是必须在客观上合乎"道"的内在规定性，这就要求统治者在立法、执法的过程中做到"去私而立公"，换言之，是要超越自身的利益，以公正无私的态度来立法、执法。

1973 年冬，长沙马王堆三号汉墓出土《经法》等帛书四篇，论者指为《汉书·艺文志》所著录的《黄帝四经》。黄老道家的书久已遗佚，学者难知其真相，《黄帝四经》的出土，无疑为我们了解黄老道家提供了第一手资料。

马王堆汉墓帛书《黄帝四经》中关于"公"有以下论述：

"故执道者之观于天下也，无执也，无处也，无为也，无私也。"[1]

"公者明，至明者有功，至正者静，至静者圣，无私者知〈智〉，至知〈智〉者为天下稽。称以权衡，参以天当，天下有事，必有巧验。"[2]

"使民之恒度，去私而立公。"[3]

---

[1] 《经法·道法第一》，载陈鼓应注译：《黄帝四经今注今译——马王堆汉墓出土帛书》，商务印书馆 2007 年版，第 10 页。

[2] 《经法·道法第一》，载陈鼓应注译：《黄帝四经今注今译——马王堆汉墓出土帛书》，商务印书馆 2007 年版，第 16 页。

[3] 《经法·道法第一》，载陈鼓应注译：《黄帝四经今注今译——马王堆汉墓出土帛书》，商务印书馆 2007 年版，第 25 页。

"天地无私，四时不息。"①

"法度者，正之至也。而以法度治者，不可乱也；而生法度者，不可乱也。精公无私而赏罚信，所以治也。"②

"兼爱无私，则民亲上。"③

"天下大〈太〉平，正以明德，参之于天地，而兼复〈覆〉载而无私也，故王天［下］。"④

"夫言霸王，其［无私也］，唯王者能兼复〈覆〉载天下，物曲成焉。"⑤

"君臣不失其立〈位〉，士不失其处，任能毋过其所长，去私而立公，人之稽也。"⑥

"是非有分，以法断之；虚静谨听，以法为符。审察名理冬〈终〉始，是胃〈谓〉厩〈究〉理。唯公无私，见知不惑，乃知奋起……故唯执道者能虚静公正，乃见［正道］，乃得名理之诚。"⑦

从以上引文来看，黄老道家格外重视和强调"公"的观念，这与《老子》所说的"容乃公，公乃王"是一致的。《黄帝四经》对"公"的论述，除了使用"公"或"公正"的概念外，还有"无私""兼爱"等说法。"公"与"私"对立，故"无私"为"公"。至于"《四经》的'兼爱'多可以用'公'字来

① 《经法·国次第二》，载陈鼓应注译：《黄帝四经今注今译——马王堆汉墓出土帛书》，商务印书馆 2007 年版，第 35 页。
② 《经法·君正第三》，载陈鼓应注译：《黄帝四经今注今译——马王堆汉墓出土帛书》，商务印书馆 2007 年版，第 71 页。
③ 《经法·君正第三》，载陈鼓应注译：《黄帝四经今注今译——马王堆汉墓出土帛书》，商务印书馆 2007 年版，第 73 页。
④ 《经法·六分第四》，载陈鼓应注译：《黄帝四经今注今译——马王堆汉墓出土帛书》，商务印书馆 2007 年版，第 86 页。
⑤ 《经法·六分第四》，载陈鼓应注译：《黄帝四经今注今译——马王堆汉墓出土帛书》，商务印书馆 2007 年版，第 95 页。
⑥ 《经法·四度第五》，载陈鼓应注译：《黄帝四经今注今译——马王堆汉墓出土帛书》，商务印书馆 2007 年版，第 115 页。
⑦ 《经法·名理第九》，载陈鼓应注译：《黄帝四经今注今译——马王堆汉墓出土帛书》，商务印书馆 2007 年版，第 187—188 页。

替代。因此,《四经》的'兼爱'一方面是对'道'的形容,另一方面,也是主要方面,是指法度的公正无私"①。所以《经法·君正》有"兼爱无私"之言,这与墨子所谓"兼爱"的含义有别,后者是指"爱人若爱其身"②。

根据上述引文,《黄帝四经》中的"公"有三方面的含义:(1)"公"是道的内在规定性,道就是公正无私的("故执道者之观于天下也,无执也,无处也,无为也,无私也")。(2)"公"是法律、法令有效实施的保障,施政执法必须具有"精公无私"的客观精神("法度者,正之至也。而以法度治者,不可乱也;而生法度者,不可乱也。精公无私而赏罚信,所以治也。"](3)"公"是王者治理天下所必须有的政治品格("夫言霸王,其[无私也〉,唯王者能兼复〈覆〉载天下,物曲成焉")。这三种含义是互相关联的。与战国法家中韩非相似,黄老道家亦以"道"作为"法"的形上学依据,"道生法。法者,引得失以绳,而明曲直者也。故执道者,生法而弗敢废也。故能自引以绳,然后见知天下而不惑矣"③。所谓"道生法",是说"道"是"法"的来源,"法"的制定和执行必须受"道"的制约和规范。"黄老道家认为,道有'生而不有,为而不恃,长而不宰'之'玄德',法是道在社会政治领域中的体现;道公正无私、公平自然等特性,理当成为法的内在规定性。由道生法,以法治国,不仅确证了法律本身的合法性,而且为道家治世开辟了道路。"④

通过以上考察与分析,可以得出如下几点结论:

第一,总的说来,道家将"公"视为国家治理权力的合法性基础,这从《老子》的"容乃公,公乃王"、《庄子》的"天地之公""自然之公"观念到《黄帝四经》的"立法尚公",是一脉相承的。

---

① 陈鼓应注译:《黄帝四经今注今译——马王堆汉墓出土帛书》,商务印书馆2007年版,第76页。
② 《墨子·兼爱上》,王焕镳:《墨子校释》,浙江文艺出版社1984年版,第106页。
③ 《经法·道法第一》,载陈鼓应注译:《黄帝四经今注今译——马王堆汉墓出土帛书》,商务印书馆2007年版,第2页。
④ 郑学宝、张剑伟:《道家法治思想及其现代意义》,《人民日报》2015年11月2日第15版。

第二，先秦道家以"公"为国家治理权力的合法性基础，但各家各派又有自己的特色。《老子》初步将"公"与"王"联系在一起，《庄子》则注重"公"的自然色彩，黄老道家《黄帝四经》则以"公"为法律的基石。

第三，先秦道家对"公"的思考，与其核心观念"道"有紧密联系，具有形上性的特点。"道"是宇宙运行的规律，"道"的普遍性决定了它是必然无私的，天地无私，自然为公，因此无论是人的个体生存，还是国家治理，都应该体现"自然之公"的宇宙法则。

第四，从"王霸之辨"的角度来看，先秦道家以"公"作为国家治理权力的合法性基础，反对用武力、暴力统治民众，无疑是一种"王道政治论"。

第三节　法家："争于力"的"霸道"

一、齐法家："霸本王主"的王霸观

先秦的"王霸之辨"实由儒家孟子发起，然孔子于"霸"于"王"均已有所论述，其论"霸"之名言是针对春秋五霸之首齐桓公所发，称"管仲相桓公，霸诸侯，一匡天下，民到于今受其赐"①。而辅助齐桓公称霸诸侯的齐国卿相管仲恰是齐法家之先驱人物。如此看来，先秦的"王霸之辨"与法家有一种天然的历史联系，而"霸"与"霸道"更与法家有历史和理论的双重联系。然而我们看《管子》，其中论"王""霸"之言，并未显示出其对"霸"有特别推崇之意，只是将"霸"视为"王"的基础。

> "明一者皇，察道者帝，通德者王，谋得兵胜者霸。故夫兵，虽非备道至德也，然而所以辅王成霸。"②

---

① 《论语·宪问》，载杨伯峻译注：《论语译注》，中华书局1980年版，第151页。
② 《管子·兵法》，载赵守正：《管子注译》（上册），广西人民出版社1982年版，第156页。

"处虚守静，人物人物①则皇。……凡物开静，形生理。常至命，尊贤授德则帝；身仁行义，服忠用信则王；审谋章礼，选士利械则霸。"②

"无为者帝，为而无以为者王，为而不贵者霸。不自以为所贵，则君道也；贵而不过度，则臣道也。"③

这些分别出自《兵法》《幼官》《乘马》各篇的论述，都是偏向于从道家立场来评价"王""霸"，其基本观点是认为"霸"不及"王"，"王"不及"帝"，"帝"不及"皇"，即以"皇"为国家治理至境。

所谓"明一者皇"，张舜徽（1911—1992）先生曾这样解释道："道也，德也，一也，三名而实一物耳。《管子·兵法》曰：'明一者皇，察道者帝，通德者王。''皇'与'帝''王'既无殊，则'一'与'道''德'亦不异矣。"④仅从《管子·兵法》这一篇孤立地来看"明一者皇，察道者帝，通德者王"三句，也许可以这么解释；照此解释，"皇""帝""王"当然就没有什么分别了。然而从《管子·乘马》"无为者帝，为而无以为者王，为而不贵者霸"的论述来看，"帝""王""霸"是明显有区别的。所以，如果把《兵法》《乘马》二篇联系起来看，张先生的解释显然是难以成立的。

赵守正先生则对"明一者"之"一"做了如是注解："一：指一元之气。古人认为一元之所为阴阳之本，是万物生成的根源。"⑤据此，赵先生将"明一者皇"解读为"通晓万物根源的，可成皇业"，并将后面三句解读为："明白治世之道的，可成帝业；懂得实行德政的，可成王业；谋得战争胜利的，可成霸业。"⑥但是他这样解释，显然也是没有把《管子》中思想倾向明显偏于道家的《兵法》《幼官》《乘马》三篇联系起来作综合考察，只是孤立地就

① 赵守正注："人物人物，应读为'人人物物'，言人人物物各得其适。"参见赵守正：《管子注译》（上册），广西人民出版社1982年版，第72页注③。
② 《管子·幼官》，载赵守正：《管子注译》（上册），广西人民出版社1982年版，第66页。
③ 《管子·乘马》，载赵守正：《管子注译》（上册），广西人民出版社1982年版，第39页。
④ 《张舜徽论"一"即"道"之别名》，《传统文化与现代化》1995年第2期，摘自《论道通说》，载张舜徽：《周秦道论发微》，中华书局1982年版，第34—36页。
⑤ 赵守正：《管子注译》（上册），广西人民出版社1982年版，第158页注②。
⑥ 赵守正：《管子注译》（上册），广西人民出版社1982年版，第160页。

《兵法》这一篇来理解"皇""帝""王""霸"。

如果将上述三篇联系起来作综合考察，则可对上文所引《管子》的文本材料做出如下解读：

其一，《兵法》"明一者皇"之说是与《幼官》"处虚守静，人物人物则皇"之说相一致的，在这种一致关系中，"明一"就是"处虚守静"。而"虚静"的具体含义，《心术上》（其思想倾向也是明显偏于道家）有明确的解释："天曰虚，地曰静"[1]；"天之道虚，地之道静。"[2] 所谓"处虚守静"，"处虚"是意味着"无求无设"，盖"无求无设则无虑，无虑则反复虚矣"[3]；"守静"则意味着"无知""无欲"，盖"有道之君子，其处也若无知，其应物也若偶之。静因之道也。"[4]"去欲则宣，宣则静矣"[5]。然则，"处虚守静"是意味着去知去欲以至于无虑而无求无设。以无求无设之"虚静"方式来治理国家，使人人物物各得其适，如是世界多样性充分呈显又彼此互不相妨——这就是所谓"处虚守静，人物人物"的"皇"之境。

其二，《兵法》"察道者帝"之说与《幼官》"常至命[6]，尊贤授德则帝"之说及《乘马》"无为者帝"之说相一致，是"察道"意味着"穷理尽性以至于命"；"无为"则意味着"顺性命之理"，也就是《心术上》所谓的"因"。"因也者，舍己而以物为法者也。感而后应，非所设也；缘理而动，非所取也。""因者，因其能者言所用也"[7]。根据"因"的原则来选拔和任用有才德

---

[1] 《管子·心术上》，载赵守正：《管子注译》（下册），广西人民出版社 1982 年版，第 1 页。

[2] 《管子·心术上》，载赵守正：《管子注译》（下册），广西人民出版社 1982 年版，第 3 页。

[3] 《管子·心术上》，载赵守正：《管子注译》（下册），广西人民出版社 1982 年版，第 2 页。

[4] 《管子·心术上》，载赵守正：《管子注译》（下册），广西人民出版社 1982 年版，第 2 页。

[5] 《管子·心术上》，载赵守正：《管子注译》（下册），广西人民出版社 1982 年版，第 2 页。按：句中"宣"字，赵守正译为"心意疏通"。参见该书第 8 页。

[6] 赵守正注："常至命：依上下文例，'常'上脱一字。据《管子集校》一说，疑是'平常至命'。"参见赵守正：《管子注译》（上册），广西人民出版社 1982 年版，第 72 页注⑤。赵注似未得其义理。《易传·说卦》有云："穷理尽性以至于命。昔者圣人之作《易》也，将以顺性命之理。"参见高亨：《周易大传今注》，齐鲁书社 1979 年版，第 609 页。据此，并与上文"物开静，形生理"联系起来看，与"处虚守静"相对应的"常至命"，宜解读为"顺性命之理"。

[7] 《管子·心术上》，载赵守正：《管子注译》（下册），广西人民出版社 1982 年版，第 3—4 页。

的人，如是有才德者各得其用——这就是所谓"常至命，尊贤授德"的"帝"之境。

其三，《兵法》"通德者王"之说与《幼官》"身仁行义，服忠用信则王"之说及《乘马》"为而无以为者王"之说相一致，是"通德"意味着"身仁行义，服忠用信"——"身仁行义"者"为"也，"服忠用信"者"无以为"也，也就是说，忠诚地实行仁义道德，如是人人都有淳朴的道德，是为"王"之境。

其四，《兵法》"谋得兵胜者霸"之说则与《幼官》"审谋章礼，选士利械则霸"之说及《乘马》"为而不贵者霸"之说相一致，是"谋得兵胜"意味着"审谋章礼，选士利械"，如是战守有术，征伐有度，兵精械利，则能立于不败之地，是为"霸"之境。所谓"为而不贵"，"为"应是指"谋得兵胜"而言，即所指乃霸业之事；"不贵"应是指霸业之事完成之后而言——从后文"不自以为所贵，则君道也；贵而不过度，则臣道也"的话来看，"不贵"当有双重含义：一是指霸业既成，君主"不自以为所贵"，即不因自己成就了霸业就觉得自己很伟大，犹《老子》所言"不自贵"[1]也；二是指霸业既成，大臣"贵而不过度"，即不因自己辅助君主成就了霸业就居功自傲，犹《老子》所言"功成而弗居"[2]也。

在"皇""帝""王""霸"四等治国境界中，尽管"皇""帝"被看得高于"王""霸"，但《管子》思想在总体上毕竟不是属于正宗道家思想，而是属于法家思想，所以对"皇""帝"的论述仅限于《兵法》《幼官》《乘马》三篇，尤其对"皇"的论述仅限于《兵法》《幼官》，《乘马》则只讲"帝""王""霸"，"皇"则压根儿不提了；更多是关于"王""霸"的论述，而且这方面的论述常是"王""霸"并论，其中屡次提到"霸王"概念，如《五辅》云："明王之务，在于强本事，去无用，然后民可使富；论贤人，用有能，而民可使治；薄税

---

① 《老子·七十二章》："是以圣人自知，不自见；自爱，不自贵。"参见（魏）王弼著，楼宇烈校释：《王弼集校释》，中华书局1980年版，第180页。

② 《老子·二章》，载（魏）王弼著，楼宇烈校释：《王弼集校释》，中华书局1980年版，第7页。

敛，毋苟于民，待以忠爱，而民可使亲。三者霸王之事也。"① 又如《小匡》引管仲之言："若欲霸王，夷吾在此"②，就是《霸言》《霸形》二篇，从其篇名来看似乎专论"霸"，其内容却是论"霸王"。《霸言》曰：

> "霸王之形：象天则地，化人易代，创制天下，等列诸侯，宾属四海，时匡天下；大国小之，曲国正之，强国弱之，重国轻之；乱国并之，暴工残之。僇其罪，卑其列，维其民，然后王之。夫丰国之谓霸，兼正之国之谓王。夫王者有所独明。德共者不取也，道同者不王也。夫争天下者，以威易危暴，王之常也。君人者有道，霸王者有时。国修而邻国无道，霸王之资也。"③

> "霸王之形，德义胜之，智谋胜之，兵战胜之，地形胜之，动作胜之，故王之。夫善用国者，因其大国之重，以其势小之；因强国之权，以其势弱之；因重国之形，以其势轻之。强国众，合强以攻弱，以图霸。强国少，合小以攻大，以图王。强国众，而言王势者，愚人之智也；强国少，而施霸道者，败事之谋也。夫神圣，视天下之形，知动静之时；视先后之称，知祸福之门。强国众，先举者危，后举者利。强国少，先举者王，后举者亡。战国众，后举可以霸；战国少，先举可以王。"④

《霸形》曰：

> "桓公元年，召管仲，管仲至，公问曰：'社稷可定乎？'管仲对曰：'君霸王，社稷定；君不霸王，社稷不定。'"⑤

> "桓公在位，管仲、隰朋见。立有间，有二鸿飞而过之。桓公叹曰：'仲父，今彼鸿鹄有时而南，有时而北，有时而往，有时而来，四方无远，所欲至而至焉，非唯有羽翼之故，是以能通其意于天下乎？'管仲、隰朋不对。桓公曰：'二子何故不对？'管子对曰：'君有霸王之心，而夷

---

① 《管子·五辅》，载赵守正：《管子注译》（上册），广西人民出版社1982年版，第87页。
② 《管子·小匡》，载赵守正：《管子注译》（上册），广西人民出版社1982年版，第207页。
③ 《管子·霸言》，载赵守正：《管子注译》（上册），广西人民出版社1982年版，第236页。
④ 《管子·霸言》，载赵守正：《管子注译》（上册），广西人民出版社1982年版，第238页。
⑤ 《管子·大匡》，载赵守正：《管子注译》（上册），广西人民出版社1982年版，第168页。

吾非霸王之臣也，是以不敢对。'"①

以上论述表明，"王""霸"不同义，其所指各有侧重，所谓"丰国之谓霸，兼正之国之谓王"，即说明了"霸"是偏重于指"丰国"（使本国富强），"王"是偏重于指"兼正之国"（兼并诸无道邪曲之国，使其改邪归正），亦即"霸"是从经济、军事之硬实力方面说的，"王"是从道德、道义之软实力方面说的。"霸王"则是"王""霸"二义兼而有之，即指经济、军事之硬实力和道德、道义之软实力二者兼备且强大。其中强大的经济与军事硬实力被认为是"霸王之本"，立基于此的强大的道德与道义软实力则被认为是"霸王之主"——《重令》曰：

"地大国富，人众兵强，此霸王之本也，然而与危亡为邻矣。天道之数，人心之变。天道之数，至则反，盛则衰。人心之变，有余则骄，骄则缓怠。夫骄者，骄诸侯；骄诸侯者，诸侯失于外；缓怠者，民乱于内。诸侯失于外，民乱于内，天道也。此危亡之时也。若夫地虽大，而不并兼，不攘夺；人虽众，不缓怠，不傲下；国虽富，不侈泰，不纵欲；兵虽强，不轻侮诸侯，动众用兵必为天下政理，此正天下之本而霸王之主也。"②

据此，可以将《管子》中占主导地位的王霸观概括为"王以霸为本，霸以王为主"，简言之曰"霸本王主"。《管子》的"霸王"概念即是基于"霸本王主"的王霸观，这个意义的"霸王"实际上就是"明王"或"圣王"。上文所引《五辅》之言曰："明王之务，在于强本事，去无用，然后民可使富；论贤人，用有能，而民可使治；薄税敛，毋苟于民，待以忠爱，而民可使亲。三者霸王之事也。"这里所讲的加强农业、任用贤能、减轻税敛和忠爱百姓，都是属于"明王之务""霸王之事"。这样做的目的是为了"得人"：

"古之圣王，所以取明名广誉，厚功大业，显于天下，不忘于后世，

---

① 《管子·霸形》，载赵守正：《管子注译》（上册），广西人民出版社1982年版，第228页。
② 《管子·重令》，载赵守正：《管子注译》（上册），广西人民出版社1982年版，第133页。

非得人者，未之尝闻。暴王之所以失国家，危社稷，覆宗庙，灭于天下，非失人者，未之尝闻。今有土之君，皆处欲安，动欲威，战欲胜，守欲固，大者欲王天下，小者欲霸诸侯，而不务得人，是以小者兵挫而地削，大者身死而国亡。"①

为了"得人"，不仅要加强农业、任用贤能、减轻税敛和忠爱百姓，还要做统一人心的事。《法禁》云：

"昔者圣王之治人也，不贵其人博学也，欲其人之和同以听令也。《泰誓》曰：'纣有臣亿万人，亦有亿万之心。武王有臣三千而一心。'故纣以亿万之心亡，武王以一心存。故有国之君，苟不能同人心，一国威，齐士义，通上之治以为下法，则虽有广地众民，犹不能以为安也。"②

为了统一人心，使"人之和同以听令"（众民与君主和睦同心而听从君令），更必须立法以行禁。《法禁》即是阐述有关立法行禁的专题论文，其中提出了 18 条"圣王之禁"，这些法禁被认为应当由君主统一制定，制定这些法禁的意义在于："君一置其仪，则百官守其法；上明陈其制，则下皆会其度矣。"③这些法禁一经被制定出来，不容任何人非议，必须得到严格执行。"法制不议，则民不相私；刑杀毋赦，则民不偷于为善；爵禄毋假。则下不乱其上。三者藏于官则为法，施于国则成俗，其余不强而治矣。"④与此同时，《法禁》还提出德行和道义都应该有明确的标准，以便根据其标准对国民进行以"仁"与"耻"为主要内容的"圣王之教"：

"圣王之身，治世之时，德行必有所是，道义必有所明。故士莫敢诡俗异礼，以自见于国；莫敢布惠缓行，修上下之交，以和亲于民；故莫敢超等逾官，渔利苏功，以取顺其君。圣王之治民也，进则使无由得其所利，退则使无由避其所害，必使反乎安其位，乐其群，务其职，荣其名，而后止矣。故逾其官而离其群者必使有害，不能其事而失其职者

① 《管子·五辅》，载赵守正：《管子注译》（上册），广西人民出版社 1982 年版，第 84 页。

② 《管子·法禁》，载赵守正：《管子注译》（上册），广西人民出版社 1982 年版，第 124 页。

③ 《管子·法禁》，载赵守正：《管子注译》（上册），广西人民出版社 1982 年版，第 124 页。

④ 《管子·法禁》，载赵守正：《管子注译》（上册），广西人民出版社 1982 年版，第 124 页。

必使有耻。是故圣王之教民也，以仁错之，以耻使之，修其能，致其所成而止。"①

总之，是用法禁与德教相结合的手段来实现人心的统一。

就其思想主流来说，齐法家的王霸观其实和儒家的王霸观相去不远，都是倾向于"王""霸"结合，且都主张以"王"为主而辅之以"霸"。从"王"的角度来看，齐法家和儒家都注重道德建设和制度规范建设互相结合，务求政治权力立基于一定的道德与制度之上，只是齐法家的道德观念和制度观念有别于儒家：（1）儒家以"爱人"为道德之本②，不提倡"无私"，而主张"先公后私"③；齐法家则以"爱民无私"为道德之本④。（2）儒家以"礼"为制度之本，而齐法家在制度观念上有一个从礼本论的"礼法并用"到法本论的"礼法并用"的转变过程，最终归宿于法本论的"礼法并用"（详见第四章第三节法家部分），即儒家是主张依靠仁德和礼制来维持政治权力，齐法家则主张以仁德和法制来维持政治权力。从"霸"的角度来看，儒家亦主张"足食，足兵"（孔子语）⑤，而齐法家更强调富国强兵，认为"地大国富，人众兵强，此霸王之本也"⑥。

二、三晋法家：商鞅的"霸王之道"和韩非的"霸王之术"

与齐法家相比，以商鞅、韩非为代表的三晋法家是以历史观点来看待"王""霸"关系，反对抽象地讨论"王""霸"问题。商鞅主张"因世而为

---

① 《管子·法禁》，载赵守正：《管子注译》（上册），广西人民出版社 1982 年版，第 126 页。

② 《孟子·离娄下》："仁者爱人。"参见杨伯峻译注：《孟子译注》，中华书局 1960 年版，第 197 页。

③ 《诗经·小雅·大田》："雨我公田，遂及我私。"参见载袁愈荌译诗，唐莫尧注释：《诗经全译》，贵州人民出版社 1981 年版，第 344 页。

④ 《管子·正》："爱民无私曰德。"参见赵守正：《管子注译》（下册），广西人民出版社 1982 年版，第 49 页。

⑤ 《论语·颜渊》，载杨伯峻译注：《论语译注》，中华书局 1980 年版，第 126 页。

⑥ 《管子·重令》，载赵守正：《管子注译》（上册），广西人民出版社 1982 年版，第 133 页。

之治"①，韩非也认为"事因于世"②，所以在他们看来，国家治理究竟应该采取怎样一种方式，是不可以一概而论的，而应根据自己时代的特点来确定。就"王"而言，商鞅举例说，夏、商、周"三代异势，而皆可以王"③，而且"周不法商，夏不法虞"④，是"三代不同礼而王"⑤；韩非则举例说，"古者文王处丰、镐之间，地方百里，行仁义而怀西戎，遂王天下。徐偃王⑥处汉东，地方五百里，行仁义，割地而朝者三十有六国。荆文王⑦恐其害己也，举兵伐徐，遂灭之。故文王行仁义而王天下，偃王行仁义而丧其国，是仁义用于古不用于今也"⑧。因此："治世不一道。便国不必法古。""礼、法以时而定。制令各顺其宜。兵甲器备，各便其用。"（商鞅语）⑨"圣人不期修古，不法常可，论世之事，因为之备。"（韩非语）⑩

然而，在商、韩之间，其"王""霸"之论又有所区别。

相对来说，商鞅有自觉的"王霸之辨"的意识，对"王""霸"作了明确的区分："三代不同礼而王；五霸不同法而霸。"⑪显然，这是把"王"与"霸"理解为国家治理的两种不同方式："王"是以"礼"治国；"霸"是以"法"治国。商鞅认为，三代时期民风淳朴，所以采取以"礼"治国的德治方式是合乎时

---

① 《商君书·壹言》，载高亨注译：《商君书注译》，中华书局 1974 年版，第 84 页。
② 《韩非子·五蠹》，载《韩非子》校注组：《韩非子校注》，江苏人民出版社 1982 年版，第664 页。
③ 《商君书·开塞》，载高亨注译：《商君书注译》，中华书局 1974 年版，第 76 页。
④ 《商君书·开塞》，载高亨注译：《商君书注译》，中华书局 1974 年版，第 76 页。
⑤ 《商君书·更法》，载高亨注译：《商君书注译》，中华书局 1974 年版，第 16 页。
⑥ 徐偃王是西周徐国第 32 代国君。徐国统辖今淮、泗一带，都城在下邳良城（今江苏省徐州市邳州市）。
⑦ 荆文王即楚文王，芈（mǐ）姓，熊氏，名赀，春秋楚国国君，公元前 689 年—前 675 年在位。
⑧ 《韩非子·五蠹》，载《韩非子》校注组：《韩非子校注》，江苏人民出版社 1982 年版，第664 页。
⑨ 《商君书·更法》，载高亨注译：《商君书注译》，中华书局 1974 年版，第 17 页。
⑩ 《韩非子·五蠹》，载《韩非子》校注组：《韩非子校注》，江苏人民出版社 1982 年版，第661—662 页。
⑪ 《商君书·更法》，载高亨注译：《商君书注译》，中华书局 1974 年版，第 16 页。

宜的，能收到成效；而春秋以来民情狡诈虚伪，再用老办法就不能收到同样效果了，必须采取"任法而治"[①]的法治方式才能取得成效。故曰："古之民朴以厚。今之民巧以伪。故效于古者，先德而治。效于今者，前刑而法。"[②]这就是说，德治是适用于民风淳朴之古代的治国方式；法治是适用于民情狡诈虚伪之现代的治国方式。

因其有"王""霸"分明的概念，商鞅也有界限分明的"王道"概念与"霸道"概念。据《史记·商君列传》记载，商鞅获悉秦孝公发布求贤令的消息，遂西入秦国，谒见孝公，先以"帝道"献策于孝公，被孝公否定；再以"王道"说之，也被孝公婉言否决；最后说之以"霸道"，终得孝公欣然接受。虽然《商君列传》对商鞅所说"帝道"和"王道"的具体内容未有记述，只是称"霸道"为"强国之术"[③]，并详陈了商鞅被秦孝公任命为左庶长之后所定"变法之令"的内容——"令民为什伍，而相牧司连坐。不告奸者腰斩。告奸者与斩敌首同赏。匿奸者与降敌同罚。民有二男以上不分异者倍其赋。有军功者各以率受上爵。为私斗者各以轻重被刑。大小僇力本业。耕织致粟帛多者复其身。事末利及怠而贫者举以为收孥。宗室非有军功，论不得为属籍。明尊卑爵秩等级，各以差次。名田宅臣妾衣服，以家次。有功者显荣。无功者虽富无所芬华"[④]，但是从秦孝公先后以不同态度否定"帝道"和"王道"并最后采纳"霸道"的情况来看，很明显，在商鞅的那些论说中，"帝道""王道""霸道"是各有其特定内涵的三个不同概念，这是可以肯定的。

但是《商君书》中，未见有"帝道"之名；唯《开塞》篇中提到了"王道"："故曰：王道有绳。夫王道一端，而臣道亦一端，所道则异，而所绳则一也。故曰：民愚，则知可以王；世知，则力可以王。"[⑤]（高亨译为："所以说：帝王

① 《商君书·慎法》，载高亨注译：《商君书注译》，中华书局1974年版，第181页。

② 《商君书·开塞》，载高亨注译：《商君书注译》，中华书局1974年版，第77页。

③ 高亨注译：《商君书注译·战国两汉人关于商鞅的记述·〈史记·商君列传〉》，中华书局1974年版，第200页。

④ 高亨注译：《商君书注译·战国两汉人关于商鞅的记述·〈史记·商君列传〉》，中华书局1974年版，第202页。

⑤ 《商君书·开塞》，载高亨注译：《商君书注译》，中华书局1974年版，第75页。

的道路是有标准的。国王的道路是一条，臣民的道路另是一条，所走的道路不同，而标准却是一个。例如人民愚昧，有智慧的人就可以做国王。人民智慧，有力量的人就可以做国王。"①）不过这里的"王道"，明显并非同"霸道"相对而言的"王道"，即不是跟以"礼"治国意义上的"王"有直接关联的"王道"。但《慎法》篇有"霸王之道"一说：

> "故吾教令：民之欲利者，非耕不得；避害者，非战不免。境内之民莫不先务耕战，而后得其所乐。故地少粟多，民少兵强，能行二者于境内，则霸王之道毕矣。"②

对照上述商鞅"变法之令"的内容，他这里所讲的"霸王之道"③，显然就是其当初说于孝公并为孝公所采纳的"霸道"，亦即所谓"强国之术"，其核心内容是用赏罚严明的法令来鼓励"耕战"——激励国民积极垦荒耕种并踊跃参战和英勇作战，以求富国强兵。于此可见，商鞅所主张的"霸道"或"强国之术"有两个要点："耕战"与"法治"。在二者的相互联系中，"耕战"是提升国家实力的治国方略，"法治"是提升国家实力的治理方式，二者所围绕的是"力"（国家经济和军事硬实力）这一中心。与齐法家既重视提升经济与军事硬实力（相当于商鞅所讲的"力"），更强调提高道德与道义软实力（相当于商鞅所讲的"德"）有所不同，商鞅则主张"任力不任德"——《错法》云："故凡明君之治也，任其力不任其德，是以不忧不劳，而功可立也。"④ 这是讲英明君主依赖和利用人民的力量而非其道德来增强国家的实力，所以他不用烦心操劳就能建功立业。而英明君主充分利用人民力量的办法，就是"错法"（建立法度），依照法度和利用"好爵禄而恶刑罚"的"人情"⑤ 来实行赏罚分

---

① 《商君书·开塞》，载高亨注译：《商君书注译》，中华书局1974年版，第76页。

② 《商君书·慎法》，载高亨注译：《商君书注译》，中华书局1974年版，第183页。

③ 高亨先生将"霸王之道"译为"霸业和王业的政治"。参见高亨注译：《商君书注译·慎法》，中华书局1974年版，第184页。窃以为高先生这样译法，实是对商鞅"霸王之道"的一种误读。

④ 《商君书·错法》，载高亨注译：《商君书注译》，中华书局1974年版，第90页。

⑤ 《商君书·错法》："好恶者，赏罚之本也。夫人情好爵禄而恶刑罚，人君设二者以御民之志，而立所欲焉。"参见高亨注译：《商君书注译》，中华书局1974年版，第88页。

明的法治——"明君之使其臣也，用必出于其劳，赏必加于其功。功赏明，则民竞于功"①；"明君之使其民也，使必尽力以规其功，功立而富贵随之"②。如此"为国而能使其民尽力以竞于功，则兵必强矣"，且"夫民力尽而爵随之，功立而赏随之，人君能使其民信于此如明日月，则兵无敌矣"③。

韩非的"王""霸"之论与商鞅大同小异，基本上是继承了商鞅的王霸观，所以不再致力于分辨"王""霸"，而是直接吸取商鞅的"霸王之道"观念。我们看《韩非子·初见秦》，其中反复出现"霸王"一词，共提到"霸王之名"6次、"霸王之道"3次、"霸王之业"1次；④另外，《奸劫弑臣》中提到"霸王之功"2次、"霸王之术"1次。值得注意的是《奸劫弑臣》中论"霸王之术"的一段论述：

> "故善为主者，明赏设利以劝之，使民以功赏而不以仁义赐；严刑重罚以禁之，使民以罪诛而不以爱惠免。是以无功者不望，而有罪者不幸矣。讬于犀车良马之上，则可以陆犯阪阻之患；乘舟之安，持楫之利，则可以水绝江河之难；操法术之数，行重罚严诛，则可以致霸王之功。治国之有法术赏罚，犹若陆行之有犀车良马也，水行之有轻舟便楫也，乘之者遂得其成。伊尹得之，汤以王；管仲得之，齐以霸；商君得之，秦以强。此三人者，皆明于霸王之术，察于治强之数，而不以牵于世俗之言；适当世明主之意，则有直任布衣之士，立为卿相之处；处位治国，则有尊主广地之实：此之谓足贵之臣。汤得伊尹，以百里之地立为天子；桓公得管仲，立为五霸主，九合诸侯，一匡天下；孝公得商君，地以广，兵以强。故有忠臣者，外无敌国之患，内无乱臣之忧，长安于天下，而名垂后世，所谓忠臣也。"⑤

---

① 《商君书·错法》，载高亨注译：《商君书注译》，中华书局1974年版，第88页。
② 《商君书·错法》，载高亨注译：《商君书注译》，中华书局1974年版，第89页。
③ 《商君书·错法》，载高亨注译：《商君书注译》，中华书局1974年版，第88页。
④ 详见《韩非子·初见秦》，载《韩非子》校注组：《韩非子校注》，江苏人民出版社1982年版，第1—11页。
⑤ 《韩非子·奸劫弑臣》，载《韩非子》校注组：《韩非子校注》，江苏人民出版社1982年版，第137—138页。

　　这段论述的本意是要说明什么是真正的"忠臣"和"忠臣"对成就君主"霸王之功"的重要性，但在论及伊尹、管仲、商鞅三位忠臣时，韩非指出了此三人有一共同点在于"皆明于霸王之术，察于治强之数，而不以牵于世俗之言"，并且指出了他们所通晓的"霸王之术"，就是他们各自用之于辅助其君主建立"霸王之功"的"法术"。韩非认为，他们三个所运用的"霸王之术"其实是同一套"法术"，都是以"明赏设利以劝之""严刑重罚以禁之"为基本内容的驭民之法，正是这套驭民之法，伊尹用之则使商汤得立天子之位，管仲用之则使齐桓公立为春秋五霸之主，商鞅用之则使秦孝公得以强兵扩土。由此可见，韩非所推崇的"霸王之术"与商鞅的"霸王之道"是一致的，都是以赏罚严明的"法治"为本质特征的"法术"。从《韩非子》书中的其他相关论述来看，韩非的"霸王之术"和商鞅的"霸王之道"一样，也是以赏罚严明的"法治"来激励国民"耕战"以求富国强兵的"强国之术"——这在《五蠹》篇中表现得尤为明显，其曰：

　　"今境内之民皆言治，藏商、管之法者家有之，而国愈贫，言耕者众，执耒者寡也；境内皆言兵，藏孙、吴之书者家有之，而兵愈弱，言战者多，被甲者少也。故明主用其力，不听其言；赏其功，必禁无用。故民尽死力以从其上。夫耕之用力也劳，而民为之者曰：可得以富也。战之为事也危，而民为之者曰：可得以贵也。今修文学，习言谈，则无耕之劳而有富之实，无战之危而有贵之尊，则人孰不为也？是以百人事智而一人用力。事智者众，则法败；用力者寡，则国贫：此世之所以乱也。"[①]

　　"故明主之国，无书简之文，以法为教；无先王之语，以吏为师；无私剑之捍，以斩首为勇。是境内之民，其言谈者必轨于法，动作者归之于功，为勇者尽之于军。是故无事则国富，有事则兵强，此之谓王资。"[②]

---

① 《韩非子·五蠹》，载《韩非子》校注组：《韩非子校注》，江苏人民出版社 1982 年版，第674 页。

② 《韩非子·五蠹》，载《韩非子》校注组：《韩非子校注》，江苏人民出版社 1982 年版，第674—675 页。

"而严其境内之治，明其法禁，必其赏罚，尽其地力以多其积，致其民死以坚其城守……此必不亡之术也。"①

这里讲得很清楚，造成"国贫""兵弱"的原因在于"事智者众"而"用力者寡"，"境内之民"多务虚于"书简之文"和"先王之语"，盛行纸上"言治""言兵""言耕"的空谈风气；要改变这种浮夸不实的社会风气，唯有通过"以法为教""以吏为师"②的普法教育和"以斩首为勇"的军事教育，培养"言谈者必轨于法，动作者归之于功，为勇者尽之于军"的国民素质，以"严其境内之治，明其法禁，必其赏罚"的"法治"方式，将天性好利恶害的国民追求"富""贵"的行为引导到富国强兵的"耕""战"轨道上，使全民"尽死力"于"耕""战"。

此外，《五蠹》也提出了与商鞅"变法之令"中"事末利及怠而贫者举以为收孥"（将经商谋利之人及因游手好闲而致贫之人及其妻子儿女悉数没为官奴婢）相似的主张，谓："夫明王治国之政，使其商工游食之民少而名卑，以寡趣本务而趋末作。"③［按：这段话中的"趣"字当为"去"或"弃"之讹字。后两句的意思应该是：使其国家中从事工商业的人民变少并且身份低下，以便使放弃农业而从事工商业的人（事）减少。④］以此作为奖励"耕战"的补充方法。

相较于商鞅的"霸王之道"，韩非的"霸王之术"更突显了其"争于力"

---

① 《韩非子·五蠹》，载《韩非子》校注组：《韩非子校注》，江苏人民出版社1982年版，第678页。
② "以吏为师"的思想来源于商鞅——《商君书·定分》："为法令置官吏……诸官吏及民有问法令之所谓也于主法令之吏，皆各以其故所欲问之法令明告之。""吏民［欲］知法令者，皆问法官。故天下之吏民，无不知法者。……故圣人必为法令置官也置吏也，为天下师，所以定名分也。""故圣人立，天下而无刑死者，非不刑杀也，行令令，明白易知，为置法官吏为之师，以道之知，万民皆知所避就，避祸就福，而皆以自治也。"参见高亨注译：《商君书注译》，中华书局1974年版，第185—186、188—190、192页。
③ 《韩非子·五蠹》，载《韩非子》校注组：《韩非子校注》，江苏人民出版社1982年版，第679页。
④ 参见刘士红：《〈韩非子·五蠹〉训诂一则——"以寡趣本务而趋末作"之"趣"字辨》，《宜春学院学报》2007年第S1期。

的"霸术"特征。商鞅固然也提出了"任力不任德"的主张，但没有把"任力不任德"提升到历史高度来加以论证；韩非则明确提出了"上古竞于道德，中世逐于智谋，当今争于气力"①的政治史观，并从历史观高度论证了在"争于气力"的时代推行"霸王之术"的必然性和合理性，他说：

"古者丈夫不耕，草木之实足食也；妇人不织，禽兽之皮足衣也。不事力而养足，人民少而财有余，故民不争。是以厚赏不行，重罚不用，而民自治。今人有五子不为多，子又有五子，大父未死而有二十五孙。是以人民众而货财寡，事力劳而供养薄，故民争，虽倍赏累罚而不免于乱。……是以古之易财，非仁也，财多也；今之争夺，非鄙也，财寡也。"②

"古人亟于德，中世逐于智，当今争于力。古者寡事而备简，朴陋而不尽，故有珧铫而推车者。古者人寡而相亲，物多而轻利易让，故有揖让而传天下者。然则行揖让，高慈惠，而道仁厚，皆推政也。处多事之时，用寡事之器，非智者之备也；当大争之世，而循揖让之轨，非圣人之治也。故智者不乘推车，圣人不行推政也。"③

在这两段论述中，虽然韩非只是讲了为什么古人在道德上竞争、今人在力量上竞争的原因，未提"中世"之人何以会在智谋上角逐的缘故，但仅从其"古""今"比较中，已可看出，韩非是从"人"（人口）与"物"（财物资源）之间的匹配关系和匹配程度方面来分析社会利益关系和伦理关系，他认为，当人口稀少而财物资源相对充足时，由于社会利益关系容易协调，社会伦理关系也就比较和谐；而当人口众多而财物资源相对稀缺时，由于社会利益关系难以协调，易于发生冲突，社会伦理关系就比较紧张。这是一种经济关系决定伦理关系的伦理观。韩非是运用这种伦理观来考察"古""今"社会

---

① 《韩非子·五蠹》，载《韩非子》校注组：《韩非子校注》，江苏人民出版社 1982 年版，第 664—665 页。

② 《韩非子·五蠹》，载《韩非子》校注组：《韩非子校注》，江苏人民出版社 1982 年版，第 662—663 页。

③ 《韩非子·八说》，载《韩非子》校注组：《韩非子校注》，江苏人民出版社 1982 年版，第 635 页。

伦理关系的。他所谓"啙于德"("竞于道德")是指人口稀少而财物资源相对充足时人们普遍看轻财物而互相谦让不争的伦理关系;"争于力"("争于气力")是指人口众多而财物资源相对稀缺时人们普遍看重财物而互不相让地你争我夺的伦理关系。所谓"古之易财,非仁也""今之争夺,非鄙也"的观点表明,韩非对于"古""今"之间"啙于德"与"争于力"两种不同的社会伦理关系并不作道德评判,可以说他是秉持了一种道德价值中立的理性主义态度来看待社会伦理关系的和谐与冲突。当韩非带着这种理性主义眼光来考察和分析"古""今"社会伦理关系,意识到"古""今"之间存在着"上古竞于道德,中世逐于智谋,当今争于气力"的伦理演变规律时,他主张"有术之君,不随适然之善,而行必然之道"①,即不能从"无缘而妄意度"的"前识"②出发,依据某种先入为主的道德观念来推演出治国理民的当然之则,而是必须"缘道理以从事"③,根据客观必然的事理来确定治国方略和驭民之策。韩非认为,在"争于力"的时代,"力多则人朝,力寡则朝于人,故明君务力"④;而"当大争之世,而循揖让之轨,非圣人之治也"。很明显,这与主张"任力不任德"的商鞅的治理观念是一致的,只是商鞅尚未有如此明确的表述罢了。

本章小结

中国传统国家治理哲学中关于获取和行使国家治理权力的合法性或正当性的内容,是属于"政道"范畴的思想,在先秦儒、道、法之间,是通过

---

① 《韩非子·显学》,载《韩非子》校注组:《韩非子校注》,江苏人民出版社 1982 年版,第692 页。

② 参见《韩非子·解老》,载《韩非子》校注组:《韩非子校注》,江苏人民出版社 1982 年版,第 187 页。

③ 《韩非子·解老》,载《韩非子》校注组:《韩非子校注》,江苏人民出版社 1982 年版,第188 页。

④ 《韩非子·显学》,载《韩非子》校注组:《韩非子校注》,江苏人民出版社 1982 年版,第691 页。

"王霸之辨"和"义利之辨"表达出来的。"王霸之辨"所讨论的核心问题是：怎样获得和维护国家治理权力才是合法的或正当的？

"王"与"霸"起初并不构成一对概念，而是被分别言之，"王"指拥有天下土地和人民的天子，"霸"指诸侯会盟时做盟主的诸侯。从孟子提出"以德服人"和"以力服人"的"王""霸"之论起，儒家有了自觉的"王霸之辨"意识，先秦儒、道、法的"王霸之辨"也从此正式登上历史舞台。

儒家先驱周公已有明确的"王道"观念。在周公看来，能否"敬德保民"是天下统治权是否合法的根据。孔子曾就管仲辅助齐桓公称霸之事发表评论说："管仲相桓公，霸诸侯，一匡天下，民到于今受其赐。"①这是儒家论"霸"之始。孔子另有论"王"之言，但尚未有自觉的"王霸之辨"意识，只是继承和发展了周公"敬德保民"的"王道"思想，将"敬德"理解为笃行仁德、"保民"理解为体现仁德的行为。孔子的论"霸"之言表明，他认为只要对人民有好处，"霸"也是值得肯定的；当然，对人民有好处的"霸"，是从属于"王"的。孔子"王道"思想以重"信"为特点，主张以"信"作为政治权力合法性的道德基础，认为统治者若失信于民，就等于失去了国家的道德根基，国家也就无法立足了。孟子对"王""霸"作了严格界定："霸"是"以力服人"；"王"是"以德服人"。孟子强调"以德行仁者王"②，其"王道"论是基于性善论而重视老百姓的真情实感和自由意志，认为只要统治者真心实意地仁爱百姓而推行仁政，老百姓就会"心悦而诚服"地归往统治者而不会背叛。像孔子一样，孟子对"霸"也并无摒斥之意，只是认为"霸"终究不及"王"，哪怕是靠"用贤人"称霸的秦穆公，也远不及"以德行仁者"。孟子虽是"王霸之辨"的正式发起人，然其"王""霸"之论，并不如荀子来得深入、全面而系统。荀子"王""霸"之论可归为四个要点：（1）从权力控制范围大小来界定"王"与"霸"："王"是获得和拥有对整个天下的统治权；"霸"是获得和拥有对天下部分的统治权。（2）从道德和制度两个层面

① 《论语·宪问》，载杨伯峻译注：《论语译注》，中华书局1980年版，第151—152页。
② 《孟子·公孙丑上》，载杨伯峻译注：《孟子译注》，中华书局1960年版，第75页。

来定义"王道"与"霸道"：在道德层面，"王道"是以"仁"立国，"霸道"是以"信"立国；在制度层面，"王道"是以"礼"立国，"霸道"是以"法"立国。（3）获得和维护统治权不能靠武力，更不靠权谋，而是必须依靠道德与制度。（4）"王道"与"霸道"都是立基于一定的道德和制度，但"王道"所本的仁德与礼制要优于"霸道"所本的信德与法制，且仁德与礼制可兼容信德与法制。概括起来，荀子"王""霸"之论有两方面的内容，即"王优于霸"的王霸观和"以仁为本""兼重礼法"的王道观。就整个儒家而论，首先，孔、孟、荀都把仁德和礼制视为获得和维护统治权的合法性基础，但孔子兼重"仁""礼"，孟子则偏重"仁"，而荀子偏重"礼"，并主张以"法"作为"礼"的补充。其次，孔、孟、荀无不崇"王"且有条件地肯定"霸"，但无论何种意义上肯定"霸"，都反对战争中滥杀无辜，都不主张依靠武力来维持统治权。再次，孔子以"信"为"王道"的重要内容，视"信"为国家道德之根基；荀子则区分了"仁"范畴的"信"和"法"范畴的"信"，将"仁"范畴的"信"归入"王道"之中，将"法"范畴的"信"归入"霸道"之中；孟子以"以力服人"为"霸"概念的内涵规定，荀子的"霸"概念则并不包含"以力服人"的意义。荀子认为，在天下未有"王"时，奉行"霸道"能使自己立于不败之地，其"霸道"内容包括对内发展农业生产，改善技术装备，谨慎招纳选用人才，并经赏罚分明的激励机制来引导和制约人才；对外则努力使濒临灭亡的国家或其世家大族得以延续，并保护弱小国家和阻止国际侵略行为，没有吞并他国的野心，与别国友好相处，礼尚往来。

先秦道家对"王霸之辨"并没有像儒家孟子、荀子那样自觉的意识，但从老子起即有"王"的自觉意识和相应的"王道"观，可用"容乃公"来概括之。老子以"公"为"王道"理念，这与其形而上学的"道"论密切相关。在老子"道"论中，"公"原本是对"道"的一种描述，是指"道"在产生和化育万物过程中自然而然、毫无偏私、包容一切的公平；进而与"王"联系起来讲"公乃王"，是要求从"道"而行的国家治理者将"道"之无私包容的公平本性体现于国家治理实践，遂使"公"成为国家治理权力的合法性基础。庄子继承了老子的"公道"思想，直言"道不私，故无名""道者为之公"①，并强调"公"即"顺物自然"，也就是对万物不加人为干预，任万物自我保持其固有的公平中正状态。兴起于战国时期的黄老学（以《黄帝四经》为代表），其政治主张有别于老子，其哲学理据则来自老子"道法自然"的天道观和"公乃王"的政治哲学。黄老学提出"道生法"的观点，即认为法律、法令的制定必须合乎"道"，统治者在立法和执法过程中须超越自身利益，"去私而立公"，以公正无私的态度来立法、执法。黄老学的"公"概念包含三个方面的意义：(1)"公"是"道"的内在规定性，也就是说，"道"具有公正无私的品格；(2)"公"是国家治理主体王者所必须具备的政治品格；(3)"公"是王者立法和执法所应当具有的公正无私的客观精神。道家将"公"视为国家治理权力的合法性基础，从老子的"容乃公，公乃王"、庄子的"天地之公""自然之公"再到黄老道家的"立法尚公"，其思想一脉相承。

尽管法家先驱管辅助齐桓公称霸诸侯，似乎"霸"与"霸道"与法家特别是齐法家有历史和理论的双重联系，但齐法家论"王""霸"，却并未显示出对"霸"有特别推崇之意。齐法家偏向于从道家立场来论"王""霸"关系，将"王""霸"置于"皇""帝""王""霸"四境中加以评价，认为"霸"不及"王"，"王"不及"帝"，"帝"不及"皇"，以"皇"为最高境界。"皇"是以"虚静"方式来治理国家，使人人物物各得其适；"帝"是根据"因"的原则来选拔和任用有才德的人，使有才德者各得其用；"王"是忠诚地实行仁义道德，使人人都有淳朴之德；"霸"是战守有术，征伐有度，兵精械利，使国家立于不败之地。齐法家虽将"皇""帝"看得高于"王""霸"，但对"皇""帝"论述较少，更多是论述"王""霸"，且往往"王""霸"并论，其思想集中反映在其"霸王"概念中。所谓"霸王"，"霸"指国家富强之硬实力，"王"指兼并无道之国而使之改邪归正的软实力，二者兼有是谓"霸王"。在硬实力和软实力之间，齐法家认为强大的经济与军事之硬实力是"霸王之本"，以此为基础的道德与道义之软实力则是"霸王之主"。齐法家中占主导地位的王霸观可概括为"王以霸为本，霸以王为主"——简言之

---

① 《庄子·山木》，载曹础基：《庄子浅注》，中华书局 1982 年版，第 402 页。

曰"霸本王主"。齐法家的王霸观与儒家的王霸观相去未远,二者皆倾向于"王""霸"结合,且都主张以"王"为主而辅之以"霸"。其思想差异在于:从"王"的角度看,儒家视仁德与礼制为国家治理权力的合法性基础,齐法家则视信德与法制为国家治理权力的合法性基础;从"霸"的角度看,儒家虽主张"足食,足兵",但并不刻意追求富国强兵,齐法家则认为"地大国富,人众兵强"是"霸王之本"。三晋法家是以历史观点来看待"王""霸"关系,反对抽象地讨论"王""霸"问题,认为国家治理究竟应该采取怎样一种方式,不可一概而论,"治世不一道","礼、法以时而定"[1],"论世之事,因为之备"[2]。三晋法家中商鞅有自觉的"王霸之辨"意识,对"王""霸"作了明确区分:"王"是以"礼"治国;"霸"是以"法"治国。商鞅认为,三代时期民风淳朴,所以采取以"礼"治国的德治方式是合乎时宜的,能收到成效;而春秋以来民情狡诈虚伪,再用老办法就不能收到同样效果了,必须采取"任法而治"[3]的法治方式才能取得成效。德治是适用于民风淳朴之古代的治国方式;法治是适用于民情狡诈虚伪之现代的治国方式。商鞅曾提出过"帝道""王道""霸道"三个不同概念,然于"帝道""王道"论之未详,重点在论"霸道"——霸王之道。商鞅所主张的"霸王之道"或"强国之术"有两个要点:"耕战"与"法治"。"耕战"是提升国家实力的治国方略,"法治"是提升国家实力的治理方式,二者以"力"(国家经济和军事硬实力)为中心。与齐法家既重视经济与军事硬实力(相当于商鞅所讲的"力")的提升,更强调道德与道义软实力(相当于商鞅所讲的"德")的提高有所不同,商鞅主张"任力不任德"。韩非基本继承商鞅的王霸观,不再分辨"王""霸",直接吸取商鞅"霸王之道"观念而论"霸王之术"。韩非的"霸王之术"和商鞅的"霸王之道"一样,也是以赏罚严明的"法治"来激励国民"耕战"以求富国强兵的"强国之术"。但与商鞅的"霸王之道"相比,韩非的"霸

---

[1] 《商君书·更法》,载高亨注译:《商君书注译》,中华书局 1974 年版,第 17 页。

[2] 《韩非子·五蠹》,载《韩非子》校注组:《韩非子校注》,江苏人民出版社 1982 年版,第 661—662 页。

[3] 《商君书·慎法》,载高亨注译:《商君书注译》,中华书局 1974 年版,第 181 页。

王之术"更突显了其"争于力"的"霸术"特征。商鞅固然也提出了"任力不任德"的主张，但没有把"任力不任德"提升到历史高度来加以论证；韩非则明确提出了"上古竞于道德，中世逐于智谋，当今争于气力"[①]的政治史观，并从历史观高度论证了在"争于气力"的时代推行"霸王之术"的必然性和合理性。

---

① 《韩非子·五蠹》，载《韩非子》校注组：《韩非子校注》，江苏人民出版社 1982 年版，第665 页。

第八章　义利之辨

　　和"王霸之辨"一样，在先秦儒、道、法三家中，"义利之辨"也是儒家最为自觉。如果说"王霸之辨"是由孟子首先发起的话，"义利之辨"则是由孔子首先发起的。然则，从国家治理哲学角度来看，"义利之辨"究竟有何意义呢？

　　首先来看"义""利"的意义。

　　古汉语中"義""善""美"三字均从"羊"。许慎《说文解字》释"美"曰："美，甘也。从羊从大。羊在六畜主给膳也。美与善同意。（臣铉等曰：羊大则美，故从大。）"[①]又释"譱"（按："善"之本字）曰："譱，吉也。从誩从羊。此与义、美同意。"[②]又释"義"曰："義，己之威儀也。从我从羊。（臣铉等曰：此与善同意，故从羊。）"[③]要之，"義""善""美"三字本义相同，均是指作为食材的羊给人带来感觉上特别是味觉上的愉悦。它们的后起之义亦与愉悦相关，例如"己之威儀"作为"義"的后起之义，它所指的仪表也是能给人带来好感的风姿，只是这种好感不再仅仅是感官的愉悦，还包括内心的欣赏。《孟子·告子上》曰："口之于味也，有同耆焉；耳之于声也，有同听焉；目之于色也，有同美焉。至于心，独无所同然乎？心之所同然者何也？谓理也，义也。圣人先得我心之所同然耳。故理义之悦我心，犹刍豢之悦我口。"[④]这是把"义"解释为可以引起心灵愉悦的正义。正是基于这个解

---

① （汉）许慎：《说文解字》，中华书局1963年版，第78页。
② （汉）许慎：《说文解字》，中华书局1963年版，第58页。
③ （汉）许慎：《说文解字》，中华书局1963年版，第267页。
④ 《孟子·告子上》，载杨伯峻译注：《孟子译注》，中华书局1960年版，第261页。

释，《春秋繁露·身之养重于义》曰："天之生人也，使之生义与利。利以养其体，义以养其心。"① 这是把"利""义"解释为人生来必须要做的两件事："利"是指保养身体之事——为了养身而必须要做的功利之事；"义"是指涵养心灵之事——为了养心而必须要做的正义之事。如果把上述《春秋繁露》的解释和《孟子》的解释结合起来，则可将"义""利"解释为："义"是指为了涵养心灵，使心灵舒适健康所做的正义之事；"利"是指为了保养身体，使身体舒适健康所做的功利之事。

基于上述，就比较容易理解"义利之辨"的意义了。

《论语·里仁》所载孔子之言"君子喻于义，小人喻于利"②，是"义利之辨"的开先河之论。这里"义""利"所牵涉的主体是"君子"与"小人"。从《论语》所载孔子之言来看，孔子所讲的"君子"与"小人"至少有两重含义：

第一，有位者与无位者。"君子"是指有位者，包括居于君主地位的人和居于官位的人；"小人"是指无位者，亦即普通百姓。如《论语》载："子曰：'君子而不仁者有矣夫，未有小人而仁者也。'"③ 对此，杨伯峻曾分析道："这个'君子''小人'的含义不大清楚。'君子''小人'若指有德者无德者而言，则第二句可以不说；看来，这里似乎是指在位者和老百姓而言。"④ 杨先生的分析是有道理的，应该把这里所讲的"君子"与"小人"理解为指有位者与无位者而言。又如："樊迟请学稼。子曰：'吾不如老农。'请学为圃。曰：'吾不如老圃。'樊迟出。子曰：'小人哉，樊须也！上好礼，则民莫敢不敬；上好义，则民莫敢不服；上好信，则民莫敢不用情。夫如是，则四方之民襁负其子而至矣，焉用稼？'"⑤ 从这里的语境来看，孔子称樊迟为"小人"，这个"小人"是与下文中的"上"相联系的，与"上"有间接的相对关系；而"上"

---

① （汉）董仲舒：《春秋繁露》，上海古籍出版社 1989 年版，第 54 页。

② 《论语·里仁》，载杨伯峻译注：《论语译注》，中华书局 1980 年版，第 39 页。

③ 《论语·宪问》，载杨伯峻译注：《论语译注》，中华书局 1980 年版，第 147 页。

④ 杨伯峻译注：《论语译注》，中华书局 1980 年版，第 147 页。

⑤ 《论语·子路》，载杨伯峻译注：《论语译注》，中华书局 1980 年版，第 135 页。

是直接与下文中的"民"相对而言。在此语境之下,"上"是泛指位居百姓之上的国家治理者,包括在君位上统管国家治理事务的人和在各级官位上具体处理国家治理事务的人——当然主要是指在君位上的国家统治者;"小人"和"民"都是指普通百姓。——这间接地说明了孔子所讲的"君子"与"小人",有时指的是有位者与无位者。

第二,有德者与无德者。"君子"是指有德者;"小人"是指无德者。如《论语》载:"子曰:'君子成人之美,不成人之恶。小人反是。'"① 孔子这段话的意思是说:有德者总是成全别人的好事,而不去促成别人的坏事;反之,无德者总是促成别人的坏事,而不去成全别人的好事。

以上两种意义的"君子"与"小人"存在着一定关联性,即在孔子看来,有位者应该是有德者。正是在这个意义上,孔子说:"君子怀德,小人怀土;君子怀刑,小人怀惠。"②(意谓:"如果说无位之人是想着安其所居的话,那么,有位之人就应该是想着怎样使自己的行为合于道德;如果说无位之人是想着从有位者那里得到恩惠的话,那么,有位之人就应该是想着怎样使自己的行为不触犯法律。")又说:"君子坦荡荡,小人长戚戚。"③(意谓:"如果说无位之人是经常为自身利益得失而忧愁烦恼的话,那么,有位之人就应该是胸怀天下而不计较个人利益得失。")所谓"君子喻于义,小人喻于利",也是从有位者应该有德的意义上说的,即认为有位者在处理"义""利"关系时,不能像无位之人那样只晓得为了个人利益,为了养家糊口,去做那些可以安其所居、得到恩惠等等的功利之事,而是应该自觉地为安邦定国去做有益于天下的正义之事。从国家治理哲学角度来看,主张有位者(国家治理者)应做正义之事,就是意味着把国家治理的本质理解为主持正义。"义利之辨"的意义就在于揭示国家治理的本质,使治国者知道如何正当地行使和运用国家治理权力来治理国家。因此,怎样行使和运用国家治理权力才是合法的或正当的,就成为"义利之辨"的核心问题。

---

① 《论语·颜渊》,载杨伯峻译注:《论语译注》,中华书局1980年版,第129页。
② 《论语·里仁》,载杨伯峻译注:《论语译注》,中华书局1980年版,第38页。
③ 《论语·述而》,载杨伯峻译注:《论语译注》,中华书局1980年版,第77页。

第一节 儒家:"见利思义""唯义所在""先义后利"

一、孔子:"见利思义"

孔子是"义利之辨"的开先河者,但《论语》显示,他并未对"义"作出界说。只是《中庸》引用了孔子之语"义者宜也"①,但这话到底是孔子原话还是《中庸》作者假借孔子名义所说的话,则无从知晓,只能确定先秦思孟学派于"义"已有内涵明确的概念,即"义"是指在对人事的价值评价中被认为适宜、恰当的事情。根据《论语》所载:"颜渊问仁。子曰:'克己复礼为仁。一日克己复礼,天下归仁焉。为仁由己,而由人乎哉?'颜渊曰:'请问其目。'子曰:'非礼勿视,非礼勿听,非礼勿言,非礼勿动。'"② 由以评价某事是否适宜、恰当的社会标准是"礼",则"义"应该是指视、听、言、动合于"礼"的行为举止状态,或者也可以被理解为按"礼"的要求去做正义之事。在孔子看来,这种恰当的行为举止或正义之事就是主体"克己复礼"所达到的"仁"的表征。由此可见,孔子所讲的"义"与"仁"都与"礼"相关,它们三者之间构成这样一种关系:"仁"是思想意识上对"礼"的认同与归依,"义"是行为举止上对"礼"的服从与遵守;"仁"是"义"的思想意识根据,"义"是"仁"的行为举止表现。换言之,"仁"与"义"是内外一体的关系,如果用"体""用"范畴来表示这种关系,则可以说"仁""义"之间是"仁体义用"("仁为体,义为用")关系。因其如此,"仁"与"义"常被后儒并称为"仁义"——可以肯定,"仁义"这个提法至少是符合孔子思想的,因为孔子具有"仁体义用"观念。

关于处理"义""利"关系,孔子认为"君子"(有位者)应该"喻于义",而且"义以为上"③,也就是在遇着有利可图的事情时,要"见利思义"④,即:

---

① (宋)朱熹:《四书章句集注》,中华书局 1983 年版,第 28 页。

② 《论语·颜渊》,载杨伯峻译注:《论语译注》,中华书局 1980 年版,第 123 页。

③ 《论语·阳货》,载杨伯峻译注:《论语译注》,中华书局 1980 年版,第 190 页。

④ 《论语·宪问》,载杨伯峻译注:《论语译注》,中华书局 1980 年版,第 149 页。

首先，得考虑做这事是否符合"仁"的要求。"仁"的基本要求是"爱人"，从这个要求出发，君子应根据"己欲立而立人，己欲达而达人"①和"己所不欲，勿施于人"②的仁爱原则来做出行为选择与决定，只做"成人之美"的好事善事，不做"成人之恶"的丑事坏事。

其次，在确定欲行之事符合"仁"的要求之后，应该义不容辞地付诸实行。如果明知是合乎"仁"的正义之事，却犹豫不决，不去实行，那便是懦弱，便是"见义不为，无勇也"③。

再次，当确定欲行之事符合"仁"的要求并付诸实行时，还得考虑行事过程的各个环节是否符合"礼"的规定。君子应该"约之以礼"④，这体现在行为过程中，就是要"克己复礼"，努力做到"非礼勿视，非礼勿听，非礼勿言，非礼勿动"，使自己的行为举止一一符合"礼"的规定。

"见利思义"的原则并不排斥对"利"的追求。孔子说："富与贵，是人之所欲也；不以其道得之，不处也。贫与贱，是人之所恶也；不以其道得（引者按：当作"去"）之，不去也。"⑤这里的"道"，杨伯峻释之为"正当的方法"⑥。依孔子思想，判定正当与否所依据的社会标准应该是"礼"；正当的方法，即是合"礼"的手段。富与贵、贫与贱都是跟个人利益相关的，追求富贵或力求摆脱贫贱，均属于功利之事。孔子认为，只要手段合"礼"，追求富贵或力求摆脱贫贱，都是允当的，未有不妥。按其"从心所欲，不逾矩"⑦的观点，孔子"见利思义"的原则，不仅不排斥求"利"，更容许对"利"的合"礼"正当求取，以满足"心欲"，或者说，只要不违背"礼"的规定，完全可以从心所欲地求"利"。

---

① 《论语·雍也》，载杨伯峻译注：《论语译注》，中华书局 1980 年版，第 65 页。
② 《论语·颜渊》，载杨伯峻译注：《论语译注》，中华书局 1980 年版，第 123 页。
③ 《论语·为政》，载杨伯峻译注：《论语译注》，中华书局 1980 年版，第 22 页。
④ 《论语·雍也》，载杨伯峻译注：《论语译注》，中华书局 1980 年版，第 63 页。
⑤ 《论语·里仁》，载杨伯峻译注：《论语译注》，中华书局 1980 年版，第 36 页。
⑥ 《论语·里仁》，载杨伯峻译注：《论语译注》，中华书局 1980 年版，第 36 页。
⑦ 《论语·为政》，载杨伯峻译注：《论语译注》，中华书局 1980 年版，第 12 页。

然而，从其"君子喻于义，小人喻于利"①和"朝闻道，夕死可矣"②的价值取向来看，孔子显然不鼓励合"礼"而从心所欲地求"利"。就孔子本人来说，他不但平时"罕言利"③，还曾自称"饭疏食饮水，曲肱而枕之，乐亦在其中矣。不义而富且贵，于我如浮云"④，更赞赏"一箪食，一瓢饮，在陋巷，人不堪其忧"⑤的颜渊之乐，凡此说明了孔子自己并不看重"利"，更持有安贫乐道的生活态度。作为一个学者，孔子是主张"谋道不谋食"，"忧道不忧贫"的⑥。

再从其对君子（有位者）的职分定位来看，孔子认为，君子理当"喻于义"，"上好义，则民莫敢不服"⑦——能为老百姓主持正义，老百姓就没人敢不服从了。换言之，在孔子看来，为老百姓主持正义，才是国家治理者正当地行使和运用国家治理权力的行为方式。

结合其"无信不立"的王道观来看，孔子首开"义利之辨"的现实背景，应该与其重"信"的王道观的现实背景相一致。春秋末年统治者普遍失信于民且由此导致了社会动乱、国家动荡的严重后果，正是在这个背景之下，孔子透过现实生活中统治者不讲诚信的现象，看到了统治者只讲功利不讲道义的本质，由此发起了"义利之辨"，试图通过"义利之辨"来唤醒统治者，希望统治者能够为老百姓主持正义，以此赢得老百姓的信任，得到老百姓的配合，使国家治理能正常有效地开展。

二、孟子："唯义所在"

孟子参与"义利之辨"的现实背景稍异于孔子发起"义利之辨"的现实

---

① 《论语·里仁》，载杨伯峻译注：《论语译注》，中华书局 1980 年版，第 39 页。
② 《论语·里仁》，载杨伯峻译注：《论语译注》，中华书局 1980 年版，第 37 页。
③ 《论语·子罕》，载杨伯峻译注：《论语译注》，中华书局 1980 年版，第 86 页。
④ 《论语·述而》，载杨伯峻译注：《论语译注》，中华书局 1980 年版，第 70—71 页。
⑤ 《论语·雍也》，载杨伯峻译注：《论语译注》，中华书局 1980 年版，第 59 页。
⑥ 《论语·卫灵公》，载杨伯峻译注：《论语译注》，中华书局 1980 年版，第 168 页。
⑦ 《论语·子路》，载杨伯峻译注：《论语译注》，中华书局 1980 年版，第 135 页。

背景：孔子时代普遍的政治问题是统治者失信于民；孟子时代普遍的政治问题是"上下交征利"①。因此之故，孔子发起"义利之辨"的目的在于，让君子（有位者）认识到"信"以"义"为本，取信于民的前提是为老百姓主持正义；孟子参与"义利之辨"的目的则在于，让侯王（统治者）认识到"利"寓于"义"，如欲获"利"，只须行"义"。

究竟什么是"义"呢？《中庸》曰："义者宜也"②。孟子则说："仁，人心也；义，人路也。舍其路而弗由，放其心而不知求，哀哉！"③联系起来看，"义"是指适宜于人行走的路。在与"仁"的关系中，"仁"是人心，与思虑相关；"义"是人路，与行动相关。可见，"仁""义"之间，"仁"是重思虑，"义"是重行动。孟子又说："仁者爱人，有礼者敬人。"④然则，如果说"仁"是指思虑上爱人的话，"义"就是指行动上爱人，亦即将仁爱之心付诸行动；另外，"义"之为"人路"，又意味着将仁爱之心付诸行动，其行动非任意而为，而是循"人路"而行，这是一种规范性行为，其行为规范即是"礼"，仁爱之心通过合"礼"的行动来体现，这便是所谓"义"。要之，"义"是行动上体现"仁"的合宜方式，其行动合于"礼"则为宜，不合于"礼"则为不宜。所谓"有礼者敬人"，就是说，在行动上以合于"礼"的方式来爱人，这就叫敬人。易言之，敬人是以合"礼"的行动——正义行为——来表达对他人的仁爱。孟子的伦理逻辑是："爱人者，人恒爱之；敬人者，人恒敬之。"⑤然而思虑上的爱人，别人是不知道的，须将仁爱之心付诸行动，通过合"礼"的行动——敬人的正义行为，使仁爱之心得到现实的体现，别人方能知其仁心之实。故"爱人者，人恒爱之"，是落实于"敬人者，人恒敬之"的。这意味着对统治者来说，唯有其行为正义，才能赢得人民的尊敬，而且只要其行为正义，就能赢得人民的尊敬。

---

① 《孟子·梁惠王上》，载杨伯峻译注：《孟子译注》，中华书局 1960 年版，第 1 页。
② （宋）朱熹：《四书章句集注》，中华书局 1983 年版，第 28 页。
③ 《孟子·告子上》，载杨伯峻译注：《孟子译注》，中华书局 1960 年版，第 267 页。
④ 《孟子·离娄下》，载杨伯峻译注：《孟子译注》，中华书局 1960 年版，第 197 页。
⑤ 《孟子·离娄下》，载杨伯峻译注：《孟子译注》，中华书局 1960 年版，第 197 页。

《孟子》开篇就记述了孟子与战国七雄之一魏国的君主梁惠王（即魏惠王）之间的对话。梁惠王一见到孟子，劈头就问："老先生不远千里而来，能给我们魏国带来什么利呢？"孟子回答说："大王啊，您何必讲利呢？只消讲仁义就行了。"接下来，孟子讲了一番为什么大王只须讲仁义的道理。孟子的核心观点是认为，如果一个国家上上下下都想着怎样对自己有利的话，这个国家就危险了，连国君的性命都难保了，因为大夫们各为自己的利益着想，是必定要想方设法夺取君主的产业的，否则永远都不会满足；反之，如果一个国家人人都讲仁义，则行为孝顺的人必不可能遗弃其父母，行为正义的人必不可能怠慢其君主，这样，君主的利益就能得到保全。所以君主只要讲仁义就行了。①

孟子这里所讲的"义"与"仁"联系在一起，"仁"是指爱人，具体指孝顺父母；"义"是指（行动上）敬人，具体指尊敬君主。由于传统分封制度下诸侯国的大夫与诸侯王之间有亲缘关系，诸侯王将嫡子以外的庶子及某些功臣分封为大夫（这些大夫都各有自己的家族管理权和受封领地），故从血缘辈份关系上讲，侯王为父辈、大夫为子辈，从行政隶属关系上讲，侯王为君主、大夫为臣子，所以孟子才对梁惠王讲，"未有仁而遗其亲者也，未有义而后其君者也"②，意思是说，大夫作为侯王的亲属是属于子辈，作为侯王的下属是属于臣子，如果子辈行为孝顺，就不会遗弃他们的父辈；如果臣子行为正义，就不敢不尊敬他们的君主。孟子讲述这个道理是为了向梁惠王说明：君主只要讲仁义，使举国上下人人都守仁行孝，循礼行义，君主的利益就可以得到保全。

显然，在孟子看来，言必曰"利"的梁惠王根本不懂得君主自身的利益寓于仁义之中的道理，不知道离开了仁义去追求自己的利益，实际效果必定会是适得其反。

正是基于"利寓于仁义之中"的看法，孟子表示："大人者，言不必信，行不必果，唯义所在。"③就是说，居于高位的大人君子在治国理民的过程

---

① 参见《孟子·梁惠王上》，载杨伯峻译注：《孟子译注》，中华书局 1960 年版，第 1—2 页。
② 《孟子·梁惠王上》，载杨伯峻译注：《孟子译注》，中华书局 1960 年版，第 1 页。
③ 《孟子·离娄下》，载杨伯峻译注：《孟子译注》，中华书局 1960 年版，第 189 页。

中，不必在乎自己的承诺是否兑现，也不必在意自己所做的事情是否有始有终，只要服从正义原则就行，以正义原则作为自己言行的唯一准绳，按照这个原则，假如承诺过的事情因为客观条件发生了变化而不再适宜去做，那么，即使是应承下来的事情，也可以不去兑现；假如尚未完成的事情因为客观条件发生了变化而不再适宜继续做下去，那么，尽管事情没有做完，也可以不了了之。

可见，孟子所讲的"义"是包含适时权变的意义的，也就是说，正义行为所遵循的"礼"并非是僵死不变的抽象教条，而是在具体运用"礼"的过程中需要运用者结合实际情况加以灵活变通的行为法则。《孟子·离娄上》："淳于髡曰：'男女授受不亲，礼与？'孟子曰：'礼也。'曰：'嫂溺，则援之以手乎？'曰：'嫂溺不援，是豺狼也。男女授受不亲，礼也。嫂溺，援之以手者，权也。'"① 这里，"男女授受不亲"之"礼"为常规，"嫂溺，援之以手"之"权"为变通，遵守常规之"礼"行事和根据实际情况对常规之"礼"加以变通行事，都在"义"的范围之内，都是正义的。这意味着孟子所主张的正义原则，是守常行"礼"与变通达"权"互相统一的原则。

孟子主张按照正义原则来行使和运用国家治理权力，是以其善性论为哲学理据的，按照这种人性论，每个人生来都具有"羞恶之心"，而"羞恶之心，义也"②，故行使和运用国家治理权力的大人君子，只要重视心性的自我修养，使自己复归于天赋的良善本性，按照自己的良善本性去行事，自然就能为老百姓主持正义了。

三、荀子："以义制利"

荀子所谓"故用国者，义立而王，信立而霸，权谋立而亡"③ 的王霸之论表明，他和孔孟一样，也认为国家治理正当地行使和运用国家治理权力的

---

① 《孟子·离娄上》，载杨伯峻译注：《孟子译注》，中华书局 1960 年版，第 177 页。

② 《孟子·告子上》，载杨伯峻译注：《孟子译注》，中华书局 1960 年版，第 258—259 页。

③ 《荀子·王霸》，载梁启雄：《荀子简释》，中华书局 1983 年版，第 138 页。

行为方式，应该是追求正义和依正义原则行事。

然而，荀子是性恶论者，按照这种人性论，"凡性者，天之就也，不可学，不可事。礼义者，圣人之所生也，人之所学而能，所事而成者也。不可学、不可事而在人者，谓之性；可学而能，可事而成之在人者，谓之伪；是性伪之分也"①。故对"用国者"（行使和运用国家治理权力的大人君子）来说，他们和普通人一样，亦是"生而有好利焉"的性情，若"从人之性，顺人之情，必出于争夺，合于犯分乱理，而归于暴"，因此，他们也像"涂之人"（普通人）一样，必须"伏术为学，专心一志，思索孰察，加日县久，积善而不息"，才能达到"通于神明，参于天地"②的圣人境界，唯其臻于圣人之境，方能"义立而王"。

通过对圣人所制之"礼"的学习，培养起一种自觉遵守一定规矩来行动并对他人的违规行为不能容忍的理性——"义"③，这种理性（"义"）如同水一般"裾拘必循其理"（弯弯曲曲一定遵循向下流动的规律）④，又如同玉一般"坚刚而不屈"⑤，能有效地制约人生来具有的"好利"之情，从而起到防止为奸作恶的作用⑥；如果不学"礼"，缺乏"义"这种理性，不能自我克制"好利"之情，就担当不起治国的职责，只能做个平民百姓——"不能以义制利，

---

① 《荀子·性恶》，载梁启雄：《荀子简释》，中华书局1983年版，第334页。

② 以上引文皆出自《荀子·性恶》，载梁启雄：《荀子简释》，中华书局1983年版，第327页。

③ 《荀子·议兵》："义者循理，循理故恶人之乱也。"参见梁启雄：《荀子简释》，中华书局1983年版，第200页。

④ 《荀子·宥坐》引孔子之言："夫水，大遍与诸生而无为也，似德。其流也埤下，裾拘必循其理，似义。其洸洸乎不淈尽，似道。若有决行之，其应佚若声响，其赴百仞之谷不惧，似勇。主量必平，似法。盈不求概，似正。淖约微达，似察。以出以入，以就鲜洁，似善化。其万折也必东，似志。是故君子见大水必观焉。"参见梁启雄：《荀子简释》，中华书局1983年版，第390页。

⑤ 《荀子·法行》："夫玉者，君子比德焉。温润而泽，仁也；栗而理，知也；坚刚而不屈，义也；廉而不刿，行也；折而不挠，勇也；瑕适并见，情也；扣之，其声清扬而远闻，其止辍然，辞也。故虽有珉之雕雕，不若玉之章章。《诗》曰：'言念君子，温其如玉。'此之谓也。"参见梁启雄：《荀子简释》，中华书局1983年版，第398页。

⑥ 《荀子·强国》："夫义，所以限禁人之为恶与奸者也。"参见梁启雄：《荀子简释》，中华书局1983年版，第219页。

不能以伪饰性，则兼以为民。"① 所以，荀子以是否具有"义"这种理性来区分"君子"与"小人"——他在《荣辱》篇中如此描述有"义"的君子之勇与无"义"的小人之勇的区别：

> "轻死而暴，是小人之勇也。义之所在，不倾于权，不顾其利，举国而与之不为改视，重死持义而不桡，是士君子之勇也。"②

这里荀子所描述的"士君子之勇"与孟子所描述的"唯义所在"的"大人"——"大丈夫"之"富贵不能淫，贫贱不能移，威武不能屈"③ 的气概是一致的。这意味着在荀子看来，当面对"义""利"不可兼得的情况时，君子应当如孟子所说的那样"舍生取义"④。这是"以义制利"原则在特殊情况下的实践形式。在通常情况下，"以义制利"则表现为"先义后利"："先义而后利者荣，先利而后义者辱。"⑤ 而偏离"先义后利"原则的情况有两种：一种是"先利后义"，另一种是"保利弃义"——"保利弃义谓之至贼。"⑥

荀子认为，"用国者"（行使和运用国家治理权力的大人君子）在"义""利"方面的价值取向，直接关乎一个国家的社会风气，因为："上者，下之师也。夫下之和上，譬之犹响之应声，影之像形也。""凡奸人之所以起者，以上之不贵义、不敬义也。……今上不贵义，不敬义，如是，则下之人百姓皆有弃义之志，而有趋奸之心矣，此奸人之所以起也。"⑦ 反之，如果君主能贵义、敬义，以至于"君臣上下，贵贱长少，至于庶人，莫不为义，则天下孰不欲合义矣"⑧。（按：这段话中"合义"一词是"归向正义"之意。）

---

① 《荀子·正论》，载梁启雄：《荀子简释》，中华书局1983年版，第242页。

② 《荀子·荣辱》，载梁启雄：《荀子简释》，中华书局1983年版，第37页。

③ 《孟子·滕文公下》，载杨伯峻译注：《孟子译注》，中华书局1960年版，第141页。

④ 《孟子·告子上》："生，亦我所欲也；义，亦我所欲也。二者不可得兼，舍生而取义者也。"参见杨伯峻译注：《孟子译注》，中华书局1960年版，第265页。荀子所谓"重死持义而不桡"就是"舍生取义"之意。

⑤ 《荀子·荣辱》，载梁启雄：《荀子简释》，中华书局1983年版，第38页。

⑥ 《荀子·修身》，载梁启雄：《荀子简释》，中华书局1983年版，第16页。

⑦ 《荀子·强国》，载梁启雄：《荀子简释》，中华书局1983年版，第219页。

⑧ 《荀子·强国》，载梁启雄：《荀子简释》，中华书局1983年版，第212页。

从这个意义上说，"义"不仅具有自我克制其"好利"之情的内在调节作用，还具有协调君民关系和人与万物的关系的外在调节作用——"夫义者，内节于人而外节于万物者也，上安于主而下调于民者也。内外上下节者，义之情也。"①

在荀子看来，由于人生来就具有"好利"之情，而圣人鉴于人的"好利"之情会引起人与人之间的争夺，便创制了"礼义法度"作为"化性起伪"的凭借，在其教化作用下，人们就不但有天然的"好利"之情，也有后天的"好义"之心，这样"义"与"利"便成为互相并存而对人们行为产生不同引导作用的两种价值取向，在这种情况下，对"用国者"特别是对君主来说，如何处理"义""利"关系，就直接关系到国家的治乱了。荀子指出：

> "义与利者，人之所两有也。虽尧舜不能去民之欲利；然而能使其欲利不克其好义也。虽桀纣不能去民之好义；然而能使其好义不胜其欲利也。故义胜利者为治世，利克义者为乱世。上重义则义克利，上重利则利克义。"②

所谓"义胜利"或"义克利"，就是"以义制利"，即义理心抑制住利欲心，以至于在处理"义""利"关系时能做到"先义后利"；反之，所谓"利克义"，就是利欲心抑制住义理心，以至于在处理"义""利"关系时要么是"先利后义"，要么是"保利弃义"。荀子对"用国者"处理"义""利"关系的这几种方式对于国家治理的不同关系有如下具体论述：

> "国者，巨用之则大，小用之则小；綦大而王，綦小而亡，小巨分流者存。巨用之者，先义而后利，安不恤亲疏，不恤贵贱，唯诚能之求，夫是之谓巨用之。小用之者，先利而后义，安不恤是非，不治曲直，唯便僻亲比己者之用，夫是之谓小用之。巨用之者若彼，小用之者若此；小巨分流者，亦一若彼，一若此也。故曰：'粹而王，驳而霸，无一焉而亡。'"③

---

① 《荀子·强国》，载梁启雄：《荀子简释》，中华书局1983年版，第219页。
② 《荀子·大略》，载梁启雄：《荀子简释》，中华书局1983年版，第375页。
③ 《荀子·王霸》，载梁启雄：《荀子简释》，中华书局1983年版，第144页。

　　对治国者来说，大治则国家就强大；小治则国家就弱小。所谓大治，就是按"先义后利"原则来治国，用人不分亲疏，不别贵贱，只任用真正有才能的人，如此做到极致，就可以称王天下；所谓小治，就是将"先义后利"的治国原则颠倒过来而奉行"先利后义"，用人不讲是非曲直，一味任用谄媚逢迎的人和亲近自己、依附自己的人，如此走上极端，就会导致亡国。介乎这两者之间的，可以免于亡国。所以说："纯粹按正义原则来治国则可以称王天下；虽然把利益放在首位，但多少还讲点正义，则可以称霸诸侯；如果完全不讲正义，就只有亡国的命运了。"

　　显然，荀子是主张纯粹按正义原则来治国的，所以他说："故天子不言多少，诸侯不言利害，大夫不言得丧，士不通货财。有国之君不息牛羊，错质之臣不息鸡豚，冢卿不修币，大夫不为场园，从士以上皆羞利而不与民争业，乐分施而耻积藏；然故民不困财，贫窭者有所窜其手。"[1] 这和孟子"王！何必曰利？亦有仁义而已矣"[2] 的观点一致。不过，荀子在强调坚持正义原则的同时，也强调"信"对于国家治理的重要性，认为："凡为天下之要，义为本，而信次之。古者禹汤本义务信而天下治，桀纣弃义倍信而天下乱。故为人上者，必将慎礼义务忠信然后可。此君人者之大本也。"[3] 这与孟子"大人者，言不必信，行不必果，唯义所在"的思想还是有所区别的。

　　总的说来，从孔子到孟子再到荀子，先秦儒家关于"义利之辨"的核心思想是一贯的，就是认为，国家治理者应当坚持正义原则来行使和运用国家治理权力，而正义的客观标准则是"礼"，当且仅当依据"礼"来行使和运用国家治理权力时，这种治理行为才是正义的，才是合法和正当的。故如果说"礼"是一种组织制度和组织行为规范的话，"义"就是推崇组织制度和看重组织行为规范的国家治理理性。儒家主张坚持正义原则来行使和运用国家治理权力，也就是要求国家治理者运用这种治理理性，将国家治理的一切

---

① 《荀子·大略》，载梁启雄：《荀子简释》，中华书局 1983 年版，第 375 页。

② 参见《孟子·梁惠王上》，载杨伯峻译注：《孟子译注》，中华书局 1960 年版，第 1 页。

③ 《荀子·强国》，载梁启雄：《荀子简释》，中华书局 1983 年版，第 219 页。

活动都纳入"礼"的制度框架范围，按照这种制度的规定来规范国家治理行为，使国家治理成为一种根据"礼"的制度要求来进行的规范性组织行为，依靠这种规范性组织行为来达成国家组织目的，从而实现加入国家组织和依靠国家组织来达成其特殊目的的个人的利益——包括国家治理者自身的个人利益。儒家所容许和肯定的"利"，是在"礼"的制度框架范围之内，依照这种制度规定来进行规范性操作以求其实现的正当的个人利益；儒家所否定和排斥的"利"，是越出"礼"的制度框架范围，不按其制度规定来进行违规性操作以求其实现的不正当的个人利益。儒家发起和参与"义利之辨"，无非是在于讲明这么一个道理：一切参与国家治理的个人在"治人"的同时，都应当按照"礼"的制度要求来进行"修己"，以便使自己的个人行为从属于国家组织目的，严格按照这个组织的制度规定来追求其组织整体利益及其个人利益。在儒家看来，当且仅当"治人"者的"修己"达到能够严格按照"礼"的制度规定来追求国家的整体利益及其个人利益时，"治人"者自己及其所治之国的民众的个人利益就都能得到实现了。

第二节　道家："绝仁弃义""利而不害"

先秦道家并无参与由儒家所发起的"义利之辨"的自觉意识，所以对"义""利"问题也没有进行自觉的探究和相应的论述，从这意义上说，道家是无所谓"义利观"的；但是，道家对于"义利之辨"的核心问题——怎样行使和运用国家治理权力才是合法的或正当的，又有所思考和探究并有相应的论述，这些论述与儒家对"义""利"问题的阐述有一定交集，从这意义上说，道家也存在与儒家"义利观"约略相当的思想，这种思想未尝不可以被当作道家"义利观"来看待，其具体内容，归纳起来有三点：一是否定"人道"的世俗之利，而追求"天道"的"大利"；二是否定"仁义"，以"自然"取代"仁义"；三是超越世俗"义""利"，提出"无用之用""上德不德"，以"道"观物，以求生命之本真和心灵之"逍遥"。

一、道家"崇公利，黜私利"的利益观念

《老子》书中有多处提到"利"，除了"利剑""利器"等名词以外，涉及利害问题的，至少可以举出以下几例：

"水善利万物而不争。"（《老子·八章》）①

"凿户牖以为室，当其无，有室之用。故有之以为利，无之以为用。"（《老子·十一章》）②

"绝圣弃智，民利百倍；绝仁弃义，民复孝慈；绝巧弃利，盗贼无有。"（《老子·十九章》）③

"勇于敢则杀，勇于不敢则活。此两者，或利或害。"（《老子·七十三章》）④

"天之道，利而不害。"（《老子·八十一章》）⑤

这些论"利"之言，都直接关乎"义利观"之"利"，甚至对"义"也有所触及。细细品味这些论述，老子在"利"的问题上似乎持有一种自相矛盾的态度：在第八章中，老子说"水善利万物而不争"——由于本章主题是以水喻"道"，故这句话可解读为"道善利万物而不争"；在第八十一章中，老子则提出"天之道，利而不害"——与前章联系起来看，这句话可解读为"天道利万物而不害"。据此可做出如是判断：老子之"道"具有"利物"的本性。既然如此，"为道者"理应追求"利物"。但是在第十九章中，老子又号召"绝巧弃利"，对谋"利"行为持坚决否定态度。如此看来，老子对于"利"究竟持何态度，似乎并不明确。

我们认为，老子所说的"天道利物"之"利"和"绝巧弃利"之"利"，看似字面意义相同，实则分别标识两个含义截然不同的概念。"天道利物"

---

① （魏）王弼著，楼宇烈校释：《王弼集校释》，中华书局 1980 年版，第 20 页。
② （魏）王弼著，楼宇烈校释：《王弼集校释》，中华书局 1980 年版，第 27 页。
③ （魏）王弼著，楼宇烈校释：《王弼集校释》，中华书局 1980 年版，第 45 页。
④ （魏）王弼著，楼宇烈校释：《王弼集校释》，中华书局 1980 年版，第 181—182 页。
⑤ （魏）王弼著，楼宇烈校释：《王弼集校释》，中华书局 1980 年版，第 193 页。

之"利"，是指"道"之"法自然"而"常无为"所客观地造成的使万物得以生长的结果，造成这个结果的"利物"行为完全是无意识、无目的的，不带有丝毫的人工计算和功利谋划的主观因素，譬如阳光雨露，自然而然会给大地上的万物带来其生长所必不可少的"利"，这样的"利"因非出于"有心"谋划，毫无偏私，对万物来说是最为公正的结果，是"天道"之"公"的体现。这种自然天成的公利，与人世间互逐私欲、互竞其功、你争我夺的私利格格不入，是对后者的超越。所谓"绝巧弃利"之"利"，正是指与自然天成的公利相对立的人世间为满足各自的私欲而蓄意为之的功利之事所追求的私利。

对于人世间为满足各自的私欲而竞相追逐的人为之利，老子持完全否定态度，并对其拒斥人为之利的观点进行了多方面论证。

首先，老子从养生角度，论证了为满足人的肉体与感官的奢侈欲望所追求的种种利益和相应的种种逐利行为，其实无不有害于人的身心健康——"五色令人目盲，五音令人耳聋，五味令人口爽，驰骋畋猎令人心发狂，难得之货令人行妨。"①因此，为身心健康着想，不如"见素抱朴，少私寡欲"②，以至于"无欲"而"不欲以静"③，即返归于人本来的虚静素朴之性。这种虚静本性才是人的根命所在，唯有回归到这个根命上，人才能过上合于天道的正常生活。知道按无欲虚静的本性过正常生活，才是明智的；反之，离开清心寡欲的生活常道，去追求奢侈的生活享受，以至于胡作妄为，就会招致凶灾而不得安宁善终——"归根曰静，是谓复命。复命曰常，知常曰明，不知常，妄作，凶。"④

---

① 《老子·十二章》，载（魏）王弼著，楼宇烈校释：《王弼集校释》，中华书局1980年版，第28页。

② 《老子·十九章》，载（魏）王弼著，楼宇烈校释：《王弼集校释》，中华书局1980年版，第45页。

③ 《老子·三十七章》，载（魏）王弼著，楼宇烈校释：《王弼集校释》，中华书局1980年版，第91页。

④ 《老子·十六章》，载（魏）王弼著，楼宇烈校释：《王弼集校释》，中华书局1980年版，第36页。

其次，老子从人生观方面，论证了贪图财利不利于安身自保，只会给自己带来灾祸，让自己遭罪。老子指出，世俗之人总是贪求富贵，以为自己占有的财富越多就越值得显摆，占居的官位越高就越值得荣耀，而不殊知"金玉满堂，莫之能守。富贵而骄，自遗其咎"①。所以，人生在世，切忌贪婪，务要知足，"祸莫大于不知足，咎莫大于欲得，故知足之足，常足矣"②。以常足态度来处理生活中的利益关系，就能淡泊财利，无欲无求，安身自保。

再次，也是最为重要和主要的方面，是老子从治国理民角度，论证了统治者对财利的贪婪是导致国民互相争斗以致引发社会动乱的根源。老子指出：

"不尚贤，使民不争。不贵难得之货，使民不为盗。不见可欲，使民心不乱。是以圣人之治，虚其心，实其腹，弱其志，强其骨，常使民无知无欲，使夫智者不敢为也。为无为，则无不治。"③

"民之饥，以其上食税之多，是以饥。民之难治，以其上之有为，是以难治。民之轻死，以其求生之厚（引者按：此二句傅奕注本作"民之轻死者，以其上求生生之厚也"④。从本章王弼注文"言民之所以僻，治之所以乱，皆由上，不由其下也。民从上也"⑤来看，"以其求生之厚"句当为"以其上求生之厚"），是以轻死。"⑥

这里所谓的"尚贤""贵难得之货""见可欲""食税之多""求生之厚"，皆是就当时现实社会中国家治理者（统治者）的所思所为而言——"求生之

---

① 《老子·九章》，载（魏）王弼著，楼宇烈校释：《王弼集校释》，中华书局1980年版，第21页。

② 《老子·四十六章》，载（魏）王弼著，楼宇烈校释：《王弼集校释》，中华书局1980年版，第125页。

③ 《老子·三章》，载（魏）王弼著，楼宇烈校释：《王弼集校释》，中华书局1980年版，第8页。

④ 许抗生：《帛书老子注译与研究（增订本）》，浙江人民出版社1985年版，第67页。

⑤ 《老子注·七十五章》，载（魏）王弼著，楼宇烈校释：《王弼集校释》，中华书局1980年版，第185页。

⑥ 《老子·七十五章》，载（魏）王弼著，楼宇烈校释：《王弼集校释》，中华书局1980年版，第184页。

厚"是指统治者追求奢侈的物质生活享受;"食税之多"是指统治者为满足自己奢侈的生活享受,尽可能多地从百姓身上攫取财利的盘剥行为;"见可欲"是指统治阶层成员互相攀比和炫耀自己家里的财宝;"贵难得之货"是指统治阶层成员为互相攀比和炫耀其富贵程度而稀罕和贪恋金玉之类的财宝;"尚贤"是指统治者费尽心机地同百姓争利,并因此崇尚智能技巧以增强同百姓争利的能力。老子认为,统治者的这些逐利求智的贪婪行为,不仅导致了普通百姓的穷困,也使得国民为摆脱或免于贫困乃至跻身富贵而互相斗智斗力,争名夺利,特别是穷苦百姓为了生计,甚至不惜犯罪而偷盗!"民之轻死"何以故也?是因为穷苦人为其穷困的生活所逼,常常不得不铤而走险,拼死求生。他们这种拼死求生的行为,看起来似乎是不怕死,其实恰恰是因其重生之故,只为统治者不给他们活路,才逼得他们只好拼死求生。凡此种种,都使得国家难于治理。而所有这一切,其实都是由于统治者贪图财利的行为所引起。倘使统治者不是"求生之厚",不是"食税之多",以至于"不见可欲","不贵难得之货","不尚贤",老百姓自然就不会"饥",自然就"心不乱",也就会"不争",不"轻死","不为盗",这样国家自然就不"难治"了。因此,要使国家治理达到"圣人之治"的境界,关键在于改变国家治理方式,使"有为"转变为"无为"。

从"义利观"角度看,国家治理从"有为"方式到"无为"方式的转变,是统治者对国家共同体成员之间利益关系的处置法则的转变,本质上是社会财富分配法则由"损不足以奉有余"的"人之道"到"损有余而补不足"的"天之道"的转变。老子说:

> "天之道,其犹张弓欤!高者抑之,下者举之;有余者损之,不足者与之。天之道,损有余而补不足。人之道则不然,损不足以奉有余。孰能有余以奉天下?唯有道者。是以圣人为而不恃,功成而不处,其不欲见贤。"[①]

---

① 《老子·七十七章》,载(魏)王弼著,楼宇烈校释:《王弼集校释》,中华书局 1980 年版,第 186—187 页。

老子这段话的主旨在于讨论社会财富的分配问题，这里所讲的"天之道"和"人之道"是指财富分配的两种办法，老子是依据"损有余而补不足"的"天之道"来否定"损不足以奉有余"的"人之道"。所谓"损有余而补不足"，是在财富的"有余"与"不足"之间进行协调，而达到财富分配的均衡。这个协调过程是无意识的，自然而然的，由此达到的均衡是自然均衡，即老子所谓"天地相合以降甘露，民莫之令而自均"①的"自均"。以天地赐予天下人甜美的雨露来说，雨露的配给是均衡的，这种均衡配给关系对天地来说是赐予天下人以均匀的雨露，对天下人来说是均匀地分享到天地所赐予的雨露，这是同一关系的两个方面，这两个方面是完全一致的。从雨露对天下人的关系来说，天下人均匀分享雨露是"莫之令"的"自均"，即天地不是有意识地将雨露均匀分配给天下人的结果，而是无意识地、毫无偏私地将雨露公平分配给天下人的结果。这种自然的公平分配法则，便是老子所谓"损有余而补不足"的"天之道"。老子认为，他生活在其中的人类社会的财富分配法则，却不是如"天之道"那样"损有余而补不足"，而是依"人之道"来进行财富分配，即"损不足以奉有余"——将本来比较贫困的人或人家的财产，部分割让给本来就比较富裕的人或人家，由此导致贫富悬殊和贫者愈贫、富者愈富的两极分化。老子所谓的"人之道"，实际上就是当时宗法等级制度下按等级身份之贵贱和血缘关系之亲疏来配置社会资源的分配制度。老子否定"损不足以奉有余"的"人之道"，并主张用"损有余而补不足"的"天之道"来取而代之，这其实是要在经济领域进行一场分配制度的革命，彻底打破宗法等级制度，不别贵贱、不分亲疏，完全按天道公平原则，将社会资源均匀分配给每个社会成员，使每个社会成员都能过上"甘其食，美其服，安其居"②的幸福安定的生活。老子把实行这种分配制度革命的重任寄托在"有道者"身上，希望他们能像"圣人"那样"为而不恃，功成而不处，

---

① 《老子·三十二章》，载（魏）王弼著，楼宇烈校释：《王弼集校释》，中华书局 1980 年版，第 81 页。
② 《老子·八十章》，载（魏）王弼著，楼宇烈校释：《王弼集校释》，中华书局 1980 年版，第 190 页。

其不欲见贤",即回归于人的素朴之性,无欲虚静,"为而不争"①,以此示范天下,则能"常使民无知无欲,使夫智者不敢为",从而收到"为无为,则无不治"的国家治理成效。

老子的上述思想,概括起来说,就是推崇公平的天成之利,摒弃偏私的人为之利,简言之曰"崇公利,黜私利"。

老子追求"公利"而鄙弃"私利",实际上蕴含着一种超越功利的立场。用《老子·七章》中的话来说,就是"非以其无私邪?故能成其私"②。明人薛蕙说:"夫圣人之无私,初非有欲成其私之心也。然而私以之成,此自然之道耳。……然要其归,乃在于无私。夫无私者,岂窃弄阖辟之谓哉?"③圣人以"无私"为心,但"私"或"利"却自然而然地达成,这并非是圣人运用了什么阴谋诡计,而恰恰是真诚的"无私"所导致的自然结果。关于《老子·七章》的含义,刘笑敢指出:"'长生'是世俗人所看到的结果,可以看作是成其'私',但天地并无此私心,并不以此为目的。同样,圣人'后其身'、'外其身'也是真诚的,而不是为了达到'身先'、'身存'而故施伎俩。"④天地无心,圣人也无心,由此而言,只有破除个人的自私自利之心,才能真正实现个人和社会的价值或目标。老子所倡导的,是超越有限私利的"大利"、"真利"和"公利",如论者所言:"道家的超功利意识又是在谋求大功利,因而又是一种大功利意识;以无为而大为,以无用成大用。在因任自然、清虚无为中又确乎蕴涵着长远的、根本的利益。"⑤

---

① 《老子·八十一章》,载(魏)王弼著,楼宇烈校释:《王弼集校释》,中华书局 1980 年版,第 192 页。

② 《老子·七章》,载(魏)王弼著,楼宇烈校释:《王弼集校释》,中华书局 1980 年版,第 19 页。

③ 转引自陈鼓应注译:《老子今注今译》,商务印书馆 2003 年版,第 100—101 页。

④ 参见刘笑敢:《老子古今:五种对勘与析评引论》下卷,中国社会科学出版社 2006 年版,第 146 页。

⑤ 张国钧:《儒道互补:义利论比较》,《中国社会科学研究生院学报》1994 年第 2 期。

二、道家对"仁义"观念的批判

在"义""利"关系上，按照儒家的设想，人的行为动机，不出于"义"则出于"利"，绝无第三种可能。孟子在回答梁惠王关于"何以利吾国"的问题时，斩截痛快地回答说："王何必曰利？亦有仁义而已矣。"① 后世儒家尤重"义利之辨"，如南宋时朱熹与陈亮之间展开的"王霸义利之辨"，朱熹曾一针见血地指出汉高祖、唐太宗的心术都出于"利"而非"义"，因而只成"霸道"而非"王政"。② 顺着这一思路，如果否定功利，那就必然会肯定"仁义"。道家在否定功利这一点上，与儒家是相同的，但道家思想的诡谲之处在于，尽管它不以功利为归宿，但对于儒家所尊奉的"仁义"，也同样毫不留情地进行了批判。汉代学者扬雄（前53—18）曾说："老子之言道德，吾有取焉。及槌提仁义，绝灭礼学，吾无取焉耳。"③ 扬雄之言虽是批评老子，但也可以显示出，在秦汉人的心目中，老子之学就是以否定"仁义"为特征的。

在《老子》书中，有关"仁义"的批评，主要涉及以下四章：

"天地不仁，以万物为刍狗；圣人不仁，以百姓为刍狗。"（《老子·五章》）④

"大道废，有仁义；智慧出，有大伪；六亲不和，有孝慈；国家昏乱，有忠臣。"（《老子·十八章》）⑤

"绝圣弃智，民利百倍；绝仁弃义，民复孝慈；绝巧弃利，盗贼无有。"（《老子·十九章》）⑥

"上德不德，是以有德；下德不失德，是以无德。上德无为而无以

---

① 参见《孟子·梁惠王上》，载杨伯峻译注：《孟子译注》，中华书局1960年版，第1页。
② 参见（宋）朱熹：《答陈同甫书》，载《朱文公文集》卷三十六，《四部丛刊》本。
③ （汉）扬雄《法言·问道》，载汪荣宝：《法言义疏》，中华书局1987年版，第114页。
④ （魏）王弼著，楼宇烈校释：《王弼集校释》，中华书局1980年版，第13—14页。
⑤ （魏）王弼著，楼宇烈校释：《王弼集校释》，中华书局1980年版，第43页。
⑥ （魏）王弼著，楼宇烈校释：《王弼集校释》，中华书局1980年版，第45页。

为，下德无为而有以为。上仁为之而无以为，上义为之而有以为，上礼为之而莫之应，则攘臂而扔之。故失道而后德，失德而后仁，失仁而后义，失义而后礼。"(《老子·三十八章》)①

这四章的内容，集中讨论了老子对"仁义"的看法。总体而言，老子对"仁义"的看法是负面的。首先，第五章说"天地"和"圣人"都是"不仁"，这与儒家以"仁义"为前提的"圣人观"迥然异趣；其次，第十八、三十八章，皆以"道"位于"仁义"之上，形成递减性的价值结构，"道"的沦丧才导致"仁义"的高扬；最后，第十九章提出"绝仁弃义，民复孝慈"，这是对"仁义"价值最为明确的否定。综合这四章的内容，可以很清晰地看出，老子对于"仁义"这一价值观念，是持批评和否定态度的。

老子否定仁义，这本来是很清楚的，但自帛书本、竹简本《老子》出土后，有些研究者对此问题提出了新的看法。在马王堆帛书本和郭店竹简本《老子》中，第十八、十九章与通行本略有不同：通行本第十八章的"大道废，有仁义；智慧出，有大伪"，郭店竹简本无"智慧出，有大伪"这一句，首句作"故大道废，安有仁义"；通行本第十九章的"绝仁弃义，民复孝慈"，郭店竹简本作"绝伪弃诈，民复孝慈"②。从郭店竹简本的内容来看，似乎老子对"仁义"的态度没有通行本所显示的那样严苛。因此，陈鼓应、白奚在《老子评传》中提出了这样一种意见："竹简本之'绝伪弃诈'，崇尚质朴的主张，与老、孔所处时代的社会风尚较为相应，当为《老子》的原文，彼时儒、道两家思想并未产生强烈的对立现象。而'绝仁弃义'的观点反映了战国中后期学术观点对立极化的情况，当是庄子后学中《胠箧》一派的改写，老子本人并不主张弃绝仁义。"③

陈鼓应等学者的主张，在学术史上其实是有先例的。张舜徽在《道论足徵记》中，针对汉儒扬雄批评老子"搥提仁义，绝灭礼学"的言论说："雄

---

① （魏）王弼著，楼宇烈校释：《王弼集校释》，中华书局1980年版，第93页。
② 以上内容参见刘笑敢：《老子古今：五种对勘与析评引论》下卷，中国社会科学出版社2006年版。
③ 陈鼓应、白奚：《老子评传》，南京大学出版社2001年版，第211页。

生于西京之末，习闻儒先绪论，故于老子之言无为，能心契而深许之。顾独以捐仁义、弃礼学为病，不悟此乃末流之弊，非道家之本旨。……《汉书·艺文志》论及道家，有曰：'及放者为之，则欲绝去礼学，兼弃仁义。'所谓放者，盖指庄周一流人。"[1]张舜徽也认为"捐仁义、弃礼学"是战国时期庄周学派的主张，并非老子本人的观点，只是缺乏文献佐证，因而并未引起学术界的足够重视；陈鼓应从郭店竹简本《老子》第十八、十九章的相关文字中找到了证据，从而进一步坐实了这一观点。

这一观点在目前的学术界流行甚广、影响甚大，但我们认为，其成立与否是相当值得怀疑的。首先，郭店竹简本《老子》是否《老子》原本，目前尚无定论；其次，郭店竹简本《老子》与通行本的区别，在材料上尚不足以推翻传统观点，"相对于思想史的全貌来看，郭店竹简本并没有提供根本推翻原有的儒道关系理论的足够材料。竹简本《老子》中没有'绝圣弃智'、'绝仁弃义'这样的词句，不足以说明《老子》思想与儒家没有根本不同"[2]；最后，从老子思想的全貌来看，关于"仁义"的评述，除了第十八、十九章以外，尚有第五、三十八章等处，第五章说"天地不仁""圣人不仁"，第三十八章说"失道而后德，失德而后仁，失仁而后义，失义而后礼"，这两章虽未激烈批评"仁义"，但对"仁义"的估价都不高。总体而言，"仁义"在老子的价值体系中，并没有占据儒家那样崇高的地位。

老子批评"仁义"，或是将"仁义"置于一个较低的位置，其意图究竟为何呢？我们认为，这主要涉及儒道思想的根本区别。假使如陈鼓应等学者所言，老子完全认同"仁义"，他反对的只是"仁义"在实施过程中所产生的形式主义弊病[3]，那么道家就和儒家无别了。孔子鉴于西周宗法之礼的外在化、形式化，遂揭示"仁"的生命精神以润泽之，"礼云礼云，玉帛云乎

[1]　张舜徽：《周秦道论发微》，中华书局1982年版，第78页。
[2]　刘笑敢：《老子古今：五种对勘与析评引论》下卷，中国社会科学出版社2006年版，第235页。
[3]　参见陈鼓应、白奚：《老子评传》，南京大学出版社2001年版，第218页。

哉？乐云乐云，钟鼓云乎哉？"①"人而不仁，如礼何？"②而在老子看来，"仁义"尽管较之于"礼"高一个层次，"失仁而后义，失义而后礼"，但仍不是根源性的，最为根本的是"道德"，"故失道而后德，失德而后仁"③。"道德"是天地间的最高原则，"大道废，有仁义"④，故相对"道德"而言，"仁义"不过是第二层次的概念。不仅如此，对道家而言，"仁义"甚至是负面性的东西，如《庄子》就直言"毁道德以为仁义，圣人之过也"⑤，而《老子》说"夫礼者，忠信之薄而乱之首"⑥，这也不只是对"礼"的负面评价与批判，同时间接地也是对"仁义"的负面评价与批判，因为无论是在儒家的概念系统中，还是在道家的概念系统中，"仁""义""礼"三者都是互相联系、密不可分的概念，对道家来说，它们是标识程度不等地背离了以"自然"为法则的"道德"的人为性社会规范的概念，这些用以制约个体行为的社会规范，在不同程度上压制了人的自然纯朴本性，使这种体现"道德"的本性遭受到不同程度的损害。因此，崇尚以"自然"为法则的"道德"的道家，对"仁""义""礼"这些人为性社会规范，在总体上持否定性评价，乃是理所当然的。

不过，道家又不是绝对地否定"仁义"的价值，而是把"仁义"当作一种低于"道德"的价值而予以一定程度的承纳。如《庄子》书中说："是故古之明大道者，先明天而道德次之，道德已明而仁义次之，仁义已明而分守次之，分守已明而形名次之，形名已明而因任次之，因任已明而原省次之，原省已明而是非次之，是非已明而赏罚次之。"⑦这与《老子·三十八章》的

---

① 《论语·阳货》，载杨伯峻译注：《论语译注》，中华书局 1980 年版，第 185 页。

② 《论语·八佾》，载杨伯峻译注：《论语译注》，中华书局 1980 年版，第 24 页。

③ 《老子·三十八章》，载（魏）王弼著，楼宇烈校释：《王弼集校释》，中华书局 1980 年版，第 93 页。

④ 《老子·十八章》，载（魏）王弼著，楼宇烈校释：《王弼集校释》，中华书局 1980 年版，第 43 页。

⑤ 《庄子·马蹄》，载曹础基：《庄子浅注》，中华书局 1982 年版，第 132 页。

⑥ 《老子·三十八章》，载（魏）王弼著，楼宇烈校释：《王弼集校释》，中华书局 1980 年版，第 93 页。

⑦ 《庄子·天道》，载曹础基：《庄子浅注》，中华书局 1982 年版，第 194 页。

"失道而后德，失德而后仁，失仁而后义，失义而后礼"如出一辙，都是将"仁义"视为低于"道德"的相对价值。老庄这样做的原因，其实是认为，"仁义"本身并非没有价值，但是将"仁义"视为最高价值，那就不恰当了。"道家在破斥仁义礼法（规范伦理）的同时，却没有忽视规范伦理的合理性。仁义礼法之所以具有合理性的基础和判据在于它必须体现并且不能妨害自然人性的诉求，而不应本末倒置地要求自然人性接受道德（morals）观念和伦理规范的宰制。……可见，'仁义'与'逍遥'并非水火不容，问题在于：仁义不能妨害自然人性和精神逍遥，如此而已。"①

三、"无用之用"和"上德不德"

从以上的分析和论证中可以看出，道家思想在"义利观"上的特点是超世俗功利与道德的，对"义""利"都进行了否定，表面上看是取消了这一问题，实质上是在否定世俗功利与道德的基础上提出了一种更为深刻的超越性的"义利观"。道家的这一超越性"义利观"，可以从两个方面进行分析：一是针对世俗功利观念，提出以"无用之用"达到生命的自由；二是虚化现成的道德观念，提出"上德不德"以超越世俗的道德。

首先是关于超越世俗功利的"无用之用"问题。以通常的利害观念而言，"有用"即是"有利"，"无用"则是"无利"甚至"有害"。春秋战国时期，西周以来的宗法制封建社会的秩序逐渐崩溃，诸侯兼并战争日渐激烈，各诸侯国衡量士人学说的标准就是"有用"。孔孟儒家学说尽管标榜"仁义"，不屑功利，但实际上游走于现实政治之中的儒门诸子也皆有强烈的功利追求，如孔子说："如有用我者，吾其为东周乎！"②孟子则说："夫天未欲平治天下也；如欲平治天下，当今之世，舍我其谁也？"③墨子更直接以"有用"为利，提出赤裸裸的功利要求，在《非乐》篇中，以音乐的"无用"和"舟车之利"

---

① 郑开：《道家形而上学研究》（增订版），中国人民大学出版社2018年版，第267页。
② 《论语·阳货》，载杨伯峻译注：《论语译注》，中华书局1980年版，第182页。
③ 《孟子·公孙丑下》，载杨伯峻译注：《孟子译注》，中华书局1960年版，第109页。

作比较，毫不客气地主张废除音乐。

道家对"有用""无用"的看法与儒家、墨家皆不同，也可以说是儒墨功利观念的反面。儒墨诸子重视"有用"，道家则崇尚"无用"，并且指出"无用"之中其实蕴含着世人所不知的"大用"，那就是游心虚无而达到生命的自由境界。

道家创始人老子最早对"有用"与"无用"进行过辨析，他说："三十辐，共一毂，当其无，有车之用。埏埴以为器，当其无，有器之用。凿户牖以为室，当其无，有室之用。故有之以为利，无之以为用。"① 这里老子以车毂、器皿、户牖为比喻，引申出"有之以为利，无之以为用"的结论。车毂、器皿、户牖皆有中空的部分，这就是所谓的"无"；但车毂、器皿、户牖之"有"却必须要依赖于"无"才能发生实际作用。"所以你以为没用的空，恰恰成就了你所谓的有用。'有之以为利，无之以为用'，要把这个'有'化为效益，不能光惦记着有用，有时候恰恰是无用的东西才给你大用。"②

庄子也对超功利的"无用之用"进行过阐述，《庄子·外物》云："惠子谓庄子曰：'子言无用。'庄子曰：'知无用而始可与言用矣。'"③ 庄子认为，"有用"是就事物的外在功用价值而言的，如果一味强调和注重"有用"，则往往会造成对事物自身的戕害。"山木，自寇也；膏火，自煎也。桂可食，故伐之；漆可用，故割之。人皆知有用之用，而莫知无用之用也。"④ 因此庄子希图从超功利的"无用"中发现其"大用"。一方面，"无用"则无患。如《山木》篇中所指出的，山中之树以不材而终其天年。没有利用价值的事物，比较容易全身避患。但这只是一种低层次的"全身"之术，同时也并不能总是奏效，如《山木》篇接下来指出的，"主人之雁"就因"不能鸣"而遭到杀身之祸。庄子所说的"无用之用"，比较深刻的思想体现在另一方面：即摆脱"物"的功用、功利价值，以物待物，从超越性的角度发现"无用之用"，从

① 载（魏）王弼著，楼宇烈校释：《王弼集校释》，中华书局1980年版，第26—27页。
② 汪涌豪：《打开果核——老子哲学与当代生活》，《书城》2018年第12期。
③ 《庄子·外物》，载曹础基：《庄子浅注》，中华书局1982年版，第415页。
④ 《庄子·人间世》，载曹础基：《庄子浅注》，中华书局1982年版，第69页。

而实现精神的自由和生命的清新。在《逍遥游》中，惠子说有一棵大而无用的樗树，"立之涂，匠者不顾"，庄子回答说："今子有大树，患其无用，何不树之于无何有之乡，广莫之野，彷徨乎无为其侧，逍遥乎寝卧其下。不夭斤斧，物无害者，无所可用，安所困苦哉！"①从工匠的角度来看，这棵樗树臃肿不堪，不中绳墨，确实是"无用"的；但一旦摆脱了世俗功利观念，从物之本身来打量这棵樗树，它立即散发出巨大的精神魅力，使人陶醉其中，从逍遥彷徨上升到虚灵空旷的精神自由境界。由此而言，庄子所谓的"无用之用"，其实是告诫人们不要过分执着于功利性的"有用""无用"，而是要以一种现象学的态度"回到事物本身"，从而达到生命之本真与心灵之"逍遥"。

其次是关于超越世俗道德的"上德不德"问题。道家学派在这个问题上立场比较清楚。老子反对一般的世俗道德，但推崇"上德"。所谓"上德"，刘笑敢说，就是一种"无心之德"——"此节以'上德'、'下德'对举，提倡无心之德。"②"无心之德"就是自然流露而没有丝毫做作、勉强的德，因其无心，所以合乎自然，不会造成对自然人性的压制。"上德"是超越性的，虽有德而无德的形迹；而"下德"则不然，"下德"是社会性的，有"仁义礼"等种种名目，用以规范人们的行为和意识，不但有形迹，甚至有时还会压制、戕害人们的性灵，所以老子评述说："下德不失德，是以无德。"③

在"义""利"问题上，道家之所以反对"仁义"，是因为道家思想家皆将"仁义"视为一种现成性的社会道德规范。对此郑开教授认为，从道家思想逻辑角度分析，"实际上，世俗（包括儒家和墨家）所崇尚的仁义，不能不依附于礼教或名教，也就是说，仁义从本质上说就是宗法社会政治结构之上的伦理价值和意识形态"④。换句话说，"仁义"并不是超越的观念，它是

---

① 《庄子·逍遥游》，载曹础基：《庄子浅注》，中华书局1982年版，第13页。

② 刘笑敢：《老子古今：五种对勘与析评引论》下卷，中国社会科学出版社2006年版，第395页。

③ 《老子·三十八章》，载（魏）王弼著，楼宇烈校释：《王弼集校释》，中华书局1980年版，第93页。

④ 郑开：《道家形而上学研究》（增订版），中国人民大学出版社2018年版，第237页。

附着于特定的社会形态和社会政治结构之上的，反映的是特殊群体的利益诉求。"仁义"既然不是超越的、天然的观念，那就是人为制造的概念，是"有心为之"，有造作勉强之迹，道家思想家从更高更远的思想立场出发，就不得不将这一概念打散，而重新提出源出于天道的形而上观念"上德"，从而实现对世俗性"下德"的超越。

综上所述，按照道家老庄的"义利观"，行使和运用国家治理权力的合法性基础，既不在于按照某种制度规范而理性行事，也不在于为了道德名誉而刻意修为，而是在于以顺其自然本性的无为之行为天下作出表率。

第三节　法家："各处其宜"和"公义行则治"

在治理理性上，法家和儒家一样也推崇制度和强调制度建设，只是法家所推崇的制度是"法"，这不同于儒家所推崇的"礼"；但法家又不似道家那样视"礼"为"乱之首"而予以否定，而是在一定程度上将"礼"视为"法"的一种补充，正像儒家在一定程度上将"法"视为"礼"的一种补充一样，所以相对于道家来说，法家是比较自觉地参与了由儒家所发起的"义利之辨"的。然而，法家的义利观比较复杂，齐法家与三晋法家的观点存在较大差异，难以一言以蔽之，兹仅以"义"为维度，用《管子》"各处其宜"之言来概括齐法家义利观的本质特征，而引韩非"公义行则治"之语来描述三晋法家义利观之思想特质。

一、齐法家的义利观："利，义则求之，不义则止"

从《管子》一书的内容来看，相比于儒、道二家以及三晋法家，齐法家对"义""利"关系的辨析较为深入，也更为精细，这可能是因为齐法家一方面将"义"视为"国之四维"（礼、义、廉、耻）之一，认为"义"直接关系到国家生死存亡，所以对治国者来说不能不加以深究；另一方面，在人性论上齐法家持有类同于三晋法家所谓"趋利避害"①的人性观，认为"民之情莫不欲生而恶死，莫不欲利而恶害"②，所以要"因人之情"③而采取顺乎人性的方法来治国，就不能不正视人皆"欲利恶害"的必然之情，去研究"得人之道"和"利之（民）之道"④。

首先，对于"欲利恶害"的人性，齐法家不是像儒家的"性恶论"者荀子那样从某种先入为主的道德观念出发，将人的"欲利"之情看作是一种"恶"现象，从而一味强调治国者应当通过教人为善去恶的礼义教化来抑制人的"欲利"本性，而是有似于主张"为万民兴利除害"⑤的墨家，要求"人主"（君王）"必为天下致利除害"⑥，认为："古者三王五伯皆人主之利天下者也，故身贵显而子孙被其泽。桀、纣、幽、厉皆人主之害天下者也，故身困伤而子孙蒙其祸。"⑦"神农教耕生谷，以致民利。禹身决渎，斩高桥下，以致民利。汤武征伐无道，诛杀暴乱，以致民利。故明王之动作虽异，其利民同也。"⑧同时，齐法家也不是像主张"任法不任德"的三晋法家那样一味强调"以法为教""以吏为师"而废弃礼教，而是吸取了儒家的礼教思想，主张"尊礼而变俗"⑨，认为："凡人之生也，必以平正。所以失之，必以喜怒忧患。是故止怒莫若诗，去忧莫若乐，节乐莫若礼，守礼莫若敬，守敬莫若静。内静外敬，能反其性，性将大定。"⑩"为国者，反民性，然后可以与民戚。民欲佚而教以劳，民欲生而教以死。劳教定而国富，死

① 《韩非子·外储说右上》，载《韩非子》校注组：《韩非子校注》，江苏人民出版社1982年版，第446页。
② 《管子·形势解》，载赵守正：《管子注译》（下册），广西人民出版社1982年版，第179页。
③ 《管子·心术上》，载赵守正：《管子注译》（下册），广西人民出版社1982年版，第2—3页。
④ 《管子·五辅》，载赵守正：《管子注译》（下册），广西人民出版社1982年版，第84页。
⑤ 《墨子·尚同中》，《墨子校释)》，王焕镳著，浙江文艺出版社1982年版，第88页。
⑥ 《管子·形势解》，载赵守正：《管子注译》（下册），广西人民出版社1982年版，第179页。
⑦ 《管子·形势解》，载赵守正：《管子注译》（下册），广西人民出版社1982年版，第187页。
⑧ 《管子·形势解》，载赵守正：《管子注译》（下册），广西人民出版社1982年版，第187页。
⑨ 《管子·侈靡》，载赵守正：《管子注译》（上册），广西人民出版社1982年版，第322页。
⑩ 《管子·内业》，载赵守正：《管子注译》（下册），广西人民出版社1982年版，第79页。

教定而威行。"①

　　其次，齐法家从顺应"欲利恶害"的人性而"为天下致利除害"的角度来看待人与生俱来的"欲利"之情，认为对人的"欲利"之情，可加以因势利导，用以发展互通财物的商业。与主张"强本抑末"的三晋法家不同，齐法家有"强本"之心，但绝无"抑末"之意。《管子·侈靡》指出："市也者，劝也。劝者，所以起。本善而末事起。不侈，本事不得立。"②这就是说，集贸市场是激励生产的一种力量。有了这种激励力量，产业就能兴旺。农事本业运行良好，工商末业自然就兴起了。没有奢靡消费市场，农业生产也兴旺不起来。换言之，本业与末业之间存在着积极的互动关系：农业发展是工商业发展的基础，工商业发展又能反过来促进农业发展。《侈靡》篇尤其强调了在"地重人载，毁敝而养不足"（土地资源丰厚而人口众多，民生凋敝而生活资源匮乏）的情况下，"事末作而民兴之"（发展工商末业，能促进产业兴旺而改善民生）③；更指出了商业对于增加国家税收、促进生计无着的贫民就业和满足贵族阶层奢侈品消费需求的积极作用："商人于国，非用〈傭〉人也，不择乡而处，不择君而使，出则从利，入则不守。国之山林也，取而利之。市尘之所及，二依其本。故上侈而下靡，而君、臣、相上下相亲，则君臣之财不私藏。然则贫动肢而得食矣。徙邑移市，亦为数一。"④（赵守正译："商人对于国家，并不是无所作为的人。他们居处不挑选什么乡，交纳贡税不挑选什么君主。他们卖出就是为了谋利，买进也是为了卖出。国家的

---

① 《管子·侈靡》，载赵守正：《管子注译》（上册），广西人民出版社 1982 年版，第 322 页。按：赵守正先生将前一段中的"反其性"译为"回复人的本性"，而将后一段中的"反民性"译为"违反人民的习性"。参见赵守正：《管子注译》（下册），广西人民出版社 1982 年版，第 86、342 页。窃以为赵先生的译法有欠妥当。这两处"反"的含义均应作"纠正""矫正"来理解，两处"性"的含义均应作"人的本性""人的天然情感"来理解；"反性"是指通过礼教，改变人的好逸恶劳、贪生怕死、喜怒无常、忧乐无度的天性，使人情达到平和中正——所谓"性将大定"，正是指人情达到平和中正而言。

② 《管子·侈靡》，载赵守正：《管子注译》（上册），广西人民出版社 1982 年版，第 325 页。

③ 《管子·侈靡》，载赵守正：《管子注译》（上册），广西人民出版社 1982 年版，第 320 页。

④ 《管子·侈靡》，载赵守正：《管子注译》（上册），广西人民出版社 1982 年版，第 327 页。

山林资源，取过来就去营利，使国家的市场税收成培增长。朝中上下都可以奢侈消费，君、臣、相上下相亲，君臣的财产都不会窖藏不动，这样贫民也就有工作而有饭吃了。此外，把有田邑的迁移入市，也是解决问题的一种办法。"① 基于这些经济思想，齐法家认为："百姓无宝，以利为首。一上一下，唯利所处。利然后能通，通然后成国。"② 也就是说，老百姓凡事总是把求利放在首位，其上下奔波，无非为财利所驱使。有了财利，才可以进行商贸流通；有了商贸流通，才能成就都城的繁荣。齐法家据此得出了"利不可法〈废〉"③ 的结论，这是齐法家关于"义利之辨"的首要观点。

具体分析起来，《管子》中所讲的"利"，除了《侈靡》篇及其他有关篇章所讲到的与经济相关的财货之利这层含义以外，至少还有如下几层含义：

"身利"之"利"，如《形势解》："起居时，饮食节，寒暑适，则身利而寿命益，起居不时，饮食不节，寒暑不适，则形体累而寿命损。"④ 这里所讲的"身利"之"利"是指有益于身体健康的良好生活习惯。

"利人"之"利"，如《形势解》："故上令于生、利人，则令行；禁于杀、害人，则禁止。"⑤ 这里所讲的"利人"之"利"与"害人"之"害"相对："害"是指对他人的生命、财产等等的正当权益所构成的损害、危害关系；反之，"利"是指对他人的生命、财产等等的正当权益所构成的维护、保障关系。

"设利"之"利"，如《版法解》："凡众者，爱之则亲，利之则至。是故明君设利以致之，明爱以亲之。徒利而不爱，则众至而不亲；徒爱而不利，则众亲而不至。爱施俱行，则说君臣、说朋友、说兄弟、说父子。爱施所设，四固不能守。"⑥ 这里所讲的"设利"之"利"是指君主施予百姓的恩典、恩泽。

---

① 赵守正：《管子注译》（上册），广西人民出版社 1982 年版，第 348 页。

② 《管子·侈靡》，载赵守正：《管子注译》（上册），广西人民出版社 1982 年版，第 323 页。

③ 《管子·侈靡》，载赵守正：《管子注译》（上册），广西人民出版社 1982 年版，第 326 页。

④ 《管子·形势解》，载赵守正：《管子注译》（下册），广西人民出版社 1982 年版，第 179 页。

⑤ 《管子·形势解》，载赵守正：《管子注译》（下册），广西人民出版社 1982 年版，第 179 页。

⑥ 《管子·版法解》，载赵守正：《管子注译》（下册），广西人民出版社 1982 年版，第 215 页。

"起利"之"利"，如《形势解》："民，利之则来，害之则去。民之从利也，如水之走下，于四方无择也。故欲来民者，先起其利，虽不召而民自至。设其所恶，虽召之而民不来也。"① 这里所讲的"起利"之"利"是指国家为了招徕民众所创造的能够吸引移民的条件，尤指国家对外来移民所采取的优惠政策。

上述五种意义的"利"，除了"身利"之"利"，其他几种意义的"利"均与国家治理相关，都在"义利之辨"的论域之内。然而《管子》全书并没有直接言说"义""利"关系的论述，仅《形势解》间接论及"义""利"关系：

> "小人者，枉道而取容，适主意而偷说，备利而偷得。如此者，其得之虽速，祸患之至亦急。故圣人去而不用也。故曰：'其计也速而忧在近者，往而勿召也。'"②

> "举一而为天下长利者，谓之举长。举长则被其利者众，而德义之所见远。故曰：'举长者可远见也。'"③

> "圣人之求事也，先论其理义，计其可否。故义则求之，不义则止。可则求之，不可则止。故其所得事者，常为身宝。小人之求事也，不论其理义，不计其可否，不义亦求之，不可亦求之。故其所得事者，未尝为赖也。故曰：'必得之事，不足赖也。'"④

以上三段文字中，第一段的本旨在于说明圣人何以任用小人的缘故——小人总是以不正当方式取悦于人，以奉承拍马之言苟且博得君主欢心，以钻营方式苟且获得财利。这里间接表达了追求财利应走正道的观点，这实际上就是反对以不择手段的无耻方式来谋取私利。这既应合于管子"国之四维"论所倡导的"廉耻"之德，也与儒家孔子"见利思义"的观点相一致。

第二段是讲有远见的人办大事总是着眼于长远利益，如此成事将使受益之人众多，其德义的影响也必将是深远的。这里所提到的"德义"与"长利"

---

① 《管子·形势解》，载赵守正：《管子注译》（下册），广西人民出版社1982年版，第181页。
② 《管子·形势解》，载赵守正：《管子注译》（下册），广西人民出版社1982年版，第182页。
③ 《管子·形势解》，载赵守正：《管子注译》（下册），广西人民出版社1982年版，第182页。
④ 《管子·形势解》，载赵守正：《管子注译》（下册），广西人民出版社1982年版，第183页。

之间具有如此相互关联："长利"是给天下众人所带来的利益，"德义"是由给天下众人带来利益所表现出来的崇高信义。此段虽非直接论"义""利"关系，但却间接透露出《管子》之"义"含有"信义"之意，且"义""利"之间存在着这样一种关系：举事越是对众人有利，举事者对众人的信义亦越大。

第三段的本旨在于说明，不管合不合理义都一定要去做的事都是不牢靠的事。这里虽只是提到了"义"和"理义"而并未提及"利"，但"必得之事"（不管合不合理义都一定要去做的事）无疑是包含逐利之事的，所以此段可以看作是对"义""利"关系的间接之论，由此可以领悟到《管子》之"义"包含"获利正当"之意。这里所论"圣人之求事"与"小人之求事"的区别，犹孔子首发"义利之辨"时所论"君子"与"小人"的区别——如果说孔子以为"君子"与"小人"的区别在于"君子喻于义，小人喻于利"的话，《管子》则以为"圣人"与"小人"的区别在于"圣人之于利，先论其理义，义则求之，不义则止；小人之于利，不论其理义，不义亦求之"。显然，此段所间接表达的义利观与第一段所间接表达的义利观是一致的，略同于孔子"见利思义"的义利观。

《管子》的义利观并不限于上文所述，还包括如下内容：

"德""义"之论——上文提到了《形势解》中有"德义"概念，此概念是表示通过给天下众人带来利益所表现出来的崇高信义。但《管子》书中更有将"德""义"分开而言之论。《正》篇论"德"而谓"爱民无私曰德"[1]；《心术上》论"义"而谓"义者，谓各处其宜也"[2]。这表明了"德""义"是各有其特殊意义的两个概念。将《兵法》"通德者王"[3]之说和《幼官》"身仁行义，服忠用信则王"[4]之说联系起来加以考察，可知《管子》之"德"包括"仁"与"义"——"爱民"之谓"仁"；"无私"之谓"义"。据此来理解《心术上》"义者，谓各处其宜也"之说，则可以认为，"王"者"无私"则臣民各

[1] 《管子·正》，载赵守正：《管子注译》（下册），广西人民出版社1982年版，第49页。
[2] 《管子·心术上》，载赵守正：《管子注译》（下册），广西人民出版社1982年版，第2—3页。
[3] 《管子·兵法》，载赵守正：《管子注译》（上册），广西人民出版社1982年版，第156页。
[4] 《管子·幼官》，载赵守正：《管子注译》（上册），广西人民出版社1982年版，第66页。

处其宜。《形势解》的如下论述可证这样理解是符合《管子》思想的，其曰："天公平而无私，故美恶莫不覆；地公平而无私，故大小莫不载。无弃之言，公平而无私，故贤不肖莫不用。"① 据此，所谓"各处其宜"的具体含义就是"贤不肖莫不用"。要之，在齐法家看来，对统管国家治理事务的君主来说，他要让臣僚与百姓都各处其适当位置，使他们都能为富国强兵各尽其职地发挥其作用，就必须做到"公平而无私"。按《形势》篇所说"能予而无取者，天地之配也"②，与天地合其德的"王"者之"公平而无私"，是体现在他对天下"予而无取"。然则，何谓"予而无取"？《形势解》曰："人主之所以使下尽力而亲上者，必为天下致利除害也。故德泽加于天下，惠施厚于万物，父子得以安，群生得以育，故万民欢尽其力而乐为上用。"③——"为天下致利除害"以至于"德泽加于天下，惠施厚于万物"，是谓"予"。又曰："明主之治天下也，静其民而不扰，佚其民而不劳。不扰则民自循；不劳则民自试。故曰：'上无事而民自试。'"④——不扰民、不劳民，是谓"无取"。要之，所谓"予而无取"者，"予"是体现"王"者"仁爱"而"公平"；"无取"是体现"王"者"仁爱"而"无私"。于此可见，《管子》之"义"更含有如此意义：它是身为统管国家治理事务的君主所应当具有的一种道德，一种与爱民之仁德相辅相成的公平无私之德。从"义利之辨"角度看，这个意义上的"义"相当于老子论"上善若水"所说的"水善利万物而不争"的"上善"⑤。另外，《管子·五辅》也论及"德""义"，从其内容来看，"德"是指国家治理者所采取的德政，其内容包括"厚生""输财""遗利""宽政""匡急""振穷"六个方面的措施。⑥"义"是指国家治理者为了教化百姓以安定天下所

---

① 《管子·形势解》，载赵守正：《管子注译》（下册），广西人民出版社1982年版，第183页。
② 《管子·形势》，载赵守正：《管子注译》（上册），广西人民出版社1982年版，第9页。
③ 《管子·形势解》，载赵守正：《管子注译》（下册），广西人民出版社1982年版，第179页。
④ 《管子·形势解》，载赵守正：《管子注译》（下册），广西人民出版社1982年版，第179页。
⑤ 《老子·八章》，载（魏）王弼著，楼宇烈校释：《王弼集校释》，中华书局1980年版，第20页。
⑥ 详见《管子·五辅》，载赵守正：《管子注译》（上册），广西人民出版社1982年版，第85页。

应当以身作则地践行的道德，包括"孝悌慈惠"、"恭敬忠信"、"中正比宜"（公正友爱）、"整齐撙诎"（端正克制）、"纤啬省用"（俭约节省）、"敦蒙纯固"（敦厚朴实）、"和协辑睦"（和睦协调）七个方面的具体德行。①

　　"义""理"之论——上文提到了《形势解》中有"义"与"理义"相提并论的提法，这实际上是在同等意义上来使用这两个概念。同一篇中还有将"理义"与"法义"对举使用的论述，如说："明主内行其法度，外行其理义，故邻国亲之，与国信之，有患则邻国忧之，有难则邻国救之。"②这里"法度"指对内的行为规范，"理义"指对外的行为规范；对外依理义行事，能保持或增进同邻国之间互亲互信和患难与共的关系。这意味着"理义"作为一种对外行为规范，包含对邻国的亲善、信用和义务；所谓"外行理义"，就是保持对邻国的友好，遵守对邻国的承诺，承担对邻国的责任。还是在同一篇中，又说道："人主出言不逆于民心，不悖于理义，其所言足以安天下者也，人唯恐其不复言也。"③这里所讲的"理义"是特指君主的言语行为而言，表示君主的言论所应当遵守的一定规则，这种言语行为规则是反映"民心"要求的，本质上是"民心"的体现；只要遵守这种规则来讲话，民众就乐于倾听，天下也就安定了。显然，这里所讲的"理义"是与上文所提到的"德义"意义相近的概念，是对民众的信义，是以诚信为内涵的。但是，如上所述，"德"是"爱民无私"，故"德"具有情感特性；"理"则具有行为规则特性——"理也者，明分以谕义之意也"④（意谓：所谓理，就是通过区分人与人之间贵贱贫富和男女长幼的关系来明确各人在这种伦理关系中的名分，从而告诉人们按其名分当如何行事方才合宜）。故虽然都是指对他人或民众的信义，但"德义"是偏重于指这种信义是出于一定道德情感，而"理义"是偏重于指这种信义是符合一定伦理规范。从《形势解》来看，其中讲到"理义"，虽

---

① 详见《管子·五辅》，载赵守正：《管子注译》（上册），广西人民出版社1982年版，第85页。

② 《管子·形势解》，载赵守正：《管子注译》（下册），广西人民出版社1982年版，第189页。

③ 《管子·形势解》，载赵守正：《管子注译》（下册），广西人民出版社1982年版，第190页。

④ 《管子·心术上》，载赵守正：《管子注译》（下册），广西人民出版社1982年版，第3页。

然也指事行方面的行为规范，但更多是指言语方面的行为规范而言，如上文所引之语及以下论述中所提之"理义"："圣人之诺已也，先论其理义，计其可否。义则诺，不义则已；可则诺，不可则已。故其诺未尝不信也。小人不义亦诺，不可亦诺，言而必诺。故其诺未必信也。"①

"义""礼"之论——"义""礼"是属于《管子》所谓"国之四维"的内容。《牧民》篇论"四维"曰："礼不逾节，义不自进，廉不蔽恶，耻不从枉。故不逾节，则上位安；不自进，则民无巧诈；不蔽恶，则行自全；不从枉，则邪事不生。"②这是"义""礼"分而言之，"礼"指不逾越一定规矩，"义"指不妄自求进。将"不逾节，则上位安"和"不自进，则民无巧诈"二句联系起来看，"礼"实指行为本分而不僭越犯上，"义"实指行为诚实而不玩巧使诈。显然，这里所讲的"义"与上述"德义"与"理义"具有一致性，亦以诚信为内涵。《管子》中有时也将"义""礼"合称为"礼义"，如《版法解》云："凡人君者，欲民之有礼义也。夫民无礼义，则上下乱而贵贱争。"③再如《形势解》云："仪者，万物之程式也。法度者，万民之仪表也。礼义者，尊卑之仪表也。故动有仪则令行，无仪则令不行。"④从这两段话可以看出，《管子》所谓"礼义"和《荀子》所谓"礼义"一样，亦犹言"礼仪"，其与"法度"相对而言，是指确定人与人之间尊卑贵贱和男女长幼之等差关系的名分制度和相应的行为规范。《心术上》则将"义""礼""理"三者合论，谓："礼者，因人之情，缘义之理，而为之节文者也，故礼者谓有理也。理也者，明分以谕义之意也。故礼出乎理，理出乎义，义因乎宜者也。"⑤这段话主要表达"礼出乎理"、"理出乎义"和"义因乎宜"三层意思："义因乎宜"是指根据各人的具体情况来确定他们各自合适的位置，使他们各处其所宜；"理出乎

---

① 《管子·形势解》，载赵守正：《管子注译》（下册），广西人民出版社 1982 年版，第 183 页。

② 《管子·牧民》，载赵守正：《管子注译》（上册），广西人民出版社 1982 年版，第 1 页。

③ 《管子·版法解》，载赵守正：《管子注译》（下册），广西人民出版社 1982 年版，第 213 页。

④ 《管子·形势解》，载赵守正：《管子注译》（下册），广西人民出版社 1982 年版，第 185 页。

⑤ 《管子·心术上》，载赵守正：《管子注译》（下册），广西人民出版社 1982 年版，第 2—3 页。

义"是指根据每个人各得其所宜的关系来确定协调人际关系的伦理规范；"礼出乎理"是指根据能使每个人各得其所宜的伦理规范来构建国家治理秩序。从"义""礼""理"三者之间所存在的这种内在联系来看，齐法家所要建构的国家治理秩序（"礼"）是以每个人都各得其所宜（"义"）为目标的，在这种关系中，"义"所标识的是一种国家治理秩序目标，它是"礼"所由以建立的价值依据；"礼"所标识的是一种国家治理秩序形式，它是"义"所由以实现的制度条件。

总起来说，在《管子》书中所反映出来的齐法家的义利观，是以追求每个人各得其所宜作为价值目标，据此来界定"义"，认为国家治理的根本任务就是在于实现国家中每个人各得其所宜，故而要求国家治理者根据这一"义"的价值准则来决定国家治理行为，根据这一价值准则来行使和运用国家治理权力，力求使包括国家治理者和被治理者在内的一切求"利"行为都限制在"义"所允许的范围之内。

二、三晋法家的义利观："存公义而去私利"

三晋法家和齐法家一样持有"趋利避害"的人性观，商鞅谓"民生则计利"①，"民之于利也，若水之于下也，四旁无择也"②；韩非称"好利恶害，夫人之所有也……喜利畏罪，人莫不然"③，"夫安利者就之，危害者去之，此人之情也"④。三晋法家也和齐法家一样主张顺应和利用人的必然之情来治理国家，但是在利用人的"好利"本性的治国方法上，三晋法家则有别于齐法家，这突出地表现在齐法家主张以发展工商末业来刺激农业的发展，而三晋

---

① 《商君书·算地》，载高亨注译：《商君书注译》，中华书局1974年版，第69页。按："民之生"，高亨注："于（鬯）说：'生读为性。'"
② 《商君书·君臣》，载高亨注译：《商君书注译》，中华书局1974年版，第171页。
③ 《韩非子·难二》，载《韩非子》校注组：《韩非子校注》，江苏人民出版社1982年版，第532—533页。
④ 《韩非子·奸劫弑臣》，载《韩非子》校注组：《韩非子校注》，江苏人民出版社1982年版，第127—128页。

法家则出于"耕战"需要，主张抑制工商末业。《商君书·外内》针对"农之用力最苦，而赢利少，不如商贾、技巧之人"的情况，主张推行"境内之食必贵，而不农之征必多，市利之租必重"（即提高国内粮食价格，加重从事工商业者的徭役，增加市场利润的抽税）的经济政策，以达到"民之力尽在于地利"的目的。①《韩非子》中提到了秦孝公所行"商君之法"包含"困末作而利本事"②的内容，韩非对此极为赞赏，称"商君之法"为"至治之法术"③。《商君书·壹言》在提出"事本抟"（专务农战）的主张时，强调指出："治国能抟民力而壹民务者，强；能事本而禁末者，富。"④这里所讲的是"禁末"，比韩非所说的"困末"更为决绝，与《史记·商君列传》所提商鞅"变法之令"中"事末利及怠而贫者举以为收孥"⑤的措施正相吻合。要之，三晋法家是试图将人的"好利"本性完全利用来服务于其追求富国强兵的"耕战"政策。

将国民的逐利行为全部引导到"耕战"上，以至于"边利尽归于兵，市利尽归于农"⑥，商鞅称这个"事本禁末"政策是为了达到"利出一孔"（使国民只能从"耕战"上获利）的目的，他认为："利出一孔，则国多物；出十孔，则国少物。守一者治，守十者乱。"⑦这与齐法家主张本末并举、利出多途的思想形成了鲜明对照。关于"利"的这种思想差异直接影响到其义利观，使三晋法家对"义"的看法也相应地有别于齐法家。尽管三晋法家和齐法家一样亦将"义"理解为"宜"，如韩非说："义者，谓其宜也，宜而为之。

---

① 详见《商君书·外内》，载高亨注译：《商君书注译》，中华书局1974年版，第167—168页。
② 《韩非子·奸劫弑臣》，载《韩非子》校注组：《韩非子校注》，江苏人民出版社1982年版，第132页。
③ 《韩非子·奸劫弑臣》，载《韩非子》校注组：《韩非子校注》，江苏人民出版社1982年版，第132页。
④ 《商君书·壹言》，载高亨注译：《商君书注译》，中华书局1974年版，第81页。
⑤ 高亨注释：《商君书注译·战国两汉人关于商鞅的记述·〈史记商君列传〉》，中华书局1974年版，第202页。
⑥ 《商君书·外内》，载高亨注译：《商君书注译》，中华书局1974年版，第167—168页。
⑦ 《商君书·弱民》，载高亨注译：《商君书注译》，中华书局1974年版，第158页。

故曰：'上义为之而有以为也。'"① 但是因为齐法家主张利出多途，故而一方面讲"义因乎宜"②，另一方面又讲"义者，谓各处其宜也"③。"义因乎宜"是意味着要根据各人的具体情况来确定他们各自合适的位置，这是强调各人有各人合适的位置，亦即承认每个人的特殊性和社会生活的多样性，不能要求所有人都过同样的生活，这显然有别于三晋法家"利出一孔"的观念，因为按后一种观念来安排人们的生活，必然要求所有人都过同样的生活——事实上，三晋法家的确是千方百计地要让全体国民都去过同样的"耕战"生活。与"义因乎宜"相应，"义者，谓各处其宜也"则是意味着在多样的社会生活中每个人都有适合于自己的生活，只要找到了适合于自己的生活位置，这种生活对于他来说就是合宜的，这是在于强调人生价值观念的多样性，要求尊重个人的自由选择，犹言"人各有志，不能强求"也；而主张"利出一孔"的三晋法家以其要求全体国民都过同样的"耕战"生活，以至于抹杀社会生活的多样性，由此也必然导致抹杀人生价值观念的多样性，这样当然就不可能尊重个人的自由选择了，所以尽管其讲"义者，谓其宜也"，但"其宜"就不是"各处其宜"了，而是"共处其宜"，即所谓"公义"也。

《韩非子·饰邪》提出"私义行则乱，公义行则治"④的观点。按《饰邪》的相关论述，区分"公义"与"私义"的标准在于是否按"法制"行事。对君主来说，"公义"是在于"明法制，去私恩"，"令必行，禁必止"。而对臣子来说，"公义"则在于"修身洁白而行公行正，居官无私"；反之，"私义"是在于"必行其私，信于朋友，不可为赏劝，不可为罚沮"。⑤《饰邪》没有明确说对君主来说"私义"是意味着什么，但由其"公义"可推断出其"私

① 《韩非子·解老》，载《韩非子》校注组：《韩非子校注》，江苏人民出版社 1982 年版，第 184 页。
② 《管子·心术上》，载赵守正：《管子注译》（下册），广西人民出版社 1982 年版，第 2—3 页。
③ 《管子·心术上》，载赵守正：《管子注译》（下册），广西人民出版社 1982 年版，第 2—3 页。
④ 《韩非子·饰邪》，载《韩非子》校注组：《韩非子校注》，江苏人民出版社 1982 年版，第 178 页。
⑤ 详见《韩非子·饰邪》，载《韩非子》校注组：《韩非子校注》，江苏人民出版社 1982 年版，第 178—179 页。

义"应该是在于"不任法制，好行私恩"，"有令不行，有禁不止"。综观之，对君主来说，"公义"就是意味着"以道为常，以法为本"①，推行"远仁义，去智能，服之以法"②的法治；"私义"就是意味着舍弃法治，推行"必德厚以与天下齐行以争民"③的德治。对臣子来说，"公义"就是意味着居官师法④，奉公守法执法而不徇私情；"私义"就是意味着"背法饰智"（违背法制，玩弄智巧），"立其私智而以法为非"，"污行从欲，安身利家"⑤，徇私枉法。然则，所谓"共处其宜"，就是举国上下共处法制之下，此之谓"公义"。由此看来，齐法家的"义"概念近似于儒家的"义"概念，是以"礼"为"宜"的客观标准，本质上是属于道德范畴的正义概念——或可称为"道德正义"；而三晋法家的"义"概念则是以"法"为"宜"的客观标准，本质上是属于法律范畴的正义概念——或可称为"法律正义"。

正如儒家之"义"与"仁"密不可分，齐法家之"义"也与"仁"密切相关，其"义"本质上都是仁爱之心的体现，只是儒家之论"仁"是强调"亲亲为大"，不讲什么"无私"（至于宋明新儒家讲"无私"，则当作别论）；齐法家之论"仁"则不独讲"爱民"，还讲"无私"，即把"仁"理解为公平无私的爱民。

三晋法家之"义"亦与"仁"有密切关联，例如韩非就常常将"仁""义"并称为"仁义"，如说："仁义者，与天下共其所有而同其利者也。"⑥再如：

---

① 详见《韩非子·饰邪》，载《韩非子》校注组：《韩非子校注》，江苏人民出版社1982年版，第178—179页。

② 《韩非子·饰邪》，载《韩非子》校注组：《韩非子校注》，江苏人民出版社1982年版，第178页。

③ 《韩非子·外储说右上》，载《韩非子》校注组：《韩非子校注》，江苏人民出版社1982年版，第441页。

④ 《韩非子·说疑》："法也者，官之所以师也。"参见《韩非子》校注组：《韩非子校注》，江苏人民出版社1982年版，第596页。

⑤ 《韩非子·饰邪》，《韩非子校注》，《韩非子》校注组校注，江苏人民出版社1982年版，第178—179页。

⑥ 《韩非子·外储说右上》，载《韩非子》校注组：《韩非子校注》，江苏人民出版社1982年版，第443页。

"夫仁义者，忧天下之害，趋一国之患，不避卑辱谓之仁义。"① 又如："忘民不可谓仁义。仁义者，不失人臣之礼，不败君臣之位者也。……今小臣在民萌之众，而逆君上之欲，故不可谓仁义。"② 这里第三段话显然是正面表达韩非本人的思想的，因为很明显韩非是反对"逆君上"而主张维护"人臣之礼"的，这意味着他并不绝对地排斥"仁义"。《韩非子·解老》中说"仁者，谓其中心欣然爱人也"③，又说"仁者，德之光。光有泽而泽有事；义者，仁之事也"④。这与"忘民不可谓仁义"之说互相一致，表明韩非并非不对人民讲仁爱，而且表明，其"义"本质上亦是仁爱之心的体现。然而，在治国方略层面，韩非是反对用"仁义"来治国的，他认为"仁义用于古不用于今"⑤，"举先王言仁义者盈廷，而政不免于乱"⑥，强调"治强生于法，弱乱生于阿，君明于此，则正赏罚而非仁下也"⑦。(意谓："依法行事才能使国家安定与强大，不按法度行事则会导致国家衰弱与动乱。君主倘若明白了这个道理，自然就知道该公正地实行赏罚而不对臣属讲仁爱了。")

要之，齐法家和三晋法家的"义"概念与儒家的"义"概念有一共同之处，即认为"义"是体现"仁"的，"仁""义"不可分；其"仁"概念亦与儒家的"仁"概念有共同之处，即认为"仁"就是"爱人""爱民"。但是，在治国方略上，儒家讲"为政以德""道之以德"，显然是主张以"仁

① 《韩非子·难一》，载《韩非子》校注组：《韩非子校注》，江苏人民出版社1982年版，第507页。
② 《韩非子·难一》，载《韩非子》校注组：《韩非子校注》，江苏人民出版社1982年版，第508页。
③ 《韩非子·解老》，载《韩非子》校注组：《韩非子校注》，江苏人民出版社1982年版，第183页。
④ 《韩非子·解老》，载《韩非子》校注组：《韩非子校注》，江苏人民出版社1982年版，第185页。
⑤ 《韩非子·五蠹》，载《韩非子》校注组：《韩非子校注》，江苏人民出版社1982年版，第664页。
⑥ 《韩非子·五蠹》，载《韩非子》校注组：《韩非子校注》，江苏人民出版社1982年版，第673页。
⑦ 《韩非子·外储说右下》，载《韩非子》校注组：《韩非子校注》，江苏人民出版社1982年版，第476页。

义"治国；齐法家以"礼""义""廉""耻"为"国之四维"，显然也并不排斥以"仁义"治国，尽管其更强调"以法治国"；三晋法家则明确反对以"仁义"治国——韩非固然讲"仁义用于古不用于今"，商鞅也讲"圣王者不贵义而贵法"①。这样，对三晋法家来说，就存在着这么一个问题：治国者既要讲"仁义"，有"爱民"之心，又不能以"仁义"治国，这是否自相矛盾呢？这是一个关系到其理论能否自洽的问题。对于这个理论问题，韩非并没有什么建树，倒是他的前辈商鞅有所建树。《商君书·开塞》中有如下一段论述：

> "今世之所谓义者，将立民之所好，而废其所恶；此其所谓不义者，将立民之所恶，而废其所乐也。二者名贸实易，不可不察也。立民之所乐，则民伤其所恶；立民之所恶，则民安其所乐。何以知其然也？夫民忧则思，思则出度；乐则淫，淫则生佚。故以刑治则民威，民威则无奸，无奸则民安其所乐。以义教则民纵，民纵则乱，乱则民伤其所恶。吾所谓利〈刑〉者，义之本也；而世所谓义者，暴之道也。"②

这里，商鞅指出了关于"义"与"不义"的世俗之见在于："义"是确立人民所喜爱的东西，废弃人民所憎恶的东西；"不义"是确立人民所憎恶的，废弃人民所喜爱的。商鞅认为，这种"义"与"不义"的世俗之见其实应该颠倒过来，因为从效果上讲，确立人民所喜爱的，反倒会让人民受害于他们所憎恶的；确立人民所憎恶的，反倒会让人民享受到他们所喜爱的。何以见得是如此呢？商鞅论说其道理曰：人民忧愁于他们所憎恶的，当然就会思考怎样躲避其憎恶的东西，这样他们行动起来就会有自我约束了；反之，人民快乐于他们所喜好的，则会导致其自我放纵以至于迷失自己。所以，如果是推行法治，人民就会因害怕刑罚而不敢作奸犯科；没有人作奸犯科，人民不就能享受到他们所喜爱的生活了么？！倘使依世俗所讲的"义"来教化人民，人民就会自我放纵而妄自作乱，如此人民必将受害于他们所憎恶的乱

---

① 《商君书·画策》，载高亨注译：《商君书注译》，中华书局 1974 年版，第 144 页。
② 《商君书·开塞》，载高亨注译：《商君书注译》，中华书局 1974 年版，第 77 页。

世。由此商鞅得出结论说：真正的"义"是由法制所产生的；而世俗所讲的"义"则会导致人间的残暴。

要而言之，商鞅的意思是：问题并不在于要不要"义"，而在于怎样才是真正的"义"。以义治国，看似义，实为非义；反之，弃义以行法治，看似不义，实为真义。商鞅这一思想理路与王弼在《老子指略》中所显示出来的思想理路是非常相似的，王弼道：

> "既知不圣为不圣，未知圣之不圣也；既知不仁为不仁，未知仁之为不仁也。故绝圣而后圣功全，弃仁而后仁德厚。夫恶强非欲不强也，为强则失强也；绝仁非欲不仁也，为仁则伪成也。"①

以此对照商鞅"刑者义之本"的理论，可将此论演绎为："世之人既知不义为不义，未知义之不义也。故弃义而后义德厚。夫恶义非欲不义也，为义则失义也；绝义非欲不义也，为义则生暴也。故必取其为义之母。刑者，义之母也。夫镇之以刑，则无为于义而民自义矣。"事实上，商鞅关于"义"的上述理论之中心命题是"刑者义之本"，该命题明确显示了商鞅思想中"刑"与"义"的关系犹如王弼思想中"无"（"道"）与"有"（"万物"）的关系，它们都可以被纳入"本""末"范畴——王弼是"以无为本"，商鞅是"以刑为本"；而且在"本""末"关系上，商鞅也和主张"崇本以息末，守母以存子"②的王弼是一样的——"崇本息末"于王弼是意味着行"无为"而弃"名教"，于商鞅则意味着行"赏罚"而弃"义教"；"守母存子"于王弼是意味着"守自然以存名教"，于商鞅则意味着"守法制以存仁义"。

《商君书·更法》记载了商鞅与甘龙、杜挚三人"讨正法之本，求使民之道"③的辩论情况，其中所记商鞅的一段曾获秦孝公赞许的议论是这样说的：

---

① 《老子指略》，载（魏）王弼著，楼宇烈校释：《王弼集校释》，中华书局 1980 年版，第199 页。

② 《老子指略》，载（魏）王弼著，楼宇烈校释：《王弼集校释》，中华书局 1980 年版，第196 页。

③ 《商君书·更法》，载高亨注译：《商君书注译》，中华书局 1974 年版，第 13 页。

　　"法者所以爱民也。礼者所以便事也。是以圣人苟可以强国，不法其故；苟可以利民，不循其礼。"①

　　商鞅这段议论中所表达出来的"法者所以爱民"的思想，更其助证了他确有"守法制以存仁义"的思想，其思想理路确实相似于王弼"崇本以息末，守母以存子"的思想理路。

　　韩非虽然未尝如商鞅那样明确提出"刑者义之本"的理论，但鉴于韩非一方面继承了商鞅"任法而治"②的思想，主张"一民之轨，莫如法"③，另一方面又通过《解老》《喻老》来吸收和发挥《老子》的思想，可以认为，商鞅"刑者义之本"的理论是为韩非所认同的，这一理论和王弼"弃仁而后仁德厚"的理论，应该都是以《老子》为其共同思想来源，是对《老子》基于"天下有始，以为天下母。既得其母，以知其子，既知其子，复守其母，没身不殆"④之哲学所提出的"绝仁弃义，民复孝慈"⑤思想的吸取和发挥。

　　三晋法家之强调"公义"，也就是以"法"为"义"的公共标准，以为君主之"义"在于"任法而治"，臣民之"义"在于依"法"而行；反之，君主之不能"任法而治"，臣民之不能依"法"而行，皆为"不义"抑或"私义"，而"国乱者，民多私义"⑥。

　　相应地，三晋法家于"利"则强调"公利"。商鞅称"尧、舜之位天下也，非私天下之利也，为天下位天下也"⑦——这是以"天下之利"为"公利"；

①《商君书·更法》，载高亨注译：《商君书注译》，中华书局1974年版，第14页。
②《商君书·慎法》，载高亨注译：《商君书注译》，中华书局1974年版，第181页。
③《韩非子·有度》，载《韩非子》校注组：《韩非子校注》，江苏人民出版社1982年版，第50—51页。
④《老子·五十二章》，载（魏）王弼著，楼宇烈校释：《王弼集校释》，中华书局1980年版，第139页。
⑤《老子·十九章》，载（魏）王弼著，楼宇烈校释：《王弼集校释》，中华书局1980年版，第45页。
⑥《商君书·画策》，载高亨注译：《商君书注译》，中华书局1974年版，第142页。
⑦《商君书·修权》，载高亨注译：《商君书注译》，中华书局1974年版，第113页。

韩非谓"明主之道，赏必出乎公利……臣不得以行义成荣，不得以家利为功，功名所生，必出于官法"①——这是将"官法"视为"公利"之体现。要之，"公利"就是通过"官法"来表现的"天下之利"。

由是观之，三晋法家所重之"法"作为"义"的公共标准，本质上也就是以"天下之利"为"义"的标准。故其重"公义"，实为重"公利"，重"天下之利"。

商鞅曾指摘："今乱世之君臣，区区然皆擅一国之利，而管一官之重，以便其私，此国之所以危也。"②（高亨译为："现在乱世的君臣很渺小地独占一国的利益，或掌握一官的职权，从而就追求个人的私利，这就是国家危险的原因。"③）从其上下文来看，商鞅此段评论其实是要说明当时的诸侯王之所以普遍非"好法"之君，是因其"公""私"不分明，只有私利心而缺乏公义心，只图一己私利而不谋天下公利。在商鞅看来，如果能像尧、舜那样不是出于独占天下之利的私利心来治理天下，而是出于公义心来治理天下，以至于为了天下人的利益而选贤任能，主动将自己的权力移交给他人的话，无论什么时代的君主都能把天下治理好。三王（夏禹、商汤、周武王）之用道义来治天下，春秋五霸之用法度来纠正诸侯，都不是为了谋取个人私利，都是出于"为天下治天下"的公义心。④

由于三晋法家的"公义"概念与"公利"概念具有本质上的一致性，故按照其"公私相背"⑤的公私对立观，其义利观可被概括为"存公义，去私利"。这意味着三晋法家是主张严格按照"公义"要求来行使和运用国家治理权力，杜绝一切追求"私利"的治理行为。

---

① 《韩非子·八经》，载《韩非子》校注组：《韩非子校注》，江苏人民出版社1982年版，第656—658页。

② 《商君书·修权》，载高亨注译：《商君书注译》，中华书局1974年版，第113页。

③ 《商君书·修权》，载高亨注译：《商君书注译》，中华书局1974年版，第114页。

④ 详见《商君书·修权》，载高亨注译：《商君书注译》，中华书局1974年版，第113页。

⑤ 参见《韩非子·五蠹》，载《韩非子》校注组：《韩非子校注》，江苏人民出版社1982年版，第671页。

本章小结

和"王霸之辨"一样，在先秦儒、道、法三家中，"义利之辨"也是儒家最为自觉。如果说"王霸之辨"的正式发起人是孟子的话，"义利之辨"的开先河者则是孔子。孔子所讲的"义"与"仁"构成"仁体义用"关系，其义利观可归结为"见利思义"，即认为凡事皆应依仁爱原则来做行为抉择，当确定欲行之事符合"仁"的要求时，应义不容辞地付诸实行，在行事过程中则务求行为各个环节符合"礼"的规定。"见利思义"允许在不违"礼"的前提下"从心所欲"地求"利"，但孔子并不鼓励人们如此去求"利"，其鉴于当时统治者普遍失信于民的政治现状，发起"义利之辨"，是要让君子（有位者）认识到"信"以"义"为本，取信于民的前提是为老百姓主持正义，唯其如此，方能赢得百姓的信任与配合。孔子认为，为老百姓主持正义，才是行使和运用国家治理权力的正当方式。与孔子不同，孟子所要解决的现实政治问题是举国"上下交征利"，其参与"义利之辨"，是要让统治者清醒认识到"利"寓于"义"，如欲获"利"，只须行"义"。孟子认为，只要统治者行为正义，举国上下都能循"礼"行"义"，统治者自己的利益也就能得到保全。荀子也认为国家治理者行使和运用国家治理权力的正当方式应该是追求正义和依正义原则行事，然而与善性论者孟子有所不同的是：孟子认为，行使和运用国家治理权力的大人君子，只要坚持心性修养，使自己返归天赋的良善本性，依自己的良善本性行事，就能为老百姓主持正义；而荀子作为性恶论者则否定"义"是人的天性所固有，强调"义"是必须通过对圣人所制之"礼"的学习才能培养起来的一种道德理性，这种道德理性具有自我克制其"好利"之情的内在调节作用，还具有协调君民关系和人与万物的关系的外在调节作用。故荀子义利观以"以义制利"为特点，按照这种义利观，当"义""利"不可兼得时，应"舍生取义"——这与孟子义利观相同；通常情况下则按"先义后利"原则行事——这与孟子"唯义所在"原则有明显区别。总之，先秦儒家关于"义利之辨"的核心思想是一贯的，从孔子到孟子再到荀子，都认为应按正义原则来行使和运用国家治理权力，且都以"礼"作为正义标准。儒家发起和参与"义利之辨"，旨在阐明一个道理：当且仅当按"礼"的制度规定来"修己治人"时，国家整体利益、治国者自身利益及民众利益才都能得到实现。要言之，儒家所谓"义"就是国、君、民三者各得其利，这是儒家所主张的协调社会利益关系的基本原则；按照这个原则来治理国家，就是儒家所认为的行使和运用国家治理权力的合法性基础。

先秦道家并无参与"义利之辨"的主观意图，所以对"义""利"关系也没有进行自觉的探究和相应的论述，从这意义上说，道家是无所谓"义利观"的；但是，道家对于"义利之辨"的核心问题——怎样行使和运用国家治理权力才是合法的或正当的，又有所思考与探究并有相应的论述，这些论述与儒家对"义""利"问题的阐述有一定交集，在其交集点上，道家也存在与儒家"义利观"约略相当的思想，其思想未尝不可以被当作道家"义利观"来看待，其具体内容则可归为三点：（1）否定"私利"（偏私的人为之利），倡导"公利"（公平的天成之利）；（2）否定与"礼"相合的世俗"仁义"价值，推崇与"自然"相合的超世俗"道德"价值；（3）提出了以"无用之用"的超世俗功利来成就自然生命的逍遥之心和以"上德不德"的超世俗道德来保全自然生命的真朴之性的"义利观"。按照这种超越世俗"义""利"的道家"义利观"，行使和运用国家治理权力的合法性基础，既不在于按照某种制度规范而理性行事，也不在于为了道德名誉而刻意修为，而是在于以"顺物自然"的"无为之事"为天下做出表率。

与道家相比，法家是较为自觉地参与了"义利之辨"的，但法家内部义利观差别较大。从"义"的维度看，齐法家所讲的"义"涉及"德""理""礼"三个范畴：涉及"德"者为"德义"，指"爱民无私"的道德情感；涉及"理"者为"理义"，指"爱民无私"的道德行为（包括言语行为）规范；涉及"礼"者为"礼义"，与"法度"相对，犹言"礼仪"，指确定人与人之间尊卑贵贱和男女长幼之等差关系的名分制度和相应的行为规范。在与"理""礼"的关系中，"义"又有特定意义，这种意义体现在"礼出乎理"、"理出乎义"和"义因乎宜"三个相互关联的命题中："义因乎宜"是指根据各人的具体情况来确定他们各自合适的位置，使他们各处其所宜；"理出乎义"是指根据每个人各得其所宜的关系来确定协调人际关系的伦理规范；"礼出乎理"是指根据能使每个人各得其所宜的伦理规范来构建国家治理秩序。"礼""理""义"之间这种内在关系表明，齐法家所要建构的国家治理秩序（"礼"）是以每个人都各得其所宜（"义"）为目标的，在这种关系中，"义"所标识的是国家治理秩序目标，它是"礼"所由以建立的价值依据；"礼"所标识的是国家治理秩序形式，它是"义"所由以实现的制度条件。在与"利"的关系中，齐法家所讲的"义"是属于道德范畴，指"爱民无私"的道德情感和道德行为规范；相应地，"利"是属于功利范畴，指事功之利，尤指财货之利。齐法家主张"利不可废"，认为对人的"欲利"之情可以因势利导，用于发展商业，但反对不择手段的谋利方式，强调以正道谋取财利，并认为，举事越是对众人有利，举事者对众人的信义亦越大。三晋法家所讲的"义"则属于法律范畴，是以"法"为标准，与"法"相合者为"公义"，与"法"相悖者为"私义"。三晋法家强调"私义行则乱，公义行则治"①，故主张废"私义"而立"公义"。与"公义"相对而言的"利"有两种含义：其一，与"法"相对、为"法"所不容的"私利"；其二，与"私利"相对、通过"官法"来表现的"公利"，即"天下之利"。按其"公私相背"②的公私对立观，三晋法家的义利观可被简要表述为"存公义，去私利"。三晋法家以"法"为"义"的公共标准，本质上是以"天下之利"为"义"的标准；其重"公义"，实为重"公利"，重"天下之利"。然其过分强调了"天下之利"，要求"利出一孔"，完全否定了"私利"的合理性与合法性，故尽管其也讲"义者，谓其宜也"，看起来与齐法家无甚差别，而其实差别甚大：齐法家是以追求每个人各得其所宜作为价值目标，并据此来界定"义"，认为国家治理的根本任务即在于实现

---

① 《韩非子·饰邪》，载《韩非子》校注组：《韩非子校注》，江苏人民出版社 1982 年版，第 178 页。

② 参见《韩非子·五蠹》，载《韩非子》校注组：《韩非子校注》，江苏人民出版社 1982 年版，第 671 页。

国家中每个人各得其所宜，故其所谓"义者，谓其宜也"，"其宜"是"各处其宜"，不含摒斥"私利"之意，只是要求将追逐"私利"的行为限制在"义"所允许的范围之内，其意思略同于孔子所谓的"见利思义"；三晋法家则要求"利出一孔"，丝毫不给众人的"私利"留下空间，故其所谓"义者，谓其宜也"，"其宜"就不是"各处其宜"，而是"共处其宜"，完全无视和抹杀了社会生活的多样性和个人生活的特殊性，要求所有人都为"富国强兵"而去过同一模式的"耕战"生活，这与齐法家允许商业经营生活与农业耕作生活并存和互相促进的思想形成了鲜明对照。相比之下，齐法家的义利观显然要比三晋法家的义利观来得近乎人情，合于生活常理。

四、治道篇

"治道"一词最早见于《墨子·兼爱中》："今天下之君子，忠实欲天下之富，而恶其贫；欲天下之治，而恶其乱，当兼相爱、交相利，此圣王之法，天下之治道也，不可不务为也。"[1] 从其语境来看，这里的"治道"之"道"与"圣王之法"的"法"为近义词。由《兼爱上》起首语"圣人以治天下为事者也，必知乱之所自起，焉能治之；不知乱之所自起，则不能治"[2] 可知，"圣王之法"是指圣人通过对天下之所以乱的原因的探究所获知的天下何以能治的原理和运用这个原理来治理天下的方法。所谓"天下之治道"，首先就是指"兼相爱、交相利"作为"圣王之法"是通行于天下的治理原则和治理方法。这个原理和方法对于一般的或普通的治理者来说具有普遍适用性，是他们的治理活动所必须遵循的普遍规律和他们的治理行为所应当遵守的基本法则。"天下之治道"更深层的意义，即是指运用"圣王之法"所达到的天下之治理至境。这意味着"治道"一词原本包含关于国家治理的普遍规律、基本法则和最高境界的意义。本篇就是在这个意义上来使用"治道"一词，以之为篇名，是表示本篇的内容在于论述儒、道、法关于国家治理之基本原则和价值目标的哲学思想。以下分两章分别论述之。

---

①　王焕镳：《墨子校释》，浙江文艺出版社 1984 年版，第 116 页。按："恶其贫"，原文为"恶其贪"，据上下文推断，"贪"必为"贫"之误写。
②　王焕镳：《墨子校释》，浙江文艺出版社 1984 年版，第 104 页。

第九章　为国之道

第一节　儒家："为国以礼"

　　孔子曾对周公"制礼作乐"所建立起来的西周国家组织制度发出"郁郁乎文哉"的由衷赞叹，并表示了"吾从周"的鲜明态度与立场①，基于这种态度与立场，孔子提出了"为国以礼"②的国家治理原则。

　　孔子所讲的"礼"既是指国家组织制度，也是指国家组织行为规范——对国家组织来说是它的制度，对其组织成员来说是他们的行为准则。对此，本书第四章论"礼法之辨"时已有详细论述，兹不赘言；同时，该章还从组织哲学角度探讨了孔子为何主张"为国以礼"的问题，指出依"礼"治国是体现"天道"的"人道"行为，这便是孔子主张"为国以礼"的组织哲学理据。这里从"治道"角度来探讨这么一个问题：对孔子和继承其"为国以礼"思想的先秦后儒来说，为何必须依"礼"治国，才能平治天下？

一、"为政以德"与"为国以礼"

　　《论语·为政》记孔子言曰："道之以政，齐之以刑，民免而无耻。道之以德，齐之以礼，有耻且格。"③这里，孔子主要从"耻"的维度比较了"道

---

① 　参见《论语·八佾》，载杨伯峻译注：《论语译注》，中华书局 1980 年版，第 28 页。
② 　《论语·先进》，载杨伯峻译注：《论语译注》，中华书局 1980 年版，第 119 页。
③ 　《论语·为政》，载杨伯峻译注：《论语译注》，中华书局 1980 年版，第 12 页。

之以政，齐之以刑"和"道之以德，齐之以礼"两种不同治国方法之利弊得失。从韩非"法所以为国也"①和"一民之轨，莫如法"②的主张来看，孔子所谓"道之以政，齐之以刑"应可被视为主张"为国以法"者的"法治"方法。孔子认为，运用"法治"方法来治理国家，固然能使人民暂时地免于罪过，但却会使人民缺乏耻辱心，这是"法治"的根本缺陷。正是鉴于"法治"的这一缺陷，孔子才主张抛弃"法治"，采取"道之以德，齐之以礼"的治国方法，因为后者可以克服"法治"的缺陷，使"民有耻心"，而且还能收到"民有格心"即"人心归服"③的效果。

按孟子"以德行仁者王"和"以德服人者，中心悦而诚服也"④的王道观念，使"民有格心"应是"道之以德"的结果；然则使"民有耻心"，应是"齐之以礼"的结果。作这样的理解，并不是要把"道之以德"与"齐之以礼"互相割裂开，而是二者原本就各有所侧重：

"道之以德"是从"为政"角度来讲的。关于"为政"，孔子有云："为政以德，譬如北辰，居其所而众星共之。"⑤这就是说，能使人心归服的王天下者，是以身作则地用自己的道德行为来为人民做出道德榜样，以此来感化人民，使人民心悦诚服地服从他的统治。所谓"道之以德"，正是指欲王天下而使人心归服的治国者所应当采取的对人民进行以身作则的道德教化而言；这个以身作则的道德教化过程，便是所谓"道之以德"。也就是说，"为政以德"是欲王天下者所应当遵守的"德治"原则；"道之以德"是对"为政以德"的"德治"原则的贯彻执行，是"为政以德"者在国家治理实践中对人民所开展的以身作则的"德治"过程。孔子的"德治"主张所反映的是

---

① 《韩非子·安危》，载《韩非子》校注组：《韩非子校注》，江苏人民出版社 1982 年版，第 277 页。

② 《韩非子·有度》，载《韩非子》校注组：《韩非子校注》，江苏人民出版社 1982 年版，第 50—51 页。

③ 参见杨伯峻译注：《论语译注·为政》，中华书局 1980 年版，第 12 页第 2·3 章注③。

④ 《孟子·公孙丑上》，载杨伯峻译注：《孟子译注》，中华书局 1960 年版，第 75 页。

⑤ 《论语·为政》，载杨伯峻译注：《论语译注》，中华书局 1980 年版，第 11 页。

"其身正，不令而行；其身不正，虽令不从"①"苟正其身矣，于从政乎何有？不能正其身，如正人何"②的治理逻辑。所谓"正其身"，是"为政以德"的治国者自身所进行的道德修养过程；这种自我修德过程，是治国者实行"道之以德"的"德治"的先决条件和内在根据。所谓"其身正"，是"为政以德"的治国者在"正其身"的基础上，在对人民开展"道之以德"的"德治"过程中，以自己的道德行为做出让人民可以效法的道德榜样。照孔子的说法，对治国者来说，"其身正"的具体表现，便是行为方式上"好礼"（讲究礼节）"好义"（讲究正义）"好信"（讲究诚信）。所谓"上好礼，则民莫敢不敬；上好义，则民莫敢不服；上好信，则民莫敢不用情"③，就正是"其身正则能使人正"④的治理逻辑在国家治理实践中的具体表现。

"齐之以礼"是从"为国"角度来讲的。从《礼记·礼运》中所转述的孔子之言"夫礼，先王以承天之道，以治人之情"⑤来看，所谓"齐之以礼"，乃是运用"礼"来"治人之情"的实践形式。根据《论语·雍也》所记孔子之言"君子博学于文，约之以礼"⑥和《子罕》所记颜渊之言"夫子循循然善诱人，博我以文，约我以礼"⑦，所谓"齐之以礼"则是"为国以礼"者由以实行"治人之情"的现实途径和具体方法，亦即通过用"礼"来约束人民行为的治理方式来实现"治人之情"。按孔子"其身正则能使人正"的治理逻辑，"齐之以礼"应该包括相互联系的两个方面：一方面是治国者用"礼"来进行自我行为的约束，另一方面是治国者用"礼"来约束人民的行为——前者是为了"其身正"而以"礼"自治其情，后者是为了"使人正"而以"礼"

---

① 《论语·子路》，载杨伯峻译注：《论语译注》，中华书局 1980 年版，第 136 页。

② 《论语·子路》，载杨伯峻译注：《论语译注》，中华书局 1980 年版，第 138 页。

③ 《论语·子路》，载杨伯峻译注：《论语译注》，中华书局 1980 年版，第 135 页。

④ 孟子所谓"君仁，莫不仁；君义，莫不义"，也是表达了与此同样的治理逻辑。参见《孟子·离娄下》，载杨伯峻译注：《孟子译注》，中华书局 1960 年版，第 187 页。

⑤ （汉）郑玄注，（唐）孔颖达等正义：《礼记正义》，黄侃经文句读，上海古籍出版社 1990年版，第 413 页。

⑥ 《论语·雍也》，载杨伯峻译注：《论语译注》，中华书局 1980 年版，第 63 页。

⑦ 《论语·子罕》，载杨伯峻译注：《论语译注》，中华书局 1980 年版，第 90 页。

治人之情，二者相互结合，而以自治其情为引导，为治人之情做出表率，由此达成自身与人民的言行举止皆合于"礼"，以至于达到"非礼勿视，非礼勿听，非礼勿言，非礼勿动"①的"身正""人正"之"正"。这个"正"从"治人之情"角度来说，是"人之情正"；从"为国"角度来说，则是"国治"而"天下平"。从二者之间的内在联系来说，"天下平"是以"人之情正"为内涵的，当且仅当达到"人之情正"时，才是实现了"天下平"。

要之，"道之以德"是基于"为政以德"的"德治"原则所开展的"德治"活动过程，而"为政以德"的"德治"原则本质上就是"其身正则能使人正"的治理逻辑，"道之以德"不过是这一治理逻辑的现实表现，并且是借助于"齐之以礼"的治理实践得到现实的体现的；反过来说，"齐之以礼"的治理实践即是"道之以德"的现实形态，就是受"为政以德"的"德治"逻辑支配的"德治"实践。

然则，儒家所推崇的国家治理方式，从治理逻辑方面来说，它是以"为政以德"为本质特征、以"道之以德"为现实形式的"德治"方式；从治理实践方面说，它是以"为国以礼"为本质特征、以"齐之以礼"为具体形式的"礼治"方式。由此也可以说，"德治"是寓于"礼治"之中的治理逻辑，"礼治"是受"德治"逻辑支配和体现"德治"逻辑的治理实践。

二、"有耻且格"与"天下归仁"

基于上述分析，再来解读孔子"道之以德，齐之以礼，有耻且格"之言，可以认为，"民有格心"是从"德治"逻辑上讲的，它蕴含着这样一个治理逻辑关系：如果治国者能以身作则地为人民做出道德榜样的话，人民就会学习和效法其道德榜样而成为有道德的人。"民有耻心"是从"礼治"实践上讲的，它蕴含着这样一种治理实践关系：采用"齐之以礼"的方式来治理天下，使人们养成用"礼"来约束自己行为的习惯，人们就会有耻辱心。然则，从现

---

① 杨伯峻译注：《论语译注》，中华书局 1980 年版，第 123 页。

实性上说，按照"德治"逻辑所要让人民学习和效法的道德榜样，是一个"行己有耻"①的人；唯有治国者"行己有耻"，人民才能"有耻且格"。

对儒家来说，为什么"耻"对于国家治理是如此重要，以至于应该把"民有耻心"作为国家治理所要达到的目标呢？

"耻"，《说文解字》释义为"辱"②；"辱"，《说文解字》又释义为"耻"③。这样的解释几乎就等于说"耻""辱"原本是同义异形之字，对于了解这两个字的本义并没有多少帮助。《论语》中有"耻辱"一词："恭近于礼，远耻辱也。"④这也是《论语》中唯一出现"耻辱"一词的句子。这句话与孔子所说的另一句话"恭则不侮"⑤所要表达的意思是一致的，均是指在人际交往中，出于对他人的敬意，在言行举止上采取合乎礼节的谦逊态度，这样就可以免遭侮辱，使自己的尊严得到维护。

孔子所要维护的人之尊严，是"志于道"⑥"志于仁"⑦的人生信念，其价值内核为求"道"求"仁"之"志"。其求"道"求"仁"之事对于人生是如此重要，以至于"朝闻道，夕死可矣"⑧；其求"道"求"仁"之"志"是如此坚定不移，乃至于"三军可夺帅也，匹夫不可夺志也"⑨。孟子也曾从人生观角度说明了"仁"对于人生的极端重要意义："夫仁，天之尊爵也，人之安宅也。"⑩以其为"天之尊爵"，故人若求得"仁"而归依之则可获无上荣尊："仁则荣，不仁则辱。"⑪反之，"苟不志于仁，终身忧辱，以陷于死亡"⑫。

① 《论语·子路》，载杨伯峻译注：《论语译注》，中华书局1980年版，第140页。
② （汉）许慎：《说文解字》，中华书局1963年版，第223页。
③ （汉）许慎：《说文解字》，中华书局1963年版，第311页。
④ 《论语·学而》，载杨伯峻译注：《论语译注》，中华书局1980年版，第8页。
⑤ 《论语·阳货》，载杨伯峻译注：《论语译注》，中华书局1980年版，第183页。
⑥ 《论语·述而》，载杨伯峻译注：《论语译注》，中华书局1980年版，第67页。
⑦ 《论语·里仁》，载杨伯峻译注：《论语译注》，中华书局1980年版，第37页。
⑧ 《论语·里仁》，载杨伯峻译注：《论语译注》，中华书局1980年版，第37页。
⑨ 《论语·子罕》，载杨伯峻译注：《论语译注》，中华书局1980年版，第95页。
⑩ 《孟子·公孙丑上》，载杨伯峻译注：《孟子译注》，中华书局1960年版，第81页。
⑪ 《孟子·公孙丑上》，载杨伯峻译注：《孟子译注》，中华书局1960年版，第75页。
⑫ 《孟子·离娄上》，载杨伯峻译注：《孟子译注》，中华书局1960年版，第171页。

然则，按照孔孟的人格理论，人之所以应当"有耻"，并非是一般意义上为着免受人格侮辱以维护自身的人格尊严，而是出于对"天之尊爵"的维护之心而守护"仁道"价值。因其如此，孟子乃有"耻之于人大矣"①和"人不可以无耻"②之说。"志于道""志于仁"的人生信念，本质上就是以守护"仁道"价值为人生的终极追求，它是立基于对"天道"之"仁"的形上信仰。

与"恭则不侮"、"恭近于礼，远耻辱也"的思想相应，孔子将"行己也恭"纳入"君子之道"③范畴，使之与"行己有耻"相辅相成。

"恭"是意味着行为合"礼"。在孔子看来，只要行为谦恭合"礼"，就不会遭受侮辱。孟子更有言曰："夫人必自侮，然后人侮之。"④按照这个伦理逻辑，人之遭受侮辱，是缘起于"自侮"。何谓"自侮"？按孔子"恭近于礼，远耻辱也"的观点，"自侮"就是为人不恭，即在与他人的交往中不讲究礼节，言行举止往往"无礼""非礼"，这既是对他人的不恭，也是对自己的侮辱，因此而必招致他人的侮辱。

孔子说："忠告而善道之，不可则止，毋自辱焉。"⑤结合其"恭近于礼，远耻辱也"的话来理解前一段话的意义，可以认为，它实际上是说，即便是诚恳劝导他人的善言，也得讲究礼节，使自己的善言合于"礼"，才能让别人接受，如果不合"礼"，别人就听不进去，别人听不进去还继续劝导，就会招来侮辱。也就是说，在孔子看来，是不是会遭到侮辱，并非取决于对他人是否有诚善之意，而是取决于对他人的行为是否合于"礼"，是否能让对方感受到自己对他的敬重之意。

从其"上好礼，则民莫敢不敬"⑥的话，可以领会到，孔子认为，对他人"好礼"的行为，将会获得他人的敬重。"好礼"之所以会获得他人的敬

---

① 《孟子·尽心上》，载杨伯峻译注：《孟子译注》，中华书局 1960 年版，第 303 页。
② 《孟子·尽心上》，载杨伯峻译注：《孟子译注》，中华书局 1960 年版，第 302 页。
③ 《论语·公冶长》，载杨伯峻译注：《论语译注》，中华书局 1980 年版，第 47 页。
④ 《孟子·离娄上》，载杨伯峻译注：《孟子译注》，中华书局 1960 年版，第 170 页。
⑤ 《论语·颜渊》，载杨伯峻译注：《论语译注》，中华书局 1980 年版，第 132 页。
⑥ 《论语·子路》，载杨伯峻译注：《论语译注》，中华书局 1980 年版，第 135 页。

重，是因为它就是能让对方从这行为上具体感受到来自施礼者的敬重之意的"恭"，亦即"好礼"是为人谦逊而敬重他人在现实的人际交往中的具体表现和行为方式。"上好礼，则民莫敢不敬"所包含的伦理逻辑，即是孟子所说的"有礼者敬人……敬人者，人恒敬之"①。然则，至少在先秦儒家孔孟的伦理思想中，"恭""敬"是属于同类概念，"侮""辱"也是属于同类概念，而这两组同类概念又是互相反对概念："恭""敬"是表示（待人）好礼、有礼；"侮""辱"是表示（待人）非礼、无礼。

孟子说，"恭敬之心，人皆有之；……恭敬之心，礼也"②，又称"恭敬之心"为"辞让之心"，并谓"辞让之心，礼之端也"③。照此说来，待人好礼、有礼的"恭""敬"行为是从人与生俱来的"恭敬之心"发展而来。但是，"恭敬之心"作为"礼之端"，不过是人能好礼、有礼地对待别人的先天根据，并非在任何条件下都能表现为好礼、有礼待人的恭敬行为。从国家治理角度来说，人生来具有的"恭敬之心"，只有在"为国以礼"的治国者"道之以德，齐之以礼"的治理条件下，才能表现为对他人的恭敬行为。从这个意义上说，孟子的性善论是为孔子"道之以德，齐之以礼"的治理主张提供了人性论方面的哲学理据，根据这种人性论原理，"道之以德，齐之以礼"是完全可能的，也是完全合理的，因为它是合乎人性和顺乎人性的治理方式。

综合孔、孟的思想，促使人的"恭敬之心"转变为恭敬待人的道德行为的治理条件，应有两个方面：一方面是治国者本于"为政以德"的治理逻辑所开展的心性修养，即孟子所谓"求放心"的"学问"功夫，其体现于国家治理便是孔子所谓"道之以德"的"德治"过程，亦即孟子所谓"以不忍人之心，行不忍人之政"以"得民心"的"治天下"④过程；另一方面是治国者"克己复礼"以自治其情和"齐之以礼"以治人之情互相结合、相辅相成、相互促进的"礼治"过程。

---

①　《孟子·离娄下》，载杨伯峻译注：《孟子译注》，中华书局 1960 年版，第 197 页。
②　《孟子·告子上》，载杨伯峻译注：《孟子译注》，中华书局 1960 年版，第 259 页。
③　《孟子·公孙丑上》，载杨伯峻译注：《孟子译注》，中华书局 1960 年版，第 80 页。
④　《孟子·公孙丑上》，载杨伯峻译注：《孟子译注》，中华书局 1960 年版，第 79 页。

在"道之以德，齐之以礼"的治理条件下所表现出来的"恭敬之心"，就是人们在"礼尚往来"的交往实践中互相以"礼"相待的恭敬行为。这种道德行为对治国者来说是其主动给人民树立榜样的行为，对人民来说是他们自愿学习和效法其榜样的行为。孔子所谓"有耻且格"正是指后一种行为而言，它是人民自愿学习和效法作为道德榜样的治国者所采取的道德行为——就这种行为是待人恭敬有礼而言，它是"民有耻心"的体现；就这种行为是自愿向作为道德榜样的治国者学习和效法所采取的行为而言，它是"民有格心"的体现。

综上所述，孔子所谓"（民）有耻且格"的"耻"，就是现实的"恭敬之心"，即在现实社会生活中，人们在"道之以德，齐之以礼"的国家治理条件下，以待人好礼、有礼的行为方式所表现出来的"恭敬之心"。

原来"耻"与"恭敬"之间有如此内在关联，这就难怪孔子一方面将"（民）有耻且格"确定为"道之以德，齐之以礼"的国家治理目标，另一方面则如此看重"敬"的意义，以至于论"孝"则曰："今之孝者，是谓能养。至于犬马，皆能有养；不敬，何以别乎？"①论"君子"则曰："修己以敬。"②

既然如此，为何孔子是以"耻"而非"敬"来标识"道之以德，齐之以礼"的国家治理目标呢？

"敬"作为一个伦理用语，就儒家而言，是来源于《尚书》的"敬德"之说。本书第七章论及儒家"敬德保民"思想时曾指出："'敬德'之'敬'是表示出于对'天'的虔诚信仰，将'天'的至善之意贯彻落实于保民行动所表现出来的真诚保民之心。"因此，"敬"作为一个伦理用语，原是被用来表示如此双重的伦理道德情感：在与"天"的宗教伦理关系中，"敬"是表示"畏天"情感；在与"民"的政治伦理关系中，"敬"是表示"仁民"情感。无论在何种意义上，"敬"都是表示发乎内心的一种情感，这种情感是存乎心中的东西。孔子论"孝"而强调"敬"，也是从"孝"不仅仅是在于

---

① 《论语·为政》，载杨伯峻译注：《论语译注》，中华书局1980年版，第14页。

② 《论语·宪问》，载杨伯峻译注：《论语译注》，中华书局1980年版，第159页。

赡养父母的事为，比这事为更加重要的是心中怀有对父母的敬爱之情这一点着眼的。按孔子之意，当且仅当赡养父母的事为是出于对父母的敬爱之情时，这种事为才称得上是"孝"。也就是说，"孝"的本质是在于发自内心的敬爱父母。因此，当孔子论"君子"而强调"修己以敬"时，这个"敬"无疑首先是指"孝"而言，即修己以敬是从培养对父母的敬爱之情开始的，因为这种"亲亲"的敬爱之情乃是"仁之本"。按孟子的观点，"修己以敬"是一个由"亲亲"发展到"仁民"，再由"仁民"发展到"爱物"的过程。[①]至于"修己以安人""修己以安百姓"，那都是就实际成济他人的事为而言，是指将"修己以敬"所培养起来的"亲亲""仁民""爱物"的情感落实到"安人""安百姓"的具体事务上。"安人""安百姓"的实际事务都是"敬"的现实表现形式。

然而，儒家的情感哲学是讲究"爱有差等"的，即孟子所谓"君子之于物也，爱之而弗仁；于民也，仁之而弗亲"[②]。所以当"敬"落实到"安人""安百姓"的具体事务上时，就需要根据情感对象的差异关系来对"敬"的情感加以节制。"礼"便是被儒家认为原本是由"圣人"制定而用于"治人之情"即节制人的情感的制度，这种制度是衡量"敬"落实到具体事务上时是否恰到好处的客观标准和行为规范。当"敬"被投入具体事务时，这便是孔子所谓"执事敬"[③]或"行笃敬"[④]；这个时候，"敬"就由道德情感转变为直接决定道德行为的道德意志了。"耻"便是作为一种道德意志的"敬"，因其直接决定道德行为，故"耻"遂有朱熹所说的"为"与"不为"、"当忍"与"不当忍"之分辨（详见下文），这种分辨就是在道德主体将"敬"投入具体事务时所进行的道德行为判断，它决定着道德主体将采取怎样的道德行为。

---

① 《孟子·尽心上》："亲亲而仁民，仁民而爱物。"参见杨伯峻译注：《孟子译注》，中华书局1960年版，第322页。

② 《孟子·尽心上》，载杨伯峻译注：《孟子译注》，中华书局1960年版，第322页。

③ 《论语·子路》，载杨伯峻译注：《论语译注》，中华书局1980年版，第140页。

④ 《论语·卫灵公》，载杨伯峻译注：《论语译注》，中华书局1980年版，第162页。

朱熹论"耻"曰:"人有耻,则能有所不为。"[①] 据此来看,"耻"应含有两个方面:对不合"礼"之事的"不为心"——这种"不为心"在行为态度上表现出对不合"礼"之事的拒绝、排斥、不容忍;对合"礼"之事的"为心"——这种"为心"在行为态度上表现出对合"礼"之事的应许、容忍、接受。由于这里的"为"与"不为"都是依据所遇之事是否合"礼"来决定——若合"礼"则起"为心",若不合"礼"则起"不为心";故"为心"与"不为心"也可以理解为"义为心"与"不义为心",因为儒家所谓"义"与"不义"也是以所遇之事是否合"礼"为标准的——合"礼"为"义(宜)",不合"礼"为"不义(宜)"。从孟子关于"义"的论述来看,他有时说"羞恶之心,义也"[②],有时又说"羞恶之心,义之端也"[③],这都表明了"义"是以"羞恶"为内涵的。对《孟子·公孙丑上》所记孟子"无羞恶之心,非人也"一语,朱熹注释道:"羞,耻己之不善也;恶,憎人之不善也。"[④]而依孔子"克己复礼为仁"[⑤]的思想,"仁"是以"礼"为客观标准,"礼"是"仁"的外化形式和制度形态,故"善"与"不善"的本质是"仁"与"不仁",其客观标准则在于"礼"——好礼、有礼为"仁";非礼、无礼为"不仁"——,于是"义"之"羞恶"乃可归结为:羞者,耻己之非礼、无礼也;恶者,憎人之非礼、无礼也。

由此可见,"羞恶"与"耻"所包含的一个方面——对不合"礼"之事的"不为心"("不义为心")有密不可分的联系和内在的一致性,其差异只在于:"羞恶"是属于"情"(情感)范畴,其"羞"其"恶"都是属于价值判断;"不为心"是属于"意"(意志)范畴,其"不为"是属于行为判断。正因为"耻"与"羞恶"之间存在如此关联与一致性,所以朱熹有如是之说:

> "人须是有廉耻。孟子曰:'耻之于人大矣!'耻便是羞恶之心。人有耻,则能有所不为。今有一样人不能安贫,其气销屈,以至立脚不

---

① (宋)黎靖德编:《朱子语类》第一册,王星贤点校,中华书局1986年版,第241页。

② 《孟子·告子上》,载杨伯峻译注:《孟子译注》,中华书局1960年版,第259页。

③ 《孟子·公孙丑上》,载杨伯峻译注:《孟子译注》,中华书局1960年版,第80页。

④ (宋)朱熹:《四书章句集注》,中华书局1983年版,第240页。

⑤ 《论语·颜渊》,载杨伯峻译注:《论语译注》,中华书局1980年版,第123页。

住，不知廉耻，亦何所不至！"①

朱熹所谓"耻便是羞恶之心"是从"耻"的"不为"方面而论。（按：《管子·牧民》"四维"之论中提到"耻不从枉。……不从枉，则邪事不生"②。这也是从"不为"方面来论"耻"。所谓"邪事"，按儒家的价值标准，就是不合"礼"之事，或非礼、无礼之事。故按儒家思想来理解，"不从枉"就是对非礼、无礼之事持拒斥态度，即耻己之非礼、无礼和憎人之非礼、无礼。）然而，朱熹此论显然也意味着，"耻"尚有"为"的方面，即对合"礼"之事的"为心"或"义为心"。从《中庸》所引孔子之语"知耻近乎勇"③和《论语》所记孔子之言"见义不为，无勇也"④来看，"耻"与"义"之间确乎有内在联系，在以"勇"为中介条件的这一特定联系中，"耻"显然不是消极的"不为心"方面，而是积极的"为心"方面，因为"勇"不仅意味着在行为态度上表现出对合"礼"之事的应许、容忍、接受，而且意味着在实际行动上表现出对合"礼"之事义无反顾的敢于作为；"知耻"即意味着"见义"（遇见合"礼"之事）而生起"义为心"，这种"义为心"的行为表现，恰恰就是对合"礼"之事的勇敢作为！

朱熹又说："耻，有当忍者，有不当忍者。"⑤据此可以说，对不合"礼"之事的"不为心"或"不义为心"，就是对不合"礼"之事的"不当忍之心"或"不宜忍之心"，或者也可以说是对不合"礼"之事所应当具有的不容忍之心——可称之为"消极之耻"；对合"礼"之事的"为心"，就对合"礼"之事的"当忍之心"或"宜忍之心"，或者也可以说是对合"礼"之事所应当具有的忍耐之心——可称之为"积极之耻"。

例如，孔子说："士志于道，而耻恶衣恶食者，未足与议也。"⑥这里

---

① （宋）黎靖德编：《朱子语类》第一册，王星贤点校，中华书局 1986 年版，第 241 页。

② 《管子·牧民》，载赵守正：《管子注译》（上册），广西人民出版社 1982 年版，第 1 页。

③ （宋）朱熹：《四书章句集注》，中华书局 1983 年版，第 29 页。

④ 《论语·为政》，载杨伯峻译注：《论语译注》，中华书局 1980 年版，第 22 页。

⑤ （宋）黎靖德编：《朱子语类》第一册，王星贤点校，中华书局 1986 年版，第 240 页。

⑥ 《论语·里仁》，载杨伯峻译注：《论语译注》，中华书局 1980 年版，第 37 页。

的"耻"就属于"消极之耻",这句话的意思是说:作为一个士,如果他有志于求"道",但却认为穿得差、吃得差是不该容忍的事,这样的人也就不值一提了。① 再如,孔子说:"敏而好学,不耻下问,是以谓之'文'也。"② 这里所讲的"耻"也是属于"消极之耻",是指内心不当容忍而言;"不耻下问"就是不认为向地位或学问比自己低的人请教是不该容忍的,换言之,就是(敏而好学到如此地步,以至于)容许自己向地位或学问比自己低的人请教。这意味着,在孔子看来,尽管上下之间应当讲究尊卑之礼,但学问之事是一种例外,向地位比自己低的人请教,并非是一种不合礼数的行为。另外,"君子耻其言而过其行"③"巧言,令色,足恭,左丘明耻之,丘亦耻之"④"邦有道,贫且贱焉,耻也。邦无道,富且贵焉,耻也"⑤ 等语句中的"耻"也都是"不当容忍"之意。但是,孔子的话语中也有在"积极之耻"意义上使用"耻"的例子,例如他说:"行己有耻,使于四方,不辱君命,可谓士矣。"⑥ 这里所讲的"耻"就属于"积极之耻",是指对自己完成"使于四方"的"君命"具有忍耐心或坚忍不拔之心而言。孔子认为,对完成此类"君命"有坚忍不拔之心,并将这种坚定的信念和刚毅的意志贯彻于自己行动的人,是可以配得上"士"的称号的。

再以孟子之言为例,他说:"声闻过情,君子耻之。"⑦ 这里的"耻"是属于"消极之耻",这句话的意思是说:对于名声超过实际的情况,君子是不该容忍的。孟子又说:"人不可以无耻,无耻之耻,无耻矣。"⑧ 这段话被杨伯

---

① 这里将"未足与议"解释为"不值一提",是参考了刘奕《〈论语〉"未足与议也"解诂》(《上海大学学报(社会科学版)》2015年第6期)之文中所说的第二种解释。

② 《论语·公冶长》,载杨伯峻译注:《论语译注》,中华书局1980年版,第47页。

③ 《论语·宪问》,载杨伯峻译注:《论语译注》,中华书局1980年版,第155页。

④ 《论语·公冶长》,载杨伯峻译注:《论语译注》,中华书局1980年版,第52页。

⑤ 《论语·泰伯》,载杨伯峻译注:《论语译注》,中华书局1980年版,第82页。

⑥ 《论语·子路》,载杨伯峻译注:《论语译注》,中华书局1980年版,第140页。

⑦ 《孟子·离娄下》,载杨伯峻译注:《孟子译注》,中华书局1960年版,第190页。

⑧ 《孟子·尽心上》,载杨伯峻译注:《孟子译注》,中华书局1960年版,第302页。

峻译为："人不可以没有羞耻，不知羞耻的那种羞耻，真是不知羞耻呀！"①对杨先生的这个翻译，有的学者提出了不同意见，认为这段话中"无耻之耻"的"之"当作"到……去"（往、适）解，所谓"无耻之耻，无耻矣"，应当被释义为"由无耻之心到有耻之心，便没有耻辱之事了"②。他们的解释固然都有一定理据，但由于其对儒家"耻"概念的内涵挖掘不深，未能像朱熹那样深入到其堂奥，所以都不能做出深入到位的解释。根据朱熹对"耻"的释义，孟子这段话中前后出现的四个"耻"字，其意义其实并不相同：第一、第二和第四个"耻"都是兼有"积极之耻"与"消极之耻"两种意义的；第三个"耻"是属于"积极之耻"，是指对无耻有容忍之心（"当忍之心"）而言。这段话的意思是说：人不可以没有当忍之心和不当忍之心，如果连没有当忍之心和不当忍之心都能容忍，那就真是没有当忍之心和不当忍之心了。孟子所谓"耻之于人大矣。为机变之巧者，无所用耻焉。不耻不若人，何若人有？"③也存在类似情况，这段话中前后出现的三个"耻"字，其意义也并不相同：前两个"耻"都是兼有"积极之耻"与"消极之耻"两种意义的；第三个"耻"则属于"消极之耻"，是指对自己不及别人的情况有不当忍之心而言，"不耻不若人"就是不认为自己及不上别人是不该容忍的事。这段话的意思是说：当忍之心和不当忍之心对人的关系可重大了！深藏巧诈之心的人，是用不着当忍之心和不当忍之心的。容许自己不如别人，还怎能赶上别人呢？

据上所论，可以确认，"耻"是据"礼"分辨所遇之事可不可为、该不该忍，并由此做出为或不为、忍或不忍的行为判断的心理过程。联系孟子性善论的"四端"说来分析"耻"的心理过程，则可以认为，在这个过程中，据"礼"分辨所遇之事可不可为、该不该忍，是属于"是非"范畴的"智心"活动；据"礼"做出为或不为、忍或不忍的行为判断，是属于"羞恶"范畴

---

① 杨伯峻译注：《孟子译注》，中华书局1960年版，第302—303页。
② 参见王永超、朱长利：《〈孟子〉"无耻之耻，无耻矣"义辨》，《中南大学学报（社会科学版）》2011年第1期。
③ 《孟子·尽心上》，载杨伯峻译注：《孟子译注》，中华书局1960年版，第303页。

的"义心"活动；就"智心"和"义心"的活动无不是据"礼"进行而言，这两种活动都是属于"恭敬"或"辞让"范畴的"礼心"活动；而"礼心"活动不过是在"礼"的节制下所发动起来的"恻隐之心"或"不忍人之心"而已，因而在本质上是属于"仁心"活动，是"仁心"在遇事情境下的活动形式。据此可以说，"耻"是"仁心""义心""礼心""智心"在遇事情境下的综合活动形式。

根据孟子所言"君子所以异于人者，以其存心也。君子以仁存心，以礼存心。仁者爱人，有礼者敬人。爱人者，人恒爱之；敬人者，人恒敬之"①，上述四心中"爱人"的"仁心"和"敬人"的"礼心"最为重要，是最基本的道德心理。"耻"作为一个综合性的道德心理过程，本质上就是遇事用"礼"来节制自己的道德情感，使"仁"由心中自然的"爱人"之情转变为事中受"礼"节制的"敬人"之意。这个转变过程也就是孔子所谓"克己复礼"的道德实践。所谓"克己复礼为仁"②，就是"仁"通过"克己复礼"的道德实践由抽象的"爱人"之情转变为具体的"敬人"之事。

孔子主张以"道之以德，齐之以礼"的方式来治理天下，是要用"礼"来规制天下人，使其视、听、言、动皆合于"礼"，如此人人依礼行事，恭敬待人，则能使每个人都能感受到自己受人尊重，体验到自己做"人"的价值。所谓"耻"，本质上就是对"人"的价值的体验。而在"仁者人也"③的意义上，更可以说，"耻"就是对"仁"的价值的体验。故"道之以德，齐之以礼"所要达到的"（民）有耻且格"的治理目标，就是"天下归仁"④，即天下人无不"以仁存心，以礼存心"，乃至于在现实生活中人人谦恭有礼，互相敬爱，从而体验到"仁"的价值而诚心归依之。

---

① 《孟子·离娄下》，载杨伯峻译注：《孟子译注》，中华书局1960年版，第197页。
② 《论语·颜渊》，载杨伯峻译注：《论语译注》，中华书局1980年版，第123页。
③ 《中庸》引孔子语，载（宋）朱熹：《四书章句集注》，中华书局1983年版，第28页。
④ 《论语·颜渊》，载杨伯峻译注：《论语译注》，中华书局1980年版，第123页。

第二节　道家：“以正治国”

一、“以正治国”以“清静无为”为实际内容

老子说：“以正治国，以奇用兵，以无事取天下。”① 这是老子关于“治国”“用兵”“取天下”的纲领性意见。

“正”和“奇”是一对相反相成的概念，在先秦时期是广泛流行的一对概念，主要被运用于军事学领域，尤以《孙子兵法》的运用为最多，如《兵势》篇曰：“凡战者，以正合，以奇胜。故善出奇者，无穷如天地，不竭如江海。”“战势不过奇正，奇正之变，不可胜穷也。奇正相生，如循环之无端，孰能穷之哉？”②《孙子兵法》的“奇正”思想对后世影响深远，后世凡谈论“兵法”者，总要提到“奇正”。如司马迁说：“兵以正合，以奇胜，善之者出奇无穷，奇正还相生，如环之无端。”③ 这就分明是袭用了《孙子兵法·兵势》中的说法，由此也可见“奇正”概念在西汉时已然深入人心了。南朝学者裴骃在《史记集解》中引用曹操（155—220）之说来解释“奇正”：“先出合战为正，后出为奇也。正者当敌，奇兵击不备。”④ 唐朝学者司马贞（679—732）在《史记索隐》中说：“奇谓权诈也。”“兵不厌诈，故云‘善之’。‘出奇无穷’，谓权变多也。”⑤ 这说明在军事学上，“正”“奇”是指用兵作战中的常规作战和奇谋变诈。“正”者常也，“奇”者变也，常变结合，变化无穷，即所谓“奇正相生”，才能在战争中取得胜利。这是中国古代朴素辩证法在军事领域的具体运用，体现了古人在这方面的哲学智慧。

---

① 《老子·五十七章》，载（魏）王弼著，楼宇烈校释：《王弼集校释》，中华书局 1980 年版，第 149 页。

② 李零：《〈孙子〉十三篇综合研究》，中华书局 2006 年版，第 34 页。

③ （汉）司马迁：《史记》，中华书局 1999 年版，第 1917 页。

④ 《魏武帝孙子注》，载李零：《〈孙子〉十三篇综合研究》，中华书局 2006 年版，第 261 页。

⑤ （汉）司马迁：《史记》，中华书局 1999 年版，第 1917 页。

如果把"正""奇"理解为"常""变",则老子所谓"以正治国,以奇用兵",便是指治理国家应采用恒定统一的常规之法,用兵作战则应采用灵活多样的权变之策,这与《孙子兵法》的思想并无二致。老子所谓"正复为奇,善复为妖"[1],也是讲的"正"和"奇"的相互转化关系,和《孙子兵法》说的"奇正相生,如循环之无端"如出一辙,只不过老子所讲的是对立物相互转化的客观规律,而《孙子兵法》是要通过发挥人的主观能动性将"奇正相生"的客观规律运用于战争。

对于《老子·五十七章》"以正治国,以奇用兵,以无事取天下"这段话,以往注家论者大抵有下述两种不同看法:

一种看法是,老子治国理论的最高境界为"以道治国","以正治国"则尚未达到"道"的高度,所以才导致"以奇用兵"。这种看法以王弼《老子注》为代表。王弼在该章注文中指出:"夫以道治国,崇本以息末;以正治国,立辟以攻末。本不立而末浅,民无所及,故必至于奇用兵也。"[2]王弼认为,人事之本在人心,凡事皆起于心,故"以道治国"是无为以治心,常使民无知无欲,则民性归于真朴,奸邪巧诈之事不起,是之谓"崇本以息末";反之,"以正治国"却是不知无为以治心,只知有为以治事,采用"礼""法"之类的治具来整治百姓的事为,是之谓"立辟以攻末",其结果是:由于治国者不懂得为无为而治人心的治国正道,众民百姓皆不能守其真性,多欲而奸诈,遂使治国者不得不像战场上对付敌人那样"以奇用兵",依靠权谋巧诈来对付奸诈的臣民了。也就是说,按照王弼的理解,"以正治国"并非是《老子·五十七章》予以正面宣扬的治国之道,而是与"以道治国"相反而被老子否定和批判的对象。

另一种看法则认为,"以正治国"就是"以道治国",治国与用兵所当遵循的原则是不同的,故"以正治国"与"以奇用兵"是并列对等的关系。这

---

[1] 《老子·五十八章》,载(魏)王弼著,楼宇烈校释:《王弼集校释》,中华书局1980年版,第152页。

[2] 《老子注·五十七章》,载(魏)王弼著,楼宇烈校释:《王弼集校释》,中华书局1980年版,第149页。

种看法以陈鼓应《老子今注今译》为代表。陈先生注意到了《老子》文本中"正""静"二字的内在关联，认为"以正治国"就是"以静治国"，即以清静之道治国。陈先生批评上述王弼的注文，指出："'以正治国；以奇用兵。'这是两个对等语句，王弼把它们视为上下连锁语句，遂认为'以正治国'是导致'以奇用兵'的结果。王弼将'以正治国'解释为'立辟以攻末'，令人费解。四十五章：'清静为天下正'；本章：'我好静而民自正'，都是'静''正'互言。老子主张以清静之道治国，自然亦主张以正治国。可见王注不妥。"①

我们认为，陈鼓应的看法较为合理，虽然陈先生对王弼注文中"以正治国"与"以奇用兵"之间"连锁"关系的具体理解或有可商之处，但陈先生将老子所说的"以正治国"和"清静为天下正"联系和结合起来来理解"以正治国"的含义，这比较符合老子的原意。

首先，从《老子》的原文来看，"以正治国，以奇用兵"明显是并列对等的关系，看不出有王弼所说的那种因果连锁关系。《老子》书中类似的语句结构还有第五十四章的"故以身观身，以家观家，以乡观乡，以邦观邦，以天下观天下"②，其中各句之间也是并列对等关系，这可以用来证明第五十七章的"以正治国，以奇用兵，以无事取天下"是三个互相并列的句子，它们之间不存在逻辑上的因果联系，王弼对该句的注释显然是不妥当的。

其次，《老子》书中多次提到"治国"，其核心理念为"无为"。《老子》全书直接提到"治国""治人""治民""圣人之治"的言论总共有八条：

1．"是以圣人之治，虚其心，实其腹，弱其志，强其骨。常使民无知无欲。使夫智者不敢为业。为无为，则无不治。"（《老子·三章》）③

2．"居善地，心善渊，与善仁，言善信，政善治，事善能，动善时。

---

① 陈鼓应注译：《老子今注今译》，商务印书馆2003年版，第362页。

② 《老子·五十四章》，载（魏）王弼著，楼宇烈校释：《王弼集校释》，中华书局1980年版，第144页。

③ （魏）王弼著，楼宇烈校释：《王弼集校释》，中华书局1980年版，第8页。

夫唯不争，故无尤。"(《老子·八章》)①

    3."爱民治国，能无为乎？"(《老子·十章》)②

    4."以正治国，以奇用兵，以无事取天下。"(《老子·五十七章》)③

    5."治人事天莫若啬。"(《老子·五十九章》)④

    6."治大国若烹小鲜。"(《老子·六十章》)⑤

    7."民之难治，以其智多。故以智治国，国之贼；不以智治国，国之福。"(《老子·六十五章》)⑥

    8."民之难治，以其上之有为，是以难治。"(《老子·七十五章》)⑦

这八条中，有六条与"无为治国"直接相关。其中第三章"为无为，则无不治"、第十章"爱民治国，能无为乎"，都是明确提出"无为治国"；第七十五章"民之难治，以其上之有为，是以难治"，是从反面指出统治者"有为"是"民之难治"的原因，实际也是主张"无为治国"。这说明，"无为"是老子治国理论的核心理念。第五十九章"治人事天，莫若啬"、第六十章"治大国若烹小鲜"、第六十五章"故以智治国，国之贼；不以智治国，国之福"，则阐明了"无为治国"的主要内容，包括爱养精神、清静不扰、反对智巧。

此外，还有第八章的"政善治"。该章起首以水喻"道"："上善若水。水善利万物而不争，处众人之所恶，故几于道。"⑧足见该章的主旨在于宣扬柔弱不争。故明人薛蕙释其下文"政善治"曰："治国则清静自正，'善治'也。"⑨然则该章"政善治"与第五十七章"以正治国"意义相通，都是主张

① (魏) 王弼著，楼宇烈校释：《王弼集校释》，中华书局1980年版，第20页。
② (魏) 王弼著，楼宇烈校释：《王弼集校释》，中华书局1980年版，第23页。
③ (魏) 王弼著，楼宇烈校释：《王弼集校释》，中华书局1980年版，第149页。
④ (魏) 王弼著，楼宇烈校释：《王弼集校释》，中华书局1980年版，第155页。
⑤ (魏) 王弼著，楼宇烈校释：《王弼集校释》，中华书局1980年版，第157页。
⑥ (魏) 王弼著，楼宇烈校释：《王弼集校释》，中华书局1980年版，第168页。
⑦ (魏) 王弼著，楼宇烈校释：《王弼集校释》，中华书局1980年版，第184页。
⑧ 《老子·八章》，载 (魏) 王弼著，楼宇烈校释：《王弼集校释》，中华书局1980年版，第20页。
⑨ 转引自陈鼓应注译：《老子今注今译》，商务印书馆2003年版，第103页。

以清静无为之道来治国。

综上所述，老子的治国之道就是清净无为。正如张舜徽先生所说："道家言主术，归于清静无为。"①"主术"即"君人南面之术"，老子所提倡的"主术"是以"清静无为"为实际内容的"以正治国"。

二、作为治国原则的"无为"之特点

如果老子所说的"以正治国"就是治国者遵循"自然"之"道"而行"清静无为"之事的话，那么，究竟怎样理解"无为"呢？

凭借普通的常识和理性，是难以理解老子的"无为"概念的，因为在普通的常识和理性范围之内，"无为"之"无"字极易被理解为"没有"，从而"无为"也极易被理解为"没有作为"或"无所作为"。历史上有不少研究者就是这样来理解老子的"无为"概念。

北宋的王安石（1021—1086）说："故昔圣人之在上，而以万物为己任者，必制四术焉。四术者，礼、乐、刑、政是也，所以成万物者也。……老子者独不然，以为涉乎形器者，皆不足言也、不足为也，故抵去礼、乐、刑、政，而唯道之称焉。是不察于理而务高之过矣。"②王安石还指出，如果老子的"无"和"无为"等概念还有一定正面意义的话，那就必须和"礼乐刑政"结合起来，"故无之所以为车用者，以有毂辐也；无之所以为天下用者，以有礼、乐、刑、政也。如其废毂辐于车，废礼、乐、刑、政于天下，而坐求其无之为用也，则亦近于愚矣"③。王安石的意思，其实是把老子所否定的有为政治那一套"礼、乐、刑、政"又重新加以肯定，但披上了一层"无"的外衣，是一种试图贯通儒道的做法，其实没有接触到老子"无为"的真正含义。按照王安石的说法，老子的"无为"只能局限于"道"之本体，而想化为实际政治的做法，就是愚人的空想，现实的做法还是要将"无为"转化

---

① 《道论足徵记》，载张舜徽：《周秦道论发微》，，中华书局1982年版，第70页。
② 转引自杨义：《老子还原》，中华书局2011年版，第263页。
③ 转引自杨义：《老子还原》，中华书局2011年版，第264页。

为儒家的"礼、乐、刑、政"。

南宋学者黄震（1213—1280）则从《史记》中的《老子韩非列传》得到启示，认为这是司马迁的微妙的暗示，黄震说："老子与韩非同传，论者非之，然余观太史公之旨意，岂苟然哉！……夫无为自化、去刑名，固霄壤也。然圣人所以纳天下于善者，政教也。世非太古矣，无为安能自化，政教不施，则其弊不得不出于刑名。此太史公自源徂流，详著之为后世戒也。"[1]黄震认为，老子的"无为"只是希图返回"太古"的复古主义想象，在现实中是根本行不通的，务实的做法还是得采用儒家的"政教"或法家的"刑名"。这一批判也是将老子的"无为"视为空想。

无论是王安石还是黄震，他们都认为老子的"无为"是无法转化为现实的，一旦要落实"无为"，"无为"就会变形，或为"礼乐刑政"，或为"刑名法术"。他们代表了历史上一种极具普遍性的观点，即认为老子的"无为"就是"无所作为"。"无所作为"是对现实"有为政治"的批判、揭露和否定，但本身不具有真正的建设性，一旦落实，则会被动或主动地转化为儒家或法家的"有为"。现代学者中也有把老子的"无为"理解为"无所作为"的，如有的哲学史著作中就说："老子的'无为'是反对实践，叫人不要有所作为。"[2] 在我们看来，诸如此类的解释其实是由于没有理解老子所谓"无为"的真实含义所造成的一种误解。

要把握老子的"无为"概念，关键在于准确理解其"无为"之"无"的意义。庞朴（1928—2015）先生曾指出"无"字有三种含义：一是"亡"，即有而复失；二是"无"，即似无而实有；三是"无"，即绝对的空无。[3] 老子所谓"无为"之"无"是"无"的第二种含义，即由"无"字演化而来的表示似无而实有之状态的"无"。

在老子生活的时代以及更为遥远的古代，以舞祀神在社会生活中极为常见，舞蹈者动手投足，指向虚空中不可见的神明，而在舞者、观者心目中，

---

[1]　转引自杨义：《老子还原》，中华书局 2011 年版，第 266 页。

[2]　冯契：《中国古代哲学的逻辑发展》上册，上海人民出版社 1983 年版，第 123 页。

[3]　庞朴：《谈玄说无》，《光明日报》2006 年 5 月 9 日第 5 版。

人神之间的交流却是实际发生的，"使天下之人齐明盛服，以承祭祀。洋洋乎！如在其上，如在其左右"①。因此"舞"字通"无"，指的是似无而实有的存在状态。老子所说的"无为"之"无"，就是"似无而实有"之"无"。"无为"作为治理哲学的一个概念，是表示从"道"而行的治国者的治理活动，犹如"道"对万物的作用那样，毫无形迹，无声无息，让众民百姓觉察不到治国者的行为对他们的生活有什么影响和干扰，对此，刘笑敢评论说："'无为'就是有而似无的行为。'有'说明无为的实行者不可能真的毫无行动，……'似无'则说明无为之为的特点，那就是自然而然，虚静恬淡，为之于不为之中，成之于无事之中，虽胜而未争，虽得而未夺。"②

老子提出"无为"的治国理政方式，体现了一种深刻的哲学智慧。通常人们都以为，治理国家必须要有成套的法律、有形的制度，才能形成稳定有序的社会秩序，而老子却不这么认为，他指出："有之以为利，无之以为用"③。在哲学形上学的层次上，"无"与"有"并不相互排斥，而是相互促成对方的存在和发展。老子以这种辩证的哲学思维来思考形下层面的国家治理，认为国家治理中也存在"无""有"关系，它们之间也是相辅相成的，"为学日益，为道日损。损之又损，以至于无为。无为而无不为"④。"无为"与"无不为"就是国家治理行为的"无"与"有"，它们是互相包含的，"无为"是"似无为而实有为"，"无不为"就是"似无为而实有为"之"无为"所成就的效果，这种"无不为"才是真正的"有为"的体现。所以，老子所讲的"无为"，绝不是什么"无所作为"，当然更不是什么阴谋、权谋之类的人为计算，而是一种顺应自然之道、似无而实有的国家治理方式。

与治国之"君"之"无为"相对应的，就是被治之"民"的"自化""自

---

① 《礼记·中庸》，载（宋）朱熹：《四书章句集注》，中华书局1983年版，第25页。
② 刘笑敢：《老子之自然与无为概念新诠》，《中国社会科学》1996年第6期。
③ 《老子·十一章》，载（魏）王弼著，楼宇烈校释：《王弼集校释》，中华书局1980年版，第27页。
④ 《老子·四十八章》，载（魏）王弼著，楼宇烈校释：《王弼集校释》，中华书局1980年版，第127—128页。

正""自富""自朴"。老子借"圣人"之口曰："我无为而民自化，我好静而民自正，我无事而民自富，我无欲而民自朴。"①这里老子连说了四个"自"字，这实际上是揭示了在没有统治者人为干预的情况下，人类生活的秩序是由于人们的自发性和自律性行为所造成的，"无为"作为一种国家治理方式，其意义正在于维护这种没有受到人为干预的自然生活秩序。所谓"自化""自正""自富""自朴"，都是强调了人类生活的自然秩序。在老子看来，这种自然的生活秩序就是天道的体现，生活在这种自然秩序下的人民百姓，根本不需要"圣人"或"帝王"来对他们进行教化和训导，更不需要人为的礼仪规则和法律条令来对他们的行为进行规制约束。从形而上的"有""无"关系层面来看，通过礼、法之类的外在规范强加于民众来建立人为操控性的社会生活秩序，这样的治国方式与"似无为而实有为"的"无为治国"正好相反，是"似有为而实无为"的"有为治国"，其结果是人为的操控破坏了人类生活的自然秩序，人类的真朴之性也因之荡然无存，人们变得普遍贪婪、虚伪和狡诈，由此引起种种纷争以至于引发社会动荡，酿成天下祸乱。故老子提倡"无为"，反对"有为"，其实质并不在于主张消极的"无所作为"，否定积极的"有所作为"，而是在于反对人为地操控社会的运行，要求尊重人类生活固有的自然秩序，"生而不有，为而不恃，长而不宰"②，这也就是老子所推崇的"玄德"。如论者所云，"玄德"就是无为政治的原则③，而无为政治的核心就是"不以智治国"。"《老子》批评的'以智治国'，矛头针对的就是'德礼体系'，就是封建宗法政治社会结构（礼）以及建筑于其上的意识形态。具体地说，作为政治理念与政治模式，'玄德'迥然不同于儒家崇尚的'德教'（名教、诗教），亦有别于法家推行的'刑法'。我们估计，《老子》

① 《老子·五十七章》，载（魏）王弼著，楼宇烈校释：《王弼集校释》，中华书局1980年版，第150页。
② 《老子·五十一章》，载（魏）王弼著，楼宇烈校释：《王弼集校释》，中华书局1980年版，第137页。
③ 参见郑开：《玄德论——关于老子政治哲学和伦理学的解读与阐释》，《商丘师范学院学报》2013年第1期。

所说的'以智治国'，包括通过礼法（儒、法两家的主张）和仁义（儒、墨两家的观念）两个方面控驭社会与人心的政治企图；它所推崇的'不以智治国'，就是无为政治。"①更有研究者认为，"玄德"作为一个政治哲学概念，是与儒家的"明德"相反的，所体现的是一种顺应而非宰制的政治智慧，"既然'玄德'是以'为而不恃，长而不宰'、'功成而弗居'、'利而不害'、'为而不争'等作为其政治哲学的原则，那么玄德便蕴含了某种颇为特殊的政治哲学，包括政治理念、模式和施政纲领"②。如果说儒家的"明德"是明亮而外在的，它为社会树立了一个类如"仁义""礼法"之类的普遍化标准的话，道家的"玄德"则是一种幽昧、深远之德，它不树立任何标准，不表达明确的意志，却能够养育、引导万物的生成。儒家的"明德"运用在实际政治领域，就会表现为一种"以智治国"的"操控型"的政治，道家思想家对此深恶痛绝，所以庄子反复申言："自虞氏招仁义以挠天下也，天下莫不奔命于仁义。"③"昔黄帝始以仁义撄人之心。……天下脊脊大乱，罪在撄人心。"④

在老子治理哲学中，"无为"是标识"治道"的范畴，它具有如下几个特点：

首先，"无为"是"有为"的指导性原则。

在老子哲学中，"无"具有积极意义，在"有"和"无"的关系中，"无"更为根本。"天下之物生于有，有生于无。"⑤"无"是天地万物的创生依据，一切"有"都必须依赖于"无"才能产生和存在。由此引申出来的"无为"概念，也就具有"有为之本"的意义。陈鼓应先生将《老子·六十三章》"为

---

① 郑开：《玄德论——关于老子政治哲学和伦理学的解读与阐释》，《商丘师范学院学报》2013年第1期。
② 郑开：《玄德论——关于老子政治哲学和伦理学的解读与阐释》，《商丘师范学院学报》2013年第1期。
③ 《庄子·骈拇》，载曹础基：《庄子浅注》，中华书局1982年版，第125页。
④ 《庄子·在宥》，载曹础基：《庄子浅注》，中华书局1982年版，第147页。
⑤ 《老子·四十章》，载（魏）王弼著，楼宇烈校释：《王弼集校释》，中华书局1980年版，第110页。

无为"解释为"以无为的态度去作为"①。这正是把"无为"理解为"有为之本"，所以一切"有为"的作为，都必须遵循"无为"的原则；只有以"无为"的态度去作为，才能够取得成功。"因为无不是纯粹的虚无，而是有之创造和成就的根据，所以老子所开辟出来的是一个积极的政治世界，而不是从政治世界中逃避。……无为的目的乃是成就这个以百姓为中心的有的世界。"②

其次，"无为"是一种限制性原则。

所谓"限制性原则"，就是将人们的行为限制在一定范围内而不许越界的原则。"无为"作为"限制性原则"，在《老子》书中，是通过否定句式来表达的，诸如"无知""无欲""不争""不学""不武""不敢为""不自见""不自贵"等③；与治国直接相关的，则有"不以智治国"④。这些说法，都是意味着对人们的行为进行这样或那样的限制，而"无为"是对所有这些具体限制的概括，表达了一个一般的限制性原则。刘笑敢对此分析说："我们不难看出所谓无为不是一个孤立的语言形式，事实上，它只是老子的一系列否定式用语的总代表。否定式用语所否定的包括个人的习惯行为或倾向（欲望，骄傲），常见的社会现象（战争，争夺）等等，无为实际上包括了或代表了无欲，无争，无事，不居功，不恃强，不尚武，不轻浮，不炫耀等一系列与常识、习惯不同或相反的行为和态度，也可以说一系列反世俗、反惯例的方法性原则。"⑤ 这一系列的限制，是对"有知""有欲""自见""自贵"之类的特定行为的否定，而不是对一切行为的否定。宋人范应元对《老子·六十章》中的"为无为"作了这样的解释："故圣人不妄为而常为于无为。"⑥ 也就是说

---

① 陈鼓应注译：《老子今注今译》，商务印书馆 2003 年版，第 299 页。

② 王博：《无的发现与确立——附论道家的形上学与政治哲学》，《哲学门》2011 年第 1 期。

③ 参见刘笑敢：《老子——年代新考与思想新诠》，台湾东大图书股份有限公司 2015 年版，第 111 页。

④ 《老子·六十五章》，载（魏）王弼著，楼宇烈校释：《王弼集校释》，中华书局 1980 年版，第 168 页。

⑤ 刘笑敢：《老子——年代新考与思想新诠》，台湾东大图书股份有限公司 2015 年版，第 111—112 页。

⑥ （宋）范应元集注：《宋本老子道德经》，国家图书馆出版社 2017 年版，第 250 页。

"不妄为"就是"无为"，这是对老子"无为"概念的准确诠解。

"无为"作为一种限制性原则，它所要限制的人类行为，固然有许许多多，但最主要的是国家治理过程中统治者滥用权力的行为。《老子·五十七章》道："天下多忌讳，而民弥贫；人多利器，国家滋昏；人多伎巧，奇物滋起；法令滋章，盗贼多有。故圣人云：我无为而民自化，我好静而民自正，我无事而民自富，我无欲而民自朴。"①此章内容是对统治者严刑峻法、滥用权力的批评。宋人苏辙解释此章说："患人之诈伪而多为法令以胜之，民无所措手足，则日入于盗贼矣。"②《老子·七十四章》则云："民不畏死，奈何以死惧之？……常有司杀者杀。夫代司杀者杀，是谓代大匠斲。夫代大匠斲者，希有不伤其手矣。"③蒋锡昌解释此章道："人君不能清静，专赖刑罚，是代天杀。"④

在老子看来，在国家治理中，用法令、刑罚来约束和惩治百姓，这是统治者滥用权力的突出表现，这种滥用权力的妄为，使得百姓生活在身心备受煎熬的痛苦之中，老子呼吁的"无为"，正是为了限制统治者这种滥用权力的妄为，以解脱人民的痛苦。如刘笑敢所云，"无为"在这里起到了一个人类社会"思想刹车器"的作用，避免了过分的社会支出和代价，因而具有正面和积极的意义。⑤

再次，"无为"是为了维护"自然"。

在老子哲学中，"无为"和"自然"是互有区别又相互联系的两个概念。这里的"自然"，不是现代汉语中通常所讲的那个自然界，而是指"道"的自本自根性和由"道"所派生的天地万物的秩序的自发自动性。前一种意义

---

① 《老子·五十七章》，载（魏）王弼著，楼宇烈校释：《王弼集校释》，中华书局1980年版，第150页。

② 转引自（宋）范应元集注：《宋本老子道德经》，国家图书馆出版社2017年版，第232页。

③ 《老子·七十四章》，载（魏）王弼著，楼宇烈校释：《王弼集校释》，中华书局1980年版，第184页。

④ 转引自陈鼓应注译：《老子今注今译》，商务印书馆2003年版，第328页。

⑤ 参见刘笑敢：《老子古今：五种对勘与析评引论》下卷，中国社会科学出版社2006年版，第620页。

的"自然"是表示"道"为宇宙本体，是宇宙的终极存在，由于它的存在，才有宇宙间其他一切存在——包括天地万物和人以及人所从事的一切；后一种意义的"自然"是表示由"道"所派生出来的一切事物及其关系，都是由"道"的"自然"本性所决定的，对于人类来说，它们都是自然而然，与人的作为无关。老子哲学的"道法自然"原则，就是要求人间的统治者(治国者)遵"道"而行，以维护而不人为地改变由"道"所决定的人间自然秩序，而其维护的方法就是"无为""不敢为"——"是以圣人欲不欲，不贵难得之货。学不学，复众人之所过。以辅万物之自然，而不敢为。"①"辅万物之自然"就是因任万物之自然。按照刘笑敢的分析："自然是老子哲学体系的中心价值，而无为则是老子提出的实现或追求这一价值的基本方法和行为原则。"②由此而言，老子强调"无为"，是要用"自然"来限制国家治理中的统治权力，使之不是凌驾于万物之上，而是顺应和维护万物之自然，这也是道家"无为治国"的最高目标和最终目的。

第三节　法家："唯法为治"

司马迁在《太史公自序》中引述司马谈《论六家要旨》说："夫阴阳、儒、墨、名、法、道德，此务为治者也，直所从言之异路，有省不省耳。"③涉及法家的治理思想，司马谈在《论六家要旨》中有如此评论："法家不别亲疏，不殊贵贱，一断于法，则亲亲尊尊之恩绝矣。可以行一时之计，而不可长用也，故曰严而少恩。若尊主卑臣，明分职不得相逾越，虽百家弗

---

① 《老子·六十四章》，载（魏）王弼著，楼宇烈校释：《王弼集校释》，中华书局1980年版，第166页。

② 刘笑敢：《老子——年代新考与思想新诠》，台湾东大图书股份有限公司2015年版，第4页。

③ （汉）司马迁：《史记》，许嘉璐主编：《二十四史全译》，汉语大词典出版社2004年版，第1552页。

能改也。"① 这里讲到了法家治理思想的基本特征是主张"不别亲疏,不殊贵贱,一断于法",这与崇尚"仁义"② 而"别亲疏""殊贵贱"的儒家礼治思想形成了鲜明对照——从这方面看,法家之"法"与儒家之"礼"是互相冲突的;司马谈又指出了法家法治思想包含着"尊主卑臣,明分职不得相逾越"的政治等级原则和相应的伦理原则,这与儒家礼治思想有明显的交集点和相通处——从这方面看,法家之"法"与儒家之"礼"又是互相一致的。

综合起来看,按照司马谈对于法家法治思想的理解,可以认为,法家法治思想的实质是在于对儒家礼治思想所要维护的周代宗法等级制度的扬弃性否定,即肯定其等级原则而否定其宗法原则,也就是为了国家的长治久安,主张对国家组织重作制度设计与安排,将原来家本位(以家族为中心和主体)的宗法性国家等级制度转变为国本位(以政府为中心和主体)的政治性国家等级制度。③ 典型意义上的法家之"法"所标识的就是国本位的政治性国家等级制度和与之相适应的政治组织行为规范。我们正应该从这个意义上去理解法家集大成者韩非所提出的"治民无常,唯法为治"④ 的观点,这个观点集中体现了法家之所以为法家的思想本质特征,也表明了"法"是法家"治道论"的最高范畴。

西周礼乐制度原本也包含后来被称为"法"的因素,即所谓"刑"。"刑"固然是"法",但法家之"法"却不等于"刑"。"刑"是以"罚"为特点。《尚书·康诰》所谓"明德慎罚"⑤ 之"罚",就是指执行刑法时对有罪之人所施加的惩罚。这里"德"与"罚"对举,"德"用以指以礼教之,使人民知道

---

① (汉)司马迁:《史记》,许嘉璐主编:《二十四史全译》,汉语大词典出版社2004年版,第1553页。
② 《礼记·中庸》曰:"仁者人也,亲亲为大。义者宜也,尊贤为大。"
③ 关于家本位和国本位的形成和发展及主要内容,参见柳捷、杨成炬:《本位观及其对法律文化的影响》,《社会科学辑刊》2004年第5期。
④ 《韩非子·心度》,载《韩非子》校注组:《韩非子校注》,江苏人民出版社1982年版,第715页。
⑤ (清)孙星衍:《尚书今古文注疏》,陈抗、盛冬铃点校,中华书局1986年版,第359页。

什么是应当做的;"罚"用以指以刑罚之,使人民知道什么是不能做的。"明德"是倡明礼教,使人民皆知其应守的道德;"慎罚"是适度用刑,避免乱罚和滥杀无辜。"明德慎罚"的治理思想,在齐法家经典《管子》中仍有所继承:《牧民》一方面讲"明必死之路者,严刑罚也。开必得之门者,信庆赏也。……严刑罚,则民远邪;信庆赏,则民轻难"①;另一方面又讲"刑罚不足以畏其意,杀戮不足以服其心。故刑罚繁而意不恐,则令不行矣;杀戮众而心不服,则上位危矣"②。后者显然有"慎罚"之意。《权修》更明确地主张"审刑罚"(谨慎使用刑罚),认为"法者,将用民之死命者也。用民之死命者,则刑罚不可不审。刑罚不审,则有辟就;有辟就,则杀不辜而赦有罪;杀不辜而赦有罪,则国不免于贼臣矣"③。在此基础上,《权修》还主张"省刑罚",认为"教训成俗而刑罚省"④,这与《尚书》"明德慎罚"的思想如出一辙。

法家之"法"是来源于周代礼乐制度中的"刑"。在周代礼乐制度中,"刑"是从属于"礼"的,是"礼"的补充手段。"礼"是教人做理所当然的正事,"刑"是为了保证人们只做正事而不做邪事所采取的惩戒手段,所以只是考虑"罚"。"罚"是为了让人们知道什么事不能做,"刑"就是为了禁止人们去做某些事情所制定的惩戒性法律,谁做了这些为法律所禁的事情,谁就会受到相应的法律惩罚,这种惩罚便是所谓"刑罚"。法家之"法"继承了传统的"刑"概念,同时更有所创新,即将"礼"所包含的鼓励人们去做正事的激励思想因素吸取过来加以改造,使之成为新法概念中与"罚"相辅相成的"赏",于是原本以"罚"为本质特征的旧法概念——周制之"刑",就转变为"赏""罚"相结合的新法概念——法家之"法"。

法家之"法"是基于传统刑罚观念并加以发展的思想创新成果,其创新性突出表现在如下几个方面:

① 《管子·牧民》,载赵守正:《管子注译》(上册),广西人民出版社1982年版,第2页。
② 《管子·牧民》,载赵守正:《管子注译》(上册),广西人民出版社1982年版,第2页。
③ 《管子·权修》,载赵守正:《管子注译》(上册),广西人民出版社1982年版,第19页。
④ 《管子·权修》,载赵守正:《管子注译》(上册),广西人民出版社1982年版,第18页。

一、将惩戒性的"刑"改造为惩戒和激励相结合的"赏罚之法"

《管子·七法》云:"言是而不能立,言非而不能废,有功而不能赏,有罪而不能诛,若是而能治民者,未之有也。"① 这表明了齐法家的"法"概念是包括"赏""罚"的。《七法》还指出:"罚有罪、赏有功则天下从之矣。"②"制仪法,出号令,莫不响应,然后可以治民一众矣。"③ 即认为依据"罚有罪、赏有功"的原则来制定法律,才能使天下人都服从法律。韩非更明确地讲"明吾法度,必吾赏罚"④;"无捶策之威,衔橛之备,虽造父不能以服马;无规矩之法,绳墨之端,虽王尔不能以成方圆;无威严之势,赏罚之法,虽尧舜不能以为治"⑤;"从宪令行之时,有功者必赏,有罪者必诛"⑥。韩非还从"刑德"维度来解释"赏罚之法",称:"明主之所导制其臣者,二柄而已矣。二柄者,刑德也。何谓刑德?曰:杀戮之谓刑,庆赏之谓德。为人臣者畏诛罚而利庆赏,故人主自用其刑德,则群臣畏其威而归其利矣。"⑦ 即认为"赏罚"是利用好利恶害的人性来有效地控制群臣和树立君主权威的两个不可缺其一的法律手段。

在"赏罚之法"的具体运用和分寸把握上,韩非除了强调"功当其事,事当其言,则赏;功不当其事,事不当其言,则诛"⑧"圣人之治国也,赏不

---

① 《管子·七法》,载赵守正:《管子注译》(上册),广西人民出版社 1982 年版,第 51 页。

② 《管子·七法》,载赵守正:《管子注译》(上册),广西人民出版社 1982 年版,第 54 页。

③ 《管子·七法》,载赵守正:《管子注译》(上册),广西人民出版社 1982 年版,第 55 页。

④ 《韩非子·显学》,载《韩非子》校注组:《韩非子校注》,江苏人民出版社 1982 年版,第 693 页。

⑤ 《韩非子·奸劫弑臣》,载《韩非子》校注组:《韩非子校注》,江苏人民出版社 1982 年版,第 136 页。

⑥ 《韩非子·饰邪》载《韩非子》校注组:《韩非子校注》,江苏人民出版社 1982 年版,第 174 页。

⑦ 《韩非子·二柄》,载《韩非子》校注组:《韩非子校注》,江苏人民出版社 1982 年版,第 53—54 页。

⑧ 《韩非子·主道》,载《韩非子》校注组:《韩非子校注》,江苏人民出版社 1982 年版,第 39 页。

加于无功，而诛必行于有罪者也"①"利所禁，禁所利，虽神不行；誉所罪，毁所赏，虽尧不治"②（应当禁止的，反而让其得利，对于有利的，反而加以禁止，即便是神圣也不能办好事情；该惩罚的，反而加以称赞，该奖赏的，反而加以诋毁，即使是尧也不能治好国家③）以外，尤其主张厚赏重罚，他指出：

> "凡赏之必者，劝禁也。赏厚，则所欲之得也疾；罚重，则所恶之禁也急。夫欲利者必恶害，害者，利之反也。反于所欲，焉得无恶？欲治者必恶乱，乱者，治之反也。是故欲治甚者，其赏必厚矣；其恶乱甚者，其罚必重矣。"④

这就是说，人性是好利恶害的，有鉴于此，想要收到立竿见影的法治效果，就得运用厚赏重罚。韩非还说："赏莫如厚而信，使民利之；罚莫如重而必，使民畏之。"⑤即认为厚赏重罚会收到如此效果：厚赏可使人民认为法律是有利的，重罚则能使人民敬畏法律。但在厚赏与重罚之间，韩非更强调"严刑重罚"，他说："凡上之所以治者，刑罚也。"⑥"夫严刑者，民之所畏也；重罚者，民之所恶也。故圣人陈其所畏以禁其邪，设其所恶以防其奸，是以国安而暴乱不起。吾以是明仁义爱惠之不足用，而严刑重罚之可以治国也。"⑦

齐法家则强调，要做到"法立令行"（法度能成立而政令能贯彻），使"群

---

① 《韩非子·奸劫弑臣》，载《韩非子》校注组：《韩非子校注》，江苏人民出版社 1982 年版，第 135 页。

② 《韩非子·外储说左下·经四》，载《韩非子》校注组：《韩非子校注》，江苏人民出版社 1982 年版，第 421 页。

③ 参见《韩非子·外储说左下·经四》，载《韩非子》校注组：《韩非子校注》，江苏人民出版社 1982 年版，第 421 页注⑦。

④ 《韩非子·六反》，载《韩非子》校注组：《韩非子校注》，江苏人民出版社 1982 年版，第 625 页。

⑤ 《韩非子·五蠹》，载《韩非子》校注组：《韩非子校注》，江苏人民出版社 1982 年版，第 668—669 页。

⑥ 《韩非子·诡使》，载《韩非子》校注组：《韩非子校注》，江苏人民出版社 1982 年版，第 615 页。

⑦ 《韩非子·奸劫弑臣》，载《韩非子》校注组：《韩非子校注》，江苏人民出版社 1982 年版，第 136 页。

臣奉法守职，百官有常"（群臣守法尽职，百官有法可依），避免国民"行私而不从制"，在"观国政，料事务，察民俗，本治乱之所生，知得失之所在"的基础上，必须考虑到法律的可行性与实际效果，为此"赏"（奖赏）与"禁"（惩罚）都要务求适中。[1] 齐法家还认为，"明君"之所以能做到"法立令行"而占据"胜"于臣民的压倒性优势地位，是因其"设赏"之"薄""厚"、"立禁"之"轻""重"，"皆随时而变，因俗而动"，即"明君"之"法"无论是行赏还是处罚，都是根据客观时势和民风习俗来确定的，这样的赏罚才是合理可行的。[2]

二、提出了"公法"概念

《礼记·曲礼上》有"刑不上大夫，礼不下庶人"[3] 之说，尽管后人对此有不同的理解和解释，但是从《孔子家语·五刑解》所载冉有问于孔子的话"先王制法，使刑不上于大夫，礼不下于庶人，然则大夫犯罪，不可以加刑，庶人之行事，不可以治于礼乎？"[4] 可以看出，将"刑不上大夫，礼不下庶人"理解为"大夫犯罪，不可以加刑，庶人之行事，不可以治于礼"，这在当时是大有人在的，否则冉有也不会向孔子提出这样的问题；至于孔子的回答，那是表达了孔子本人的思想。按有的学者的解释，孔子答语的意思是："过去是把大夫归属于有廉耻之节的人，他们犯了死罪当然要处罚，但为了顾及他们的脸面，就不在刑场行刑，而是把他们囚于狱室，然后准备一把剑，放在铜盘子上，覆盖白布，送到狱室，让他们感到羞愧而自杀。所以即使刑不上大夫，大夫犯罪也不能逃脱处罚。所谓礼不下庶人，是因为庶人

---

[1] 参见《管子·正世》，载赵守正：《管子注译》（下册），广西人民出版社 1982 年版，第 67—68 页。

[2] 参见《管子·正世》，载赵守正：《管子注译》（下册），广西人民出版社 1982 年版，第 67—68 页。

[3] （清）孙希旦：《礼记集解》，沈啸寰、王星贤点校，中华书局 1989 年版，第 81 页。

[4] 杨朝明、宋立林主编：《孔子家语通解》，齐鲁书社 2009 年版，第 350 页。

忙于生计而没有时间学习演练礼法，所以不能要求他们的一切言行都符合礼。"① 但是即便如此，这也并不表明"刑不上大夫，礼不下庶人"的意思就是孔子所理解和诠释的那样，更不等于当时社会现实生活中确实就是按照那样的意思来进行司法实践的——要真是这样的话，司马谈所说的法家"不别亲疏，不殊贵贱，一断于法"的主张，岂不完全是无的放矢了？因为在那种情形之下根本就不存在"别亲疏，殊贵贱"的法理精神和"大夫犯罪，不可以加刑"的司法原则嘛！而且，假使在"刑不上大夫，礼不下庶人"的周代本来就是实际奉行"不殊贵贱"的司法原则的话，司马谈针对法家主张所做的评论"亲亲尊尊之恩绝矣"，岂非实质上也是间接地针对他所误解了的周制以及维护周制的儒家礼治思想所提出的胡乱批评了?! 这么一来，岂非全都乱套了?!

在笔者看来，不管怎样来解释"刑不上大夫，礼不下庶人"，都不能否定周代礼乐制度下事实上存在着如《管子·立政》所说的那种"罚避亲贵"②的司法现象；至于这种司法现象是不是周制所固有的"别亲疏，殊贵贱"的法理精神和"大夫犯罪，不可以加刑"的司法原则的体现，抑或周制是否确实存在着"别亲疏，殊贵贱"的法理精神和"大夫犯罪，不可以加刑"的司法原则，姑置勿论，因为无论如何，仅仅这种司法现象的实际存在本身，就足以构成法家崛起的历史前提了；正是在这个历史前提下，针对周代宗法等级制度下经常发生的"罚避亲贵"现象，法家才提出了"公法"概念。

法家之"法"——无论是齐法家的，还是三晋法家的，均属于"公法"。齐法家作品如《管子·五辅》提出："公法行而私曲止，……公法废而私曲行。"③ 三晋法家作品如《韩非子·有度》提出："故当今之时，能去私曲就公法者，民安国治；能去私行行公法者，则兵强而敌弱。"④ 根据法家经典的有

---

① 喻清录：《正解"刑不上大夫"》，《洛阳日报》2013 年 12 月 2 日第 11 版。
② 《管子·立政》，载赵守正：《管子注译》（上册），广西人民出版社 1982 年版，第 26 页。
③ 《管子·五辅》，载赵守正：《管子注译》（上册），广西人民出版社 1982 年版，第 84 页。
④ 《韩非子·有度》，载《韩非子》校注组：《韩非子校注》，江苏人民出版社 1982 年版，第 44 页。

关论述，其"公法"思想具有如下特点：

（一）法不容私的公正原则

公正原则是"公法"的法理基础。《韩非子·有度》云："夫立法令者，以废私也。法令行而私道废矣。私者，所以乱法也。"①故《本言》曰：'所以治者，法也；所以乱者，私也。法立，则莫为私矣。'"②这里说明了立法的本旨在于废私立公，以公法取代私道。《管子·任法》则强调了公法不容私人议论和解说："圣君……任公而不任私……以法制行之，如天地之无私也。是以官无私论，士无私议，民无私说，皆虚其匈以听于上。上以公正论，以法制断，故任天下而不重也。今乱君则不然，有私视也，故有不见也；有私听也，故有不闻也；有私虑也，故有不知也。夫私者，壅蔽失位之道也。上舍公法而听私说，故群臣百姓皆设私立方以教于国，群党比周以立其私，请谒任举以乱公法，人用其心以幸于上。上无度量以禁之，是以私说日益，而公法日损，国之不治，从此产矣。"③

（二）"不别亲疏，不殊贵贱，一断于法"的司法原则

这是法不容私的公正原则对司法实践的必然要求。《管子·立政》主张"罚避亲贵，不可使主兵"④，认为"罚不避亲贵，则威行于邻敌"⑤。《韩非子·主道》更提出："明君无偷赏，无赦罚。赏偷，则功臣堕其业；赦罚，则奸臣易为非。是故诚有功，则虽疏贱必赏；诚有过，则虽近爱必诛。疏贱必赏，近爱必诛，则疏贱者不怠，而近爱者不骄也。"⑥《有度》更强调"法不阿贵，绳不挠曲"（法律应当公平公正，一视同仁，不偏袒有权有势的人，就像墨线不向弯曲的地方倾斜），"刑过不辟大臣，赏善不遗匹夫"（惩罚有罪行的人，不

---

① 《韩非子·诡使》，载《韩非子》校注组：《韩非子校注》，江苏人民出版社1982年版，第617页。

② 《韩非子·诡使》，载《韩非子》校注组：《韩非子校注》，江苏人民出版社1982年版，第618页。

③ 《管子·任法》，载赵守正：《管子注译》（下册），广西人民出版社1982年版，第55页。

④ 《管子·立政》，载赵守正：《管子注译》（上册），广西人民出版社1982年版，第26页。

⑤ 《管子·立政》，载赵守正：《管子注译》（上册），广西人民出版社1982年版，第27页。

⑥ 《韩非子·主道》，载《韩非子》校注组：《韩非子校注》，江苏人民出版社1982年版，第39页。

能因为是高官显宦就回避；奖赏有功劳的人，不能因为是小民百姓就遗忘）。①
这与司马谈评论法家时所说的"不别亲疏，不殊贵贱，一断于法"完全一致。

（三）"法莫如显"的公开原则

韩非说："法者，编著之图籍，设之于官府，而布之于百姓者也。故法
莫如显。"② 齐法家也十分强调法律的公开性，《管子·正》甚至说，唯有"如
日月之明"的法律，才可称之为"法"。③

（四）"置法而不变"的恒常原则

《管子·任法》谓："黄帝之治也，置法而不变，使民安其法者也。"④ 所
谓"置法而不变"，就是法律一经公布实施，就要永久坚持而不得擅改，所
谓"法者不可不恒也"⑤，如此"明法而固守之"⑥，使法律保持恒常与稳定，是
为了让人民安心依照法度行事。《管子·正》甚至要求法律应该像四时运行
一样没有差错，像星辰那样没有变更，像昼夜、阴阳、太阳与月亮一般分
明，认为只有这样才能称为"法"："如四时之不貣，如星辰之不变，如宵如
昼，如阴如阳，如日月之明，曰法。"⑦ 齐法家认为，"国更立法以典民，则不
祥"⑧（擅改已定的法度来管理人民，这对国家是不吉利的）。韩非也有类似观
点，认为："好以智矫法，时以行杂公，法禁变易，号令数下者，可亡也。"⑨
（喜欢用自己的小聪明来修正法律，往往用自己的私行来扰乱国家公共事务，
法律和禁令不能保持稳定而经常变更，君主的号令前后自相矛盾，国家就可
能灭亡。⑩）这也就是主张保持法律的稳定性，反对朝令夕改。

---

① 参见《韩非子·有度》，载《韩非子》校注组：《韩非子校注》，江苏人民出版社 1982 年版，
第 50 页。
② 《韩非子·难三》，载《韩非子》校注组：《韩非子校注》，江苏人民出版社 1982 年版，第 554 页。
③ 参见《管子·正》，载赵守正：《管子注译》（下册），广西人民出版社 1982 年版，第 49 页。
④ 《管子·任法》，载赵守正：《管子注译》（下册），广西人民出版社 1982 年版，第 54 页。
⑤ 《管子·任法》，载赵守正：《管子注译》（下册），广西人民出版社 1982 年版，第 54 页。
⑥ 《管子·任法》，载赵守正：《管子注译》（下册），广西人民出版社 1982 年版，第 55 页。
⑦ 《管子·正》，载赵守正：《管子注译》（下册），广西人民出版社 1982 年版，第 49 页。
⑧ 《管子·任法》，载赵守正：《管子注译》（下册），广西人民出版社 1982 年版，第 54 页。
⑨ 《韩非子·亡征》，载《韩非子》校注组：《韩非子校注》，江苏人民出版社 1982 年版，第 147 页。
⑩ 参见《韩非子》校注组：《韩非子校注》，江苏人民出版社 1982 年版，第 147 页注⑪。

（五）"法莫如一"的统一原则

《管子·任法》指出："夫法者，上之所以一民使下也。"①（公法是君主用来统一人民行动和役使臣下的。）认为"国法法〈废〉不一，则有国者不祥"②（国法废弛而不统一，国君将有灾殃）。《韩非子·五蠹》也说："法莫如一而固，使民知之。"③认为只有保持法律的统一和稳定，才能使人民知法守法。《管子·任法》认为，国法的统一性在于"君臣上下贵贱皆从法"："有生法，有守法，有法于法。夫生法者，君也；守法者，臣也；法于法者，民也。君臣上下贵贱皆从法，此谓为大治。"④就是作为"生法者"（法律制定者）的君主，亦须据法公正裁断，依法办事，不得离法而行私赏、私罚，故曰："夫爱人不私赏也，恶人不私罚也，置仪设法以度量断者，上主也。……不知亲疏、远近、贵贱、美恶，以度量断之。"⑤

三、"布法"以"明分职"的立法宗旨

法家主张"以法治国"的根本目的是为了富国强兵，这使得法家之"法"具有鲜明的务实性特点和强烈的功利性色彩。韩非指出："法所以制事，事所以名功也。法有立而有难，权其难而事成，则立之；事成而有害，权其害而功多，则为之。无难之法，无害之功，天下无有也。"⑥这就是说，法律是用来制约人所从事的实务的，人所从事的实务是用来显示功效的。法制的设立固然有难处，但只要有助于办成实事，就应该设立它；凡事做成了总会有害处，但只要利大于弊，就应该去做。天下决没有设立起来毫无困难的法制，也没有做成之后尽利无弊的事情。齐法家也是从成就实务维度来讲立法

---

① 《管子·任法》，载赵守正：《管子注译》（下册），广西人民出版社 1982 年版，第 55 页。

② 《管子·任法》，载赵守正：《管子注译》（下册），广西人民出版社 1982 年版，第 54 页。

③ 《韩非子·五蠹》，载《韩非子》校注组：《韩非子校注》，江苏人民出版社 1982 年版，第 669 页。

④ 《管子·任法》，载赵守正：《管子注译》（下册），广西人民出版社 1982 年版，第 55 页。

⑤ 《管子·任法》，载赵守正：《管子注译》（下册），广西人民出版社 1982 年版，第 55 页。

⑥ 《韩非子·八说》，《韩非子校注》，江苏人民出版社 1982 年版，第 636—637 页。

的意义，《管子·五辅》就提出了"布法以任力"①的观点，按照这个观点，制定和公布法律，是为了让社会各层级的人都明确知道自己的本分和按其本分必须完成的工作任务。《五辅》将社会分成君主、大夫、官长、士人和庶人五个不同层级，每个层级都各有其特定职务，法律便是对社会的各个层级所应当履行且要求其必须履行的职务的明文规定，按照这些法律规定，君主的职务是"择臣而任官"，大夫的职务是"任官辩事"，官长的职务是"任事守职"，士人的职务是"修身功材"，庶人的职务是"耕农树艺"。《五辅》指出："夫民必知务，然后心一，心一然后意专，心一而意专，然后功足观也。"②就是说，社会各层级的人都从公布的法律清楚地了解到自己的本职工作，这样只要按照法律的规定去做，就能取得可观的实际功效了——这里所讲的"功"，是指国家作为一个组织的整体效能。通过立法手段来规定国民各自的职分，使其能依法各司其职、各尽其责，这便是司马谈《论六家要旨》中评论法家之"法"所说的"明分职"。在齐法家看来，"明分职"是设立法制对于国家治理的根本意义所在，其最终目的是为了提高国家的整体效能。韩非也有类似的思想，他说：

> "道者，万物之始，是非之纪也。是以明君守始以知万物之源，治纪以知善败之端。故虚静以待，令名自命也，令事自定也。虚则知实之情，静则知动者正。有言者自为名，有事者自为形，形名参同，君乃无事焉，归之其情。"③

① 《管子·五辅》，载赵守正：《管子注译》（上册），广西人民出版社1982年版，第86页。

② 《管子·五辅》，载赵守正：《管子注译》（上册），广西人民出版社1982年版，第86页。

③ 《韩非子·主道》，载《韩非子》校注组：《韩非子校注》，江苏人民出版社1982年版，第35页。按：《韩非子校注》将这段话译为："道是万物的本原，是非的准则。因此，英明的君主把握住这个本原以了解万物的由来，研究这个准则以了解事情成败的原因。所以用虚静的态度对待一切，名称要让它自己所反映的内容去确定，事情要让它自身的性质去确定。保持虚，就能知道事物的真相；保持静，就能知道行动是否正确。臣下进言，就表达了自己的主张；臣下办事，自然表现出一定的效果，效果和主张经过验证相符合，君主就无所事事，而使事物呈现出它们的真相。"参见《韩非子》校注组：《韩非子校注》，江苏人民出版社1982年版，第35页注③、⑦、⑪。

"虚静无为，道之情也。"①

"故圣人执一以静，使名自命，令事自定。不见其采，下故素正。因而任之，使自事之；因而予之，彼将自举之；正与处之，使皆自定之。上以名举之，不知其名，复修其形。形名参同，用其所生，二者诚信下乃贡情。"②

"君操其名，臣效其形，形名参同，上下和调也。"③

"夫物者有所宜，材者有所施，各处其宜，故上下无为。"④

韩非这里所说的"君操其名"的"名"实指"明分职"之"名"，即他所谓"法所以制事"的"法"，是君主为了控制群臣而对他们各自职务的明文规定，君主根据这些以"名"的形式来呈显的法律规定，要求臣下依法各司其职、各尽其能，并依据他们的实绩（"形"），对照法律规定（"名"）来考核其是否忠于职守，进而根据考核结果对他们做出或赏或罚的处置。韩非认为，以这样的法治方法来治理国家，是为了协调君臣上下关系，使君主与臣下各自处在适当的位置上，让他们都有施展自己才能的地方，从而能充分发挥他们各自的作用，并能使他们各各相殊的作用互相调和而形成一种足以

---

① 《韩非子·扬权》，载《韩非子》校注组：《韩非子校注》，江苏人民出版社 1982 年版，第 65 页。

② 《韩非子·扬权》，载《韩非子》校注组：《韩非子校注》，江苏人民出版社 1982 年版，第 63 页。按：《韩非子校注》将这段话译为："运用道的方法，将确定客观事物的名称摆在首位，名称正确地反映了客观事物，事物的性质就明确了；名称不正确地作了反映，事物的性质就捉摸不定了。所以君主用虚静的态度来掌握道，名称要让它所反映的内容去确定，事物要让它自身的性质去确定。君主不显露自己的智能，臣下也就表现出'纯正'的本色。依据这种情况任用他们，使他们自己办理政事；依据这种情况去分派事情，他们将自动去举办事情；君主恰当地安排臣下，使他们都能自行完成任务。君主根据臣下的主张举用他，不知他的主张是否恰当，就去考察它付之行动后的效果。效果和主张经过检验确实相符，那就根据结果给予奖赏。赏罚确实兑现了，臣下就会献出忠诚。"参见《韩非子》校注组：《韩非子校注》，江苏人民出版社 1982 年版，第 63 页注②、⑧、⑪。

③ 《韩非子·扬权》，载《韩非子》校注组：《韩非子校注》，江苏人民出版社 1982 年版，第 65 页。

④ 《韩非子·扬权》，载《韩非子》校注组：《韩非子校注》，江苏人民出版社 1982 年版，第 62 页。

使国家富强的合力；而君主想要收到这样的治理成效，就应该把握万物本原
之"道"，了解万物的由来和人事成败的原因，唯其如此，才能自觉地按照
"道之情"（道的虚静本性），以"去喜去恶"①（公平无私）的"虚静"心态和"固
闭内扃"②（深藏不露）的"无为"方式来"操其名"，这样才能充分有效地
施展君主"因任而授官，循名而责实，操生杀之柄，课群臣之能"的法治之
"术"③，由此不仅能达到"国富而兵强"，而且可避免"其富强也资人臣"④的
结果，使君主能独享其国家治理的成果。

本章小结

所谓"治道"，是指基于对天下乱治原因与原理的探究所提出的治理方
法和运用其方法来治理国家所达到的治理境界。国家治理哲学范畴的治理方
法和治理境界具有普遍性，是国家治理所应遵守的基本原则和所当追求的价
值目标。先秦儒、道、法三家所提出的国家治理原则可分别概括为"为国以
礼""以正治国""唯法为治"。

"为国以礼"是儒家基于对周代国家组织制度的肯定性评价所提出的国
家治理原则。在儒家国家治理哲学中，"为国以礼"既是组织原则，又是治
道原则。作为组织原则，"为国以礼"的理据在于，依"礼"治国是体现"天道"
的"人道"行为。作为治道原则，"为国以礼"的理据在于，依"礼"治国
能使人民"有耻且格"——既能使人民有耻辱心，又能使人民有归顺心。作

---

① 《韩非子·扬权》，载《韩非子》校注组：《韩非子校注》，江苏人民出版社 1982 年版，第
66 页。

② 《韩非子·扬权》，载《韩非子》校注组：《韩非子校注》，江苏人民出版社 1982 年版，第
66 页。

③ 参见《韩非子·定法》，载《韩非子》校注组：《韩非子校注》，江苏人民出版社 1982 年版，
第 589 页。

④ 《韩非子·定法》，载《韩非子》校注组：《韩非子校注》，江苏人民出版社 1982 年版，第
590 页。

为治道原则，"为国以礼"在现实性上表现为"齐之以礼"的"礼治"实践，这种实践蕴含着"道之以德"的"德治"逻辑，是受"德治"逻辑支配并体现"德治"逻辑的现实治理形态。所谓"道之以德"，就是通过以身作则地为人民做出道德榜样的教化方式来使民心归顺。这种道德教化作为国家治理的一种普遍方法，便叫做"为政以德"。这种治理方法蕴含着"其身正则能使人正"的道德感化原理，当这一原理被运用于国家治理实践时，它便是贯穿于国家治理过程始终的道德感化规律，这一道德感化规律便是"德治"逻辑。在"齐之以礼"的"礼治"实践中，这一治理逻辑体现为：以"克己复礼"的"正身"行为，给人民做出"约之以礼"的表率，以此引领和引导人民，使人民亦能自觉以"礼"自律，由此达成据"礼"以"治人之情"的"正人"目标。要之，"为国以礼"是"德治"和"礼治"相互统一的治道原理。儒家认为，运用这个原理来治国，就能使人民"有耻且格"，而克服"道之以政，齐之以刑"所存在的至多能使人民暂时免于罪过却不能使人民有耻辱心的缺陷。"耻"是据"礼"分辨所遇之事可不可为、该忍还是不该忍，并由此做出为或不为、忍或不忍的行为判断的心理过程，它是"仁心""义心""礼心""智心"在遇事情境下的综合活动形式，本质上是遇事用"礼"来节制自己的道德情感，使"仁"由心中自然的"爱人"之情转变为事中受"礼"节制的"敬人"之意。由于这个转变决定着道德主体能否随着这个转变而在"克己复礼"的仁德实践中体验到"仁"的价值而诚心归依之，"耻"是实现"天下归仁"的关键所在，因此，以"天下归仁"为目标的国家治理，必须坚持"为国以礼"的原则，采取"道之以德，齐之以礼"的"德治—礼治"方式来治理国家。

　　"以正治国"是道家基于对周代国家组织制度的批判和否定所提出的国家治理原则。"以正治国"可以也应该被理解为"以道治国"，但是当"道"被解释为"正"时，因"正"是与"奇"相对的，在兵家军事辩证法中，所谓"奇正相生"是意味着"常变结合"，所以用于解释"道"的这个"正"是指"道"之"常"，即"道"在自我运动中始终不变、恒常如一的属性。如果说"道"之"变"就是由"道"演化而来的处于生灭变化中的天地万物的话，那么，"道"之"常"即是"道"自身，亦即无生灭变化的"道"之本体，这个本体是清静无为的，故老子乃有"道常无为"①之说。老子所谓"以奇用兵"，是主张根据"道"之"变"的规律来用兵。"道"之"变"的规律就是所谓"反者，道之动"②之"反"；将"反"运用于军事领域，就是所谓"将欲歙之，必固张之；将欲弱之，必固强之；将欲废之，必固兴之；将欲夺之，必固与之"③的"微明"④策略。但是老子认为，这种显示人的智谋的兵法不可用于治国。"以智治国，国之贼；不以智治国，国之福。"⑤老子所谓"以正治国"，就是主张根据"道"之"常"的规律来治国。"道"之"常"的规律，就是"道常无为而无不为"⑥。将"无为而无不为"运用于治国，就是"我无为而民自化，我好静而民自正，我无事而民自富，我无欲而民自朴"⑦。故"以正治国"包括"无为"与"无不为"两个方面："无为"是对"为"的否定、限制方面，这个被否定、限制的"为"是体现"有知""有欲""自见""自贵"的胡作妄为，故"无为"即是不胡作妄为；"无不为"是对"为"的肯定、不限制方面，这个被肯定而不受限制的"为"是维护"自然"（天地万物和人类社会自发自动的秩序）而让人民"自化""自正""自富""自朴"的正当行为，故"无不为"即是正当行为。要之，"以正治国"就是反对破坏自然秩序的胡作妄为，以维护自然秩序的正当行为来治理国家，使自然界

---

① 《老子·三十七章》，载（魏）王弼著，楼宇烈校释：《王弼集校释》，中华书局 1980 年版，第 91 页。

② 《老子·四十章》，载（魏）王弼著，楼宇烈校释：《王弼集校释》，中华书局 1980 年版，第 109 页。

③ 《老子·三十六章》，载（魏）王弼著，楼宇烈校释：《王弼集校释》，中华书局 1980 年版，第 89 页。

④ "微明"谓明暗莫测，闪烁不定。与"虚虚实实""声东击西"之意相近。

⑤ 《老子·六十五章》，载（魏）王弼著，楼宇烈校释：《王弼集校释》，中华书局 1980 年版，第 168 页。

⑥ 《老子·三十七章》，载（魏）王弼著，楼宇烈校释：《王弼集校释》，中华书局 1980 年版，第 91 页。

⑦ 《老子·五十七章》，载（魏）王弼著，楼宇烈校释：《王弼集校释》，中华书局 1980 年版，第 150 页。

和人类社会都按其自发自动的自然秩序运行。

　　"唯法为治"是法家基于对周代宗法等级制度的扬弃性否定所提出的国家治理原则。法家之"法"源于周代之"刑",是经由对周代惩戒性的"刑"改造而成的以惩戒与激励相结合为特点的"赏罚之法"。在法理学上,法家之"法"是根据道家之"道"公平无私的"虚静"本性来制定的"公法"概念。在渊源于道家哲学思想的法家(主要是韩非)法哲学概念系统中,"道"是最高概念,位于"无形""无名"的形上层次;"物""事""理""法""礼"等较低概念,则位于"有形""有名"的形下层次。但后者又有级别差异:"物""事""理"是较高级概念,属于"有形"序列;"法""礼"是较低级概念,属于"有名"序列。这两个层次、三个级别的概念之间的逻辑关系是:"道"生"物""事""理""法""礼",即"无形""无名"生"有形""有名";"物""事""理"生"法""礼",即"有形"生"有名"。以"礼法并用"为基本特点的齐法家有一个从"礼本论"的"礼法并用"到"法本论"的"礼法并用"的转变:在"礼本论"阶段,齐法家的礼法观是"法出于礼"[①];到了"法本论"阶段,齐法家则认为"所谓仁义礼乐者,皆出于法"[②]。"法本论"是反映齐法家作为法家的思想本质的,但"法本论"还只是"礼出于法"的礼法观,尚未达到法哲学层次。代表齐法家法哲学层次的法理思想是"事督乎法,法出乎权,权出乎道"[③]的"道生法"论,这与韩非的法理思想相一致,其哲理悉本于老子"道"学。法家的"公法"概念就是由"道"引申出来的。依韩非之见,"公法"概念既反映了作为"法"之本原的"道"公平无私的"虚静"本性,也反映了据"道"立"法"者"去喜去恶"[④](公平无私)的"虚静"心态,这样立"法"是意味着立"法"者欲以"固闭内扃"[⑤](深藏不露)的"无为"方式来

① 《管子·枢言》,载赵守正:《管子注译》(上册),广西人民出版社1982年版,第106页。

② 《管子·任法》,载赵守正:《管子注译》(下册),广西人民出版社1982年版,第54页。

③ 《管子·心术上》,载赵守正:《管子注译》(下册),广西人民出版社1982年版,第3页。

④ 《韩非子·扬权》,载《韩非子》校注组:《韩非子校注》,江苏人民出版社1982年版,第66页。

⑤ 《韩非子·扬权》,载《韩非子》校注组:《韩非子校注》,江苏人民出版社1982年版,第66页。

操控和利用"法",使"法"成为有效控制群臣百姓的帝王之具。法家之"法"作为"公法"的特性在于:一是立法与司法不容私情的公正性,二是向民众明文公布法律的公开性,三是保持法律稳定而忌讳朝令夕改的恒常性,四是"君臣上下贵贱皆从法"的统一性。从"法"作为"有名"序列的概念与"有形"序列的"事"概念的关系来说,它们是"因事生法"和"法以治事"的关系。从国家治理角度说,"因事生法"就是对国家组织中处于不同层级的成员的身份地位和按其身份地位所应尽的职责和义务做出明文规定——这些明文规定是"有名"之"法",而"法"所规定的各人之身份地位及各人依"法"应当承担和必须履行的职责与义务则是"有名"之"事";制定和公布法律,就是为了让人们明了自己的身份地位和按其身份地位依"法"应该承担和必须履行的职责与义务。"法以治事"即是依据"法"的规定,对国家组织中处于不同层级的成员所应该承担和必须履行的职责与义务的完成情况进行考核,这个考核过程便叫做"循名而责实"①——"名"是"法"对国家组织各层级的成员所应该承担和必须完成的任务的明文规定,"实"是根据法律的明文规定,各人完成自己任务的实绩;依据他们的实绩来检验其是否忠于职守,进而依据检验结果对其做出或赏或罚的相应处置。法家"唯法为治"的国家治理原则是落实在"法以治事"上的,其目的是依靠法制和运用法律来协调君臣上下关系,使君主与臣民各处适当位置,各司其职、各尽其责,以提高国家组织的整体效能而实现富国强兵。

---

① 《韩非子·定法》,载《韩非子》校注组:《韩非子校注》,江苏人民出版社 1982 年版,第589 页。

第十章 治理之境

中国传统国家治理哲学是以"内圣外王之道"为主题的。按照"内圣外王"观念的要求，足以胜任并能成功地管理国家而使天下归服的"王"者，必须同时为"圣"。"圣"就是"王"者所应当且必须具备的个人素质和人格条件，是"王"者之所以能"王天下"的内在根据；"王"是成"圣"者在一定条件下担当国家管理者所表现出来的"王天下"的治理能力。"圣""王"之间的这种内在联系，并不意味着二者具有直接等同性。一般说来，"圣"是着眼于"人"，"王"是着眼于"国"；"成圣"是为人之大业，"成王"是为国之大业；为人以"成圣"为奋斗目标，为国以"成王"为奋斗目标。故"圣"乃人生修养之至境，"王"乃国家治理之至境。从这个意义上说，以"内圣外王之道"为主题的中国传统国家治理哲学，是人生哲学与治理哲学的统一体。就人生哲学与治理哲学的相互联系和相对关系来说，人生哲学乃是"内圣之学"，治理哲学则是"外王之学"；合而言之，可谓"内圣外王之学"。

冯友兰先生在《新原人》一书中曾提出"人生四境界"说，将各种不同的人生境界划分为由低到高的四个等级：自然境界、功利境界、道德境界、天地境界。自然境界是指一个人顺着自己的本能或其社会的风俗习惯，做他所做的事，对所做的事有何意义并无觉解，或不甚觉解；功利境界是指一个有自我意识的人本于利己的动机，为自己做各种事；道德境界是指一个人对自己作为社会的一员或社会整体的一部分有了觉解之后，为社会的利益做各种事；天地境界是指一个人不仅对自己作为社会整体的一部分有了觉解，同时还对自己作为宇宙整体的一部分有了觉解，从而为宇宙的利益、"天民"

做各种事。①

儒、道、法所追求的治理境界，正可以按冯先生的"人生四境界"说来予以评判，因为从其三家学者作为一些特殊的个人来说，其学说是反映他们各自对于人生境界的追求的，同时更将这种人生价值的追求及其对人生的目的和意义的领悟提到哲理层面来进行证论和阐释，使之上升到人生哲学高度，正是这种理论地表现其人生境界的人生哲学，构成了其治理哲学的基础。当然，冯先生所提"人生四境界"中处于最低级别的所谓"自然境界"，是明显不适用于这里的评判的，因为儒、道、法三家的学者都是一些自觉的人，而且是对于宇宙和人生及其关系都有高度觉解的人。

若依冯先生对其他三境界的界说来做一分判，儒、道、法三家学者的人生境界应可分判为：法家学者是功利境界，儒家学者是道德境界，道家学者是天地境界。只是人生境界还并不等于是治理境界，治理境界也不能被完全归结于人生境界；人生境界仅涉及对人生目的和意义的理解，治理境界则还涉及对国家治理目的和意义的理解。所以，从人生境界到治理境界，这中间有一个目的和意义的转换问题。在下面的论述中，将重点以儒家为例来说明这个问题。

第一节　儒家："智仁合一"的道德境界

一、"智""仁""勇"的君子人生境界

"君子"是由"君"与"子"两个词素所构成的一个合成词，其原始意义尚难以考知。曾有一位名人在全国性的公开讲座中声称，"君子"的本义是"君之子"，但不知其证据、理据究竟何在，其说或许只能被当作说书先生的一个"噱头"来看待。

---

① 参见冯《新原人》第3—7章，载冯友兰：《贞元六书》，华东师范大学出版社1996年版。

"君子"一词广见于先秦典籍，然而屡屡提及"君子"的《尚书》《诗经》《易经》等早期经典，均未对"君子"一词的通义做出明确解说，后人只能从其上下文来推断该语词在不同语境下的实用意义。但是至少有一点可以肯定："君子"的基本意义是指人类中的男性，但又不是泛指一般男性，而是特指男性群体中的某类人，至于此类男性究竟具有怎样的共性特征，则未可一概而论。

在孔子创立儒家学说时，君子被描述为介于圣人与小人之间的一种人格。《论语》对此有种种具体描述，诸如"君子喻于义，小人喻于利"[1]"君子成人之美，不成人之恶；小人反是"[2]"先进于礼乐，野人也；后进于礼乐，君子也"[3]"君子坦荡荡，小人长戚戚"[4]"君子泰而不骄；小人骄而不泰"[5]等等，不胜枚举。而第十四篇《宪问》中的一段描述最能反映孔子对君子的人格定位：

> "子曰：'君子道者三，我无能焉：仁者不忧，知〈智〉者不惑，勇者不惧。'子贡曰：'夫子自道也。'"[6]

按子贡的理解，这段话是孔子的自谦之辞，即在孔子自己看来，他在"仁""智""勇"三个方面都还做得不够好："仁"方面的欠缺是尚未达到无忧，"智"方面的欠缺是尚未达到无惑，"勇"方面的欠缺是尚未达到无惧。孔子的这些自我评判表明，他是从"仁""智""勇"三个方面来评价一个人是否达到了君子标准的。

值得注意的是，上述所引孔子之语"仁者不忧，知〈智〉者不惑，勇者不惧"，在《论语》第九篇《子罕》所记孔子之言中被表述为："知〈智〉者不惑，仁者不忧，勇者不惧。"[7] 这不同于上述"仁""智""勇"的排序，而

① 《论语·里仁》，载杨伯峻译注：《论语译注》，中华书局1980年版，第39页。
② 《论语·颜渊》，载杨伯峻译注：《论语译注》，中华书局1980年版，第129页。
③ 《论语·先进》，载杨伯峻译注：《论语译注》，中华书局1980年版，第109页。
④ 《论语·述而》，载杨伯峻译注：《论语译注》，中华书局1980年版，第77页。
⑤ 《论语·子路》，载杨伯峻译注：《论语译注》，中华书局1980年版，第143页。
⑥ 《论语·宪问》，载杨伯峻译注：《论语译注》，中华书局1980年版，第155页。
⑦ 《论语·子罕》，载杨伯峻译注：《论语译注》，中华书局1980年版，第95页。

是以"智"为首的排序；而《中庸》第二十章所引孔子答鲁哀公问政之言"知〈智〉、仁、勇三者，天下之达德也"① 则与《论语·宪问》中"智""仁""勇"的排序一样，据此，可以认为，在孔子相关言论之正式表述中的排序应该是"智、仁、勇"，而非"仁、智、勇"。

从现代心理学角度来解读，"智""仁""勇"乃是孔子对君子所作出的周全的人格定位，它们分别对应于现代心理学所讲的"知"（认知）"情"（情感）"意"（意志）。按孔子的思想，君子的理想人格特点在于：认知上达到"智"，情感上达到"仁"，意志上达到"勇"。换言之，孔子所谓君子，用现代心理学术语来说，就是心理素质全面发展的人。

在君子人格"智""仁""勇"三要素中，"仁"是核心要素，"智"和"勇"都是从属于"仁"的，"智"是对"仁"起节制作用的因素，"勇"是使"仁"转变为现实的因素。

孔子讲"仁者爱人"，但他同时也讲"唯仁者能好人，能恶人"②，这意味着"仁"的情感表达，可以是表达"爱"，也可以是表达"恨"。因此，对"仁者"来说，其具体情感的表达是因人而异的，需要根据具体的人及其具体的事来决定"好（爱）人"或"恶（恨）人"。但无论是"好（爱）人"还是"恶（恨）人"，都应避免偏倚之失而达到情感适中；反之，"爱之欲其生，恶之欲其死。既欲其生，又欲其死，是惑也"③。"智"对于"仁"的作用，正在于据"礼"分辨他人行为之是否适当，由此做出"好（爱）人"或"恶（恨）人"的情感选择，并依"礼"自我控制情感表达，把握住"好（爱）人"或"恶（恨）人"的具体情感之分寸，使之恰到好处而免于偏倚之失。《论语·八佾》记孔子言曰："《关雎》乐而不淫，哀而不伤。"④ 这说明，孔子不但重视"好（爱）人"或"恶（恨）人"的具体情感之分寸的把握，也注重诸如赋诗作文之类场合抒发喜怒哀乐之情的适度与否的拿捏，这都是为了达到情感之发乎视听言动

---

① 《中庸》引孔子语，载（宋）朱熹：《四书章句集注》，中华书局 1983 年版，第 28 页。

② 《论语·里仁》，载杨伯峻译注：《论语译注》，中华书局 1980 年版，第 35 页。

③ 《论语·颜渊》，载杨伯峻译注：《论语译注》，中华书局 1980 年版，第 127 页。

④ 《论语·八佾》，载杨伯峻译注：《论语译注》，中华书局 1980 年版，第 30 页。

恰到好处而无有悖礼之失。《中庸》有云："喜怒哀乐之未发，谓之中；发而皆中节，谓之和。"①这一关于情感的"中和"之论应该就是来源于孔子以"智"制"仁"的思想。

孔子的"智"概念有"生智"与"学智"之分。《论语·季氏》载孔子言曰："生而知之者，上也；学而知之者，次也；困而学之，又其次也；困而不学，民斯为下矣。"②"生而知之"的先天智慧是"生智"，"学而知之"所获得和累积起来的智慧是"学智"。孔子又有"唯上知与下愚不移"③之论，这里"不移"是指"上知〈智〉"与"下愚"这两种情况是改变不了的。为何改变不了呢？比较合理的解释应该是，"上知〈智〉"与"下愚"是生来如此，天性使然，所以无法改变。故"上知〈智〉"与"下愚"应可理解为是分别指"生智"和"无知"（以其非"生而知之"又"困而不学"）而言。"学智"是通过"博学于文"特别是通过"学礼"所获得和累积而成。孔子曾自称："我非生而知之者，好古，敏以求之者也。"④又称："若圣与仁，则吾岂敢？抑为之不厌，诲人不倦，则可谓云尔已矣。"⑤将这两段话联系起来看，这里所讲的"圣与仁"应该是指"生而知之者"的天赋智慧和得益于这种先天智慧所具有的天然适当的仁爱情感（中和情感）。因为这里无论是"圣"还是"仁"都是天性如此，对"学而知之者"来说，是不可企及的，所以孔子才说"若圣与仁，则吾岂敢？"《孟子·公孙丑上》所记孟子之语中征引孔子与子贡的对话曰："昔者子贡问于孔子曰：'夫子圣矣乎？'孔子曰：'圣则吾不能，我学不厌而教不倦也。'"⑥这里讲得很清楚：孔子是说"圣则吾不能"。所以他所谓"若圣与仁，则吾岂敢"，这话既不是因为他尚未达到"圣与仁"而如实道来，也不是因为他实际已达到"圣与仁"而自谦如此，而是以其有"非生而知之"的自知

---

①　（宋）朱熹：《四书章句集注》，中华书局1983年版，第18页。

②　《论语·季氏》，载杨伯峻译注：《论语译注》，中华书局1980年版，第177页。

③　《论语·阳货》，载杨伯峻译注：《论语译注》，中华书局1980年版，第180页。

④　《论语·述而》，载杨伯峻译注：《论语译注》，中华书局1980年版，第72页。

⑤　《论语·述而》，载杨伯峻译注：《论语译注》，中华书局1980年版，第76页。

⑥　《孟子·公孙丑上》，载杨伯峻译注：《孟子译注》，中华书局1960年版，第63页。

之明，所以自认为"圣则吾不能"，因此才如实道来。从其"圣人，吾不得而见之矣；得见君子者，斯可矣"①的话来看，显然孔子认为，非但圣人是可望不可即，就连君子都不容易见到，所以能见着君子就已经算是不错了。他这里所讲的"君子"，自然不是指居于君主地位或居于官位的人，似乎也不是指一般有道德的人，而是指"智""仁""勇"兼备而符合其君子人格理想的文明人。"智""仁""勇"兼备的文明君子，才是孔子所追求的人生理想。孔子何尝有"成圣"之想哉?!《论语·雍也》记载道："子贡曰:'如有博施于民而能济众，何如? 可谓仁乎?'子曰:'何事于仁，必也圣乎! 尧舜其犹病诸!'"②由此可见，孔子心目中的"圣人"是"博施于民而能济众"者! 依孔子之见，要达到"博施于民而能济众"的"圣"境，这是连尧舜都担心做不到的，又何况是其他人呢! 若此，非要将后儒思想强加于孔子，认为孔子也像后儒一样持有"人皆可以为尧舜"的信念，这样恐怕是很不妥当的。

实际上，孔子所谓"圣人，吾不得而见之矣；得见君子者，斯可矣"并非是虚语，在现实生活中，他非但没有以"圣人"自许，也没有以"圣人"作为自己的人生追求，只是"与命与仁"③（信天命而赞仁德）罢了。他所称的"生而知之"，既非人为努力所致，则必是出于"命"的缘故。他说"生而知之者，上也"，这个"上"显然是指知识或智慧的最高等级，则被他称为"上"的"生而知之者"当然是具有最高智慧的人，这样的"上智"之人，自然只有他所说的"圣人"才足相匹配，其他人——即便是符合其理想人格的君子，都是不足以称为"上智"（具有最高智慧的人）的。孔子"与命与仁"，所以他是"志于道""志于仁"，以追求"仁道"为职志，声称"君子谋道不谋食""君子忧道不忧贫"④。

从"君子博学于文，约之以礼"⑤的角度看，"智"是"博学于文"所获

---

① 《论语·述而》，载杨伯峻译注:《论语译注》，中华书局1980年版，第73页。
② 《论语·雍也》，载杨伯峻译注:《论语译注》，中华书局1980年版，第65页。
③ 《论语·子罕》，载杨伯峻译注:《论语译注》，中华书局1980年版，第86页。
④ 《论语·卫灵公》，载杨伯峻译注:《论语译注》，中华书局1980年版，第168页。
⑤ 《论语·雍也》，载杨伯峻译注:《论语译注》，中华书局1980年版，第63页。

得的知识和智慧，根据后文"约之以礼"以及孔子在另一处所说"不学礼，无以立"①的话和《论语·雍也》所记樊迟"问知"、孔子以"知人"作答的情况来判断，"智"主要是关于"人"和"礼"的知识与智慧；在与"仁"的关系中，这些知识和智慧是作为"德性之智"，对人的"仁爱"②之情起着"约之以礼"的节制作用，使人能够按照"礼"的规定和要求，因人而异地付出自己的情感，恰到好处地"仁爱"待人。

但是，"仁爱"并非只是存乎人心的一种情感，从"力行近乎仁"③的话来看，"仁爱"更是见诸实事的一种行为。所以，"约之以礼"应该被合理地理解为是节制"仁爱"于实事之中，即"智"通过对实事之中"爱人"情感的节制来达成对"爱人"行为的制约。

这样，在"约之以礼"的过程中，"智"便具有如此三重身份和相应的作用形式：从其节制发自本心的情感来说，它是作为"心性之智"来制约"仁爱之情"；就其通过情感制约来达成行为制约而言，它是作为"心志之智"来制约"仁爱之事"；而从其以"礼"节制情感与行为来说，它则是作为"心理（礼）之智"来制约"仁爱情事"（按：为行文方便起见而对"仁爱之情"与"仁爱之事"的统略称谓）。

在制约"仁爱之情"的作用意义上，"智"——"心性之智"，便是孟子所谓"是非之心"的运动形式；在制约"仁爱之事"的作用意义上，"智"——"心志之智"，便是孟子所谓"羞恶之心"的运动形式；在制约"仁爱情事"的作用意义上，"智"——"心理（礼）之智"，便是"恭敬之心"或"辞让之心"的运动形式。

换言之，被孟子视为"智之端"的所谓"是非之心"，实为"心性之智"的先天根据；被孟子视为"义之端"的所谓"羞恶之心"，实为"心志之智"的先天根据；被孟子视为"礼之端"的所谓"恭敬之心"或"辞让之心"，

---

① 《论语·季氏》，载杨伯峻译注：《论语译注》，中华书局1980年版，第178页。

② 《论语·颜渊》："樊迟问仁。子曰：'爱人。'"参见杨伯峻译注：《论语译注》，中华书局1980年版，第131页。

③ 《中庸》引孔子语，载（宋）朱熹：《四书章句集注》，中华书局1983年版，第29页。

实为"心理（礼）之智"的先天根据。

要之，孟子性善论中"四心""四端"之说，不过是对孔子所谓"智"与"仁"的诠释之言。这些诠释都是局限在"心性"的范围之内，都是为了说明孔子所谓的"智"与"仁"是有其先天的人性依据的，它们都是根源于人性和体现"人之性善"的精神现象。

对孔子所说的"勇"，孟子也曾给予了关注，并且很重视"养勇"[①]。据曾海军的研究，孟子论"勇"是"传承曾子自反而缩的精神，'以直养而无害'，其气'塞于天地之间'，是所谓'养浩然之气'也"[②]。但是，孟子终究没有像孔子那样将"勇"置于同"智""仁"相并列的位置上来给予充分重视，其人性论讲到了"仁""义""礼""智"，却独独将在孔子那里同"智""仁"相并列的"勇"摒弃于外，这似乎意味着孟子并不认为"勇"具有可以同"智""仁"相提并论的重要性。

从现代认知心理学角度来看孔子从"智""仁""勇"三方面对君子的人格定位，在认知过程中，"智"所涉及的是事实关系，它表现为事实判断；"仁"所涉及的是价值关系，它表现为价值判断；"勇"所涉及的是行为关系，它表现为行为判断。其中，行为判断是认知过程的最高阶段，是根据事实判断和价值判断来做出行为决定。行为判断之得当与否，取决于事实判断的正确与否和价值判断的合理与否。故行为判断是事实判断和价值判断的集中反映与综合体现。这意味着"勇"集中反映与综合体现着君子的人格特征。

"勇"作为君子人格要素中的意志要素，被孔子排在三"达德"之末，这应该是有讲究的。根据孔子"见义不为，无勇也"[③]的解说，"勇"的含义就是"见义而为"，其意义要素包括"义"和"为"，而"义"是"勇"的核心意义，"为"之为"勇"是由"义"决定的，当且仅当"义为"时，才是"勇"。

关于"义"，孟子曾解释说："仁，人心也；义，人路也。"[④]大概是因为

---

① 详见《孟子·公孙丑上》，载杨伯峻译注：《孟子译注》，中华书局1960年版，第61页。

② 曾海军：《孟子论"勇"——兼论一种儒家人文学的视野》，《天府新论》2014年第4期。

③ 《论语·为政》，载杨伯峻译注：《论语译注》，中华书局1980年版，第22页。

④ 《孟子·告子上》，载杨伯峻译注：《孟子译注》，中华书局1960年版，第267页。

道路有邪曲与正直之分，用"人路"来解释"义"，在逻辑上就不能排除"义"还有"邪路"的意义，所以后来像孔、孟一样重"义"甚至比孔、孟更加贵"义"的荀子便提出了"正义"一词："不学问，无正义，以富利为隆，是俗人者也。"①"无正义"的意思就是"人不行正路"。按荀子"礼""法"并重的思想，他所谓"无正义"实际是指行为不符合"圣人"所创制的"礼义"和"法度"。然则，"正义"就是指人在社会生活中所当遵守的行为规则。

具体而言，"正义"又有两个方面的意义：一是制定人应守的行为规则所依据的一定原理或原则（属于价值范畴），二是依据一定原理所制定出来的某些相互关联的具体行为规则（属于制度范畴）。举例来说，在主张"道之以德，齐之以礼"②的孔子那里，前一种意义的"正义"就是他所谓"人而不仁，如礼何"③的"仁"，后一种意义的"正义"就是他所谓"克己复礼为仁"④的"礼"。进言之，"仁"是正义原则，"礼"是正义标准。

就二者关系而言，作为正义原则的"仁"是"礼"的价值依据，作为正义标准的"礼"是"仁"的制度表现。准此，在"智""仁""勇"的关系中，"见义而为"的"义"应是指作为"仁"的制度表现的"礼"之所宜。⑤所谓"勇"，就是行其"礼"之所宜。

行为主体怎样知道"宜"之与否？亦即怎样"见义"？按孟子"羞恶之心，义之端"的观点，"见义"是靠人的"羞恶之心"的运动，亦即靠上文所说的"心志之智"。凭借"心志之智"对所遇之事是否合"礼"的分辨作用，即可知道其事是否为"礼"之所宜，由此做出"义（宜）为"或"不义（宜）为"的行为判断，并根据这种行为判断来做出"为"或"不为"的决定。

按照孔子"克己复礼为仁"的观点，根据"义（宜）为"或"不义（宜）

---

① 《荀子·儒效》，载梁启雄：《荀子简释》，中华书局 1983 年版，第 92 页。

② 《论语·为政》，载杨伯峻译注：《论语译注》，中华书局 1980 年版，第 12 页。

③ 《论语·八佾》，载杨伯峻译注：《论语译注》，中华书局 1980 年版，第 24 页。

④ 《论语·颜渊》，载杨伯峻译注：《论语译注》，中华书局 1980 年版，第 123 页。

⑤ （明）王守仁："仁也者，礼之体也；义也者，礼之宜也。"参见《王阳明全集》（全二册），吴光等编校，上海古籍出版社 1992 年版，第 243—244 页。

为"的行为判断来决定"为"或"不为"并采取相应的行动，这个过程便是"克己复礼"的道德实践活动。"仁"作为正义原则，最终是落实于这种道德实践，并通过这种道德实践转变为现实的正义行为。也就是说，"勇"作为"见义而为"的正义行为，就是"仁"的行为表征。

显然，相对于孟子更强调"勇"的"义气"（"浩然之气"）方面，孔子则更强调"勇"的"义为"（"见义而为"）方面。这反映出孟子是偏重于从主观精神方面去理解"仁"，其"养勇"是使"仁心""扩而充之"的涵养功夫；而孔子是偏重于从客观实事方面去理解"仁"，其"勇为"是使"仁心"见诸现实的实践功夫。

"见义而为"之由"见义"到"义为"，这个过程还包含被称作"权"的活动。"权"字的本义为秤砣（《广雅·释器》："锤谓之权"①），引申为称量物品轻重的秤："权者，铢、两、斤、钧、石也，所以称物平施，知轻重也。"②进而派生出称量物品轻重之义："权，然后知轻重。"③知轻重者，心中有数也，是"权"含有把握分寸之意。由是衍生出在度的范围内灵活应变之义。《孟子·尽心上》："子莫执中。执中为近之。执中无权，犹执一也。所恶执一者，为其贼道也，举一而废百也。"④其中"权"的含义与"执一"相反："执一"是举一而废百，"权"是举一反三、一以统众。《日知录·艮其限》："学者之患，莫甚乎执一而不化，及其施之于事，有扞格而不通，则忿懥生而五情瞀乱，与众人之滑性而焚和者，相去盖无几也。"⑤（按："滑性"指性情狡诈。"焚和"指毁灭中和之性。）孟子反对"执中无权"，顾炎武反对"执一不化"，其指事不同而意实相通，都是强调了一种灵活变通的精神。《孟子·离娄上》："淳于髡曰：'男女授受不亲，礼与？'孟子曰：'礼也。'曰：'嫂溺，则援之以手

① 徐复主编：《广雅诂林》，江苏古籍出版社 1992 年版，第 641 页。
② 许嘉璐主编：《二十四史全译·汉书》第一册，汉语大词典出版社 2004 年版，第 408 页。
③ 《孟子·梁惠王上》，载杨伯峻译注：《孟子译注》，中华书局 1960 年版，第 16 页。
④ 《孟子·尽心上》，载杨伯峻译注：《孟子译注》，中华书局 1960 年版，第 313 页。
⑤ （清）顾炎武：《日知录》，载《顾炎武全集（18）》，上海世纪出版股份有限公司、上海古籍出版社 2011 年版，第 71 页。

乎？'曰：'嫂溺不援，是豺狼也。男女授受不亲，礼也。嫂溺，援之以手者，权也。'"① 这里，"男女授受不亲"之"礼"和"嫂溺，援之以手"之"权"都在"见义"之"义"（宜）的范围之内。"见义而为"的"勇"既要守常而行"礼"，又要变通而达"权"，如此原则性与灵活性相结合，是君子"仁"且"智"的表现，也是君子为人处事的特点。

综上所述，所谓君子，就是"智""仁""勇"兼备的文明人。君子的人格特点是"见义而为"，其体现于为人处事，就是既恪守原则又灵活应变的文明生活方式，按照这种方式来为人处事的文明生活状态，便是君子人生境界。

二、"天下归仁"的圣王治理境界

尽管孔子自认为"圣则吾不能"，但他的学生却认为他们的老师完全配得上"圣"的称号。子贡说："学不厌，智也；教不倦，仁也。仁且智，夫子既圣矣。"② 显然，子贡的"圣人"概念与孔子的"圣人"概念并不相同：子贡认为，能做到"学不厌""教不倦"，就可以称为"圣"了；而孔子认为，能做到"博施于民而能济众"，才配称"圣"。当然，在子贡眼里，孔子也不只是"学不厌""教不倦"而已，而且能"见其礼而知其政，闻其乐而知其德，由百世之后，等百世之王，莫之能违也"③。所以在子贡看来，"自生民以来，未有夫子也"④。这个评价与孔子的另两位弟子宰我和有若的评价差不多，宰我说："以予观于夫子，贤于尧、舜远矣。"⑤ 宰我认为孔子之贤远胜过尧、舜。有若也说："自生民以来，未有盛于孔子也。"⑥ 但有若在作出这样的

---

① 《孟子·离娄上》，载杨伯峻译注：《孟子译注》，中华书局 1960 年版，第 177 页。
② 《孟子·公孙丑上》，载杨伯峻译注：《孟子译注》，中华书局 1960 年版，第 63 页。
③ 《孟子·公孙丑上》，载杨伯峻译注：《孟子译注》，中华书局 1960 年版，第 63—64 页。
④ 《孟子·公孙丑上》，载杨伯峻译注：《孟子译注》，中华书局 1960 年版，第 64 页。
⑤ 《孟子·公孙丑上》，载杨伯峻译注：《孟子译注》，中华书局 1960 年版，第 63 页。
⑥ 《孟子·公孙丑上》，载杨伯峻译注：《孟子译注》，中华书局 1960 年版，第 64 页。

评价时，将孔子与民的关系作了如此类比："麒麟之于走兽，凤凰之于飞鸟，泰山之于丘垤，河海之于行潦，类也。圣人之于民，亦类也。出于其类，拔乎其萃。"① 有若认为孔子与民同属于人类，而孔子是人类中的出类拔萃者。

以上三位孔门弟子的言论，都是孟子在跟自己的弟子公孙丑对话过程中引述的。不管这些言论是否确乎出自这些孔门弟子之口，抑或是否准确地传达了他们的本意，都是孟子所认同的，实际上主要是孟子本人思想的表达。由此可以看出，孟子的"圣人"概念包含如下思想内容。

（一）圣人与民同类

孟子对这一思想的完整表述是："故凡同类者，举相似也，何独至于人而疑之？圣人与我同类者。"② 这段话蕴含了"人类"概念和与之紧密相关的"圣人"观念。孟子的"人类"概念，首先是将一切人纳入同一个类，由此形成关于人的"类"概念。所谓"类"就是"相似"；"同类"是由"举相似"来推定的，例如："履之相似，天下之足同也。"③（由各人所穿的草鞋之相似，可推定各人的脚为同类。换言之，各人之所以穿相似的草鞋，是因为他们的脚是同类的脚。）这意味着同类个体的相似性，是由这些个体的类本质所决定，是其类本质的现象形态。

孟子所谓"圣人与我同类者"，或曰"尧舜与人同耳"④，是意味着他通过对圣人与普通人作为不同个体的现象形态的相互比较，找出他们之间的诸多相似性——其下文所谓"口之于味也，有同耆焉；耳之于声也，有同听焉；目之于色也，有同美焉。至于心，独无所同然乎？心之所同然者何也？谓理也，义也"⑤，都是指圣人与普通人之间的相似性；并根据这些相似性来推定圣人与普通人均属于同类。

既然圣人与普通人均属于同类，本质上是相同的人类，那么，在一定

① 《孟子·公孙丑上》，载杨伯峻译注：《孟子译注》，中华书局1960年版，第64页。
② 《孟子·告子上》，载杨伯峻译注：《孟子译注》，中华书局1960年版，第261页。
③ 《孟子·告子上》，载杨伯峻译注：《孟子译注》，中华书局1960年版，第261页。
④ 《孟子·离娄下》，载杨伯峻译注：《孟子译注》，中华书局1960年版，第203页。
⑤ 《孟子·告子上》，载杨伯峻译注：《孟子译注》，中华书局1960年版，第261页。

条件下普通人也可以做圣人，这就是很自然的结论了。所以，曹交向孟子提问："人皆可以为尧舜，有诸?"孟子即答以"然"，"亦为之而已矣"[1]；并说："尧舜之道，孝弟而已矣。子服尧之服，诵尧之言，行尧之行，是尧而已矣。子服桀之服，诵桀之言，行桀之行，是桀而已矣。"[2]认为只要照着圣人的榜样去做，便是圣人了。

（二）圣人是人类中的出类拔萃者

孟子认为，圣人与普通人作为同类，彼此虽有许多相似性，但并不完全相同；圣人之异于和超过普通人之处，在于"圣人先得我心之所同然耳"，即比普通人先知晓"理""义"，这便是"圣人"的出类拔萃之处。《孟子·万章上》记载孟子答万章之问时引述商汤的话说："天之生此民也，使先知觉后知，使先觉觉后觉也。予，天民之先觉者也；予将以斯道觉斯民也。非予觉之，而谁也?"[3]所谓"先知先觉"，就是比普通人先知晓"理""义"；所谓"后知后觉"，就是在"先知先觉"者教导下才知晓"理""义"。

（三）圣人是仁智合一者

"先知先觉"的"圣人"比普通人先知晓"理""义"，这"理""义"便是"智"的内容；"圣人"之"思天下之民匹夫匹妇有不被尧舜之泽者，若己推而内之沟中"[4]，故为"救民"而以"先知觉后知""先觉觉后觉"，使天下之民也都知晓"理""义"而依"理""义"行事，这便是"仁"的体现。

然则，与孔子理想中"智""仁""勇"兼备的君子人格相比，孟子理想中的圣人人格是"仁智合一"。显然，这两种人格是互相一致的，就其人格要素均以"仁"为核心而言，这两种人格本质上是相同的，即孟子的"圣人"理念与孔子的"君子"理念实属同一种理念。

（四）圣人品质在现实生活中的具体表现是多样的

像唐尧、虞舜、商汤之类的"王"者，是以"救民"之事来表现其"仁

---

[1] 《孟子·告子下》，载杨伯峻译注：《孟子译注》，中华书局 1960 年版，第 276 页。

[2] 《孟子·告子下》，载杨伯峻译注：《孟子译注》，中华书局 1960 年版，第 276—277 页。

[3] 《孟子·万章上》，载杨伯峻译注：《孟子译注》，中华书局 1960 年版，第 225 页。

[4] 《孟子·万章上》，载杨伯峻译注：《孟子译注》，中华书局 1960 年版，第 225 页。

且智"的圣人品质。像孔子这样从事教书育人的先生，则以"学不厌""教不倦"来表现其"仁且智"的圣人品质。普通人因其亦具备圣人所具有的人类本质——人人生来就具有的"恻隐之心"等向善的天性，故在"先知先觉"的圣人教化之下，通过"求放心""养浩然之气""存夜气"①等"养心"活动，也都可以像圣人一样成为知晓"理""义"而依"理""义"行事的人，他们可以像"古之人"那样，"得志，泽加于民；不得志，修身见于世。穷则独善其身，达则兼善天下"②。——"独善其身"固然显示不出"仁且智"的圣人品质，但"兼善天下"显然是圣人品质的体现，不过究竟是"独善其身"还是"兼善天下"，是不由个人主观努力程度所决定的，因为或"穷"或"达"均非完全取决于主观条件，当且仅当客观条件允许"达"且主观能力足以"达"时，"兼善天下"才是每个人都可以做到的。所谓"人皆可以为尧舜"正隐含着这样一层意思："兼善天下"是受客观条件限制的，并非在任何条件下只凭个人主观努力即可做"兼善天下"的圣人之事。

  总之，自子贡提出"仁且智，夫子既圣矣"、孟子提出"圣人与我同类者""圣人之于民，亦类也。出于其类，拔乎其萃""人皆可以为尧舜"的观点以后，儒家的"君子"概念和"圣人"概念便不再有本质性区别。就是被首创"道统说"的韩愈（768—824）及其"道统说"继承者宋明理学家摒于儒家"道统"之外的荀子，也提出"孔子仁知且不蔽，故学乱术足以为先王者也"③，视孔子为圣王之属，其观点与子贡、孟子相似；同时，荀子提出"涂之人可以为禹"④，其与孟子"人皆可以为尧舜"的观点亦相类似，特以其人

---

① 《孟子·尽心上》，载杨伯峻译注：《孟子译注》，中华书局1960年版，第304页。

② 《孟子·告子上》："牯之反覆，则其夜气不足以存；夜气不足以存，则其违禽兽不远矣。"参见杨伯峻译注：《孟子译注》，中华书局1960年版，第263页。

③ 《荀子·解蔽》，载梁启雄：《荀子简释》，中华书局1983年版，第292页。梁启雄注："《说文》：'乱，治也。'《广雅》：'乱，理也。'乱术，指治理偏蔽之术。先王，当作'后王'。《成相》：'凡成相，辨法方，至治之极复后王；慎、墨、季、惠、百家之说诚不详。治复一，修之吉，君子执之心如结，众人贰之逆夫弃之形是诘。'与《解蔽》前半篇义略同。"参见梁启雄：《荀子简释》，中华书局1983年版，第292页。

④ 《荀子·性恶》，载梁启雄：《荀子简释》，中华书局1983年版，第334页。

性理论之不同，荀子对其观点的具体论证及其"为圣"方法亦与孟子有相应的差异罢了。[①]

据上所论，孔子的"君子"概念和孟荀的"圣人"概念本质上是同一概念，是指本于人性自觉所采取的符合"仁道"理念的生活方式的文明人。无论是持性善论抑或性恶论，其人性自觉都包括两个方面：对自己来说，是自我意识到自己应该做一个区别于禽兽的文明人；对自己与他人的关系来说，是认识到他人与自己是同类，因而同自己一样也应该做一个区别于禽兽的文明人，并且自己应该和他人共同努力来创造人类的文明生活。在后一种意义上，人性自觉包含着对他人的爱，正是基于这种爱和由这种爱所产生的对他人的责任感，才会有应该和他人共同努力来创造人类文明生活的道德意识。——孔、孟、荀所谓"仁者爱人"[②]，正应该从这个意义上去理解。

对于儒家来说，将自己对他人的爱转化为成人成己的道德实践，这是君子或圣人的人生境界；当这种道德实践由日常生活领域转入国家政治生活领域，成为治国者"化成天下"的"人文"实践时，它就不只是一种人生境界，同时也是一种治理境界了。这两种境界之间并不存在不可逾越的屏障，它们在本质上是同一的，都是成人成己的道德实践，只是其"成人"的外延有大小之别——在圣王治理境界中，"成人"的外延扩展至全天下，其"成人"是"成济天下之人"，然其实质还是为了使包括自己在内的天下之人都脱离动物界而以"仁道"方式生活，或者说使天下之人都摆脱野蛮状态而进至文明境界。

要之，儒家所倡导的理想人生境界和理想治理境界本质上是同一境界，其差异只是由于具体实践条件不同所造成的现象性差异或形式上的区别：理想治理境界是特定实践条件下由君子或圣人的"为仁"转化而来的"王天

---

① 详见本书《天人篇》第三章第一节。

② 参见（1）《论语·颜渊》所载孔子答樊迟问仁之语，载杨伯峻译注：《论语译注》，中华书局 1980 年版，第 131 页；（2）《孟子·离娄下》，载杨伯峻译注：《孟子译注》，中华书局 1960 年版，第 197 页；（3）《荀子·议兵》，载梁启雄：《荀子简释》，中华书局 1983 年版，第 200 页。

下"——"以礼义之文，化成天下"的"为仁"。这种形式的"为仁"所达到的"成人"——"天下归仁"，既是"为仁"者体现其臻于"内圣"的人生境界，也是"为仁"者体现其臻于"外王"的治理境界。

第二节　道家："明德合一"的天地境界

一、道家的"天地境界"

现代学者中，最早提到"天地境界"的是哲学史家冯友兰，冯先生在《新原人》中说：

> "人有此等进一步底觉解，则可从大全，理及道体的观点，以看事物。从此等新的观点以看事物，正如斯宾诺莎所谓从永恒的形式的观点，以看事物。人能从此等新的观点以看事物，则一切事物对于他皆有一种新底意义。此种意义，使人有一种新境界，此种新境界，即我们所谓天地境界。"①

有的学者认为，冯友兰所说的"天地境界"是"儒道合一"的境界："就强调'同天'境界必须超越道德阶段来说，它是属于道家的；就坚持'同天'境界不必一定和道德行为不相容来说，它又是属于儒家的。"② 也有学者认为，那是道家形而上学的境界，"冯友兰所说的'天地境界'和宗白华所说的'艺术境界'比较近于道家形而上学意义上的'境界'。……道家形而上学意义上的'道德境界'超然于自然状态、功利追逐、伦理社会生活与政治权术之上，相当于'天地境界'和'艺术境界'，换言之，就是'天人合一'的精神境界"③。笔者认为，冯友兰的"四境界说"是冯氏"新理学"的主要组成部分，就冯氏"新理学"的本意而言，"天地境界"应该是理学修

---

① 冯友兰：《新原人》，载《三松堂全集》第四卷，河南人民出版社 2001 年版，第 562—563 页。
② 张永义：《道家思想对冯友兰"新理学"的影响》，《中国哲学史》1999 年第 4 期。
③ 郑开：《道家形而上学研究》（增订版），中国人民大学出版社 2018 年版，第 366 页。

养所达到的精神境界，但冯氏"新理学"本来就不完全等同于宋明"旧理学"，就"天地境界"高于"功利境界""道德境界"而言，似乎反而和道家的境界契合。这一点，冯友兰本人也并不否认，他说："道家亦以为理想底人是圣人。他们所谓圣人，亦不是在自然境界中底人，而是在天地境界中底人，不是有最低程度底觉解底人，而是有最高程度底觉解底人。"①

与先秦儒家罕言"性与天道"而系心于日常人生、伦理生活相比，道家思想是从宇宙意识下贯人生。对此，汪涌豪曾分析说："我们知道，老子的趣味和孔子是不一样的。孔子心系的是日用伦常中的人生，而老子心心念念的是天地大化中的人生。他觉得争权夺利，乃至心系日用伦常，现实世界、此案世界的功业，是不行的，这样会把自己的格局做小了，应该脱开出去，追求天地大化中的人生。儒家总是把人放在社会生活的秩序里面，所以说要人正心诚意，然后才能修身齐家治国平天下。老子不这样，他常把一个人放在宇宙的生命秩序里面，所以不讲正心，而讲静心。沉浸在生活秩序里面的人，如果一下子被超拔到宇宙大化当中，会觉得自己的人生在历史长河中是何其渺小，这样就会觉得争名夺利毫无意思，就会看开。"②据此说来，以老子为代表的先秦道家思想所要实现的是"宇宙人"的理想，而以孔子为代表的先秦儒家所要实现的则是"社会人"的目标。因其理想和目标不同，儒、道所追求的境界自然也不一样，儒家追求的是社会伦理意义上的"道德境界"，道家追求的则是与宇宙大化流行合而为一的"天地境界"。

道家所追求的"天地境界"首先是一种人生境界，老子常以"愚人""婴儿"来表示这种要求回归人的生命原初真朴状态的人生境界。这种真朴状态中的"愚"并非愚昧无知，而是洗去了凡俗的智巧之后所呈现出来的与"道"合一的心灵状态。"老子自称为'愚人'，他通过对世俗之'智'的否定，将'愚'的价值提升到极高的境界，'愚'即是最可珍贵的人类质朴的自然之心，'愚'的境界即是'道'的境界，也是人类最高的智慧。'愚'的境界亦是人

---

① 冯友兰：《新原人》，载《三松堂全集》第四卷，河南人民出版社2001年版，第514页。
② 汪涌豪：《打开果核——老子哲学与当代生活》，《书城》2018年第12期。

生修养的最高境界，即'圣人'境界。"①

　　对道家老子来说，人生修养是从属于国家治理的，人生境界的提高是国家治理的需要。"天之道，损有余而补不足。人之道则不然，损不足以奉有余。孰能有余以奉天下？唯有道者。"②要实现社会资源的配置方式从不公平的"损不足以奉有余"的"人之道"到公平的"损有余而补不足"的"天之道"的转变，必须依靠人生境界极高、达到"天地境界"的"有道者"。从"治道"角度来说，治国者必须在心灵上达到与"道"合一的"天地境界"，才能达到让天下人都返朴归真的治理极境。故在道家哲学中，"天地境界"不仅是人生境界，同时更是一种治理境界，它反映着道家国家治理哲学中的最高治理目标。《老子·四十九章》说："圣人之在天下，歙歙焉为天下浑其心。圣人皆孩之。"③所谓"为天下浑其心"，即将天下人民的智巧诈伪之心化为浑朴。方东美说："老子则要以真正的精神，真正的心灵，去追求各方面已经丧失的心灵与精神。追求到了以后，再从那个最高的精神展开来在宇宙里面，使人人能够分享。这就叫做'歙歙焉为天下浑其心'。"④这就是说，对道家老子来说，治国者人生修养境界达至内心素朴浑然的精神境界，是为了使天下人也都能"浑其心"，即由"我"之"愚"达到天下人之"愚"，仿佛婴儿般的"无知无欲"，则天下大治——"常使民无知无欲，使夫智者不敢为也。为无为，则无不治"⑤；"我无为而民自化，我好静而民自正，我无事而民自富，我无欲而民自朴。"⑥

---

① 　陈鼓应、白奚：《老子评传》，南京大学出版社 2001 年版，第 154 页。

② 　《老子·七十七章》，载（魏）王弼著，楼宇烈校释：《王弼集校释》，中华书局 1980 年版，第 186—187 页。

③ 　《老子·四十九章》，载（魏）王弼著，楼宇烈校释：《王弼集校释》，中华书局 1980 年版，第 129 页。

④ 　方东美：《原始儒家道家哲学》，中华书局 2012 年版，第 196 页。

⑤ 　《老子·三章》，载（魏）王弼著，楼宇烈校释：《王弼集校释》，中华书局 1980 年版，第 8 页。

⑥ 　《老子·五十七章》，载（魏）王弼著，楼宇烈校释：《王弼集校释》，中华书局 1980 年版，第 150 页。

二、圣人"明德合一"的"无心"境界

作为国家治理的最高境界，道家的"天地境界"可以从"圣人""百姓""社会"三个方面进行描述。

通行本《老子·八十一章》中提到"圣人"的有 25 章，其中"圣人"一词共计出现 30 次——仅此一端，也说明了"圣人"概念在老子哲学中的重要性；而"侯"或"侯王"仅出现 5 次，"人主"出现 1 次，"天下王"出现 1 次，"王公"出现 1 次——这些概念的重要程度，显然都不能与"圣人"相比。当然，有的学者认为，《老子》的"圣人"与"侯王"是同等概念，如高亨先生说：

> "老子之言皆为侯王而发，其书言圣人者凡三十许处，皆有位之圣人，而非无位之圣人也。言我言吾者凡十许处，皆侯王之自称，而非平民之自称也。……故《老子》书实侯王之宝典，《老子》哲学实侯王之哲学也。"[①]

刘笑敢则认为：

> "上古'圣人'之称并不等于后来的'圣上'。以圣人为王侯或统治者是对原文的简单化的理解。《老子》书中的圣人高于统治者，而不等于统治者，说到统治者，《老子》多用'王'、'侯王'（"王侯"）、王公、人主，这些才是现实的统治者。……显然，《老子》之'圣人'比'王'更高、更重要。'圣人'非'王'也。圣人不等于现实的统治者。"[②]

我们认为，《老子》书中的"圣人"与"侯王"有一定联系，但又有本质区别。"侯王"是现实的统治者，"圣人"则是理想的统治者。《老子》书中讲到"圣人"和"侯王"和天道原则的关系时，在语气上有明显的区别：提到"圣人"时用的是肯定式的"是以"，而提到"侯王"时则是虚拟式的"若能"。如第七章："天长地久。天地所以能长且久者，以其不自生，故能

---

① 　高亨：《老子正诂》，古籍出版社 1956 年版，第 62 页。

② 　刘笑敢：《老子古今：五种对勘与析评引论》下卷，中国社会科学出版社 2006 年版，第309 页。

长生。是以圣人后其身而身先，外其身而身存。非以其无私邪？故能成其私。"① 第三十二章："道常无名，朴虽小，天下莫能臣也。侯王若能守之，万物将自宾。"② 第三十七章："道常无为而无不为，侯王若能守之，万物将自化。"③ 检索《老子》书中有关"圣人""侯王"的章节，几乎概莫能外。这说明，在老子心目中，"圣人"是天道原则的体现者。第七章中"是以圣人……"这样的提法，是从原因到结果的顺理成章的铺叙，表示"圣人"与"天道"之间的联结；而"侯王"则是天道原则的"可能"承担者；第三十二章和第三十七章中"侯王若能……"之说，就是表示这种虚拟的口气。老子认为"圣人"已经完美地体现了天道，这样的"圣人"可能只是理想性的存在；作为现实统治者的"侯王"，老子希望他们能够顺应天道，"以正治国"，但这只是一种主观愿望而已，是否能够实现，要看"侯王"的自主选择，所以老子只是用不太肯定、充满疑虑色彩的"若能"一词来表达这种希望。《老子·七十八章》说："是以圣人云，受国之垢，是谓社稷主；受国不祥，是为天下王。"④ 这里以"圣人"的口气提出"社稷主""天下王"的标准，明显是将"圣人"置于"王"之上而对"王"进行教诲。综合起来看，老子所说的"圣人"，是循"道"而行的理想化的统治者，也是现实中"侯王"应当效法的榜样。

《老子》书中的"圣人"之所以区别于现实的"侯王"，是因为"圣人"是天道的体现者，"是以圣人抱一，为天下式"⑤。所谓"抱一"，就是"抱道"。

---

① 《老子·七章》，载（魏）王弼著，楼宇烈校释：《王弼集校释》，中华书局1980年版，第19页。

② 《老子·三十二章》，载（魏）王弼著，楼宇烈校释：《王弼集校释》，中华书局1980年版，第81页。

③ 《老子·三十七章》，载（魏）王弼著，楼宇烈校释：《王弼集校释》，中华书局1980年版，第91页。

④ 《老子·七十八章》，载（魏）王弼著，楼宇烈校释：《王弼集校释》，中华书局1980年版，第188页。

⑤ 《老子·二十二章》，载（魏）王弼著，楼宇烈校释：《王弼集校释》，中华书局1980年版，第19页。

"圣人"能够"抱道","执古之道，以御今之有"①，是因为"圣人"有极高的精神修养和非凡超俗的智慧，在这一点上，"圣人"既不同于"百姓"，也不同于"侯王"。《说文解字》说："聖（圣），通也，从耳，呈声。""圣"之本意为听觉敏锐通达，后引申为智慧出众，所以后世有"圣明"一词。《老子》书中的"圣人"当然有其独有的智慧，但这种智慧与世俗的通常意义上的"智"大相径庭。老子说："故以智治国，国之贼；不以智治国，国之福。"②范应元注云："不循自然，而以私意穿凿为明者，此世俗之所谓智也。……世俗之所谓智者，非国之贼而何？"③老子反对世俗之智，他心目中的"圣人"愚朴而自然，接近于世人眼中的"婴儿""愚人"，"众人熙熙，如享太牢，如春登台。我独泊兮其未兆，如婴儿之未孩，儽儽兮若无所归。众人皆有余，而我独若遗。我愚人之心也哉！沌沌兮！……众人皆有以，而我独顽且鄙。我独异于人，而贵食母"④。老子所说的"圣人"异于常人，他所拥有的智慧当然也不是世俗意义上的"智"，而是一种超越性智慧——与"道"合一的"无知之知"。

获取与"道"合一的"无知之知"，与获取世俗之智的途径也不一样。老子说："故常无欲，以观其妙；常有欲，以观其徼。"⑤"涤除玄览，能无疵乎？"⑥"为学日益，为道日损。损之又损，以至于无为。"⑦这些言论，都是

---

① 《老子·十四章》，载（魏）王弼著，楼宇烈校释：《王弼集校释》，中华书局 1980 年版，第 32 页。

② 《老子·六十五章》，载（魏）王弼著，楼宇烈校释：《王弼集校释》，中华书局 1980 年版，第 168 页。

③ （宋）范应元集注：《宋本老子道德经》，国家图书馆出版社 2017 年版，第 259 页。

④ 《老子·二十章》，载（魏）王弼著，楼宇烈校释：《王弼集校释》，中华书局 1980 年版，第 47—48 页。

⑤ 《老子·一章》，载（魏）王弼著，楼宇烈校释：《王弼集校释》，中华书局 1980 年版，第 1 页。

⑥ 《老子·十章》，载（魏）王弼著，楼宇烈校释：《王弼集校释》，中华书局 1980 年版，第 23 页。

⑦ 《老子·四十八章》，载（魏）王弼著，楼宇烈校释：《王弼集校释》，中华书局 1980 年版，第 127—128 页。

老子特殊的"修道论"的表达。对"道"的认识、体悟源自"观其妙""观其徼",但这种对宇宙本体的"观"与普通的认识方法不同,它需要回向自身,首先"涤除"心中的一切世俗观念和欲望,做到心如明镜,而后才能"玄览"而见"道"。冯友兰说:"'玄览'即'览玄','览玄'即观道。要观道,就要先'涤除'。'涤除'就是把心中的一切欲望都去掉,这就是'日损'。'损之又损'以至于无为,这就可以见道了。见道就是对于道的体验,对于道的体验就是一种最高的精神境界。"① 对于"道"的体验,老子有时也称之为"知",但此"知"不是凡俗之"知",而是"知常",也就是对"常道"之"知","复命曰常,知常曰明,不知常,妄作,凶。"② 河上公注云:"不知道之常,妄作奸凶巧诈,则失神明,故凶。"③"知常"而"明",实际上就是"涤除玄览"的"无疵"之"明",也即意味着无私欲之蔽而与"道"合一,"常德不离"④。"圣人"通过这种特殊的精神修养,内蕴其"明",外施其"德",内无私欲之蔽,外无妄作之凶,达到了"明德合一"之境。无为治国是以"圣人"的"明德合一"境界为基础的,"圣人"的境界决定了治理的境界。

"圣人"这一概念,在先秦诸子的著作中出镜频率极高,诸子皆以"圣人"为最理想的统治者。但儒、墨诸家的"圣人"皆依托历史上的"圣王"如尧舜禹等人,唯独《老子》书中的"圣人"一无依托,纯粹出于老子本人的理论构想。由此可见,老子对历史上的"圣王"并不满意,他理想中的"圣人"治国方式,不以历史为依据,而是完全依据宇宙本体之"道",试图从宇宙根源处把握住政治运行的规律。说到底,诸子的治国策略都有人为设计的因素,而老子的治国策略则因"道"而行,顺"道"而为,绝不掺杂个人

---

① 冯友兰:《中国哲学史新编》(上卷),人民出版社 1998 年版,第 342 页。

② 《老子·十六章》,载(魏)王弼著,楼宇烈校释:《王弼集校释》,中华书局 1980 年版,第 36 页。

③ (宋)范应元集注:《宋本老子道德经》,国家图书馆出版社 2017 年版,第 65 页。

④ 《老子·二十八章》,载(魏)王弼著,楼宇烈校释:《王弼集校释》,中华书局 1980 年版,第 74 页。

的私心、私欲、私智，"其政闷闷，其民淳淳"①，看似原始朴素，放任自由，其实是维护社会的自然秩序，而达到最好的国家治理效果。

三、百姓的"愚朴"之境

老子以"圣人"为理想中最高明的治理者，"圣人"的治理对象就是"百姓"。《老子》书中提到"百姓"的有 3 处，提到"民"的则有 33 处。《老子》书中的"百姓"与"民"基本上是一个概念，但也略有区别："百姓"与"圣人"相对，是"圣人"的治理对象，甚至可以说是合作对象，如："圣人常无心，以百姓心为心。"②"功成事遂，百姓皆谓我自然。"③ 如果说"圣人"是老子主观构想的理想治理者的话，那么"百姓"就是理想化的被治理者。而"民"则不然，《老子》书中的"民"，有时是"圣人"的治理对象，如"是以圣人之治，虚其心，实其腹；弱其志，强其骨。常使民无知无欲。使夫知不敢弗为而已，则无不治"④；但更多的，是现实中的"侯王"治下的人民，诸如"民之饥，以其上食税之多，是以饥"⑤"民不畏死，奈何以死惧之"⑥"民不畏威，则大威至"⑦ 等等。

《老子》书中对于"百姓"和"民"有一个基本的分疏，这一点，过去很少有人指出。作为现实世界中的"民"，处于不合理的统治下，与在位

① 《老子·五十八章》，载（魏）王弼著，楼宇烈校释：《王弼集校释》，中华书局 1980 年版，第 151 页。
② 《老子·四十九章》，载（魏）王弼著，楼宇烈校释：《王弼集校释》，中华书局 1980 年版，第 129 页。
③ 《老子·十七章》，载（魏）王弼著，楼宇烈校释：《王弼集校释》，中华书局 1980 年版，第 41 页。
④ 《老子·三章》，载（魏）王弼著，楼宇烈校释：《王弼集校释》，中华书局 1980 年版，第 8 页。
⑤ 《老子·七十五章》，载（魏）王弼著，楼宇烈校释：《王弼集校释》，中华书局 1980 年版，第 184 页。
⑥ 《老子·七十四章》，载（魏）王弼著，楼宇烈校释：《王弼集校释》，中华书局 1980 年版，第 184 页。
⑦ 《老子·七十二章》，载（魏）王弼著，楼宇烈校释：《王弼集校释》，中华书局 1980 年版，第 179 页。

的统治者有种种冲突，甚至形成了暴力性的对抗，这种统治是危险而脆弱的。老子说："民之饥，以其上食税之多，是以饥。民之难治，以其上之有为，是以难治。民之轻死，以其上求生之厚，是以轻死。"① 人民遭受种种苦难，在很大程度上是统治者的过度"有为"造成的；不但如此，统治者的嗜利也给人民做出了坏榜样，开启了民众的欲望闸门，由此纷争迭起，秩序大乱，"民本不轻死，以其在上者嗜欲太厚，意欲自生其生，下民化之，于利甚切，不顾危亡，是以轻死"②。面对人民的反抗、"争利"，统治者以严刑峻法来应对，老子对此痛切陈词："民不畏死，奈何以死惧之？"③ 人民之所以"不畏死"，是因为统治者贪婪而鱼肉人民，人民为了自己能生存下去，才不得不拼死"争利"。范应元说："谓民之争利犯法而常不畏死者，由上之人有为多欲而然也。在上者只当清静无欲而使之自化，如之何更以死罪惧之？"④ 所有的社会纷争都是围绕"争利"展开，而民众的"争利"是由于统治者多欲贪利的行为示范所造成的，因此，要平息社会纷争，统治者必须调整自己的行为，少私寡欲，以清静无为来化导人民，而不是南辕北辙地用严刑峻法"以死惧之"。"故圣人云：我无为而民自化，我好静而民自正，我无事而民自富，我无欲而民自朴。"⑤ 在"圣人"以身作则的示范作用下，"民"回归淳朴而成为理想之"民"——就是《老子》书中的"百姓"。老子说："太上，下知有之；其次，亲而誉之；其次，畏之；其次，侮之。信不足焉，有不信焉。悠兮，其贵言。功成事遂，百姓皆谓我自然。"⑥ 这里的"百姓皆谓我自

---

① 《老子·七十五章》，载（魏）王弼著，楼宇烈校释：《王弼集校释》，中华书局 1980 年版，第 184 页。
② （宋）范应元集注：《宋本老子道德经》，国家图书馆出版社 2017 年版，第 292 页。
③ 《老子·七十四章》，载（魏）王弼著，楼宇烈校释：《王弼集校释》，中华书局 1980 年版，第 184 页。
④ （宋）范应元集注：《宋本老子道德经》，国家图书馆出版社 2017 年版，第 287 页。
⑤ 《老子·五十七章》，载（魏）王弼著，楼宇烈校释：《王弼集校释》，中华书局 1980 年版，第 150 页。
⑥ 《老子·十七章》，载（魏）王弼著，楼宇烈校释：《王弼集校释》，中华书局 1980 年版，第 40—41 页。

然"，是说"百姓"认为"功成事遂"是"我之自然"，而非"圣人"的功业。由此可见，老子理想中的"民"——"百姓"，既是"圣人"的治理对象，同时也是"圣人"的合作者。"圣人常无心，以百姓心为心。"①"百姓心"与"圣人心"是一致的，任"百姓"的淳朴之心而自发自动形成的自然秩序，正是"圣人"所要达成的国家治理目标。

在老子看来，最理想的治理境界中，"圣人"是"无心"的，他不会将自己的主观意志强加于百姓身上；而百姓则是淳朴的，"古之善为道者，非以明民，将以愚之"②。所谓"愚之"并不是圣人有意识地愚民，而是引领人民回归淳朴。王弼注云："愚，谓无知守真，顺自然也。"③ 陈鼓应说："老子自称为'愚人'，他通过对世俗之'智'的否定，将'愚'的价值提升到极高的境界，'愚'即是最可珍贵的人类质朴的自然之心，'愚'的境界即是'道'的境界，也是人类最高的智慧。"④ 其实，《老子》书中的"圣人"就是"愚人"，"我愚人之心也哉，沌沌兮！"⑤ 在"圣人"之"愚"的示范引领下，人民也达到了"愚朴"的境界，无知无欲，淳朴天真，这无疑是老子心目中最理想的民众了。

四、社会的"自然"境界

在老子的构想中，"圣人"和"百姓"共同组成的社会是最理想的社会，这是因为，"圣人"的无心无为，"百姓"的愚朴，二者合而为一，就能使社

---

① 《老子·四十九章》，载（魏）王弼著，楼宇烈校释：《王弼集校释》，中华书局 1980 年版，第 129 页。

② 《老子·六十五章》，载（魏）王弼著，楼宇烈校释：《王弼集校释》，中华书局 1980 年版，第 168 页。

③ 《老子注·六十五章》，载（魏）王弼著，楼宇烈校释：《王弼集校释》，中华书局 1980 年版，第 168 页。

④ 陈鼓应、白奚：《老子评传》，南京大学出版社 2001 年版，第 154 页。

⑤ 《老子·二十章》，载（魏）王弼著，楼宇烈校释：《王弼集校释》，中华书局 1980 年版，第 47—48 页。

会沿着最好的途径发展。而这最好的途径，无非就是"自然"的途径。

池田之久（Tomohisa Ikeda，或译"池田知久"，1942—）说："《老子》诸章里的主体'道''圣人'等等，不管怎样，其态度总是无为的，对于客体'万物''百姓'的支配根本没有或者说极少。……而且由于主体的无为而使客体达到自然这一思想等于承认了'万物''百姓'以其自身之力自律自发地存在、运动这个事实，也积极地肯定了自律性、自发性的价值和意义。"①"百姓"有其自发的行动力，"百姓"的自发行动就会构成理想的社会秩序，而"圣人"其实只是"百姓"的辅助者。在这一点上，《老子》书中的"百姓"甚至与"圣人"共同构成了治理行为的主体。"百姓"之"自然"，就是社会之"自然"。道家与儒、法二家最为重大的区别是：儒、法二家的理想社会均是立基于人为设计的某种社会制度与规范，而道家理想中的社会则排除了人为设计的制度与规范，以"自然"为最高价值和目标。之所以会出现这样的区别，是因为道家敏锐地觉察到，人为设计的社会制度与规范，无论多么精巧，无论设计者的主观意图多么善良，都与人类的"自然"本性不合，都会对人性造成压抑和束缚，变成人性的枷锁，"大道废，有仁义"②，"法令滋彰，盗贼多有"③，因此回归"自然"，解脱一切枷锁，才是人类社会的唯一正当的出路。

道家认为，人性的形成和社会的运转，都有其自发的动力，归根到底是源自"道"的存在和运行，"人法地，地法天，天法道，道法自然"④，"道之尊，德之贵，夫莫之命而常自然"⑤。对天道的尊重，也就意味着对人

---

① ［日］池田之久：《中国思想史上"自然"之产生》，雷安平译，《民族论坛》1994年第4期。
② 《老子·十八章》，载（魏）王弼著，楼宇烈校释：《王弼集校释》，中华书局1980年版，第43页。
③ 《老子·五十七章》，载（魏）王弼著，楼宇烈校释：《王弼集校释》，中华书局1980年版，第150页。
④ 《老子·二十五章》，载（魏）王弼著，楼宇烈校释：《王弼集校释》，中华书局1980年版，第65页。
⑤ 《老子·五十一章》，载（魏）王弼著，楼宇烈校释：《王弼集校释》，中华书局1980年版，第137页。

的自然本性和人类社会自然秩序的尊重。老子一再劝诫统治者要"无为"，"是以圣人处无为之事，行不言之教，万物作焉而不辞，生而不有，为而不恃，功成而弗居。夫唯弗居，是以不去"①。"无为"，其实就是要求统治者不以自己的意志强加于社会，任其自然发展。老子还指出："上德不德，是以有德；下德不失德，是以无德。"②"上德"是无形迹的，这样才是"有德"；"德"一旦涉于形迹，便沦为"下德"，也就是"无德"了。老子实际上是告诫统治者，有形有迹的统治方式是不自然的，最好的统治方式是无形无迹，让人民感受不到其统治的存在与压力，以至于"功成事遂，百姓皆谓我自然"③。

仔细体察《老子》的文义，可以发现，社会之"自然"是体现在民众的自发行动中。老子说："我无为而民自化，我好静而民自正，我无事而民自富，我无欲而民自朴。"④这意味着，在统治者不妄加干涉，任凭人民自主、自发行动的理想社会中，蕴含着"自然"的最高价值，正如刘笑敢所云："总而言之，老子反覆讲到的'自化'，'自定'，'自正'，'自均'，'自宾'，'自朴'，'自富'等都是指没有外力干预的自发的情况，是百姓对自然自足的生活的憧憬和歌颂，是对无为之治的最好描述。"⑤

老子所说的"自然之道"，以及"自然之道"所造成的自然社会，作为一种理想化的存在，一种价值理想，自有其存在的理由。综观老子的"治国"之论，他实际上是认为，"圣人""百姓""社会"三者相互作用，共同

---

①　《老子·二章》，载（魏）王弼著，楼宇烈校释：《王弼集校释》，中华书局1980年版，第6—7页。

②　《老子·三十八章》，载（魏）王弼著，楼宇烈校释：《王弼集校释》，中华书局1980年版，第93页。

③　《老子·十七章》，载（魏）王弼著，楼宇烈校释：《王弼集校释》，中华书局1980年版，第41页。

④　《老子·五十七章》，载（魏）王弼著，楼宇烈校释：《王弼集校释》，中华书局1980年版，第150页。

⑤　刘笑敢：《老子——年代新考与思想新诠》，台湾东大图书股份有限公司2015年版，第84页。

顺应天道的运行规律，才能有最好的治理效果。因此，老子提出的社会之"自然"，与"圣人"之"无心"，百姓之"愚朴"，同为其治理哲学中最高境界的说明。换言之，道家的"天地境界"，以其具体内容而言，乃是"圣人"之"无心"、"百姓"之"愚朴"和社会之"自然"的统一。实现了这三者的统一，就是达到了国家治理的最高境界——"天地境界"。

第三节　法家："德功合一"的功利境界

一、以成就"霸王之功"为自我实现目标的人生境界

儒家和道家的治理哲学都是从道德方面去理解宇宙本性，依据宇宙德性（道德本性）来确定国家治理目标，相应地，国家治理被本质地规定为追求和实现与宇宙德性相一致的知行过程，这个过程在儒家便是所谓"与天地合其德"[①]，在道家便是所谓"从事于道者同于道，德者同于德"[②]。然而，儒家和道家对宇宙德性的具体理解并不相同，故所提倡的道德也有相应差别：儒家所提倡的是"爱有差等"的"仁道之德"；道家所提倡的是"爱无偏私"的"公道之德"——前者属于私德，后者属于公德。及至宋明时代，理学家吸取道家的公德观和佛教的众生平等观的伦理思想因素，对儒家仁爱道德观加以改造，由此形成了"天人合一"的宇宙公德观——天理道德观，和与之相应的"存天理，灭人欲"的公德修养论——这标志着先秦儒家与道家之间原本相异的理想治理境界终于以"儒合于道"的方式融为一体了。

法家对于宇宙本性的理解则有别于儒、道。商鞅说："圣人知必然之理、

---

① 《易传·文言·乾卦》，载高亨：《周易大传今注》，齐鲁书社 1979 年版，第 72 页。

② 《老子·二十三章》，载许抗生：《帛书老子注译与研究（增订本）·〈道篇〉注译》，浙江人民出版社 1985 年版，第 111 页。按：此句通行本《老子》作"从事于道者，道者同于道，德者同于德"。参见（魏）王弼著，楼宇烈校释：《王弼集校释》，中华书局 1980 年版，第 58 页。

必为之时势，故为必治之政，战必勇之民，行必听之令。"①商鞅虽然没有自己的一套宇宙观理论，仅是说了"凡知道者，势、数也。故无王不恃其强，而恃其势；不恃其信，而恃其数"②，使人知晓其所谓"必然之理"就是以"势、数"为基本内容的"必然之道"，但是他关于"圣人知必然之理、必为之时势"及"势治者则不可乱，而［世］〈势〉乱者则不可治"③的思想，给法家集大成者韩非以极大启迪，使韩非认识到："有术之君，不随适然之善，而行必然之道。"④ 这一认识对韩非理解《老子》之"道"产生了深刻影响，使其将宇宙本性归结为"万物各异理，而道尽稽万物之理，故不得不化；不得不化，故无常操"⑤和"凡道之情，不制不形，柔弱随时，与理相应"⑥这种"与理相应"变化的"必然之道"的必然性，体现于宇宙之"道"是"应理"而"化"，体现于与"道"合一的"圣人"则是"乘势"而"治"⑦。

在韩非哲学中，"理"与"势"是同类概念——对"道"来说是"理"，对"人"来说则是"势"。韩非所谓"缘道理以从事"⑧，其实质是（圣人）"乘势"以"治"——顺应不可抗拒的时势之理而实行适势合理的治国之道。这里不存在儒、道那种应然的道德，只有必然的势理。故如果说儒、道所理解的宇宙本性是属于"德性"（道德本性）范畴的话，那么，韩非所理解的宇

---

① 《商君书·画策》，载高亨注译：《商君书注译》，中华书局 1974 年版，第 144 页。

② 《商君书·禁使》，载高亨注译：《商君书注译》，中华书局 1974 年版，第 173 页。

③ 《商君书·定分》，载高亨注译：《商君书注译》，中华书局 1974 年版，第 190 页。按：此语为《韩非子·难势》所引述，参见《韩非子》校注组：《韩非子校注》，江苏人民出版社 1982 年版，第 574 页。

④ 《韩非子·显学》，载《韩非子》校注组：《韩非子校注》，江苏人民出版社 1982 年版，第 692 页。

⑤ 《韩非子·解老》，载《韩非子》校注组：《韩非子校注》，江苏人民出版社 1982 年版，第 199—200 页。

⑥ 《韩非子·解老》，载《韩非子》校注组：《韩非子校注》，江苏人民出版社 1982 年版，第 201 页。

⑦ 参见《韩非子·难势》，载《韩非子》校注组：《韩非子校注》，江苏人民出版社 1982 年版，第 570—577 页。

⑧ 《韩非子·解老》，载《韩非子》校注组：《韩非子校注》，江苏人民出版社 1982 年版，第 188 页。

宙本性则属于"理性"（势理本性）范畴。依应然德性行事，是属于正当性或正义性的道德行为；依必然理性行事，则属于乘势利用性的功利行为。

从理论上说，韩非"缘道理以从事"的功利行为是为了成就"霸王之功"①（或曰"帝王之功"②），但从心理上来分析，这种汲汲于成就"霸王之功"的追求，其实是反映韩非本人的人生追求的。

法家的主要经典对于"民之性"或"人之情"都有明确诠解——《管子·禁藏》："凡人之情：得所欲则乐，逢所恶则忧，此贵贱之所同有也。近之不能勿欲，远之不能勿忘，人情皆然。……夫凡人之情，见利莫能勿就，见害莫能勿避。"③《商君书·算地》："民之性，饥而求食，劳而求佚，苦则索乐，辱则求荣，此民之情也。"④《韩非子·奸劫弑臣》："夫安利者就之，危害者去之，此人之情也。"⑤《韩非子·难二》："好利恶害，夫人之所有也……喜利畏罪，人莫不然。"⑥ 这些解释大同小异，韩非则集大成地将其简括为"自为心"，认为人们无论做什么事，"皆挟自为心也"⑦。

按美国著名社会心理学家马斯洛（Abraham Harold Maslow，1908—1970）的需求层次理论来解释，被法家纳入"民之性"或"人之情"范畴的东西都是属于心理需求范畴。照韩非"利之所在，民归之；名之所彰，士死之"⑧的

---

① 《韩非子·奸劫弑臣》："操法术之数，行重罚严诛，则可以致霸王之功。"参见《韩非子》校注组：《韩非子校注》，江苏人民出版社1982年版，第137页。

② 《韩非子·外储说右下》："无术以御之，身虽劳，犹不免乱；有术以御之，身处佚乐之地，又致帝王之功也。"参见《韩非子》校注组：《韩非子校注》，江苏人民出版社1982年版，第487页。

③ 《管子·禁藏》，载赵守正：《管子注译》（下册），广西人民出版社1982年版，第120页。

④ 《商君书·算地》，载高亨注译：《商君书注译》，中华书局1974年版，第64页。

⑤ 《韩非子·奸劫弑臣》，载《韩非子》校注组：《韩非子校注》，江苏人民出版社1982年版，第127—128页。

⑥ 《韩非子·难二》，载《韩非子》校注组：《韩非子校注》，江苏人民出版社1982年版，第532—533页。

⑦ 《韩非子·外储说左上》，载《韩非子》校注组：《韩非子校注》，江苏人民出版社1982年版，第382页。

⑧ 《韩非子·外储说左上》，载《韩非子》校注组：《韩非子校注》，江苏人民出版社1982年版，第389页。

说法，普通民众只是求"利"（属于生理需求和安全需求），故"利之所在，民归之"（看到能得着利益的地方，民众便归向它）；而士人更求"名"（属于社交需求和尊重需求），故"名之所彰，士死之"（可以显扬名声的事，士人就不惜为之卖命）。至于韩非本人，则追求"神不淫于外"①或"外物不能乱其精神"②的"上德"之境。要达到这个境界，须摒弃对"名""利"之类的"外物"的欲求，故对"上德"之境的追求应属自我实现需求范畴。这种需求固然可以多种方式来得到满足，但无论以何种方式来满足这种需求，都是围绕着"自我"来进行的，按冯友兰先生的人生境界理论，这种为自己做事的人生境界当属功利境界。

　　然而，追求自我实现的韩非之人生境界，又非仅仅是受利己动机所驱使而去做各种事情的一般功利境界，而是一种自我实现型的功利境界，而且在追求自我实现的向度上，他是自我选择了以著书立说方式来达成其自我实现需求的——他只是在头脑中观念地建构他所渴望得以实现的自我罢了。他在其论著中寄希望于"明君"或"明主"所达成的"霸王之功"，其实正是他自己所孜孜以求的自我实现目标；所谓"霸王"，乃是他所欲求其实现的他本人的自我之理念，即其理想中他本人的自我形象之化身。在韩非关于其自身的自我实现方式的设计中，这个自我主体是不求名利的，不仅如此，他更是一个抵御包括名利等在内的一切足以扰乱一般人的心神的外物诱惑而一心求道的人，其求道的目的是为了成就"霸王之功"。这"霸王"便是最终实现了其自我的"明君"的自我之"体"（本体、实体），相应地，"霸王之功"则是最终实现了其自我的"明君"的自我之"用"（作用、功用）——这种合"霸王"与"霸王之功"为一体的"体用合一"之境，是"明君"作为一个追求自我实现的人的人生极境，也是他作为一个借助于治国来实现其自我的治国者的治理极境。

---

① 《韩非子·解老》，载《韩非子》校注组：《韩非子校注》，江苏人民出版社1982年版，第182页。

② 《韩非子·解老》，载《韩非子》校注组：《韩非子校注》，江苏人民出版社1982年版，第209页。

二、"德功合一"的"内圣外王"之境

从韩非的历史观来看，他所主张乘势加以利用的"必然之道"，就是随古今事理之相异而变化的人情，这种人情变化的历史表现形式，即是"上古竞于道德，中世逐于智谋，当今争于气力"[①]。韩非认为，他自己所处的时代是一个"争于气力"的时代，在这个时代里，"力多则人朝，力寡则朝于人"[②]。本书第七章分析法家"霸道"思想时指出：韩非所讲的"争于气力"是指人口众多而财物资源相对稀缺时人们普遍看重财物而互不相让地你争我夺的伦理关系。在这种关系中所表现出来的"好利恶害"的"民之性"或"人之情"，便是"必然之道"在这个时代的具体体现和现实形式。对需要利用它来成就自己事业的人来说，它便是所谓"事理"——"得事理，则必成功"；"动弃理，则无成功。"[③] 就这"事理"是"与理相应"而"不得不化"的"必然之道"而言，它便是所谓"道理"——"夫缘道理以从事者，无不能成。"[④] 从治国者不能违逆只能顺应它才能成就其事业而言，这"道理"便是"从事者"所不得不乘而用之的"势"。

《孙子兵法》有《势》篇专论"势"，其中说道："激水之疾，至于漂石者，势也。"[⑤]"势"是指流水由上流向下所产生的势能，这种势能随上下落差加大而增大，湍急的流水是在落差大到一定程度时所形成，由此产生的势能，能使其流水具有强大冲击力，以至于在它的冲击之下大石头都会漂动起来。基于对此类物理现象及其规律的认识，《势》篇将物理领域的"势"概念引

---

① 《韩非子·五蠹》，载《韩非子》校注组：《韩非子校注》，江苏人民出版社 1982 年版，第 664—665 页。

② 《韩非子·显学》，载《韩非子》校注组：《韩非子校注》，江苏人民出版社 1982 年版，第 691 页。

③ 《韩非子·解老》，载《韩非子》校注组：《韩非子校注》，江苏人民出版社 1982 年版，第 188 页。

④ 《韩非子·解老》，载《韩非子》校注组：《韩非子校注》，江苏人民出版社 1982 年版，第 188 页。

⑤ 《中华经典藏书·孙子兵法》，骈宇骞等译注，中华书局 2012 年版，第 32 页。

入到了军事领域，谓善战者"求之于势，不责于人"，故"能择人而任势"①。"任势"之目的是在于造成一种"战势"（有利的作战势态），其势"如转圆石于千仞之山者"②，有不可阻挡之势能量。

法家经典《管子》则有《形势》之篇，又名《山高》，取篇首"山高"二字为名③，这意味着其"形势"是指自然界中地形地势而言，其"势"与《孙子兵法》之"势"属于同一概念，都是物理意义的势能（或曰位能）概念。从《形势》的主要论点"藏之无形，天之道也"、"天不变其常，地不易其则，春秋冬夏不更其节，古今一也""欲王天下而失天之道，天下不可得而王也""顺天者有其功，逆天者怀其凶，不可复振也"④来看，其篇名之寓意在于将"天"比作自然界中势位最高者，将"天之道"比作居于自然界最高势位的"天"所自然形成的至高势能，以喻"天之道"蕴藏着一切有形事物所无可比拟的至大能量。《形势》所要阐明的中心思想就在于：外看无形而内里蕴藏至大能量的"天之道"是"欲王天下"者所当利用的"势"。《韩非子》中也有一篇专门论"势"的文章——《难势》，其中虽然没有直接说明"势"与"道理"关系的文字，只是为慎到的"势治"学说做辩护，以论证和说明慎到"势治"之说是"道理之言"⑤；但是，该篇要旨既然在于肯定慎到"势治"之说为"道理之言"，这便是间接说明了"势"与"道理"有内在的联系和一致性。

从《管子·形势》的内容看，它是从"用道"者才能之大小方面来讲"用道"的差异，其曰："道之所言者一也，而用之者异。有闻道而好为家者，一家之人也。有闻道而好为乡者，一乡之人也。有闻道而好为国者，一国之人也。有闻道而好为天下者，天下之人也。有闻道而好定万物者，天地之配也。"⑥（赵守正译为："关于'道'，它的理论是一致的，而运用起来则有所不

---

① 《中华经典藏书·孙子兵法》，骈宇骞等译注，中华书局2012年版，第34页。
② 《中华经典藏书·孙子兵法》，骈宇骞等译注，中华书局2012年版，第34页。
③ 参见赵守正：《管子注译》（上册），广西人民出版社1982年版，第11页注①。
④ 《管子·形势》，载赵守正：《管子注译》（上册），广西人民出版社1982年版，第9—10页。
⑤ 《管子·形势》，载赵守正：《管子注译》（上册），广西人民出版社1982年版，第11页。
⑥ 《管子·形势》，载赵守正：《管子注译》（上册），广西人民出版社1982年版，第10页。

同。有的人懂得道而能治家，他便是治家的人材；有的人懂得道而能治乡，他便是一乡的人材；有的人懂得道而能治国，他便是一国的人材；有的人懂得道而能治天下，他便是天下的人材；有的人懂得道而能使万物各得其所，那便和天地一样伟大了。"①）照此说来，"道"的作用是因人而异，取决于"用道"者才能的大小。从"势"与"道"的一致性方面来说，这就等于说，"用势"的实际效果是取决于"用势"者的主观条件，由此则必然导向为《韩非子·难势》篇所反驳的那种"必待贤乃治"②的观点。

与齐法家的观点不同，韩非则根本不在意"用势"者之"贤"或"不肖"，对于"贤者用之则天下治，不肖者用之则天下乱"③的论调完全不以为然！韩非认为，对于治国者所乘用的"势"来说，其个人材质的厚薄是无足轻重的，他在《难势》篇中引述慎到的话以说明，假如"失其所乘"之"势"而不得"权重位尊"的话，则"尧为匹夫，不能治三人"，反之"桀为天子，能乱天下"。"吾以此知势位之足恃而贤智之不足慕也。"④韩非对于慎到的这一"乘势"之论深表赞同，并指出："夫弃隐栝之法，去度量之数，使奚仲（引者按：传说中夏朝的车正官与造车高手）为车，不能成一轮。无庆赏之劝，刑罚之威，释势委法，尧、舜户说而人辨之，不能治三家。夫势之足用亦明矣，而曰'必待贤'，则亦不然矣。"⑤

按韩非思想的内在理路，"缘道理"的"乘势"或"用势"固然与"贤"或"不肖"无关，但这并不意味着"乘势"或"用势"不需要任何主观条件；他所谓"吾所以为言势者，中也。中者，上不及尧、舜，而下亦不为

① 赵守正：《管子注译》（上册），广西人民出版社 1982 年版，第 14 页。

② 《韩非子·难势》，载《韩非子》校注组：《韩非子校注》，江苏人民出版社 1982 年版，第 574 页。

③ 《韩非子·难势》，载《韩非子》校注组：《韩非子校注》，江苏人民出版社 1982 年版，第 572 页。

④ 《韩非子·难势》，载《韩非子》校注组：《韩非子校注》，江苏人民出版社 1982 年版，第 570—571 页。

⑤ 《韩非子·难势》，载《韩非子》校注组：《韩非子校注》，江苏人民出版社 1982 年版，第 576 页。

桀、纣"①，恰是指"用势"的主观条件是介于"贤"与"不肖"之间的"贤智"之"中"。据《韩非子·扬权》所云"圣人之道，去智与巧。智巧不去，难以为常。民人用之，其身多殃；主上用之，其国危亡"和"圣人执一以静"②，韩非所谓"上不及尧、舜，而下亦不为桀、纣"的"贤智"之"中"，实际是指摒弃"圣人之道"所不容的"智""巧"（属于主观臆断的智力活动）而"执一以静"。何谓"一"？"道无双，故曰一。"③"执一"即是"守道"。而"虚静无为，道之情也"④。故"执一以静"必待于"虚"，由"虚"而"静"乃至于"无为"。然则，何谓"虚"？《扬权》道："喜之，则多事；恶之，则生怨。故去喜去恶，虚心以为道舍。"⑤ 这是讲"虚"为"去喜去恶"之后所达到的"虚心"，唯其"虚心"，其"心"方足以为"道舍"——虚以待道之心。此"虚心"之境与庄子"吾所谓无情者，言人之不以好恶内伤其身，常因自然而不益生也"⑥ 所讲的"无情"相似。

在《解老》中，韩非则结合"德"来论"虚"：

> "德者，内也；得者，外也。'上德不德'，言其神不淫于外也。神不淫于外，则身全。身全之谓德。德者，得身也。凡德者，以无为集，以无欲成，以不思安，以不用固。为之欲之，则德无舍；德无舍，则不全。"⑦

---

① 《韩非子·难势》，载《韩非子》校注组：《韩非子校注》，江苏人民出版社 1982 年版，第575 页。

② 《韩非子·扬权》，载《韩非子》校注组：《韩非子校注》，江苏人民出版社 1982 年版，第63—64 页。

③ 《韩非子·扬权》，载《韩非子》校注组：《韩非子校注》，江苏人民出版社 1982 年版，第65 页。

④ 《韩非子·扬权》，载《韩非子》校注组：《韩非子校注》，江苏人民出版社 1982 年版，第65 页。

⑤ 《韩非子·扬权》，载《韩非子》校注组：《韩非子校注》，江苏人民出版社 1982 年版，第66 页。

⑥ 《庄子·德充符》，载曹础基：《庄子浅注》，中华书局 1982 年版，第 86 页。

⑦ 《韩非子·解老》，载《韩非子》校注组：《韩非子校注》，江苏人民出版社 1982 年版，第182 页。

"夫故以无为无思为虚者，其意常不忘虚，是制于为虚也。虚者，谓其意无所制也。今制于为虚，是不虚也。虚者之无为也，不以无为为有常。不以无为为有常，则虚；虚，则德盛；德盛之谓上德。故曰：'上德无为而无不为也。'"①

"今治身而外物不能乱其精神，故曰：'修之身，其德乃真。'"②

概言之，"虚"是内忘于"虚"而外忘于"物"的绝虚之心。这绝虚之心便是所谓"德舍"。"德舍"与《扬权》所讲的"道舍"是同一"虚心"，但相较而言，"道舍"之"虚"是"无情"（无有好恶之情），即"神不淫于外"（精神不游移于自身之外）以至于"外物不能乱其精神"；"德舍"之"虚"则不仅对外"无情"，而且对内"无虚"（无意于"虚"），这是比"道舍"之"虚"更高一级的"虚"，实际上也就是无意于"道舍"之"虚"的"虚"，亦即不是故意的"虚"，故意的"无情""无为"，而是自然的"虚"，自然的"无情""无为"。如果说"道舍"之"虚"是"待道"之心的话，"德舍"之"虚"则是"德盛"之心。"待道"之心虽"虚"，但尚有"得道"之念；"德盛"之心则是连"得道"之念都不再有了，这是对"待道"之"虚"的超越。

关于"静"，《扬权》有"因天之道，反形之理，督参鞠之，终则有始。虚以静后，未尝用己"③（有学者译为："依据自然的法则，推及事物的具体道理，寻根穷底地考察事物，这样的终而复始。使认识产生于对事物的虚静的观察之后，从来不用自己的主观臆断"④）之说，这里"虚以静后"是表示"虚""静"之间存在"虚而静"的关系，即只有"虚"才能"静"，并且只要"虚"就能"静"。从其上下文关系可以看出，"虚静"是指认识事物过程中排除"用

---

① 《韩非子·解老》，载《韩非子》校注组：《韩非子校注》，江苏人民出版社1982年版，第183页。

② 《韩非子·解老》，载《韩非子》校注组：《韩非子校注》，江苏人民出版社1982年版，第209页。

③ 《韩非子·扬权》，载《韩非子》校注组：《韩非子校注》，江苏人民出版社1982年版，第64页。

④ 《韩非子·扬权》，载《韩非子》校注组：《韩非子校注》，江苏人民出版社1982年版，第64页注⑤。

己"的主观性，以达到对事物道理的客观认识。再与上述所引《解老》之原文联系和对照起来看，韩非的意思是说，要达到对事物道理的客观认识，就必须使内心达到和保持绝对的虚空，不仅不受外界干扰而无有好恶之情，连摒除好恶之情以求"得道"的意欲与念想都没有——"静"就是达到如此虚空心境的客观精神状态。《解老》从两个方面论证了保持内心"虚静"对于"治人事天"的重要意义：

一方面，"聪明睿智，天也；动静思虑，人也。人也者，乘于天明以视，寄于天聪以听，托于天智以思虑。故视强，则目不明；听甚，则耳不聪；思虑过度，则智识乱。目不明，则不能决黑白之分；耳不聪，则不能别清浊之声；智识乱，则不能审得失之地。目不能决黑白之分则谓之盲，耳不能别清浊之声则谓之聋，心不能审得失之地则谓之狂。盲则不能避昼日之险，聋则不能知雷霆之害，狂则不能免人间法令之祸。书之所谓'治人'者，适动静之节，省思虑之费也。所谓'事天'者，不极聪明之力，不尽智识之任，苟极尽，则费神多；费神多，则盲聋悖狂之祸至，是以啬之。啬之者，爱其精神，啬其智识也。故曰：'治人事天莫如啬。'"① 这就是说，"治人事天"的圣人之所以要保持"神静"，是为了防止"智识乱"以至于"不能审得失之地"，换言之，就是为了确保以正常"智识"来"审得失之地"。

另一方面，"知治人者，其思虑静；知事天者，其孔窍虚。思虑静，故德不去；孔窍虚，则和气日入。故曰：'重积德。'夫能令故德不去，新和气日至者，蚤服者也。故曰：'蚤服，是谓重积德。'积德而后神静，神静而后和多，和多而后计得，计得而后能御万物，能御万物则战易胜敌，战易胜敌而论必盖世……战易胜敌，则兼有天下；论必盖世，则民人从"② 。撇开其非本质的思想，抓住其思想的精神实质，这段话的意思就是说，在"虚静"条件下以正常"智识"来"审得失之地"以"计得"（明辨是非、成败之得失，

---

① 《韩非子·解老》，载《韩非子》校注组：《韩非子校注》，江苏人民出版社 1982 年版，第192 页。

② 《韩非子·解老》，载《韩非子》校注组：《韩非子校注》，江苏人民出版社 1982 年版，第193 页。

而达到思虑的客观正确），才足以"御万物"（通观万物之理），"兼有天下"（征服天下）而"民人从"（万民归顺）。

要之，"虚静"的意义包括两个方面："知"方面的意义是为了达到思虑的客观正确而通观万物之理——是谓"得事理"。"得事理，则必成功"①。"行"方面的意义是为了征服天下而万民归顺——是谓"缘道理以从事"。"缘道理以从事者，无不能成"②。然则，"圣人执一以静"，从理论上来说，是包括"知""行"两个方面的："知"是"虚静以知道"，"行"是"缘理以行道"。依韩非"虚，则德盛。德盛之谓上德"、"思虑静，故德不去"和"缘道理以从事者，无不能成"的思想之内在理路，其"内圣外王"之境显然可以被概括为"虚心静思则德盛""缘道理从事则功成"的"德功合一"之境。

本章小结

中国传统国家治理哲学是以人生哲学与治理哲学合一为本质特征的"内圣外王之学"，其中人生哲学为"内圣之学"，治理哲学为"外王之学"。根据冯友兰先生的"人生四境界"说，从人生哲学与治理哲学的统一性角度，可将儒、道、法三家所追求的治理境界分别判定为道德境界、天地境界和功利境界。

儒家是从道德方面去理解宇宙本性，依据宇宙德性（道德本性）来确定人生目标和国家治理目标，相应地，人生和国家治理就被本质地规定为追求和实现与天地"生生"之"仁"相一致，即所谓"与天地合其德"③的过程。这个过程对人生而言是"修己"过程，对国家治理而言是"治人"过程；"修己"的目标是最终"成圣"，"治人"的目标是最终"成王"。在儒家，以"成

---

① 《韩非子·解老》，载《韩非子》校注组：《韩非子校注》，江苏人民出版社 1982 年版，第 188 页。

② 《韩非子·解老》，载《韩非子》校注组：《韩非子校注》，江苏人民出版社 1982 年版，第 188 页。

③ 《易传·文言·乾卦》，载高亨：《周易大传今注》，齐鲁书社 1979 年版，第 72 页。

圣"为人生目标，在某种意义上并非始于孔子，因为在孔子看来，"圣"对包括他自己在内的绝大多数人来说是可望不可即的，所以他所提出的人生目标不是去做"圣人"，而是做一个堂堂正正的"君子"。孔子对"君子"的人格定位是"智""仁""勇"兼备的文明人。但自从子贡提出"仁且智，夫子既圣矣"、孟子提出"圣人与我同类者""圣人之于民，亦类也。出于其类，拔乎其萃""人皆可以为尧舜"的观点以后，儒家的"君子"概念和"圣人"概念就不再有本质性区别了，只是被确定为人生目标的理想人格不再是"智""仁""勇"兼备，而是"仁且智"即"智仁合一"了。故儒家的人生境界既可以说是"智""仁""勇"兼备的君子境界，也可以说是"智仁合一"的圣人境界。这是基于人性自觉所达到的以符合"仁道"理念的文明生活方式来生活的人生境界，其人性自觉包括两个方面：对自己来说，是自我意识到自己应该做一个区别于禽兽的文明人；对自己与他人的关系来说，是认识到他人与自己是同类，因而同自己一样也应该做一个区别于禽兽的文明人，并且自己应该和他人共同努力来创造人类的文明生活。在儒家国家治理哲学中，以符合"仁道"理念的文明生活方式来生活的理想人生境界和理想治理境界本质上是同一境界，其差异只是由于具体实践条件不同所造成的现象性差异或形式上的区别：理想治理境界是特定实践条件下由"独善其身"的"为仁"转化而来的"兼济天下"的"为仁"——前者是"修己"的"为仁"，后者是"治人"的"为仁"。当"为仁"主体为治国者时，"修己"与"治人"是互相统一的，其"为仁"既是"独善其身"的"成己"过程，也是"兼济天下"的"成人"过程；其"成己"所达到的"内圣"的人生境界，也是"成人"所达到的"外王"的治理境界。

道家也是从道德方面去理解宇宙本性，依据宇宙德性来确定人生目标和国家治理目标，只是道家不同于儒家把宇宙德性理解为"生生"之"仁"，而是把宇宙德性理解为"生而不有，为而不恃，长而不宰"的"玄德"①，即

---

① 《老子·十章》，载（魏）王弼著，楼宇烈校释：《王弼集校释》，中华书局1980年版，第24页。

"上德不德，是以有德"①的"不德之德"，亦即"天地不仁，以万物为刍狗；圣人不仁，以百姓为刍狗"②的"不仁之仁"。如果说儒家之"仁"是"亲亲为大"的话，道家的"不仁之仁"则是"天道无亲"③之"无亲之仁"，也就是对万物、对百姓一视同仁的公平之爱、无私之爱。这种"无亲之仁"体现在对待百姓，就是"圣人无常心，以百姓心为心"④。"无常心"是"见素抱朴，少私寡欲"⑤以至于"常无欲，以观其妙"⑥而达到"知常"之"明"⑦；"以百姓心为心"是"以百姓为刍狗"以至于"辅万物之自然，而不敢为"⑧而达到"无为而无以为"之"上德"⑨——"知常"是"圣人"之"知"、"圣人"之"明"，"无为而无以为"是"圣人"之"行"、"圣人"之"德"。故道家所追求的"圣人"之境是"知行合一""明德合一"之境。站在道家立场来看，"知行合一""明德合一"是高于"仁义"的"道德"境界。但由于道家所谓的"道德"是"不德之德"，是超越世俗道德的"玄德"，亦即没有"道德"之名而纯粹由于"道法自然"⑩

---

① 《老子·三十八章》，载（魏）王弼著，楼宇烈校释：《王弼集校释》，中华书局1980年版，第93页。

② 《老子·五章》，载（魏）王弼著，楼宇烈校释：《王弼集校释》，中华书局1980年版，第13—14页。

③ 《老子·七十九章》，载（魏）王弼著，楼宇烈校释：《王弼集校释》，中华书局1980年版，第189页。

④ 《老子·四十九章》，载（魏）王弼著，楼宇烈校释：《王弼集校释》，中华书局1980年版，第129页。

⑤ 《老子·十九章》，载（魏）王弼著，楼宇烈校释：《王弼集校释》，中华书局1980年版，第45页。

⑥ 《老子·一章》，载（魏）王弼著，楼宇烈校释：《王弼集校释》，中华书局1980年版，第1页。

⑦ 《老子·十六章》，载（魏）王弼著，楼宇烈校释：《王弼集校释》，中华书局1980年版，第36页。

⑧ 《老子·六十四章》，载（魏）王弼著，楼宇烈校释：《王弼集校释》，中华书局1980年版，第166页。

⑨ 《老子·三十八章》，载（魏）王弼著，楼宇烈校释：《王弼集校释》，中华书局1980年版，第93页。

⑩ 《老子·二十五章》，载（魏）王弼著，楼宇烈校释：《王弼集校释》，中华书局1980年版，第65页。

所成，按冯友兰的"人生四境界"说和他对道家所谓"圣人"的解说，达到"知行合一""明德合一"境界的"圣人"应该被理解为"不是在自然境界中底人，而是在天地境界中底人"①，所以，道家所追求的"圣人"境界可以被称为"天地境界"。就其作为人生境界而言，道家常以"愚人""婴儿"比喻之，以表示它是回复到了生命的原始真朴状态；就其作为治理境界而言，它是圣人以原始真朴的自然之心来治理天下所达到的天下人都返朴归真的"愚朴"之境，在这个境界中实现了"我无为而民自化，我好静而民自正，我无事而民自富，我无欲而民自朴"②的"自然"社会理想。

法家对于宇宙本性的理解有其区别于儒、道的特殊性，儒、道所理解的宇宙本性都是属于应然德性，依应然德性行事属于道德行为，故儒、道所追求的"圣人"境界都是以成就他人为特点的——在儒家是以"兼济天下"的"成人"为特点，在道家是以"常与善人"③"善利万物"④为特点；而法家所理解的宇宙本性则属于必然理性，依必然理性行事属于功利行为，故法家所追求的"圣人"境界是以成就自我为特点的，只是在法家看来，尽管人"皆挟自为心也"⑤，皆以自我为中心来开展成就自我的自为之事，但"圣人"成就自我的需求层次则高于常人：常人成就自我的需求大多是求"利"（属于生理需求和安全需求），至多也只是求"名"（属于社交需求和尊重需求）而已，故曰："利之所在，民归之；名之所彰，士死之。"⑥而"圣人"是成就"霸

---

① 冯友兰：《新原人》，载《三松堂全集》（第四卷），河南人民出版社 2001 年版，第 514 页。

② 《老子·五十七章》，载（魏）王弼著，楼宇烈校释：《王弼集校释》，中华书局 1980 年版，第 150 页。

③ 《老子·七十九章》，载（魏）王弼著，楼宇烈校释：《王弼集校释》，中华书局 1980 年版，第 189 页。

④ 《老子·八章》，载（魏）王弼著，楼宇烈校释：《王弼集校释》，中华书局 1980 年版，第 20 页。

⑤ 《韩非子·外储说左上》，载《韩非子》校注组：《韩非子校注》，江苏人民出版社 1982 年版，第 382 页。

⑥ 《韩非子·外储说左上》，载《韩非子》校注组：《韩非子校注》，江苏人民出版社 1982 年版，第 389 页。

王之功"①（或曰"帝王之功"②）者，他的这种需求是属于自我实现需求，必须摒弃对"名""利"之类的"外物"的欲求，达到"神不淫于外"③或"外物不能乱其精神"④时才能达成。法家所追求的"圣人"境界作为一种人生境界，是属于冯友兰先生所说的那种为自己做事的功利境界。这种境界必须通过"执一"（守道）以至于"虚静"而"德盛"才能达到，这包括"知""行"两个方面："知"是"虚静以知道"，即思虑客观正确而通观万物之理——这是"上德不德"⑤的"内圣"之境；"行"是"缘理以行道"，即征服天下而万民相从——这是"无不能成"⑥的"外王"之境。故法家所追求的"圣人"之境是"德功合一"之境。

---

① 《韩非子·奸劫弑臣》："操法术之数，行重罚严诛，则可以致霸王之功。"参见《韩非子》校注组：《韩非子校注》，江苏人民出版社 1982 年版，第 137 页。

② 《韩非子·外储说右下》："无术以御之，身虽劳，犹不免乱；有术以御之，身处佚乐之地，又致帝王之功也。"参见《韩非子》校注组：《韩非子校注》，江苏人民出版社 1982 年版，第 487 页。

③ 《韩非子·解老》，载《韩非子》校注组：《韩非子校注》，江苏人民出版社 1982 年版，第 182 页。

④ 《韩非子·解老》，载《韩非子》校注组：《韩非子校注》，江苏人民出版社 1982 年版，第 209 页。

⑤ 参见《韩非子·解老》，载《韩非子》校注组：《韩非子校注》，江苏人民出版社 1982 年版，第 182 页。

⑥ 参见《韩非子·解老》，载《韩非子》校注组：《韩非子校注》，江苏人民出版社 1982 年版，第 188 页。

结　语

　　本书以四个篇幅论述了先秦儒、道、法的国家治理哲学：天人篇是论述其国家治理哲学的一般世界观基础；群道篇是论述其对国家组织制度、组织主体和组织目的的根本看法；政道篇是论述其对国家治理权力及行使其权力的合法性或正当性基础的根本看法；治道篇是论述其国家治理方法论原则与境界追求。如将这三家治理哲学当作一个整体来看待，则该哲学体系是以"群"与"治"为基本范畴——转换成现代学术术语，"群"即"社会""组织"，"治"即"管理""治理"。尽管"群"之名是到了战国末期才被荀子频繁使用并且对"群"概念作了较为系统的理论阐述，但"群"终究是先秦儒、道、法国家治理哲学所固有的概念，它与儒、道、法所共用且始终频繁使用的"治"概念一起，成为其国家治理哲学赖以最终形成的理论基石和逻辑基础。

　　通观儒、道、法的国家治理哲学，其异同关系归根结蒂表现为两个方面：

　　一方面，儒、道、法三家均以"天人合一"思维来思考人与自然的关系，将这种关系本质地归结为和谐关系。然其三家对于宇宙和谐秩序则有不同理解：儒家所理解的和谐秩序是"天尊地卑"和与之相应的"男尊女卑""夫尊妇卑""父尊母卑"的体位性等差秩序；道家所理解的和谐秩序是人与万物自我生长、自我维持、自我调节的自发性多元秩序；法家所理解的和谐秩序是人与万物各处其适宜位置上各自发挥其特殊作用的功能性等差秩序。

　　另一方面，儒、道、法三家均认为宇宙和谐秩序是由"天道"所决定，是"天道"的表现形式。然其三家天道观又各不相同：儒家认为"天尊地卑"是由化育万物的天地之"大德"即"生生"之"仁"所决定，以其有"至诚"

之"仁",始有天地化育万物之运动与万物生生不息之变化,"天尊地卑"是天地在化育万物过程中所表现出来的上下次序,在这种体位性等差秩序之下,万物得以生生不息;道家认为和谐世界的自发性多元秩序是由"反"这一"道之动"的规律所决定,"道之动"之"反"就体现在"道之用"之"弱",即"道"在化育万物过程中始终守柔无为,以至于"生而不有,为而不恃,长而不宰",人与万物自我生长、自我维持、自我调节的自发性多元秩序不过是"道法自然"之"玄德"的现实表现;法家认为和谐世界的功能性等差秩序是由"无形""无双"的"道"所决定,"道"作为天下万物的统理者赋予了人与万物各自互相区别的特殊之"理",遂使人与万物各处其适宜位置上各自发挥其特殊作用。

儒、道、法关于宇宙和谐秩序的思想差异,在逻辑上直接导致其三家对国家组织制度有不同构想。儒家是按天在上、地在下("天尊地卑")的体位性等差秩序来设计国家组织制度,故主张以"礼"来构建国家组织体系,使国家立于"礼",以"礼"作为国家组织制度和组织行为规范;道家是按人与万物的自发性多元秩序来设计国家组织制度,故主张以"自然"来构建国家组织体系,使国家立于"自然",以"自然"作为国家组织制度和组织行为规范;法家是按人与万物的功能性等差秩序来设计国家组织制度,故主张以"法"来构建国家组织体系,使国家立于"法",以"法"作为国家组织制度和组织行为规范。

儒、道、法对国家组织制度的构想,也与其人性论密切相关。其三家理念各异的人性,其实是它们对其理想中的和谐世界的人性的假设,其假设中的人性是体现其和谐世界本性(天道),与世界和谐秩序相适应的人性。这种人性理念与其国家组织制度构想之间具有如此逻辑联系,其三家所设计的国家组织制度都是符合其人性理念的制度:儒家的礼制是符合其人性仁善理念的制度;道家的自然之制是符合其人性真朴理念的制度;法家的法制是符合其人性自为理念的制度。

不过,在国家组织制度的设计上,儒、法之间实有互相交融之处。儒家所设计的国家组织制度("礼")是对"周礼"的肯定,但孔子强调,"礼"

须以"仁"作为道德基础方能立得住脚。孟子则认为，"仁""礼"的共同基础是人的良善本性，"仁""礼"都是从人的良善本性发展而来。荀子更吸取法家思想，以"法"作为"礼"的补充，并论证了"礼"对于人类的意义：人类优越于动物之处在于，人类能依靠"礼"的组织功能使自己组织起来而形成一个其内部分工合理从而能有效合作的群体，正是依靠其群体力量，人类才能"胜物"而成为"最为天下贵"者。——这是儒家基于"周礼"的思想创新。法家所设计的国家组织制度（"法"）也非完全原创，只是相对于儒家，有较多制度创新成分罢了。实际上，法家是把"周礼"从分封制下国家分权治理体制改造为郡县制下国家集权管理体制。这种创造性的制度转换是国家管理体制转变，而非国家根本制度转变。这就是说，在对国家根本制度的看法上，儒、法是一致的。

　　尽管儒、法对国家根本制度的看法一致，但由于儒家在肯定"周礼"时也吸取了"周礼"所包含的分权治理理念，这种分权治理理念内在地蕴含着"虚君"政治意识与"家本位"国家意识，这两种意识被儒家创造性地转换和发展为"君轻民贵"的国家主体观念和"天下为家"的国家理想。"君轻民贵"的国家主体观念和性善理念一起，使得儒家倡导"仁民"与"仁政"；"天下为家"的国家理想则内含"天下归仁"的国家治理目标和"为国以礼"的国家治理原则，这使得儒家将仁德和礼制视为获得和维护统治权的合法性基础，而反对战争中滥杀无辜和依靠武力来维持统治，认为行使和运用国家治理权力的合法性基础是在于主持和奉行以"仁"为价值内涵、"礼"为制度标准的正义，以便使国、君、民各得其利。法家所倡导并通过商鞅变法在一定程度上从观念转变为现实的郡县制下国家集权管理体制，本质上是以君权为中心、君主独裁为特点的国家治理体系。支撑这个治理体系的核心观念是"君为国主"的国家主体观念，正是在这种国家主体观念支配下，法家乃有"天下为君"的国家理想和"国博君尊"的治国目标，以及"耕战"的治国方略和"法""术""势"互相结合的"强国之术"，并主张将行使和运用国家治理权力的合法性建立在奉公法而弃私义、行公义而去私利的基础上。

　　较之于儒、法，道家所设计的国家组织制度作为"自然"之制，是"大制不割"的无名制度，相对于儒、法的有名制度来说，可谓"无制之制"。在这种超越名相规定从而不含任何主观意图和意向的客观公平制度下，组织成员的行为是不受任何外在的人为因素限制的自然行为，其组织是属于自发性组织。这种组织形态的组织目的，是要使参与其组织的人摆脱一切对人的自然本性有伤害的以名相形式来表现的制度与道德的约束与限制，使人归回于无名的真朴之性，以与自然万物和谐相处。以此，道家乃有"性朴论"的人性观、"容乃公"的"王道"观和"天下为公"的国家理想，而将"公"（自然而然、毫无偏私、包容一切的公平）视为国家治理权力的合法性基础，并认为行使和运用国家治理权力的合法性基础在于以"顺物自然"的"无为之事"为天下人做出表率，故而将"以正治国"作为国家治理原则，其精神实质在于反对破坏自然秩序的胡作妄为，主张以维护自然秩序的正当行为来保护自然界和人类社会的自然秩序，使自然界和人类社会都按其自发自动的秩序运行。

要之，儒、道、法的国家治理哲学所追求的治理境界各不相同：

儒家所追求的是道德境界，其理想的国家组织是以道德（"仁"）建设和制度（"礼"）建设互相结合的方式来构建，其目的是为了让参与其组织的人脱离动物界，而成为优于动物的文明人，要达成这个目的，必须依靠"智仁合一"——既能据"仁"依"礼"行事，又能灵活变通的圣人。

道家所追求的是天地境界，其理想的国家组织是自发性组织，其组织目的是为了参与其组织的人能够归回于无名的真朴之性以与万物和谐相处，要达成这个目的，必须依靠"明德合一"——心有"得道"之"明"，行有"守道"之"德"的圣人。

法家所追求的是功利境界，其理想的国家组织是能使国家富强的高效率组织，其组织目的是为了参与其组织的人都能在适宜位置上充分发挥自己的作用和施展自己的才能，要达成这个目的，必须依靠"德功合一"——既能保持内心虚静而有得道之"德"，又能"缘道理以从事"而成就使天下归服的帝王之"功"的圣人。

然则，从根本上说，儒、道、法的国家治理哲学所秉持的是一种精英治国理念，按照这种治国理念，国家兴亡与强弱全系于统管国家治理事务的最高领导者，取决于最高领导者的素质：其有内圣之质则能成外王之事，国家遂以之兴盛而强大；反之，国家将衰弱甚至于灭亡。以当今中国社会主义核心价值观所包含的民主政治理念来看，儒、道、法国家治理哲学的精英治理理念诚然是有明显缺陷的，但是从历史的观点来看，这种精英治理理念，恰恰为中国自秦汉以降延续两千多年的郡县制帝国在总体上保持大一统国家奠定了国家治理的哲学基础，其积极的历史价值是不容抹杀的。

另外，从普遍性方面说，儒、道、法的国家治理哲学也包含着一些合理思想因素，它们对于改善国家治理体系、提高国家治理能力是有一定启发意义和积极的借鉴价值的。这些具有现实意义和当代价值的合理思想因素主要有：

（1）儒家所主张的将道德（"仁"）建设与制度（"礼"）建设互相结合起来的国家组织建设思路。这一思路的启示意义在于：改善国家组织职能，提高国家组织效能，应兼顾道德文明建设与制度文明建设，以制度文明建设来促进道德文明水平的提升，以道德文明建设来巩固和发展制度文明建设成果。

（2）儒家荀子关于构建人际和谐与天人之际和谐的国家组织（"群"）理念。这一理念的启示意义在于：改善国家组织环境，增强国家组织适应性，应兼顾旨在促进人际和谐的社会环保与旨在促进天人之际和谐的自然环保，使社会环保与自然环保能够达到互相促进、互相提高的良善效果。

（3）法家关于使人与万物各处其适宜位置上各自发挥其特殊作用的国家组织制度设计理念。这一理念的启示意义在于：制度文明建设的一项重要内容，是在于对国家组织可利用的物力资源和人力资源的配置做出合理的制度安排。让人与物各处其适宜位置，使其各得其用和各尽其用的合理资源配置，不仅仅是一种管理方法与技术，根本上是一种制度安排，即要使各种资源得到合理配置，首先需要建立一种使各种资源能够得到合理配置的组织制度。这种组织制度建设，是属于制度文明建设范畴。法家当然并没有提出比现代管理科学和管理哲学更高明的智慧来解决这个问题，但法家意识到，这方面的制度文明建设对于增强国力和实现国家富强具有关键意义。

（4）道家所主张的维护而不破坏自然秩序，与自然万物和谐相处的国家治理原则。这一治理原则对于当今加强自然环保仍然有现实价值，这是比较明显的；但是，在道家的国家治理哲学中，这一治理原则是立基于对包括"礼"和"法"在内的一切有名制度的批判，在道家看来，这些以名相形式来表现的制度压抑甚至扼杀了人的自然真性，使人变得虚伪，而虚伪正是导致社会道德沦丧和自然秩序遭受破坏的根源。道家的这些思想的价值在于：它揭示了一切有名的制度与道德都具有异化特性，即它们原本是用来调节人与人的关系和人与自然的关系，以改善社会生活和提高社会生活质量的，但是在一定条件下，它们反过来也会起到破坏这些社会关系，使社会生活陷于恶化的消极作用，因此，要维护而不破坏自然秩序，与万物和谐相处，还应看到与之相应的有名相形式的环保制度与环保道德的局限性，不能过分信赖这种很容易让人弄虚作假的制度与道德，而是应该适度放宽这种有名制度与道德对人的心灵和行为的限制，或者说，要使有名相规定的环保制度与环保道德具有适度弹性，让人们能够在这种制度与道德的约束下，仍能按其自然真性行事，抑或至少不离开自然真性太远，以致陷入虚伪而不能自拔。

国家治理哲学研究尚处在起步阶段，对中国传统国家治理哲学的研究更是刚刚开始。本书作者水平有限，仅冀此书能起到抛砖引玉的作用，果能如是，则幸甚至哉！

参考书目

(按作者姓名拼音字母首字排序)

B

（汉）班固：《汉书》，中华书局 2000 年版。

［英］伯特兰·罗素：《西方哲学史》，何兆武、李约瑟译，商务印书馆 1963 年版。

白奚：《稷下学研究：中国古代的思想自由与百家争鸣》，生活·读书·新知三联书店 1998 年版。

白奚：《范蠡对老子学说的继承与发展》，《中国哲学史》2020 年第 1 期。

C

（元）陈澔注：《礼记集说》，世界书局 1936 年版。

（清）陈立：《白虎通疏证》，吴则虞点校，中华书局 1994 年版。

陈鼓应：《庄子今注今译》，中华书局 1983 年版。

陈鼓应注译：《老子今注今译》，商务印书馆 2003 年版。

陈鼓应注译：《黄帝四经今注今译——马王堆汉墓出土帛书》，商务印书馆 2007 年版。

陈鼓应：《先秦道家之礼观》，《中国文化研究》2000 年夏之卷（总第 28 期）。

陈鼓应、白奚：《老子评传》，南京大学出版社 2001 年版。

陈鼓应、白奚：《孔老相会及其历史意义》，《南京大学学报（哲学·人文科学·社会科学）》1998 年第 4 期。

陈荣捷编著：《中国哲学文献选编》，杨儒宾等译，北京联合出版公司 2018 年版。

陈瑶：《〈吕氏春秋〉与〈道德经〉相关篇目论析》，《文学评论》2015 年第 4 期。

曹础基：《庄子浅注》，中华书局 1982 年版。

蔡德贵：《被忽略的道家——范蠡》，《学习论坛》2005 年第 3 期。

D

（汉）董仲舒:《春秋繁露》，上海古籍出版社 1989 年版。

（清）戴震:《孟子字义疏证》，何文光整理，中华书局 1982 年版。

董楚平:《"天下为公"原义新探》，《文史哲》1984 年第 4 期。

董平:《论〈易传〉的生生观念与〈中庸〉之诚》，《孔子研究》1987 年第 2 期。

F

（宋）范晔:《后汉书》，中华书局 1973 年版。

（宋）范应元集注:《宋本老子道德经》，国家图书馆出版社 2017 年版。

冯友兰:《中国哲学史新编》，人民出版社 1982 年、1998 年版。

冯友兰:《贞元六书》，华东师范大学出版社 1996 年版。

冯友兰:《中国哲学史》，载《三松堂全集》第二卷，河南人民出版社 2001 年版。

冯契:《中国古代哲学的逻辑发展》，上海人民出版社 1983 年版。

方东美:《原始儒家道家哲学》，中华书局 2012 年版。

G

（清）顾炎武:《日知录》，载《顾炎武全集（18）》（全二十二册），上海世纪出版股份有限公司、上海古籍出版社 2011 年版。

（汉）许慎撰，（清）段玉裁注:《说文解字注》，许惟贤整理，凤凰出版社 2007 年版。

高亨:《老子正诂》，古籍出版社 1956 年版。

高亨:《周易大传今注》，齐鲁书社 1979 年版。

高亨注译:《商君书注译》，中华书局 1974 年版。

［日］沟口雄三:《中国的公与私·公私》，郑静译，生活·读书·新知三联书店 2011 年版。

H

（清）黄宗羲:《明夷待访录》，《黄宗羲全集》第一册，浙江古籍出版社 1985 年版。

（清）洪亮吉:《春秋左传诂》，中华书局 1987 年版。

《韩非子》校注组:《韩非子校注》，江苏人民出版社 1982 年版。

J

金景芳讲述吕绍纲整理:《周易讲座》，吉林大学出版社 1987 年版。

景天魁:《中国社会学崛起的历史基础》，《北京工业大学学报（社会科学版）》

2017 年第 4 期。

景天魁：《论群学复兴——从严复"心结"说起》，《社会学研究》2018 年第 5 期。

纪光欣、李远遥：《面向实践的国家治理哲学——〈管子〉管理思想探要》，《中国石油大学学报（社会科学版）》2016 年第 3 期。

K

（汉）孔安国传，（唐）孔颖达正义：《尚书正义》，上海古籍出版社 2007 年版。

［美］哈罗德·孔茨、西里尔·奥唐奈、海因茨·韦里克：《管理学》，黄砥石等译，中国社会科学出版社 1987 年版。

L

（宋）黎靖德编：《朱子语类》，王星贤点校，中华书局 1986 年版。

（宋）林希逸著，周启成校注：《庄子鬳斋口义校注》，中华书局 1997 年版。

林国雄：《论道》，《宗教学研究》1998 年第 4 期。

林桂榛：《大儒子弓身份与学说考——兼议儒家弓荀学派天道论之真相》，《齐鲁学刊》2011 年第 6 期。

梁启雄：《荀子简释》，中华书局 1983 年版。

《孔子家语》，载陆费逵、高野侯等辑校：《四部备要》第五二册，中华书局 1989 年版。

刘奕：《〈论语〉"未足与议也"解诂》，《上海大学学报（社会科学版）》2015 年第 6 期。

刘士红：《〈韩非子·五蠹〉训诂一则——"以寡趣本务而趋末作"之"趣"字辨》，《宜春学院学报》2007 年第 S1 期。

刘文典：《淮南鸿烈集解》，冯逸、乔华点校，中华书局 1989 年版。

刘笑敢：《庄子哲学及其演变》，中国社会科学出版社 1988 年版。

刘笑敢：《老子——年代新考与思想新诠》，台湾东大图书股份有限公司 2015 年版。

刘笑敢：《老子古今：五种对勘与析评引论》，中国社会科学出版社 2006 年版。

刘笑敢：《老子之自然与无为概念新诠》，《中国社会科学》1996 年第 6 期。

刘泽华：《春秋战国的"立公灭私"观念与社会整合》，载刘泽华、张荣明等：《公私观念与中国社会》，中国人民大学出版社 2003 年版。

刘泽华：《中国的王权主义》，上海人民出版社 2000 年版。

李存山：《先秦儒家的政治伦理教科书——读楚简〈忠信之道〉及其他》，《中国文化研究》1998 年第 4 期。

李晨阳：《是"天人合一"还是"天、地、人"三才——兼论儒家环境哲学的基本构架》，《周易研究》2014 年第 5 期。

李福建：《〈荀子〉之"子弓"为"仲弓"而非"馯臂子弓"新证——兼谈儒学之弓荀学派与思孟学派的分歧》，《孔子研究》2013 年第 3 期。

李零：《〈孙子〉十三篇综合研究》，中华书局 2006 年版。

李学勤主编：《十三经注疏·礼记正义》，北京大学出版社 1999 年版。

李泽厚：《中国古代思想史论》，人民出版社 1986 年版。

李翔宇：《管理文明论》，武汉出版社 2011 年版。

李翔宇：《管理词源探析——以中、英、日三种语言为例》，《管理学家》2010 年第 12 期。

（魏）王弼著，楼宇烈校释：《王弼集校释》，中华书局 1980 年版。

罗安宪：《存在、状态与"自然"——论庄子哲学中的"自然"》，《现代哲学》2018 年第 3 期。

罗移山：《从〈周易〉卦爻辞看周王朝"敬德保民"政治路线的具体蕴涵》，《河南师范大学学报（哲学社会科学版）》2001 年第 2 期。

柳捷、杨成炬：《本位观及其对法律文化的影响》，《社会科学辑刊》2004 年第 5 期。

吕力：《新新法家：国家治理哲学的本土理念与实践》，《经济研究导刊》2013 年第 18 期。

M

《马克思恩格斯全集》第 6 卷，人民出版社 1961 年版。

《马克思恩格斯选集》第 1 卷，人民出版社 2012 年版。

《马克思恩格斯全集》第 23 卷，人民出版社 1972 年版。

本书编写组：《马克思主义哲学》，高等教育出版社、人民出版社 2009 年版。

牟宗三：《中国哲学十九讲》，上海古籍出版社 2005 年版。

N

[美] W. H. 纽曼、小 C. E. 萨默：《管理过程——概念、行为和实践》，李柱流等译，中国社会科学出版社 1995 年版。

P

庞朴：《谈玄说无》，《光明日报》2006 年 5 月 9 日第 5 版。

Q

钱耕森、沈素珍：《〈周易〉论天地人三才之道》，载山东大学易学与中国古代哲学研究中心编：《易学与儒学国际学术研讨会论文集（易学卷）》，2005 年。

[美] 切斯特·巴纳德：《组织与管理》，曾琳、赵菁译，中国人民大学出版社 2009 年版。

S

（汉）司马迁：《史记》，中华书局 1999 年版。

（宋）苏辙：《道德真经注》，华东师范大学出版社 2010 年版。

（清）孙星衍：《尚书今古文注疏》，陈抗、盛冬铃点校，中华书局 1986 年版。

（清）孙诒让：《周礼正义》，中华书局 1987 年版。

（清）孙希旦：《礼记集解》，沈啸寰、王星贤点校，中华书局 1989 年版。

上海师范大学古籍整理组校点：《国语》，上海古籍出版社 1978 年版。

T

涂可国：《社会儒学视域中的荀子"群学"》，《中州学刊》2016 年第 9 期。

W

（汉）王充：《论衡》，上海人民出版社 1974 年版。

（宋）王安石：《王临川全集》（全二册），世界书局 1935 年版。

（明）王守仁：《王阳明全集》，吴光等编校，上海古籍出版社 1992 年版。

（明）王夫之：《俟解》，载《船山全书》第十二册，岳麓书社 1996 年版。

王博：《庄子哲学》，北京大学出版社 2004 年版。

王博：《无的发现与确立——附论道家的形上学与政治哲学》，《哲学门》2011 年第 1 期。

王博：《权力的自我节制——对老子哲学的一种解读》，《哲学研究》2010 年第 6 期。

王葆玹：《黄老与老庄》，中国人民大学出版社 2012 年版。

王定璋：《从敬天保民到敬德保民——〈尚书〉中神权政治的嬗变》，《天府新论》1999 年第 6 期。

王焕镳：《墨子校释》，浙江文艺出版社 1984 年版。

王利器：《文子疏义》，中华书局 2009 年版。

王永超、朱长利：《〈孟子〉"无耻之耻，无耻矣"义辨》，《中南大学学报（社会科学版）》2011 年第 1 期。

汪涌豪：《打开果核——老子哲学与当代生活》，《书城》2018 年第 12 期。

X

（汉）许慎：《说文解字》，中华书局 1963 年版。

萧公权：《中国政治思想史》，新星出版社 2005 年版。

徐复观：《中国人性论史·先秦篇》，上海三联书店 2001 年版。

徐复主编：《广雅诂林》，江苏古籍出版社 1992 年版。

许嘉璐主编：《二十四史全译·汉书》第一册，汉语大词典出版社 2004 年版。

许嘉璐主编：《二十四史全译·新唐书》第五册，汉语大词典出版社 2004 年版。

许抗生：《帛书老子注译与研究（增订本）》，浙江人民出版社 1985 年版。

《中国哲学史研究》编辑部编：《中国哲学史主要范畴概念简释》，浙江人民出版社 1988 年版。

许维遹：《吕氏春秋集释》，中国书店 1985 年版。

徐文武：《论范蠡对黄老道家思想体系的理论贡献》，《长江大学学报（社会科学版）》2017 年第 1 期。

谢晓东：《墨子的义政概念及其重构》，《东南学术》2019 年第 5 期。

谢扬举：《中国古代的国家治理哲学：王道到治道》，《北京日报》2014 年 8 月 25 日。

徐祖荣：《非政府组织与公共危机治理》，《中国人口·资源与环境》2009 年第 19 卷（专刊）。

Y

（宋）叶适：《习学记言序目》，中华书局 1977 年版。

余敦康：《论管仲学派》，载中国哲学编辑部：《中国哲学》第二辑，生活·读书·新知三联书店 1980 年版。

喻清录：《正解"刑不上大夫"》，《洛阳日报》2013 年 12 月 2 日。

袁愈荌译诗，唐莫尧注释：《诗经全译》，贵州人民出版社 1981 年版。

杨伯峻译注：《论语译注》，中华书局 1980 年版。

杨伯峻译注：《孟子译注》，中华书局 1960 年版。

杨朝明、宋立林主编：《孔子家语通解》，齐鲁书社 2009 年版。

杨义：《老子还原》，中华书局 2011 年版。

[古希腊] 亚里士多德：《形而上学》，吴寿彭译，商务印书馆 1959 年版。

Z

（汉）郑玄注，（唐）孔颖达等正义：《礼记正义》，黄侃经文句读，上海古籍出版社 1990 年版。

（汉）郑玄注，（唐）孔颖达疏：《尚书正义》，北京大学出版社 2000 年版。

（宋）张载：《张载集》，中华书局 1978 年版。

（宋）朱熹：《四书章句集注》，中华书局 1983 年版。

（宋）朱熹：《答陈同甫书》，载《朱文公文集》卷三十六，《四部丛刊》本。

郑杭生：《社会建设和社会管理研究与中国社会学使命》，《社会学研究》2011 年第 4 期。

郑开：《玄德论——关于老子政治哲学和伦理学的解读与阐释》，《商丘师范学院学报》2013 年第 1 期。

郑开：《道家形而上学研究》（增订版），中国人民大学出版社 2018 年版。

郑学宝、张剑伟：《道家法治思想及其现代意义》，《人民日报》2015 年 11 月 2 日第 15 版。

赵守正：《管子注译》，广西人民出版社 1982 年版。

朱谦之：《老子校释》，中华书局 1984 年版。

詹剑峰：《老子其人其书及其道论》，湖北人民出版社 1982 年版。

张舜徽：《周秦道论发微》，中华书局 1982 年版。

张岱年：《中国哲学大纲》，载《张岱年全集》第 2 卷，河北人民出版社 1996 年版。

张双棣、张万彬、殷国光等注译：《吕氏春秋译注》，吉林文史出版社 1987 年版。

张纯、王晓波：《韩非思想的历史研究》，中华书局 1986 年版。

张永义：《道家思想对冯友兰"新理学"的影响》，《中国哲学史》1999 年第 4 期。

张国钧：《儒道互补：义利论比较》，《中国社会科学院研究生院学报》1994 年第 2 期。

张小平：《道家哲学的民主精神》，《哲学动态》2009 年第 6 期。

周可真：《明清之际新仁学——顾炎武思想研究》，中国大百科全书出版社 2006 年版。

周可真：《顾炎武与中国文化》，黄山书社 2009 年版。

周可真：《中国传统国家治理思想的三种基本类型》，《哲学动态》2015 年第 1 期。

周可真：《老庄思想同异辨》，《社会科学战线》1995 年第 3 期。

周可真：《文化哲学视域中的中国式管理》，《学术界》2018 年第 3 期。

周子良、王华、焦艳鹏：《三晋法家思想的华与实》，《山西大学学报（哲学社会科学版）》2002 年第 3 期。

曾海军：《孟子论"勇"——兼论一种儒家人文学的视野》，《天府新论》2014 年第 4 期。

后 记

　　本书是国家社会科学基金（The National Social Science Fund of China）重点项目"儒、道、法的国家治理哲学研究"（项目批准号：16AZX014）的最终成果形态，其总体框架设计和导论、儒家部分（含儒、道、法比较）、结语及各章小结的写作均由项目负责人周可真完成，道家部分的写作由周建刚完成，法家部分的写作由刘小刚和周可真共同完成，最后由周可真统一修改定稿。

　　本成果研究内容及方法的创新程度、突出特色和主要建树在于：

　　（1）首次从学科性质方面将"国家治理哲学"概念明确定义为"介于政治哲学与管理哲学之间的交叉学科"。

　　（2）由上述定义出发，运用"交叉互观"方法，将国家治理哲学的基本任务确定为：①探寻一定的国家管理根本目的所依据的世界观；②探寻与基于这个世界观的国家管理根本目的相适应的国家政权组织形式和国家管理基本方法。

　　（3）明确地将探究"天人之际"并以"内圣外王之道"为主题的中国传统哲学当作国家治理哲学的一种历史形态和具体形式来理解和看待，并将这种国家治理哲学的学术特性概括为"以天人合一思维方式来探究天人之际的内圣外王之学"。

　　（4）首次开展对先秦儒、道、法三家国家治理哲学的系统研究，确定了其国家治理哲学的基本范畴为"群"与"治"，主要内容为"天人之际""群道""政道""治道"四大议题。

　　（5）揭示了先秦儒、道、法三家国家治理哲学的共性特征和本质差异：①其共性特征在于：以"天人合一"思维来思考人与自然的关系，将这种关系本质地归结为和谐关系，并认为宇宙和谐秩序是由"天道"所决定，是"天道"的表现形式。②其本质差异在于：儒家所理解的和谐秩序是"天尊地卑"和与之相应的"男尊女卑""夫尊妇卑""父尊母卑"的体位性等差秩序，这种体位性等差秩序被归结为是由天地"至诚"的"生生"之"仁"所决定的宇宙秩序；道家所理解的和谐秩序是人与万物自我生长、自我维持、自我调节的自发性多元秩序，这种自发性多元秩序被归结为是由"道法自然"之"玄德"所决定的宇宙秩序；法家所理解的和谐秩序是人与万物各处其适宜位置上各自发挥其特殊作用的功能性等差秩序，这种功能性等差秩序被归结为是由"无形""无双"之"道"所决定的宇宙秩序。

（6）揭示了儒、道、法的人性理念与其国家组织制度构想之间的内在联系：其理念各异的人性，其实是它们对其理想中的和谐世界的人性的假设，其假设中的人性是体现其和谐世界本性（天道），与世界和谐秩序相适应的人性。其三家所设计的国家组织制度都是符合其人性理念的制度：儒家的礼制是符合其人性仁善理念的制度；道家的自然之制是符合其人性真朴理念的制度；法家的法制是符合其人性自为理念的制度。

（7）揭示了儒、道、法国家组织理念的差异性：儒家理想的国家组织是以道德（"仁"）建设和制度（"礼"）建设互相结合的方式来构建，其目的是为了参与其组织的人脱离动物界，而成为优于动物的文明人，要达成这个目的，必须依靠"智仁合一"——既能据"仁"依"礼"行事，又能灵活变通的圣人；道家理想的国家组织是自发性组织，其组织目的是为了参与其组织的人能够归回于无名的真朴之性以与万物和谐相处，要达成这个目的，必须依靠"明德合一"——心有"得道"之"明"，行有"守道"之"德"的圣人；法家理想的国家组织是能使国家富强的高效率组织，其组织目的是为了参与其组织的人都能在适宜位置上充分发挥自己的作用和施展自己的才能，要达成这个目的，必须依靠"德功合一"——既能保持内心虚静而有得道之"德"，又能"缘道理以从事"而成就使天下归服的帝王之"功"的圣人。据此，将儒、道、法的国家治理理念归结为精英治国理念。

本研究属于国家治理哲学的基础研究，其学术价值主要表现为两个方面：

对国家治理哲学来说，本研究所依据的国家治理哲学概念和由此确定的研究内容、研究方法和研究框架，都具有原创性，尽管未必合理确当，但至少可以起到抛砖引玉的作用，为国家治理哲学的未来开展做了有益的铺垫性工作。

对国家治理哲学史来说，本研究属于中国国家治理哲学思想史范畴，是首次对先秦儒、道、法国家治理哲学进行系统性研究，基于这一研究所确定的此三家国家治理哲学的基本范畴"群"与"治"及主要内容"天人之际""群道""政道""治道"四大议题，亦皆有一定原创性，虽未必尽然确当，但毕竟是属于该学术领域的开拓性研究，对该领域未来的学术研究及创新发展，多少具有奠基意义。

本研究对儒、道、法的国家治理哲学所包含的一些具有现实价值和当代意义的合理思想因素有所论述，但由于本研究在研究类型上属于"照着讲"（冯友兰语）的类型，所以这方面的论述只是在"结语"中有寥寥数语，远未进行充分展开的"接着讲"，单凭这寥寥数语是谈不上有多少应用价值的，虽然我们相信儒家所主张的将道德（"仁"）建设与制度（"礼"）建设互相结合起来的国家组织建设思路、儒家荀子关于构建人际和谐与天人之际和谐的国家组织（"群"）理念、法家关于使人与万物各处其适宜位置上各自发挥其特殊作用的国家组织制度设计理念、道家所主张的维护而不破坏自然秩序并与自然万物和谐相处的国家治理原则等思想因素，对于我们今天改善国家治理体系、提高国家治理能力是有一定启发意义和借鉴价值的。

本研究属于国家治理哲学领域的开拓性研究，没有现成的系统性研究成果可资借鉴和参考，故从"国家治理哲学"概念的界定，到中国传统国家治理哲学性质的确定，再到对儒、道、法国家治理哲学的研究框架之制定，都难免存在主观片面性。另外，本研究由项目负责人和另外两位同仁一起参与，由于各人知识素养、知识结构、写作风格等主观因素存在差异，所以在研究成果上难免存在思想不尽一致、逻辑不够自洽、文字风格有差异等缺陷。祈盼得到学界同行的批评指正。

周可真

2024 年 7 月 6 日

责任编辑：孔　欢

封面设计：王欢欢

版式设计：东昌文化

图书在版编目（CIP）数据

儒、道、法的国家治理哲学研究 ／ 周可真，周建刚，刘小刚著.

北京 ： 人民出版社，2025. 8. -- ISBN 978 - 7 - 01 - 027549 - 9

Ⅰ. D630.1

中国国家版本馆 CIP 数据核字第 20250P78N1 号

儒、道、法的国家治理哲学研究

RU DAO FA DE GUOJIA ZHILI ZHEXUE YANJIU

周可真　周建刚　刘小刚　著

人民出版社 出版发行

（100706　北京市东城区隆福寺街 99 号）

北京中科印刷有限公司印刷　新华书店经销

2025 年 8 月第 1 版　2025 年 8 月北京第 1 次印刷

开本：710 毫米 ×1000 毫米 1/16　印张：32.75

字数：502 千字

ISBN 978 - 7 - 01 - 027549 - 9　定价：119.00 元

邮购地址 100706　北京市东城区隆福寺街 99 号

人民东方图书销售中心　电话（010）65250042　65289539